Menschen und Heilige

---

von Karl Böck

Menschen und Heilige

von Karl Böck

Verlag Erich Wewel · Donauwörth

3. Auflage. 2001

Umschlaggestaltung: Wolfgang Marx, Donauwörth
Umschlagfoto: Stark/present, Essen
Gesamtherstellung: Ludwig Auer GmbH, Donauwörth
ISBN 3-87904-**224**-1

Dem Andenken an
Prälat Max Auer
1903–1980

Vorwort

Man hört, die Verehrung der Heiligen sei stark zurückgegangen; auf der anderen Seite sind in den letzten Jahren so viele Bücher über die Heiligen erschienen wie nie zuvor. Die Verlage investieren ihr Geld nicht in Werke, die sich nicht verkaufen lassen. Daher darf man annehmen, daß Walter Nigg recht hat mit dem Titel, den er einem seiner Bücher über die Heiligen gegeben hat: Die Heiligen kommen wieder.

Der Verlag Ludwig Auer hat eine alte Tradition auf dem Gebiet der Heiligenlegende (Ludwig Auer: Sie lebten für Gott, 11. Auflage, 1983). Vor zehn Jahren habe ich dem verewigten Prälaten Max Auer das Versprechen gegeben, diese Heiligenlegende des Verlags neu herauszugeben. Daher habe ich den Versuch unternommen, eine neue Darstellung der Heiligen nach dem Verständnis unserer Zeit zu schaffen.

Die Heiligen sind Helden. Daran gibt es keinen Zweifel. Aber der Begriff des Helden wurde in unserer Zeit so sehr mißbraucht, daß er auch im religiösen Bereich nicht mehr verwendbar ist. Die Christen unserer Zeit suchen im Heiligen den Menschen, den Bruder, die Schwester, die mit den gleichen Nöten beladen waren, die mit den gleichen Schwierigkeiten zu ringen hatten wie sie selbst. Nicht der Heilige auf hohem Postament mit vergoldetem Gewand und Strahlenkranz vermag Gemeinschaft zu stiften, Solidarität zu bezeugen, Vorbild zu sein. Er ist unerreichbar und weit weg. Auch Heilige, denen in allen Schwierigkeiten gleich ein Wunder zu Gebote stand, lassen sich schwer in unseren nüchternen Alltag hereinholen.

Darum wurde versucht, eine Anzahl unserer großen Heiligen in ihrer Umwelt, belastet mit den Vorurteilen ihrer Zeit in der Auseinandersetzung mit unverständigen Mitmenschen und Vorgesetzten, im Kampf mit ihrer eigenen, oft unvollkommenen Natur, das heißt als Menschen wie wir zu zeigen, Menschen freilich, die den Anruf Gottes gehört, angenommen und schließlich durch alle Schwierigkeiten durchgetragen haben bis zum siegreichen Ende. Legenden und Wunder, die im Laufe einer jahrhundertelangen Verehrung hinzugedichtet wurden, wurden bei den Heiligen, deren Leben im Lichte der Geschichte liegt, weggelassen. Anders ist es bei der Gruppe von Heiligen, die nur aus Legenden bestehen. Auch ihr Leben ist wahr, wenn auch in einem anderen Sinne. Daher wurden sie in einem eigenen Kapitel zusammengefaßt.

Wer sich daran stößt, daß das Versagen kirchlicher Amtsträger nicht verschwiegen und nicht beschönigt wurde, der bedenke, daß der Weg der Kirche durch die Geschichte ein Weg von Menschen ist, mit allem, wozu Menschen auf dieser

Welt fähig sind an Gutem und Bösem. Es wäre eine Verzerrung des Wesens der Kirche, wollte man diese Wahrheit wegretuschieren.
Wer die Poesie der Heiligenlegenden vermißt, der bedenke, daß man die Heiligen in ihrer Entscheidung fordernden Bedeutung auch dadurch „entschärfen" und unschädlich machen kann, daß man sie zu einer Frage literarischer Ästhetik macht.
Die Zahl und Auswahl der behandelten Heiligen wurde beschränkt, um dem einzelnen so viel Raum zu geben, daß hinter den dürren Lebensdaten sein Charakter, seine Anlagen und Schwierigkeiten, aber auch seine heroischen Tugenden in ihrer unwiederholbaren Einmaligkeit sichtbar werden.
Möge die Betrachtung der Heiligen jedem Leser die Gnade der Begegnung mit Menschen schenken, die ihr Ziel, das auch unser Ziel ist, mit Sicherheit in vorbildlicher Weise bereits erreicht haben.

München, Ostern 1985 *Karl Böck*

Einleitung

An den Anfang einer gemeinsamen Betrachtung über die Heiligen gehört für den heutigen Menschen, auch für den, der sich Christ nennt, eine Gewissensfrage. Glaubst du wirklich an ein ewiges Leben nach dem Tode bei Gott? Glaubst du, daß die Toten weg sind, aufgelöst, ins Nichts versunken, oder glaubst du, daß es einen lebendigen Gott gibt, bei dem sie als die Personen, die sie auf Erden waren, angekommen sind und leben, was immer darunter zu verstehen ist, auf jeden Fall so, daß sie existieren, daß sie wissen, daß sie existieren und daß sie wissen, wer sie sind und waren?

Antworte nicht schnell auf diese Fragen, sonst kommt die Antwort aus einer oberflächlichen Schicht der augenblicklichen Stimmung, der nicht zu Ende geführten Überlegung, die vielleicht morgen schon von einer gegenteiligen, ebenso vorläufigen und unbeständigen Stimmung abgelöst sein kann. Die Antwort muß aus der Gesamteinstellung zu den Fragen des menschlichen Daseins, zum Leben, zum Tod, zur Religion, zur Sittlichkeit kommen. Sie ist eine Existenzfrage, nicht nur nach ihrer Bedeutung, sondern auch nach ihrer Ansiedlung im Zentrum der Existenz. Wie viele Kameraden haben als gesunde, übermütige Soldaten im Krieg Gott und Tod und Himmel als Kindermärchen verspottet! Keinen einzigen unter Hunderten habe ich erlebt, der nicht nach einer schweren Verwundung im Angesicht des Todes dankbar gewesen wäre für ein Gebet. Wer aber ehrlich und überzeugt im Tode das endgültige „Aus“ sieht, für den gehört die Beschäftigung mit den Heiligen vielleicht in den Bereich reizvoller Poesie oder wissenschaftlicher Germanistik, nicht aber in den Bereich der eigenen Lebensdeutung und Lebensgestaltung.

Für die anderen, die glauben, daß unser Leben von Gott ausgeht und bei Gott sein Ziel finden wird, ist die Beschäftigung mit den Heiligen im übernatürlichen Sinne lebenswichtig.

Was heißt „heilig“? Wer ist „heilig“? Wer ist ein „Heiliger“?

Auf allen Stufen seiner Entwicklung empfand sich der Mensch abhängig von Mächten, die außerhalb und oberhalb seiner Welt liegen, die aber für dieses, sein Leben die größte Bedeutung hatten, von denen er sich abhängig fühlte, die ihn bedrohten, die ihn aber auch erhoben und beglückten. Diese Mächte waren das Höchste, was es in der Vorstellungswelt der Menschen gab, das Wertvollste, Erhabenste, Feierlichste, Gewaltigste, Unzugänglichste, nur in Verehrung und Anbetung anzusprechen – eben das Heilige. Wir nennen das Heilige schlechthin Gott.

Heilig nennen wir aber auch Personen, Gegenstände, Symbole, Handlungen, die zu Gott in Beziehung stehen, z. B. den Heiligen Vater, die dem Gottesdienst dienenden Gebäude und Geräte, heilige Zeichen, heilige Zeiten, in denen Gott in besonderer Weise verehrt wird.
Im Alten Testament rufen die Serafim einander zu (Jes 6,3): „Heilig, heilig, heilig ist der Herr der Heere. Von seiner Herrlichkeit ist die ganze Erde erfüllt." „Durch seine Gerechtigkeit erweist der heilige Gott sich als heilig" (Jes 5,16). Beim Propheten Hosea steht (11,9): „Ich bin Gott, nicht ein Mensch, der Heilige in deiner Mitte." Das Volk Israel hat Gott unter allen Völkern für sich ausgewählt zu seinem Dienst. Darum wird auch das auserwählte Volk heilig genannt: „Denn du bist ein Volk, das dem Herrn, deinem Gott, heilig ist. Dich hat der Herr, dein Gott, ausgewählt, damit du unter allen Völkern, die auf Erden leben, das Volk bist, das ihm persönlich gehört" (Dtn 7,6).

Unter den Menschen stehen die Priester in einem besonders engen Verhältnis zu Gott. Sie sind bestimmt, ihm zu opfern und dem Volk seinen Willen zu verkünden. Darum trägt der Hohepriester auf seiner Stirn eine Rosette aus purem Gold mit der Inschrift: Heilig dem Herrn (Ex 28,36). Die Zugehörigkeit zum auserwählten Gottesvolk bedeutet aber auch für jeden Israeliten Heiligkeit, d. h. eine besondere Zugehörigkeit zu Gott. Diese Heiligkeit begründet die Verpflichtung, durch sittliches Verhalten im eigenen Leben ein Abbild der Heiligkeit Gottes zu verwirklichen. „Erweist euch als heilig, und seid heilig, weil ich heilig bin" (Lev 11,44). Dem Mose gibt der Herr das Gebot: „Sagt zu ihnen: Seid heilig, denn ich, der Herr, euer Gott, bin heilig" (Lev 19,2). Zusammengefaßt und begründet wird die Heiligkeit im Alten Testament, soweit sie sich auf den Menschen bezieht, durch ein Wort des Herrn: „Seid mir geheiligt; denn ich, der Herr, bin heilig, und ich habe euch von allen diesen Völkern ausgesondert, damit ihr mir gehört" (Lev 20,26).

Auch im Neuen Bund ist allein Gott der Heilige im echten und eigentlichen Sinne. Menschliche Heiligkeit kann nur Abbild und Abglanz der göttlichen Heiligkeit sein: „Wie er, der euch berufen hat, heilig ist, so soll auch euer ganzes Leben heilig werden" (1 Petr 1,15). Fortklingt aus dem Alten Testament der dreimal Heiligruf in der Geheimen Offenbarung: „Heilig, heilig, heilig ist der Herr, der Gott, der Herrscher über die ganze Schöpfung; er war, er ist, und er kommt . . . Würdig bist du, unser Herr und Gott, Herrlichkeit zu empfangen und Ehre und Macht" (Offb 4,8 ff). Im Vaterunser hat Jesus uns gelehrt zu beten: „Geheiligt werde dein Name!" Der „Name" steht für das Wesen Gottes. Die Vaterunserbitte bedeutet also: Wir preisen dich, den Heiligen. Wichtiger als die Aussage über die Gottheit Jesu, als die Bezeichnung „Sohn Gottes", ist sein Anspruch auf dieselbe Heiligkeit, wie sie dem Vater zukommt. Aus dem Munde des unreinen Geistes hören wir das Gottesbekenntnis. „Ich weiß, wer du bist: der Heilige Gottes." Dasselbe besagt das große Glaubensbekenntnis des

Simon Petrus (Joh 6,69): „Wir sind zum Glauben gekommen und haben erkannt: Du bist der Heilige Gottes!“
Im Alten Testament war das Volk Israel in die besondere Nähe Gottes berufen und damit zum heiligen Volk erwählt worden. Im Neuen Bund gilt nicht mehr die Zugehörigkeit zu einem irdischen Volk als Zeichen der Erwählung, sondern die Zugehörigkeit zum Volk der von Christus durch sein Blut erlösten und an ihn glaubenden Menschen. Sie sind „die berufenen Heiligen“ (Röm 1,7). Paulus richtet seinen Brief „an die Kirche Gottes, die in Korinth ist, an die Geheiligten in Christus Jesus, berufen als Heilige mit allen, die den Namen Jesu Christi, unseres Herrn, überall anrufen . . . “ (1 Kor 1,2).
Die Heiligen sind also die Mitglieder der Kirche von Korinth, weil sie in Christus geheiligt sind; dazu gehören alle, die den Namen Jesu Christi anrufen. Zusammen bilden sie das neue auserwählte Volk: „Ihr seid ein auserwähltes Geschlecht, eine königliche Priesterschaft, ein heiliger Stamm, ein Volk, das sein besonderes Eigentum wurde . . . Einst wart ihr nicht sein Volk, jetzt aber seid ihr Gottes Volk; einst gab es für euch kein Erbarmen, jetzt aber habt ihr Erbarmen gefunden“ (1 Petr 1,9). Begründet und gestiftet wurde das neue heilige Volk Gottes durch Jesu Tod. Die Mitgliedschaft wird erworben durch den Glauben und durch die Taufe, die göttliche Berufung und Begnadung bedeutet und bewirkt. „Sie sollen durch den Glauben an mich die Vergebung der Sünden empfangen und mit den Geheiligten am Erbe teilnehmen“ (Apg 26,18).
Die Aufnahme und Eingliederung in das neue heilige Volk Gottes ist eine unverdiente Gnade, ein freies Geschenk Gottes; der zur Heiligkeit berufene Christ muß sie ergreifen und mit einem Leben beantworten, das dieser Berufung entspricht. Die ihm verliehenen göttlichen Tugenden des Glaubens, der Hoffnung und der Liebe muß er durch seine Mitwirkung in seinem Leben zu einem, wenn auch noch so unvollkommenen Abbild der Heiligkeit Gottes entfalten. „Das ist es, was Gott will: eure Heiligung . . . Denn Gott hat uns nicht berufen, unrein zu leben, sondern heilig zu sein“ (1 Thess 4,3). „Reinigen wir uns also von aller Unreinheit des Leibes und des Geistes, so streben wir in Gottesfurcht nach vollkommener Heiligung“ (2 Kor 7,1). „Ihr sollt ein Leben führen, das des Herrn würdig ist und in allem seinen Gefallen findet. Ihr sollt Frucht bringen in jeder Art von guten Werken und wachsen in der Erkenntnis Gottes. Er gab euch in der Macht seiner Herrlichkeit viel Kraft, damit ihr in allem Geduld und Ausdauer habt. Dankt dem Vater mit Freude! Er hat euch fähig gemacht, Anteil zu haben am Los der Heiligen, die im Lichte sind“ (Kol 1,9–11).
Gott, der allein Heilige, hat im Menschen Jesus seine Göttlichkeit zum Menschen hin geöffnet. Durch die gnadenhafte Teilhabe und Eingliederung in Jesu Leib erhalten die Getauften Anteil an der Heiligkeit des sich in Jesus schenkenden Gottes. Sie sind Heilige in einem viel wirklicheren Sinn, als die Mitglieder

des Volkes Israel es waren. Ihre Heiligkeit ist eine übernatürliche Realität wie die Heiligkeit Gottes selbst, freilich empfangen als freies Geschenk in „zerbrechlichen Gefäßen". Dieses Gnadengeschenk ist aber auch ein Anruf, eine Aufgabe und ein Programm für die Mitgestaltung des frei entscheidenden Menschen. Aber nicht so, als ob Gott das Seine getan hätte mit der Verleihung der heiligmachenden Gnade, und nun müßte der Mensch durch sittlichen Lebenswandel und gute Werke seinen Beitrag leisten oder den Preis entrichten! Er bedarf vielmehr zu jedem Wollen und Vollbringen der fortdauernden Hilfe des Heiligen Geistes. Nur so kann er nach dem Maß seiner Kräfte und seines Willens das in ihm angelegte Samenkorn zum Wachsen und Reifen bringen. Die Taten des Glaubens und der Liebe sind nicht zum einen Teil das Werk der Gnade, zu einem anderen das Werk des Menschen, sie sind vielmehr ganz Gottes und ebenso ganz des Menschen Werk. Ein Beispiel soll dies veranschaulichen: die Farbe grün besteht aus der Mischung der Farben blau und gelb. Wenn wir eine heilswirksame Tat des Menschen mit einem grünen Strich vergleichen, dann ist vom Anfang bis zum Ende die blaue und die gelbe Farbe gleichzeitig beteiligt, das heißt, Gottes Gnade und die menschliche Mitwirkung sind in jedem Werk des Heiles untrennbar vom Anfang bis zum Ende verbunden.

Wer ist also nach diesem Befund der Heiligen Schrift ein Heiliger? Antwort: Jeder gläubige Christ, der in der Taufe das Geschenk der heiligmachenden Gnade empfangen hat und der bereit ist, ein dieser Berufung entsprechendes Leben zu führen.

So versteht der Apostel Paulus den Begriff des Heiligen, wenn er seine Briefe adressiert: „An die Kirche Gottes, die in Korinth ist, und an alle Heiligen in ganz Achaia." (2 Kor 1,1) oder: „An alle in Rom, die von Gott geliebt sind, die berufenen Heiligen . . . " (Röm 1,7).

Wir alle, die getauft sind, die den Glauben der Kirche bekennen und die sich nach Kräften mühen, ihr Leben nach diesem Glauben zu führen, sind die Heiligen des Neuen Bundes, weil wir teilhaben über und in Jesus Christus an der Heiligkeit Gottes, der allein der Heilige ist.

Daran hat sich seit den Zeiten des Urchristentums nichts geändert. Aber im theologischen Sprachgebrauch hat der Begriff „Heiliger" im Laufe der Geschichte einen anderen Akzent erhalten. Die Kirche hat Verstorbene, die die Nachfolge Christi in ihrem Leben vorbildlich vollzogen haben, heiliggesprochen, d. h. sie hat mit unfehlbarer Autorität erklärt, daß diese Christen mit Sicherheit der Seligkeit bei Gott teilhaftig geworden sind und daß sie den Gläubigen als Vorbild zur Nachahmung und zur Verehrung empfohlen werden. Sie können auch als Fürbitter angerufen werden, weil sie durch die Gnade Gottes so innig mit der Person des Erlösers verbunden sind, daß ein Gebet an sie in Wirklichkeit an Gott gerichtet ist. Die Verehrung der Heiligen ist keine Vielgötterei und keine Verminderung der Gottesverehrung. Wir preisen Gott in seinen begnadeten Dienern und bitten ihn, um ihretwillen unsere Sünden zu vergeben und auch uns zum Ziel der Seligkeit zu führen. Hier gewinnt die eingangs gestellte Gewissensfrage ihre Bedeutung: denn die Verehrung der Heiligen kennt keine Trennung in Leben und Tod. Die Heiligen leben in Gott, sie hören uns und kennen uns, sie strahlen die Liebe Gottes wider und lenken diese Strahlen auf uns, die noch in diesem Leben gefährdet sind.

Die Heiligenverehrung begann mit der Verehrung der Martyrer. Diese hatten die Nachfolge Christi buchstäblich mit ihrem Blut vollzogen. Dadurch waren sie in vorbildlicher Weise zu „Zeugen" der Wahrheit des Glaubens geworden. Die Christen kamen an ihren Gräbern zusammen und feierten über ihnen die Eucharistie. Die Namen der großen Blutzeugen verbreiteten sich von Ort zu Ort; schließlich wurden sie in der ganzen Kirche verehrt. Der erste, dem diese Verehrung zuteil wurde, war Bischof Polykarp von Smyrna; später verbreitete sich besonders die Verehrung der liebenswerten Heiligen Perpetua und Felizitas, zweier junger Frauen, einer vornehmen Römerin und einer Sklavin, die in Karthago gemeinsam den Tod erlitten hatten. Eigentlich ist die Zahl der Blutzeugen, deren Namen überliefert sind, im Vergleich zur großen Zahl der Blutopfer gering.

Mit dem Sieg des Kaisers Konstantin war die Christenverfolgung zu Ende. Nun gab es keine neuen Martyrer. Das Verlangen der Christusnachfolge im Kreuztragen war dadurch aber nicht geringer geworden. Man suchte anstelle des blutigen Zeugnisses ein unblutiges Martyrium. Dafür galt zunächst der Verzicht auf die Erfüllung der stärksten Naturkraft des Menschen, der geschlechtlichen Liebe. Die gottgeschenkte Jungfräulichkeit wurde als Ersatz für das Martyrium angesehen. „Es gibt zwei Arten des Martyriums, das eine im Opfer des Blutes, das andere in der Überwindung der fleischlichen Begierden", sagt Isidor von Sevilla. Als ein unblutiges Martyrium wurde auch die „Abtötung" des Leibes angesehen, wie sie die Büßer und Einsiedler im Verzicht auf alle Annehmlichkeiten des Leibes und im Verzicht auf eine irdische Selbstverwirklichung der humanen Fähigkeiten und Möglichkeiten übten. Im Evangelium heißt es: „Wer mein Jünger sein will, der nehme *täglich* sein Kreuz auf sich" (Lk 9,23). Diese Forderung Jesu sehen die Eremiten verwirklicht in der Entbehrung von Speise und Trank, im Ertragen von Hitze und Kälte, in Geißelungen und anderen harten Bußübungen. Die uns oft unverständliche Selbstquälerei und Leibverachtung, der Verzicht auf Hygiene und Sorge für die Gesundheit hat hier ihre Wurzeln. Einer der ersten, die über diese negative Christusnachfolge hinauswuchsen, war Bischof Martin von Tours. Er sah in der Hingabe aller von Gott geschenkten Kräfte an die Verkündigung des Evangeliums, an die Bekehrung der Heiden und die Sorge für die Armen, Witwen und Waisen die gleiche Hingabe an das Ideal der Nachfolge wie in der Selbstzerstörung des Leibes. Das ganze Mittelalter hindurch aber bestanden diese beiden Wege zur Heiligkeit nebeneinander: asketische Abtötung und apostolisches Wirken für Gott und

den Nächsten. Beiden gemeinsam war die Selbsthingabe, die Aufopferung des eigenen Willens, stattdessen Unterstellung aller Kräfte des Leibes und der Seele unter die Liebe Gottes, die im Gehorsam gegenüber ihren Führungen und Fügungen bestand.
Mit dem fortschreitenden Aufbau der gesellschaftlichen Strukturen der Kirche, der Hierarchie, der Orden, der Bruderschaften usw., entstand das verständliche und natürliche Streben, die Gründer und führenden Gestalten der jeweiligen Gemeinschaft als groß und fortdauernd wirksam für das Wohl ihrer Gründung, das heißt als Heilige, eingestuft zu sehen. Als Heilige waren sie ihrem Werk als Fürbitter im Himmel mit mächtiger Hilfe nahe. Manchmal kam dazu auch der Wunsch, kirchliche Zentren durch einen Heiligen aufzuwerten, um Wallfahrten zu schaffen und zu beleben. Der Gang der Kirche durch die Geschichte ist eben ein menschlicher – mit allen Menschlichkeiten. Ebenso aber auch ein göttlicher, und es gibt und gab keine Heiligsprechung durch die Kirche ohne einen wirklichen Heiligen im Himmel. Dies ist unser fester Glaube.
Darum kann auch der Unfug und Aberglaube, der mit Reliquien, Votivgaben und Wallfahrten getrieben wurde und da und dort noch heute getrieben wird, den heiligen Jubel, den unbeschreiblichen Trost und die göttliche Gemeinschaft nicht verdunkeln, die vom Leben der Heiligen, von ihrem geschichtlichen auf Erden und ihrem jetzigen im Himmel, auf die Christenheit ausstrahlen. Diese sind eine Gemeinschaft, wir in unserer Armseligkeit, unsere Brüder und Schwestern in der Herrlichkeit vereint mit unserem Herrn. Wir sind nicht allein, wir haben Weggefährten, die bereits am Ziel sind, die um uns wissen, die uns helfen, die sich mit uns freuen und zu denen wir jederzeit kommen können, in allen Nöten des Leibes und der Seele. Sie sind Kirche wie wir. Sie gehören zur Kirche. In ihnen hat die Heiligkeit der Kirche sichtbare Gestalt gewonnen. In ihnen ist die Gottzugehörigkeit durchgebrochen – sichtbar in diese Welt hinein.
Die Heiligen waren Menschen wie wir mit menschlichen Vorzügen, Schwächen und Fehlern. Sie waren oft eckige Persönlichkeiten, eigensinnig, jähzornig und aufbrausend. Es gab unter ihnen hochintelligente, aber auch lernbehinderte, sie folgten ihrem Gewissen und kamen oft deswegen mit kirchlichen Behörden in Konflikt. Selbst Thomas von Aquin mußte sich gegen den Vorwurf des Irrglaubens rechtfertigen, und Ignatius von Loyola wurde die Inquisition auf den Hals geschickt. Die große heilige Theresia von Avila nennt sogar der mangelhaft informierte Papst eine „schmutzige und sittenlose Nonne". Die Heiligkeit ist eben nicht ein Model, in den man Menschen hineingießt wie Teig und aus dem dann Heilige herauskommen, einer wie der andere. In ganz konkreten Individuen verwirklicht der Heilige Geist einmalige und unwiederholbare Ausprägungen vorbildlichen christlichen Lebens. Die Moralbücher sollten nach den Heiligen geschrieben werden und nicht Heiligenleben nach den Moralbüchern. Darum ist die äußerliche Nachahmung des Lebens der Heiligen nicht das Ziel. Keiner kann in die Haut eines anderen schlüpfen. Was für Philipp Neri richtig

war, das kann für einen römischen Prälaten von heute Narretei sein. Nachahmung verdient die Hingabe des Willens an die göttliche Führung, die Bereitschaft, auf eigene Pläne zu verzichten, das als recht Erkannte gegen sich selbst und gegen den Widerstand der Umwelt durchzusetzen, und schließlich – und das ist das Geheimnis aller Heiligkeit – das „Spielen vor Gott", das ist die Entwicklung und Pflege des Lebens in der dauernden Gegenwart Gottes. Dieses Leben ist zuerst und zunächst Gnade. Es wächst in der Sonne dauernden Gebetes, der Übung der Betrachtung und der Pflege der Zurückgezogenheit. Dieses Leben in der Gegenwart Gottes macht die Ausrichtung aller Seelenkräfte auf Gottes Willen möglich und leicht.

Heilig werden soll jeder Christ, heiliggesprochen werden nur wenige. Aber nicht darauf kommt es an, sondern auf die Ankunft bei Gott; denn er ist und bleibt *der* Heilige.
Die Bedeutung der Heiligen für das Leben der Kirche hat das II. Vatikanische Konzil erneut eindrucksvoll bestätigt und hervorgehoben. Das Konzil sagt in seinem Dekret über die Kirche:

„Aus der tiefen Anerkennung dieser Gemeinschaft des ganzen mystischen Leibes Jesu Christi hat die pilgernde Kirche seit den Anfängen der christlichen Religion das Gedächtnis der Verstorbenen mit großer Ehrfurcht gepflegt und hat auch Fürbitten für sie dargebracht, ‚weil es ein heiliger und heilsamer Gedanke ist, für die Verstorbenen zu beten, damit sie von ihren Sünden erlöst werden' (2 Makk 12,46).

Daß aber die Apostel und Martyrer Christi, die mit ihrem Blut das höchste Zeugnis des Glaubens und der Liebe gegeben hatten, in Christus in besonderer Weise mit uns verbunden seien, hat die Kirche immer geglaubt, sie hat sie zugleich mit der seligen Jungfrau Maria und den heiligen Engeln mit besonderer Andacht verehrt und hat fromm ihre fürbittende Hilfe erbeten. Bald wurden ihnen auch andere beigezählt, die Christi Jungfräulichkeit und Armut entschiedener nachgeahmt haben, und schließlich die übrigen, welche die hervorragende Übung der christlichen Tugenden und die göttlichen Charismen der frommen Andacht und Nachahmung der Gläubigen empfahlen.
Wenn wir nämlich auf das Leben der treuen Nachfolger Christi schauen, erhalten wir neuen Antrieb, die künftige Stadt zu suchen. Zugleich werden wir einen ganz verläßlichen Weg gewiesen, wie wir, jeder nach seinem Stand und seinen eigenen Lebensverhältnissen, durch die irdischen Wechselfälle hindurch zur vollkommenen Vereinigung mit Christus, nämlich zur Heiligkeit, kommen können. Im Leben derer, die, zwar Schicksalsgenossen unserer Menschlichkeit, dennoch vollkommener dem Bilde Christi gleichgestaltet werden, zeigt Gott den Menschen in lebendiger Weise seine Gegenwart und sein Antlitz. In ihnen redet er selbst zu uns, gibt uns ein Zeichen seines Reiches, zu dem wir, mit einer

so großen Wolke von Zeugen umgeben und angesichts solcher Bezeugung der Wahrheit des Evangeliums, mächtig hingezogen werden.
Aber nicht bloß um des Beispiels willen begehen wir das Gedächtnis der Heiligen, sondern mehr noch, damit die Einheit der ganzen Kirche durch die Übung der brüderlichen Liebe im Geiste gestärkt werde. Denn wie die christliche Gemeinschaft unter den ersten Pilgern uns näher zu Christus bringt, so verbindet auch die Gemeinschaft mit den Heiligen uns mit Christus, von dem als Quelle und Haupt jegliche Gnade und das Leben des Gottesvolkes selbst ausgehen. So ziemt es sich also durchaus, diese Freunde und Miterben Christi, unsere Brüder und besonderen Wohltäter, zu lieben, Gott für sie den schuldigen Dank abzustatten, ‚sie hilfesuchend' anzurufen und zu ihrem Gebet, zu ihrer mächtigen Hilfe Zuflucht zu nehmen, um Wohltaten zu erflehen von Gott durch seinen Sohn Jesus Christus, der allein unser Erlöser und Retter ist. Jedes echte Zeugnis unserer Liebe zu den Heiligen zielt nämlich seiner Natur nach letztlich auf Christus, der ‚die Krone aller Heiligen' ist und durch ihn auf Gott, der wunderbar in seinen Heiligen ist und in ihnen verherrlicht wird.
Auf vornehmste Weise wird aber unsere Einheit mit der himmlischen Krone verwirklicht, wenn wir, besonders in der heiligen Liturgie, in der die Kraft des heiligen Geistes durch die sakramentalen Zeichen auf uns einwirkt, das Lob der göttlichen Majestät in gemeinsamem Jubel feiern. So verherrlichen wir alle, die im Blute Christi aus allen Stämmen und Sprachen, Völkern und Nationen erkauft und zur einen Kirche versammelt sind, in dem einen Lobgesang den einen und Dreifaltigen Gott. Bei der Feier des eucharistischen Opfers sind wir also sicherlich dem Kult der himmlischen Kirche innigst verbunden, da wir uns in verehrendem Gedenken vereinigen vor allem mit Maria, der glorreichen, allzeit reinen Jungfrau, aber auch mit dem heiligen Josef wie auch den heiligen Aposteln und Martyrern und allen Heiligen.
Diesen ehrwürdigen Glauben unserer Vorfahren an die lebendige Gemeinschaft mit den Brüdern, die in der himmlischen Herrlichkeit sind oder noch nach dem Tode gereinigt werden, übernimmt diese Heilige Synode mit großer Ehrfurcht und legt die Beschlüsse des II. Konzils von Nicäa, der Konzilien von Florenz und von Trient wiederum vor. Zugleich mahnt sie aber in ihrer Hirtensorge alle, die es angeht, bemüht zu sein, jegliche vielleicht da und dort eingeschlichene Mißbräuche, Übertreibungen oder Mängel fernzuhalten oder zu beheben. Alles sollen sie erneuern zu vollerem Lob Christi und Gottes. Sie mögen also die Gläubigen darüber belehren, daß echte Heiligenverehrung nicht so sehr in der Vielfalt äußerer Akte als vielmehr in der Stärke unserer tätigen Liebe besteht, durch die wir zum größeren Wohl für uns und die Kirche, ‚im Wandel das Beispiel, in der Gemeinschaft die Teilnahme, in der Fürbitte die Hilfe' der Heiligen suchen. Andererseits aber sollen sie die Gläubigen unterrichten, daß unsere Gemeinschaft mit den Heiligen, sofern im vollen Lichte des Glaubens verstanden, in keiner Weise den Kult der Anbetung abschwächt, der Gott, dem

Vater, durch Christus dem Heiligen Geiste, dargebracht wird, sondern ihn vielmehr reicher gestaltet.
Denn wir alle, die wir Kinder Gottes sind und eine Familie in Christus bilden, entsprechen der innersten Berufung der Kirche und bekommen im voraus Anteil an der Liturgie der vollendeten Herrlichkeit, wofern wir in gegenseitiger Liebe und in dem einen Lob der heiligsten Dreifaltigkeit miteinander Gemeinschaft haben. Wenn nämlich Christus erscheint und die Toten in Herrlichkeit auferstehen, wird der Lichtglanz Gottes die himmlische Stadt erhellen, und ihre Leuchte wird das Lamm sein (Offb 21,24). Dann wird die ganze Kirche der Heiligen in der höchsten Seligkeit der Liebe Gott und das Lamm, das geschlachtet ist (Offb 5,12), anbeten und mit einer Stimme rufen: ‚Dem, der auf dem Thron sitzt, und dem Lamm: Lobpreis und Ehre und Herrlichkeit und Macht in alle Ewigkeit' (Offb 5,13–14)."

Die Heiligsprechung

Die Verehrung der Zeugen, die sich durch ihr mutiges Bekenntnis und ihre Standhaftigkeit im Martyrium ausgezeichnet hatten, ging vom gläubigen Volke aus. Nach dem Sieg des Christentums unter Kaiser Konstantin gab es kein blutiges Martyrium mehr. Dann wurden auch die großen Büßer und Einsiedler, die ihren Leib „abgetötet" hatten, als Martyrer bezeichnet und verehrt. Mit der Zeit schlichen sich in diese Übung Mißbräuche ein. Das Prestigedenken einer Gegend, einer Diözese, einer frommen Gemeinschaft führte dazu, daß auch weniger Würdige zur Ehre der Altäre gelangten. Daher mußten sich die Bischöfe die Bestätigung der Verehrung vorbehalten. Die Heiligsprechung erfolgte durch die Erhebung und Überführung der Gebeine des Heiligen vom Bestattungsort in die Kirche. Der Tag dieser Übertragung wurde dann als Gedächtnistag des Heiligen begangen. Dadurch wurden die Mißbräuche zwar eingedämmt, aber nicht völlig beseitigt.
Dies gelang erst, als der Papst die Kanonisation von Heiligen an sich zog. Der erste Heilige, der von einem Papst nach einem förmlichen Verfahren heiliggesprochen wurde, war Bischof Ulrich von Augsburg (gestorben 973) am 11. Juni 993.
Von da an wurde das Heiligsprechungsverfahren immer mehr ausgebaut und verfeinert. Die Bischöfe erteilten weiterhin die Erlaubnis zur Verehrung von Christen, die im Ruf der Heiligkeit gestorben waren. Diese bischöflichen Akte wurden seit dem 13. Jahrhundert als „Seligsprechung" bezeichnet. Die „Heiligsprechung" war seit 1634 allein dem Papst vorbehalten.
Das Verfahren der Heiligsprechung beginnt beim zuständigen Ortsbischof. Dieser ernennt einen Gerichtshof aus drei Richtern, der alle Schriften, Briefe und Handschriften des Dieners Gottes prüft. Alle Zeugen seines Lebenswandels werden unter Eid vernommen. Die Wunder und Gebetserhörungen werden

durch Sachverständige (Ärzte, Naturwissenschaftler) kritisch untersucht. Wenn dieser Prozeß nichts Negatives ergeben hat, dann legt der Bischof das Ergebnis des „Informativprozesses" dem Heiligen Stuhle vor.
Seit 1968 gibt es dort eine eigene Kongregation (vergleichbar einem Ministerium) für die Heiligsprechungen. Diese Kongregation prüft zunächst den Inhalt, den Verlauf und das Ergebnis des bischöflichen Informativprozesses. Wenn sie alles in Ordnung findet, schlägt sie dem Papst die Eröffnung des eigentlichen Heiligsprechungsprozesses vor. Ein päpstlicher Gerichtshof mit fünf Richtern prüft alles nochmals ganz genau nach. In drei Instanzen, zuletzt vom Papst persönlich, wird der „heroische Tugendgrad" des Heiligen nach allen Seiten untersucht und geprüft. Dann erhält der Diener Gottes die erste Stufe der von der Kirche bestätigten Heiligkeit: er darf „ehrwürdig" oder „verehrungswürdig" genannt werden. Für die zweite Stufe, die Erhebung zum „Seligen", ist der Nachweis von zwei bis vier Wundern erforderlich, je nachdem, ob die Beweise für den Lebenswandel durch eidlich vernommene Zeugen oder nur durch Dokumente erbracht worden sind. Wenn diese Wunder durch neue Sachverständige geprüft und anerkannt wurden, schließt der Papst den Seligsprechungsprozeß ab. Dann wird die Verehrung des neuen Seligen für eine Diözese oder für eine Ordensgemeinschaft genehmigt. Folgt nach dem Seligsprechungsprozeß der Heiligsprechungsprozeß, so werden alle Akten des Seligsprechungsprozesses nochmals durchgearbeitet. Für die Heiligsprechung bedarf es weiterer Wunder, die wiederum eingehend geprüft und schließlich anerkannt werden. Nach dem Abschluß aller Untersuchungen holt der Papst in einem dreifachen Konsistorium die Meinung der Kardinäle und der in Rom ansässigen Bischöfe zu der beabsichtigten Heiligsprechung ein. Dann erst verkündet der Papst in einem sehr feierlichen Heiligsprechungsdekret die Erhebung zur Ehre der Altäre und die Erlaubnis, den neuen Heiligen in der ganzen katholischen Kirche öffentlich zu verehren, zu seiner Ehre die Messe zu feiern, ihm Kirchen und Altäre zu weihen und seiner auch beim privaten Gebet zu gedenken.
Die öffentliche Heiligsprechung findet meist in einem feierlichen Papstgottesdienst statt. Dabei erklärt der Papst mit unfehlbarer Lehrautorität vor der ganzen Kirche nach einer feststehenden Formel: „Im Namen der Heiligen und ungeteilten Dreifaltigkeit, zur Mehrung des katholischen Glaubens und zur Förderung des christlichen Lebens, in der Autorität unseres Herrn Jesus Christus, der Apostel Petrus und Paulus und unserer eigenen, nach vorhergehender gehöriger Abwägung und Überlegung und oftmaliger Anrufung des göttlichen Beistands, wie auch unter Beiziehung des Rates vieler unserer Brüder, erklären und definieren wir, daß N. N. ein Heiliger ist. Wir schreiben ihn in das Verzeichnis der Heiligen ein und bestimmen, daß er in der ganzen Kirche unter den Heiligen mit geziemender Andacht verehrt werden soll. Im Namen des Vaters und des Sohnes und des Heiligen Geistes. Amen."
Diese unfehlbare Erklärung des Papstes bedeutet nichts anderes, als daß der

Heilige das Ziel seines Lebens in der Seligkeit bei Gott mit Sicherheit erreicht hat. Sein Lebenswandel und seine Tugenden werden den Christen zur Nachahmung empfohlen, seine Verehrung wird für die Liturgie der ganzen Kirche angeordnet. Wozu alle Christen berufen sind und was wir alle von der Gnade des Herrn erhoffen, das hat der Heilige bereits erreicht. Dies und nichts anderes ist der Kern der Heiligsprechung und der Heiligenverehrung.

Damit kehrt unsere Betrachtung zu ihrem Ausgangspunkt zurück. Jeder ist ein Heiliger der Berufung nach. An ihm ist es, mit der Hilfe des Heiligen Geistes die Berufung anzunehmen und zum Erfolg zu führen, d. h. zu Gott als dem Ziel seines Lebens zu gelangen.

Im Jahr 1983 hat Papst Johannes Paul II. das Heiligsprechungsverfahren durch ein kirchliches Sondergesetz neu geregelt und vereinfacht. Dadurch sollen die zuständigen Bischöfe stärker beteiligt werden und der Heiligsprechungsprozeß soll verkürzt werden.

Schon bisher gab es neben der feierlichen Heiligsprechung für Heilige, deren Lebenszeit sehr weit zurückliegt und die von alters her als Heilige verehrt wurden, eine Anerkennung dieser Verehrung ohne förmlichen Prozeß durch ein päpstliches Dekret. So erfolgte zum Beispiel die Heiligsprechung von Albertus Magnus im Jahre 1931, sein Todestag lag damals 650 Jahre zurück, oder der seligen Irmingard von Frauenchiemsee, die 866 gestorben und durch alle Jahrhunderte verehrt worden war, 1928 als Selige durch päpstliches Dekret.

Das umständliche Verfahren des Heiligsprechungsprozesses ist das Ergebnis der Bemühungen der Kirche, Mißbräuche zu verhindern und der unfehlbaren Entscheidung des Papstes die größtmögliche menschliche Sorgfalt und Sicherheit zu geben. Wie alles Menschenwerk hat aber auch dieses neben vielen positiven auch einige menschliche Aspekte. Ein Prozeß, der sich über mehrere Instanzen und oft über viele Jahre hinzieht, erfordert viel Geld und viel Geduld. Wer beides hat, hat Aussicht, seinen Kandidaten eher durchzubringen. Um keine Mißverständnisse aufkommen zu lassen, die Heiligsprechung bewirkt nicht die ewige Seligkeit, sie stellt sie nur fest, und bei Gott gibt es mit Sicherheit millionenmal mehr Heilige als von der Kirche auf Erden heiliggesprochen und als vorbildlich empfohlen werden. Auch wir hoffen einmal, dazuzugehören, auch ohne eine Aussicht, heiliggesprochen zu werden. Größere Gemeinschaften, vor allem Orden, haben im allgemeinen den langen Atem, der für einen Heiligsprechungsprozeß notwendig ist. Darum sind im Laufe der Geschichte weit mehr Mitglieder von Orden heiliggesprochen worden als ihrem Anteil am Volk der Kirche entspricht. Auf dem II. Vatikanischen Konzil wurde mit Nachdruck die Forderung erhoben, in den Heiligsprechungen die Vielfalt der Völker, der Geschlechter, der Stände und der sozialen Schichten gleichmäßig zu berücksichtigen.

„Heilige sind Menschen wie wir, aber Menschen, denen Christus begegnet ist und die das christliche Bild vom Menschen verwirklichen. Zu der Aufgabe der

Verwirklichung sind alle Christen berufen, niemand ist von der Nachfolge dispensiert. Die Heiligkeit ist von uns allen gefordert; ‚das ist der Wille Gottes, eure Heiligung', lesen wir in der Bibel. Wir sind von der Heiligung eingefordert, sie ist von unserer Existenz nicht abzulösen, weil nur in ihr unser persönliches Heil und die Rettung der ganzen Christenheit besteht" (W. Nigg).

Heilige der Geschichte

Agnes

gestorben: 21. Januar 304 (?)
Fest: 21. Januar

Zwei der schönsten Kirchen Roms sind der heiligen Agnes geweiht, die eine an der Piazza Navona in barocker Pracht, die andere an der Via Nomentana in frühchristlicher Schlichtheit. Konstantina, die Tochter des Kaisers Konstantin, ließ ihr eigenes Grabmal um 350 n. Chr. an diese Kirche anbauen. Mächtige Weltleute wählten ihre Grabstätte gern nahe bei der Ruhestätte großer Heiliger, um sich ihrer besonderen Fürbitte zu empfehlen. Agnes galt also bereits um die Mitte des 4. Jahrhunderts als eine große Heilige. Dies bestätigt auch ein Verzeichnis von Martyrern, das um 350 niedergeschrieben wurde. Der Papst Damasus widmete Agnes um dieselbe Zeit eine von ihm selbst verfaßte Grabinschrift. Auch der heilige Ambrosius spricht wenig später voll Verehrung von ihr.

Zeugnisse genug, um ihre Geschichtlichkeit zu beweisen, auch wenn sie rund 50 Jahre nach ihrem Tod entstanden sind. Dieser fällt vermutlich in das Jahr 304, während der Christenverfolgung durch Kaiser Diokletian. Wenn man bedenkt, wie viele ältere Menschen sich heute, nach 50 Jahren, der großen Zeugen und christlichen Bekenner unserer Zeit mit einer Genauigkeit erinnern, daß sie einzelne Aussprüche und Teile von Verhören wörtlich wiedergeben können, wenn man weiter bedenkt, daß Agnes als junges Mädchen den Tod erlitten hat, so daß noch gleichaltrige Freundinnen am Leben waren, als der Papst ihre Heiligkeit pries, dann ist man nicht auf Legenden angewiesen, um Agnes auch unter dem heutigen historisch-kritischen Blickwinkel als eine der Heiligen der Frühzeit zu verehren.

Eigenlich müßte diese Verehrung gerade heute wieder aufleben. Agnes könnte die Patronin der heutigen christlichen Jugend werden. Warum? Sie stammte nach der Legende aus einem alten und reichen römischen Patriziergeschlecht. Ihre Eltern waren und blieben Heiden. Die Kultur des Elternhauses beschränkte sich auf die Vermehrung des Reichtums und die Verfeinerung des Lebensgenusses.

Dies war Agnes als Inhalt für ihr Leben zu wenig. Sie wollte aus dem goldenen Käfig ausbrechen. Sie suchte Sinn für ihr Leben und Antworten auf die Fragen nach dem Woher, Wohin und Wozu. Und sie fand diese Antwort bei der verachteten, verdächtigten und verfolgten Gemeinde der Christen. Diese sagten ihr: Dein Leben hat Sinn, es erfüllt sich im Dienen, im Dasein für andere

Die heilige Agnes. ▷
Ausschnitt eines Mosaiks vor 526. Ravenna, Basilika S. Apollinare Nuovo.
Foto: Archiv.

Menschen, in der Nachfolge eines Meisters, der Zukunft und Leben geben kann. Agnes ließ sich ergreifen. Hier hatte sie gefunden, was Elternhaus und Philosophenschulen ihr nicht geben konnten. Sie stieg aus ihrer Umwelt aus und setzte Zukunft und Leben auf das Heil der Christen. Alles übrige war ihr dann nicht mehr wichtig. Ausstoßung, Verfolgung und Tod waren zweitrangig, nachdem sie sich des endgültigen Heiles sicher wußte. Freilich taugt dazu nicht persönliche Kultur und feine Lebensart; dazu bedarf es eines ungeheuren, eines vom Irdischen her gar nicht vorstellbaren Durchhaltevermögens, eines Glaubens, dem die neue Welt wirklicher vor Augen steht als Scheiterhaufen, Schändung und Todesschwert.

Eine Jugend, die behauptet, die alte Welt ihrer Eltern gebe ihr nichts mehr, die neue Ufer sucht, müßte das Vorbild dieses Mädchens verstehen können. Freilich, ein Vorbild nicht nur beim Aussteigen aus der alten, sondern auch beim Einstieg in eine neue Welt, und vor allem als Vorbild in der glaubwürdigen Behauptung der Wahrheit dieser neuen Welt in Isolation, Verfolgung und Tod. Dieser zweite Teil erst macht die alternative Entscheidung glaubwürdig und richtig.

Jährlich am Fest der heiligen Agnes, am 21. Januar, werden in Rom Lämmer geweiht, aus deren Wolle die Pallien des Papstes und der Erzbischöfe gewebt werden. Das Pallium ist ein liturgisches Gewand, das die Kraft der Führung der Herde Christi versinnbildlichen soll. Ein Mädchen, das beschlossen hat, gegen den Strom seiner Zeit zu schwimmen und das seinen eigenen Weg zum christlichen Glauben gefunden und mit dem Tode besiegelt hat, ist wirklich ein Vorbild kraftvoller Entscheidung und treuer Beharrlichkeit nicht nur für Kirchenfürsten, sondern für jeden Christen, der auf den neuen Weg setzt mit allen Konsequenzen.

Albert der Große

geboren: um 1193
gestorben: 15. November 1280
Fest: 15. November

Wer ist groß unter den Menschen? Alexander der Große, Karl der Große, Friedrich der Große? Sie alle haben ihre Macht aus Ehrgeiz und Eroberungslust mit Waffengewalt über fremde Länder und Völker ausgedehnt und – dabei Erfolg gehabt. Wer die Bühne zum Schluß ohne Erfolg verläßt, der gehört nicht zu diesen „Großen", z. B. Cäsar, Napoleon, Hitler. Wie merkwürdig sind doch die Maßstäbe der Menschen! Der Maßstab Jesu ist ganz anders. Als die Jünger unter sich stritten, wer unter ihnen der Größte sei, sagte Jesus zu ihnen: „Wer der Erste sein will, soll der Letzte von allen und Diener aller sein" (Mk 9,35). Nun haben wir in Albertus von Lauingen einen Heiligen, dem die Menschen seinerzeit den Beinamen „Magnus" (der Große) gegeben haben. Ist seine Größe gemessen am Maßstab der Welt oder am Maßstab Jesu, wonach der, der sich klein macht vor der Welt, groß ist vor Gott? Diese Frage darf über der Betrachtung seines Lebens und Wirkens stehen.
Albert der Große ist vor fast 800 Jahren im schwäbischen, damals staufischen Städtchen Lauingen an der Donau geboren und mit mehreren Geschwistern aufgewachsen. Trotz dieses großen zeitlichen Abstands ist sein Gedächtnis und seine Verehrung über einen so langen Zeitraum hinweg lebendig geblieben. Fast in jedem Jahrhundert wurde der Versuch unternommen, ihn zur Ehre der Altäre zu erheben, erst in unserem (1931) ist es gelungen. Sein 700. Todestag im Jahre 1980 wurde an den Stätten seines Lebens und Wirkens (Lauingen, Köln, Regensburg) mit Gedenkfeiern begangen und mit Festschriften geehrt. Der Zauber, der von ihm zu Lebzeiten ausging und der ihn zum begehrten und anerkannten Friedensstifter machte, wirkt noch heute, die Leuchtspur des Gelehrten, der dem Abendland neue Wege des Denkens öffnete durch die Einführung der aristotelischen Philosophie und des naturwissenschaftlichen Experiments, erhellt noch heute den geschichtlichen Weg des Abendlandes. Dies alles hat er geleistet nicht als weltlicher Richter, auch nicht als Kirchenfürst, sondern als Bettelmönch, der viele Male in seinem langen Leben zu Fuß von einem Ende Europas zum anderen zog in der Glut des südlichen Sommers und auf den verschneiten Wegen der deutschen Lande. Er hat sich klein gemacht, und deswegen wird er mit Recht groß genannt.
Jeder Mensch ist ein Kind seiner Eltern, ein Kind der Gnade und Berufung und

ein Kind seiner Zeit. Gerade den Zeitrahmen, in den das Leben eines Menschen eingespannt ist, müssen wir immer mitsehen. Die erste Hälfte der Lebenszeit Alberts war beherrscht vom erbitterten Kampf zwischen Kaiser und Papst. Es ging dabei um Macht, auch um irdische Macht; aber nicht nur! Der Papst, vor allem der mächtige Innozenz III. (1198–1216), wollte die Herrschaft Jesu Christi, verkörpert in ihm, seinem Stellvertreter, in der Ordnung dieser Welt so verwirklicht sehen, wie sie die Theologie seiner Zeit im Verhältnis der übernatürlichen zur natürlichen Ordnung sah. Für ihn gab es keine Unterscheidung der natürlichen und der übernatürlichen Ebene. Als Vertreter der übernatürlichen Ordnung beanspruchte er deren reale Überordnung über alle irdischen Gewalten. Daß dieser theokratische Anspruch zu Konflikten mit den Trägern der weltlichen Macht führen mußte, leuchtet uns, den Kinder einer säkularisierten Welt, ohne weiteres ein; damals aber spaltete er die Christenheit in zwei feindliche Lager, das päpstliche und das kaiserliche.
Der Kaiser Friedrich II. war zunächst noch ein Kind und konnte sich nicht wehren. Aber er wuchs auf in Distanz, ja Feindschaft zum Papst und, wie konnte es anders sein, zum Papsttum. Die Verlierer waren schließlich beide: Papsttum und Kaisertum. Sie verloren in den Augen der Christenheit ihre gemeinsame hierarchische Würde. Sie waren streitende und sich bekämpfende Parteien geworden. Empor stieg das französische Königtum. Im Reich bricht nach dem unmenschlichen Tod des letzten Hohenstaufen, Konradin (1268), die „kaiserlose, die schreckliche Zeit“ an, die erst 1272 mit der Wahl Rudolfs von Habsburg ihr Ende findet. Dieser verzichtet auf die Fortsetzung der mittelalterlichen Reichspolitik, er siedelt sein herrscherliches Selbstverständnis auf einer niedrigeren Ebene ohne hierarchischen Anspruch an. Albertus verhalf ihm auf dem Konzil von Lyon 1274 mit seiner großen Autorität zur allgemeinen Anerkennung. So weit spannt sich der historische Boden dieses langen Lebens.
Die ersten 30 Jahre allerdings spielten sich ganz im Verborgenen ab. Nach einer Kindheit in Lauingen besuchte Albert die Domschule in der Bischofsstadt Augsburg. 1222, also im Alter von fast 30 Jahren, hält er sich in Oberitalien auf. Vermutlich hat er an der neugegründeten Universität in Padua Philosophie und Medizin studiert. Dort kam er auch mit dem 1216 vom Papst bestätigten Dominikanerorden in Berührung. Das Ideal der Armut, der Unterweisung des Volkes durch die Predigt und die Pflege der Wissenschaft bewogen ihn zum Eintritt in den Orden. Ob er die Profeß noch in Padua oder schon in Köln abgelegt hat, wissen wir nicht. Die Stadt Köln ist ihm jedenfalls zur zweiten Heimat geworden. Hier hat er studiert, hier hat er als Lehrer gewirkt, hierher kehrte er immer wieder von seinen Reisen zurück, und hier ist er auch gestorben und begraben. Sobald er das theologische Studium abgeschlossen und die Priesterweihe empfangen hatte, begann sein lebenslanges unstetes Wanderleben im Dienste des Ordens, der Wissenschaft, der Verkündigung und nicht zuletzt im Dienste des Friedens. Als Lehrer finden wir ihn in den Jahren von

1230–1240 in Hildesheim, Freiburg, Regensburg und Straßburg. Hier hielt er sich zwei Jahre lang auf. Dabei erwarb er sich durch seine Gelehrsamkeit und Frömmigkeit ein solches Ansehen, daß ihn die deutschen Dominikaner 1238 als ihren Kandidaten für die Wahl zum Ordensmeister, d. h. zum Generaloberen des gesamten Dominikanerordens, vorschlugen. Aber nicht er, sondern sein spanischer Gegenkandidat wurde gewählt, und Albert kehrte nach Straßburg zurück, bis ihn der Ordensmeister 1240 als ersten deutschen Lehrer an die berühmte Universität nach Paris schickte. Dort vollendete er seine wissenschaftliche Ausbildung und erwarb 1245 den Magistergrad der Theologie, was unserem „Professor" entspricht. Die Vertreter der Bettelorden hatten es nicht leicht, sich gegen die Etablierten, in ihrem traditionellen Lehrbetrieb erstarrten Lehrstuhlinhaber, durchzusetzen. Sie brachten frischen Wind in den Studienbetrieb und hatten großen Zulauf der Studenten. Gerade Albert begann sich mit der Philosophie des Aristoteles und ihrer Überlieferung durch jüdische und arabische Gelehrte zu beschäftigen. Dies war neu und aufregend, es eröffnete ganz neue Wege des Denkens und leitete im eigentlichen Sinn die abendländische Geschichte der Philosophie ein.
1248 erhielt er den Auftrag, im Kloster seines Ordens in Köln ein theologisches Studium einzurichten. In dieser Ordenshochschule saß sein berühmtester Schüler, Thomas von Aquin, zu seinen Füßen, bevor Albertus ihm 1252 einen Platz in Paris verschaffte. Neben seiner Forschungsarbeit und seiner akademischen Lehrtätigkeit, neben seinem Leben als Mönch und Seelsorger tritt seine öffentliche Wirksamkeit immer mehr in den Vordergrund. Der Ruf seiner Frömmigkeit und Gelehrsamkeit sowie seiner lauteren Demut trug ihm die Aufgabe eines Schiedsrichters, eines Friedensstifters in politischen und privaten Händeln ein. So verursachte der Streit zwischen dem Kölner Erzbischof und der Stadt Köln viel Unruhe. Albert gelang es, den Streit zu schlichten. Sein Schiedsspruch wurde vom Papst bestätigt. Sein Ruf als Friedensstifter verbreitete sich überall, und immer wieder wurde sein Rat und seine Entscheidung gesucht, nicht nur in politischen Auseinandersetzungen, sondern auch bei privaten Erbstreitigkeiten. Stets war er bereit, Frieden zu stiften, nicht nur, wenn es um Krieg und Frieden ging, auch eine strittige Stallmauer, wie in Würzburg, war ihm wichtig genug. „Selig, die Frieden stiften, denn sie werden Söhne Gottes genannt werden", sagt Jesus in der Bergpredigt (Mt 5,9). Darum gehört zur Begründung seines Beinamens „der Große" auch sein lebenslanges Mühen um den Frieden unter den Menschen. Es konnte nicht ausbleiben, daß sein Ruf Ämter und Würden anzog wie der Magnet das Eisen. 1254 beluden die deutschen Ordensbrüder Albert mit der Würde und Bürde eines Oberen der deutschen Dominikanerprovinz. Statt zu studieren und zu lehren, mußte er nun zu Fuß von Ort zu Ort ziehen und Klöster visitieren, Laue und Säumige mahnen, Abgestandene entlassen und Verzagte aufrichten. Er leitete Sitzungen, verfaßte Beschlüsse, kontrollierte ihre Ausführung, schrieb viele Briefe, sorgte für Nahrung und

Obdach, kurz er war zu einem „Manager“ gemacht worden. Aber dies war nur die äußere und weniger wichtige Seite der Tätigkeit. In der Zeit der politischen Verwirrung festigte er den religiösen Geist, die klösterliche Zucht und den Bestand der Niederlassungen „von der Nordsee bis zur Schweiz, von Lievland bis Österreich“ (A. Layer). Die Strecken, die er hierbei zurückgelegt hat, lassen sich durchaus neben den Flugkilometern eines Provinzials von heute sehen.
Der Streit, in den sein Schüler Thomas von Aquin an der Universität in Paris hineingezogen wurde, drang bis zum Papst. Man hatte die Professoren aus den Bettelorden bezichtigt, falsche Lehren zu verbreiten. Jetzt ging es um die Existenz des ganzen Ordens. Dieser schickte daher seine beiden wissenschaftlichen Leuchten nach Rom zur Verteidigung, Albertus Magnus und Thomas von Aquin.
Zwei Heilige vor vier Kardinälen! Sie überzeugten durch Gelehrsamkeit, wohl auch durch die Lauterkeit ihrer Person. Sie verteidigten die Armut um der Nachfolge Christi willen, das Ordensideal der Bettelmönche und die Verbindung von aristotelischer Philosophie mit der christlichen Theologie. Ihr Sieg war überzeugend, ja vollkommen. Die Anklageschrift ihres eifersüchtigen Gegners wurde verurteilt und öffentlich verbrannt, ihr Verfasser zum Widerruf seiner Irrtümer aufgefordert. Auf Wunsch des Papstes blieb Albert am päpstlichen Hof und hielt den Winter über Vorlesungen an der päpstlichen Hochschule. Ebenfalls auf besonderen Wunsch des Papstes grenzte er öffentlich seine Verbindung von antiker Philosophie mit der Theologie ab gegen eine kritiklose Übernahme spanisch-arabischer Lehren, die zwar gleichfalls auf Aristoteles zurückgriffen, die aber grundlegende Wahrheiten des Glaubens leugneten (z. B. Unsterblichkeit der Seele, Willensfreiheit, Vorsehung). Albert war wohl der erste und vor Thomas der einzige, der eine tragfähige Grundlage zimmern konnte aus dem geistigen Erbe der vorchristlichen und christlichen Tradition für ein Weltbild, das Jahrhunderte überdauerte. 1257 nahm das Generalkapitel des Ordens Albert die Bürde des Provinzoberen ab und gab ihn seiner Wissenschaft und seiner Klosterzelle zurück – bis der Papst ihm 1260 eine noch schwerere Bürde auflud. Das Bistum Regensburg war durch einen unfähigen und unwürdigen Oberhirten geistlich und weltlich in Grund und Boden heruntergewirtschaftet worden. Niemand war bereit, dieses Erbe anzutreten. Da holte der Papst persönlich den besten Mann, den er kannte: Albert. Der Ordensobere sträubte sich heftig dagegen. Lieber wolle er Bruder Albert „tot sehen als auf dem Bischofsstuhl von Regensburg“. Dabei ging es ihm sicher in erster Linie um das Ordensideal, das die Annahme kirchlicher Ämter und Würden untersagte. Von der fast trostlosen Aufgabe in Regensburg konnte er außerdem eine Ehre für den Orden nicht erwarten. Gerade dies aber bewog Albert zur Annahme. Den Ruf auf den Bischofsstuhl einer geordneten, blühenden Diözese hätte er wohl kaum angenommen. Durch persönliche Armut und eiserne Sparsamkeit verbesserte er die wirtschaftliche Lage der Diözese in kurzer Zeit. Er ermutigte den

niedergedrückten Klerus und reformierte das Ordensleben. Sobald die schlimmsten Schäden behoben waren, das heißt schon nach einem Jahr, reiste er nach Rom und bat den neuen Papst um Entbindung von seinem Amt und um die Bestellung eines guten Nachfolgers. Im Mai 1262 entsprach der Papst diesem Wunsch, nicht zuletzt, weil er Albert in seiner Nähe haben wollte. Nachdem er Papst Urban IV. ein Jahr als theologischer Berater gedient hatte, ernannte dieser ihn zum Kreuzzugslegaten für Deutschland. Obwohl zu diesem Zeitpunkt das Feuer der Kreuzzugsbegeisterung bereits erloschen war, durchzog Albert wiederum – im Gehorsam – die europäischen Länder und predigte zusammen mit dem berühmten Predigerbruder Bertold von Regensburg für eine Idee, die bereits tot war. Sie kostete ihn wertvolle Lebenskraft und kostbare Jahre.

Mit dem Tod des Papstes 1264 erlosch sein Auftrag, und Albert durfte sich endlich wieder in sein Kloster in Würzburg zurückziehen. Dort lebte sein leiblicher Bruder Heinrich. Hier entstanden in der Stille die großen wissenschaftlichen Werke, vor allem der Kommentar zur aristotelischen Metaphysik. Ein Angebot, auf seinen früheren Lehrstuhl nach Paris zurückzukehren, schlägt der siebzigjährige Albertus aus. Er überließ ihn seinem Schüler Thomas von Aquin. Er selbst war nach wie vor auch außerhalb des Klosters rastlos tätig. Als geweihter Bischof konsekrierte er Kirchen, weihte Priester und schlichtete Streitigkeiten. Nach einem langen Aufenthalt in Straßburg kehrte Albert 1271 nach Köln zurück, um auf Wunsch des Ordensmeisters die völlig verwirrte Lage der Stadt wiederum ins Lot zu bringen. Der Erzbischof, der den Bürgern drückende Steuerlasten aufgeladen hatte, war von den Kölner Bürgern eingesperrt worden. Die Stadt wurde mit dem Interdikt belegt, das heißt, es durften keine Gottesdienste stattfinden, keine Sakramente gespendet, keine Ehe kirchlich geschlossen und keine Toten bestattet werden. Handel und Wandel stockten. Dem Ansehen Alberts gelang es, den Bischof zum Einlenken zu bewegen und die Stadt aus dem Bann zu lösen. Die Dankbarkeit und Verehrung für den Friedensstifter war grenzenlos.

Im Jahre 1273 stattete der neugewählte deutsche König Rudolf von Habsburg gleich nach seiner Wahl dem berühmten Ordensmann in seiner Zelle in Köln einen Besuch ab. Dafür scheute Albert im nächsten Jahr nicht die Mühen der Reise zum Konzil von Lyon, wo er sich für Rudolf einsetzte und verbürgte und damit seine allgemeine Anerkennung durchsetzte.

Allmählich forderten die Schwächen des Alters ihr Recht. Albert verließ seine Zelle immer seltener. Auch die Feder entglitt seiner Hand. Er bereitete sich auf den Tod vor. 1279 verfaßte er sein Testament und vermachte sein Vermögen, über das er als Bischof frei verfügen durfte, den Ordensbrüdern in Köln, damit sie den Chor der Ordenskirche, den er mit seinem Geld begonnen hatte, zu Ende führen konnten.

Am 15. November 1280 ist Albert der Große im Alter von 87 Jahren gestorben

und in einem einfachen Holzsarg vor dem Hochaltar der Klosterkirche bestattet worden.
Neben dem Gelehrten – seine Werke umfassen im Druck 38 Bände – neben dem Friedensstifter und neben dem demütigen Mönch und Bettelbruder galt die Bewunderung der Zeitgenossen dem „Zauberer“ Albert. Das Studium der Naturwissenschaften, der naturwissenschaftlichen Schriften des Aristoteles, führte ihn zur Naturbeobachtung und zum naturwissenschaftlichen Experiment. „Damit hat er die Grundlage zu einem neuen Weltverständnis geschaffen“ (H. Altner). Er beschäftigte sich besonders mit der Botanik, der Zoologie, aber auch die Physik und Chemie der Zeit waren ihm vertraut. Natürlich darf man seine Kenntnisse nicht mit heutigen Maßstäben messen. Aber für einen Theologen seiner Zeit war Albert ein Bahnbrecher, in dessen Spuren Spätere fortschreiten konnten. Die Erzählungen von seinen Experimenten gingen durch ganz Europa. Man sagte ihm nach, er könne zaubern, oder er sei mit höllischen Mächten im Bunde. Nur sein Ruf als Gelehrter, sein offenes Wesen und seine Frömmigkeit haben ihn vor schlimmem Verdacht und noch schlimmeren Verfolgungen bewahrt.
1622 wurde Albert der Große selig-, 1931 heiliggesprochen.
Er ist einer der wenigen Menschen, denen die Geschichte den Beinamen „der Große“ verliehen hat, dessen Größe nicht aus den Gräbern seiner Mitmenschen erwächst, die durch sie und für sie gestorben sind, sondern aus den Werken des Friedens, des demütigen Dienens, des entsagungsvollen Studiums, des frommen Gebetes. Er gehört sicher auch im Reich Gottes zu den ersten, weil er sich Zeit seines Lebens unter die Letzten eingereiht hat.

Ambrosius

geboren: 339
gestorben: 4. April 397
Fest: 7. Dezember

„Und so kam ich nach Mailand zum Bischof Ambrosius, bekannt als einer der besten auf dem ganzen Erdkreis, deinem frommen Diener. Seine Predigten boten damals deinem Volk das ‚Mark des Weizens' (Ps 81,17), die Freuden des geistlichen Öls und die nüchterne Trunkenheit des Weins. Zu ihm wurde ich geführt und wußte nicht, daß er mich zu dir führen würde. Der Gottesmann nahm mich väterlich auf und begrüßte meine Ankunft mit der echten Liebe des Priesters. Ich aber begann ihn zu lieben, zuerst nicht als Lehrer der Wahrheit, sondern als einen Menschen, der mir freundlich war. Ich hörte ihm mit Eifer zu, wenn er zum Volk sprach, freilich nicht mit jener Achtung, die ich ihm schuldete, sondern zunächst nur um die Kunst seiner Rede zu prüfen. Ich wollte sehen, ob sie so groß sei wie sein Ruhm, ob sie größer oder gar kleiner sei in ihrer Wirkung, als man von ihr rühmte. Ich freute mich der Schönheit seiner Predigt, die gebildeter, aber nicht so heiter und einschmeichelnd war wie die des Faustus. Inhaltlich aber duldeten die beiden keinen Vergleich, der eine verbreitete den Betrug der Manichäer, der andere lehrte das Heil. Allmählich kam ich ihm näher, leise und langsam, und es war mir nicht bewußt. Zugleich mit den Worten, die ich liebte, kam nämlich der Inhalt und Gegenstand der Predigt, für die ich (zunächst) nichts übrig hatte, in meine Seele." So schildert der heilige Augustinus seine Begegnung mit dem heiligen Ambrosius, Bischof von Mailand, in seinem Buch „Bekenntnisse" (5. Buch, 13. und 14. Kapitel). Augustinus war als Lehrer der Redekunst von Rom nach Mailand berufen worden. Er war damals Anhänger der Irrlehre der Manichäer und noch nicht getauft. Durch Ambrosius kam er zum Glauben.

Von seiner Mutter, der heiligen Monika, und Bischof Ambrosius berichtet Augustinus (6. Buch, 1. Kapitel): „Still, gelassen und voll Vertrauen sagte sie, daß sie mich als gläubigen Katholiken sehen werde, noch ehe sie aus dem Leben scheide, . . . und noch eifriger lief sie zur Kirche und hing am Munde des Ambrosius. Sie liebte diesen Mann wie einen Engel Gottes, da sie erfahren hatte, daß ich durch ihn so weit gekommen war."

Wer war dieser begnadete Bischof von Mailand, der dem Befehl der Kaiser trotzte, der den mächtigsten Herrscher seines Jahrhunderts zwang, öffentlich Buße zu tun, der im Regiment der Kirche von Italien den Papst in den Schatten

stellte, der die gefährliche Irrlehre des Arius endgültig überwand und die Einheit im Glauben für das ganze Weströmische Reich zuwege brachte?
Sein Lebensweg sah zunächst ganz und gar nicht nach geistlichem Amt oder gar nach Heiligkeit aus. Sein Vater war der höchste Beamte des römischen Staates in der Provinz Gallien. Er lebte am Kaiserhof zu Trier. Dort wurde Ambrosius während der Regierung des Kaisers Konstans I. 339 geboren. Der obersten Gesellschaftsschicht zugehörig, wuchs der junge Mann in die hellenistische Weltkultur seiner Zeit hinein. Er konnte neben dem klassischen Latein flüssig Griechisch sprechen und schreiben (im Gegensatz zu Augustinus), wie seine späteren Arbeiten über griechische Theologen zeigen. Ambrosius studierte das römische Recht und schlug wie sein Vater die Laufbahn des höheren Verwaltungsdienstes ein. Seine hervorragende Begabung, seine Leistungen und seine familiären Verbindungen führten ihn auf der Leiter beruflichen Erfolgs rasch nach oben. 374 starb in Mailand der arianische Bischof Auxentius. Bei der Wahl des Nachfolgers wurden gewaltsame Auseinandersetzungen zwischen den Arianern und den Katholiken befürchtet. Jede der beiden ungefähr gleich starken Gruppen wollte den Bischof stellen. Ambrosius sollte als Stadtpräfekt für Ruhe und Ordnung und für einen geregelten Ablauf der Bischofswahl sorgen. An der Wahl selbst konnte Ambrosius nicht teilnehmen, da er, obwohl schon über dreißig Jahre alt, noch nicht getauft war. Das Hinausschieben der Taufe, möglichst bis zur Sterbestunde, war damals durchaus üblich. Auch Kaiser Konstantin ließ sich erst auf dem Sterbebett taufen. Man glaubte, nur die Taufe könne die schweren Sünden tilgen. Daher wollte man den Zeitraum zwischen Taufe und Tod und damit die Gelegenheit, neue Sünden zu begehen, so kurz wie möglich halten. Die Wahlversammlung drohte strittig und stürmisch zu verlaufen, da jedermann wußte, daß der Seite, die den Bischof stellte, ein erhebliches Übergewicht im Kampf um die Stadt Mailand und den Kaiserhof, der in Mailand residierte, zufiel. Die Wahlversammlung fand am 7. Februar 374 statt. Als beide Seiten erkannten, daß keine nachgeben würde und daß vermutlich neuer Hader und Blutvergießen von diesem Tag ausgehen werde, da ertönte aus der Versammlung heraus der Ruf: Ambrosius soll unser Bischof sein! Aller Augen richteten sich auf den die Aufsicht führenden Statthalter. Dieser wies erschreckt darauf hin, daß er erst Katechumene, aber noch nicht getauft, daß er Verwaltungsbeamter und Jurist, aber nicht Theologe sei; dies alles nützte nichts, alle waren froh, einen Ausweg gefunden zu haben. Zu seiner Gerechtigkeit hatten beide Seiten Vertrauen, und so wurde er zur Zustimmung genötigt. Eine Woche danach empfing Ambrosius die Taufe und die Bischofsweihe.
Von diesem Tag an widmete er sich seiner neuen Berufung mit dem gleichen Eifer, mit dem er bisher seinen weltlichen Beruf ausgeübt hatte. Dabei kam ihm seine vornehme Herkunft und seine bisherige hohe Amtsstellung im Umgang mit dem Kaiserhof zugute. Der Kampf mit der arianischen Irrlehre war ihm vom

Wahltag an auferlegt. Ein Jahr später starb Kaiser Valentinian I. Seine beiden Söhne Gratian (375–383) und Valentinian II. (375–392) waren minderjährig. Die Kaiserinmutter Justina war eine fanatische Arianerin. Der Einbruch der gleichfalls arianischen Goten verstärkte die Bedrängnis der römischen Christen. Dem jungen Kaiser Gratian war Ambrosius Freund und Berater. Ihm widmete er auch sein erstes theologisches Werk „Über den Glauben", ihn nannte er „heiligster Kaiser", und für ihn prägte er erstmals den Titel „allerchristlichster Kaiser", der von da an bis zum Ende der europäischen Monarchien im Gebrauch war. 379 erreichte Ambrosius von Gratian ein Edikt gegen die Arianer: „Verboten durch göttliche und kaiserliche Satzungen sollen alle Häresien in Ewigkeit verstummen."
Aber schon 383 wird der junge Gratian ermordet, sein zwölfjähriger Bruder Valentinian II. wird Kaiser im Westen, im Osten herrscht seit 379 Theodosius I. (der Große). Valentinian ist Wachs in den Händen seiner Mutter Justina und ihres arianischen Anhangs. Der Kampf zwischen dem Kaiserhof und dem Bischof ist unausweichlich. Im März 385 fordert der Kaiser von Ambrosius die Übergabe einer Mailänder Kirche an die Arianer. Der Bischof weigert sich, und als die Kaiserin die Kirche beschlagnahmen will, läßt Ambrosius sie durch das Volk „besetzen", Tag und Nacht. In der überfüllten Kirche hält der Bischof eine gewaltige Predigt, die noch heute zu den klassischen Dokumenten des Widerstands gegen Rechtsbeugung und Verletzung der Glaubensfreiheit zählt: „Es kommt für mich nicht einmal der Gedanke, die Kirche freiwillig zu verlassen. Denn ich fürchte den Herrn der Welten mehr als den Kaiser dieser Erde . . . Wenn der Kaiser Gewalt anwendet, wie das die Staatsmacht so gern tut, so werde ich das geduldig tragen. Denn so geziemt sich das für einen Bischof. Freiwillig werde ich euch niemals verlassen . . . Freudig erwarte ich einen Blutbefehl, und es schreckt mich nicht, was man mir bereitet . . . Meine Glaubenstreue kann nicht wankend gemacht werden von den Soldatenhaufen und dem Waffengeklirr da draußen vor der Kirche . . . Möge der Kaiser die Stimme des freien Bischofs hören. Und wenn ihm seine Seele lieb ist, stehe er ab von dem Unrecht gegen Christus . . . Auch ich habe einen bewaffneten Schutz: das sind die Gebete der Armen! Ja, die Blinden und die Lahmen und die zittrigen Greise sind mächtiger als die muskelstarken Soldaten. Der bewaffnete Schutz von Soldaten verschafft meist nicht allzuviel von göttlicher Gnade." Dies ist die kühne Sprache eines freien, im Glauben starken, verantwortungsbewußten Hirten, der nach Herkunft, Bildung und Selbstbewußtsein seinen Gegnern ebenbürtig, ja turmhoch überlegen ist.
Die Kaiserin tobt über ihre Niederlage. Sie holt zu einem noch größeren Schlag aus. Ambrosius hatte sie eine Jezabel, eine „Verführerin Eva" genannt. Augustinus schildert als Augenzeuge dieses Kampfes, Justina „habe gekämpft mit der Raserei eines Weibes – aber auch einer Kaiserin" (Bekenntnisse, 9. Buch, 7. Kapitel).

Am 23. Januar 386 erschien ein kaiserliches Edikt, wonach alle Kirchen im ganzen Reich an die Arianer auszuliefern seien. Wer sich weigerte, sollte wegen Anstiftung zur Empörung und Majestätsbeleidigung an Leib und Leben bestraft, das heißt hingerichtet werden. Die gleiche Strafe sollte den treffen, der den Befehl des Kaisers zu umgehen oder heimlich zu hintertreiben sucht. Mit flammenden Worten protestierte Bischof Ambrosius gegen die kaiserliche Despotie. In zwei glänzenden Reden vor dem versammelten Volk stellte er das Verhältnis von Staat und Kirche für alle Zeiten gültig dar: „Der Kaiser ist *in* der Kirche, aber nicht über der Kirche." Das Volk jubelte seinem tapferen Bischof zu. Tag und Nacht hielt es in den Kirchen aus, die Soldaten des Kaisers, die die Kirchen umzingelten, wurden verlacht und verhöhnt. Die meisten von ihnen sympathisierten selbst mit den Gläubigen. Die Maßnahme des Kaisers war ein Schlag ins Wasser. Er mußte sie zurücknehmen. Ambrosius hatte auf der ganzen Linie gesiegt. Sein Ansehen war so groß, daß er den Kaiser hätte absetzen können, wenn er dies gewollt hätte. Aber dies war nicht sein Ziel. So wie er die Rechte der Kirche respektiert sehen wollte, ebenso achtete er den Bereich des Staates.

Ab 394 war Kaiser Theodosius gleichzeitig Kaiser des Ostens und des Westens. Für ihn gab es keine Trennung von Kirche und Staat. Er fühlte sich selbst als „Bischof für die weltliche Seite der Kirche". Aber eine so weitgehende Identifikation von Religion und Politik, von weltlicher und geistlicher Gewalt hat der Kirche, hat ihrem Anliegen, den Menschen das Reich Gottes zu verkünden, oft mehr geschadet als staatliche Gegnerschaft. Eine Umarmung ist ein Zeichen der Freundschaft, wenn sie aber zu eng wird, kann sie auch behindern, ja ersticken. Ambrosius war sich dieser Wahrheit stets bewußt.

380 erließ Theodosius ein Dekret, wonach der Glaube der katholischen Kirche zum weltlichen Reichsgesetz erklärt wurde. Das Glaubensbekenntnis bildete seit diesem Dekret den Anfang des kaiserlichen Gesetzbuches; der Ostteil des Reiches hat sich widerstandslos der Reichskirche eingefügt, in der dem Kaiser das letzte Wort in allen geistlichen und weltlichen Dingen zukam. Der Westen aber hat die Glaubensfreiheit verteidigt und die Unabhängigkeit der Kirche unter schweren Kämpfen errungen. Der Wortführer des Westens war Bischof Ambrosius von Mailand.

Seit 388 residierte Theodosius in Mailand. Ambrosius war fast täglich im Palast zu Gaste. Er brachte dem Kaiser bei, daß die Kirche vom Papst und das Reich vom Kaiser regiert wird: „Das staatliche Gesetz kann wohl furchtsamen Menschen einen Gesinnungswandel abzwingen, aber es kann nicht den Glauben vorschreiben. Ich kann nicht zulassen, daß euer Gesetz über dem Gesetz Gottes steht."

Das Verhältnis von Kaiser und Bischof wurde dramatisch erprobt, als Kaiser Theodosius im Jahre 390 als Rache für die Ermordung des kaiserlichen Stadtkommandanten in einem Stadion in Thessaloniki 7000 Männer, Frauen und

Kinder von seinen Soldaten hinschlachten ließ. Ambrosius forderte vom Christen Theodosius öffentliche Reue und Buße. Der Brief, in dem diese Forderung enthalten ist, „ist für alle Zeiten ein Denkmal des Mutes vor Fürstenthronen, ein Hymnus auf die göttliche Macht des Gewissens und die Freiheit des Geistes" (H. Rahner).

Der Kaiser hat sich dem Bischof gefügt. Acht Monate lang verbot ihm Ambrosius die Teilnahme am öffentlichen Gottesdienst. Am Weihnachtstag des Jahres 390 hat der Kaiser öffentlich vor dem Volk seine Verfehlung bekannt und um Vergebung gebeten. Noch in seiner Leichenrede auf Kaiser Theodosius kam Ambrosius auf diesen Akt christlicher Demut zurück und sagte: „Allen kaiserlichen Prunk warf er zu Boden und beweinte öffentlich in der Kirche die Sünde, die ihm von der List seiner Höflinge entlockt worden war. Mit bitteren Tränen bat er um Verzeihung. Kleine Leute schämen sich, so zu tun – der Kaiser schämte sich nicht, mit den Büßern in einer Reihe zu stehen. Und kein Tag seines weiteren Lebens verging, an dem er nicht wehmütig seines Fehltritts gedacht hätte."

Die Nachricht von der Kirchenbuße des Kaisers verbreitete sich ebenso wie die von seiner Freveltat in Windeseile im ganzen Reich. Sie diente mehr als theologische Abhandlungen der Klarstellung: der Kaiser ist ein Mensch, kein Gott wie im römischen Heidentum; er steht unter Gottes Gebot wie jeder Christ. Der Bischof ist allein Gott und seinem Wort verantwortlich, nicht der Macht des Kaisers. Die Demonstration dieser Wahrheit schuf ein Kirchenbewußtsein der Freiheit und Unabhängigkeit, das ihr – wenigstens im Abendland – nie mehr ganz verlorenging.

Die kirchenpolitische Seite seiner bischöflichen Wirksamkeit trat zwar öffentlich mehr ins Blickfeld, sie machte aber nur einen geringen Teil seines Dienstes als Hirte seiner Gemeinde aus. Ambrosius war als Priester für alle da. Dies liest sich wie eine Phrase, ist aber keine. Wir haben dafür einen berühmten Zeugen. Voll Bedauern schreibt Augustinus in seinen „Bekenntnissen" (Buch 6, 3. Kapitel):

„Den Ambrosius hielt ich für einen glücklichen Mann, was so die Welt glücklich nennt, weil er geehrt wurde von den höchsten Mächten . . . Leider war ich von seinem Ohr und Mund abgesperrt durch ganze Haufen geschäftiger Leute, denen er in ihrer Schwachheit beistand. Und war er einmal von diesen Leuten nicht umgeben, was immer nur sehr kurze Zeit der Fall war, so erquickte er durch Lesen seine Seele. Oft, wenn ich zugegen war – denn niemand war verboten, einzutreten, und es war nicht Brauch, ihm die Besuchenden zu melden –, habe ich ihn so gesehen und nic anders als still lesend. Dann saß ich lange schweigend bei ihm – denn wer hätte es gewagt, dem so in sich Versunkenen zur Last zu werden? – und ging wieder weg und dachte mir, in jener kurzen Zeitspanne, die er, frei vom Lärm und Andrang fremder Sorgen für sich und zur Erholung seiner Seele gewinnen konnte, wolle er nicht zu anderen Dingen

hingezogen werden.“ Ambrosius hatte also kein Vorzimmer, keinen Terminkalender, keine Mauern und keinen Sekretär zwischen sich und seinen Gläubigen. Jedermann hatte jederzeit Zugang zu ihm, und wenn er ihm nur beim stillen Lesen zusehen konnte. Das seelsorgliche Einzelgespräch erweiterte sich zur großen Gemeinde, wenn der Bischof seinen Gläubigen im Gottesdienst „das Brot des Wortes brach“. Ambrosius war ein wortmächtiger Prediger. Seine Verkündigung schuf aus den Gläubigen eine Gemeinde, den Leib der Kirche. Die Darlegung der Glaubenswahrheiten, die Auslegung der Heiligen Schrift und die Anleitung zu einem sittlichen Christenleben bildeten die Grundlage, aus der heraus der Bischof die täglichen Sorgen und Nöte seiner Zuhörer aufschloß, Zuversicht ausstrahlte und Hoffnung verbreitete. Der Gottesdienst war das seelsorgliche Herzstück des Heiligen. Er mußte ansprechend und feierlich sein; weil der Mensch nicht nur aus Verstand, sondern auch aus Auge und Ohr besteht, darum führte Ambrosius die morgenländische Sitte der gesungenen Hymnen ein. Er dichtete und vertonte selbst diese noch heute in der Liturgie *gebrauchten* festlichen Lieder. Nicht umsonst hat man ihm das wohl größte hymnische Gedicht der Menschheit zugeschrieben, den „Ambrosianischen Lobgesang“, das ist unser Tedeum (Großer Gott, wir loben dich). Auch wenn sich der Nachweis seiner Verfasserschaft nicht führen läßt, es gibt niemand, dem es eher zuzuschreiben wäre.
Die zahlreichen Schriften des Ambrosius wuchsen aus seiner Seelsorgsarbeit heraus. Sie waren entweder Vorbereitungen auf die Predigt in der Form von Abhandlungen oder Niederschriften, die von Ambrosius dann redigiert wurden. So haben wir von ihm neunzehn Schriften, die sich mit der Auslegung des Alten Testaments befassen, dazu eine Erklärung des Lukasevangeliums. Dieses war sein Lieblingsbuch im Neuen Testament. In seinen „Katechesen“ behandelte er die Glaubenslehre für Neugetaufte. Den Jungfrauen, die sich ganz Gott geweiht hatten, stellte er die Mutter Gottes in den Mittelpunkt ihres Tugendstrebens. Er hat in der westlichen Kirche damit die Verehrung Marias zum Idealbild christlicher Frömmigkeit entwickelt. Für das ganze Mittelalter maßgebend blieb seine zusammenfassende Ethik, in der er systematisch die Pflichten der Christen darlegt.
Schließlich sind von den zahlreichen Briefen, einmalige Dokumente für das Denken und das Leben seiner Zeit, einundneunzig auf uns gekommen. Sie sind Zeugnisse für seine Frömmigkeit, für seine Auffassung vom bischöflichen Amt, für seine ganze Art zu denken und zu schreiben. Es ist schade, daß der Raum nicht den Abdruck wenigstens eines Briefes gestattet. Ein kurzer Auszug aus einem Brief an Kaiser Theodosius soll aber nicht fehlen: „. . . Ich rate, bitte, mahne, warne. Denn tief schmerzt es mich, Euch ohne Reue über die Ermordung so vieler unschuldiger Menschen zu sehen, Euch, der Ihr bisher das Vorbild einer nie gesehenen Frömmigkeit wart . . . Nicht wage ich es, das Meßopfer darzubringen, wenn Ihr daran teilnehmt! Wenn das schon nicht ging

nach dem Mord an einem einzigen unschuldigen Menschen, darf man dann es tun nach dem Mord an Tausenden? Ich denke: Nein. Ach Kaiser! Hätte ich doch früher mehr an meine Sendung geglaubt, als auf Euren Charakter vertraut. Ich wähnte, Ihr würdet rasch verzeihen, rasch den Befehl zurückziehen. Aber da hat es Euch gepackt, und ich konnte es nicht verhindern . . . Ich habe Euch lieb, ich verehre Euch, ich verfolge Euch mit meinen Gebeten. Wenn Ihr mir das glaubt, dann tut, was ich Euch sage. Wenn Ihr mir nicht glaubt, dann verzeiht mir: aber ich muß handeln und Gott dem Kaiser vorziehen . . . "

Als letztes Schriftwerk diktierte er, auf den Tod erkrankt, eine Erklärung zu Psalm 44. Als er zum Vers 24 kam („Wach auf! Warum schläfst du, Herr? Erwache, verstoß mich nicht für immer!), da diktierte er: „Es ist hart, so lange diesen Leib, der bereits vom Schatten des Todes eingehüllt ist, herumzuschleppen. Erhebe dich, Herr! Warum schläfst du? Willst du mich noch immer zurückweisen?" Dann bricht sein Manuskript ab, dies sind die letzten Worte, die Ambrosius, eine der größten Hirtengestalten der katholischen Kirche, an die Welt gerichtet hat.

Am 4. April 397 erfüllte sich die Sehnsucht seiner Seele im Heimgang zum Herrn. Die Kirche feiert sein Fest nicht am Tag seines Todes, sondern am Tag seiner Bischofsweihe, am 7. Dezember.

Seine Gebeine ruhen in der Krypta seiner Basilika Sant' Ambrogio in Mailand. Ambrosius ist einer der vier großen Kirchenlehrer der katholischen Kirche. Er wird abgebildet als Bischof mit einem Bienenkorb als Zeichen seines bienenemsigen Fleißes im Dienst der Kirche und der ihm anvertrauten Seelen.

Antonius von Padua

geboren: 1195
gestorben: 13. Juni 1231
Fest: 13. Juni

Der Kirche hat es nie gut getan, wenn sie sich zu sehr mit der Politik einließ. Ihr Reich ist eben „nicht von dieser Welt". Dabei hielten die Kaiser des Mittelalters das Reich, das sie regierten, nicht für ein Reich „von dieser Welt". Sie fühlten sich als Verwalter der diesseitigen Belange des Gottesreichs. Aber mit Waffen führt man eben Krieg, und dabei fließt das Blut von Menschen. Mit Geld und Gut macht man sich das Leben schön, und zwar das diesseitige. Und der Mensch ist nun einmal so beschaffen, daß er im allgemeinen dem Diesseits, das er sieht und fühlt, mehr zuneigt als dem Jenseits, das er nicht sieht und an das er glauben muß. Dies spricht nicht gegen die tiefe Frömmigkeit vieler Kaiser, Fürsten und Ritter, es spricht aber auch nicht gegen die Machtgelüste und die Geldgier mancher Päpste und Bischöfe und Kleriker. Die Kaiser hatten die wichtigsten Ämter des Reiches mit Bischöfen besetzt, weil sie von diesen Treue und Selbstlosigkeit erwarteten. Oft hatten sie recht, oft auch wurden sie enttäuscht. Die Kirche war allmählich in weiten Teilen durch Macht und Reichtum verdorben worden. Dabei hatte sich der Begriff der „Kirche" zunehmend vom Volk Gottes weg auf die Hierarchie, die Priester und Mönche eingeengt. Das Volk, der Laie, kam in diesem Kirchenbegriff nicht mehr vor. Seine Aufgabe war es allein, „auf die Kirche zu hören". Dies konnte auf die Dauer nicht gut gehen. Und es ging nicht gut. Die Ehe der Hierarchie mit der politischen Macht, die Ansammlung von Reichtümern in der Hand des Klerus und die Aussperrung des Volkes von der Mitgestaltung des Lebens der Kirche brachten die Kirche des Abendlandes an den Rand des Untergangs.
Nach Vorläufern im 11. Jahrhundert erhob sich um die Mitte des 12. Jahrhunderts eine Laienbewegung, die gegen die Verweltlichung des Klerus protestieren und die Kirche zur Armut des Evangeliums zurückführen wollte. Die Kreuzzüge, das Heilige Land mit seinen heiligen Stätten, an denen sich das irdische Leben Jesu abgespielt hatte, war jahrzehntelang das Hauptthema der privaten Gespräche und der öffentlichen Reden. Dadurch trat das irdische Leben Jesu gegenüber seinem Dasein im Himmel wieder mehr in den Vordergrund. Das Volk ging seinen Spuren nach über die Berge von Galiläa, durch die Wüste, am Ufer des Sees Gennesaret. Es hörte die Berichte der Evangelien und vergegenwärtigte sich die Landschaft, die eben jetzt die Söhne und Brüder mit ihrem Blut von den Ungläubigen zurückerobern wollten. Dabei merkte das

Volk die große Kluft zwischen dem armen Leben des Herrn und dem Luxus seiner Diener, die in goldstrotzenden Gewändern hoch zu Roß ihrem Volk voranzogen. Das Volk lehnte diese Kirche und ihre Fürsten ab. Es wollte zurück zur Armut Jesu. Unglücklicherweise brachten die Kreuzfahrer mit fremden Sitten, Speisen und Gewändern auch fremde, falsche Lehren aus dem Orient nach dem Westen. Es waren die Lehren der Manichäer, die lehrten, ein böser Gott habe diese Welt geschaffen, ein guter Gott den Himmel. Darum sei diese Welt böse, und wer sich mit ihr einlasse, der sei voll Sünde. So hielten sie die Ehe für eine Einrichtung des Teufels, Geld und Gut für ein Verbrechen, Amt und Autorität für eine Anmaßung. Was der Mensch zu einem heiligen Leben brauche, das sei die Armut, die Enthaltung von allen Dingen dieser Welt, und das Wort Gottes aus dem Munde von Wanderpredigern, die keine andere Legitimation haben sollten als ihre Armut und ihre Abkehr von der Welt.

Der Zulauf des einfachen Volkes zu dieser Sekte war ungeheuer. Wie ein Brand das trockene Gras der Steppe krachend in Flammen setzt, so raste der Steppenbrand des Irrglaubens durch die europäischen Lande. Vor allem Oberitalien und Südfrankreich fielen nahezu ganz von der Kirche ab, auch Fürsten, Bischöfe und Priester schlossen sich den Albigensern an. Aber auch die Rheinstraße entlang verbreiteten sich religiöse Laiengemeinschaften, die den Katharern nahestanden. Die Kirche reagierte zunächst so, wie es ihrem damaligen Selbstverständnis entsprach. Sie verurteilte, sie bannte und bestrafte. Die einfachen Menschen aber, die glaubten, Jesus selbst in ihrem Lager zu haben, spotteten der Prälaten, die in Prunkgewändern zu ihnen kamen und in lateinischer Sprache unverständliche Mahnungen und Verdammungen vorlasen.

Auf einmal schien die Kirche ein Generalstab ohne Heer zu sein.

In dieser echten und großen Not sandte Gott der Kirche das Heilmittel, das allein diese schweren Wunden heilen konnte. Er erweckte Männer, die *innerhalb* der Kirche eine Armutsbewegung in Gang setzten, die auf dem Boden des rechten Glaubens nicht weniger radikal die Christusnachfolge verwirklichten als die Wanderprediger der Katharer, Albigenser und Waldenser. Es war dies vor allem der heilige Franz von Assisi, der nie Priester werden wollte und nie Priester wurde, der zeitlebens gegen eine kirchenrechtliche Verfassung seiner Brüdergemeinde kämpfte, der als Wanderprediger ohne gelehrten Schwulst den einfachen Menschen die Liebe und die Nähe des über das Heilige Land wandernden armen Herrn nahebrachte. Der Erfolg seiner Bewegung zeigt, daß er das einzige Heilkräutlein gefunden hatte, das die schwere Krankheit der Kirche zu heilen vermochte, und Papst Innozenz III. war klug genug, nach diesem Strohhalm zu greifen, der sich als rettender Balken erweisen sollte. Nicht weniger hat der heilige Dominikus beigetragen. Er konzentrierte sich direkt auf die missionarische Arbeit unter den irregeleiteten Massen der Katharer. Er schulte seine Leute in Theologie und Predigt, dann schickte er sie arm wie die

Jünger Jesu auf die Dörfer und in die Städte der Provence und der Lombardei. Auch die Zisterzienser, die Klarissen, die Karmeliten, die Augustiner-Eremiten richteten nun im Christenvolk das Zeichen der evangelischen Armut auf und gaben so der Kirche ihre Glaubwürdigkeit zurück. Allmählich gelang es, die meisten Ketzergebiete zurückzugewinnen, teils mit der Überzeugungskraft der Predigt, teils leider mit Waffengewalt, die im Bereich der Glaubensüberzeugung von allen das schlechteste Mittel ist; dann mit dem Scheiterhaufen der Inquisition, deren Flammen als brennende Anklage die Geschichte der Kirche durchziehen, so lange sie besteht, schließlich aber durch die selbstlose Missionsarbeit und durch das vorbildliche Armutsleben der Söhne des heiligen Franz und des heiligen Dominikus. Dieser kirchengeschichtliche Zeitrahmen mußte angedeutet werden, um das Lebenswerk des heiligen Antonius in seiner Bedeutung für die Kirche verstehen und würdigen zu können.

Der Heilige wurde im Jahre 1195 als Kind wohlhabender Eltern in Lissabon geboren und auf den Namen Fernandez (Ferdinand) getauft. Da die Eltern früh starben, wurde der Junge von Verwandten standesgemäß und fromm erzogen. Im Alter von fünfzehn Jahren trat er in das Augustinerchorherrenstift zum heiligen Vinzenz in Lissabon ein. Es war ihm ernst mit seinem Weggang aus der Welt, er wollte frei sein von allen Bindungen an Verwandte, an Standespflichten und Vermögen seiner Familie. Dazu aber hätte er nicht in das vornehmste Stift des Landes eintreten dürfen, das mitten im Geflecht der politischen Verwicklungen zwischen König und Kirche lag und in alle Händel hineingezogen wurde. Auch Fernandez ließen seine Freunde und seine Familie keine Ruhe. Er sollte Partei ergreifen in Auseinandersetzungen, die nicht die seinen waren, die ihn nichts angingen und vor denen er ja gerade geflohen war. Nach zwei Jahren hatte er genug. Er verließ seine Vaterstadt Lissabon und siedelte in das Chorherrenstift zum Heiligen Kreuz zu Coimbra über. Aber auch dorthin verfolgte ihn die Politik. Der Prior ergriff Partei im Streit zwischen König Alfons und Papst Honorius III. und trug politische Parteiungen in seine Klostergemeinschaft hinein. Fernandez aber war doch insgesamt glücklich in Coimbra; denn hier befand sich das Studienzentrum seines Ordens. Acht Jahre lang erhielt er eine vorzügliche wissenschaftliche Ausbildung in der Theologie des heiligen Augustinus und in der Erklärung der Heiligen Schrift. Seine Schriftkenntnis wurde zeitlebens gerühmt. Eine ruhmvolle Laufbahn als akademischer Lehrer schien für ihn vorgezeichnet. Da warf ein Ereignis alle Lebenspläne über den Haufen.

Der heilige Franz von Assisi wollte in der Glut seiner Gottesliebe alle Menschen bekehren. Die größte und schwierigste Missionsaufgabe ging er mit unglaublichem Mut und Gottvertrauen direkt und wenig besonnen an. 1213 bis 15 ging er nach Spanien. Von dort wollte er nach Nordafrika übersetzen und den Sultan der Türken zum Christentum bekehren. Eine Krankheit zwang ihn umzukehren. In heiligem Eifer begaben sich seine Mitbrüder nach Marokko. Der Sultan

war ein gebildeter und humaner Monarch. Er hielt sie für arme Narren und wollte ihnen nichts zuleide tun. Aber die Brüder beleidigten die Einrichtungen und Symbole des Islam und erkämpften sich geradezu das Martyrium. Ihre Gebeine gab der Sultan zurück. Sie wurden unter dem ungeheuren Jubel des Volkes 1220 nach Coimbra, der Residenz des portugiesischen Königs, übergeführt und im Stift Santa Cruz beigesetzt. Durch diese begeisternden Ereignisse wurde die Aufmerksamkeit auf das kleine Klösterlein der Franziskaner gelenkt, das unter dem Namen des großen Einsiedlers Antonius in Coimbra bestand. Brüder dieses Klosters erschienen an den Türen der Vornehmen und auch der reichen Ordenshäuser und erbettelten ihr tägliches Brot. Sie wollten sich so verdemütigen und Christus buchstäblich nachfolgen. Noch in demselben Jahr 1220 verließ Fernandez Hochschule und Chorherrnstift, zog die Kutte der Minderen Brüder des Franz von Assisi an, legte seinen Namen ab, nannte sich nach dem Klosterpatron von da an Antonius und siedelte in das primitive Klösterlein am Rande der Stadt Coimbra über.
Wie die heiligen Martyrer, deren Reliquien glanzvoll und siegreich zurückgeführt worden waren, wollte Antonius in Marokko die Frohe Botschaft verkünden. Er kam nach Afrika, aber eine schwere Krankheit setzte seinem Eifer eine schnelle Grenze. Für ihn hatte die Vorsehung eine andere Aufgabe bestimmt. 1221 mußte er nach Europa zurückkehren. In schweren Stürmen verlor das Schiff mit seinen primitiven Navigationsinstrumenten den Kurs. Es landete nicht in Spanien, sondern in Sizilien, weitab von seinem Heimathafen und Bestimmungsort. Antonius aber war nicht heimatlos, er hatte eine Heimat in der Gemeinschaft des heiligen Franz von Assisi gefunden. Die sizilianischen Brüder nahmen ihn liebevoll auf und nahmen ihn mit zum Generalkapitel des Ordens nach Portiunkula bei Assisi. In den ersten Jahren kamen zum Generalkapitel nicht nur Vertreter der Ordensprovinzen zusammen, sondern alle Brüder, die den Fußweg nach Assisi machen konnten. 3000 waren es in diesem Jahr 1221. Der Orden war zwar seine neue Heimat, er gehörte dazu, aber deswegen war er doch allen Anwesenden unbekannt, er gehörte zu keiner der vertretenen Provinzen. Er war ein vom Sturm verschlagener Einzelgänger. Als die Mitglieder des Generalkapitels sich provinzweise sammelten und aufstellten, blieb er als einziger übrig. Da bat er den Provinzial von Norditalien, ihn in seine Provinz aufzunehmen. Dieser willigte ein, wußte aber nicht recht, was er mit ihm anfangen sollte, da er ja die Landessprache nicht beherrschte. Er schickte ihn zunächst in die Einsiedelei Monte Paolo. Dort sollte er in die Spiritualität des Ordens eingeführt werden, die italienische Sprache lernen und sich im Haus nützlich machen. Antonius war mit dieser Rolle vollkommen zufrieden. Es war genau das, was er sich gewünscht hatte: als letzter der Diener aller zu sein, unbekannt, abseits vom Getriebe der Welt zu beten, zu büßen und die niedrigsten Dienste zu verrichten. Im Sommer 1222 erhielt eine Anzahl von Brüdern die Priesterweihe. Beim gemeinsamen Mittagsmahl sollte einer der Neugeweih-

ten dem Bischof die Dankansprache halten. Keiner traute sich eine Rede aus dem Stegreif zu. Schließlich wurde der letzte, der Neuling und Ausländer, gedrängt, die undankbare Aufgabe zu übernehmen. Da entfaltete der Adler seine Schwingen und schwang sich majestätisch in die Luft. Antonius hielt eine so glänzende theologisch fundierte, aber doch fromme Ansprache, unterbaut mit einer Fülle von Zitaten aus der Heiligen Schrift, daß alle ihm gebannt und voll Bewunderung zuhörten. Natürlich erfuhren die Ordensoberen in Kürze davon. Nun wußten sie, wo sie den Neuling einsetzen konnten. Sie schickten ihn nach Oberitalien in die Ketzermission. Dort zog er, äußerlich nicht viel anders als die Wanderprediger der Ketzer auch, von Dorf zu Dorf, von Stadt zu Stadt und verkündete die Armut des Herrn und seine Nachfolge im Kreuztragen. Die beste Predigt war seine eigene Armut als Sohn des Poverello aus Assisi. Er predigte gegen den Reichtum, aber nicht wie die Katharer, daß die Welt böse, der Besitz Sünde und ihr Gebrauch der Weg zur Hölle sei, sondern daß alles vom guten Gott erschaffen, daß alles seiner Ehre diene, daß der Mensch sich aber verführen lasse durch die Güter dieser Welt, die Güter des Himmels zu vergessen. Armut ist ihm nicht Selbstzweck, sondern das Mittel, Gott näher zu kommen, ohne das Hindernis und das Bleigewicht der irdischen Genüsse und Werte.

Die Übereinstimmung seiner Lehre mit seinem Leben, die geniale rednerische Begabung und sein Seeleneifer brachten reichen Erfolg. Tausende, ganze Städte, ja sogar Oberhäupter der Sekte, kehrten zur Kirche zurück. Dies sah auch der heilige Franz von Assisi. Er merkte, daß ein solides Studium der Glaubenswahrheiten, der Heiligen Schrift und der richtigen Methode der Pastoral für den Erfolg ausschlaggebend sind. Obwohl Franz von Gelehrsamkeit nicht viel hielt – er sah in ihr ein Gut, das noch mehr als äußerer Besitz zu Stolz und Eitelkeit verleitet –, beauftragte er Antonius, ein Studium für den Franziskanerorden einzurichten. „Ich will, daß du den Brüdern die heilige Theologie darlegst, jedoch so, daß weder in dir noch in ihnen der Geist des Gebetes ausgelöscht werde gemäß der Regel, die wir versprochen haben.“ Mit diesem Auftrag gründete Antonius das erste Studienhaus seines Ordens und wurde dessen erster theologischer Lehrer.

1224 ging Antonius in das Zentrum der Ketzerbewegung nach Südfrankreich. Dort wurden die Irrenden, die Verführten und die Fanatischen mit Feuer und Schwert bekämpft. Im Gegensatz zu anderen Predigern hielt sich Antonius von allem weltlichen und militärischen Getriebe fern. Er erwarb sich durch den Erfolg seiner Predigten zwar den Namen „Hammer der Ketzer“, aber in den Niederschriften seiner Predigten findet sich kein einziger Angriff gegen die Irrlehrer, so daß sich der mißverständliche Ausdruck „Hammer“ nicht auf die Härte und Gewalttätigkeit bezieht, sondern auf die moralische Wirkung seiner Mission. Die Gefahr von Wander- und Festpredigern ist groß, daß sie zwar den Segen des Wortes ausstreuen, sich aber um die Pflege der aufgehenden Saat nicht kümmern. Dieser Gefahr war sich Antonius sehr wohl bewußt. Um ihr zu entgehen, gründete er an den zentralen Punkten seiner Arbeit Klöster seines Ordens, die den Erfolg der Predigt bewahrten, vertieften und ausbauten. So entstanden Klosterpfarreien als Anfang einer geordneten Pfarrseelsorge.

1227 rief ihn der Orden nach Italien zurück. Diesmal ging es weniger um die Bekehrung der Katharer und Waldenser, als vielmehr um die Glaubenserneuerung der katholisch gebliebenen Gebiete. Der Zulauf zu den Predigten des Antonius war ungeheuer. Fast immer mußte er seine Kanzel ins Freie verlegen; kein Kirchenraum konnte die Massen der Zuhörer aufnehmen. Vor allem die Stadt Padua brachte eine reiche Ernte ein. Zeitgenossen berichten, daß sich der ganzen Stadt eine nie erlebte religiöse Begeisterung bemächtigte. Feinde schlossen Frieden, Schuldner wurden aus dem Schuldturm befreit, ungerechtes Gut wurde zurückerstattet, Dirnen und Diebe taten öffentliche Buße. Bis heute gilt ein damals erlassenes Gesetz, daß niemand mit seinem Leben und seiner Freiheit für eine Schuld haften soll, sondern nur mit seinem Eigentum. Die Predigt und das Vorbild des Antonius haben das Schifflein der Kirche, das tief im Wasser lag und zu sinken drohte, um ein gutes Stück gehoben, so daß es neue Fahrt aufnehmen konnte, von einem unheimlichen Druck befreit.

Die gewaltigen Anstrengungen und die Nachwirkungen der Krankheit, die er sich in Afrika geholt hatte, erschöpften die Kräfte des Heiligen. Er schonte sich nicht, da er sich selbst Gott zum Opfer darbringen wollte. Krank und zu Tode erschöpft bestieg er die Kanzel. Am 13. Juni 1231 aber sprach ihm der Herr sein „Es ist vollbracht“ und „Geh ein in die Freude deines Herrn“!

Antonius starb in Arcella bei Padua. Die Überführung des Leichnams in den neuen, noch gar nicht vollendeten Dom zu Padua gelang nur durch List, da vom ersten Tag an die Verehrung der Gläubigen einsetzte, die bis zum heutigen Tag andauert. Unzählige Gebetserhörungen machten das Grab dieses Heiligen zu einer der größten Wallfahrtsstätten der Christenheit. Nach dem kürzesten Heiligsprechungsprozeß in der Geschichte der Kirche hat ihn Papst Gregor IX. kaum zehn Monate nach seinem Tode seliggesprochen. Papst Pius XII. verlieh ihm am 16. Januar 1946 den Titel eines „Kirchenlehrers“. Angerufen wird Antonius von Padua noch heute als Helfer zur Auffindung verlorener Sachen.

Augustinus

geboren: 13. November 354
gestorben: 28. August 430
Fest: 28. August

Wie vor einem Gebirgsmassiv steht der Historiker, der Theologe oder der einfache Christ unserer Tage vor der Gestalt des Kirchenvaters Aurelius Augustinus. So wie die aufragenden Felswände mit ihren Wänden und Schluchten den Wanderer schrecken, so empfindet man bange Ehr-Furcht vor dem Leben und Werk des Menschen und Heiligen, der die politischen und geistigen Wogen seiner Zeit wie ein Fels überragte. Und es war eine stürmisch bewegte Zeit, als die germanischen Stämme in der Völkerwanderung die wehrhaften Zäune des Römischen Reiches zerbrachen und die antike Kultur in den Boden stampften. Als Augustinus zwanzig Jahre alt war, brachen die Hunnen über Europa herein. 410 fiel das Herz des Reiches, die Stadt Rom, unter dem Ansturm der Westgoten. Selbst Christen wurden irre an ihrem Gottesglauben, weil der Christengott die „Heilige Stadt" nicht zu beschützen vermocht habe. Nicht geringer waren die geistigen Beben, die den christlichen Erdkreis erschütterten. Arianer, Pelagianer, Donatisten und Manichäer und viele andere Sekten stürmten gegen die Kirche an und drohten sie unter den Wogen ihrer fanatischen Theologien zu begraben. Die meiste Zeit seines christlichen Wirkens verbrachte Augustinus mit der Verteidigung der Wahrheit. Ihr galten fast alle seine Schriften. Das Feld der Seelsorge bestellte er mit dem Pflug in der einen und dem geistigen Schwert in der anderen Hand. Aus der Tiefe seiner eruptiven Persönlichkeit schleuderte er in gewaltigen Ausbrüchen die Glut seiner Gedanken in die von äußeren und inneren Stürmen aufgewühlte Christenheit. Sie zerstörten die leicht gebauten Hütten seiner Gegner und sprengten der Christenheit den Weg frei in eine neue, in ihre Zukunft, die zwar auf griechischem Geist und römischer Ordnung ruhte, die aber, keinem unterworfen, ihrem göttlichen Inhalt die menschliche Form für viele Jahrhunderte schuf. Augustinus wurde zum Kirchenvater im eigentlichen Sinn, zum Vater der Kirche, in der bis zum heutigen Tag sein Geist fruchtbar geblieben ist.
Dabei war Augustinus kein Abendländer, kein Europäer. Er war Afrikaner, genau Numider. In Thagaste, einer kleinen Stadt der römischen Provinz Numidien, wurde er am 13. November 354 geboren. Sein Vater Patricius war städtischer Beamter. Er war Heide und ließ sich erst auf dem Sterbebett (371) taufen. Die Mutter Monika war Christin. Sie war der gute Geist ihres Sohnes. Sie hat

unter seinem wilden Leben vor seiner Bekehrung viel gelitten. „Ihre Tränen waren das Taufwasser ihres Sohnes“, sagt ein Schriftsteller. In seinen „Bekenntnissen“ hat er ihr ein rührendes Denkmal der Liebe gesetzt, das ihr zur Aufnahme unter die heiligen Frauen der Christenheit verholfen hat. „Es weinte zu dir meine Mutter, deine Getreue weinte um mich mehr als Mütter am Leichnam ihrer Söhne weinen... Und du, Herr, hast sie erhört. Du hast sie erhört und hast ihre Tränen nicht verachtet, wenn sie strömend den Boden unter ihren Augen benetzten, wo immer der Ort ihres Betens war: ja, du hast sie erhört.“
Die schulische Grundbildung erhielt Augustinus in seinem Geburtsort Thagaste, die höhere Schule besuchte er im Nachbarort Madaura und die Hochschule in der Hauptstadt des römischen Afrika, Karthago. Der Vater hatte ehrgeizige Pläne mit dem begabten Sohn. Er sollte, geschult an den großen Klassikern, ein Meister und Lehrer der Rhetorik, der Redekunst, werden. Diese war in der lateinischen Spätzeit die angesehenste wissenschaftliche Disziplin. Sie führte zu Ruhm und Reichtum, sie konnte nach Rom in die Hauptstadt und möglicherweise zu einer Stellung am Kaiserhof führen. Zunächst aber hatte der Knabe wenig Freude am Schulbetrieb. Er war ein Kind wie jedes andere und spielte lieber mit dem Ball als mit den Büchern. Dafür gab es Schläge, vor denen sich der kleine Augustinus so sehr fürchtete, daß er zu Gott um Verschonung betete. „Schöner war es halt zu spielen, und dafür straften mich Menschen, die doch selber derlei trieben. In meiner Knabenzeit hatte ich keine Freude am Lernen, und der Zwang dazu war mir verhaßt. Aber man zwang mich eben, und so war es auch gut für mich, denn ohne Zwang hätte ich nicht gelernt.“ Diese Abneigung verwandelte sich mit den schulischen Fortschritten in das Gegenteil. Nun lernte er die Verse des Vergil mit Begeisterung auswendig und fand Gefallen an den kunstvollen Reden des Cicero. Nur mit der griechischen Sprache konnte er sich nicht befreunden. In ihr erreichte er zeitlebens keine Meisterschaft. Ein Meister aber wurde er in der Kunst, jedes vorgegebene Thema in kunstvoll gedrechselte Worte zu fassen nach den Gesetzen einer formalistischen Rhetorik. Man „schämt sich bis in die Seele hinein, wenn man für einen Verstoß gegen die Aussprache oder den Satzbau getadelt wird“, erinnert sich noch der erwachsene Augustinus und tadelt diese hohle Kunst mit sarkastischen Worten.
Mit dem Eintritt der Pubertät erwachte die Sinnlichkeit, begleitet von jugendlichen Streichen und Sünden. Um sich Zeit und Geld für den Besuch des Theaters zu verschaffen, belog und bestahl er Eltern und Lehrer. Aus Küche und Keller stahl er Lebensmittel für sich und seine Kameraden. Beim Spielen mogelte er. Wenn man ihm dahinterkam, drückte er sich um ein Geständnis und stritt in gespielter Wut alles ab. Die Freundschaft war zeitlebens ein Grundbedürfnis des von Natur mitteilsamen Augustinus. Aber in den Strudeln der Pubertät „stiegen Nebeldünste aus dem sumpfigen Gelüste des Fleisches und dem Strudel sich rächender Mannbarkeit, und sie verdunkelten mein Herz, daß sich der heitere, ruhige Glanz der Liebe nicht mehr unterscheiden ließ von der

Finsternis der Wollust. Beides wogte durcheinander und schleifte meine wehrlose Jugend durch Abgründe von Leidenschaft und riß sie hinein in einen Wirbel von Schändlichkeiten ... Wo war ich doch, wie weit von den Wohnungen deines Hauses – damals in jenem 16. Jahr meines Daseins im Fleische, das die Herrschaft über mich ergriff – und ich ergab mich ihr ganz – der Raserei der Lustbegier, erlaubt nach dem Schandurteil der Welt, aber unerlaubt nach deinem Gesetz? Und die Meinen sorgten nicht dafür, den Fallenden wenigstens in einer Ehe aufzufangen, sondern ihre einzige Sorge war es, daß ich einen möglichst guten Stil mir aneignete und durch die Kunst des Wortes zu überreden lernte." Aus diesem Aufschrei dürfen und müssen wir entnehmen, daß die geschlechtlichen Verirrungen dieser Zeit sowohl sexuelle Beziehungen mit gleichaltrigen Freunden als auch mit wechselnden weiblichen Partnerinnen einschlossen. Den Ruf des Sechzehnjährigen nach einer Ehe als Heilmittel für seine Ausschweifungen liest man noch heute mit Erschütterung. Da die Eltern eine Eheschließung ablehnten, nahm sich der Siebzehnjährige eine Konkubine und begründete mit ihr für vierzehn Jahre (bis 385) eine „Ehe ohne Trauschein". Nach einem Jahr gebar die nicht näher bekannte Frau dem achtzehnjährigen Augustinus einen Sohn, den er Adeodatus nannte und der 387 zusammen mit seinem Vater die Taufe empfing. Im Jahre 390 ist er gestorben.

371 starb der Vater Patricius. Auf seinem Sterbebett empfing er die Taufe. Zu dieser Zeit lebte Augustinus bereits als Lehrer für Rhetorik in Karthago. Dort, in der zweitgrößten Stadt des Römischen Reiches, suchte er Reichtum, Ansehen und Ruhm. Durch eine vornehme Heirat wollte er sich Aufnahme in die ersten Gesellschaftskreise verschaffen.

Bei seinen Studien geriet er an ein heute nicht mehr bekanntes Werk Ciceros, „Hortensius". Dieses Werk brachte eine erste Besinnung in Augustins Leben. In seinem Dialog zeigt Cicero, daß es nicht auf die äußere Kunst der Darstellung ankommt, sondern auf den Inhalt. Die Wahrheit ist das Ziel des Lebens; ohne einen wertvollen Inhalt ist das Gewand der Rede wertloser Flitter. Nach der Lektüre des Hortensius war Augustinus durch die oberste, die oberflächlichste Schicht seines Wesens durchgestoßen, von der Schale zum Kern, vom Äußern zum Inneren, von der Suche nach glanzvoller Rede zur Suche nach Wahrheit. Freilich vermißte er bei Cicero den Namen Christus, den ihm seine Mutter als Quelle aller Wahrheit ans Herz legte. Darum griff er zur Heiligen Schrift. Aber noch war er nicht so weit. Die schlichte Sprache stieß ihn ab. Sie „erschien ihm unwürdig, mit der Sprache Ciceros in Vergleich zu treten". Es sollten noch dreizehn Jahre bis zu seiner endgültigen Bekehrung vergehen.

Zunächst schloß er sich der Geheimlehre der Manichäer an. Sie war von dem Perser Mani um 250 in Mesopotamien gegründet worden. Sie gab sich aus als Vollendung des Christentums und versprach die Wahrheit der Vernunft ohne Glauben. Der Gang der Welt wird bestimmt vom ewigen Gegensatz zwischen Gut und Böse. In jedem Menschen streitet die Seele des Lichts mit der Seele der

Finsternis. Wem es gelingt, sich von dieser durch Bußübungen zu befreien, der gelangt nach dem Tod in das Paradies des Lichtes. Neun Jahre lang hing Augustinus dieser Sekte an. Auch seine Freunde führte er ihr zu. Mit der Zeit allerdings durchschaute er das Gespinst von Mythen und kosmischen Theorien. Vor allem, nachdem er die Werke des Aristoteles studiert hatte, löste er sich innerlich vom Manichäismus los. Der Astrologie allerdings hing er noch lange an. Er berechnete Horoskope und weissagte aus der Konjunktion der Planeten für klingende Münze die Zukunft. Sein Lebensziel, Ruhm, Reichtum und Sinnenfreude, schien in erreichbare Nähe gerückt.
Da erhielt er einen zweiten Stoß in die Kniekehlen. Der liebste Jugendfreund erkrankte und starb in wenigen Tagen. Dieser Tod stürzte Augustinus in die tiefste Verzweiflung. Die Heimat war ihm verleidet. 383 verließ Augustinus Afrika und ging nach Rom. Nach der mißglückten Gründung einer Schule für Rhetorik erhielt er durch die Vermittlung seiner manichäischen Freunde eine Professur für Rhetorik in Mailand. Mailand beherbergte damals den Kaiserhof. Der Bischof Ambrosius war einer der mächtigsten Männer im Reich und der eigentliche Führer der katholischen Kirche in Italien. Darum galt ihm der erste Besuch. Augustinus sah in Ambrosius allerdings mehr den berühmten Redner als den Priester und Bischof. Mit der Zeit aber zog ihn nicht nur die geschliffene Form seiner Predigt an, sondern auch deren Inhalt. Die meisterhafte Auslegung der Schrift und die Darlegung der Glaubenswahrheiten zeigten Augustinus, daß die christliche Wahrheit nicht eine Angelegenheit für einfache Leute sei, sondern daß sie den höchsten geistigen Ansprüchen genügte. Dies war die Wellenlänge, auf der er Sendungen zu empfangen vermochte. Und sie kamen an. Er beschäftigte sich mehr und mehr mit dem Christentum, mit der Kirche und trat schließlich in den Stand eines Katechumenen ein. Äußerlich hatten sich seine Lebensumstände gefestigt. Er hatte eine angesehene Stellung, ein schönes Einkommen und viele Freunde. Seine Mutter Monika war gleichfalls nach Mailand gekommen, desgleichen sein Bruder; dazu lebte in seinem Haushalt sein Sohn und dessen Mutter. Nun galt es noch eine gesetzliche Hausfrau aus gutem Hause mit einer großen Mitgift heimzuführen, dann war seine bürgerliche Existenz komplett, was seine Eltern sich vorgenommen hatten, erfüllt. Ohne Schatten war freilich auch diese Zeit nicht. Vielleicht aus eigenem Antrieb, vielleicht auf Anraten der Mutter trennte sich Augustinus von der Frau, die mit ihm fünfzehn Jahre Tisch und Bett geteilt und ihm einen Sohn geboren hatte. War es der Ehrgeiz, in die führenden Gesellschaftskreise aufgenommen zu werden, war es die Vorbedingung für diese Heirat? Wir wissen es nicht. Gefühlskälte war es jedenfalls nicht; denn Augustinus trauerte seiner Gefährtin lange nach. Sittliche Motive waren es gleichfalls nicht; denn er konnte die Zeit bis zur Heirat nicht enthaltsam leben und nahm sich eine neue Geliebte. Ohne ihr Kind, das bei Augustinus blieb, kehrte die Gefährtin langer Jahre verstoßen in die Armseligkeit ihrer afrikanischen Heimat zurück. Augu-

stinus erwähnte sie nie mehr. Dieser dunkle Fleck darf, wenn der Mensch Augustinus beschrieben wird, nicht verschwiegen werden. Freilich war Augustinus in dieser Zeit Heide. In seiner Zeit und Umgebung war ein Verhältnis dieser Art nicht anstößig. Aber wir sind es gewöhnt, an Heilige von Anbeginn den Maßstab der Heiligkeit anzulegen. Diese aber ist ein freies Gnadengeschenk Gottes, und Gott bestimmt die Art und den Zeitpunkt seiner Gewährung. Freilich bedarf es dazu auch der Bereitschaft des begnadeten Menschen. In der Persönlichkeit des Augustinus gab es einen Charakterzug, der für die Gnade den Ansatz bot. Dies war sein Verlangen nach Wahrheit. Bei seiner Suche nach Wahrheit ging Augustinus viele Irrwege. Aber nie gab er sich mit ihnen zufrieden. Sein durchdringender Verstand und seine Ehrlichkeit erkannten nach kurzer oder längerer Zeit die Fehler und Schwächen jedes Systems. Und er begab sich erneut auf die Suche, um schließlich bei der Wahrheit zu landen, die ihm Ruhe schenkte. Der Schlüssel zum ganzen Augustinus ist sein eigenes Wort: „Unruhig ist unser Herz, bis es Ruhe findet in dir, o Gott!" Die unruhige Suche nach der höchsten Wahrheit, nach dem letzten Glück, scheuchte Augustinus stets auf von den Tischen mit irdischen Gütern. Er irrte durch viele Gärten der leiblichen und geistigen Versuchungen, er probierte alle ihre Früchte aus, aber keine stillte seinen Hunger nach voller Erfüllung aller Sehnsüchte einer auf das Höchste gerichteten Seele.

Seine endgültige Bekehrung kam nicht so plötzlich und gewaltsam wie etwa die des Apostels Paulus bei Damaskus. In jahrelangem harten Ringen näherte sich Augustinus Schritt für Schritt der geistigen Welt des Ambrosius. Zu dieser Welt gehörte die neuplatonische Philosophie; durch sie bekam er Zugang zur Wirklichkeit des Geistes, auch zur Wirklichkeit von Gottes geistiger Existenz. Er erkannte die Absurdität des Gottesbegriffs der Manichäer und fand über die Philosophie einen Zugang zum Prolog des Johannesevangeliums, in dem Gott als Logos, d. h. als reiner Geist der Wahrheit, dargestellt wird.

Von hier aus führte ihn sein Weg zu den Schriften des Apostels Paulus. Bei ihm lernte er die absolute Wahrheit verstehen als eine von Gott den Menschen in Jesus Christus geschenkte Wahrheit. Diese ist eine Gnade, die der Mensch in Demut und Liebe annehmen muß. Diese Annahme ist aber keine Demütigung des menschlichen Geistes, sondern seine höchste Vollendung. Sie führt ihn weit über alles menschliche Wissen und Suchen nach Wahrheit hinaus. Nun hatte Augustinus die neue Ebene für sein künftiges Leben erreicht. Wollte er sich auf dieser neuen Ebene einrichten, dann, das stand ihm klar vor Augen, mußte er auch sein äußeres Leben auf dieser Ebene bauen. Die Höchstwerte, die ihn bisher geleitet hatten, Stellung, Reichtum, sinnliche Liebe, hatten keinen Platz mehr in dieser neuen Lebenskonzeption. „Ein Mittelweg will sich nicht zeigen. Er wird von Augustinus immer wieder erwogen und immer wieder als Halbheit verworfen" (H. von Campenhausen).

In diesem Zwiespalt zwischen der neugewonnenen Sicherheit des Geistes und den äußeren Lebensumständen, die damit in Widerspruch standen, geriet Augustinus an die Lebensgeschichte von Antonius, dem Vater der Einsiedler in Ägypten. Als er hörte, daß zwei ihm bekannte Hofbeamte nach der Lektüre dieser Lebensgeschichte ihre Ämter niederlegten und das Leben der Einsiedler wählten, da brach er in die Klage aus: „Du, Herr, du wendest mich zu mir selbst herum, du holst hinter meinem eigenen Rücken mich hervor, wo ich mich eingerichtet hatte. Und stellst mich meinem Angesicht gegenüber, damit ich sehe, wie häßlich ich bin, wie verkrüppelt und schmutzig, voll Ekel und Geschwür." In dieser Stimmung, „in diesem gewaltigen Kampf in meinem Herzen" ereignet sich die berühmte Szene im Garten, die Augustinus in seinen „Bekenntnissen" selbst berichtet: „Auf einmal höre ich aus dem Nachbarhaus die Stimme eines Knaben oder Mädchens im Singsang wiederholen: Nimm es, lies es! Augenblicklich besinne ich mich, ob unter Kindern bei irgendeinem Spiel so ein Liedchen üblich wäre, aber ich entsinne mich nicht, es irgendwo gehört zu haben. Ich hemmte die Gewalt der Tränen und stand vom Boden auf; ich wußte keine andere Deutung, als daß mir Gott befehle, das Buch zu öffnen und die Stelle zu lesen, auf die zuerst ich treffe ... Ich ergriff es, schlug es auf und lese still für mich den Abschnitt, auf den zuerst mein Auge fiel: ‚Nicht in Schmausereien und Trinkgelagen, nicht in Schlafkammern und Unzucht, nicht in Zank und Neid, vielmehr ziehet an den Herrn Jesus Christus, und pfleget nicht des Fleisches in seinen Lüsten!' Weiter wollte ich nicht lesen, und weiter war es auch nicht nötig. Denn kaum war dieser Satz zu Ende, strömte mir Gewißheit als ein Licht ins kummervolle Herz, daß alle Mächte des Zweifelns verschwanden." Damit waren die Würfel gefallen. Augustinus hatte sich entschieden, seiner inneren Umkehr die Änderung seiner äußeren Lebensverhältnisse folgen zu lassen. Nach einer Zeit der Einkehr und Besinnung ließ er sich in der Osternacht des Jahres 387 von Bischof Ambrosius taufen. Dann gab er seine Professur auf, löste seine Verlobung und brach seine Zelte in Mailand ab. Mit den Freunden, die sich ihm angeschlossen hatten, wollte er in seiner afrikanischen Heimat sein neues Leben als Christ einrichten. In Ostia, wo sie sich nach Karthago einschiffen wollten, starb die Mutter Monika. Sie sah mit der Bekehrung ihres Sohnes ihre Lebensaufgabe vollendet. Ihre unablässigen Gebete waren erhört, ihr Tränenstrom angenommen worden. Sie war glücklich, als sie fühlte, daß sie zum Herrn gehen durfte. Der Schmerz ihres Sohnes war groß. Seine Schilderung des Sterbens der Mutter gehört zu den ergreifendsten Zeugnissen der Sohnesliebe in der Weltliteratur.

Nachdem er die Mutter in Ostia begraben hatte, verließ er Europa noch nicht sofort. Er hielt sich ein Jahr lang in Rom auf, freilich in ganz anderer Gesellschaft als vor fünf Jahren. Die Schriften, die er dort verfaßte, richteten sich gegen die Sekten und die Kreise, denen er sich damals selbst zugerechnet hatte. Man darf annehmen, daß er im Auftrag des Papstes seine Schrift über das

„Leben der Manichäer“ verfaßte, in der er vor allem ihre Angriffe gegen das Alte Testament zurückwies. Auch seine zweite Schrift aus dem römischen Jahr stand der kirchlichen Autorität nahe und zeigte den neuen Christen auf das beste vertraut mit dem „Leben in der katholischen Kirche“. Vor allem dem kirchlichen Lehramt weist er das Recht zu, über alle Fragen des Glaubens und der Sitten mit der Autorität des Herrn selbst zu entscheiden. Sie ist die rechtmäßige Erbin des Herrn, von ihm bestellt im Diesseits die Menschen zum jenseitigen Ziele zu führen.

Als Augustinus 388 Rom verließ, da war es ein Abschied für immer. Er sollte Europa bis zu seinem Tode nicht mehr wiedersehen. Über Karthago kehrte er nach dreizehnjähriger Abwesenheit in seine Vaterstadt Thagaste zurück. Dort wollte er sein väterliches Gut den Armen übergeben und ein Kloster gründen. Vermutlich im Hause der Eltern richtete er die erste Klostergemeinschaft ein. Sie ist die Urzelle, aus der ein gewaltiger Baum augustinischen Mönchtums erwuchs, mit vielen Ästen und Zweigen, die in Gelehrsamkeit und Seelsorge bis zum heutigen Tage im gesamten Bereich der Kirche den Menschen helfen, den Weg zu Gott zu finden. Aber diese glückliche Zeit der Einübung in das neue Leben der Enthaltsamkeit, der Buße, des gemeinsamen Gotteslobs und einer fruchtbaren literarischen Arbeit zur Verteidigung des Glaubens dauerte nur wenig mehr als zwei Jahre. Das Glück des in Gott zur Ruhe gelangten Herzens wurde schwer getrübt durch den frühen Tod des geliebten Sohnes Adeodatus. Der hochbegabte junge Mann starb mit siebzehn Jahren. Der Schmerz, aber auch die Ergebung des Vaters, zittert nach in seinen Worten: „Seine Begabung machte mir fast Sorge... Du hast sein Leben rasch von der Erde weggenommen, und sein Andenken ist mir ruhiger Besitz, nun ich nichts mehr zu fürchten habe weder für seine Knabenjahre noch für die Zeit seines Reifens und auch nicht für das Alter, da er erwachsen sein würde.“ Der Vater dachte sicherlich an die eigenen wilden Jugendjahre.

Einen Höhepunkt seiner Entwicklung stellt das letzte Werk dar, das Augustinus in Thagaste vollenden konnte: „Die wahre Religion“. Hier hat er die Fesseln der Philosophie abgestreift. Paulus und Johannes sind seine Wegweiser in das Herz der Offenbarung. Hier legt er Zeugnis ab als Christ, als dankbares Werk der Gnade. „Aus dem Täufling von Mailand ist der Kirchenlehrer erstanden.“

391 hielt sich Augustinus in Hippo Regius, einer Hafenstadt im heutigen Algerien auf, um dort ein neues Kloster zu gründen. Am Sonntag besuchte er regelmäßig den Gottesdienst des Bischofs Valerius. Dieser, ein Grieche, tat sich mit der lateinischen Sprache in der Predigt schwer. Darum suchte er einen Hilfspriester, der ihm das Predigen abnehmen konnte. Priester und Bischöfe wurden damals durch Zuruf des Volkes gewählt. Als der Bischof im Gottesdienst um Vorschläge bat, da rief die ganze Gemeinde: Augustinus! Augustinus soll der Priester sein!

Dies stand nicht im Lebensplan des Augustinus. Darum wehrte er sich unter

Tränen. Schließlich aber erkannte er in der Stimme des Volkes den Willen Gottes; er nahm ihn an und ließ sich 399, im Alter von siebenunddreißig Jahren, zum Priester weihen. Sein Kloster, das zweite Augustinerkloster, bekam er auch. In der Karwoche des Jahres 391 übernahm Augustinus noch als Laie das Predigtamt, das er vierzig Jahre lang bis zu seinem Tode mit Eifer, ja mit Begeisterung und Erfolg ausübte. Fünfhundert seiner Predigten sind auf uns gekommen.

Fünf Jahre später wurde er von Valerius zum Mitbischof geweiht, und nach dessen Tod im gleichen Jahr wählte ihn das Volk von Hippo zu dessen Nachfolger. 34 Jahre war er das Haupt der Kirche von Hippo. Er hat seine Bischofsstadt ungern und selten verlassen, um an Konzilien teilzunehmen. „Die meiste Zeit verbringt er bis an seinen Tod zu Hippo damit, zum Volk zu sprechen, die schwierigsten Probleme der Theologie durchzudenken, mit nimmermüdem Eifer an seinen Büchern zu arbeiten, ungezählte Briefe zu schreiben, ein Helfer der Armen und Schutzherr der Schwachen, der dann nachts in seiner Zelle immer tiefer in sein Gebet versank“ (G. Papini).

Mehr als hundert Bücher hat Augustinus verfaßt. Sie umfassen im Druck in der Ausgabe der lateinischen Kirchenväter nicht weniger als vierzehn Lexikonbände. Es ist unmöglich, im Rahmen dieses Beitrages ihren Inhalt auch nur anzudeuten oder gar zu würdigen. Zwei seiner Bücher sind auch heute noch über den Kreis der Theologen hinaus als Werke der Weltliteratur bekannt. Es sind dies die „Bekenntnisse“ und der „Gottesstaat“. In den um 400 entstandenen Bekenntnissen berichtet Augustinus die Geschichte seiner Bekehrung. Er beginnt mit der frühesten Kindheit, schildert die ehrgeizigen Pläne der Eltern, die Verirrungen seiner Jugend, seinen beruflichen Werdegang und schließlich das Eingreifen der Vorsehung in seinen Lebensweg, seine Bekehrung und sein neues Leben im Vaterhaus der Kirche. Es ist eine Offenlegung seiner Bilanz in einem großen Dankgebet vor Gott, der ihn so sichtbar bis zu diesem Ziel geführt hat.

Vielleicht sein bedeutendstes Werk ist der „Gottesstaat“. Den Anlaß zu dieser Schrift gab die Zerstörung Roms im Jahre 410 durch die Goten unter ihrem König Alarich. Das Elend unter Christen und Heiden war unvorstellbar. Die Trauer um das Haupt des Erdkreises verzweifelt. Überall stellte man die Frage: Warum? Die heidnischen Götter hatten ihre Stadt sichtbar über Jahrhunderte beschützt, war der Christengott so schwach, daß er dies nicht konnte? Für viele Christen erhob sich die Frage nach dem Gottesglauben. Da fühlte Augustinus die Pflicht, die Vorgänge in die rechte Glaubensordnung zu stellen. Zunächst widerlegte er die These von der Macht der heidnischen Götter. Wo waren sie in den punischen Kriegen, in den römischen Bürgerkriegen gewesen? Rom war durch seinen sittlichen Verfall schon zugrunde gegangen, lange bevor die Goten an seine Mauern pochten. Gott aber ist nicht dazu da, irdische Sicherheit zu gewährleisten. Die christliche Religion ist keine Lebensversicherung und kein

Schutz vor äußerem Unglück. Aber sie verleiht die Kraft, die Leiden zu bestehen und sie zum Guten im übernatürlichen Sinne zu wenden. Nach dieser Apologie entwickelt er das Konzept der beiden Staaten, des Gottesstaates und des irdischen Staates. Herr, Begründer und Ziel des Gottesstaates ist Gott. Herr des irdischen Staates sind die Götter und Dämonen. „Zweierlei Liebe hat die beiden Staaten begründet, und zwar den Weltstaat die bis zur Verachtung Gottes gesteigerte Selbstliebe, den himmlischen Staat die bis zur Verachtung seiner selbst gehende Gottesliebe. Der eine liebt sich selbst, der andere den Herrn." Die beiden Staaten bestehen auf dieser Welt gleichzeitig ineinander und miteinander vermischt. Äußere Schicksale wie Glück und Unglück haben sie gemeinsam. Der Unterschied zeigt sich in der Aufnahme ihres Schicksals: Trotz, Empörung und Verzweiflung hier, Glaube, Hoffnung und Liebe dort. Das Los der Angehörigen des Gottesstaates auf dieser Welt ist das Los Abels: Verfolgung, aber Trost von Gott. Das Los der Bürger, die sich im Irdischen eingerichtet und niedergelassen haben, ist: Wohlfahrt hier und Verdammnis dort. So ist die Weltgeschichte eingespannt in den Rahmen der Heilsgeschichte, die Welt, die Bühne des endzeitlichen Schauspiels zwischen Gott und den widergöttlichen Mächten. Die Hochmutssünde der Engel hat den irdischen Staat begründet, die Erlösungstat Jesu den Gottesstaat. Jeder Mensch kann und muß wählen, ob er Bürger des einen oder des anderen Staates sein will.

Alle Werke des Augustinus kreisen um die Grundthemen seines Lebens. Die Wahrheit, die echte, höchste und reine Wahrheit, die er schließlich in Gott gefunden hat. Daraus fließt ihm Freude, Dankbarkeit und Ansporn zu apostolischem Wirken zu.

Sein zweites Thema ist das Wirken der göttlichen Gnade. Diese ist ein freies Geschenk der Liebe Gottes in Jesus Christus. Sie wird beantwortet durch die Liebe des Menschen in einem auf Gott allein ausgerichteten Leben. Sie ist Unterpfand, Vorwegnahme der ewigen Seligkeit.

Diese Gnade wird dem Menschen in der Kirche und durch die Kirche vermittelt. Die Kirche ist der Leib Christi, Christus das Haupt. „Ich würde dem Evangelium nicht glauben, wenn mich nicht die Autorität der katholischen Kirche dazu bewegte."

Diese wenigen Andeutungen verhalten sich zum theologischen Gesamtwerk des Augustinus wie einige Gesteinsbrocken zu einem Bergmassiv. Wer aber Gold darin findet, der wird von selbst zu graben und zu schürfen beginnen.

Während Augustinus seine Herde betreute und die Welt seiner Theologie aufrichtete, ging die Welt des alten Rom in Trümmer. Die Völkerwanderung überschwemmte ganz Europa; ihre Sturmflut schlug über das Mittelmeer auch nach Afrika hinüber. Im Mai des Jahres 429 landete ein Heereszug von 80 000 Vandalen und Alanen unter der Führung von Geiserich in Mauretanien. Herbeigerufen hatte sie der kaiserliche Statthalter Bonifatius. Als er sah, wie die Geister, die er gerufen hatte, hausten, trat er ihnen entgegen und versuchte zu retten, was zu retten war. Nur drei Städte waren den Römern verblieben: Karthago, Hippo und Cirta. Bonifatius zog sich nach Hippo zurück, und Geiserich belagerte die Stadt. Die Belagerung dauerte vierzehn Monate. Zuletzt ging die Bischofsstadt des Augustinus in Flammen auf. Aber diese Zerstörung erlebte er nicht mehr. Er mußte noch miterleben, wie Kirchen geschändet, Mönche und Nonnen ermordet und seine Gläubigen als Sklaven verkauft wurden. Der Gottesdienst war verstummt, die Klöster verödet. Vierzig Jahre hatte Augustinus gegen die Ketzer mit der Macht des Wortes gekämpft. Jetzt mußte er zusehen, wie seine Saat mit Brand und Schwert zerstört wurde. Er war 76 Jahre alt. Als ihn ein schweres Fieber ergriff, da wußte er sein Ende nahe. Elf Tage vor seinem Tod ließ er niemand mehr zu sich. Er wollte mit seinem Gott, bevor er ihm gegenübertrat, allein sein. Da er nicht mehr lesen konnte, ließ er die Bußpsalmen mit großen Buchstaben an die Wand schreiben. In ihrer Betrachtung trug er sein ganzes wechselvolles Leben vor Gott.

Am 28. August 430 hörte sein vom Fieber geschwächtes Herz ohne Todeskampf zu schlagen auf, während die Rammböcke der barbarischen Belagerer die Mauern der Stadt erschütterten. „Er hat kein Testament gemacht; denn er besaß nichts", schreibt sein Biograph. Aber er hat der Christenheit in seinen Gedanken und Werken über Gott und sein gnadenvolles Handeln ein Erbe hinterlassen, von dem die Kirche noch heute zehrt. Augustinus war ein wahrer Vater der Kirche, ein wahrer Mensch und großer Heiliger.

Benedikt

geboren: um 480
gestorben: 21. März 547
Fest: 11. Juli

Wollte man in ein dunkles Zimmer, das die Welt darstellt, einen Globus stellen und auf diesem Globus an jeder Stelle, an der ein Benediktinerkloster steht, ein Licht entzünden, der Globus würde hell erstrahlen und das ganze Zimmer mit Licht erfüllen. So ist es wirklich mit den Augen des Glaubens gesehen. Und dies seit nunmehr rund eineinhalb Jahrtausenden. Die Arbeit und das Gebet der Mönche des heiligen Benedikt gehören zu den welterhaltenden Kräften, wenn man angesichts der Verderbnis dieser Welt an das Gespräch Abrahams mit dem Herrn über das Strafgericht für Sodom denkt: „Ich werde sie um der zehn willen nicht vernichten" (Gen 18,32).
Was wäre aus Europa, aus unserem Abendland geworden, wenn es nicht unter dem Gebot des „Bete und arbeite" des heiligen Benedikt kultiviert worden wäre, von der Agrikultur bis zur Buchkultur? Vielleicht wäre unsere Geschichte vergleichbar der der nordamerikanischen Indianer verlaufen. Sie waren ebenfalls Jäger- und Kriegervölker, bis sie schließlich zur Beute einer Handvoll Weißer wurden, weil diese bessere Waffen hatten.
Das Leben des Mannes, dem wir am Übergang von der römischen Antike zum Mittelalter diese Wegweisung verdanken, liegt fast völlig im dunkeln. Dabei hat er einen ebenso bedeutenden wie zeitnahen Biographen gefunden. Gregor der Große, Papst und selbst ein Heiliger, wurde geboren, als Benedikt noch lebte (540). Zuerst Stadtpräfekt von Rom, zog er sich um 575 selbst in ein Kloster zurück. 590 wurde er in schwerer Zeit zum Papst gewählt. In seinen 592/93 entstandenen vier Dialogen ist das zweite Buch ganz dem heiligen Benedikt gewidmet. Dabei beruft sich Gregor auf die Aussage von Zeitgenossen und Augenzeugen. Freilich will der Papst keine Biographie im modernen Sinne schreiben. Es geht ihm darum, seinen von Unheil aller Art geplagten Gläubigen Mut zu machen, ihren Glauben zu stärken und ihnen vor Augen zu stellen, daß sich die Treue zum Evangelium lohnt. Er stellt ihnen daher Heilige vor, die von Gott sichtbar durch Zeichen und Wunder als Vorbilder beglaubigt wurden. Dabei will er auch zeigen, daß es solche Heilige nicht nur im Morgenland unter den Wüstenmönchen gegeben hat, sondern auch in der italienischen Heimat. Gerade zu diesem Zweck hat er Benedikt, dem Sproß eines altrömischen Senatorengeschlechts, besondere Aufmerksamkeit geschenkt. Die Angaben über ihn enthalten geschichtlich nachprüfbare Daten und Ereignisse. Aber diese

sind nicht das Hauptanliegen des Papstes. In zahlreichen Wunderberichten wird sein vorbildliches Leben, werden seine Verdienste um das Mönchtum und seine Heiligkeit illustriert. Für den Verfasser sind es Tatsachen. Für uns sind es Zeichen gnadenhafter Befindlichkeit, die als solche Wahrheit und Bedeutung bis heute behalten haben.
Benedikt wurde um 480 in Nursia (heute Norcia in Umbrien, nordöstlich von Rom) geboren. Seine Familie gehörte dem alten, angesehenen römischen Geschlecht der Anicier an. „Benedikt wurde zum Studium nach Rom geschickt. Doch weil er sah, wie viele dabei auf die schiefe Bahn gerieten, zog er den Fuß, den er beinahe schon auf die Schwelle zur ‚Welt' gesetzt hatte, zurück, um nicht auch selbst, wenn er mit deren Wissen in Berührung käme, ganz in den gähnenden Abgrund zu stürzen. Er gab also sein Studium auf und verzichtete damit auf materielle Sicherheit. Sein Wunsch war, Gott allein zu gefallen. Darum machte er sich auf die Suche, wer ihm wohl das Mönchsgewand reichen könne. So ging er also fort, bewußt unwissend – weil er weise war – ohne Gelehrsamkeit." Mit diesen Worten faßte Gregor der Große den ersten und entscheidenden Lebensabschnitt Benedikts zusammen. Die Situation in Rom im 5. Jahrhundert schildert ein Historiker so: „In der Atmosphäre lässiger Zufriedenheit fanden die bevorrechteten Schichten, zumal die städtische Mittelschicht, ihr Ideal im Vergnügen, in der Jagd nach Gewinn und der Erlangung der materiellen Vorteile der Kultur für sich und ihre Familie. Die Menschen wurden selbstsüchtig, sie banden ihr Herz an Müßiggang und Zerstreuung. Der schöpferische Geist schwand; die Wissenschaft wiederholte ihre alten Ergebnisse. Diejenigen, die sich nicht ergeben wollten, suchten Zuflucht in der Religion." (M. Rostovtzeff). Zu ihnen gehörte der junge Benedikt. Zunächst schloß er sich in Effide (Affile) bei Rom einer religiösen Gemeinschaft an, deren Lebensform halb weltlich und halb mönchisch war. Benedikt war kein Freund halber Lösungen. Gregor berichtet von einem Wunder, das er dort gewirkt habe. Die Bewunderung und Verehrung, die man ihm daraufhin erwies, sah er als Gefahr für seinen Weg der Buße und Abtötung an. Vermutlich lernte er in dieser Gemeinschaft auch das Leben der Wüstenväter, der ägyptischen Eremiten, kennen, deren heroische Christusnachfolge in allen Jahrhunderten hingabefähige junge Menschen zum wörtlichen Vollzug des Gebotes Christi begeisterte: „Verkaufe alles, was du hast, verteile das Geld an die Armen, dann komm und folge mir nach!" (Lk 18,22). Benedikt verbrachte danach drei Jahre als Einsiedler in einer Höhle des Anio-Tales bei Subiaco im Sabinergebirge östlich von Rom. Ein Mönch eines benachbarten Klosters brachte ihm von Zeit zu Zeit das Brot, das er sich vom Munde abgespart hatte. Die Höhle aber war so unzugänglich, daß er nicht selbst zu dem Einsiedler gelangen konnte. Er ließ das Brot an einem Strick über den Felsen in die Höhle hinunter. Ein Glöckchen am Strick kündigte die Ankunft der dürftigen Nahrung an. In diesen Jahren reifte in Benedikt der Glaube, die Einsicht und die Liebe, die Gregor als „Weisheit ohne Gelehrsamkeit" bezeich-

nete. Sie zu gebrauchen, hatte er bald Gelegenheit. In dem benachbarten Kloster Vicovaro war der Abt gestorben. Die Mönche wünschten sich den Einsiedler Benedikt zu seinem Nachfolger. Trotz schwerer Bedenken übernahm er das Amt und achtete streng auf die Einhaltung der Regel. So aber hatten es die an lässige Zucht und gutes Leben gewöhnten Mönche nicht gedacht. Sie gerieten in Wut und schmiedeten Pläne zu seiner Beseitigung. Papst Gregor berichtet von einem Mordversuch, den der Heilige durch ein Wunder vereitelt habe. Auf alle Fälle erkannte Benedikt, daß er und diese Mönchsgemeinde nicht zusammenpaßten: „Geht und sucht euch einen Abt, der zu euren Sitten paßt! Denn mich könnt ihr nach dem, was geschehen ist, auf keinen Fall mehr haben." Damit legte Benedikt seine Abtwürde nieder und kehrte in seine Höhle nach Subiaco zurück. „Unser heiliger Mann wohnte ganz in sich selbst, weil er alle Zeit wachsam auf sich achtete, sich selbst allzeit unter den Augen des Schöpfers sah, sich allzeit prüfte und sein inneres Auge nicht außerhalb seiner umherschweifen ließ." Man merkt, daß dieser Biograph selbst durch die Schule des Mönchtums gegangen war; denn kürzer und besser läßt sich monastische Existenz bis heute nicht beschreiben. Diesmal allerdings blieb sein Aufenthalt nicht mehr verborgen. „Er übte auf viele Anziehung aus, so daß sie sich dort versammelten, um dem allmächtigen Gott zu dienen. Deshalb ließ Benedikt in jener Gegend zwölf Klöster errichten. In jedes schickte er zwölf Mönche und bestimmte, wer von ihnen ein Abt sein solle." Aber auch in diese Gemeinschaft drangen Neid und Eifersucht ein. Ein Mönch ist ja nicht vor Versuchungen bewahrt, das Mönchsgewand schützt nicht vor Sünde und Fehlern. Wer es anzieht, hat sich vorgenommen, einen sehr hohen und steilen Berg zu erklimmen. Mancher gibt auf, mancher stürzt ab, und wer hinaufkommt, hat alles gegeben, was in ihm ist an Kraft und Mut. Benedikt zieht sich abermals zurück. Mit einigen Getreuen verläßt er die Gegend und kommt 529 nach Monte Cassino (zwischen Rom und Neapel). Auf dem 519 Meter hohen Berg befand sich ein altes Apollo-Heiligtum. „Ringsum waren den Dämonen geweihte Haine entstanden, und noch bis zu jener Zeit mühte sich hier die Menge der Ungläubigen sinnlos mit gotteslästerlichen Opfern ab. Benedikt zertrümmerte das Götzenbild, zerstörte den Altar und ließ die Haine roden. Dann machte er aus dem Apollotempel eine Kirche zu Ehren des heiligen Martinus und wo der Altar des Apollo gestanden hatte, ließ er eine Kapelle zu Ehren des heiligen Johannes errichten". Außerdem suchte er die Bewohner ringsherum durch unablässige Predigt zum Glauben zu führen: So entstand das Kloster Monte Cassino, das Urkloster des Benediktinerordens, die „Stadt auf dem Berge", die ihr Licht in alle Gegenden des Abendlandes ausstrahlte.
Es gab schon vor Benedikt Mönche und Klöster und Regeln für das monastische Gemeinschaftsleben. So bildet die Regel des heiligen Basilius noch heute die Grundlage des orientalischen Mönchtums, gelebt und verwirklicht zum Beispiel in den vielhundertjährigen Athosklöstern.

*Der heilige Benedikt beim Niederschreiben der Ordensregeln. ▷
Miniatur aus einer Handschrift „Leben des heiligen Benedikt". Monte Cassino, 11. Jahrhundert. Foto: Bibliotheca Apostolica Vaticana.*

Nach der Regel des heiligen Augustinus entstanden und leben die großen Orden der Augustiner, der Dominikaner, der Prämonstratenser, die Ursulinen und die Salesianerinnen, um aus der großen Zahl nur die bedeutendsten zu nennen. Was war dann das Neue an der Regel, die der heilige Benedikt während des Aufbaues und der Leitung seines Klosters von Monte Cassino entwickelte und gegen Ende seines Lebens niedergelegt hat? Was hat diese Regel bis heute aktuell und praktizierbar erhalten, so daß man bei Reformen immer nur Auswüchse abzuschneiden und zur alten Ordnung der ursprünglichen Regel zurückzukehren brauchte?

Die Regel des heiligen Benedikt schafft für das klösterliche Leben den großen Rahmen und füllt ihn aus. „Wir wollen uns also mit dem Glauben umgürten, in Treue das Gute tun und unter der Führung des Evangeliums die Wege gehen, die der Herr uns zeigt..." So wird das Ziel in der Vorrede beschrieben. Ganz konkret heißt es dann: „Wir wollen also eine Schule für den Dienst des Herrn gründen. Bei dieser Gründung ist es unsere Absicht, nichts Hartes, nichts Schweres anzuordnen. Sollten jedoch Vernunft und Billigkeit zur Besserung von Fehlern und zur Bewahrung der Liebe da und dort etwas strengere Anforderungen stellen, so verlasse nicht gleich voll Angst und Schrecken den Weg des Heiles, der am Anfang nun einmal eng sein muß. Sobald man aber im klösterlichen Leben und im Glauben Fortschritte macht, weitet sich das Herz und man geht den Weg der Gebote Gottes in unsagbarer Freude der Liebe."

Diesem Ziele dienen alle einzelnen Gebote, die das Gemeinschaftsleben so ordnen, daß viele und unterschiedlich veranlagte Männer in brüderlicher Liebe gern zusammenwohnen und sich gegenseitig in ihrem Streben nach Heiligkeit fördern können. Schweigen, Gehorsam und Demut sind die Grundvoraussetzungen für ein gutes Kloster. Auf ihnen bauen die konkreten Gelübde auf: die örtliche Beständigkeit, d. h. der Verbleib in dem einmal gewählten Kloster auf Lebenszeit, die monastische Lebensführung, die in einem ständigen bußfertigen Umdenken, weg von der Welt hin auf Gott, besteht, und der Gehorsam gegenüber einem auf Lebenszeit gewählten Abt.

Die Wirtschaft des Benediktinerklosters ist ein Selbstversorgungsbetrieb auf allen Gebieten. Dies ermöglichte die kulturstiftende Wirksamkeit in Kolonisations- und Missionsgebieten. Von der Rodung der Wälder und der Pflege des Ackerbaues bis zu Schreibschulen und theologischen Ausbildungsstätten, alles wurde von eigenen Kräften im eigenen Haus hergestellt. Solche Zentren strahlten in die Umgebung aus; sie waren Wirtschaftsfaktoren ersten Ranges und trugen religiöse und weltliche Bildung unter das Volk. Während im weltlichen Bereich nur der Geburtsadel den Zugang zu gehobenen Stellungen eröffnete, bot der Eintritt ins Kloster allen sozialen Schichten den Zugang zu den Bildungsgütern und zu den höchsten Stellungen in Staat und Kirche. Im Abendland gilt für Jahrhunderte die Regel, daß der Zustand der Benediktinerklöster gleichzeitig der Gradmesser für den kulturellen und religiösen Zustand ganzer

Landstriche war. Das berühmte benediktinische „Ora et labora“, d.h. „bete und arbeite“, steht zwar nicht wörtlich in der Regel des heiligen Benedikt. Es ist aber gleichsam ihre Überschrift. Unter diesem Wort läßt sich nicht nur das Leben des Heiligen selbst, sondern auch das seiner weltgeschichtlichen Stiftung zusammenfassen.

Über die Entwicklung und den Zustand von Monte Cassino zu Lebzeiten des Heiligen wissen wir wenig Genaues. Seine vielen Wundertaten, von denen Papst Gregor berichtet, zeigen jedoch, daß sein Ruf sich in ganz Mittelitalien verbreitet hatte. Sogar der arianische Gotenkönig Totila stattete ihm im Jahre 546 einen Besuch ab. Dabei soll ihm Benedikt geweissagt haben: „In Rom wirst du einziehen, über das Meer wirst du fahren und neun Jahre lang herrschen, im zehnten Jahr aber wirst du sterben.“ Nicht viel später hielt er Einzug in Rom, setzte seinen Weg fort und gelangte nach Sizilien, aber im zehnten Jahr seiner Herrschaft verlor er nach dem Ratschluß des allmächtigen Gottes sein Reich und das Leben.

Auch die Zerstörung des Klosters durch die Langobarden im Jahre 577 soll der Heilige vorausgesehen haben. In inständigem Flehen aber habe er von Gott erreicht, daß alle Mönche gerettet wurden.

In der Nähe der Stadt Terracina besaß Monte Cassino ein Landgut. Dorthin schickte Benedikt einige Mönche, um ein neues Kloster zu errichten. Dies ist ein Beweis dafür, daß das Mutterkloster innerlich und äußerlich so gefestigt war, daß es an die Gründung von weiteren Niederlassungen denken konnte.

Der Biograph Gregor hat auch überliefert, daß Benedikt eine Schwester, Scholastica, hatte. Diese, „die schon von Kindheit an dem allmächtigen Gott geweiht worden war“, wohnte immer in seiner Nähe. Aber nur einmal im Jahr pflegte sie ihren Bruder zu besuchen. „Um sie zu treffen, stieg der Gottesmann zu einem Haus herunter, das dem Kloster gehörte und nicht weit von der Pforte entfernt lag... Sie verbrachten den ganzen Tag im Lobpreis Gottes und in heiliger Zwiesprache. Am Abend bat Scholastica ihren Bruder – wohl in Vorahnung ihres baldigen Todes – die Nacht mit ihr zu verbringen. Er aber wollte sich an seine eigene Regel halten und die Nacht nicht außerhalb des Klosters zubringen. Da soll sich aus heiterem Himmel ein solches Gewitter erhoben haben, daß es ihm unmöglich war, das Haus zu verlassen. Drei Tage später starb Scholastica. Benedikt ließ den Leichnam in das Kloster bringen und in das Grab legen, das er für sich selbst vorbereitet hatte. So kam es, daß die, deren Geist in Gott immer eins gewesen war, auch dem Leibe nach durch das Begräbnis nicht getrennt wurden.“

„Im gleichen Jahr, in dem er aus diesem Leben scheiden sollte, kündigte er einigen Schülern, die bei ihm waren, und einigen, die weit entfernt lebten, den Tag seines heiligen Todes an...“

„Sechs Tage vor seinem Tode ließ er sein Grab öffnen. Dann packte ihn hohes Fieber, das ihn bald sehr schwächte. Da die Schwäche von Tag zu Tag zunahm,

ließ er sich am sechsten Tag von seinen Schülern in die Kapelle tragen. Dort stärkte er sich für seinen Tod durch den Empfang des Leibes und Blutes des Herrn. Er stand da in seiner Schwäche auf die Hände der Schüler gestützt, erhob die Hände zum Himmel, und unter Worten des Gebetes hauchte er seine Seele aus." So starb der heilige Benedikt am 21. März 547.
Seine Gebeine wurden 673 von Monte Cassino nach Fleury, östlich von Orléans in Frankreich übertragen, das seither St.-Benouit-sur-Loire heißt, d.h. St. Benedikt an der Loire. Hundert Jahre später wurde ein Teil der Reliquien wieder nach Monte Cassino zurückgebracht. Als die Abtei nach dem Zweiten Weltkrieg, wo sie völlig zerstört worden war, wieder aufgebaut wurde, entdeckte man das Benediktusgrab.
1964 hat Papst Paul VI. den heiligen Benedikt zum Patron Europas erklärt. Es ist sein Europa, das es ohne ihn und seine Jünger so nicht gäbe.

Bernadette Soubirous

geboren: 17. Februar 1844
gestorben: 16. April 1879
Fest: 16. April

Mit himmlischen Erscheinungen, mit Visionen und Ekstasen können die Menschen unserer Zeit wenig anfangen. Dies ist verwunderlich, weil sie sich auf der anderen Seite geradezu gierig auf übersinnliche Erscheinungen stürzen, Wunderheilern nachlaufen und für Wundermedizinen viel Geld ausgeben.
Vielleicht ist für sie der Zugang zu dem Mädchen aus Lourdes leichter über deren soziale Randgruppenexistenz zu finden. Vater Soubirous hatte sechs Kinder. Bernadette war das älteste Kind. Er war Müller, mußte aber seine Mühle aufgeben. Die Familie rutschte mit jedem neuen Not- und Ausweichquartier sozial immer weiter ab, bis sie anstelle des Armenhauses in einem leeren Raum des Gefängnisses, einem feuchten, ungesunden Loch endete. Vermutlich hat Bernadette sich hier das Asthma geholt als Folge der überstandenen Cholera. Da sie als Älteste für ihre kleinen Geschwister dasein mußte, hatte sie keine Zeit, regelmäßig die Schule zu besuchen, sodaß sie deswegen sogar vom Empfang der ersten heiligen Kommunion zurückgestellt werden mußte. Dabei war sie ein kluges, fröhliches Kind, das an Scherz und Spiel Freude hatte und auch kindliche Streiche gerne mitmachte.
Auch am 11. Februar 1858 hatte sie ihre kleine Schwester und deren Freundin bei sich, als sie in der Umgebung Brennholz sammeln ging. Bei der alten Mühle bei Savy, am Zusammenfluß des Mühlenkanals mit dem Fluß Gave, war eine Grotte. In dieser zog Bernadette Schuhe und Strümpfe aus, um den beiden anderen Kindern, die durch das Wasser vorausgegangen waren und aus Angst weinten, nachzugehen. Als sie den Kopf hob und zufällig in die Richtung der Grotte sah, da bemerkte sie „eine weißgekleidete Dame. Sie trug ein weißes Kleid, einen blauen Gürtel und eine Rose in der Farbe der Kette ihres Rosenkranzes auf jedem Fuß; die Perlen ihres Rosenkranzes waren weiß. Die Dame gab mir ein Zeichen näherzukommen; aber ich war ergriffen, ich traute mich nicht; ... da faßte ich mit der Hand in meine Tasche, um meinen Rosenkranz zu holen. Ich kniete nieder und ließ den Rosenkranz durch die Finger gleiten, wobei ich immer diese schöne Dame vor Augen hatte. Die Erscheinung ließ die Perlen ihres Rosenkranzes durch die Finger gleiten. Als ich meinen Rosenkranz beendet hatte, winkte mich die Dame mit dem Finger zu sich. Aber ich habe es nicht gewagt; ich bin immer am gleichen Platz stehengeblieben. Darauf ver-

schwand die Erscheinung plötzlich." Mit diesen Worten schildert Bernadette die erste Erscheinung der „Dame".
Als die Kinder dann mit ihren Reisigbündeln nach Hause zurückkehrten, erzählte Bernadette ihnen ihr Erlebnis. Natürlich konnten sie es nicht für sich behalten und berichteten es voll Aufregung und Eifer den Eltern. Diese freuten sich gar nicht, sie hatten schon Sorgen genug und wünschten sich weder Aufsehen noch Aufregung. Daher verboten sie Bernadette, darüber zu sprechen und jemals wieder die Grotte aufzusuchen. Drei Tage später, am nächsten Sonntag, dem 14. Februar 1858, bitten die Kinder Bernadette, doch wieder zur Grotte zu gehen. Auch Bernadette fühlt sich dazu gedrängt. Die Mutter erlaubte es schließlich. Da Bernadette die Erscheinung nicht zu deuten und nicht einzuordnen wußte, nahm sie ein Fläschchen Weihwasser mit. Damit wollte sie sehen, ob sie von Gott oder vom Teufel käme. In der Grotte beteten die Kinder den Rosenkranz. Kaum hatten sie ein Gesätz gebetet, da sah Bernadette – sie allein – dieselbe Dame. Sie besprengte sie mit Weihwasser und bat sie zu bleiben, wenn sie von Gott käme, und zu gehen, wenn sie nicht von Gott käme. Die Dame lächelte und machte ihr Zeichen. Sie aber kniete voll Furcht auf ihren Platz und betete den Rosenkranz zu Ende. Dann verschwand die Dame. Insgesamt sah Bernadette in der Zeit vom 11. Februar bis zum 16. Juli 1858 die Erscheinung achtzehnmal. Am 25. März sagte die „Dame", sie sei die „Unbefleckte Empfängnis". Bernadette wußte mit diesem Ausdruck nichts anzufangen und sagte ihn auf dem Heimweg immer wieder vor sich hin, um ihn nicht zu vergessen. Sie lief zum Pfarrer und berichtete. 1854 hatte bekanntlich Papst Pius IX. die Freiheit der Gottesmutter von der Erbsünde, die Unbefleckte Empfängnis, als Dogma verkündet. Sicher war dieses Ereignis auch in der Kirche von Lourdes bekanntgemacht worden. Aber dies besagte noch lange nicht, daß die Gläubigen insgesamt oder gar die Kinder von diesem schwer verständlichen Geheimnis etwas verstanden hätten.
Gesprochen hatte die Erscheinung auch bei den anderen Besuchen. Ihre Botschaft war vor allem eine Aufforderung zur Buße und zum Gebet für die Sünder. Außerdem gab sie Anweisungen, am Ort der Erscheinung eine Kirche zu bauen, Prozessionen dorthin zu veranstalten und aus der Quelle, die unter den Händen von Bernadette entsprungen war, zu trinken und sich mit ihrem Wasser zu waschen.
Von nun an bemächtigten sich die weltlichen und geistlichen Behörden des Geheimnisses von Lourdes. Es fand gläubige Verehrung, lächelnde Skepsis und wütende Ablehnung. Bernadette aber hatte unter allen, fast möchte man sagen unter allen gleichmäßig, zu leiden. Verhöre, Befragungen bis zur seelischen Folter, von besorgten Bischöfen, von eingebildeten Theologen, aber auch Belästigungen durch eigensüchtige Verehrer, die sich schon zu Lebzeiten Reliquien sichern wollten, machten ihr das Leben zur Qual.
Es waren viele Versuchungen für sie, sich als Star zu fühlen, die Schilderungen

Die heilige Bernadette. ▷
Zeitgenössische Fotografie. Foto: KNA, Frankfurt.

der Erscheinungen auszuschmücken, ihre eigene Person in den Mittelpunkt zu stellen, fast übermenschliche Versuchungen. Nur die Gnade kann ihr die Standhaftigkeit verliehen haben, das Geschehen in der Grotte mit immer den gleichen schmucklosen Wörtern wiederzugeben, nichts hinzuzufügen und nichts wegzulassen. Sie blieb die geistig gesunde, frohe, selbstsichere, aber demütig fromme Bernadette, die Buße und Gebet für andere als Lebensinhalt nach dem Gebot der „Dame“ frei gewählt hatte. Sie wußte, daß sie unter diesen Umständen Lourdes verlassen mußte. Und so trat sie 1858 in das Kloster für Caritasschwestern in Nevers in Zentralfrankreich ein.
Man glaube nicht, daß damit die Stürme sich gelegt und ein beschauliches, gottinniges Klosterleben begonnen hätte. Gelegenheiten zur Nachfolge Christi im Kreuztragen gibt es in jedem Kloster genug. Die Novizenmeisterin wollte Bernadette ganz bewußt demütigen, ihr beibringen, daß sie vor Gott und dem Orden „ein Nichts“ sei. Hatte sie doch keine Mitgift in das Kloster eingebracht, auch nicht das Kapital einer robusten Gesundheit und Arbeitskraft. Ihre Aufnahme war eine Gnade, und dies ließ man sie fühlen. Auch das Schema althergebrachter Klosterasketik wurde ihr mehr mit Gewalt als mit Liebe aufgepreßt. Dabei hatte Bernadette schon genug zu tragen an ihrer ganz speziellen Berufung zur Buße und Sühne für andere Menschen durch seelisches und zunehmend auch körperliches Leiden. Sie hat ein ihrer Anlage und Begabung gemäßes eigenes Verhältnis tiefer mystischer Vereinigung mit Christus und Maria entwickelt, in das wir nur wenige Blicke tun können. Durch die Abschriften von Gebeten, Gedanken, Vorsätzen, die ihr etwas gegeben haben und die sie als zu ihren eigenen Gedanken passend ausgewählt hat. Ihr geistlicher Weg war ein Kreuzweg. Seine Stationen, die Armut der Familie, die Leiden des Körpers, die Behinderung durch die weltliche und geistliche Obrigkeit, die wenig einfühlsame geistliche Führung im Orden. Dies alles aber zählt wenig angesichts des innersten, ihr ganzes Wesen umfassenden Verweilens im Garten Getsemani beim angsterfüllten Herrn. Trotz ihrer Begnadung fühlt Bernadette sich nie in der Gewißheit des Heiles. Nie ist sie zuversichtlich und im Innersten ruhig. Jeden, der mit ihr in Verbindung trat, flehte sie an, für sie zu beten. „Ich brauche die Hilfe und die Gnade, um den zahlreichen Wohltaten, die ich vom Herrn erhalten habe, zu entsprechen.“ Wie sie diese Bitten um fürbittende Hilfe verstanden wissen wollte, hat sie in einem Brief so ausgedrückt: „Betet weniger für meine arme Seele; bittet unseren Herrn, daß ich eine Gläubige nach seinem Herzen werde. Ich werde immer gesund genug sein, aber niemals Liebe genug für meinen Herrn haben.“
Mit ihrer Gesundheit ging es 1879 rasch bergab. Zu dem alten Asthmaleiden zehrte eine Knochentuberkulose ihre Kräfte unter unsäglichen Qualen auf. Als es zu Ende geht, fleht sie die ihr Totenbett umstehenden Schwestern an: „Verzeihen Sie mir! Beten Sie für mich!“ Dann bricht sie aus in den Ruf, der ihr ganzes äußeres und inneres Leben zusammenfaßt: „Heilige Maria, Mutter

Gottes, bitte für mich arme Sünderin, arme Sünderin!“ Dann – es ist drei Uhr nachmittags, die Stunde des Todes des Herrn – verlöscht ihr Leben still.
Was ist das Geheimnis der Bernadette? Die Erscheinungen in der Grotte von Lourdes? Die Wunderheilungen, die seither dort geschehen sind? Der Mensch, der die Mutter Gottes gesehen hat?
Nein! Sie wäre keine geringere Heilige geworden ohne all dieses.
Man kann nicht sagen: Sie *hatte* einen starken Glauben und sie *hatte* eine große Liebe zum leidenden Herrn, so wie man sagen kann: sie *hat* lange Haare, sie *hat* eine Brille. Lange Haare kann man abschneiden, eine Brille kann man abnehmen. Der Mensch, der sie trägt, wird dadurch in seinem Wesen nicht berührt. Man muß vielmehr sagen: Sie *war* gläubig; sie *war* ein dem Herrn mit allen Fasern und Regungen ihres Wesens hingegebenes Kind, eine Frau, die in der Leidensnachfolge Christi den alleinigen Sinn ihres Lebens sah. Man kann diesen selbstgewählten Lebensinhalt nicht trennen von ihrer Person, von ihrem Frohmut, von ihrer präzisen Intelligenz, vom Zauber ihrer Persönlichkeit. Gott hat sie voll in Anspruch genommen. Er hat sie aufgerichtet in dieser Welt als ein Zeichen seiner Anwesenheit, damit die Menschen sehen und glauben, daß sie Hoffnung haben und daß sie nachfolgen, jeder in seiner Art und nach dem Maß seiner Kraft. Daß die Kirche heilig ist, sehen wir in ihren Heiligen. Das Mädchen aus dem Armenhaus von Lourdes ist somit ein Zeichen der Heiligkeit der Kirche, ein Zeichen der Hoffnung für uns alle.

Bernhard von Clairvaux

geboren: um 1090
gestorben: 20. August 1153
Fest: 20. August

Es läßt sich in der Gegenwart keine einzelne Person nennen, die auf das Weltgeschehen auch nur annähernd so viel Einfluß hätte, wie der Mönch Bernhard auf das Geschehen seiner Zeit, nicht der Papst, nicht der Erste Mann im Kreml, nicht der Führer der „Blauen Ameisen" in China und nicht der Präsident der Vereinigten Staaten. Und dies war ein Mönch, der zeitlebens die Klosterzelle als seine irdische Heimat betrachtet und geliebt hat. Bernhard ist nicht – wie andere Mönche dieser Zeit – im Kindesalter von seinen Eltern, ohne gefragt zu werden, „ins Kloster gesteckt worden". Er hat als Mitglied des Hochadels erst mit zweiundzwanzig Jahren, vollkommen frei, den Weg in das wegen seiner Strenge vom Aussterben bedrohte Kloster Cîteaux genommen. Seine charismatische Fähigkeit, Menschen zu begeistern, zeigt sich schon darin, daß es ihm gelang, seine Brüder und seine Freunde, insgesamt dreißig Personen, zum gleichen Schritt zu bewegen. Schon drei Jahre später, 1115, wird er mit zwölf Mitbrüdern ausgesandt, um in Clairvaux ein Tochterkloster zu gründen. Die Gründung war bis 1118 abgeschlossen, Bernhard wurde der erste Abt von Clairvaux und blieb es fünfunddreißig Jahre lang bis zu seinem Tode im Jahre 1153.
Der äußere Ablauf eines Mönchslebens wäre schnell erzählt, wenn dieses sich darin erschöpft hätte, die Liturgie zu feiern, das Chorgebet zu verrichten, die Stille und die Versenkung zu üben. Bernhard hat diese eremitische Komponente des Mönchs durchaus gesehen und gelebt. Er hat das kontemplative Leben gepflegt und ist zu hohen mystischen Gnaden gelangt. Auf der anderen Seite aber drängt ihn gerade sein Gebetsleben, seinen Mitmenschen zu dienen durch sein begnadetes Wort, durch Rat und Erfahrung; auch der Kirche zu dienen auf jedem Feld der Auseinandersetzung. So wurde er hin- und hergerissen zwischen den beiden Polen der stillen Betrachtung und des aktiven Wirkens. Er hat unter diesem Zwiespalt gelitten, ja er war ärgerlich über die vielen Störungen: „Ich bin wütend über all die Dinge, die mich beanspruchen", schrieb er in einem Brief. „Mir bleibt keine Möglichkeit, mir die Scharen streitsüchtiger Menschen vom Leib zu halten, und ich habe nicht die Kraft, sie abzuweisen, ich habe nicht einmal Zeit zum Gebet."
Es war aber auch unglaublich, was Bernhard aufgebürdet wurde, im Orden, in

der Kirche, im Reich. Selbst eine kurze Aufzählung würde viele Seiten füllen. An der Spitze steht für ihn selbst der Dienst des Wortes in der Predigt. Die Gottes- und Nächstenliebe verpflichteten ihn, die Frucht des Gebetes und der Betrachtung mitzuteilen. Die Macht seines Wortes, der Erfolg seiner Predigt hat ihm den Beinamen „der von Honig fließende Lehrer" und das Attribut eines Bienenkorbes eingetragen. Am berühmtesten ist seine Predigtsammlung über „das Hohe Lied". In ihm sieht Bernhard das Verhältnis Gottes zur Seele und die Antwort der Seele auf die Liebe Gottes geoffenbart. Liebe, Annahme, Bejahung ist die Weise, wie Gott sich äußert. „Gott ist Liebe." Dies zu erkennen und mit Liebe zu beantworten, ist das Glück und die Daseinserfüllung des Menschen. Sichtbar und erfahrbar aber wird diese Liebe in der Nächstenliebe. Und hier haben wir die eigentliche Triebfeder dieses ungeheuren *Kraftwerks,* als das sich das Leben Bernhards noch heute darstellt.

Der größte äußere Erfolg war Bernhard beschieden, als er im Auftrag des Papstes den Kreuzzug predigte und durch die Macht seines Wortes sogar den deutschen Kaiser Konrad III. und den französischen König Ludwig VII. zur Teilnahme bewog. Wie hat er gelitten, als der völlige Mißerfolg dieses Kreuzzugs das Elend, das er über viele Familien, über ganze Landstriche gebracht hatte, in den Vordergrund des Bewußtseins treten ließ.

Nur einen Teilerfolg hatte seine Predigt bei den Sektierern, die sich nicht nur gegen die Verweltlichung des Papsttums wandten, wie Bernhard selbst, sondern gegen die Autorität in der Kirche überhaupt Front machten. Tausende kehrten auf seine Predigt hin zur Kirche zurück. Viele aber lehnten ihn ab und versanken im Strudel weltlicher Verfolgung oder zogen sich in unzugängliche Gebirgsgegenden zurück.

Mehrmals wurden Bernhard angesehene Bischofsstühle angeboten, doch lehnte er stets ab. Er wollte Mönch bleiben. Aber seine Schüler wurden Äbte, Bischöfe und Kardinäle, ja einen von ihnen sah er die Stufen zum Heiligen Stuhl emporsteigen und durfte ihn als Papst Eugen III. beraten und belehren.

Man kann sich kaum vorstellen wie ein Mensch – noch dazu mit einer sehr schwachen Gesundheit– die vielen und großen Reisen unter den damaligen Verhältnissen ausführen konnte und gleichzeitig in seinem Kloster und in seinem Orden voll tätig bleiben, wurden doch von Clairvaux aus in seiner Amtszeit nicht weniger als 68 Tochterklöster gegründet, von denen jedes eine Fülle geistlicher, personeller und wirtschaftlicher Entscheidungen verlangte.

Schon 1128 sehen wir Bernhard als Sekretär des Konzils von Troyes. Hier begann er auch seine kirchenpolitische Vermittlertätigkeit. Zwei Jahre später, auf dem Konzil von Étampes gelingt es ihm, den König von Frankreich für die Anerkennung des rechtmäßigen Papstes Innozenz II. zu gewinnen, und nachdem sich der deutsche König Lothar und der König von England angeschlossen hatten, das Schisma zu beenden.

Schon zwei Jahre später wirkt er für die Kirche auf dem Fürstentag zu Bamberg,

um von dort, vom Papst gerufen, nach Rom zu gehen, als Vermittler zwischen Kaiser und Papst.
Weittragende kirchengeschichtliche Bedeutung hatte sein Auftreten gegen Abälard, dessen Ansichten auf sein Betreiben hin vom Konzil zu Sens 1140 verworfen wurden.
Dann folgen die Jahre der Ketzerpredigt in Südfrankreich und der Kreuzzugspredigt in Frankreich, Flandern und Deutschland. Dazwischen die Teilnahme an den Fürstentagen in Speyer (1146) und Frankfurt (1147). In diesem Jahr begleitet er den Papst ein Jahr lang auf seiner Reise durch Frankreich, und in dasselbe Jahr fällt die Gründung des 50. Tochterklosters von Clairvaux. Diese Aufstellung müßte ausgefüllt werden durch die Darlegung der Probleme, um die es in Kirche und Staat damals ging, die Streitpunkte zwischen Kaiser und Papst, die theologischen Fragen, die nicht nur die Fachleute, sondern das einfache Volk bewegten. „Unbegrenzt war sein Einfluß auf Bischöfe, auf andere Mönche, Kanoniker und Orden, auf Nonnen, auf Männer und Frauen in der Welt und auf fast jede Gruppe der damaligen Gesellschaft. In einem Zeitalter großer Briefschreiber steht er mit an erster Stelle, und von den mittelalterlichen Autoren ist er fast der einzige, der auch heute noch Menschen zu bezaubern vermag." So schreibt eine neue angesehene Kirchengeschichte über ihn. „Als Schriftsteller, als Mann der Tat und als Heiliger hat er seinen Platz unter den größten Gestalten der Vergangenheit."
Aber sagt er uns heute noch etwas? Hat seine Versenkung in das Verhältnis von Gott und Mensch Früchte getragen, die heute unser religiöses Leben zu bereichern vermögen?
In der Zeit der Romanik bis ins 11. Jahrhundert wurde Christus am Kreuz häufig dargestellt mit der Krone auf dem Haupt in königlicher Majestät. Man sah in ihm die Gottheit, die man anbetete und im Kult verehrte.
Bernhard von Clairvaux hat in der Auffassung und im Verhältnis zur Person Jesu einen Wandel herbeigeführt, der bis heute dauert. Er hat die Realität der Menschheit Jesu ins Blickfeld gerückt. Er hat das Schicksal des Menschen hineingesetzt in das Schicksal Jesu und ihm von dort aus Deutung und Hoffnung gegeben. So läßt er Christus sagen: „Ich gebe dir nicht nur meine Empfängnis, sondern mein ganzes Leben und zwar in allen Altersstufen: als Kind, als Knabe, als Jüngling und Mann. Ich gebe dir obendrein noch mein Sterben, mein Auferstehen, meine Himmelfahrt und die Sendung des Heiligen Geistes. Und dies deshalb, damit meine Empfängnis die deinige reinige, mein Leben das deinige unterweise, mein Tod den deinigen vernichte, meine Auferstehung der deinigen vorangehe, meine Himmelfahrt die deinige vorbereite, und damit dir schließlich der Heilige Geist in deiner Schwäche beistehe. Erkenne in meinem Leben dein Leben!"
Der Sinn der christlichen Existenz ist für Bernhard: Christus im eigenen Leben gegenwärtig werden zu lassen, aus dem Glauben und Vertrauen, daß diese

Gegenwart Christi wie ein Sauerteig von innen die Welt umzuwandeln vermag. Die Nachfolge Christi gewinnt damit Lebenswirklichkeit. Sie besteht nicht mehr in der Befolgung theoretischer Gebote. Die Person Jesu ist es, die zur Nachfolge ruft: „Ahme Christus nach, indem du Gott gehorchst und alle Menschen liebst!" Wir sehen hier die untrennbare Einheit der Gottes- und Nächstenliebe. Es gibt keine Gottesliebe ohne Nächstenliebe. Ob ein Mensch Gott liebt, das kann er selbst und das können seine Mitmenschen nur daraus sehen, ob und wieweit er seinen Nächsten liebt. Liebe ist der Grundtenor der Mystik Bernhards. Das Vertrauen zu einem Gott, dessen Wesen Liebe ist, der aus lauter Liebe Mensch geworden ist und der mit unveränderbarer Liebe jeden Menschen, ob gut oder böse, liebt. Ein Biograph schreibt über Bernhard: „Bernhard hat aus dem Bewußtsein des bedingungslosen Geliebtseins gelebt und gelehrt. Dabei scheint seine geistliche Erfahrung auf dem Fundament intensiver Prägung des Kindes durch die Liebe seiner Mutter zu ruhen."

„Die Erfahrung dieser uns umgebenden und in uns wohnenden Liebe ist ein Vorgeschmack und ein Unterpfand der uns noch fehlenden Schau Gottes und bedeutet ein Hineingenommenwerden in das Leben des Dreifaltigen Gottes, in den Liebesaustausch zwischen Vater und dem Heiligen Geist."

Mit dieser Grundanlage seiner Frömmigkeit, die Bernhard in Tausenden von Predigten und Briefen entfaltet hat, hat er der Christenheit, auch unserer Zeit, ein Verhältnis zu Gott und zu Christus erschlossen, das noch heute den Glauben zu tragen, die Hoffnung zu begründen und die Liebe zu mehren vermag.

Bonifatius

geboren: um 672–675
gestorben: 5. Juni 754
Fest: 5. Juni

Kaum ein halbes Jahrhundert vor seiner Geburt hatte das Christentum bei den Angelsachsen Fuß gefaßt. In diesen wenigen Jahrzehnten waren zahlreiche Benediktinerklöster entstanden. In ihnen erblühten Kunst und Dichtung zum ersten kulturellen Höhepunkt der britischen Insel.
Aber die Kraft einer religiösen Bewegung läßt sich am besten messen an ihrem missionarischen Schwung. Wer begeistert ist, den drängt es hinaus, sein Glück zu verkünden und andere daran teilhaben zu lassen. Daher strömten seit der Mitte des 7. Jahrhunderts Scharen von Missionaren zum europäischen Festland, wo es noch weite Landstriche gab, in die das Wort Gottes nicht hingedrungen war. Dabei standen die angelsächsischen Missionare gleichsam auf den Schultern der iro-schottischen Vorgänger. Allerdings bestand zwischen diesen beiden Gruppen nicht nur der rassische Unterschied – die Iren waren Kelten, die Angelsachsen Germanen. Größer noch war der Unterschied im Kirchenverständnis. Die Iren hatten das Christentum nicht von Rom oder über Rom empfangen, ihre Klöster waren vielmehr Ableger der ägyptischen Eremitenklöster. Für sie war das Kloster der Knoten im Netz der Christenheit. Die Einteilung in Diözesen war ihnen unwichtig, vielleicht sogar unbekannt. Es gab wohl Bischöfe, aber diese gehörten dem Kloster an und standen unter dem Abt. Mission bedeutete für diese Mönche das Verlassen der klösterlichen Heimat, den Gang in die Einsamkeit, vielleicht das Verlangen nach dem Martyrium. Wenn sie dann Gefährten gefunden hatten, dann gründeten sie ein neues Kloster, das sich zu einem kirchlichen und kulturellen Zentrum entwickelte.
Anders die Angelsachsen. Ihre Kirche war von Anfang an mit Rom verbunden. Sie kannten die römische Gebietsgliederung in Diözesen als Sprengel des Bischofs, dem alle Einrichtungen innerhalb seiner Grenzen untergeordnet waren. Die Durchsetzung dieser Organisation war für den dauerhaften Bestand und die geordnete Verwaltung der Missionsgebiete von ausschlaggebender Bedeutung. Sie in Deutschland geschaffen zu haben, ist das große Verdienst des Bonifatius. Deswegen verdient er den Ehrentitel eines „Apostels der Deutschen."
Bonifatius trug den Taufnamen Winfried. Zwischen 672 und 675 wurde er in der Nähe von Exeter, im Westen des damaligen Königreichs Wessex, geboren und

getauft. Über die ersten vierzig Jahre seines Lebens wissen wir so gut wie nichts. Die angelsächsischen Klöster wurden berühmt wegen ihrer vorzüglichen Klosterschulen. Diese lehrten nicht nur die antiken Bildungsgüter, in ihnen entwikkelte das frühere germanische Kriegervolk seine eigenen kulturellen Anlagen. Aus der Verbindung mit der römischen Hochkultur entstanden dann Dichtungen wie das Epos von Beowulf oder die Hymnen des Cynewulf u. v. a. Winfried besuchte die Klosterschule, von Exeter und Nursling. Mit ihnen blieb er zeitlebens in Verbindung; er erbat sich Bücher von dort und interessierte sich für theologische Fragen. Nach Abschluß seiner Ausbildung trat er in das Kloster ein und wurde zum Priester geweiht.

Winfried war gut vierzig Jahre alt, als er 716 nach Friesland übersetzte; das Verlangen nach dem Martyrium trieb ihn dazu. Nirgends war die Wahrscheinlichkeit eines Blutzeugnisses größer als bei dem harten Volk der Friesen, die schon mehr als einen Missionar erschlagen hatten. Eben war das hoffnungsvolle Missionswerk des Friesenapostels Willibrord gescheitert, die Kirchen waren verwüstet, die Missionare erschlagen oder vertrieben. Winfrieds erster Versuch mißlang. Das Christentum war für die Friesen die Religion der verhaßten Franken, seine Annahme gleichbedeutend mit Landesverrat.

Ohne Erfolg mußte Winfried nach einem Jahr aufgeben und in seine Heimat zurückkehren. Aber es war nicht seine Art, vor einem begonnenen Werk zu kapitulieren.

Die Mönche der Abtei Nursling wählten den zurückgekehrten Winfried zu ihrem Abt. Aber er nahm diese Würde nur an, um in Ruhe einen geeigneten Nachfolger zu suchen und einzuführen; dann verließ er erneut die Heimat. Er sollte sie nie wieder sehen.

Diesmal begann er seine Arbeit mit einer Reise nach Rom. Er wollte eine Sendung des Papstes; solche Gedanken waren den irischen Missionaren fremd gewesen. Diese hatten wenig Verbindung mit Rom. Sie waren Mönche, eigentlich Einsiedler, und hielten nicht viel von Kirchenrecht und Organisation. Dem Papst, dessen Blick all die Jahrhunderte nach Osten, nach Byzanz, gerichtet war, war die Aussicht auf ein kirchentreues Westeuropa höchst willkommen, bot es doch die Möglichkeit einer größeren Unabhängigkeit vom oströmischen Kaisertum.

719 erteilte Papst Gregor II. dem Angelsachsen Winfried die Vollmacht zur „Heidenmission". Zur Bekräftigung seiner Romtreue nahm er dabei den Namen des römischen Martyrers Bonifatius an.

Zunächst missionierte er in Thüringen, dann kehrte er nach Friesland an seine erste Wirkungsstätte zurück. Dort hatte sich die Lage durch den Tod des feindseligen heidnischen Königs Radbod inzwischen gebessert, sodaß der erfahrene Willibrord seine unterbrochene Arbeit fortsetzen konnte. Als dessen Gehilfe sammelte Bonifatius Erfahrungen; Willibrord bot ihm an, ihn zum Bischof zu weihen, damit er sein Nachfolger werden könnte. Aber Bonifatius suchte ein eigenes, größeres Missionsfeld. Daher verließ er 721 Friesland und zog nach Hessen, wo er bei Geismar den berühmten heidnischen Kultbaum, die Donareiche, fällte. Als sein erstes Kloster gründete er die Abtei Amöneburg. Auf seiner zweiten Romreise im Jahre 722 weihte ihn der Papst zum Bischof; gleichzeitig bemühte sich Bonifatius um einen Schutzbrief des fränkischen Herrschers Karl Martell. Mit dieser doppelten Legitimation machte er sich an die organisierte Neubegründung und Ordnung der Kirche im hessisch-thüringischen Raum.

Der Auftrag der höchsten kirchlichen und weltlichen Autorität war weniger notwendig für die Bekehrung einzelner Heiden zum christlichen Glauben. Neben dieser gab es aber noch eine andere Form der Mission, die mit dem Erstarken des Reiches immer mehr in den Vordergrund trat. Mit politischer Unterstützung, manchmal auf politischen Druck hin, wurden die Fürsten eines Heidenvolkes für die Taufe gewonnen. Solchen Fürstenbekehrungen folgte dann in aller Regel die Taufe des ganzen Stammes. Die Unterweisung im Glauben und die Einübung in Sitte und Kultur war einer zweiten Phase der Christianisierung überlassen. Diese erfolgte unter dem Schutz des christlich gewordenen Herrschers durch Mönche. Hinter der Arbeit dieser Missionare stand von Anfang an der politische Wille des Herrschers und die Autorität der Amtskirche. Darin bestand der Unterschied zu den irischen Missionaren, die als „Einzelkämpfer“ ohne politische Rückendeckung, oft genug unter der Verfolgung durch die heidnischen Fürsten, Seele für Seele für Gott gewannen. Und oft brach hinter ihrem Rücken das Erreichte wieder zusammen. Diese Erfahrung hatte Bonifatius bei seinem ersten Missionsaufenthalt bei den Friesen selbst gemacht. Gerade dies sollte durch einen planvollen Auf- und Ausbau der Seelsorge und der kirchlichen Struktur verhindert werden.

732 ernannte der Papst Bonifatius zum Erzbischof und übertrug ihm damit die Aufgabe, das ganze germanische Gebiet in Bistümer einzuteilen und Bischöfe zu bestellen und zu weihen. Dagegen wehrten sich nicht die Heiden, sondern die bereits vorhandenen Bischöfe. Sie hatten bisher volle Freiheit genossen und waren stark verweltlicht. Bekanntlich ist es leichter, Heiden zu bekehren als Priester, die ihre Berufung verraten und sich in die weltlichen Geschäfte und Genüsse verloren haben. Nur der Nachzug aus der Inselheimat war bereit, an dem kirchlichen Reformwerk des Bonifatius mitzuwirken. Mit ihnen konnten neue Klöster und damit Zentren christlichen Lebens errichtet werden. So entstand unter Abt Wigbert das Kloster Frizlar; von hier aus dann das berühmte Kloster Ohrdruf sowie die Frauenklöster Tauberbischofsheim, das Bonifatius seiner Verwandten Lioba anvertraute; dann Kitzingen und Erfurt.

Auf seiner dritten Romreise wurde Bonifatius zum päpstlichen Legaten für die nördlich der Alpen gelegenen Länder ernannt. Er erhielt den ausdrücklichen Auftrag, überall nach den kanonischen Bestimmungen Bistümer einzurichten und Bischöfe dafür zu weihen. Diese schwierige Aufgabe löste er zunächst mit

Der heilige Bonifatius. ▷
Alabasterfigur vom Dreikönigsaltar von J. W. Fröhlicher 1699 im Fuldaer Dom.
Foto: Archiv.

Geschick und Erfolg in Bayern. Die Umschreibung der Bistümer Passau, Salzburg, Freising, Regensburg, Eichstätt, Würzburg und Erfurt gehen auf ihn zurück. Nur das Bistum Augsburg bestand bereits seit der Römerzeit. Die Bischofsstühle besetzte er am liebsten mit Angelsachsen, die ihm aus der Heimat gefolgt waren. So vertraute er Würzburg seinem Schüler Burchard, Eichstätt seinem Verwandten Willibald an. „Das Wichtigste an diesem organisatorischen Aufbau der deutschen Kirche durch Bonifatius war die Tatsache, daß er im engsten Anschluß an das Papsttum erfolgte“ (G. Kranz).
Als Legat hatte Bonifatius nahezu unbeschränkte Vollmacht zu handeln und zu entscheiden. Trotzdem hielt er sich peinlich genau an die Anweisungen aus Rom. Er berichtete oft, und er holte sich selbst in Nebensachen die Weisungen der Kurie. Mit dieser Treue und Ergebenheit verband er aber auch Selbstbewußtsein und Unabhängigkeit, die ihn öfter herbe Kritik an Fehlentscheidungen, Verzögerungen und unverständlichen Ansichten der kurialen Behörden äußern ließen. „Bonifatius war alles andere als ein serviler Untertan. Oft genug gab es Reibungen zwischen ihm und dem Heiligen Stuhl... Daß im Kampf mit seinen Gegnern zuweilen die gewünschte Rückendeckung aus Rom ausblieb, konnte ihn sehr verbittern. Um so bewunderungswürdiger ist, daß er trotz aller Mißhelligkeiten dem Heiligen Stuhl in unwandelbarer Treue ergeben blieb“ (G. Kranz).
Die Hauptschwierigkeiten für Bonifatius lagen in der Eigenart der kirchlichen Organisation, die er in Deutschland vorgefunden hatte. Wer das Land besaß, der hatte auch für die Errichtung von Kirchen und die Anstellung von Priestern zu sorgen. Diese verblieben im Eigentum und in der Verfügungsgewalt des Landesherrn. Nicht anders war es bei den Bistümern. Oft gaben rein weltliche Erwägungen den Ausschlag bei ihrer Besetzung. Zu versorgende Familienmitglieder, zu belohnende Kampfgefährten wurden mit hohen kirchlichen Ämtern bedacht. Ihre Träger waren oft alles andere als eifrige Seelenhirten. Sie setzten ihr weltliches Leben fort, zogen in den Krieg, behielten ihre Frauen und kümmerten sich wenig um Gottesdienst und Seelsorge. Karl Martell konnte und wollte daran nichts ändern. Erst nach seinem Tode (714) erhielt Bonifatius Unterstützung bei dessen Söhnen Karlmann und Pippin. Nun kam auch das lange erstrebte „Germanische Konzil“ zustande. Auf diesem wurden unter dem Vorsitz von Bonifatius klare und harte Beschlüsse gefaßt, zum Beispiel sollten falsche Priester und ehebrecherische Kleriker sofort abgesetzt werden. Umherziehende Bischöfe und Priester sollten nur mit Zustimmung des Konzils eine Tätigkeit ausüben dürfen. Jagd, Waffentragen und Kriegsdienste wurden untersagt. Desgleichen das Zusammenwohnen mit einer Frau. Alle Kirchen wurden der Gewalt des zuständigen Bischofs unterstellt. Die fränkische Kirche sollte in einem Erzbistum zusammengefaßt und Bonifatius unterstellt werden. Jedes Jahr sollten künftig Synoden stattfinden. Die Beschlüsse des Konzils und mehrerer weiterer Synoden war gut und richtig. Ihre Durchführung aber litt unter

dem Widerstreben der Betroffenen und der mangelnden Unterstützung der weltlichen Obrigkeit. Am meisten widerstrebten die Bischöfe. Ihre Feindschaft verbitterte die nächsten Jahre des Heiligen. Der eine hatte eine Frau und zwei Kinder und wollte nicht von ihnen lassen, ein anderer ließ sich seine falschen Wunderheilungen teuer bezahlen; er verkündete seine eigene Lehre, die mit dem Glauben der Kirche wenig zu tun hatte. Bonifatius wurde nicht mit ihnen fertig, so daß der Papst sie absetzen und exkommunizieren mußte. Ein anderer Bischof (von Mainz) übte eigenhändig die Blutrache aus, wieder ein anderer vergnügte sich nach Ritterart, bis er auf einer Jagd einem Schlaganfall erlag. Die größte Enttäuschung erfuhr Bonifatius, als er versuchte, die drei neugegründeten Kirchenprovinzen Reims, Sens und Rouen einzurichten und mit Erzbischöfen zu besetzen. Auch die geplante Erhebung von Köln zum Metropolitanssitz für ihn selbst wurde verhindert. Er wurde zwar Bischof von Mainz, aber seine Würde als Erzbischof blieb eine persönliche Auszeichnung, Metropolit wurde er nicht.

Diese Mißerfolge lasteten schwer auf dem Gemüt des Sechzigjährigen. Noch mehr verdüsterte seine letzten Jahre die allgemeine kirchenpolitische Entwicklung. Er hatte die Verbindung hergestellt zwischen Rom und der fränkischen Kirche. Er war der Vermittler zwischen dem Frankenkönig und dem Papst. Er hatte diese Stellung ausschließlich dazu benützt, um die Kirche innerlich und äußerlich zu stärken und zu erneuern. Nun kannten auch andere den Weg nach Rom, und Rom ging angesichts seiner bedrängten Stellung gegenüber Byzanz gern und willig auf die neue Partnerschaft ein. Bonifatius wurde immer mehr aus dem Zentrum des kirchlichen Geschehens an den Rand gedrängt. König Pippin verhandelte unmittelbar mit dem Papst. Der päpstliche Legat Bonifatius wurde von beiden Seiten übergangen. Die fränkische Kirche hatte durch ihn einen großen Erneuerungsprozeß durchgemacht. Sie stand nunmehr auf eigenen Füßen. Der geistige Führer des fränkischen Episkopats aber wurde der Bischof von Mainz, Chrodegang. Als Pippin 751 zum König gesalbt und damit ähnlich wie der Kaiser von Byzanz in eine hierarchische Stellung eingesetzt wurde, da fehlte der päpstliche Legat. Als der Papst Stephan II. selbst die Alpen überstieg und in das Land der Franken reiste, da sandte ihm der König seinen Sohn Karl, den späteren Kaiser Karl den Großen, entgegen. Zu St. Denis salbte der Papst den König und seine Söhne nochmals und ernannte ihn feierlich zum Schutzherrn der Kirche. Ein Jahr später zog Pippin nach Italien, besiegte die Langobarden und schenkte die eroberten Gebiete dem Papst. Während so der Schicksalsbund zwischen dem Papsttum und dem germanischen Königtum beschlossen und besiegelt wurde, stand der Mann, der diese Entwicklung ermöglicht und vorbereitet hatte, wie ein unnützes Werkzeug in der Ecke. Er wurde weder unterrichtet noch eingeladen. Wer denkt hier nicht an das Wort vom Mohren, der seine Schuldigkeit getan hatte? Aber dies war wohl immer so in der Geschichte der Staaten und der Kirchen. Ein Kind, das an der Hand der

Mutter gehen gelernt hat, reißt sich los und geht seine eigenen Wege. Um den Schmerz der Mutter kümmert das Kind sich nicht. Bonifatius, der Wegbereiter und Gründer des mittelalterlichen Abendlandes, litt, aber er zürnte nicht und er resignierte nicht. Er hatte sein Werk getan. Er sah es wachsen, wenn auch mit Schwächen, die ihm später viel zu schaffen machen sollten. Er selbst kehrte zu seinen Anfängen zurück. Nachdem er als Erzbischof organisiert, geführt, gestraft und belohnt hatte, wollte er als alter Mann zurück zum einfachen Dienst am Worte Gottes. „Das Wesen des Bonifatius war Dienen. In höchst lehrreicher Weise fehlte in seinem Leben jede Hervorkehrung des eigenen Ich" (J. Lortz).

Der Achtzigjährige wollte die Aufgabe wieder aufnehmen, an der er beim Betreten des Kontinents vor vierzig Jahren gescheitert war. Er wollte als einfacher Missionar zu den noch immer heidnischen Friesen ziehen, um ohne königliche Rückendeckung und ohne päpstlichen Auftrag das Evangelium zu verkünden. Diesmal hatte er unerwarteten Erfolg. Die Reife und die Erfahrungen eines langen Lebens flossen ein in seine missionarische Tätigkeit. Diesmal fand er die rechten Worte und Mittel für die harten Friesenschädel. Viele ließen sich taufen. Am 5. Juni sollten sie von Bonifatius die Firmung empfangen. Statt der Firmlinge aber stürzte eine Horde blutgieriger Heiden in das Lager und machte alle nieder. Bonifatius hielt das Buch, das er in der Hand hatte, über seinen Kopf. Er wurde trotzdem zu Tode getroffen. Das Buch mit den Spuren des Schwerthiebes ist in Fulda zu sehen. Der Leichnam des Martyrers und Bischofs wurde im Triumphzug über Utrecht und Mainz nach Fulda überführt. Sein Grab ist noch heute der Mittelpunkt der Kirche in Deutschland. Um den „Apostel der Deutschen" versammeln sich jährlich alle deutschen Bischöfe, um die gemeinsamen Anliegen der Kirche im Bereich des „Legaten für Germanien" zu beraten.

Die Leistung des Bonifatius war treuer Dienst, Treue zum Papst und Dienst an der Kirche. Er war überzeugt, daß sich die Früchte der Missionsarbeit nur bewahren lassen durch die Verbindung mit dem Herzen der Kirche und durch eine leistungsfähige Organisation. Dadurch hat er die deutsche Kirche so fest mit der Mutterkirche verbunden, daß sie die Stürme des Mittelalters und der Neuzeit bis heute überstehen konnte.

Dominikus

geboren: um 1170
gestorben: 6. August 1221
Fest: 8. August

Immer, wenn sich in der Geschichte der Kirche Krankheiten an ihrem Leibe ausbreiteten, dann wuchs in ihrem großen Garten irgendwo und ganz von selbst ein Heilkraut, das vom Gärtner, dem Papst, gepflückt und richtig angewendet, in kurzer Zeit den ganzen Körper erneuerte. Dies zeigt ganz besonders die Entstehungsgeschichte der Orden: Benedikt steht an der gefährlichen Bruchstelle zwischen Antike und Mittelalter, Franziskus war die Antwort auf die Verweltlichung der Kirche im Hochmittelalter, Ignatius von Loyola schuf das Werkzeug für die katholische Kirchenreform, und die Schulorden im 19. Jahrhundert heilten die Wunden der Säkularisation und des Kulturkampfes. Dies sind nur einige Beispiele. Wo ist das Heilkraut für die religiöse Infektion der Gegenwart?
Auch Dominikus war ein Heilkraut für die Kirche. Das Papsttum erreichte mit Innozenz III. (1198–1216) den Höhepunkt seiner politischen Macht. Der Triumphalismus der geistlichen Fürsten bekam der Sendung der Kirche nicht gut. Die Macht- und Prachtentfaltung ging auf Kosten der Armen, und das sind Freunde des Herrn. Die Kreuzzüge hatten zwar Stürme der Begeisterung entfacht, ihre Wirklichkeit aber bestand oft in Grausamkeit, Raub und Ausschweifungen. Was die Kreuzfahrer nach Hause brachten, war selten der Geist vom Grabe Christi, stattdessen feinere Speisen, prächtige Gewänder und Anschauungen, die in islamischen Köpfen gewachsen waren.
Zu den importierten Irrlehren gehörte der Manichäismus der Katharer. Die Sekte verbreitete sich in ganz Südfrankreich und Oberitalien. Mittelpunkt war die Stadt Toulouse und Albi. Daher wurden sie auch Albigenser genannt. Bei ihnen gibt es zwei Götter, einen guten und einen bösen. Der gute Gott herrscht im Neuen Testament, der böse im Alten Testament. Die Welt ist böse, jede Berührung mit der bösen Welt ist sündhaft. Nur durch völlige Enthaltung von der Welt können die Seelen sich selbst erlösen. Böse ist daher der Genuß von Fleisch, die Ehe, die Arbeit, der Besitz usw. Wer diese Armut und Enthaltung bis zur Vollkommenheit fertigbringt, der gehört zu den „Perfekten“, die über die anderen gesetzt sind als Vorsteher und Bischöfe. Von ihrer Lehre verstanden die einfachen Leute nicht viel. Ihre Armut und Enthaltsamkeit aber hatten sie vor Augen, und sie sahen auch den Aufwand und den Reichtum der römi-

schen Kirche. War es ein Wunder, daß das Volk den Irrlehrern in Scharen zulief, daß ganze Landstriche, ja ganze Bistümer von der alten Kirche abfielen? Rom war zunächst dieser Erscheinung einer gelebten evangelischen Armut gegenüber völlig hilflos. Es schickte päpstliche Legaten, die hoch zu Roß mit großem Gefolge in die Ketzerstädte einzogen und Kirchenstrafen verkündeten. Sie wurden ausgelacht, einer von ihnen erschlagen. Schließlich aber geriet die Katharerbewegung in das Getriebe der politischen Auseinandersetzungen. Fürsten, die um ihre Macht fürchteten oder sich deren Ausbreitung erhofften, zogen für oder gegen die neue Lehre ins Feld. In einem überaus grausamen und blutigen Albigenserkrieg setzte sich der französische König durch. Aber dies war keine christliche und keine kirchliche Lösung. Die Antwort der Kirche auf die Herausforderung konnte erst gegeben werden, als in ihrem Garten zwei wunderbare Heilkräuter wuchsen und angewendet wurden. Das eine war die Armutsbewegung des heiligen Franz von Assisi und das andere die Predigtbewegung des heiligen Dominikus.

Die Heimat des heiligen Dominikus ist die Hochebene von Kastilien. Wer sie in der trockenen Gluthitze des Sommers durchwandert hat, der versteht das Wort über ihr Klima: Neun Monate Winter und drei Monate Hölle.

Stolz und herb wie das Land sind seine Bewohner, selbstbewußt, hochfahrend und großzügig in jeder Beziehung.

Um 1170 wurde Dominikus in dem Dorf Caleruega als Kind der adeligen Familien Guzmán und Aza geboren. Mit fünf Jahren wurde der Knabe, der nach dem Willen der Eltern Priester werden sollte, seinem Onkel, einem Erzpriester, zur Erziehung übergeben. Mit 14 Jahren kam er nach Palencia, um das zu lernen, was heute ein junger Mann, der Priester werden will, am Gymnasium und im Philosophicum lernt oder früher gelernt hat. Über diese Schuljahre des Heiligen wissen wir so gut wie nichts – außer einem einzigen Ereignis –, und dies ist eigentlich genug. Als Dominikus in Palencia studierte, brach in ganz Spanien eine große Hungersnot aus. Die großen Herren wurden davon nicht betroffen und nicht berührt. Dominikus aber sah die Not und wollte helfen. Da er sonst nichts besaß, verkaufte er kurzerhand seine Schulbücher und von seiner Habe alles, was er entbehren konnte, kaufte für den Erlös Lebensmittel und verteilte sie an die Hungernden. Sein Beispiel rüttelte Mitstudenten und Professoren auf, so daß sie reichlich gaben und einige Not gelindert werden konnte. Schulbücher hatten damals einen ganz anderen Wert als heute. Die Kunst des Buchdrucks war noch nicht erfunden. Bücher mußten auf Pergament von Hand geschrieben werden. Ein einigermaßen schön geschriebenes Buch hatte leicht den Wert von einem Paar Ochsen. Nach einer Zeugenaussage im Heiligsprechungsprozeß des Dominikus soll dieser gesagt haben: „Ich will nicht tote Häute zum Studium benützen, wenn lebendige Menschen vor Hunger sterben.“ Dieses Ereignis zeigt, daß es nicht die Art des Dominikus war, eine Notlage zu sehen, zu diskutieren und dann zur nächsten Frage überzugehen. Er fühlte den

Der heilige Dominikus. ▷
Gemälde von El Greco um 1585/90, Madrid, Sammlung Plácido Arango.
Foto: Atelier Oronoz, Madrid.

Anspruch an sich selbst gestellt. Der Anruf Gottes in der Not der Mitmenschen rief *seine* Antwort in der ihm möglichen Form der Hilfe hervor. Darin ist Dominikus ein Vorbild. Von Not und Armut reden heute viele, wenige fühlen sich davon persönlich betroffen. Man ruft nach dem Staat und nach Änderung gesellschaftlicher Strukturen, als ob von ihnen die Hilfe kommen könnte, die nur von Mensch zu Mensch geleistet werden kann. Würden heute nicht die Schulbücher, wohl aber Autos verkauft und auf kostspielige Reisen verzichtet, der Hunger in der Welt, der jeden Tag besprochen und bejammert wird, wäre erheblich geringer.

Nach dem Studium der Philosophie „eilte er zum Studium der Theologie und begann leidenschaftlich das Wort Gottes aufzunehmen". Er schloß dieses Studium aber nicht mit dem Magistergrad ab; denn er wollte nicht Professor werden, nicht Domkapitular und erst recht nicht Bischof. Er wollte etwas tun für Christus und für die Menschen, nicht Lehrer und nicht Verwalter sein. Aber der Mensch denkt und Gott lenkt. Seine Tat sollte ausgerechnet die Gründung eines Ordens sein. Auch die Aufgabe der kirchlichen Verwaltung strebte er nicht an, sie lief ihm nach und bemächtigte sich seiner. Der Prior des Domkapitels von Osma war durch die aufsehenerregende Hilfsaktion des Studenten auf ihn aufmerksam geworden. Außerdem lagen die Besitzungen der Familie Guzmán in dieser Diözese. Daher sollte Dominikus Mitglied des Domkapitels werden. Allerdings unterschied sich dieses Domkapitel von einem Domkapitel von heute ganz gewaltig. Es bildete einen Konvent der Regulierten Chorherrn des heiligen Augustinus mit einem gemeinsamen Leben, mit Chorgebet, Meditation und geistlicher Lesung. Außerdem war damit der Verzicht auf Privateigentum verbunden. Dem frommen Prior Diego gelang es nur schwer, Chorherrn für dieses sein Kapitel zu gewinnen, die bereit waren, diese kontemplative Lebensweise auf sich zu nehmen. Die meisten strebten aus ganz anderen Gründen ins Domkapitel, sie erhofften ein gutes Einkommen und hohes Ansehen. Sie betrachteten das Kirchengut als ihr Eigentum und vererbten es sogar an ihre Familien. Damit aber wurde die wirtschaftliche Basis für den Unterhalt des Domes, der Pfarreien und der karitativen Werke immer schmäler. Darum gewann Prior Diego in Dominikus nicht nur einen Kapitular, sondern einen gleichgesinnten Freund, der mit ihm zusammen die Reform des Domkapitels zum Erfolg führte.

1201 wurde Prior Diego zum Bischof von Osma gewählt. Zwei Jahre später schickte ihn der König von Kastilien als Brautwerber an den Hof des dänischen Königs. Als Begleiter wählte er sich seinen Freund Dominikus. Beiden war wohl nicht bewußt, daß sie mit dieser Reise nicht nur die Heimat verließen, sondern auch ihren bisherigen Lebenskreis, in den beide nach göttlicher Fügung nie mehr zurückkehren sollten. Der Verlauf und die einzelnen Stationen der Reise sind uns nicht bekannt. Zwischen der ersten (1203) und der zweiten Reise (1205) finden wir beide in Rom, wo Bischof Diego Papst Innozenz bat, sein

Bischofsamt aufgeben und als Missionar nach Ungarn und nach Skandinavien gehen zu dürfen. Der Zug zur Mission war an die Stelle der Kreuzzugsidee getreten. Er war Ausdruck der Sehnsucht nach der vollkommenen Christusnachfolge, alles zu verlassen, das Evangelium zu verkünden und mit großer Wahrscheinlichkeit den Martertod zu erleiden. Der Papst aber lehnte ab. Er kannte die schwierige Situation im Abendland und wollte die erfreuliche Reform der Diözese nicht gefährden.

Auf dem Rückweg von Rom wurden die beiden in Südfrankreich mit einer Missionsaufgabe konfrontiert, die drängender war als die Ungarnmission. In Montpellier trafen sie mit den drei Legaten des Papstes zusammen, die mit der Bekämpfung der Irrlehre der Katharer und Waldenser beauftragt waren. Diese wollten die Bevölkerung mit der Androhung von Kirchenstrafen zur Rückkehr zwingen. Aber mit Strafen hat man gegen geistige Bewegungen noch nie etwas ausgerichtet, im Gegenteil. Sie führten zu Vergeltung, Fanatismus und Gewalttätigkeit.

Bischof Diego und Dominikus wollten die Ketzer gewinnen und nicht vernichten. Ein Wort von Diego lautet: „Es scheint mir unmöglich, diese Leute durch bloße Worte zurückzuführen, da sich diese Menschen lieber auf gute Beispiele stützen." Im Juni 1206 schickte Bischof Diego seinen ganzen fürstlichen Troß mit Roß und Wagen, pontifikalen Gewändern und Geräten in die Heimat zurück. Bei sich behielt er nur Dominikus und einige Kleriker. Die päpstlichen Legaten waren durch dieses Beispiel so beeindruckt, daß sie ihm folgten, desgleichen einige Zisterzienseräbte. Dann „zog die Gruppe zu Fuß in das Gebiet der Katharer und Waldenser, um dort zu predigen". Dies war die Geburtsstunde des Predigerordens und der Beginn einer neuen Art der Bekehrung. Eine glaubwürdige Lebensweise, nicht unähnlich der der Wanderprediger der Katharer, volkstümliche Predigten und Disputationen, die oft ganze Tage, ja Wochen, dauerten. So fand im Frühjahr 1207 in Montreal eine große, öffentliche Disputation statt. Sie dauerte zwei Wochen. Vier Schiedsrichter (Laien) sollten am Schluß entscheiden, wer gesiegt hatte. Wie nicht anders zu erwarten, gab es ein „Unentschieden". Massenbekehrungen gab es nicht, aber es gab Einzelbekehrungen, und die Stimmung wurde weniger feindselig. Die Bevölkerung gab diesmal den päpstlichen Legaten sogar freundlich das Geleite, als sie nach ihrer Predigtaktion wieder abzogen.

Der Papst erkannte schnell die Heilpflanze, die ihm da im Garten der Kirche heranwuchs. Er billigte und ermunterte die Tätigkeit von Diego und Dominikus und gab ihnen Empfehlungsschreiben an die politischen und kirchlichen Autoritäten. Einen ersten, festen Stützpunkt schuf Dominikus, als es ihm gelang, in Prouille ein Haus für Frauen und Mädchen zu gründen als Gegenstück zu ähnlichen Einrichtungen der Katharer. In dieses Haus sollten zum Glauben zurückgekehrte Familien ihre Töchter zur Erziehung schicken, um sie von den Schulen der Katharer fernzuhalten.

Bischof Diego mußte endlich in seine eigene Diözese nach Spanien zurückreisen. Es war ihm aber nicht vergönnt, dort die Zügel wieder in die Hand zu nehmen. Er starb bereits im Dezember 1207 in Osma.
Nun stand Dominikus allein. Er blieb in Prouille und setzte seine Predigtmission trotz des inzwischen ausgebrochenen Albigenserkrieges in den Diözesen Toulouse und Carcassonne fort. Am Kriegsgeschehen nahm er nicht teil. Aber er war damit einverstanden, daß das Schwert gebraucht wurde, um die Irrlehren auszurotten. Hier war er ein Kind seiner Zeit, das die Reinheit des Glaubens und das ewige Heil der Seelen höher stellte als körperliche Unversehrtheit, ja als das irdische Leben. Die Wohnung in Fanjeaux, einige Minuten vom Kloster Prouille entfernt, teilte er mit vier oder fünf Mitarbeitern. Sie lebten arm, ihre Einkünfte verteilten sie an die Bevölkerung. Auf ihren Predigtreisen erbaten sie das Notwendige von Tür zu Tür. Dadurch kamen sie der Bevölkerung nahe und machten ihre Predigt glaubwürdig. Dominikus war ein guter, aber kein begeisternder Redner. Aber sein persönliches, in nächtelangen Gebeten, Betrachtungen und Bußübungen verbrachtes Leben gab seiner Predigt Ernst und Glaubwürdigkeit. Er strahlte das Charisma der nahtlosen Einheit von Wort und Leben, nicht aber den Glanz des großen Formulierers aus. Seine Bekehrungserfolge waren nicht überwältigend. Der Acker, den er zu bestellen hatte, war nicht nur steinig, er war verhärtet – durch die Schuld von beiden Seiten.
Nach der Aussöhnung der Stadt Toulouse mit der Kirche siedelte Dominikus 1214 mit dem Häuflein seiner Mitarbeiter dorthin über. Hier schlossen sich ihm zwei für seine Ordensgründung wichtige Gefährten an: Petrus Seila und Bruder Tomas, ein begnadeter Prediger. Seila brachte den Besitz von drei Häusern in die Gemeinschaft ein. In ihnen war es Dominikus möglich, eine größere Gemeinschaft aufzubauen und unterzubringen. Der Bischof von Toulouse approbierte die neue Gemeinschaft und sicherte ihr den notwendigsten Lebensbedarf zu. Auf Besitz und eigene Einkünfte wollten sie grundsätzlich verzichten. Sie wollten eine Gemeinschaft der Armen sein. Mit der Approbation verband der Bischof den offiziellen Dauerauftrag zum Predigen. Dies war neu in der Kirche. Bisher war die Predigt das Vorrecht der Bischöfe und Prälaten gewesen. Diese nahmen dieses Recht nicht immer eifrig wahr. Die große religiöse Unwissenheit des einfachen Volkes und damit seine Verführbarkeit zu Aberglauben und Irrlehren hatte nicht zuletzt darin ihren Grund.
1216 zählte die Gemeinschaft sechzehn Mitglieder. Neben der evangelischen Armut war Grundlage des gemeinsamen Lebens das intensive Studium der Theologie, gemeinsame Gebete und die Ausübung der Predigttätigkeit in den Städten und Dörfern, die sie zu zweit zu Fuß kreuz und quer durchzogen. Unterwegs lebten sie von den Gaben, die sie von Tür zu Tür erbaten und manchmal gern und oft ungern erhielten.
Dominikus mußte darauf bedacht sein, die Gemeinschaft für die Zeit nach dem Tod des wohlwollenden Bischofs Fulco und nach seinem eigenen Tod auf eine

kirchenrechtlich gesicherte Grundlage zu stellen. Daher strebte er für sie die Anerkennung des Papstes als Orden an.
1215 berief Papst Innozenz III. das 4. Laterankonzil ein. Bischof Fulco und Dominikus reisten zur Teilnahme am Konzil nach Rom und hofften dabei die Anerkennung des Ordens zu erwirken. Das Konzil schien diesem Plan jedoch einen Strich durch die Rechnung zu machen; denn es beschloß, keinen neuen Orden mehr zuzulassen. Wer in Zukunft einen Orden gründen wolle, der habe die Regel eines der bereits bestehenden Orden anzunehmen. Dieser Konzilsbeschluß wollte die unübersehbare Vielfalt der Orden eindämmen und der Flut von Neugründungen einen Riegel vorschieben. Um die Klippen des Konzilsbeschlusses zu umschiffen, übernahm Dominikus die Regel des heiligen Augustinus, einmal weil Dominikus selbst Kanoniker nach der Regel des heiligen Augustinus gewesen war und zum anderen, weil diese Regel nur allgemeine Grundsätze für das Ordensleben aufstellte und der Ausgestaltung im einzelnen weiten Spielraum ließ. Diese „Ausführungsbestimmungen" regelten dann das Leben der Gemeinschaft, das Stundengebet, die Mahlzeiten, die Nachtruhe, das Stillschweigen, das Fasten und die Bußübungen. Da das Hauptziel des Ordens aber die Predigttätigkeit außerhalb des Klosters sein sollte, konnte von allen diesen Vorschriften immer dann dispensiert werden, wenn die erstrangige Pflicht der Predigt dies gebot.
Ende 1216 reiste Dominikus wieder nach Rom, um die fertigen Regeln vorzulegen und die Approbation zu erbitten. Papst Innozenz war im Juli desselben Jahres gestorben. Sein Nachfolger Honorius II., der schon als Kardinal den Ordensgründer beraten hatte, stellte am 22. Dezember 1216 die Bestätigungsurkunde aus. Aus der mehr oder weniger zufälligen Predigtaktion war damit der Orden der „Brüder des Predigerordens" entstanden.
Nun könnte man glauben, die Ordensgemeinschaft hätte in den nächsten Jahren in Toulouse ihr inneres Ordensleben gefestigt und dann allmählich an Neugründungen und damit an die Erweiterung ihres Arbeitsradius' gedacht. Nicht so Dominikus. Am Pfingstfest 1217 überraschte er seine Mitbrüder mit der Anordnung, in Gruppen von je zwei hinauszuziehen und neue Ansiedlungen zu gründen. Die überraschten, um nicht zu sagen überrumpelten Brüder, fügten sich der Autorität des Gründers. Nicht so leicht die geistlichen und weltlichen Autoritäten in Toulouse. Diese fürchteten die Auflösung dieses Eckpfeilers ihrer Reformbemühungen und wollten die beliebten Prediger nicht verlieren. Doch vergebens, ein Heiliger wird man nur mit einem starken Willen, und den hatte Dominikus in reichem Maße. Und so zogen vier Brüder nach Paris, zwei nach Madrid, zwei in andere spanische Orte, in Toulouse verblieben nur die, die aus der Stadt und aus der Umgebung stammten.
In den nächsten Jahren entstanden in Frankreich, in Spanien und dann auch in Italien neue und aufblühende Ordensniederlassungen, und Dominikus reiste – zu Fuß – als Wanderprediger und Bettelmönch von einem Land, von einem

Kloster zum anderen. In keinem hatte er eine feste Bleibe. Er schlief in der Zelle eines Bruders, der gerade abwesend war oder auf einer Strohschütte in einer Ecke. Die unregelmäßige und unzureichende Ernährung hatte dauernde Magen- und Darmbeschwerden zur Folge. Zunächst hatten es die Brüder überall schwer, die Eigenständigkeit ihres Ordens verständlich zu machen, da man sie wegen ihres Habits und wegen ihrer Regel für Kanoniker hielt. Außerdem waren die Pfarrer eifersüchtig auf ihre Predigterfolge. Sie sahen den Zulauf und fürchteten für ihre Einkünfte. Es bedurfte mehrerer entschiedener Empfehlungsschreiben des Papstes, um ihnen Anerkennung und Raum für ihre Wirksamkeit zu verschaffen. Besonders galt dies in Paris, wo die Dominikaner in St. Jacques ein Haus gefunden hatten, ein Ordensstudium einrichteten und bald mit berühmten akademischen Lehrern an die Universität drängten.
1217 gründete Dominikus ein Kloster in Bologna, neben der Kirche S. Niccolò, das ihm zur Heimat in seinem ruhelosen Wanderleben wurde. In dieses Kloster strömten Studenten und auch Professoren der Universität. Nicht alle blieben, und nicht alle hielt Dominikus zum Bleiben an. Er wollte lieber eine kleine Gemeinschaft mit wirklich Berufenen als einen schillernden Haufen unbeständiger und neugieriger Schwärmer. Darum wollte er gerade wegen dieser jungen Mitbrüder mehr in Bologna weilen als anderswo. Vermutlich spielte aber auch sein Gesundheitszustand eine Rolle, der ihm das Reisen allmählich unerträglich und unmöglich machte.
Trotzdem konnte er sich dem Ruf des Papstes Honorius nicht entziehen. Dieser bat ihn, einige Frauenklöster in Rom zu reformieren. Es handelte sich um Klöster ohne Nachwuchs, ohne wirtschaftliche Grundlage und ohne klösterlichen Geist. Dominikus schlug vor, diese Klöster allesamt aufzuheben und die Nonnen unter Beigabe einiger Schwestern aus seinem eigenen Kloster in Prouille in dem alten Kloster S. Sisto, das ihm der Papst überlassen hatte, zusammenzufassen. Den Widerstand der Klosterfrauen und mehr noch ihrer Familien überwand der Heilige durch geistliche Vorträge und Predigten während der Fastenzeit. An Ostern 1220 wurde die letzte Gruppe der Schwestern in die neue strenge Klausur aufgenommen.
Die Brüder, die bisher in S. Sisto gewohnt hatten, brachte Dominikus in S. Sabina auf dem Aventin unter. Neben der alten Basilika aus dem 5. Jahrhundert erbauten sie ein Kloster. Heute ist dieses Kloster der Sitz des Ordensmeisters, und noch heute wird dort die Zelle gezeigt, die der heilige Dominikus während seines Aufenthalts in Rom bewohnt hatte.
Nochmals fügte sich der schwerkranke Ordensstifter dem Wunsch des Papstes und führte in den Jahren 1220/21 eine große Predigtaktion unter den Waldensern in der Lombardei durch. Unter dauernden Schmerzen schleppte er sich 1221 zum zweiten Generalkapitel seines Ordens nach Bologna. Er wollte sein Haus bestellen. Er dezentralisierte die Leitung und schuf zu diesem Zweck das Amt des Provinzpriors, dem mehrere Klöster in einer Gegend unterstellt sein

sollten. Der erste Provinzial der Lombardei wurde Jordan von Sachsen. Wenige Monate später wurde er, nach dem Tode des Heiligen, dessen erster Nachfolger in der Gesamtleitung des Ordens.

Nach Abschluß des Generalkapitels glaubte Dominikus seine gewohnte Arbeit wieder aufnehmen und die zunehmenden Schmerzen so wie bisher verleugnen zu können. Aber Ende Juli 1221 brach er von Fieber geschüttelt zusammen. Anfangs August sahen die Mitbrüder das Ende herannahen. Am 6. August legte der Sterbende vor der Gemeinschaft seiner Mitbrüder eine Generalbeichte ab und verschied mit den Worten: „Weinet nicht! Nach meinem Tode kann ich euch nützlicher sein und euch mehr Segen bringen als während meines Lebens!"

Am 3. Juli 1234, dreizehn Jahre nach seinem Tode, hat Papst Gregor IX. den Gründer des Predigerordens heiliggesprochen. Der Leib des Heiligen ruht in der Ordenskirche zu Bologna.

In der Kirche begann das „Heilkraut" des neuen Ordens zu wirken. Die Entstellung ihres Antlitzes begann zu weichen, sie glich wieder mehr als bisher der Braut Christi.

Hl. Edith Stein

(Schwester Teresia Benedicta a Cruce O Carm.

geboren: 12. Oktober 1891
gestorben: 9. August 1942
Fest: 9. August

Edith Stein wurde am 12. Oktober 1891 als jüngstes von elf Kindern einer streng gläubigen jüdischen Familie in Breslau geboren. Als Edith noch nicht zwei Jahre alt war, verunglückte der Vater tödlich. Die Mutter stand mit sieben Kindern und einem überschuldeten Holzgeschäft alleine da. Sie war eine starke Frau, die das Geschäft weiterführte, ihre Kinder im jüdischen Glauben erzog und ihnen die beste, damals für Mädchen keineswegs selbstverständliche, Schulbildung ermöglichte.
Schon ehe Edith in die Schule kam, fiel sie durch ihre frühreife Intelligenz auf. Bei Familienfesten wurde sie als „Wunderkind“ vorgezeigt. Aus dem kleinen Trotzkopf wurde mit sieben Jahren ein stilles, empfindsames Kind, das die Bilder seiner reichen, oft überreizten Phantasie sorgfältig in sich verschloß, so daß sie, wie sie selbst sagt, „von früher Kindheit an ein merkwürdiges Doppelleben führte.“
An ihrem 6. Geburtstag kam Edith in die Schule. Ihre große Begabung, ihr gleichmäßiger Fleiß und ihr eiserner Wille ließen sie die Hürden der Schule spielend überwinden, ja sie fühlte sich in der Schule „heimischer als zu Hause“. 1906 aber gab sie wegen ihres angegriffenen Gesundheitszustands die Schule plötzlich auf. Sie wurde zu ihrer verheirateten Schwester nach Hamburg geschickt, wo sie sich im Umgang mit deren drei Kindern bald völlig erholte. Damit kam auch die Lust zu lernen wieder. Sie kehrte nach Breslau zurück und holte in Privatstunden das versäumte Schulwissen nach, so daß sie 1911 ohne Zeitverlust das Abitur mit glänzendem Erfolg ablegen konnte.
In der Pubertät geriet ihr Glaube an Gott in eine Krise. Vom 13. bis zu ihrem 21. Lebensjahr konnte sie nach ihren eigenen Aussagen nicht an einen persönlichen Gott glauben. Ihre kompromißlose Wahrhaftigkeit zwang sie zu diesem Eingeständnis. Sonst aber war sie ein fröhliches Mädchen, das am geselligen Leben ihrer zahlreichen Freundinnen teilnahm, das einen Tanzkurs besuchte und sich vor allem für die Ideale der Frauenbewegung engagierte. Als Studienfach an der Universität Breslau wählte sie Geschichte, Germanistik und Philosophie. Der zentrale Antrieb für ihre Studien, ja für ihr ganzes Leben, war die Suche nach objektiver Wahrheit, zunächst in der Welt – und als ihr aufgegangen war, daß dies nicht möglich ist, außerhalb der Welt, bei Gott. Dieser aber war nicht durch die Philosophie erreichbar, sondern nur durch den Glauben. Erst als sie

Die heilige Edith Stein. ▷
Edith-Stein-Fenster im Karmel in Echt/Niederlande.
Foto: KNA, Frankfurt, Fotograf: Radtke.

EDITH
STEIN

diesen gefunden hatte, wurde ihr Herz ruhig, sie fühlte sich geborgen und erfüllt, auch später beim Gemüseputzen im Karmel und im Viehwagen auf dem Weg nach Auschwitz.

Nach der Enttäuschung über die Philosophie suchte sie über die neue Wissenschaft der Psychologie zur letzten Wahrheit in den Dingen vorzudringen. Aber diese Enttäuschung war noch größer. Die nächste Station auf ihrem Pilgerweg zur Wahrheit war die Phänomenologie des Philosophen Edmund Husserl. Bei ihm glaubte sie in seiner Wiederentdeckung des Seins einen Weg zur inneren Wahrheit der Dinge gefunden zu haben. 1913 verließ sie mit 21 Jahren die Heimat und ihre jüdische Familie und ging nach Göttingen, um bei Edmund Husserl Philosophie zu studieren. Hier erlebte sie mit gleich begeisterten Freunden neben dem Studium ein frohes und geselliges Studienjahr. Freiheit und Freundschaft waren die Wimpel, unter denen die jungen Menschen in die Weserberge hinauszogen, um am Lagerfeuer über Gott und die Welt zu diskutieren. Edith Stein besuchte auch gern Musik- und Tanzabende. Durch den Eintritt in die Demokratische Partei engagierte sie sich politisch. Aktiv und öffentlich setzte sie sich für die Gleichstellung der Frau und besonders für das Frauenwahlrecht ein. Alle diese Aktivitäten hinderten sie aber nicht, intensiv zu studieren. Das Thema ihrer Doktorarbeit „Zum Problem der Einfühlung“ zeigt, daß sie bereits eine weitere Station auf ihrem Weg zur Wahrheit hinter sich gelassen hatte, den reinen Rationalismus. Nun erhoffte sie sich mehr von „der einfühlenden Hingabe an eine objektive Wertordnung“ im Sinne Husserls. Aber auch dies sollte nur eine Zwischenstation bleiben. Sie war zu klug und zu ehrlich, um nicht die Risse auch in diesem Gebäude zu erkennen.

Da begegnete sie dem zum Katholizismus übergetretenen jüdischen Philosophen Max Scheler. Er hatte den Schritt vom Wissen zum Glauben, von der Philosophie zur Theologie getan. „Dies war meine erste Begegnung mit dieser mir bis dahin unbekannten Welt … aber sie führte noch nicht zum Glauben … das Ringen um Klarheit vollzog sich in mir unter großen Qualen und ließ mir Tag und Nacht keine Ruhe … nach und nach arbeitete ich mich in eine richtige Verzweiflung hinein … wenn ich auf die Straße ginge, wünschte ich mir, daß mich ein Wagen überführe.“ Dies sind ihre eigenen Worte. Aber, sie hörte zu und nahm die völlig ungewohnten Gedanken passiv in ihr Inneres auf und wurde so „fast ohne es zu merken, innerlich umgebildet“.

Trotz des schrecklichen Anblicks der Verwundeten, trotz der dauernden Übermüdung brachte die Tätigkeit als Hilfsschwester in einem Seuchenlazarett im Kriegsjahr 1915 eine seelische Pause und eine Ablenkung von ihren inneren Kämpfen. Für ihren Einsatz erhielt sie die Tapferkeitsmedaille des Deutschen Reiches.

Im übrigen war Edith Stein mit ihren 24 Jahren eine normale, gesunde und hübsche junge Frau. Sie selbst bekennt: „Bei aller Hingabe an die Arbeit trug ich doch die Hoffnung auf eine große Liebe und glückliche Ehe im Herzen. Es kam vor, daß mir von den jungen Menschen, mit denen ich zusammenkam, einer sehr gut gefiel und daß ich ihn mir als künftigen Lebensgefährten dachte. Aber davon merkte kaum jemand etwas und so mochte ich den meisten jungen Menschen kühl und unnahbar erscheinen." Diese Sätze mögen überraschen bei einer heiligen Ordensfrau, aber sie machen uns diese gerade nah und anziehend und sie zeigen, daß Heiligkeit nicht an eine bestimmte weltabgewandte Lebensform gebunden ist.

1916 legte sie als Assistentin von Edmund Husserl in Freiburg die Doktorprüfung der Philosophie „mit Auszeichnung" ab. Der Versuch, sich in Göttingen zu habilitieren, mißlang. Hier war bereits Antisemitismus im Spiel.

Wichtiger war ein anderes, trauriges Ereignis im vorletzten Kriegsjahr. Der Mitarbeiter Husserls, Dozent Reinach, den Husserl und alle seine Schüler besonders hoch geschätzt hatten, war gefallen. An ein Fortleben nach dem Tode vermochte Edith Stein damals nicht zu glauben. Als sie die Witwe Reinachs besuchte, um sie zu trösten, war sie überrascht über deren gefaßte Ruhe. Statt einer gebrochenen Frau fand sie Hoffnung, Sicherheit und Trost bei ihr. Diese Haltung ihrer Freundin überzeugte mehr als alle Verstandesgründe dafür und dagegen im Irrgarten der Argumente. „Es war dies meine erste Begegnung mit dem Kreuz und der göttlichen Kraft, die es seinen Trägern mitteilt. Es war der Augenblick, in dem mein Unglaube zusammenbrach und Christus aufstrahlte, Christus im Geheimnis des Kreuzes", sagt Edith Stein später über diesen entscheidenden Augenblick. Trotzdem dauerte der Kampf, die innere Nacht noch weiter an. Sie kann sich für nichts entscheiden, zu keinem Entschluß durchringen. Sie zog sich in ihre Heimat Breslau zurück, ging mit ihrer Mutter in die Synagoge, engagierte sich in der aktiven Politik. Sie besuchte aber auch oft die Kirchen und betrachtete die stillen Beter. 1921 besuchte sie ihre protestantisch gewordene Freundin Hedwig Conrad-Martius. In deren Heim stieß sie auf ein Buch, das ihrem Leben die entscheidende Wendung gab: „Das Leben der hl. Teresia von Jesus", die Selbstbiographie der großen Heiligen Teresa von Avila. Als sie das Buch aus der Hand legte, sagte sie: „Dies ist die Wahrheit!" Es war ihr aufgegangen, daß ihr lebenslanges Suchen nach der absoluten Wahrheit nicht über die Wissenschaft führte, sondern über den Glauben und die Liebe. Jetzt erkannte sie: „Vor Gott gilt demütiger Glaube mehr als alle Wissenschaft der Welt … Wie groß war meine Blindheit, wenn ich die Wahrheit zu finden glaubte außer ihm." Von da an studierte sie den Katechismus und besuchte täglich die hl. Messe. Die Taufe wurde auf den 1. Januar 1922 festgesetzt. Vorher aber stand ihr ein schwerer Gang bevor. Sie mußte ihrer Mutter mit dieser Nachricht sehr weh tun. Sie liebte ihre Mutter sehr, aber einen Weg zurück gab es nicht mehr. Es gab Schmerz und tiefes Leid, aber keinen Streit und keine Feindschaft. Jede der beiden Frauen litt für sich allein, aber keine ließ von ihrem Gott, so wie sie ihn als wahr erkannt hatte.

Mit der Taufe änderte sich der Lebensplan Ediths. Das Bild der Ehefrau und Mutter trat zurück. Der Gedanke eines Ordenseintritts verdichtete sich immer mehr. Zunächst gab sie ihre wissenschaftliche Laufbahn auf und nahm eine Stelle als Lehrerin bei den Dominikanerinnen in Speyer an. Acht Jahre wirkte sie am Rande des Klosters im Mädchenlyzeum und im Lehrerinnenseminar der Schwestern. Eine Schülerin sagte über ihre ehemalige Lehrerin: „Den Zauber ihrer Persönlichkeit hat keine von uns vergessen … sie war gütig und gerecht in einer vollendeten Verbindung." Daneben entfaltete Edith Stein eine staunenswerte caritative Tätigkeit. Sie packte die Pakete für die Armen nicht nur, sie trug sie auch selbst in ihre Wohnungen, um ihnen in persönlicher Begegnung näher zu kommen. Die im Gebet vor dem Tabernakel zugebrachten Nächte wollte sie sorgfältig geheimhalten, aber was bemerken Pensionatsmädchen nicht? Die Ferien aber schenkte sie ihrer Mutter, um deren Wunden zu lindern. Sie besuchte mit ihr die Synagoge und betete die Psalmen mit, um ihr zu zeigen, daß sie zu ein und demselben Gott beteten. Zu all diesem fand sie noch Zeit, ihre wissenschaftliche Arbeit fortzusetzen. Sie übersetzte die Werke des großen englischen Konvertiten John Henry Newman und wagte sich schließlich an das gewaltige Werk des hl. Thomas von Aquin: „Über die Wahrheit." Über ihn kam sie auf einer neuen Ebene wieder zur Philosophie zurück. Ihren Wunsch, in ein Kloster einzutreten, hatte sie keineswegs aufgegeben. Dabei trat nach mehreren Besuchen in der Benediktinerabtei Maria Laach der Benediktinerorden immer mehr in den Vordergrund. Schließlich aber war die Liebe zur heiligen Karmelitin Teresa von Avila doch stärker. Sie brachte die Entscheidung für den Eintritt in den Karmel. Doch bis dahin war noch ein weiter Weg. Zunächst wandte sich ihre Tätigkeit sogar noch mehr nach außen. Ab 1927 hielt sie Vorträge über Frauenfragen und soziale Probleme vor Frauenverbänden und wissenschaftliche Referate vor akademischen Gremien, sogar auf dem Internationalen Philosophenkongreß in Paris.

Als die Spannbreite ihrer Arbeit zu umfangreich geworden war, mußte sie etwas aufgeben. Es war die Schule. Im März 1931 verließ sie Speyer und damit die Geborgenheit des Klosterlebens. Zunächst zog sie sich nach Breslau ins Elternhaus zurück, bis sie 1932 einen Ruf an die Pädagogische Akademie in Münster erhielt. Dort konnte sie aber nur ein Jahr wirken, weil mit dem Jahr 1933 mit der Machtergreifung der Nationalsozialisten die Nacht über das jüdische Volk hereinbrach. Kein Institut konnte es sich mehr leisten, eine jüdische Dozentin zu beschäftigen. Gerade dies aber förderte die Entscheidung Ediths, in den Karmel in Köln einzutreten. Eine Berufung an eine Schule in Südamerika schlug sie aus. „Nun kam über mich die Ruhe eines Menschen, der an seinem Ziel angelangt ist", schreibt sie selbst. Dies war die eine Seite, die andere Seite sah weniger friedlich aus. Als sie der Mutter ihre Entscheidung zum Eintritt in ein Kloster schonend mitteilte, da „war es mit dem Familienfrieden vorbei". Die 84jährige Mutter war verzweifelt. „Am letzten Abend legte meine Mutter das Gesicht in die Hände und fing an zu weinen. Ich stellte mich hinter ihren Stuhl und nahm den silberweißen Kopf an meine Brust. So blieben wir lange, bis sie sich zureden

ließ, zu Bett zu gehen. Ich führte sie hinauf und half ihr beim Auskleiden – zum erstenmal in ihrem Leben. Dann saß ich noch auf ihrem Bett bis sie einschlief. Wir haben beide in dieser Nacht keine Ruhe gefunden." Am nächsten Morgen nahm sie Abschied von der Mutter – und sah sie zum letztenmal – auf Erden.
Auch das Leben im Karmel hat seinen Alltag. Für eine 42jährige Philosophiedozentin war es nicht einfach, zusammen mit jungen Mädchen in die Schule des Noviziats zu gehen. Statt Thomas zu übersetzen, galt es nun Kartoffeln zu schälen, die Treppen zu putzen und sich der Herrschaft der Glocke zu unterwerfen. Edith Stein hatte diese Arbeiten nie gelernt und nie getan. Sie tat sich nicht leicht. Trotzdem heißt es: „In der Atmosphäre des fröhlichen Noviziats blühte Edith Stein auf." Eine Mitnovizin schreibt: „Sie lebte unter uns wie eine von uns, ohne das geringste Aufhebens von sich zu machen. Es schien, als ob sie um 20 Jahre jünger geworden wäre ... sie konnte so herzlich lachen, daß ihr die Tränen über die Wangen liefen."
Am 15. April 1934 wurde Edith Stein eingekleidet und erhielt den Klosternamen Theresia Benedicta a Cruce.
Auf ausdrücklichen Wunsch ihrer Oberen nahm sie ihre freundschaftlich-apostolischen Beziehungen nach draußen wieder auf. Dabei wurde ihr immer mehr klar, daß sie auch im Karmel vor dem in Deutschland herrschenden Reich des Bösen nicht geschützt war. Sie brachte ausdrücklich ihr Leben und auch ihren Tod Gott zum Opfer für ihr jüdisches Volk, dem sie sich nach wie vor zugehörig fühlte, dar.
Am Feste Kreuzerhöhung (14. September) starb ihre Mutter im Alter von 87 Jahren.
Mit der Ablegung der ersten Gelübde am 21. April 1935 wurde Schwester Theresia von den Hausarbeiten befreit. Auf Weisung der Oberen nahm sie ihre wissenschaftliche Arbeit wieder auf, soweit ihr ausgedehntes Gebetsleben, die Besuche von außen und ihr riesiger Briefwechsel dies zuließen.
1938 wurde die politische Lage für die Juden in Deutschland immer bedrohlicher. Spätestens seit der sog. Kristallnacht am 9. November 1938 war der Wille Hitlers, die Juden zu vernichten, offenbar. Edith Stein fürchtete, durch ihre Anwesenheit im Karmel in Köln diesen und ihre Mitschwestern zu gefährden. Sie verließ daher am 31. Dezember 1938 den Konvent und siedelte in den Karmel nach Echt in Holland über. Sie war dankbar für die Zuflucht: „Dabei ist mir bewußt, daß wir hier keine bleibende Stätte haben. Ich habe kein anderes Verlangen, als daß an mir und durch mich Gottes Wille geschehe." Sie hatte Vorahnungen, die sich zu erfüllen begannen, als die deutsche Armee 1940 Holland besetzte. Schon 1939 hatte sie ihr Testament gemacht und es mit den Worten abgeschlossen: „Schon jetzt nehme ich den Tod, den Gott mir zugedacht hat, in vollkommener Unterwerfung unter seinen heiligen Willen mit Freuden entgegen."
Auch als die Deportation der Juden auf die besetzten Gebiete übergriff, schien eine unmittelbare Gefahr für die getauften Juden nicht zu bestehen. Der Statt-

halter der Niederlande hatte dies ausdrücklich und schriftlich zugesichert. Als aber die holländischen Bischöfe am 26. Juli 1942 in einem Hirtenwort gegen die Judenverfolgung auftraten, wurden am 2. August aus Rache alle katholischen Juden, auch alle jüdischen Ordensangehörige, verhaftet. Als sie und ihre Schwester Rosa (die Schwester war nach ihrer Konversion gleichfalls in den Karmel eingetreten und ihrer Schwester Edith nach Holland gefolgt) von der Gestapo abgeholt wurden, nahmen sie unter Tränen Abschied von den Mitschwestern.

Von Echt wurden sie zunächst in das Sammellager Amersfoort gebracht. Von dort an wurden sie ihrer Würde beraubt, gedemütigt, gequält und mißhandelt. Sie wurden zu Lebewesen erniedrigt, die man wie Ungeziefer „aussondern und vernichten" mußte.

In der Nacht vom 3. auf den 4. August wurden sie in das Sammellager Westerbork gebracht. Hier wurde ihnen der Name, die persönliche Identität genommen; sie erhielten eine Gefangenennummer und waren von da an Material für die nazistische Mordmaschine. Edith Stein blieb sich auch in dieser Lage treu. Ein Überlebender berichtet: „Edith Stein nahm sich besonders der hungernden und sich selbst überlassenen Kinder an. Sie entfaltete eine so rege Tätigkeit in Waschen und Putzen, daß alle staunten. Unter den Gefangenen fiel sie durch ihre große Ruhe und Gelassenheit auf… sie ging unter den Frauen umher, tröstend, helfend, beruhigend wie ein Engel."

Am 6. August erfuhren die Gefangenen, daß am nächsten Tag der Transport nach dem Osten abgehen würde. Auf zwei Blättern eines Abreißkalenders erbat Edith von ihrem Konvent für ihre Schwester Rosa warme Kleidung, am Schluß schrieb sie: „1000 Dank, Grüße an alle, E. E. dankbares Kind B." Dies war das letzte Lebenszeichen von ihrer Hand. Selbst die nun endlich eingetroffene Einreiseerlaubnis in die Schweiz nützte nun nichts mehr. Am letzten Tag sahen sie Boten aus Echt, die vom Kloster gesandte Gegenstände bringen sollten. Diese sagten u. a. aus: „Es lag eine glückliche Fröhlichkeit in ihrer ernsten Ruhe. Ihre Leiden wollte sie aufopfern für die Bekehrung der Ungläubigen, der Verfolger und für alle, die Gott aus dem Herzen verloren hatten… um sie bräuchten wir uns nicht zu sorgen, sie stünde in Gottes Hand."

Am Morgen des 7. August 1942 zog ein langer, armseliger Zug aus dem Lager zum Bahnhof auf die Fahrt in den Tod. Der Bahnhofsvorsteher von Schifferstadt (Pfalz) stand auf dem Bahnsteig, als an diesem Tag der Zug aus Saarbrücken einlief. Diesem war ein Gefangenenwagen angehängt. Aus ihm heraus trug ihm eine Frau Grüße an Dekan Schwind auf und sagte, sie sei Edith Stein und befinde sich auf dem Weg in den Osten.

Das holländische Rote Kreuz fand heraus, daß der Zug, der in der Frühe des 7. August 1842 Westerbork verließ, als Zielort Auschwitz hatte.

Der niederländische Staatsanzeiger veröffentlichte 1952 die Namen aller Juden, die mit diesem Zug deportiert wurden. In dieser Liste steht: „Nr. 44047, Edith

Theresia Hedwig Stein, geboren am 12. Oktober 1891 zu Breslau, von Echt, gestorben am 9. August 1942."
Der 9. August wurde als Todestag festgesetzt, nachdem feststand, daß niemand aus dem Todeszug diesen Tag überlebt hatte.
Der irdische Weg dieser Heiligen endete in der Gaskammer von Auschwitz. Ihr seliger Weg zu Gott begann an diesem Tag.
Ihr Weg in die Herzen der Gläubigen und auf die Altäre der Kirche begann am 1. Mai 1987, als Papst Johannes Paul II. Edith Stein in Köln feierlich unter die Seligen der Kirche aufnahm. Am 11. Oktober 1998 wurde sie schließlich, ebenfalls durch Papst Johannes Paul II., in Rom heilig gesprochen.

Elisabeth von Thüringen

geboren: 1207
gestorben: 17. November 1231
Fest: 19. November

Mit vier Jahren wurde Elisabeth, die Tochter des Königs Andreas II. von Ungarn und seiner Gemahlin Gertrud von Andechs, verlobt mit dem elfjährigen Ludwig, dem späteren Landgrafen Ludwig IV. von Thüringen. Gleichzeitig wurde das Kind nach Thüringen gebracht, damit es am Hof seines zukünftigen Gatten in westlich-höfische Lebensart eingeführt würde. Vielleicht hat Elisabeth Glück gehabt, als sie aus der Hand ihrer Mutter in die Obhut ihrer zukünftigen Schwiegermutter, der Landgräfin Sophie, überging. Beide Frauen stammten aus Bayern, Gertrud aus dem mächtigen Geschlecht der Grafen von Andechs, gleichermaßen bedeutend durch die Zahl seiner Heiligen wie durch Gewalttat und rücksichtslose Machtpolitik; Sophie aus dem Geschlecht der Wittelsbacher – sie war eine Schwester des ersten Bayernherzogs aus diesem Haus, Otto von Wittelsbach – dessen Stern aufging, als der von Andechs im Sinken war.
Die Mutter Gertrud zog sich den Haß ihrer ungarischen Untertanen zu und wurde 1213 auf der Jagd von ungarischen Adeligen ermordet. Die Landgräfin Sophie war eine fromme Frau. Sie erzog Elisabeth gemeinsam mit ihren eigenen Kindern. Elisabeth hatte eine frohe, unbeschwerte Kindheit. Dies bestätigt die Jungfrau Guda – unter Eid im Heiligsprechungsprozeß – sie war als fünfjährige Gefährtin der vierjährigen Elisabeth beigegeben worden und blieb ihr bis zum Tode nahe. „Sie nahm gern an Spielen teil. Wenn die kleinen Mädchen das Ringelspiel spielten, hoffte Elisabeth immer, daß Gott sie gewinnen lassen möge, und sie versprach dem Herrn, die Knie vielmals zu beugen und eine Reihe von Ave-Maria zu beten, wenn er ihr Gebet erhöre . . . Wenn sie wirklich bei solchen Spielen gewonnen hatte, gab sie ihren Gewinn immer den ärmeren Kindern."
Die Gefährtin berichtet aber auch, daß Elisabeth schon mit fünf Jahren jede Gelegenheit suchte, um unauffällig in der Kapelle zu beten. Auch wenn man solche Berichte im Lichte der späteren Heiligkeit werten muß, so zeigen sie doch das religiöse Klima, das in der Burg der Landgräfin Sophie herrschte sowie die Art ihrer Erziehung; denn die frommen Übungen der Kinder zielen oft mehr auf das Lob der Mutter als auf Gott, den sie lieben, weil die Mutter es wünscht. Wer allerdings gläubig das Leben der heiligen Elisabeth betrachtet, dem wird

sich das Wirken einer ganz besonderen Begnadung zeigen, einer Berufung, der Elisabeth mit der Willensstärke, ja mit der Gewalttätigkeit der Andechser ohne Bruch und Krümmung von Anfang bis zum Ende ihres Lebens gefolgt ist.
1221 führte der einundzwanzigjährige Bräutigam Ludwig seine vierzehnjährige Braut Elisabeth als Gattin zum Altar. Ein Jahr später wird ein Sohn, der spätere Landgraf Hermann, 1224 eine Tochter Sophie – und 1227 eine Tochter Gertrud geboren, die später Äbtissin von Altenberg und 1311 seliggesprochen wurde. 1227 begleitete Landgraf Ludwig IV. Kaiser Friedrich II. auf dem Kreuzzug und starb in Italien an einer Seuche. Diese dürren Daten und diese wenigen Jahre umschließen eine große Liebe, ungetrübtes Mutterglück und staunenswertes Wachstum an menschlicher Reife und Frömmigkeit. Der Kaplan Bertold war der ständige Begleiter des Landgrafen Ludwig und damit Zeuge seines Lebens und seines Todes. Nach seinem Tod verfaßte er 1228 eine Chronik über das Leben Ludwigs. Darin schildert er die Ehe seines Herrn mit Elisabeth: „Es war das Jahr 1221, da freite der edle teure Fürst, Landgraf von Thüringen, und hatte Hochzeit mit der hochgeborenen Königstochter von Ungarn, Elisabeth. Sie führten ein leibliches und geistliches Leben miteinander... Ihrer beider Herzen hatten sich in süßer Liebe miteinander so verbunden, daß sie nicht lange voneinander getrennt sein mochten. Sie folgte ihm oft nach fern und nah, in Sturm und Ungewitter, in züchtiger Liebe... Und welch ein gar seltenes Paar im ehelichen Leben sind diese beiden gewesen!" Als Ludwig das „Kreuz genommen", d. h. sich zur Teilnahme am Kreuzzug verpflichtet hatte, da „trug er das Kreuz nicht offensichtlich auf seinem Gewand, auf daß seine liebe Gemahlin Elisabeth dessen nicht gewahr würde und sich nicht betrübe und erschrecke wegen des künftigen Abschieds, da sie ihn doch über die Maßen und von ganzem Herzen lieb hatte. Doch konnte er es auf die Länge nicht verbergen. Es geschah eines Abends, daß sie seinen Gürtel ergriff und in sonderlicher Freundschaft in seiner Tasche zu suchen begann, ehe er dessen gewahr wurde. Da fand sie das Kreuz und erschrak so, daß sie zur Erde sank." Diese und andere Einzelzüge aus ihrem Eheleben zeigen, daß Elisabeth ein Mensch aus Fleisch und Blut, eine Frau, eine zur Liebe fähige und bereite Gattin war. Die Heiligkeit ist ja nicht ein Katalog von Tugenden, der dem Menschen, der ihn verkörpert, das rote Blut aussaugt und ihn zu einem blutleeren Geschöpf macht. Der Heilige ist im Gegenteil ein vollblütiger Mensch mit Anlagen, guten und schlechten, mit Fehlern, Schwächen und Stärken. Wie jeder Mensch schwankt er zwischen Gut und Böse, zwischen Gott und der Welt. Mit Gottes Gnade gelingt es ihm, sich mit Beständigkeit und Treue für Gott zu entscheiden und diesen Entschluß unter Aufbietung aller Kräfte durchzuhalten. Bei manchen Heiligen verlief dieser Weg nicht geradlinig, sondern mit Rückschlägen und Brüchen, bei der heiligen Elisabeth allerdings wuchs die Gnade und die Vollkommenheit harmonisch mit der Entfaltung ihrer menschlichen Anlagen, Neigungen und Einsichten. Ihr Leben ist ein Beispiel für die geglückte Einheit von

Natur und Gnade. So führte sie auch als geliebte Ehefrau und Mutter ihr religiöses Leben gleichsam im Raume Gottes, in seiner Gegenwart und unter seiner Anleitung zu immer größerer Vollkommenheit. Dies äußerte sich in ganz praktischen und handfesten Entscheidungen. So lehnte sie es ab, an der Hoftafel Speise und Trank zu genießen, die „geraubt oder armen Leuten als Fron abgezogen worden waren". Ihre Frauen murrten, weil sie deswegen gar oft hungrig vom Tisch aufstehen mußten. „Einmal begleitete sie ihren Gemahl zu einem Bankett, doch konnte sie aus den oben erwähnten Gründen nicht mitessen. Da nahm sie grobes, schwarzes Brot und weichte es im warmen Wasser auf. Das war alles, was sie zu sich nahm, und sie war zufrieden damit, denn es war Fasttag. Sie war aber an jenem Tag acht deutsche Meilen geritten."

Eine rührende Szene der Gatten- und Gottesliebe berichtet die Kammerfrau Isentrude unter Eid: „Oft betete die gesegnete Elisabeth in der Nacht, nachdem sie ihren Gemahl vorher um Nachsicht gebeten hatte. Er hielt dann eine ihrer Hände in der seinen und bat sie, maßvoll zu sein. Es konnte dann wohl geschehen, daß sie wegen der Länge ihres Gebets auf dem Steinboden vor dem Bett einschlief." Als ihre Frauen sie deswegen zur Rede stellten, sagte sie: „Obwohl es nicht möglich ist, daß ich immer bete, so gab mir dieses Gebet doch die Kraft, der übergroßen Liebe zu meinem Gemahl zu widerstehen." Ebenso lebensecht wie erheiternd erzählt Isentrude, Elisabeth habe sie gebeten, sie in der Nacht zu wecken, falls sie allzu fest neben ihrem Gemahl einschliefe. „So geschah es eines Nachts, daß Isentrude aus Versehen den Landgrafen an der Zehe zupfte statt ihrer Herrin. Er aber ließ sich nichts anmerken, denn es war ihm wohl bekannt, daß sein Weib heimlich beten ging, und er ertrug die Störung mit Geduld, und als sie nach einer Weile leise zurückkam, stellte er sich schlafend." Dieses Ehe- und Familienglück fand ein jähes Ende, als Ludwig IV. zum Kreuzzug aufbrach. In Schmalkalden verabschiedete er sich von seinem Bruder, seiner Mutter und allen Getreuen. Elisabeth aber konnte sich nicht trennen. Der Kaplan Burkhard berichtet: „Nun war es wohl an der Zeit, daß sie umkehrte, aber ihres Herzens Leid und Liebe wollten es ihr nicht gestatten, daß sie sich von ihrem Gatten scheiden sollte. Sie folgte ihm nach in überschwenglicher Liebe. Sie wußte nicht, sollte sie mit ihm gehen oder sollte sie bleiben ... Alle, die da gegenwärtig waren, die standen in größtem Jammer da: Es weinten die Frauen und die Männer, die zarten Jungfrauen wanden ihre Hände ... Die betrübte Fürstin kam sehr traurig heim mit Tränen und Jammer. Sie legte ihr fürstliches Gewand ab und nahm einen Witwenschleier. Von da an wurde ihr keine Freude mehr zuteil." Dies berichtet der Augenzeuge.

In Otranto am 11. August 1228 starb Ludwig IV. an einer Seuche, die viele im Heere befallen hatte. Über die Aufnahme der Nachricht durch Elisabeth berichtet der Chronist: „Da sie das hörte, schloß Elisabeth die Finger und die Hände ineinander und legte sie klagend und mit geneigtem Haupt auf ihre Knie und sprach mit betrübtem Herzen diese Worte: Tot. Tot soll mir nun alle

Die heilige Elisabeth von Thüringen. ▷
Gemälde von Nikolaus Glockendon d. Ä., Nürnberg 1525/30.
Kassel, Murhardsche und Landesbibliothek. Foto: Archiv.

NG

weltliche Freude sein. Damit stand sie auf in größtem Schmerz und lief auf dem Söller hin und her, weinend und schreiend, recht wie ein Mensch, der von Sinnen ist. Alle, die bei ihr waren, konnten sie kaum beruhigen. Sie wurden alle zu Tränen gerührt vom Jammer, den sie sahen ..." Als die Gebeine des Gatten übergeben wurden, brach es aus ihr heraus: Wenn ich ihn lebend wieder haben könnte um den Preis der ganzen Welt, ich nähme ihn und würde mit ihm betteln gehen." So kennen die wenigsten die heilige Elisabeth. Sie müßte auch, vielleicht sogar zuerst, angerufen werden als eine Patronin der christlichen Ehe, weil sie Gott alles gegeben, ihrem Gatten aber nichts an Liebe entzogen hat. Ihr Glück, ihre Ehe, ihr Schmerz beweisen: ihr Menschentum, ihre frauliche Würde und Erfüllung wurde durch ihre Frömmigkeit nicht gemindert, nicht gestört, sondern erhöht und vollendet.

Nach dem Tode ihres Gatten war sie eine andere. So scheint es. In Wirklichkeit konnte sie nun, von der Last der Landesfürstin befreit und ihres Gatten beraubt, die religiösen Vorstellungen, die sich schon seit ihrer Jugend gebildet und gefestigt hatten, unter der geistlichen Führung ihres Beichtvaters Konrad von Marburg zum alleinigen Inhalt ihres äußeren und inneren Lebens machen. Auch darin war Elisabeth ein Kind ihrer Zeit. Dies muß man kennen, um Haltungen und Handlungen in ihrem Leben zu verstehen, die uns heute seltsam vorkommen.

Es war eine rauhe Zeit. Die sozialen Mißstände schrien zum Himmel. Die Mächtigen verpraßten das Gut des Volkes in Gelagen, in Kleiderprunk, in Fehden und Raufhändeln. Das Volk wurde bis aufs Blut ausgesogen und gequält. Heere von Bettlern, Kriegskrüppeln, verelendeten Bauern bevölkerten die Landstraßen und erbettelten vor den Kirchtüren ihr Almosen. Seuchen und ansteckende Krankheiten dezimierten die Bevölkerung. Es gab weder Kranken- noch Armenhäuser. Bischofsstühle wurden an die Nachkommen mächtiger Fürstengeschlechter übergeben. Sie boten nachgeborenen Söhnen die Möglichkeit, doch noch Landesherrn zu werden. Dagegen erhob sich von unten, aus dem Volk heraus eine Gegenbewegung, eine Bewegung der Armen für die Armen im Namen und Zeichen Christi, der die Armen seliggepriesen hatte. Im Innern der Kirche wird diese Bewegung verkörpert durch Franz von Assisi (1181–1226). Dieser begnügte sich nicht damit, den Armen Gutes zu tun, selbst aber den Wohlstand seines Vaterhauses zu genießen, er nahm das Evangelium ernst, ja wörtlich, er wollte selbst arm sein. Er hielt sich an das Wort Jesu: „Verkaufe alles, was du hast, verteile das Geld an die Armen; dann komm und folge mir nach ... Eher geht ein Kamel durch ein Nadelöhr, als ein Reicher in das Reich Gottes gelangt" (Lk 18,22–25). Und an das andere Wort: „Wer mein Jünger sein will, der verleugne sich selbst, nehme sein Kreuz täglich auf sich und folge mir nach" (Lk 9,23). Dieses Lebensprogramm hatte aus Giovanni Bernardone den Poverello, den Armen, gemacht. Er und seine Bewegung richteten mit ihrem alternativen Leben, mit ihrer verwirklichten Solidarität mit den

Armen ein Zeichen auf über dem Leben der Gesellschaft und der Kirche. Auf ein solches Zeichen schien alles gewartet zu haben. Wie ein Lauffeuer verbreitete sich die Lebensweise der „Minderbrüder" über Italien.

1221 kamen Brüder auch nach Deutschland. Sie wurden begeistert aufgenommen. Einer von ihnen, Bruder Rüdiger, führte Elisabeth in die franziskanische Frömmigkeit ein. Er traf auf eine verwandte Seele, die schon bisher christliche Liebe, Demut, freiwilligen Verzicht, Armut gelebt und im Rahmen ihrer Stellung verwirklicht hatte. Als Fürstin zog sie vor ihren Mägden einmal ein Bettlergewand an und sagte: „So werde ich aussehen, wenn ich einst vor den Türen betteln werde." Nur mühsam hatte sie bisher ihrem Verlangen, ein Leben nicht *wie* ein Armer, sondern *als* ein Armer zu führen, widerstanden. Nun glaubte sie sich frei dazu. Sie begann mit dem Verschenken ihrer Habe. Prachtgewänder, Schmuckstücke, die sie aus Ungarn mitgebracht hatte, ja ihr Witwengut flossen in die Taschen der Armen. Da fürchteten die Verwandten ihres Mannes, besonders sein Bruder Heinrich Raspe, der ihm als Landgraf nachgefolgt war, sie könnte das Erbgut der Kinder und die Güter ihres Gatten verschleudern. Man entzog ihr die Verfügung über ihr eigenes Vermögen. Elisabeth verließ in bitterer Winterkälte die Wartburg. Ein Wirt ließ sie in einem Schuppen nächtigen, in dem auch Schweine untergebracht waren. Die Leute hatten Angst, sie aufzunehmen, weil sie die Rache des neuen Landgrafen fürchteten. Elisabeth aber ging in der Nacht zu den Minoritenbrüdern und forderte sie auf, ein Te Deum anzustimmen, weil sie nun so arm sei, wie sie es sich immer gewünscht habe. Am nächsten Tag schickte man ihr die Kinder nach. Erst deren Elend machte den Becher ihres Leidens voll.

Schließlich aber rührte sich die hohe Verwandtschaft. Die Äbtissin Mathilde in Kitzingen, ihre Tante, holte sie zu sich. Dann wurde sie weitergereicht an ihren Onkel, den Bischof Egbrecht von Bamberg. Der hatte wenig Sinn für ihr geistliches Leben und wollte sie auf schnellstem Wege wieder verheiraten zur Mehrung der Macht des Geschlechts der Andechser. Elisabeth, die nach dem Tode ihres Gatten das Gelübde der Enthaltsamkeit abgelegt hatte, drohte: „Wenn mir kein anderer Ausweg bleibt, so werde ich mir heimlich die Nase abschneiden, so daß mich niemand mehr haben will wegen dieser schrecklichen Verstümmelung." Die Rückführung der Gebeine ihres Gemahls aus Italien bot ihr Anlaß, der Gefangenschaft auf Burg Pottenstein zu entfliehen.

Inzwischen hatte Papst Gregor IX. den Magister Konrad von Marburg zu ihrem Vormund bestellt und ihm die Sorge für ihre weltlichen Angelegenheiten übertragen. Diesem gelang es, ihre Vermögensverhältnisse zu ordnen. Heinrich Raspe mußte ihr jedes Jahr die Summe von 500 Silbertalern auszahlen. Mit diesem Geld entfaltete sie eine große Liebestätigkeit und errichtete in Marburg, das ihr als Witwensitz zugewiesen wurde, ein Spital, in dem sie Kranke und Aussätzige selbst pflegte, bis ihre Kräfte sich im Dienste an den Kranken und

durch die harten Bußübungen verzehrt hatten. Am 17. November 1231 erlosch ihr vierundzwanzigjähriges Leben still und ohne Todeskampf.
Von ihrem religiösen Leben in den vier Jahren ihrer Witwenschaft kann man nicht sprechen, ohne vorher einen Mann näher zu betrachten, der schon von ihrem Gatten Ludwig in die Wartburg geholt worden und der dann bis zu ihrem Tode ihr freiwillig angenommenes Kreuz war, an das sie sich selbst geheftet und das sie aus Liebe zum Kreuz Jesu geduldet hat: Konrad von Marburg. Er war ein gelehrter Priester, anspruchslos und freiwillig arm, ein Eiferer für Gott und die Kirche, vom Papst aufgestellt als Kreuzzugsprediger und Ketzerverfolger, ein glänzender Prediger, dem alles Volk von Ort zu Ort nachlief. Sein eigenes Bußleben und seine Seelenführung entbehrten menschlicher Weite, Milde und Großzügigkeit. Sein Charakter war geprägt von asketischen Teilwahrheiten, die sich in ihrer einseitigen und rigorosen Sturheit als menschenfeindlich und unchristlich auswirken mußten. Er hat die Seele der heiligen Elisabeth gefoltert und ihre frauliche Würde grob verletzt. Es ist sicher, daß Elisabeth dies auch so empfunden hat. Gerade darum hat sie es als Prüfung, als gottgewolltes Leiden angenommen. Konrad von Marburg war für Elisabeth eine, vielleicht die schwerste Prüfung. Ihm gehorsam zu sein, ihn zu dulden, war für sie ein Mittel der Abtötung und Selbstüberwindung. Zerbrechen konnte er sie nicht. Sie war ein viel zu starker Charakter, voller Weite, Milde und Fröhlichkeit. In einem unübertrefflichen Wort hat sie ihr Verhältnis zu Konrad ausgedrückt: „Wir sind wie Schilf, das am Flußufer wächst. Schwillt der Fluß, so beugt sich das Schilf und taucht unter. Und das Wasser fließt darüber hinweg, ohne es zu verletzen. Hört aber das Hochwasser auf, so richtet sich das Schilf wieder empor und wächst in seiner Kraft fröhlich und erquickt weiter."
Dieser Satz läßt einen Blick tun in das Selbstverständnis Elisabeths, in ihr Innerstes, das sie mit dem Schleier des Schweigens ihrer Umgebung und der Nachwelt verborgen hat. Wir sehen ihre Werke, ihr verströmendes Schenken, die sorglose Hingabe ihres Besitzes, die überströmende Verschwendung ihrer Liebe, ihrer Kraft, ihrer Person an die Armen, die Aussätzigen, die Alten und Behinderten. Diese Nächstenliebe erhält Sinn und Untergrund in der totalen Hingabe an Gott, stets vergegenwärtigt in dauernder Gebetsverbindung. Schwerer zugänglich für uns ist die Art und das Ausmaß der Selbstverleugnung und Abtötung, vor allem der körperlichen Kasteiung. Diese will uns fast als eine Sünde gegen die Gesundheit und Unversehrtheit des Leibes und des Lebens erscheinen. Hierin ist sie eben ein Kind ihrer Zeit, die in der allzu wörtlichen Auslegung einiger Schriftstellen (z. B. Mt 5,29–30), im Vorbild heiliger Büßer und mancher Ordensgemeinschaften eine leibfeindliche Asketik entwickelt hatte als Kontrast und Gegengewicht gegen die Ausschweifungen einer dünnen, reichen Oberschicht. Mit Abscheu, ja mit Entsetzen betrachten wir die körperliche Züchtigung durch ihren Seelenführer, der mit einem absoluten Gehorsam ihren eigenen Willen zerbrechen wollte. Dies sind Fehlentwicklungen, die man

auch nicht gutheißen kann, weil eine Heilige sie hingenommen hat. Ihre Duldung mag ein heroischer Tugendakt gewesen sein. Konrad von Marburg hat Elisabeth in Furcht versetzt, und Furcht war noch nie ein guter Seelenführer. Gott will Gehorsam aus Liebe, nicht aus Furcht, und ein erzwungener Gehorsam hat ohnehin keinen sittlichen Wert. Für Elisabeth aber war die Zuchtrute ihres krankhaften Beichtvaters die Dornenkrone des Herrn. Ihre Würde konnte nicht verletzt werden. Sie war gegründet im Kreuz.

So ist sie gleichzeitig eine frohe, menschliche Heilige, die nicht weniger Freude ausstrahlt als der Arme aus Assisi. Sie ist aber auch eine Heilige, die mit Entschiedenheit und Willensstärke die sozialen Verhältnisse ihrer Zeit nicht hingenommen, sondern geändert hat, geändert nicht durch Almosen allein, sondern durch Identifikation mit Hilflosen, Leidenden, Ausgestoßenen. Sie ist eine von ihnen geworden. Dies hat ihre Zeit gespürt. Schon vier Jahre nach ihrem Tod wurde sie heiliggesprochen. Ihr Grab wurde zur größten Wallfahrtsstätte im deutschen Mittelalter. Kaiser Friedrich II., gewiß kein Heiliger, nahm an der Erhebung ihrer Gebeine teil und folgte barfuß im Büßerhemd ihrem Sarg. Die vierundzwanzigjährige Heilige der Liebe hat nichts von ihrem Glanz verloren. Sie ist eine Patronin für ein alternatives Leben aus Liebe, für ein alternatives Christentum, für die Frauenwürde, für die Ehe- und Gattenliebe, kurz für unsere Zeit in allen ihren Nöten.

Franz von Assisi

geboren: 1181 oder 1182
gestorben: 3. Oktober 1226
Fest: 4. Oktober

In unzähligen Wohnungen von Christen und Nichtchristen hängt ein Bild des heiligen Franz von Assisi. Meist steht oder sitzt dieser inmitten einer Blumenwiese; um ihn gruppieren sich malerisch Vögel aller Art und lauschen seiner Predigt. Oder er steht am Ufer eines Wassers, die Fische strecken ihre Köpfe heraus und hören ihm andächtig zu. Selten wurde ein Heiliger so gründlich mißverstanden. Diese süßen Verkitschungen haben mit dem wirklichen Franz von Assisi wenig, ja nichts zu tun.
Franz wurde als ältester Sohn des reichen Kaufmanns Pietro Bernardone in Assisi 1181 oder 1182 geboren. Sein Taufname war Johannes. Weil er der Liebling seiner französischen Mutter war und weil er selbst gern französisch sprach und sang, nannte ihn sein Vater Francesco, den „kleinen Franzosen". Und dieser Name blieb ihm bis heute.
Friedrich Barbarossa war zu dieser Zeit römischer Kaiser. Die Kreuzzugsbegeisterung erreichte ihren Höhepunkt. Das Rittertum prägte die Kultur der Zeit. Troubadoure und Minnesänger priesen die ritterlichen Tugenden. Die bretonische Sage von König Artus, Ritter Iwein, die Lieder vom heiligen Gral und vom Ritter Parzival begeisterten Europas Jugend. Auch Franz wollte Ritter werden und dem höchsten Herrn (in dieser Welt) dienen. Seine Teilnahme am Städtekrieg Assisi gegen Perugia (1202) brachte ihm aber keinen Kriegsruhm, sondern eine einjährige Gefangenschaft, die ihn zu Selbstbesinnung und Einkehr führte. Der höchste Herr ist nicht der Kaiser, das höchste Glück nicht Kriegsruhm. Der größte Herr ist Gott, sein Dienst führt zu höchster Erfüllung und Erhebung des Menschen. Sein Dienst ist die Nachfolge Christi, des Sohnes Gottes auf Erden. Für diese Nachfolge hat Jesus den Weg gewiesen: „Wer mein Jünger sein will, der verleugne sich selbst, nehme täglich sein Kreuz auf sich und folge mir nach" (Lk 9,23). Die unwiderrufliche Entscheidung für diesen Weg vollzog sich bei Franz nicht auf einmal und nicht von heute auf morgen. Franz führte weiterhin das Leben eines reichen, geselligen, fröhlichen jungen Mannes im Kreise seiner Freunde. Innerlich allerdings kam er nicht mehr zu Ruhe, es zog ihn immer wieder hin zu dem ganz Anderen. Die Gnade verfolgte ihn und ließ ihn nicht mehr los. Franz führte selbst seine Berufung auf Gottes Eingreifen zurück: „Gott *gab* mir, dem Bruder Franziskus, diesen Anfang im Buße tun." Noch schied er nicht aus der Gemeinschaft der Familie und Freunde aus. Aber er zog

sich oft in einsame Höhlen zum Gebet zurück und restaurierte verfallene Kirchen in der Umgebung von Assisi. Dem Vater gefiel diese Wandlung gar nicht. Ihn hatte das vorherige aufwendige und ausgelassene Treiben nicht gestört; er hatte es sogar gerne finanziert. Das „Aussteigen“ aus der Gesellschaft, aus den Geschäften nahm er sehr übel. Als alle Vorwürfe und Ermahnungen nicht fruchteten, zog er den eigenen Sohn vor das Gericht des Bischofs und klagte ihn der Undankbarkeit und der Mißachtung der Eltern an. Auf dem Marktplatz von Assisi, im Angesicht des Bischofs und der ganzen Stadt, zog Franz seine vornehmen Kleider aus, gab sie dem Vater zurück und sagte: „Bisher habe ich Pietro Bernardone Vater genannt. Jetzt gebe ich ihm sein Geld zurück und alle Kleider, die ich von ihm habe, so daß ich von nun an nicht mehr sagen werde: Vater Pietro Bernardone, sondern, Vater unser, der du bist im Himmel!“ Im Bischofshaus schenkte man ihm einen alten Mantel. Auf diesen malte Franz ein weißes Kreuz und begann seinen neuen Weg in das gesellschaftliche Abseits. Kleidung und Nahrung mußte er erbetteln, nachts schlief er in Höhlen, im Wald, in Scheunen und Ställen. Am liebsten hielt er sich bei dem verfallenen Kirchlein San Damiano in der Nähe von Assisi auf. Er erbettelte Stein für Stein zu seiner Wiederherstellung.

Franz wollte einfach, aber radikal das Leben Jesu nachleben, sich ihm ganz wirklich anschließen, mit ihm über die Fluren von Galiläa wandern und alles befolgen, was Jesus seinen Jüngern aufgetragen hatte. Ganz oben stand bei ihm die Anweisung Jesu bei der Aussendung seiner Jünger: „Nehmt nichts mit auf den Weg, keinen Wanderstab und keine Vorratstasche, kein Brot, kein Geld und kein zweites Hemd“ (Lk 9,34). Die Armut, der Verzicht auf Heim und Besitz und jedwede irdische Lebenssicherung, war das Herzstück der Frömmigkeit des Franz von Assisi. Die Armut war seine Braut, die er liebte und die er hütete wie seinen Augapfel. Als später um ihn eine Gemeinschaft wuchs und sich die natürliche Neigung des Menschen nach Vorsorge und Beheimatung durchzusetzen begann, da bereitete ihm dieser Verrat der Armut tiefes Leid. Sogar in der Gelehrsamkeit erblickte er einen Besitz, der zu Eitelkeit und Besitzerstolz führen kann und den er deswegen fast mehr noch als das Geld ablehnte. Franz sah in allen Gütern und Werten dieser Welt Hindernisse und Gefahren für eine volle Hingabe an die Welt Gottes. Für ihn waren die Worte Jesu buchstäblich zu erfüllende Anweisungen für sein Leben: „Die Füchse haben ihre Höhlen und die Vögel ihre Nester; der Menschensohn aber hat keinen Ort, wo er sein Haupt hinlegen kann“ (Lk 9,58).

Wenn jemand zu mir kommt und nicht Vater und Mutter, Frau und Kinder, Brüder und Schwester, ja sein Leben sogar gering achtet, dann kann er nicht mein Jünger sein (Lk 14,26).

Ihr könnt nicht beiden dienen, Gott und dem Mammon (Lk 16,13b).

Diese und ähnliche Schriftworte nahm Franz bitterernst. Hier ist kein Platz für kitschige Sentimentalität und frohe Poesie! Und doch ist die Freude, diese

überquellende Freude, ein Kennzeichen franziskanischer Frömmigkeit. Als Franz, der wie alle Zeitgenossen einen tiefen Ekel vor dem Aussatz und den Aussätzigen hatte, sich einem Aussätzigen näherte, aus dessen Mund und abgefressener Nase der gräßliche Gestank der Fäulnis ihm entgegenkam, da bückte er sich und küßte die kranken, von Wunden und Geschwüren übersäten Finger. Hernach überströmte Süßigkeit, Glück und Freude seine Seele so, daß er singen mußte. Dasselbe geschah ihm, als er zum ersten Mal in einer Dose von Tür zu Tür sein Essen bettelte und als er den Mischmasch sah, der mehr dem Inhalt eines Futtertrogs für Schweine glich als Menschennahrung, da überwand er sich, er aß und wurde von überquellender Freude so erfüllt, daß er singend durch die Straßen von Assisi ging. Diese Freude, aus der vollkommenen Beherrschung der menschlichen Triebe, der gelungenen Nachfolge des Herrn, der hinter sich zurückgelassenen Welt, ihrer Güter, Genüsse, Empfindungen erweckte in ihm eine existentielle Freude, die sein Leben trug in einer Ebene, für die Hunger, Not, Kälte, Verachtung, nicht mehr die geringste Bedeutung hatten. Die Welt überwunden haben viele Heilige, aber eine Quelle dauernder und reinster Freude war diese Überwindung einzig für den „Bruder Immerfroh" aus Assisi. Der schönste Ausdruck dieser Freude ist der Sonnengesang, den der Heilige kurz vor seinem Hingang gedichtet hat. Aus dieser Freude kam auch der vertraute Umgang mit allen Geschöpfen, mit Blumen und Tieren. Sie waren ihm Zeichen und Geschenke des Schöpfergottes und daher Anlaß zur Freude.
Armut kann als Tugend nur gedeihen, wenn sie in Demut gelebt wird. Franz lebte im ständigen Bewußtsein des Abstands seiner Armseligkeit zur Hoheit des göttlichen Sohnes. Aus diesem Bewußtsein erwuchs ihm eine vollkommene Demut, die nichts zu tun hatte mit selbstquälerischer und krankhafter Selbsterniedrigung. Sie war ihm Grund und Quelle der Dankbarkeit, daß Gott ihn, den geringsten Jünger, so begnadet und geliebt hat. Armut und Demut gaben ihm eine ungeheure, ja unbegrenzte Freiheit. Nichts stand zwischen ihm und seinem Schöpfer, keine Familie, nicht Geld und Gut, nicht die Bedürfnisse und Wünsche des Leibes. Wenn es in dieser Weltzeit überhaupt einen vollkommen freien Menschen gegeben hat, so war es Franz von Assisi. Er ließ sich durch nichts und niemand hindern in der absolut freien Entscheidung für den Weg Jesu.
Zunächst erregte die neue Lebensweise des Kaufmannssohnes in Assisi Spott und Gelächter. Die Straßenjungen warfen ihm Steine nach, bespuckten ihn, die Eltern schämten sich, der Vater fluchte, er hatte zum Schaden den Spott der Gesellschaft zu ertragen. Bald aber änderte sich die Stimmung. Die Menschen spürten den Ernst dieses Wandels. Franz sprach zu ihnen in einfachen Worten vom Evangelium, vom Weg der Nachfolge, von der Liebe Gottes und von der Antwort auf diese Liebe. Bald scharten sich die ersten Gefährten um ihn, Söhne begüterter Familien. Sie verschenkten ihren Besitz und lebten in brüderlicher Gemeinschaft nach den Regeln des Evangeliums.
Franz hatte nie im Sinn, einen Orden zu gründen, so wenig wie Jesus für das

Der heilige Franz von Assisi. ▷
Porträt in der Unterkirche von Assisi, dem Maler Cenni di Pepo, genannt Cimabue, zugeschrieben. Foto: Archiv.

Zusammenleben mit seinen Jüngern juristische Regeln benötigt hatte. Aber Franz war kirchentreu. Er wollte die Zustimmung des Papstes zu ihrer neuen Form des Lebens. 1210 gestattete der mächtige Papst Innozenz III. mündlich das Leben der „Minderbrüder", wie sie sich nannten, und erlaubte ihnen, das Wort Gottes in der Predigt zu verkündigen; denn Franz wollte keinen Rückzug hinter schützende Klostermauern, er wollte den Menschen dienen durch Wort und Beispiel. Er wollte, daß er und seine Brüder als Zeugen für das Gottesreich unter den Menschen lebten und sie dadurch stets an dessen Gegenwart erinnerten. Die spätere Entwicklung zum Franziskanerorden entsprang mehr dem Ordnungsdenken der kirchlichen Autorität als dem Willen des Gründers. Franz fügte sich, aber er war nicht glücklich darüber. Er schickte seine Brüder in alle Gegenden Italiens und in viele Länder Europas auf Missionsreisen, um für das Leben der Christusnachfolge in Armut zu werben. Er selbst zog nach Spanien, nach Dalmatien und schloß sich dem fünften Kreuzzug (1217–21) an und versuchte, den mohammedanischen Sultan zu bekehren. Dieser spürte die Echtheit und den Zauber der Persönlichkeit und behandelte Franz respektvoll. Äußerer Erfolg aber war dieser Mission nicht beschieden.
1212 wollte Klara, eine junge Frau aus einer angesehenen Familie in Assisi, auch nach dem Vorbild der Minderbrüder leben. Franz brachte sie und ihre Gefährtinnen in strenger Klausur in San Damiano unter und begründete damit den Orden der Klarissen. Schließlich entstand als dritter Orden eine Vereinigung verheirateter Männer und Frauen, die so viel von den Regeln erfüllen wollten, wie es in ihrem Weltstand neben dem Leben in der Familie und im Beruf möglich war.
Die Gemeinschaft wuchs. 1221 kamen bereits 3000 Brüder zum Ordenskapitel in Assisi zusammen. 1223 gab ihnen der Papst eine endgültige Ordensregel. Franz, der seinen „Bruder Leib" nicht gut behandelt hatte, war öfters krank. Er gab die Leitung des Ordens ab und zog sich immer mehr in die Einsamkeit zurück. Ohne Zweifel litt er unter der Entwicklung seiner Gemeinschaft, die viele seiner strengen Gebote der Armut abgemildert, das Leben in festen Klöstern, in juristische Regeln eingefaßt und viel von der ursprünglichen Frische, der Bruderliebe und der begeisterten Hingabe an die Christusnachfolge verloren hatte. Diese Enttäuschung war nicht die geringste unter den Bußübungen des Heiligen.
Die bedingungslose Nachfolge Christi führte allmählich zu einer nahezu existentiellen Identifikation des Heiligen mit dem Herrn. Diese fand ihren Ausdruck am Fest Kreuzerhöhung 1224 in der Stigmatisation. In einer Ekstase erschien Franz auf dem Monte Alverna Christus, der Gekreuzigte, mit den gekreuzten Flügeln eines Seraph. Leuchtende Strahlen gingen von den Wunden des Herrn aus und trafen die Hände, die Füße und die Seite des Heiligen. In grenzenloser Verzückung empfing er als erster Mensch diese Begnadung. Seine Mitbrüder entdeckten später die Blutspuren und berichteten: „Sankt Franziskus aber sagte

den Brüdern nichts davon, sondern verhüllte seine Hände, und die Fußsohlen konnte er nicht mehr zur Erde setzen. Und die Brüder fanden, daß seine Kutte und seine Beinkleider blutig waren, wenn sie diese zur Wäsche empfingen, und da verstanden sie, daß er in seiner Seite und ebenfalls in Händen und Füßen das leibhaftige Bild und Gleichnis unseres Herrn Jesus Christus, des Gekreuzigten, trug."

In der Tat bereiteten Franz später die Wundmale große Schmerzen. Er konnte mit den Händen nichts mehr anfassen und auf den Beinen nicht mehr stehen. Bruder Leone mußte ihm täglich die Hände verbinden, und Bruder Rufino fand beim Waschen seiner Hose die rechte Seite von der Seitenwunde mit Blut durchtränkt. Da Franz nicht mehr gehen konnte, kehrte er auf einem Esel reitend von Monte Alverno in sein geliebtes Portiuncula zurück. Diese letzte Reise glich einem Triumphzug. Das Volk ging ihm entgegen mit Ölzweigen in den Händen, Kinder wurden ihm entgegengehalten, daß er sie segne. Alle versuchten, ihn zu berühren. Franz selbst predigte mit seinen schlichten, kunstlosen Worten, die alle tief ergriffen. Auch die Machthaber der Stadt Perugia und Assisi sahen in ihm den Heiligen. Sie schickten Soldaten als Ehrenwache getarnt, die sich im Falle seines Todes des heiligen Leibes zu versichern hatten. Franz war todkrank. Der Magen wollte keine Nahrung mehr aufnehmen. Er erbrach Blut, die Beine waren von der Wassersucht dick geschwollen. Er fühlte das Ende seiner irdischen Pilgerschaft nahen. Da dichtete er seinem „Sonnengesang" eine letzte Strophe hinzu:

„Gelobt seist du, Herr, für unsern Bruder, den leiblichen Tod, dem kein lebender Mensch entrinnen kann!
Wehe denen, die in der Todsünde sterben!
Selig, die deinen allerheiligsten Willen erfüllten, denn der zweite Tod kann ihnen nicht schaden!"

Tiefe Freude erfüllte ihn. Er bat seine Mitbrüder, frohe Lieder zu singen. Dann schrieb er sein Testament. In diesem hielt er Rückblick auf sein Leben, auf die vielen Gnaden, die er empfangen hatte. Er dankte für seinen Glauben an die Kirche, für den großen Glauben an die Priester, die trotz ihrer Fehler den Leib Christi gegenwärtig zu setzen berufen sind. Er dankte Gott für die Brüder, die er ihm gegeben hatte. Ihnen band er die heilige Armut auf die Seele. Desgleichen den Gehorsam gegen ihre Ordensoberen. „Gleich wie der Herr mir verlieh, einfach und einfältig die Regel und diese Worte zu sagen und zu schreiben, so müßt ihr sie auch einfach und einfältig und ohne Auslegung verstehen und sie im heiligen Wandel bis ans Ende befolgen."

Als es dem Ende zuging, bat Franz, ihn nackt auf die Erde zu legen, damit er nackt und bloß, wie er auf die Welt gekommen war, diese wieder verlasse. Mit ungewöhnlich fester Stimme sang Franz den 142. Psalm:

Mit meiner Stimme rufe ich zu dem Herrn...

Die Stimme wurde leiser und leiser und verstummte schließlich ganz. Franz von Assisi, einer der größten Menschen und Heiligen, war in die Ewigkeit eingegangen. Es war der Abend des 3. Oktober 1226.
Schon zwei Jahre nach seinem Tod, 1228, wurde er heiliggesprochen. Seit siebeneinhalb Jahrhunderten wird er von der Christenheit verehrt als einer der Zeugen, die der Welt gezeigt haben, daß Christentum möglich ist und daß Jesus Christus in seiner Kirche lebt.
Was sagt uns dieser Heilige heute? Wir können in aller Regel nicht aussteigen aus der Familie, dem Beruf und den anderen sozialen Einbindungen. Wir können nicht von Tür zu Tür unser Brot erbetteln. Wir haben auch nicht die Härte für ein Leben, wie Franz es gelebt hat. Ein Versuch würde zu einer großen persönlichen Katastrophe führen. Jeder Mensch hat seine Anlagen und Fähigkeiten, auch seine Begrenzungen, und jeder hat seine eigenen Lebensformen. In ihnen muß sich, der äußeren Form nach, die Nachfolge Christi für jeden Christen vollziehen. Gemeinsam ist in allen Ständen, Berufen und Lebensumständen der lebendige Glaube, daß unser Dasein sich nicht im diesseitigen Leben erschöpft, sondern daß es einem Reich zugehört, in dem Gott in Liebe herrscht und zu dem Christus den Weg geöffnet hat. Das lebendige Bewußtsein dieser übernatürlichen Welt wird immer wieder verdrängt durch die Nähe und den aufdringlichen Anspruch der irdischen Güter, Sorgen, Leiden und Freuden. Wir lassen uns immer wieder ablenken durch eigene Ziele, das eigene Glück des irdischen Daseins in der vordergründigen Gegenständlichkeit dieser Welt. Je mehr wir aber diese in den Hintergrund schieben, desto deutlicher und leuchtender tritt die Welt Gottes in unser Bewußtsein, gewinnt die vorherrschende Realität als Pol unseres Denkens und Handelns. Franz hat diese Gegenwärtigsetzung der übernatürlichen Realität durch rücksichtslose Verachtung aller irdischen Dinge in vollkommener Weise erreicht. Er hat den Weg Jesu durch diese Zeit und Welt in buchstäblicher Nachfolge gegenwärtig gesetzt. Wir werden es so nicht können. Aber der Anspruch richtet sich an jeden Christen nach dem Maß seines Könnens. Franz war ein begnadeter Mensch, er war ein Wegzeichen, das Gott selbst aufgerichtet hat an den Kreuzwegen dieser Welt. Er weist in die Richtung der ewigen Heimat. Ihm zu folgen, ist das Ziel und Glück unseres Lebens.

Franz von Sales

geboren: 21. August 1567
gestorben: 28. Dezember 1622
Fest: 24. Januar

Es ist eine ebenso feste wie falsche Vorstellung vieler Christen, daß die Heiligen ganz andere Menschen waren als alle übrigen, daß sie von vornherein keine Sünde und keinen Irrtum begehen konnten und daß sie vom ersten Tag ihres Lebens an heilig und unfehlbar gewesen seien. Einzig dem heiligen Paulus und dem heiligen Augustinus will man zwei Lebenshälften zugestehen, eine unheilige und eine heilige. Dagegen kann man nicht genug betonen, daß die Heiligen Menschen waren aus Fleisch und Blut wie wir, daß sie geplagt waren von Versuchungen, daß sie gesündigt und geirrt haben, daß sie eine Entwicklung durchgemacht haben. Heilig sind sie geworden, weil sie schließlich die Gnade mit all ihren Kräften ergriffen und in der Nachfolge Christi zu einer solchen Vollkommenheit gelangt sind, daß sie uns zum Vorbild dienen können, freilich jeder in seiner Weise, nach seinen Anlagen, nach seinem Temperament und in den Formen seiner Zeit.

Als Franz am 21. August 1567 auf Schloß Sales in Savoyen als Sproß eines alten Adelsgeschlechts geboren wurde, erschauerte Europa im Fieber blutiger und grausamer Glaubenskriege. In demselben Jahr versuchten die Hugenotten in Frankreich, sich des Königs zu bemächtigen, in der Schweiz war der Kalvinismus bis in die entferntesten Alpentäler vorgedrungen. Die strittigen Glaubensfragen beherrschten das gesamte private und öffentliche Leben. Jeder war gezwungen, sich zu entscheiden. Die Familie von Sales war dem katholischen Glauben treu geblieben. Franz, der älteste von zehn Kindern, wurde den Jesuiten zur Erziehung übergeben, dem Orden, der ausdrücklich mit dem Ziel gegründet worden war, den katholischen Glauben zu erneuern und der Kirche ihren alten Glanz wieder zu geben.

Obwohl Franz schon mit elf Jahren die Tonsur erhielt und damit nach dem Kirchenrecht in den geistlichen Stand aufgenommen wurde, hatten seine Eltern alles andere im Sinn als das Priestertum. Die Zugehörigkeit zum Klerus war nämlich die Voraussetzung für die Erlangung kirchlicher Pfründen, d. h. der Einkünfte aus kirchlichen Ämtern. Dieses Pfründenwesen war eines der Grundübel der Seelsorge, weil deren Aufgaben von schlecht ausgebildeten und wenig motivierten Vertretern mehr schlecht als recht wahrgenommen wurden, während die Pfründeninhaber die Quelle ihrer Einkünfte oft im ganzen Leben nicht zu Gesicht bekamen. Franz hat später diese Mißbräuche heftig bekämpft.

Die Eltern schickten ihn zuerst nach Paris zum Studium der Rechtswissenschaft; daneben hörte Franz auch Vorlesungen über klassische Autoren der römischen und griechischen Antike wie über Fragen der Theologie. Das Hofleben, zu dem er als Mitglied des Adels Zugang hatte, bot viele Versuchungen. Auf der anderen Seite lebte er in der Umwelt des Kalvinismus. Das Hauptkennzeichen dieser Lehre war die Prädestination, d. h. die Vorherbestimmung. Gott hat nach dieser Lehre den einen zum Himmel, zur Seligkeit auserwählt, den anderen zur Verdammnis verurteilt, unabhängig vom eigenen Wollen und Tun des Menschen. Unter den Schauern sinnlicher Versuchungen setzte sich bei Franz der Glaube fest, er sei zur Verdammnis bestimmt. Jahrelang litt er seelische Qualen. Trotzdem blieb er dem katholischen Glauben treu. Die Gnadenlehre der Jesuiten, sein in aller Dunkelheit fest behaupteter Glaube und sein nie unterbrochenes Beten brachten ihm die Befreiung. Als er zur Muttergottes um Hilfe schrie, da fiel die Verzweiflung von ihm ab. Eine große Heilsgewißheit ergriff ihn, die ihn sein Leben lang nicht mehr verließ. Sein vielbewunderter Optimismus im religiösen Leben, seine Menschenfreundlichkeit und Milde haben in der Errettung aus dieser verzweifelten Lage der Seele ihre tiefste Ursache.
Die Familie plante für ihn eine Laufbahn als Jurist, dem nach Abstammung und Studium die höchsten Staatsämter offenstanden. Franz fügte sich zunächst. Er ging nach Padua und erwarb dort 1591 im Alter von 24 Jahren den Doktor beider Rechte. Nebenbei hatte er allerdings seine theologischen Studien fortgesetzt, und unter dem Einfluß seiner geistlichen Führer aus dem Jesuitenorden nahm der Wunsch, Priester zu werden, Gestalt an. Die Enttäuschung der Familie war groß; sie hatte für ihn schon eine vorteilhafte Braut gefunden und seine weltliche Laufbahn vorbereitet. Den Vater konnte Franz nur mit Argumenten überzeugen, die bei ihm Gültigkeit hatten, das waren Ehre, Macht, Ansehen, Besitz. Daher ließ Franz seine geistlichen Familienbeziehungen spielen und brachte es fertig, daß ihm – als Laien – der Titel eines Propstes von St. Peter in Genf übertragen wurde. Dies war der höchste Rang in der Diözese nach dem Bischof. Diese hohe Würde für seinen fünfundzwanzigjährigen Sohn gefiel dem Vater so sehr, daß er seinen Widerstand gegen dessen Berufswahl aufgab, sodaß Franz am 18. Dezember 1593 mit Zustimmung seiner Familie die Priesterweihe empfangen konnte.
Mit Feuereifer stürzte sich der junge Priester in die schwierigsten Seelsorgsaufgaben. Das Gebiet von Chablais war seit 1536 kalvinistisch gemacht worden. Nachdem es wieder unter die Herrschaft des Herzogs von Savoyen gelangt war, hatte dieser das größte Interesse an der bekenntnismäßigen Einheit seines Herzogtums. Selbstverständlich lag auch dem Bischof von Genf, der in Annecy residierte, alles an einer Rückgewinnung des abgefallenen Teils seiner Diözese. In missionarischer Begeisterung bot Franz seine Dienste für die Missionierung des Chablais an. Sein neues Arbeitsfeld aber war ein steiniger Acker. Die

Bewohner waren arm, das Klima rauh, die Seelen hart. Franz suchte unter großen Mühen die entlegensten Bergdörfer auf, er strahlte den ganzen Charme seiner liebenswürdigen Persönlichkeit aus, er predigte, verteilte Flugschriften und betete um die Bekehrung der Irrenden. Aber der Erfolg war gering. Seine „lächelnde Zutraulichkeit" kam bei den Kalvinisten nicht an, man wies ihm die Türe und hetzte die Hunde auf ihn. Man jagte ihn zu den Dörfern hinaus, so daß er einmal in einem Backofen, einmal in der Krone eines Baumes übernachten mußte. „Wenn es in diesem Tempo weiterging, würde er in hundert Jahren mit seinem Auftrag nicht fertig, obwohl er kein Mittel unversucht ließ, an die Leute heranzukommen, indem er diskutierte, predigte, immer freundlich blieb, die Geduld nie verlor, schonend auftrat und kein Porzellan zerbrach, nahm der Widerstand gegen den Katholizismus in keiner Weise ab. Er rannte wie gegen eine Mauer" (W. Nigg).

Auch der Versuch, den Nachfolger Kalvins, den greisen Theodor Beza zur Rückkehr in die Kirche zu bewegen, schlug fehl. Im Auftrag des Papstes Clemens VIII. bot Franz dem „Papst der Kalvinisten" 4000 Goldtaler, um seine Seele zu kaufen, sagen die einen, um ihm ein unabhängiges neues Leben zu ermöglichen, sagen die anderen. Beza aber lehnte ab. Nun griff der Herzog von Savoyen zu dem Mittel, mit dem im Zeitalter der Reformation und Gegenreformation Bekenntniswechsel meist herbeigeführt wurden: zum Mittel der Macht und der Gewalt. Die Kalvinisten wurden aus allen öffentlichen Ämtern entfernt, die Prediger wurden ausgewiesen und die Gläubigen vor die Wahl gestellt: katholisch werden oder auswandern. So wurde das Chablais bekehrt. Gewiß, nicht Franz hat die Soldaten gerufen, aber er hat das Vorgehen des Herzogs gebilligt. Seine eigenen Waffen waren die Kanzel, der Beichtstuhl, das Schreibpult, aber er war auch ein Kind seiner Zeit. Und diese Zeit lag vor der Aufklärung, die in die weltanschauliche Auseinandersetzung die Toleranz gebracht hat. Franz ging es um das Heil der Seelen. Er war fest davon überzeugt, daß die Irrgläubigen nicht gerettet werden konnten. Darum wollte er sie zu ihrem ewigen Glück und Heil überreden, bekehren. Er lehnte Gewalt zwar grundsätzlich ab, aber vor die Wahl gestellt, ewige Verderbnis oder Zwangsbekehrung, war ihm das Seelenheil wichtiger. Von hier aus ist die einleitende Bemerkung zu verstehen. Auch Franz hat eine Entwicklung durchgemacht. In seinen späteren Jahren wäre er sicher nicht mehr für gewaltsame Bekehrungen eingetreten. Er hätte sich auch nicht mehr für den Bekehrungsversuch mit Geld hergegeben. Franz ist gewachsen von einem ehrgeizigen Jungen mit großen irdischen Plänen über den eifrigen jungen Kalvinistenmissionar zu dem überlegenen, tieffrommen und gütigen Seelenführer seiner späteren Jahre. Sicher hat er in Chablais seine besten Jahre, seine physischen und geistigen Kräfte für Gottes Ehre und das Heil der Menschen eingesetzt, aber die Vollkommenheit des Heiligen hat er in dieser Zeit noch nicht erreicht. Seine religiösen Motive waren noch stark vermischt mit den Zielen der Kirchen- und Staatspolitik sowie

der Gebiets- und Machterweiterung. Franz war nämlich 1597 zum Koadjutor des Bischofs von Annecy und 1602 zu dessen Nachfolger als Bischof von Genf in Annecy aufgerückt.
Nun war ihm ein weites Feld anvertraut, auf dem er alle seine reichen Anlagen voll entfalten konnte. Im Gezänk der Theologen, im Hin und Her der politisch bestimmten Zugehörigkeit bald zu diesem, bald zu jenem Bekenntnis, war das religiöse Leben des christlichen Volkes in Verwirrung geraten; Aberglaube und Gleichgültigkeit hatten sich ausgebreitet. Jetzt galt es, vor allem eine Mission nach innen, eine Bekehrung der Lauen und Abständigen, einen Neuaufbau des kirchlichen Lebens von unten in Gang zu setzen. Dabei ging es dem neuen Bischof nicht um kirchliches Schaugepränge, um festliche Aufzüge und pompöse Gottesdienste; davon gab es im Zeitalter des Barock mehr als genug. Ihm ging es um die einzelne Seele. Der Christ war für ihn zuallererst ein Mensch, eine Persönlichkeit mit guten und weniger guten Anlagen, mit Leidenschaften, mit hochherzigen und mit niedrigen Trieben. Jeder muß aus dieser seiner einmaligen Persönlichkeit einen Christen machen. Es gibt auch keine Schablone für den „Christen". Jeder Mensch ist unwiederholbar und einmalig in der Aufnahme und Umsetzung des Glaubens und in seiner persönlichen Bereitschaft zur Nachfolge Christi.
Diese zentralen Gedanken seines Frömmigkeitsideals hat Franz in Briefen an eine Verwandte niedergelegt. Aus diesen Briefen wurde später das Buch „Philothea", eine Anleitung zum geistlichen Leben. Nach der Heiligen Schrift und der Nachfolge Christi gehört dieses Buch zu den am meisten verbreiteten religiösen Büchern der katholischen Christenheit im Abendland von 1600–1900. Noch meine Mutter (gestorben 1969) hat dieses Buch als Geschenk zur Erstkommunion erhalten und bis in ihre letzten Lebenstage regelmäßig und eifrig gelesen. Die religiöse Bildung des katholischen Volkes in seiner Breite wurde jahrhundertelang durch kein Buch so tief geprägt wie durch die „Philothea". Sie gründet auf einem Heilsoptimismus, der Franz in bitteren Kämpfen, ja in seelischer Verzweiflung, zugewachsen ist. Die Frömmigkeit besteht nicht in untätiger Verzückung, in heroischen Opfertaten, in Kasteiung und Weltflucht. Der Seelsorger Franz holt den Christen ab in seiner Menschlichkeit, in seiner Umwelt, in seinem Beruf. Er holt ihn gar nicht ab, sondern er sucht ihn auf und bleibt bei ihm. „Die Frömmigkeit muß sich verschieden äußern, beim Hochgestellten anders als beim Arbeiter, beim Fürsten anders als beim Untertanen, beim jungen Mädchen anders als bei einer Witwe. Die persönlichen Kräfte, die Beschäftigung, die Pflichten des einzelnen sind maßgebend für die Weise seiner Gottseligkeit... Wahre Frömmigkeit ist in jeder Lage möglich, muß ihr aber stets angepaßt sein." Es gibt so viele Arten von Frömmigkeit und Seligkeit, als es Christen und Heilige gibt. Um diese Heiligkeit zu erlangen, bedarf es nicht der Missionsreisen in ferne Länder, nicht des Martyriums, nicht der Selbstzerstörung in menschenfeindlichen Bußübungen, sondern der schlichten Einübung

in die Liebe zu Gott und in die Nachfolge Christi im Kleinen und Alltäglichen. „Jene täglichen kleinen Werke der Nächstenliebe, jene Zahnschmerzen, jene Unfreundlichkeit und Zurücksetzung durch andere, die wunderliche Laune deines Mannes, deiner Frau, ein zerbrochenes Glas, ein verlorener Handschuh, die Unbequemlichkeit, etwas früher schlafen zu gehen und früher aufzustehen, wenn du zur Kirche gehen sollst, kurz alle derartigen Beschwerden mit Liebe ertragen, das gefällt Gott in hohem Maße.“ Dieser „kleine Weg zu Gott“ machte den kleinen Leuten Mut angesichts des barocken Wort- und Gefühlsbombasts, der sie erschlug. Franz gab seiner Frömmigkeit einen heiteren, optimistischen, weitherzigen, kurz einen menschlichen Zug. Die Frömmigkeit, die er anbot und die sein eigen war, strahlte menschliche Wärme und Nähe aus. Der Mensch als Abbild Gottes ist mit seinen natürlich guten Anlagen das Fundament für den Aufstieg zu Gott, der diesen Menschen bejaht, gelten läßt und annimmt. Er ermöglicht ihm, als Kind Gottes in Freiheit vor ihm zu spielen und sich seines Geschenkes, des Lebens, zu freuen.

Dieser religiöse Humanismus des heiligen Franz hat vor allem dem französischen Katholizismus eine gewisse Leichtigkeit und Heiterkeit verliehen, die ihn bis heute nicht verlassen hat. Franz hat die großen Errungenschaften des Humanismus und der Renaissance, die Entdeckung des Wertes des Menschen, eingebaut in ein System der Frömmigkeit, das die finstere Welt des Kalvinismus ebenso überwunden hat wie den düsteren Pessimismus des französischen Jansenismus.

Aber man darf sich trotzdem nicht täuschen lassen. Ebenso wie die fröhliche Gottseligkeit des heiligen Franz von Assisi und die Heiterkeit des heiligen Thomas Morus, so ruht auch der heilige Optimismus des Franz von Sales auf einer totalen Verfügbarkeit der Güter dieser Welt und ihrer Hingabe an die Liebe Gottes, auf einer mühsam erkämpften, aber unwiderruflichen Bereitschaft der Kreuzesnachfolge. Dieses Fundament seines religiösen Lebens ist so festgefügt, daß daraus Freude auch auf die natürlichen Dinge des Lebens überstrahlt. Franz von Sales war von Haus aus keineswegs ein „Bruder Immerfroh“, eine heitere südländische Natur, die leichten Sinnes über Schwierigkeiten hinweggeglitten wäre. Im Gegenteil: Er hatte ein heftiges Temperament, das zu Ausbrüchen neigte, er hatte auch einen außerordentlich starken Willen, der leicht zu Starrsinn hätte werden können. Er war schließlich nicht weniger zentriert auf Christi Kreuz als ein Blutzeuge oder ein ägyptischer Einsiedler. Nur die Form seines Strebens nach Heiligkeit war anders. Bei ihm kamen besondere menschliche Voraussetzungen zusammen: die Kultur eines adeligen Elternhauses, das Studium der Klassiker, eine tiefe humanistische Bildung und eine psychologische Intuition in das Wesen des Menschen. Diese Voraussetzungen haben ihn zu der Erkenntnis befähigt, die uns erst die moderne Tiefenpsychologie erschlossen hat.

Diese zwei Seiten seiner Persönlichkeit zeigen sich in seiner weltberühmt gewordenen geistlichen Freundschaft mit der gleichgestimmten Seele der heiligen Johanna Franziska von Chantal (geboren 1572, gestorben 1641). Franziska hatte eine überaus glückliche Ehe hinter sich. Ihr Gatte war bei einem Jagdunfall umgekommen und hatte ihr vier unmündige Kinder hinterlassen, als sie in Schmerz und Trauer, hin- und hergerissen über ihren künftigen Weg eine Predigt des Bischofs von Genf hörte. Als die beiden Heiligen sich persönlich begegneten und als die Witwe dem Bischof in der Beichte den Zustand ihrer Seele eröffnete, da „schenkte mir Gott eine große Liebe zu ihrem Geist" sagt Franz von Sales. Wenn es erlaubt wäre, das triviale Wort von der „Liebe auf den ersten Blick" auf das rein geistige und geistliche Verhältnis des Bischofs und der Witwe anzuwenden, hier wäre es am Platze. Sie erkannte in ihm den geistlichen Vater, der ihrer Seele auf den Grund sah. Er bewunderte ihre reiche, großzügige, zur Liebe Gottes fähige Natur. Den Anfang dieser reinen, innigen Freundschaft bildete das gemeinsam erneuerte Gelübde ewiger Keuschheit. Damit bleibt diese zarte Freundschaft frei von jeder sinnlichen Mißdeutung. Man darf aber gewiß aussprechen, daß die feinen seelischen Schwingungen zwischen Mann und Frau, hoch über der Ebene sinnlichen Begehrens auch das religiöse Erleben zu tieferen Einsichten und höherer Vollkommenheit führen können. Wer die Briefe liest, die Franz an Frau von Chantal richtete, der könnte an der rein geistigen und geistlichen Natur dieser Freundschaft Zweifel bekommen. Unsere Zeit hat eben für den Gefühlsüberschwang der damaligen Zeit – noch dazu unter empfindsamen Naturen – wenig Verständnis. Aber fast alle Beteuerungen der Zuneigung münden aus in die Zusammenfassung „ganz in Gott". Dies trat vollends zutage, als Franz sich mit der Gründung eines Ordens befaßte, in dem er sein eigenes Frömmigkeitsideal und die in der Zeit liegenden religiösen Bedürfnisse verwirklichen wollte. In seinen Orden sollten Frauen eintreten können, die wegen ihres Alters, ihrer Gesundheit oder wegen körperlicher Gebrechen in keinen anderen Orden aufgenommen wurden. Diese sollten mit ihrer persönlichen Heiligung den Dienst an Armen und Kranken verbinden. Wir finden hier die Gedanken, die Vinzenz von Paul zur gleichen Zeit zur Gründung der „Barmherzigen Schwestern" führten. Beide hatten ihre Pläne bei einem Aufenthalt von Franz von Sales in Paris ausgetauscht. Frau von Chantal ging begeistert auf die Pläne des Bischofs ein. Sie riß sich unter dramatischen Umständen von ihrer Familie los und gründete mit Franz zusammen in Annecy den „Orden der Heimsuchung". Dieser Orden trug und trägt bis zum heutigen Tag den Namen „Salesianerinnen". Beim Tod der Gründer zählte er fast einhundert Niederlassungen. Sein segensreiches Wirken in ganz Europa dauert noch heute an.

Es war ein gegenseitiges Geben und Nehmen, was diese Freundschaft so dauerhaft und fruchtbar gemacht hat. Zu Beginn gab Franz, später nicht weniger Franziska. Sie war bei den Karmelitinnen durch eine Schülerin der heiligen Theresia von Avila in das mystische Gebet eingeführt worden. Dieses besteht in dem wortlosen Verweilen, in der lebhaft empfundenen liebenden Gegenwart Gottes. Der heilige Franz hatte zunächst kein besonderes Verhältnis zur Mystik. Schließlich aber fand er über Frau von Chantal den Zugang zur mystischen Versenkung und erreichte durch sie die höchste Vollendung seiner Frömmigkeit. Franziska war eine willensstarke Frau. Sie hat, was sie von Franz von Sales an Förderung empfangen hat, reich vergolten. Dies fühlte er auch und sprach es aus: „Das Mein und Dein zu trennen, in dem, was uns betrifft, ist unmöglich . . . Sie sind wahrhaftig ich selbst, und ich bin in Wahrheit Sie selbst." Gerade die Mystik aber bewirkte auch ein gewisses Auseinanderrücken. Theresia von Avila fordert als Vorbedingung der völligen Vereinigung mit Gott den Verzicht auf alles, was nicht Gott ist, auch auf alle erlaubten menschlichen Beziehungen. Unter unsäglichen Schmerzen schreibt Franziska: „Mein Gott, mein wahrer Vater, wie dringt das scharfgeschliffene Messer tiefer!" Und Franz schrieb an Frau von Chantal: „Denken Sie nicht mehr an die Freundschaft noch an die Einheit, die Gott zwischen uns gewirkt hat!" Beide brachten das Opfer der Trennung in der Kraft, die ihnen aus der mystischen Vereinigung mit der Liebe Gottes zufloß.

Für die Freundin verfaßte Franz sein zweites großes Werk „Über die Liebe Gottes". Es ist die Frucht der Reife seiner Gotteserkenntnis und Gottesliebe, das Zeugnis seines mystischen Erlebens. Franz von Sales hatte „das Lied von der heiligen Liebe" angestimmt und gelangte schließlich zu jener Einstellung, die ihn auch im praktischen Leben sagen ließ: „Man sollte mich nicht um Rat fragen, denn ich bin parteiisch für die Liebe" (W. Nigg).

Der Höhepunkt seiner menschlichen, seelischen und religiösen Entwicklung drückt sich ganz schlicht aus in dem Wort, das seine ganze Weisheit und Frömmigkeit zusammenfaßt: „Nichts verlangen, nichts verweigern." Keine Forderungen stellen, weder an die Mitmenschen noch an Gott, sich völlig dem Willen Gottes anheimgeben. Ihn handeln lassen, sich als williges Werkzeug in seine Hände legen, damit er es gebrauche, wie es ihm beliebt. Welcher Weg und welche Vollendung! Ein wenig davon muß in jedem Gebet des Christen enthalten sein.

Von seinem äußeren Leben wäre viel zu berichten über die Sorgen, die er mit seiner Klostergründung hatte, über den Eifer, mit dem er seine Diözese leitete, die Reformen des Trienter Konzils durchführte, wie er visitierend, tröstend und mahnend seine Diözese von einem Ende zum andern durchmaß, über seine begnadete Seelenführung, die aus der äußeren Zugehörigkeit zum katholischen Glauben vertiefte Glaubenshaltung wachsen ließ. Zu berichten wäre auch über seine letzte Reise nach Paris (1618), wo vom König angefangen, alle ihn sehen und hören wollten. Er aber fühlte, daß seine Lebenszeit kurz bemessen war. 1620 erbat er sich seinen eigenen Bruder Jean-François zum Koadjutor. Er hatte damit sein Haus bestellt, obwohl er noch nicht sechzig Jahre alt war. Mit Todesahnungen reiste er in der Begleitung des Herzogs von Savoyen im November 1622 nach Avignon. Auf dem Rückweg mußte er in Lyon im Kloster seines Ordens Halt machen und ausruhen. Seine Kräfte versiegten, sein Leben war innerlich und äußerlich vollendet. Am 12. Dezember 1622 sah er noch einmal seine Freundin Franziska von Chantal, die Gründerin der Schwestern von der Heimsuchung. Vierzehn Tage später erlitt er eine Gehirnblutung. Am 28. Dezember starb er, umgeben von den Schwestern, denen er den Weg ins Kloster geöffnet und den Weg zu einem vollkommenen Leben gewiesen hatte. Als Heiliger wurde er schon vor seinem Tode verehrt. Diese Verehrung wuchs nach seinem Heimgang ständig weiter an. Seine Schriften waren die Bestseller des Jahrhunderts. Die Kirche hat ihn am 8. Dezember 1661 selig- und am 19. April 1665 heiliggesprochen. 1877 hat ihn Papst Leo XIII. zum Kirchenlehrer erklärt.

Franz Xaver

geboren: 7. April 1506
gestorben: 3. Dezember 1552
Fest: 3. Dezember

Der volle Name und Titel des jüngsten unter den fünf Kindern des navarresischen Barons Juan de Jassu y Atondu und seiner Gemahlin Maria lautet Francisco de Jassu y Javier. Die Form des Zunamens, wie wir ihn kennen, Xaver, ist die verstümmelte Form des Namens der Burg Javier am Flüßchen Navarra, im ehemaligen Königreich Navarra, von dem vier Fünftel in Spanien und ein Fünftel in Frankreich lagen. Die Familie stammte ursprünglich aus dem französischen Teil, sodaß auch die Franzosen auf den Heiligen Anspruch erhoben. Als Franz aufwuchs, verschwand seine Heimat als politische Größe von der Landkarte. Solche Vorgänge sind für die betroffene Bevölkerung meist mit Krieg und Leid verbunden. Der Vater war Kanzler und Finanzminister des Königs von Navarra gewesen. Unter dem neuen Herrn, dem König von Kastilien, verlor er Amt und Vermögen, seine Burg Javier wurde niedergerissen.

Franz war ein ganzer Baske, ein Baske von altem Adel dazu. Ritterliche Gesinnung war ihm angeboren, dazu ein hoher Sinn für Würde, Mut, Zähigkeit bis zur Sturheit, heißblütiges Draufgängertum. Die Gefolgschaftstreue lag den Javiers im Blut, des Vaters und der Brüder für den König von Navarra, des späteren Mitglieds der „Kompagnie Jesu“ für den König der Könige.

Zunächst sah seine Welt ganz anders aus. Die Studierfähigkeit erwarb Franz im Elternhaus bei den drei Hausgeistlichen, die das intensive und ausgedehnte religiöse Leben der Familie betreuen und die fünf Kinder unterrichten und erziehen mußten. Mit neunzehn Jahren bezog er die Universität Paris. Diese hatte zwar ihre große Zeit, als Albertus Magnus und Thomas von Aquin dort lehrten, längst hinter sich. Aber in den mehr als fünfzig Kollegien tummelten sich noch immer die Studenten aus allen Teilen der damaligen Welt, aus allen Orden und Bruderschaften. Auf dem Papier liest sich die Haus- und Studienordnung furchtbar streng. Die Vorlesungen begannen um sechs Uhr morgens und dauerten, durch stille Studierzeiten unterbrochen, bis zum Abend. Die Karzer und die körperlichen Strafen jagen dem heutigen Leser einen Schauer über den Rücken. Aber die Wirklichkeit sah anders aus. Viele Studenten führten ein recht liederliches Leben, sie waren Stammgäste in verrufenen Häusern, trugen blutige Raufhändel aus und waren die Plage der Pariser Bürger. Franz war keine Ausnahme. Er sah die Hörsäle lieber von außen und die

Wirtshäuser von innen. Sein Studienerfolg war mäßig. Er wußte gar nicht einmal, was er werden sollte. Zur Hebung seines gesellschaftlichen Ansehens pochte er auf seine adelige Herkunft und bemühte sich um die Dokumente zu ihrem Nachweis.

Aber ohne daß Franz es ahnen konnte, war am 2. Februar 1528 ein Ereignis eingetreten, das für die Zukunft des jungen Basken entscheidend werden sollte. Ignatius von Loyola, der einst die Festung Pamplona gegen die Franzosen und die aufständischen Navarresen, darunter die Brüder von Franz, verteidigt hatte, kam nach seiner Bekehrung nach Paris, um Theologie zu studieren. Franz begegnete dem Landsmann aber erst ein Jahr später, als Ignatius vom Kolleg Montaigu in das Kolleg Santa Barbara übersiedelte und in das Zimmer gelegt wurde, das bisher Franz Xaver und sein Freund Peter Faber allein bewohnt hatten. Diese konnten zunächst mit dem Neuling wenig anfangen. Sie beobachteten ihn, wie er mit großem Eifer studierte, wie er fastete und wie er betete. Sein tiefer Ernst, die Glut seines Glaubens und die Disziplin seiner Lebensführung machten wohl Eindruck, aber zu einer innerlichen Annäherung kam es nicht. Vier Jahre lang wehrte sich Franz, bis er kapitulierte und die Festung seines Herzens dem Werben des Ignatius öffnete. Die totale Hingabe an einen König, der über allen Königen stand, entsprach seinem ritterlichen Sinn. 1533 gab er seinem Leben eine neue Richtung und schloß sich Ignatius an und zwar mit Haut und Haaren und ein für allemal. Er hatte nun das Ziel, für das sich zu leben lohnte, erkannt und blieb ihm treu bis zu seinem frühen Tod vor der Küste Chinas. Ignatius schrieb später über diese seine schwierigste Eroberung: „Franz war der zäheste Teig, den ich je zu kneten hatte.“ Petrus Faber, von weicherem Holz geschnitzt, war Ignatius schon früher gefolgt. Das apostolische Ziel, die Menschen für Gott zu erobern, brauchte viele gleichgesinnte Mitarbeiter. Bis 1534 brachte Ignatius – sich eingerechnet – sieben Gefährten zusammen, die bereit waren, alles aufzugeben und die eigene Heiligung durch den Dienst am Mitmenschen zum Inhalt ihres Lebens zu machen. Mit keinem Gedanken dachte er an die Gründung eines neuen Ordens. Was er vorhatte zu tun, ließ sich mit den Regeln der bestehenden Orden nicht verwirklichen.

Die sieben Gründer der späteren Gesellschaft Jesu legten am Fest Mariä Himmelfahrt im Jahre 1534 in der Marienkapelle des Montmartre ein privates Gelübde ab, in dem sie sich zu Keuschheit und Armut verpflichteten. Als drittes Gelübde fügten sie anstelle des sonst üblichen Gehorsamsversprechens das Versprechen hinzu, gemeinsam eine Wallfahrt zu den Heiligen Stätten in Jerusalem zu machen. Sollten sie in Venedig länger als ein Jahr vergebens auf eine Gelegenheit zur Überfahrt warten müssen, dann wollten sie nach Rom gehen und sich dem Papst für andere Aufgaben zur Verfügung stellen. Sie besiegelten ihre neue Gemeinschaft ohne Satzung und Statuten durch die dreißigtägigen Exerzitien unter der Leitung des Ignatius. Diese Exerzitien, in denen das Leben und Leiden Christi systematisch betrachtet und auf das eigene Leben angewandt wird, sind als Mittel der religiösen Erneuerung bis heute durch nichts übertroffen worden. Ihre Bedeutung für die Erneuerung der Kirche nach der Reformationszeit kann gar nicht überschätzt werden. Sie ist vermutlich größer als die Wirkung des ganzen Konzils von Trient. Diese Exerzitien haben die religiöse Haltung des Magisters Franz – unter dem Einfluß von Ignatius hatte er in den letzten Jahren fleißig studiert und sein Studium erfolgreich abgeschlossen – endgültig gefestigt und geprägt. Er blieb der Mensch, der er war: leidenschaftlich, begeisterungsfähig, auch eigenwillig und ehrgeizig, gleichzeitig hochherzig, liebenswürdig und selbstlos – nur hat er von da an alle diese Anlagen unverrückt auf ein Ziel ausgerichtet: Gottes Ehre zu mehren, den Menschen zu dienen und selbst dadurch selig zu werden.

Am Fest Mariä Himmelfahrt 1535 erneuerten die Gefährten ihre Gelübde. Dann verließen sie Paris, um sich spätestens zu Neujahr 1537 in Venedig zu treffen und die Wallfahrt ins Heilige Land anzutreten. Die Wartezeit in Venedig überbrückten sie mit Diensten in den Spitälern der Stadt. Franz ging zu den Unheilbaren, weil dort der größte Mangel an Pflegern bestand. Niemand wollte die niedrigen Dienste an Menschen tun, die keine Genesung zu erwarten hatten. Zeit seines Lebens, an allen Orten seiner Tätigkeit übte Franz den Dienst an den Kranken. Das Spital war meist sein Hauptwohnsitz. Ob in Rom oder in Goa oder auf den Teufelsinseln vom Hafen aus strebte Franz immer in das Spital mit den unheilbar Kranken. Dort nahm er seine Wohnung. Der Christ von heute kann oft nichts anfangen mit den Berichten über „glühende Gottesliebe“, über unnatürliche Bußübungen und nächtelange Gebetsstunden, aber er hat ein feines Gespür für soziales Engagement, für eigenhändig geleistete Dienste an Kranken und Behinderten. Den Glauben kann man nicht sehen, die Liebe nicht spüren. Aber sie werden sichtbar in dieser Welt und erfahrbar in der Liebe zum Nächsten. Diese ist der Anzeiger und Gradmesser der Gottesliebe. Das haben die Heiligen immer gewußt, und gerade Franz ist dafür ein großes Beispiel. Seine Nächstenliebe war zweifacher Art: er wollte die Seelen für ihr ewiges Heil retten, und er wollte ihrer leiblichen Not dienen in jedweder Form. Wer den Wert einer Idee, den Glauben eines Menschen und die Liebe zu Gott erkennen will, der hat ein ganz einfaches Mittel: er betrachte das Maß des selbstgeübten Dienstes am körperlichen und seelisch leidenden Mitmenschen. Für viele Stationen seines Krankendienstes möge hier aus dem Brief eines Mitbruders eine Schilderung dieser Tätigkeit in Venedig zitiert sein: „Wir machten die Betten, reinigten die Gänge, lehrten und scheuerten die Gefäße, putzten das Krankenhaus, trugen die Toten ehrfürchtig zu den Gräbern, die wir für sie ausgehoben hatten, und verspürten dabei viel Genugtuung und Freude.“ Dann gingen sie auf abenteuerlichen Wegen nach Rom, um vom Papst die Genehmigung ihrer Wallfahrt zu erholen. Diese wurde ihnen erteilt, gleichzeitig mit der Erlaubnis, sich von jedem Bischof zum Priester weihen zu lassen. Nach der Rückkehr nach Venedig wurden Franz und seine Gefährten,

auch Ignatius von Loyola, am 24. Juni 1537 zum Priester geweiht. Da sie den Dienst in den Hospitälern wieder aufgenommen hatten, hatten sie keine Zeit, sich auf ihr erstes heiliges Meßopfer vorzubereiten. Ignatius schickte sie daher aus Venedig weg, um ihnen innere und äußere Sammlung zu ermöglichen. In Vicenza fanden sie sich in einem ruinösen Kloster wieder zusammen, und in dieser Stadt feierte Franz auch sein erstes Meßopfer.
Als das Jahr 1537 zu Ende ging und wegen des Krieges zwischen der Republik Venedig und den Türken keine Aussicht bestand, daß die Schiffahrt bald wieder aufgenommen werden konnte, erkannte Ignatius, daß die Bedingung für die Wallfahrt ins Heilige Land – ein Jahr Wartezeit – nicht erfüllbar sein würde. Er war immer ein Mann klarer Entscheidungen. Daher entschied er sich für den zweiten Teil des Gelübdes, das heißt für den Gang nach Rom, um sich dem Papst zur besonderen Verfügung zu stellen. Der Winter 1538 war schrecklich. Etwa ein Zehntel der Bevölkerung Roms starb an Hunger und Kälte. Die Gefährten sammelten große Mengen an Heu und Stroh und richteten Notunterkünfte ein, an manchen Tagen brachten sie vierhundert halb erfrorene Menschen unter Dach und ernährten sie mit dem, was sie zusammengebettelt hatten. Ihr Beispiel rührte auch die Reichen und Vornehmen. Die Spenden flossen nunmehr reichlich, die größte Not konnte damit gelindert werden. Viele tausend Römer verdankten den sieben ihr Leben. Ein reicher Priester stiftete sein ganzes Vermögen und trat selbst der Gemeinschaft bei. Der Papst jedenfalls war froh, daß sie ihr „Jerusalem" in Rom gefunden hatten. Ihr Auftreten und ihr Beispiel hatten den Papst und mächtige Freunde gewonnen.
Mit der Zeit ergab sich doch die Notwendigkeit, ihrem Zusammenschluß eine feste organisatorische Form zu geben. Ignatius war zwar der unbestrittene Führer der Gemeinschaft, aber wie würde es sein, wenn sie auseinandergerissen würden oder wenn an die Stelle des Ignatius ein anderer treten müßte? Zu einem Vorgesetzten aber gehört der Gehorsam der Untergebenen. Daher schloß die erste Entscheidung die zweite notwendig ein. Nach langem Ringen entschlossen sie sich am 19. April zu dieser Ergänzung ihrer Pariser Gelübde durch das Versprechen des Gehorsams gegenüber einem gewählten Oberen. Im August 1539 faßte Ignatius alles, was bisher gemeinsam erarbeitet worden war, in einer Art Satzung zusammen. Diese enthielt so revolutionäre Gedanken wie die Abschaffung der Klausur und des gemeinsamen Chorgebets, des monastischen Rückgrats der alten Orden, und die Wahl des Oberen auf Lebenszeit. Außerdem wollten sie ihren besonderen Gehorsam gegenüber dem Papst ausdrücklich in ihre Gelübde aufnehmen. Diese in fünf Kapiteln zusammengefaßte Ur-Regel gefiel dem Papst, nicht aber einigen Kardinälen, die an den Neuerungen Anstoß nahmen. Dadurch verzögerte sich die Bestätigung bis zum 27. September 1540 und die Wahl des Ignatius zum ersten Generaloberen bis zum 8. April 1541. Am Tag vorher hatte Franz von Lissabon aus seine große Reise angetreten, von der er nie mehr nach Europa zurückkehren sollte.

König Johann III. von Portugal hatte den Papst um Missionare für sein asiatisches Weltreich gebeten. Dieser machte Gebrauch von dem Angebot der neugegründeten Gesellschaft Jesu und forderte Ignatius auf, der Bitte des Königs zu entsprechen. Von den beiden, die Ignatius bstimmte, wurde der eine krank und konnte Rom nicht verlassen. Franz, den Ignatius als Freund und Gehilfen eigentlich bei sich behalten wollte, war der einzige, der als Ersatz in Frage kam. Mit wehem Herzen gab ihm Ignatius den Befehl: „Nun liegt es an Ihnen!“ Ohne Widerrede und Diskussion erwiderte Franz: „Hier bin ich! Dann begab er sich daran, ein paar alte Hosen und eine unbeschreibliche Soutane zu flicken“, so berichtet ein Augenzeuge. Dies war neben dem Brevier sein Reisegepäck.
In Lissabon wurden sie so gut aufgenommen, daß der eine, Simon Rodriguez, auf Bitten des Königs – nicht ohne seine eigene Zustimmung – für immer dort blieb. Nun war Franz allein. Die beiden Begleiter, junge unerprobte Laien, waren ihm zunächst keine Hilfe.
Am 7. April 1540, seinem fünfunddreißigsten Geburtstag, lichtete die „Santiago“ die Anker. Wer heute im Düsenjet in acht Stunden nach Bombay fliegt oder im „Traumschiff“ in acht Tagen dorthin fährt, kann sich keine Vorstellung von den Strapazen einer Seereise von damals machen. Auf dem Schiff befand sich nicht nur der neu ernannte Gouverneur von Indien, es reisten insgesamt siebenhundert Personen aller Klassen und Schichten mit: Beamte, Soldaten, reiche Kaufleute im Zwischendeck; Abenteurer, deportierte Verbrecher, Sklaven und Auswanderer auf dem Oberdeck, wo sie Tag und Nacht stehend der glühenden Sonne, den kalten Winden, den Monsunregen und bei Sturm den Meereswogen ausgesetzt waren. Hunger, Durst, Erschöpfung und Krankheit rafften viele hinweg. Franz pflegte die Kranken, versah die Sterbenden, er bettelte Brot für die Hungernden und teilte das Los des Oberdecks. Dabei litt er heftig unter der Seekrankheit. Auf der Insel Moçambique mußte die Reise unterbrochen werden. Franz war schwer krank, drei Tage lag er bewußtlos. Kaum konnte er wieder gehen, da fand man ihn im Hospital bei den Sterbenden. Der Arzt hat später unter Eid ausgesagt, Pater Franz habe einen sterbenden Matrosen in sein eigenes Bett gelegt, sich aber auf den Boden daneben, bis er dem Mann zu einem friedlichen Tod verholfen habe. „Alle hielten ihn für einen Heiligen, und ich selbst war fest dieser Ansicht.“
Endlich, nach sechsmonatigem Aufenthalt, verlor der Gouverneur die Geduld. Er fuhr mit seiner Begleitung, darunter auch Franz, in einem anderen Schiff voraus nach Indien.
Nach einer Reise von einem Jahr und neunundzwanzig Tagen betrat Franz Xaver am 6. Mai 1542 in Goa den Boden Indiens. Zunächst war er begeistert, er glaubte sich in einem christlichen Land. Sein erster Besuch galt der herrlichen Kathedrale, sein zweiter dem Bischof, dem er sich als Apostolischer Legat vorstellte in einem für diese Würde ungewöhnlichen Aufzug: ein von Krankheit und Erschöpfung ausgemergelter Mönch in einer alten, geflickten Soutane.

Schnell aber sieht er hinter die christliche Fassade. Die christlichen Oberherren, die am Sonntag in prachtvollem Aufzug die Kirche besuchten, beuteten unter der Woche die Armen aus, handelten mit Sklaven und führten ein ausschweifendes Leben.

Eingeborene ließen sich um ein Stück Brot taufen, ohne ihren alten Götterglauben aufzugeben. Sie bildeten zusammen mit Matrosen, Straßenhändlern und Lastträgern eine brodelnde Masse, die um Lust und Brot alles, auch den Glauben, täglich zu verkaufen bereit war.

Franz lehnte die Wohnung im prachtvollen Palast des Gouverneurs ab, seine Wohnung war im Spital unter den Ärmsten. Dort fand man sein Lager am Boden neben dem Bett eines Schwerkranken, da er ihm sofort zur Hand sein wollte, wenn er seiner Dienste bedurfte. Jeden Sonntag wanderte er vor die Stadt hinaus zum Spital der Aussätzigen, um mit diesen, „seinen guten und lieben Freunden", das heilige Opfer zu feiern. Er wäre nicht der Freund und Schüler des Ignatius gewesen, wenn ihm nicht der Aussatz der Seele ebenso wichtig gewesen wäre wie der des Körpers. Keines ohne das andere! Den Menschen wollte er dienen an Leib und Seele, um Gott in ihnen zu ehren und selbst dadurch heilig zu werden. Dies ist der ebenso einfache wie schwere Hauptnenner seines apostolischen Lebens.

Zuerst wandte sich Franz in Goa und überall, wo er missionarisch tätig war, an die Kinder. Mit einer Glocke rief er sie zusammen, erzählte ihnen die Geschichten der Bibel und lehrte sie die Grundgebete des Glaubens. Diese wurden auch gesungen, und bald trällerten und pfiffen die Kinder auf Straßen und Plätzen das Vaterunser und das Glaubensbekenntnis. Über die Kinder führte der Weg zu den Herzen der Eltern. Franz ging den Menschen nach, er besuchte die Kaufhäuser, die Villen der vornehmen Leute, aber ebenso die Hafenkneipen und noch verrufenere Orte. Bald merkte er, woran das religiöse Leben krankte. Es war vor allem die Scheinheiligkeit der Mächtigen, die sich Christen nannten, aber wie Christenverfolger handelten; Korruption, Geldgier, Luxus und Ausschweifungen entzogen dem Aufbau einer echten christlichen Gemeinde den Boden. Voll Zorn schrieb er dem König von Portugal: „Wenn Sie ihren Beamten nicht mit Ketten, Kerker und Gütereinziehung drohen und diese Drohung auch wirklich ausführen, sind alle ihre Befehle zur Förderung des Christentums in Indien vergebens."

Franz konnte und wollte nicht in Goa bleiben. Als Apostolischer Legat fühlte er sich getrieben, das ganze ungeheure Missionsfeld, das ihm anvertraut worden war, abzugehen und abzustecken. Er wollte vor Ort die Verhältnisse kennenlernen, die Möglichkeiten erkunden, das Erreichte festigen und die Zukunft planen. Man hat ihm vorgeworfen, es sei ihm vor allem um die große Zahl der Taufen gegangen, er habe diese ohne die notwendige Unterweisung gespendet und dann die Getauften sich selbst überlassen, sodaß die meisten bald wieder in das Heidentum, das sie nie wirklich verlassen hatten, zurückfielen. Wer das

Ganze seines Missionswerkes betrachtet, erkennt die Ungerechtigkeit dieses Vorwurfs. Er selbst lehrte die Grundwahrheiten und die grundlegenden Gebete, dann schritt er zur Taufe im Glauben an die Wirkung des Sakraments. Er pflanzte das Leben der Gnade in der Hoffnung auf ihr Wachstum. Er kümmerte sich aber auch mit rührender Sorge um die Bekehrten. Zu den Perlenfischern zum Beispiel kehrte er mehrmals über Tausende von Meilen zurück, um sie vor äußeren und inneren Feinden zu beschützen, und wer die Bittbriefe liest, die er um Mitarbeiter nach Rom geschickt hat, der sieht, daß er sich vollkommen klar war darüber, daß eine dauerhafte Bekehrung eine fortdauernde seelsorgliche Betreuung erforderte. Daß die Zahl der Missionare hinter den Bedürfnissen zurückblieb, ist nicht seine Schuld. Als Kundschafter Gottes eilte er seinem Heer weit voraus, so weit, daß dieses ihn bis heute noch nicht einzuholen vermochte.

Von Goa aus segelte er zunächst zum Kap Komorin, zu den Perlenfischern, die im Kampf mit dem Wasser und den Haien, mit gierigen portugiesischen Kaufleuten und räuberischen Nachbarn ein armseliges Leben fristeten. Auch dort blieb er bei seiner Methode. Er bemühte sich verzweifelt, ihre Sprache zu lernen – Franz war nicht sehr sprachbegabt –; dann sammelte er die Kinder, er sang mit ihnen die Glaubenswahrheiten und die Gebete. Dann taufte er und zog weiter zum nächsten Dorf durch Wüstensand und morastige Sümpfe, in Gefahren durch wilde Tiere und räuberische Eingeborene. Hier traf er zum ersten Mal mit Brahmanen, den Priestern des Gottes Vischnu, zusammen. Man diskutierte, man tauschte Freundlichkeiten aus, fast sah es aus, als sei die Bekehrung ein Kinderspiel. Als es aber ernst wurde, zogen sich die heidnischen Priester zurück. Sie fürchteten, daß es dann keine Opfergaben mehr geben würde in ihren Tempeln, und diese waren ihr Lebensunterhalt. Darauf wollten sie nicht verzichten.

So einfühlsam und geschickt Franz seine pastorale Arbeit unter lauen Christen und unter einfachen Eingeborenen anlegte, so unbeholfen und psychologisch ungeschickt wirkte er im Umgang mit geistig höherstehenden Heiden. „Eure Götzen sind eine Ausgeburt der Hölle, und ihre Anbetung ist Sünde. Bekennt euch zum einzig wahren Gott und Jesus Christus, seinem Sohn!" Weit über diese Sätze gingen seine Argumente nicht hinaus. So war eben das Rüstzeug, das er mitgenommen hatte. Vergleicht man damit die geniale Methode seines Ordensbruders Matteo Ricci (gestorben 1610) ein halbes Jahrhundert später am Kaiserhof von China, so erkennt man die Fortschritte in der theologischen Auseinandersetzung im Zuge der Gegenreformation.

Zwanzigtausend Getaufte mögen es gewesen sein, die Franz an der indischen Ostküste zurückgelassen hat. Das Kreuz blieb diesen neubekehrten Menschen nicht erspart. Als Christen wurden sie für Bundesgenossen der verhaßten Portugiesen angesehen und von ihren kriegerischen Nachbarn ausgeplündert, verschleppt, getötet. Auf wasserlosen Koralleninseln, auf die sich die Überleben-

den geflüchtet hatten, sahen sie dem Hungertod entgegen. Franz tat, was er konnte. Er organisierte Hilfe, er brachte Lebensmittel und Wasser, er verhandelte sogar mit den Feinden und bewog sie zum Abzug. Sein furchtloser Einsatz hat ihr Leben und ihren Glauben gerettet.
Dann aber treibt es ihn weiter nach Osten. Im September 1545 erreicht er Malakka. Diese Hafenstadt mit ihrem Völkergemisch von Portugiesen, Chinesen und Burmesen ist für ihn nur Zwischenstation und Ausgangspunkt für eine neue Ausfahrt. Diesmal geht es bis zu den Grenzen des Stillen Ozeans. Dorthin fährt kein portugiesisches Schiff; ein malayisches Lastboot nimmt ihn mit. Durch die Sundasee geht es vorbei an Borneo und Celebes bis zur Inselgruppe der Molukken. Die erste Station ist Amboina. Dort gibt es einige christliche Gemeinden, die seit Jahren keinen Priester gesehen haben. Franz spendet die Sakramente und festigt sie im Glauben. Dann zieht er von einer Eingeborenenniederlassung zur anderen und wagt sich selbst auf die Moro-Inseln, die Heimat der berüchtigten Kopfjäger und Menschenfresser. Anfang Juli 1545 erreicht er die Insel Ternate, eine der Gewürzinseln. „Der scharfe Beigeschmack der Nelke scheint ihnen ins Blut gekommen zu sein und sie nicht nur zu den Sünden des Fleisches, sondern auch zu Neid, Haß, Bosheit und jeder Art von Lieblosigkeit verführt zu haben.“ Die Portugiesen schickten Beamte zur Strafversetzung dorthin, die unter dem Beben der Vulkanerde, den mörderischen Eingeborenen und dem entsetzlichen Klima des Äquators zur Vernunft gebracht werden sollten. Wie überall gewann Franz auch hier über die Liebe der Kinder das Herz der Eltern. Sein Hauptquartier war das Hospital. Seine Melodien gefielen der Jugend so sehr, daß man die einheimischen Lieder gar nicht mehr hörte. Franz selbst berichtet darüber: „Tag und Nacht singen die Jungen auf den Straßen, die Mädchen und Frauen daheim; es singen die Landleute auf dem Feld und die Fischer auf dem Meer statt weltlicher Lieder geistliche Gesänge, das Credo, das Paternoster, das Ave Maria, die Gebote, die Werke der Barmherzigkeit und viele andere Gebete in einer Sprache, die alle verstehen.“ Nachdem das Eis gebrochen war, wollten alle getauft werden. Vierhundert Taufen jeden Tag, das war rein physisch eine gewaltige Leistung. Während der Nelkenernte, als niemand Zeit hatte für Gottesdienst und Gespräch, hatte Franz einige Wochen Ruhe. In dieser Zeit schrieb er sein einziges Buch, eine einfache Erklärung des Glaubensbekenntnisses, eine Art Katechismus für Kinder und Erwachsene. Schon diese Arbeit widerlegt die Behauptung, Franz habe nur getauft ohne Unterweisung in den Wahrheiten des Glaubens.
Franz hat als treuer Sohn der Gesellschaft Jesu viele Berichte über seine Arbeit und seine Reisen nach Rom geschickt. Darum sind wir über vieles unterrichtet. Leider fehlen alle Schilderungen der Landschaft und der persönlichen Erlebnisse. Von seinem gefährlichsten Wirkungsort aus schreibt er: „Diese Insel ist wohl geeignet, einen Mann innerhalb weniger Jahre seines Augenlichts zu berauben wegen des Übermaßes an Tränen. Ich aber kann mich nicht erinnern,

so überwältigenden und so beständigen inneren Trost erlebt zu haben wie auf diesen Inseln, und noch nie habe ich die körperlichen Beschwerden so wenig verspürt wie hier, wo ich mich ständig unter Feinden bewege und wo so wenig treue Freunde wohnen, wo ich nicht die geringsten Mittel gegen Krankheiten habe und aller menschlichen Hilfe entbehre, um mein Leben zu bewahren. Man sollte diese Inseln nicht Inseln von Moro, sondern Inseln der Hoffnung auf Gott nennen, denn außer der Hoffnung auf Gott gibt es hier keine Hoffnung."
Sechs Monate blieb Franz auf dieser Todesinsel. Den Erfolg seines Wirkens verrät ein Satz aus einem Brief: „Um meinen Freunden, Männern und Frauen, die Abschiedstränen und den Schmerz zu ersparen, schiffte ich mich bei meiner Abreise von den Molukken um Mitternacht ein."
Die Sorge um die von ihm gegründeten Gemeinden, besonders die armen Perlenfischer, treibt ihn den ganzen Weg zurück, von einer Station zur anderen bis nach Goa, der Stadt in der er erstmals asiatischen Boden betreten hatte.
Auf dem Rückweg lernt er in Malakka einen jungen gebildeten Japaner, Yajiro, kennen, der die Heimat wegen eines Mordes hatte verlassen müssen. Dieser schließt sich an Franz an, er läßt sich unterweisen und schließlich taufen. Von ihm erfährt Franz vieles über das geheimnisvolle Inselreich Japan. Sogleich macht er sich an das Studium der schwierigen Sprache, er sammelt Informationen, und in seinem Kopf gewinnt der Plan Gestalt, auch dieses Reich für Christus zu erobern. Zwei Jahre muß er sich noch gedulden; in dieser Zeit besucht er seine früheren Wirkungsstätten, er organisiert die Seelsorge, stärkt die Glaubenden und bekehrt die Abgefallenen zum zweiten und dritten Mal. Besonders legt er sich an mit den portugiesischen Beamten und Offizieren, die gerade die gutwilligen neuen Christen ausbeuten, die Christus sagen und Geld meinen und die der Ausbreitung des echten Christentums mehr schaden als Menschenfresser und Sklavenhändler. Die Briefe des Heiligen an den König von Portugal sind eine einzige Anklage und Forderung nach Bestrafung der Schuldigen.
Endlich, am 24. Juni 1549, besteigt Franz eine chinesische Dschunke, die ihn nach siebenwöchiger gefahrvoller Fahrt nach Kagoshima, der Heimat seines neu bekehrten Freundes bringt. Im Elternhaus Yajiros finden die drei Jesuiten gastliche Aufnahme. Mit der Sprache tut sich Franz sehr schwer; schließlich lernt er das Vaterunser dem Klange der Worte nach einfach auswendig. Ebenso die wichtigsten Grundwahrheiten des Glaubens. Dabei geht es nicht ohne Mißverständnisse ab. So verwendet Yajiro für Gott den Namen einer buddhistischen Gottheit, und Franz merkt erst allmählich, daß er einen heidnischen Götzen gepredigt hatte. Überhaupt erwies sich dieser Missionsacker als der schwierigste von allen, auf denen Franz bisher gearbeitet hatte. Hier war es nichts mit Massenbekehrungen, hier mußte um jede einzelne Seele gerungen werden. Franz erkannte rasch, daß die Japaner ein Volk mit alter Kultur, mit großem Stolz, mit feinen Sitten und hoher Intelligenz waren. Die politische

Macht lag bei den Stammesfürsten, der Kaiser war eine ohnmächtige Schattenfigur. Der eine dieser Herzöge war aufgeschlossen, der andere gleichgültig, der dritte feindselig. Franz glaubte nach seinen Erfahrungen in Europa, ein Befehl des Kaisers müßte ihm alle Türen öffnen. Daher reiste er unter unsäglichen Strapazen in die Residenzstadt Kyoto. Aber es gelang ihm nicht, zum Kaiser vorzudringen. In seiner schäbigen geflickten schwarzen Soutane erntete er nichts als Spott. In Japan galt nur repräsentatives prachtvolles Auftreten. Als Franz dies erkannte, warf er sich das erste und einzige Mal in die prächtige Robe eines Apostolischen Delegaten mit allen Abzeichen dieser hohen Würde. So stattete er dem mächtigsten der Herzöge einen feierlichen Besuch ab und übergab ihm die für den Kaiser bestimmten Geschenke. Damit hatte er den richtigen Ton getroffen, nun öffneten sich ihm alle Türen. Der Herzog gestattete ihm, in seinen Ländern das Evangelium zu verkünden. Mehr als fünfhundert Adelige, Bonzen (Schinto-Priester) und einfache Leute ließen sich taufen. Dabei wurden die Missionare immer wieder gefragt: Was sagen die Chinesen zu eurer Lehre? Seit alters hatte sich Japan nach China hin orientiert und von dort auch die Religion des Buddhismus übernommen. Franz war nicht der Mann, eine solche Frage zu überhören. Solange es noch ein Land im Osten gab, in dem er noch kein Kreuz aufgerichtet hatte, sah er seine Aufgabe noch nicht erfüllt. Daher entschloß er sich 1552, nach China zu reisen. Er ließ seine beiden Gefährten in Japan zurück und ging zunächst nach Indien zurück, um sich auf die neue Aufgabe vorzubereiten. Die Insel Sancian war der äußerste Punkt, wohin ihn ein portugiesisches Schiff zu bringen wagte. Von dort führte kein Weg zum chinesischen Festland; denn der Kaiser von China hatte Ausländern das Betreten des Landes bei Todesstrafe verboten. Aber dies wäre die erste Drohung gewesen, die Franz abgeschreckt hätte. Er verhandelte mit chinesischen Schmugglern, die sich bereit erklärten, ihn heimlich nach dem chinesischen Festland zu bringen. Von Tag zu Tag wartete er sehnsüchtig auf seine unzuverlässigen Partner. Während dieser Wartezeit befiel ihn eine schwere Lungenentzündung. Er wurde von Tag zu Tag schwächer und starb schließlich am 3. Dezember 1552 mit den Worten: „Dein Wille geschehe!“

Franz Xaver wurde 1619 selig-, am 12. März 1622 heiliggesprochen. Benedikt XIV. ernannte ihn 1748 zum Schutzpatron Indiens, Pius X. 1904 zum Patron des Vereins zur Ausbreitung des Glaubens, Pius XI. zum Patron aller Missionen. Diese kirchenamtlichen Ehrungen und die Millionen von Christen, die seit Jahrhunderten seinen Namen tragen, sind ein Beweis für die große und fortdauernde Verehrung des Missionars, bei dem schwer zu sagen ist, was größer war, seine Nächstenliebe, seine glühende Gottesliebe oder sein apostolischer Missionseifer. Die Antwort ist einfach. Franz wollte den Menschen die Liebe Gottes erfahren lassen. Als Werkzeug dazu bot er sich Gott an, und sein Angebot wurde angenommen.

Hedwig von Schlesien

geboren: 1174
gestorben: 15. Oktober 1243
Fest: 16. Oktober

Wenn man auf dem „Heiligen Berg" Andechs den Strom der Pilger betrachtet, Vertriebene aus Schlesien, die aus allen deutschen Landen hier in der Heimat ihrer Landespatronin der verlorenen Heimat gedenken, dann denkt man an die Völker, die beim Verlassen ihrer Wohnsitze ihre Toten ausgruben und mitnahmen, um sie in der neuen Heimat zu bestatten und damit sich und ihre Zukunft in ihr zu verwurzeln. Der Berg, der heute von einer der schönsten Kirchen des bayerischen Landes und von einer Benediktinerabtei gekrönt wird, trug einst das Stammschloß eines der mächtigsten Geschlechter des Mittelalters, der Grafen von Andechs-Meranien. Ihr Gebiet reichte zeitweise von den deutschen Mittelgebirgen bis zur Adria. Mehr als ein Dutzend Heilige und Selige sind aus diesem Geschlecht hervorgegangen, bis es um die Mitte des 13. Jahrhunderts ausstarb. 1132 wurden Berg und Burg dem Papst geschenkt zur Errichtung eines Klosters, das mit wechselvollen Schicksalen bis heute besteht.
Wo viel Licht ist, da ist aber auch viel Schatten. Neben den Heiligen und Seligen brachte das Geschlecht der Andechser auch gewalttätige und streitsüchtige Fürsten hervor, die in ihrer Zeit den Glanz der Heiligen oft verdunkelten. Wer dem „christlichen" Mittelalter von vornherein einen Bonus für Frömmigkeit und Glaubenseifer zuteilen möchte, wer glaubt, die Menschen dieser Zeit hätten es leichter gehabt, in das Reich Gottes zu gelangen, den mag die Geschichte der Andechser, ganz besonders aber der heiligen Hedwig, eines Besseren belehren. Das Schicksal ihrer Familie, besonders ihrer Geschwister, kann geradezu beispielhaft zeigen, daß Abstammung, Erziehung und Lebensumstände dem Menschen die ganz persönliche Entscheidung für die Nachfolge Christi im Kreuztragen nicht abnehmen. Hedwig hatte drei Schwestern und vier Brüder. Eine Schwester, Gertrud, wurde Königin von Ungarn. Sie war die Mutter der heiligen Elisabeth. Sie machte sich durch ihre Bevorzugung der Deutschen, aber auch durch Ungerechtigkeit und Raffgier, viele Feinde und wurde 1213 grausam ermordet. Eine andere Schwester, Agnes-Maria, verliebte sich in den König von Frankreich, so daß dieser seine Gattin verstieß und die Andechserin heiratete. Der Papst erkannte die Ehe jedoch nicht an. Mit dem Kirchenbann für ganz Frankreich erzwang er die Trennung. Agnes-Maria überlebte sie nicht. Sie starb 1201 an gebrochenem Herzen. Zwei Brüder, Egbert,

Bischof von Bamberg, und Heinrich IV. von Andechs wurden der Mitwisserschaft und Mittäterschaft bei der Ermordung des Königs Philipp von Schwaben (1208) beschuldigt, mit der Reichsacht belegt und aller Güter und Würden verlustig erklärt, die Burg Andechs, das Geburtshaus der heiligen Hedwig, wurde zerstört. Aber auch in dem Geschlecht, in das sie eingeheiratet hatte, gab es viel Streit, der bis in die engste Familie hinein blutig ausgetragen wurde.
Die Andechser waren berühmt und berüchtigt für ihren großen Maßstab. Dieser Maßstab war groß, wenn sie ihre Macht ausmaßen, ihren Besitz, ihren Zorn, ihre Freundschaften und Feindschaften und ihre Rache. Er war aber ebenso groß, wenn sie ihn anlegten an die Sache Gottes. Wenn sie den Kompaß ihres Lebens einmal eingestellt hatten auf den Magneten des Evangeliums, dann gaben sie alles, was sie waren und was sie hatten. Sie waren von Herkunft, Erziehung und Selbstbewußtsein her den großen Entscheidungen offen, im Guten wie im Bösen. Darum stehen im Geschlecht der Andechser besonders sichtbar große Heilige neben großen Unheiligen. Die Entscheidung für die Sache Christi oder für die Güter der Welt ist zu allen Zeiten und für alle Menschen die gleiche. Von jeder Minute der Zeit und von jedem Punkt der Erde aus ist es gleich weit zum Himmel.
Das Benediktinerinnenkloster Kitzingen befand sich gleichsam fest in der Hand der Andechser. Berta, die Äbtissin, war eine Tante, Mathilde, ihre Nachfolgerin, eine Schwester der heiligen Hedwig. Sie selbst genoß dort unter der Obhut und Leitung ihrer Tante frohe Kinderjahre, in denen der Grund für ihre spätere Heiligkeit gelegt wurde. Allerdings wurde sie schon mit zwölf Jahren, wie es in den Fürstenhäusern damals üblich war, nach den Gesichtspunkten der Machterhaltung und -mehrung an Heinrich I., den Herzog von Polen und Schlesien, verheiratet. Niemand hatte nach ihrem eigenen Willen gefragt, als sie 1186 nach Schlesien ziehen mußte. Aber sie hatte Glück. Ihr Gatte war gütig und rücksichtsvoll; er ließ sie in der Ausübung ihrer religiösen und karitativen Werke gewähren, ja er ließ sich selbst dafür begeistern. So konnte sie in Breslau 1214 eines der ersten Heilig-Geist-Spitäler in Deutschland errichten, in Neumarkt ein Hospital für aussätzige Frauen, in Naumburg eine Propstei der Augustinerchorherren und in Klein-Öls eine Kommende der Tempelritter. Ihre größte Stiftung, die gleichzeitig ihre seelische Heimat wurde, war das Kloster der Zisterzienserinnen in Trebnitz. Dorthin holte sie 1203 Nonnen aus Bamberg, dem Bistum ihres Bruders Egbert. Zur ersten Äbtissin machte sie ihre eigene verehrte Lehrerin Petrissa aus Kitzingen. Diese äußeren, in der Geschichte nachweisbaren Werke der Liebe sind Ausdruck einer Einstellung Hedwigs zum Beruf der Regentin, die das Wohl des Volkes zum alleinigen Ziel hatte. Dies war in der damaligen Zeit keineswegs eine Selbstverständlichkeit, eher das Gegenteil. Ihre Zeit war geprägt von zwei sehr entgegengesetzten Strömungen: einerseits von Gewalttätigkeit, Machtgier und Prachtliebe, andererseits aber auch von einer tiefen, religiösen Neubesinnung. Die Klosterreform, die vom Kloster Cluny und

Die heilige Hedwig von Schlesien. ▷
Bemalte Sandsteinfigur, Niederbayern um 1410–1420, Passau, Kloster Niedernburg. Foto: Archiv.

von der deutschen Abtei Hirsau ausging und der auch das Benediktinerkloster Kitzingen gefolgt war, die Begeisterung für die Kreuzzüge, die wie ein Feuerbrand ganz Europa erfaßt hatte, und schließlich die franziskanische Bewegung aus Assisi hatten dazu geführt, daß das Evangelium wieder ernst genommen wurde. Die Worte des Herrn: „Selig ihr Armen, denn euch gehört das Reich Gottes" (Lk 6,20); „Wer unter euch der Kleinste ist, der ist der Größte" (Lk 9,48 b); „Verkauft eure Habe und gebt den Erlös den Armen!" (Lk 12,33); „Wer nicht sein Kreuz trägt und mir nachfolgt, der kann mein Jünger nicht sein" (Lk 14,27) bestimmten bei denen, die sich auf ihn und ein Leben mit ihm einließen, die ganz praktische Lebenswirklichkeit. Der „Arme" war Gegenstand der aus Gottesliebe gelebten Nächstenliebe, der Stand der Armut Vorbild und Gewähr für die Nähe zum Herrn. Wer nicht als „arm geboren" war und wem es seine Pflichten in Familie und Staat verwehrten, selbst als Armer zu leben, der versuchte, in seinem Privatbereich die Armut zu lieben und ihr gemäß zu leben. In dieser Zeit wurden viele Siechen- und Aussätzigenhäuser gegründet, karitative Stiftungen errichtet. Die tätige Armenpflege und Nächstenliebe gehörten zum Bild des christlichen Fürsten und Hausvaters. Dies war jedoch den nach Vollkommenheit Strebenden nicht genug. Sie sahen Prachtentfaltung und Repräsentation als Opfer an und verzichteten da, wo es niemand sah, auf alle Annehmlichkeiten ihres Standes. In harten Bußübungen bewiesen sie den ernsten Willen zur Nachfolge des Kreuzes. Nur ganz wenige allerdings, wie die heilige Elisabeth, legten auch die äußeren Zeichen ihrer Stellung und Würde ab und teilten das Leben der Armen ohne Vorbedingung und Rückversicherung. Beide Lebensformen konnten zur Heiligkeit führen, wie das Beispiel von Tante und Nichte, von Hedwig und Elisabeth, zeigt.

So gebrauchte die Herzogin Hedwig den Reichtum und die Macht ihrer Stellung dazu, die Lage der Armen, zu denen damals nicht nur die Bettler, sondern auch die Bauern, Dienstboten und andere einfache Leute gehörten, zu verbessern. Sie ließ Wälder roden und das Ackerland vermehren, sie verbesserte die rechtliche Stellung der Bauern und Siedler und befreite sie von drückenden Lasten der Leibeigenschaft. Gerade die Abtei von Trebnitz führte neue und bessere Methoden der Bodenkultur ein, durch die die Erträge verbessert wurden. Um all dies sorgte sich die Herzogin nicht nur von Amts wegen und aus der Ferne durch Beamte und Mönche. Sie schonte sich selbst nicht. Sie war sich nicht zu gut, selbst die Kerker aufzusuchen, in denen nicht immer nur Schuldige schmachteten. Sie speiste die Bettler und Aussätzigen persönlich. Ihre Sorge galt den Witwen und Waisen, fahrenden Schülern, den Strafgefangenen. Ja sie sah – damals eine seltene Tugend – in den politischen Feinden die Brüder im Herrn und setzte sich für ihre menschenwürdige Behandlung und Freilassung ein; kurz: sie war eine echte Mutter des schlesischen Landes, eine Mutter, die nicht nach Schuld fragte, sondern nur nach Bedürftigkeit. Sie sah in jedem den Herrn, eingedenk der Entscheidung des Gerichts: „Ich war hungrig, und ihr

habt mir zu essen gegeben; ich war durstig, und ihr habt mir zu trinken gegeben; ich war fremd und obdachlos, und ihr habt mich aufgenommen; ich war nackt, und ihr habt mir Kleidung gegeben; ich war krank, und ihr habt mich besucht; ich war im Gefängnis, und ihr seid zu mir gekommen“ (Mt 25,35–36).
Tief betroffen war die fromme Fürstin von der Schuld und der Verstrickung ihrer nächsten Angehörigen. Durch ein hartes, für uns kaum mehr verständliches Büßerleben wollte sie die Sünden der Andechser sühnen. Sie konnte und wollte sich nicht lösen aus der Gemeinschaft ihrer Familie. Sie fühlte sich Gott und den Menschen gegenüber mitverantwortlich für die Taten und Untaten ihrer Geschwister. Sie antwortete darauf mit dem Opfer ihres Leibes und ihres Lebens. Mit hartem Fasten, mit Nachtwachen und Geißelung führte sie ein Büßerleben unter dem Purpurmantel der Herzogin. Sie war das Kontrastprogramm zu ihren liebeshungrigen und geldgierigen Schwestern. Mit ihrem Opfer wollte sie deren Seelen vor dem ewigen Verderben retten. Die Mittel, mit denen sie ihrem Leib und Geist diese Opfer abrang, waren die benediktische Zucht, die Liebe zur Heiligen Schrift und eine große, in dauerndem Gebet erflehte Gnade. So konnte sie ihre Aufgaben als Fürstin und Landesmutter voll erfüllen. Sie gebar ihrem Gatten sieben Kinder und war ihnen eine gute Mutter, und sie führte daneben ein Leben des Gebets und der Buße wie eine Einsiedlerin. Sie hat keine ihrer drei Aufgaben halbherzig ausgefüllt. Ihr Einfluß auf die Politik des Landes war so groß, daß man ihrem Gatten, der oft ihrem klugen Rate folgte, vorwarf, er stehe „unter dem Pantoffel“. Auch am Leben ihrer Kinder nahm sie leidenschaftlichen Anteil. Die größte Wunde schlug ihrem Mutterherzen der Tod ihres liebsten Sohnes, der die Abwehr der aus Asien vordringenden Tartaren unter ihrem Fürsten Dschingis Khan in der Schlacht bei Liegnitz 1241 mit seinem Leben bezahlte. Beim Anblick seines verstümmelten Leichnams soll sie gesagt haben: „Herr, ich danke dir, daß du mir einen solchen Sohn gegeben hast, der mich stets geliebt und stets verehrt hat. So gönne ich es ihm dennoch, daß er durch seinen blutigen Tod bereits mit dir, seinem Schöpfer, verbunden ist.“ Nach dem Tod ihres Gatten 1238 war sie ihrem Sohn als Beraterin zur Seite getreten. Sie wollte auch ihre Liebeswerke fortführen. Dazu brauchte sie ihre fürstlichen Einkünfte. Für sich selbst aber legte sie das graue Kleid der Zisterzienserinnen an und lebte, soweit es ihre Pflichten zuließen, in der Zurückgezogenheit des Klosters. Das Geheimnis ihres Lebens war der völlige Gleichklang mit dem Willen Gottes. Mit einem erlösten „Dein-Wille-Geschehe“ klang ihr dramatisch bewegtes Leben für diese Welt am 15. Oktober 1243 im Alter von über siebzig Jahren aus. Schon 1265 wurde sie heiliggesprochen. Eine Reliquie wird in der neuen Hedwigskapelle auf dem Berg Andechs von den Schlesiern, die zur Patronin ihrer verlorenen Heimat wallfahren, sehr verehrt. Die heilige Hedwig ist in ihre bayerische Heimat zurückgekehrt, aber sie bleibt die Mutter Schlesiens.

Heinrich und Kunigunde

Heinrich
geboren: 6. Mai 973
gestorben: 13. Juli 1024
Fest: 13. Juli

Kunigunde
geboren: unbekannt
gestorben: 3. März 1033
Fest: 3. März

Kaiser hat es viele gegeben in der Geschichte der Menschheit, darunter nicht wenige menschliche Ungeheuer von Nero bis Bokassa, aber nur *einen* heiligen, Heinrich II., den Heiligen. Der erste Sachse auf dem deutschen Thron, Heinrich I., war sein Urgroßvater, ebenso wie der seines kaiserlichen Vorgängers Ottos III. (gestorben 1002). Der Nachfolger Heinrichs I., Otto der Große, setzte seinen Bruder Heinrich als Herzog in Bayern ein. Dieser stand zeitlebens treu an der Seite seines kaiserlichen Vetters und starb im Jahr der Ungarnschlacht auf dem Lechfeld 955. Dessen Sohn, ebenfalls mit Namen Heinrich, empörte sich dagegen wiederholt gegen seinen Vetter, Kaiser Otto II. Die Geschichte gab ihm daher den Namen „der Zänker", weil er viel Zank und Streit über das Reich gebracht hat. Trotzdem übertrug Kaiser Otto III. das Herzogtum Bayern dem Sohn dieses Zänkers, als dieser 995 starb. Dieser dritte Heinrich als Herzog von Bayern hatte als Urgroßvater also denselben König Heinrich I. wie Kaiser Otto III. Aus dieser Verwandtschaft leitete er seinen Anspruch ab, nach dem frühen Tode Ottos dessen Nachfolge anzutreten. Damit waren aber nicht alle deutschen Fürsten einverstanden. Sie erinnerten sich des streitsüchtigen Vaters, und sie fürchteten die Macht des Bayern. Durch den raschen Zugriff auf die Insignien des Reiches, durch Versprechungen und Drohungen brach Heinrich den Widerstand und setzte sich innerhalb von acht Monaten als neuer deutscher König durch. Am 7. Juni 1002 wurde er von Erzbischof Willigis in Mainz feierlich zum König gesalbt und gekrönt. Sein Gegenkandidat Hermann von Schwaben unterwarf sich und behielt alle seine Güter. Otto III. war mit zweiundzwanzig Jahren gestorben, Heinrich war neunundzwanzig Jahre alt, als er den Thron bestieg.

Er hatte eine sorgfältige Bildung genossen, zuerst an der Domschule zu Hildesheim, da er zum Priester bestimmt war, dann in Regensburg unter der Leitung des heiligen Bischofs Wolfgang und des Abtes Ramwold von St. Emmeram. Als

Herrscher war er zutiefst von der sakralen Würde des Herrschers durchdrungen. Das Amt war für ihn Dienst im Reiche Gottes. Die Christenheit auf ihrem Weg durch die Zeit zu führen wie Mose und wie König David das Auserwählte Volk, den Glauben zu schützen und auszubreiten, das war für ihn die erste Aufgabe des Kaisers. Dazu mußten Ordnung und Recht im Inneren, und Frieden nach außen als Voraussetzung für das Wachstum des religiösen Lebens geschaffen und erhalten werden. Diese nüchternen Aufgaben der Machtbefestigung, der Reichsverwaltung hat er zeitlebens mit Tatkraft und Beharrlichkeit, mit Erfolg und mit Rückschlägen wahrgenommen. Sein Herz allerdings hing an Werken des Friedens, der religiösen Erneuerung der Klöster und der eigenen Heiligung im persönlichen Leben und in großzügigen Schenkungen seiner irdischen Güter. Seine Gesundheit war nicht die beste. Sein Leiden, vermutlich ein Steinleiden, nahm mit den Jahren immer mehr zu, so daß er die vielen Feldzüge, die beschwerlichen Ritte von einem Ende des Reiches bis zum anderen, dazu dreimal nach Italien, nur unter größten Schmerzen bewältigen konnte. In seinem Gesundheitszustand lag vermutlich auch der Grund für seine Kinderlosigkeit. Die spätere Legende macht deswegen aus seiner Ehe eine sogenannte Josefsehe, das heißt ein Zusammenleben mit seiner Gemahlin Kunigunde wie Bruder und Schwester, um des „Himmelreiches willen". Diese Legende mag dem Heiligkeitsideal zur Zeit ihrer Erfindung entsprechen, mit der geschichtlichen Wahrheit hat sie nichts zu tun. Ein Herrscher mußte auf die Sicherung der Nachfolge durch eigene Nachkommen bedacht sein. Seine Macht war ohne einen Thronerben nur halb so groß. Es gibt Belege für die innige Liebe der Gatten und für ihre Sehnsucht nach Kindersegen. In einem Gebetbuch, das ausschließlich für den Kaiser angefertigt wurde, stehen eigene Gebete um Nachkommenschaft. Die Kinderlosigkeit des Kaiserpaares war eine schwere Prüfung, mit der Heinrich und Kunigunde fertig zu werden hatten und mit der sie fertig wurden. Dies geht aus der Stiftungsurkunde für das Bistum Bamberg hervor, in der Heinrich Gott zum Erben aller seiner Güter einsetzt, weil er einen anderen Erben nicht erhalten habe.

Eine ebenso gut gemeinte wie unwahre Legende ist das am Hochgrab des Kaiserpaares im Dom zu Bamberg dargestellte Gottesurteil. Danach soll die Kaiserin Kunigunde den Verdacht ehelicher Untreue dadurch widerlegt haben, daß sie auf Anordnung ihres kaiserlichen Gemahls unversehrt über glühende Pflugscharen hinwegschritt. Kunigunde ist auch ohne dieses fromme Märchen eine wirkliche und richtige Heilige. Der Kaiser, ein heiliggesprochener Laie, die Kaiserin, eine heilige Ehefrau, beide zusammen ein heiliges Ehepaar. Diese einmalige Seltenheit in der Heiligsprechungspraxis der Kirche ist bedeutsamer als alle Versuche, die Heiligkeit von Laien und von Eheleuten im nachhinein und gleichsam hintenherum zu retuschieren.

Nachdem Heinrich sein Königtum im Innern durchgesetzt hatte, mußte er sich der Sicherung der Ostgrenzen des Reiches zuwenden. In Polen war unter

Boleslaw Chrobry ein stabiler christlicher Staat entstanden, der seine Grenzen zielstrebig nach Westen in die sächsische Ostmark und in die Mark Meißen hinein, ja bis nach Böhmen vorschob. Im Bewußtsein seiner Macht, die von der Ostsee bis zu den Karpaten, von der Weichsel bis zum Böhmerwald reichte – auch Mähren hatte er in seine Gewalt gebracht –, verweigerte er König Heinrich die Huldigung für Böhmen (M. L. Bulst-Thiele).

Die Zurückdrängung der polnischen Großmachtpolitik beschäftigte Heinrich fast seine ganze Regierungszeit hindurch. Erfolge und Mißerfolge wechselten sich ab. Als nach drei Polenkriegen 1018 endlich der Friede von Bautzen zustande kam, konnte der Kaiser sogar noch zufrieden sein. Der Polenherzog erkannte die Lehenshoheit des Kaisers an, er behielt einen Teil der deutschen Gebiete; durch Heirat wurde seine Herrschaft in die Reichspolitik eingebunden. Der Friede war erreicht und er hielt, solange der Kaiser lebte. In den Polenkriegen hatte sich Kaiser Heinrich zeitweilig mit den heidnischen Liutizen, den alten Feinden der Polen, gegen den christlichen Herzog Boleslaw verbündet. Dieses Bündnis hat schon zu Lebzeiten des Kaisers Anstoß erregt und wird von allen Biographen bis heute mit einem entrüsteten Unterton berichtet; denn schließlich war der Schutz und die Verteidigung des christlichen Glaubens die Grundlage der Reichs- und der Kaiseridee. Nun aber zogen im Heer dieses Kaisers – und noch dazu eines heiligen Kaisers – heidnische Kampfscharen mit ihren Götzenbildern mit. Sie zerstörten Kirchen und mordeten Missionare, und der Kaiser verhinderte ihre Verfolgung und Bestrafung. Voll Anklage und Verbitterung schreibt der heilige Missionsbischof Brun von Querfurt an den Kaiser: „Ist es gut, ein christliches Volk zu bekriegen und mit einem heidnischen Volk in Freundschaft verbunden zu sein? In welcher Front geht die heilige Lanze zusammen mit den Götzenbildern, die von Menschenblut triefen?“ Neun Jahre später empörten sich die christlichen Krieger im kaiserlichen Heer und zerstörten die Götzenbilder auf den Feldzeichen. Der Kaiser stiftete Frieden und entschädigte die Heiden mit einem Bußgeld. Liutizen waren auch in seinem Heer im Krieg gegen Lothringen, wo sie Metz erstürmten und ein Kloster plünderten. Wie geht dies zusammen mit dem Selbstverständnis des weltlichen Oberhaupts der Christenheit? Der zeitliche Abstand von einem Jahrtausend verwehrt uns einen Einblick in die politische und militärische Entscheidungssituation, erst recht in die Gedanken und Motive des Kaisers. Die äußere Tatsache bleibt bestehen, aber ihre moralische Wertung setzt sittliches Handeln einer Person voraus. Dieses wurde mit Sicherheit im Heiligsprechungsprozeß, der zeitlich näher an den Ereignissen lag, eingehend geprüft; denn die Handlungsweise des Kaisers war schon zu seinen Lebzeiten umstritten. Ist es schon im persönlichen und privaten Leben aufgrund des äußeren Scheines oft schwer, über den inneren sittlichen Wert zu urteilen, so sind im Bereich komplexer politischer Vorgänge selbst für den Zeitgenossen, ja den Beteiligten, Recht und Unrecht nicht immer zuverlässig zu erkennen. Die Tatsache muß berichtet werden, sie gehört zum Lebenslauf des Kaisers, ihre Bewertung aber muß hinter dem unfehlbaren Urteil der Kirche über die Heiligkeit des Lebens Heinrichs II. zurücktreten.

Heinrich war ein starker Herrscher, er setzte seine weitreichenden Pläne behutsam ins Werk und führte sie dann mit aller Beharrlichkeit und Tatkraft durch. Er war ein kluger Politiker, der seine Kräfte und die seiner Gegner realistisch einschätzte, der nachgab, wo er der schwächere war, der seine Macht zur Geltung brachte, wo seine Ziele es notwendig machten. Er war ein tieffrommer Mann ohne Trennwand zwischen dem kaiserlichen und dem persönlichen Leben. Mit der Macht des Kaisers befestigte er und erneuerte er die Kirche, klaglos ertrug er sein eigenes bitteres Los in Behinderung, Krankheit und Kinderlosigkeit. Die Nachfolge Christi war Richtschnur seines politischen Handelns ebenso wie seines privaten Lebens. In seiner Gemahlin hatte er einen gleichgesinnten und gleichbegnadeten Weggefährten.

Das System Ottos des Großen, Bischöfe zu Säulen des Reiches zu machen, baute Heinrich II. weiter aus. Er vergab Grafschaften an Bischöfe und machte sie so zu Reichsfürsten. Arme Bistümer besetzte er mit reichen, reiche mit armen Bischöfen und schuf so eine ausgewogene Struktur der Diözesen. Nie wurde ein Kleriker in seiner Heimatdiözese Bischof. Heinrich vermied dadurch Vetternwirtschaft und die Anhäufung von Besitz und Macht bei adeligen Geschlechtern. Um die Wirtschaftskraft der Diözesen und die Reform des kirchlichen Lebens zu stärken, unterstellte er die Klöster der Aufsicht der Bischöfe. Aus diesem Grund förderte er weniger die Reformbewegung von Cluny. Die Klöster, die zu Cluny gehörten, bildeten mit diesem eine Kongregation; diese war der bischöflichen Aufsicht entzogen. Dagegen war die Reformbewegung von Gorze, die Heinrich durch den Abt Ramwold von St. Emmeram kennengelernt hatte, für seine Pläne günstig. Sie ermöglichte die Einbindung der reichen Abteien in die Diözesanstruktur.

Die Kanzlei des Kaisers, die kaiserliche „Hofkapelle“, entwickelte sich zu einer wahren „Bischofsschule“. Unter den Augen des Kaisers wuchsen hier die künftigen Bischöfe heran, die in Sittenstrenge und Kaisertreue erzogen auf den wichtigen Bischofsstühlen Eckpfeiler des Reiches und der Kirche wurden. Diese Vereinigung der kirchlichen und der weltlichen Macht konnte nur so lange gelingen, als an der Spitze, das heißt zwischen Kaiser und Papst, Übereinstimmung und Friede herrschte. In Benedikt VIII. hatte der Kaiser den zu ihm passenden Partner. Zunächst hatte er dem Papst zur allgemeinen Anerkennung seiner Wahl verholfen. Dieser dankte es ihm mit lebenslanger treuer Loyalität. Am 4. Februar 1014 krönte er Heinrich in der Peterskirche zu Rom zum Kaiser, nachdem dieser bereits zehn Jahre vorher in Pavia zum König der Langobarden gekrönt worden war. Zur Befestigung seiner Macht in Italien besetzte er die italienischen Bistümer mit deutschen Bischöfen. Der Papst war damit einverstanden; denn diese gewährleisteten auch seiner eigenen Herrschaft Sicherheit und die Reform der stark verweltlichten Kirche obendrein. Zu seiner Zeit stand die weltliche Macht moralisch und politisch so sehr über der geistlichen, daß sich der Kaiser für die Belange der Kirche nicht weniger zuständig fühlte als für die Belange des Staates. Er besetzte Bischofsstühle mit und ohne oder auch gegen die Vorschläge der Domkapitel; er bestätigte gewählte Äbte, oder er setzte sie ab. Er nahm überreich dotierten und verlotterten Abteien ihre Güter weg und stattete damit neue und arme Klöster aus. Sein Ruf schillert daher unter den klösterlichen Chronisten seiner Zeit, die einen loben ihn als Vater der Mönche, andere bezeichnen ihn als Kirchenräuber. Ihn selbst kümmerte dies wenig. Er fühlte sich allein Gott verantwortlich für Kirche und Staat, und er handelte danach mit einer selbstverständlichen Souveränität, wie sie weder vor noch nach ihm ein weltlicher Fürst besessen hatte. Für einen kurzen Augenblick in der Geschichte schien die Konzeption des christlichen Mittelalters geglückt und vollendet. Als Krönung und Symbol dieses Höhepunkts des Mittelalters muß man die Gründung des Bistums Bamberg verstehen. Diese war politisch sinnvoll, an der Grenze des Reiches mit Blick nach Osten; es war missionarisch gedacht; die Bevölkerung dieses Gebietes bestand aus heidnischen Slawen; es war kirchenpolitisch ein Zeichen; denn nur in einer Neugründung ließen sich seine Ideale für eine Diözese verwirklichen. Heinrich stattete die neue Diözese mit Königsgut, mit Teilen des bayerischen Herzogtums, der Diözese Würzburg und mit sieben Abteien großzügig aus. Nichts war ihm zu kostbar für den neu errichteten Dom. Noch heute können wir die prachtvollen Handschriften bewundern, die der Kaiser in der berühmtesten Schreibschule Europas für seine Stiftung herstellen ließ. Die noch erhaltenen liturgischen Gewänder geben eine Vorstellung von der Großzügigkeit des kaiserlichen Mäzens.

„Es (das Bistum Bamberg) bekam die ehemaligen schweinfurtischen Grafschaften in Oberfranken und in der Steiermark, Kärnten, Tirol, mit wichtigen Gebirgsstraßen, beherrschte also in Deutschlands Mitte ein großes Territorium, wo der Bischof die königliche Herrschaft vertreten sollte: der kinderlose König hatte Gott zu seinem Erben eingesetzt“ (M. L. Bulst-Thiele).

Abschluß der Gründung von Bamberg und Höhepunkt der Kirchenpolitik Heinrichs war der Besuch des Papstes Benedikt VIII. im Jahre 1020 in Bamberg. Einen Monat lang berieten Kaiser und Papst, in Freundschaft und Gebet vereint, die Anliegen der Kirche und des Reiches. Wollte jemand fragen, wo und wann der Höhepunkt des Mittelalters gewesen sei, es müßte dieser Monat sein!

Das Leiden des Kaisers hatte sich von Jahr zu Jahr verschlimmert. Die anfallartigen Schmerzen (vermutlich Steinkoliken) verdüsterten sein Leben und verzehrten seine Lebenskraft. Trotzdem war er unterwegs von Ost nach West, von Bamberg nach Metz, von Sachsen nach Burgund, von Rom nach Köln. Am 13. Juli 1024 starb er unter großen Schmerzen in Grona bei Göttingen, erst zwei-

undfünfzig Jahre alt. Der Papst (Benedikt VIII.) war ihm im April desselben Jahres vorausgegangen.
Sein Leib wurde in seiner Stiftung Bamberg beigesetzt. Das Hochgrab Tilman Riemenschneiders im Dom zu Bamberg zieht bis heute die Menschen aus aller Welt an und hält das Andenken an den Herrscher und Heiligen Heinrich II. aufrecht. Es ist des Nachdenkens wert, daß ausgerechnet Papst Innozenz III., unter dem das Papsttum den Höhepunkt seiner politischen Macht erreicht hat, im Jahre 1200 den Kaiser heiliggesprochen hat, unter dem doch das Kaisertum den Höhepunkt seiner kirchlichen Macht erreicht hatte. Vielleicht sehnte er sich nach der Einheit zurück, die Kaiser und Papst in jenem Monat des Jahres 1020 in Bamberg vereint hatte.
Untrennbar verbunden mit Kaiser Heinrich II., dem Heiligen, ist die Gestalt und das Leben seiner Gemahlin, der heiligen Kunigunde. Sie stammte aus einem Grafengeschlecht in Luxemburg. Ihr Bruder bereitete später Kaiser Heinrich II. viele Schwierigkeiten; sie führten sogar Krieg gegeneinander. Kunigunde hielt unverbrüchlich zu ihrem Gatten. Sie muß eine sehr kluge Frau gewesen sein, so daß Heinrich sie wiederholt zu seiner Vertreterin bestellte, wenn er auf Italienzügen für längere Zeit vom Reiche abwesend sein mußte. Das Kirchenrecht hätte die Scheidung einer kinderlosen Ehe eines Herrschers ermöglicht, da von der Sicherung der Nachfolge das Wohl und Wehe des ganzen Reiches, der Friede und die Sicherheit seiner Menschen abhängen konnte. Für solche Erwägungen findet sich in der Geschichte des heiligen Kaiserpaares nicht der geringste Anhaltspunkt, im Gegenteil: In einer amtlichen Kaiserurkunde stellt Heinrich fest, daß sie „zwei in einem Fleisch" seien. Daher läßt sich ihr Anteil an seinen und sein Anteil an ihren großen Stiftungen und guten Werken schwer auseinandertrennen. Heinrich hatte die Burg von Bamberg schon, als er noch Herzog von Bayern war, seiner Gemahlin geschenkt. Daher ist die Stiftung des Bistums Bamberg ebenso ihr Werk wie seines. Später wies ihr Heinrich ein großes Königsgut bei Kassel als Witwensitz zu. Kunigunde brachte es mit Zustimmung des Kaisers in ein von ihr gegründetes Kloster zu Kaufungen ein. Als Heinrich 1024 gestorben war, trat Kunigunde in das von ihr gegründete Kloster Kaufungen als einfache Nonne ein. Sie wollte nicht Äbtissin werden, sie hatte genug regiert. Sie lehnte sogar jeden Anspruch auf ihr bisheriges Vermögen ab und beraubte sich damit der Möglichkeit, Gutes zu tun. Als sie zum Sterben kam, wollte man sie mit den kaiserlichen Gewändern bekleiden, um sie nach dem Tod dem Volk zeigen zu können. Mit letzter Kraft verbat sie sich diesen Aufputz: „Schafft mir das hinweg, das ist nicht mehr mein Gewand!" Dann bat sie, in Bamberg an der Seite ihres geliebten Gatten begraben zu werden. Sie wurde mit ihrem Gemahl, dem Kaiser Heinrich dem Heiligen, heiliggesprochen und wird bis heute gemeinsam mit ihm verehrt.

Hildegard von Bingen

geboren: 1098
gestorben: 17. September 1179
Fest: 17. September

In eine unruhige Zeit hinein wurde dem Ritter Hildebert von Bermersheim bei Alzey, südöstlich von Bingen, 1098 zu den drei Söhnen ein Töchterlein geboren und in der alten Pfarrkirche des kleinen Ortes auf den Namen Hildegard getauft.
Es war damals schwer für einen rechtlich denkenden Mann von Adel, dem die Verantwortung für eine große Herrschaft mit vielen Menschen anvertraut war, sich in der verwirrten Politik zurechtzufinden. Der Papst setzte den Kaiser ab und belegte ihn mit dem Kirchenbann. Der Kaiser setzte den Papst ab und ernannte einen Gegenpapst. Jeder von ihnen forderte Treue und Gefolgschaft, und mancher Fürst wechselte das Lager schneller als das Hemd. Der eigene Sohn – Heinrich V. – empörte sich gegen den kaiserlichen Vater – Heinrich IV. Er behauptete, er vertrete die Sache des Papstes und sperrte den eigenen Vater auf der Burg Böckelheim, die man fälschlicherweise lange Zeit für den Geburtsort Hildegards gehalten hatte, ein. Es gelang diesem zwar, aus der Haft zu fliehen, aber der Sohn zwang ihn abzudanken. 1106 starb Heinrich IV. im Bann der Kirche und unversöhnt mit dem eigenen Sohn und Nachfolger.
Zu derselben Zeit, als sich die Deutschen um den Vorrang von Kaiser und Papst stritten, zog die Blüte des französischen Adels unter Gottfried von Bouillon ins Heilige Land und eroberte 1099 Jerusalem. Die Kreuzzugsbegeisterung vermochte zwar die Christenheit in einer gemeinsamen zündenden Idee zu vereinen, aber darunter verbarg sich auch viel Abenteuerlust und Gewinnsucht. Auch unter den Fahnen des Kreuzes gab es Mord, Plünderung und Sittenlosigkeit. Viele Bauern riefen Jerusalem und meinten die Flucht vor ihrer Armut und ihrem Elend, viele Städter nahmen das Kreuz und meinten Handelswege, und viele Ritter zogen aus zum Heiligen Grab und meinten Ehre und Beute. Viele, die meisten, kehrten nicht mehr zurück, und das Leid auf den Burgen des Rheinlandes war groß. Auch die zwei Brüder Hildegards kamen beim 2. Kreuzzug (1147) ums Leben.
Die Kirche, der Leib Christi, blutete aus vielen Wunden. Dem Papst ging es vor allem um die Behauptung und Erweiterung seiner politischen Macht. Die Kardinäle wurden ausgewählt nach ihrem Nutzen als Verbündete, Bischöfe nach ihrer Parteizugehörigkeit. Die Seelsorge lag darnieder, das einfache Volk ver-

sank in Aberglauben und halbheidnischer Zauberei. In Südfrankreich und Norditalien verbreitete sich die gewalttätige Sekte der Katharer, die als Gegenbewegung gegen die Verweltlichung der Kirche mit dem Luxus und Reichtum zugleich auch ihre Träger, den Papst und die Bischöfe, abschaffen wollten. Ihre Scharen drangen kirchenverwüstend bis ins Rheinland vor, bis sie in blutigen Kriegen grausam ausgerottet wurden.

Daneben gab es aber auch innerhalb und außerhalb der zahlreichen Klöster viel Bußgesinnung, viel echtes Gotteslob und Nächstenliebe. Man darf den Kampf zwischen Kaiser und Papst nicht als einen Kampf zwischen Unglauben und Glauben verstehen. Oft war der Kaiser gläubiger und frömmer als der Papst. Gerade religiös denkende Kaiser hatten ihre liebe Not mit Kirchenfürsten, die Christus sagten und sich selbst, ihre Macht und ihren Besitz meinten. Eine Gestalt wie Hildegard ist in ihrer Zeit nicht ein weißer Rabe unter lauter schwarzen. Sie ist eine besonders schöne und vollkommene Blüte an einem Baum, der übersät war mit Knospen, Blüten und Früchten der gleichen Art, wenn auch nicht von gleicher Schönheit.

Eine mittelalterliche Burg war kein guter Ort für die Bildung junger Mädchen. Rauh und wild wie ihre Lage auf unzugänglichen Felsenhöhen, war oft das Leben der Ritter und ihrer Knechte, ein Aufenthalt zwischen Kriegszügen und Waffengängen. Daher gab man Mädchen gern in die Obhut von Klosterfrauen, wo sie feine Sitte und frauliche Tugenden lernen sollten. So gaben die Eltern Hildegard schon im Alter von zehn Jahren in die Obhut der jungen Gräfin Jutta von Sponheim, die sich am Chor des Benediktinerklosters am Disibodenberg eine Klause hatte erbauen lassen. Hier sammelten sich im Laufe der Jahre immer mehr Kinder und junge Frauen aus den Ritterburgen der Umgebung, die ein klösterliches Leben in der Spiritualität der Söhne des heiligen Benedikt führen wollten.

Hildegard, als zehntes Kind von den Eltern Gott anverlobt, vollzog mit siebzehn Jahren aus eigenem Willen dieses Verlöbnis. In die Hände des heiligen Otto, des Bischofs von Bamberg, legte sie die Gelübde ab und empfing den Schleier. Sie war von zarter Gesundheit, ein schüchternes, gottfrohes, aber hochintelligentes und willensstarkes Kind, das an der Hand und in der Liebe ihrer Base und geistlichen Mutter in ein tiefes Verhältnis zu den Wahrheiten des Glaubens hineinwuchs. Schon in jungen Jahren erfuhr sie mystische Gnaden und trug die Last der inneren „Schau“. In ihr erkannte sie Gottes Wege hinter den Vorgängen in ihrer Umgebung und in der Welt. Diese Gnade wurde ihr zur schweren Berufung; denn nicht mystisches Erleben und Schwelgen in der frommen Vereinigung war ihr Los, sondern die Verkündigung gelegener oder ungelegener Wahrheiten vor hoch und niedrig. Und so wurde die schwache Nonne zur starken Frau, deren Stimme in ganz Deutschland gehört und gefürchtet wurde.

1136 starb Jutta von Sponheim, und Hildegard mußte, sehr gegen ihren Willen,

die Leitung der Klostergemeinschaft übernehmen. Diese war so angewachsen, daß die Klause als Anbau an das Männerkloster am Disibodenberg zu klein wurde. Hildegard hing mit großer Liebe an dieser Stätte ihrer glücklichen Jugend. Aber es war nicht ihre Natur, sich dadurch von dem ablenken zu lassen, was sie als notwendig erkannt hatte. Gegen den Willen der Mönche und gegen den Willen der eigenen Schwestern plante sie die Errichtung eines selbständigen Klosters auf dem Rupertsberg bei Bingen. Unter unsäglichen Schwierigkeiten gelang ihr die Errichtung des Klosters und der Kirche. Für das tägliche karge Brot des Konvents blieb oft nicht mehr als der Mut zum Fasten. Aber die „deutsche Prophetin" war inzwischen so bekannt geworden, daß von vielen Seiten mit den Ratsuchenden auch Hilfe kam.
Höchste Fürsten des Reiches und der Kirche stiegen hinauf zum Rupertsberg und hörten dort nicht immer das, was sie gerne hören wollten. Legitimiert und getrieben vom Wächteramt, das sie sich nicht selbst ausgesucht hatte, hielt sie allen den Spiegel des Gewissens und der Gebote vor. „Aller Zeiten Strom hat nur *ein* Ziel, in einem nur münden die Jahrtausende, im Herzen Gottes, ganz gleich, nach welchen Winden die Fürsten und Könige der Welt ihre Segel setzen. Nicht die Könige sind es, welche die Jahrhunderte lenken, sondern Gott."
Oft hinderte Krankheit die Äbtissin, mündlichen Rat zu erteilen, dann schrieb sie Briefe – dreihundert sind uns heute noch erhalten – an den Papst, an den Kaiser und König, an Erzbischöfe und Grafen. „Du lebst nicht so, wie du sollst. Bessere dich, daß du nicht mehr über deine Tage zu erröten brauchst." So steht es in einem Brief an Kaiser Konrad III., und Kaiser Friedrich Barbarossa, der sich von ihr beraten ließ, bekam zu hören: „Hüte dich, daß der höchste König dich nicht um der Blindheit der Augen willen verwirft."
Nach dem unglücklichen Ausgang des 2. Kreuzzuges, als die Reste des Kreuzheeres, das so stolz und siegessicher ausgezogen war, krank und elend mit vielen Todesnachrichten zurückkehrte, bemächtigte sich des christlichen Volkes eine tiefe Niedergeschlagenheit wie immer, wenn die hochlodernden Flammen einer großen Begeisterung in sich zusammensinken. Diese Stunden waren voll der Gefahr, aber auch der Hoffnung. Da hielt es Hildegard nicht mehr im Kloster. Sie mußte dem Volk zu Hilfe eilen, sie mußte Verzagte trösten und das Unglück zu Einkehr und religiösem Umdenken nutzen. Mindestens drei große Reisen hat sie unternommen, nach Franken, nach Schwaben, nach Lothringen und in das Ruhrgebiet. Überall bestieg sie die Kanzel und verkündete mit Kraft und Liebreiz die Botschaft vom gegenwärtigen, vom tröstenden, aber auch vom strafenden Gott. Sie rief zu Umkehr und Buße, Gebet und Sakrament. Sie richtete die verschüchterten Hirten auf und sammelte die versprengte Herde der Gläubigen. In den Kapitelsälen vieler Klöster rief sie zur Rückkehr zu den Idealen der Gelübde. Auf den Marktplätzen der großen Städte Köln, Trier, Metz, Würzburg und Bamberg: „Sie bringt Trost und macht Mut, sie weckt die

Die heilige Hildegard von Bingen. ▷
Buchminiatur Kloster Eibingen, Slomifoto, Essen.

Gewissen und predigt Buße, sie stiftet Frieden." Erschöpft und am Ende ihrer Kraft kehrte sie in ihr Kloster zurück: „Ich aber, ich Schüchterne und Arme, ich bin gar müde geworden in den zwei Jahren, da ich solches vor Magistern und Doktoren und anderen weisen Männern an einigen größeren Orten mit lebendiger Stimme vortragen mußte."

Es wird Zeit, zu verhüten, daß ein schiefes Bild von der gelehrten, beredsamen und mächtigen Klosterfrau entsteht, die Kaisern die Leviten las und Päpste beriet und ermahnte. Dies ist nur eine Seite ihres Lebens, nicht einmal die wichtigere. Was nützt den Menschen der Glaube, sie sehen ihn nicht. Was nützen den Menschen die Worte, sie glauben sie nicht. Sichtbar wird der Glaube und nachprüfbar werden die Worte allein durch die Liebe, die Liebe zum Nächsten. Die Hinwendung zu den Kranken, Verkrüppelten und Siechen übte Hildegard von Kindheit an. Das Verlangen, wirkliche Hilfe zu bringen, verbunden mit ihrer Liebe zur Natur, führte sie zur Untersuchung der Heilwirkung von Pflanzen und Kräutern. Sie studierte die Ursachen der Krankheiten und bemühte sich, die wirksamen Heilmittel zu finden, zu erproben und anzuwenden. So wurde sie aus Nächstenliebe zur Naturforscherin und Ärztin. Ihre Heilerfolge erschienen den Kranken oft als Wunder. Der Ruf als begnadete Heilerin füllte die Räume des Klosters mit Kranken. Sie waren ihr die Kinder des Herrn, sie standen ihrem Herzen am nächsten. Im ganzen Reich wurde erzählt, die Äbtissin habe einen eiligen Boten des Kaisers warten lassen, weil sie zuerst die stinkenden Wunden eines Aussätzigen reinigen und verbinden wollte. „Es brannte in ihrer Brust eine Liebe, die keinen Menschen ausschloß", so beschreibt der erste Biograph zusammenfassend ihre lebenslängliche Liebestätigkeit an den Armen und Kranken.

Hildegard empfing zeitlebens viele Gesichte und Visionen. In ihrem Licht strahlten die Wahrheiten des Glaubens so klar und erhaben auf, daß die Seherin sich getrieben fühlte, sie anderen Suchenden mitzuteilen. So wurde sie nicht nur zur größten Briefeschreiberin jener Zeit, sondern auch zu einer der bedeutendsten geistlichen Schriftstellerinnen und Dichterinnen des Mittelalters. Sie schrieb zwar lateinisch – und nicht einmal gut – , aber auch in der Übersetzung behielten die herrlichen Bilder ihren poetischen Zauber.

„ O feuriger Gott Geist! Sei gepriesen!
Du dröhnest mit Pauken und tönest mit Harfen.

Die Geister der Menschen lodern von dir,
und ihre Kräfte hausen im Gezelt der Seele.

Von dannen steigt der Wille auf und macht
der Seele Lust, und Leuchte ist ihm seine Sehnsucht.

Da ruft dich der Verstand mit zartem Klange
und errichtet dir Bauten mit seinem Sinnen,

das in schimmernden Werken sich bemüht.
Aber du, immer hältst du bereit das Schwert,
abzuhauen den dunkel mörderischen Wuchs aus jenem Apfel des Verderbens –
wann Nebel liegt über dem Willen und den Sehnsüchten,
in denen die Seele flattert und allenthalben in der Irre schweift.
Dann ist's am Geist, in Bande zu schlagen den Willen und das Gesehene.
Aber wenn sich reckt das Innerste lüstern,
dem Bösen in den Augenstern zu sehen,
harrt am Kien der Niedertracht,
dann brauchst du nur zu wollen
und du verbrennst es jäh in Feuer." (Übersetzung J. Bernhart)

Wer so herausgestellt ist unter den Menschen, der erfährt nicht nur Zustimmung und Lob, sondern auch Widerspruch und Anfeindung. Daran hat es Hildegard nicht gefehlt. Nicht überall und nicht immer kamen ihre Mahnungen an. Oft wurden sie von Verwünschungen und Flüchen unterbrochen, und mehr als einmal mußte die Prophetin sich verstecken und Schutz suchen. Aber sie war bei aller Zartheit und Schwäche, aller Kränklichkeit und Schüchternheit eine starke Frau. Dies zeigte sich an einem Vorfall gegen Ende ihres Lebens. Ein junger Edelmann hatte sich für die Radikalität der Armutsbewegung der Katharer begeistert und war vom Erzbischof von Mainz exkommuniziert worden. Er wurde schwer krank, und Hildegard gelang es, ihn zur Umkehr zu bewegen. Versöhnt mit der Kirche und versehen mit den Sterbesakramenten starb er im Kloster auf dem Rupertsberg. Hildegard ließ ihn im Klosterfriedhof bestatten. Dies erfuhr die Kirchenbehörde in Mainz. Sie verlangte die Entfernung des Leichnams aus der geweihten Erde und seine Bestattung außerhalb der Friedhofsmauern. Dieses Ansinnen lehnte Hildegard ab. Darauf wurde über ihr Kloster das Interdikt verhängt. Dies bedeutete, daß keine Messe gelesen, keine Sakramente gespendet und kein Toter kirchlich bestattet werden durfte. Nicht einmal die Glocken durften geläutet werden. Die Kirchentüren wurden zugenagelt. Gibt es eine größere Strafe für eine fromme Schwesterngemeinschaft, die vom Gebet vor dem Allerheiligsten Sakrament lebt? Die achtzigjährige Äbtissin aber gab nicht nach. Sie wußte, daß der junge Mann im Frieden Gottes heimgegangen war, und sie verteidigte seine Würde und sein Recht, in der Gemeinschaft der Gläubigen seine Ruhestätte zu haben und nicht auf dem Schindanger, den ihm die Mainzer Prälaten zugedacht hatten. Die seelische Not im Kloster war groß, aber der Ruf des Gewissens war stärker. Schließlich wandte sich die Äbtissin mit einem Brief an den Erzbischof von Mainz persönlich, der sich zu dieser Zeit in Italien aufhielt: „Du hättest nie eine solche Entscheidung getroffen, wenn du den Sachverhalt wahrheitsgemäß gekannt hättest. Aber ich will lieber in die Hände der Menschen fallen, als das Gesetz meines Gottes übertreten." Viele Freunde und hohe Gönner der Äbtissin bemühten sich um Einigung und Vermittlung. Ein dreiviertel Jahr dauerte schon das Elend der Nonnen auf dem Rupertsberg. Endlich, am Vorabend des Festes Mariä Himmelfahrt, kam die erlösende Botschaft: das Interdikt war aufgehoben, die Grabesruhe des jungen Mannes blieb ungestört. Die Freude des Tages war für das Herz der Zweiundachtzigjährigen eine größere Belastung als das Leid der vergangenen Monate. Nach dem Gottesdienst brach sie zusammen und konnte von da an ihr Krankenlager nicht mehr verlassen. Am Morgen des 17. September ließ sie sich in die Kirche tragen; sie wollte noch einmal vor dem Ewigen Licht das Sakrament anbeten. Mit den Worten: „Siehe, ich bin eine Magd des Herrn, mir geschehe nach deinem Wort!" hauchte sie ihre Seele aus.

Die Nonnen aber sangen das Lieblingslied der heiligen Mutter und Dichterin:

O Reis, du blühst auf deinem hohen Throne
mit Schild und Brünne wohl bewehrt.
Aus Adams Lenden wuchs die Sünde,
der Menschheit Not, der Menschheit Nacht,
du hast in deinem holden Kinde
der kranken Welt das Heil gebracht.
(nach W. Hünermann)

Hildegard von Bingen starb am 17. September 1179. Seit dem 15. Jahrhundert wurde sie als Heilige verehrt. Die Philologen haben sie zu ihrer Patronin erwählt.

Ignatius von Antiochia

geboren: um 50 n. Chr.
gestorben: um 110–115
Fest: 17. Oktober

Vor dem Ausbau von Konstantinopel zur östlichen Hauptstadt des Römischen Reiches war die Stadt Antiochia am Orontes der Mittelpunkt der römischen Herrschaft im Vorderen Orient. Sie wurde um 300 v. Chr. von Seleukos I., einem Nachfolger Alexanders des Großen, gegründet. Als die Römer 64 v. Chr. Palästina als Provinz dem Römischen Reich eingliederten, wurde Antiochia Sitz des römischen Statthalters. Die Metropole des Ostens war berühmt durch die Pracht ihrer mit Statuen geschmückten Säulenstraßen, ihrer Tempel, Theater, Bäder und ihres verschwenderisch ausgestatteten Kaiserpalastes.

Nach der Steinigung des Stephanus wurden die Christen in Jerusalem verfolgt. Viele flohen aus der Stadt. Die Apostelgeschichte berichtet hierüber (11,19–20): „Die Versprengten kamen bis nach Phönizien, Cypern und Antiochia; dort verkündeten sie das Wort nur den Juden. Einige aber von ihnen, die aus Zypern und Zyrene stammten, verkündeten, als sie nach Antiochia kamen, auch den Griechen das Evangelium von Jesus, dem Herrn . . . In Antiochia nannte man die Jünger zum ersten Mal Christen." Von Anfang an war diese Christengemeinde in Antiochia gespalten. Es gab Christen, die zuerst Juden waren und dann Christen wurden. Sie beachteten weiterhin die Vorschriften des jüdischen Gesetzes und verlangten, daß die Heiden, die Christen wurden, zuerst den jüdischen Glauben annehmen, sich beschneiden lassen und das jüdische Gesetz befolgen sollten, bevor sie Christen werden konnten. Dagegen wehrte sich der Apostel Paulus mit großer Leidenschaft. Die Befreiung vom jüdischen Gesetz sei ja gerade das Neue, das Schöne am christlichen Glauben. Die Frage wurde allen Aposteln in Jerusalem zur Entscheidung vorgelegt. Das erste Konzil, das sogenannte „Apostelkonzil", entschied: „Der Heilige Geist und wir haben beschlossen, euch keine weiteren Lasten aufzuerlegen . . ." (Apg 15,28). Trotz dieser grundsätzlichen Klärung gab es in Antiochia noch lange eine judenchristliche und eine heidenchristliche Gemeinde. Beide standen sich nicht immer in christlicher Liebe gegenüber. Beinahe wäre der Apostel Petrus zwischen diese Fronten geraten. Als er nach seiner wunderbaren Befreiung aus dem Gefängnis Jerusalem verließ und nach Antiochia kam, verkehrte er zunächst ganz unbefangen mit Juden- und Heidenchristen. Er mißachtete die jüdischen Speisevorschriften. Darüber empört, stellten ihn die Judenchristen zur Rede. Um den Riß in der Gemeinde nicht zu vergrößern, hielt sich Petrus von da an wieder an die Reinheitsgebote der Juden. Darüber aber empörte sich nun Paulus, der darin eine Gefahr für sein Werk der Heidenmission sah. Er tadelte Petrus (Gal 2,11–21). Wie lange Petrus in Antiochia blieb, läßt sich aus den Zeugnissen der Heiligen Schrift nicht feststellen. Er war auf jeden Fall das Haupt der Gemeinde, das heißt der erste Bischof von Antiochia. Ihm folgte Euodius, dessen Tod die Kirchengeschichte des Eusebius auf das Jahr 68 festlegt.

Der zweite Nachfolger des Apostel Petrus auf dem Bischofsstuhl von Antiochia war Ignatius. Obwohl er vermutlich Bischof wurde, bevor die meisten Schriften des Neuen Testaments entstanden, kommt sein Name in ihnen nicht vor. Er gehört nicht mehr zum Kreis der ursprünglichen Zeugen, die Jesus selbst gekannt hatten oder die er wie Paulus in besonderer Weise berufen hatte. Er gehörte zur ersten Generation der Nachfolger der Apostel. Deswegen ist er für uns besonders wichtig und interessant. Diese Generation befragen wir: Wie ist aus der Jüngergemeinde die Kirche mit ihren Ämtern, ihrer Organisation und Verfassung entstanden? Wenn diese Nachfolger sie schon kannten und lebten, dann muß sie von den Aposteln selbst stammen; dann lag dazwischen keine Zeit längerer geschichtlicher Entwicklung. Wie hielt es diese auf mündliche und schriftliche Überlieferung angewiesene Generation mit den grundlegenden Wahrheiten des Glaubens? Sie hatte ja nicht unsere Evangelien als Grundlage. Erwartete sie noch immer die Wiederkunft des Herrn in naher Zeit? Feierte sie das Abendmahl nach dem Gebot Jesu: Tut dies zu meinem Andenken? Hier ist Ignatius eine vorzügliche Quelle; denn so wenig wie wir *über ihn* wissen, soviel wissen wir *von ihm.*

Neben der Spaltung der Gemeinde in Judenchristen und Heidenchristen tauchten schon in dieser frühen Zeit die ersten Irrlehren unter den Christen auf. Besonders gefährlich waren die „Doketisten“. Diese betonten die *Gottheit* Jesu so sehr, daß seine Menschheit dabei ganz aus dem Blick geriet. Den menschlichen Leib, die menschliche Natur habe Jesus eigentlich nur zum Schein angenommen, sie habe neben der göttlichen Macht und Weisheit gar keinen Platz und keine Bedeutung. So schön dies klingt, so hebt diese Irrlehre in ihrer Folge doch die Menschwerdung und die Erlösung auf; denn ein Scheinleib kann nicht das Los der Menschen teilen und sie von ihren Sünden erlösen.

Die dritte Sorge des Bischofs von Antiochia war die fortdauernde Christenverfolgung. Kaiser Domitian (81–96) übersteigerte aus politischen Gründen seine Stellung als „Herr und Gott“. Das Opfer vor dem Bild des Kaisers wurde als Beweis der Staats- und Kaisertreue aufgefaßt. Die Christen, die sich weigerten, das Opfer zu leisten, wurden grausam verfolgt; sogar nächste Verwandte des Kaisers fielen seiner Verfolgungswut zum Opfer.

Der Apostel Johannes wurde auf die Insel Patmos verbannt, wo er seine Geheime Offenbarung schrieb, in der er der Blutzeugen dieser Verfolgung gedachte.

Unter seinem Nachfolger Traian (98–117) ließ die Verfolgung nach. Berühmt ist der Briefwechsel des für Ignatius zuständigen Statthalters Plinius des Jüngeren mit dem Kaiser Traian über die Behandlung der Christen. Der Statthalter schreibt: „Gerichtsverhandlungen gegen Christen habe ich noch nie beigewohnt; deshalb weiß ich nicht, was und wie weit man zu strafen oder zu untersuchen pflegt . . . Vorerst habe ich bei denen, die mir als Christen angezeigt wurden, folgendes Verfahren angewandt. Ich habe sie gefragt, ob sie Christen seien. Wer gestand, den habe ich unter Androhung der Todesstrafe ein zweites und drittes Mal gefragt; blieb er dabei, ließ ich ihn abführen (zur Hinrichtung) . . . Sie versicherten, ihre ganze Schuld habe darin bestanden, daß sie sich an einem bestimmten Tag vor Sonnenaufgang zu versammeln pflegten, Christus als ihrem Gott einen Wechselgesang zu singen und sich durch Eid zu verpflichten, keine Verbrechen zu begehen, keinen Diebstahl, Raubüberfall oder Ehebruch, ein gegebenes Wort nicht zu brechen und eine angemahnte Schuld nicht abzuleugnen. Hernach seien sie auseinandergegangen und dann wieder zusammengekommen, um Speisen zu sich zu nehmen, jedoch gewöhnliche, harmlose Speisen . . . Somit habe ich die weitere Untersuchung vertagt, um mir bei dir Rat zu holen. Die Sache scheint mir nämlich der Beratung zu bedürfen, vor allem wegen der großen Zahl der Angeklagten . . ." Der Kaiser antwortete: „Bei der Untersuchung der Fälle derer, die bei mir als Christen angezeigt worden sind, hast du den rechten Weg eingeschlagen . . . Nachspüren soll man ihnen nicht; werden sie angezeigt und überführt, sind sie zu bestrafen . . . Anonym eingereichte Klageschriften dürfen bei keiner Straftat Berücksichtigung finden; denn das wäre ein schlimmes Beispiel und paßt nicht in unsere Zeit."
Bischof Ignatius gehörte als Oberhaupt der Kirche in der Hauptstadt des römischen Ostens zu denen, die angezeigt wurden. Er wurde verhaftet, und da er standhaft blieb, zum Tode verurteilt, und zwar sollte er als herausragende Persönlichkeit unter den Christen im Angesicht des Kaisers in Rom durch die wilden Tiere in der Zirkusarena sterben. So ein Gefangenentransport dauerte in jener Zeit, als es noch keine Fahrpläne und keine regelmäßig verkehrenden Schiffe gab, Wochen und Monate. Auch war die Bewegungsfreiheit der Gefangenen je nach Charakter und Laune des verantwortlichen Offiziers sehr unterschiedlich. Von der Fesselung an Händen und Füßen bis zur Erlaubnis, in den Zwischenstationen Besuche zu machen und zu empfangen, war alles möglich. Das beste Beispiel dafür ist die in der Apostelgeschichte berichtete Reise des gefangenen Apostels Paulus nach Rom.
Das Schiff mit dem gefangenen Ignatius nahm auch nicht den direkten Kurs von Antiochia nach Rom. Die Wetterverhältnisse oder andere Transportaufgaben mögen die Ursache dafür gewesen sein, daß man einen Umweg über zahlreiche kleinasiatische Küstenstädte machte; so zum Beispiel über Smyrna, wo Bischof Polykarp und seine Gemeinde Ignatius besuchen konnten. Dort war es ihm

auch möglich, Abordnungen der Gemeinden von Ephesus, Magnesia und Tralles zu empfangen. Von Smyrna aus dankt Ignatius diesen Gemeinden in Briefen, die uns erhalten geblieben sind, für ihre Gebete. Sogleich nahm er sein Hirtenamt wahr und ermahnte die Gläubigen zur Treue zu Christus und zu ihren Bischöfen. Auch an die ersten Christen in Rom schrieb Ignatius von Smyrna aus einen Brief, in dem er sie bat, ja nichts zu seinen Gunsten zu unternehmen, da er sich sehne, den Martertod zu erleiden. Schon aus dieser Befürchtung läßt sich ersehen, daß Ignatius den Christen in Rom bekannt und verehrungswürdig war. Bei einem weiteren Aufenthalt in der Hafenstadt Troas schrieb Ignatius drei weitere Briefe an die Gemeinden in Philadelphia und Smyrna sowie einen persönlichen Brief an Bischof Polykarp.
Als das Schiff endlich in Ostia einlief, war der letzte Tag der „Festspiele" des Jahres. Ignatius wurde sofort nach Rom in die unterirdischen Gelasse des Zirkus überführt und dort am letzten Tag der Spiele, in Gegenwart des Kaisers Traian von den wilden Tieren getötet.
Die Christen von Rom bargen seine Gebeine und brachten sie nach Antiochia, wo sie nach mehreren Überführungen schließlich in einem zur Gedächtniskirche umgewandelten heidnischen Tempel ihre Ruhe fanden. Für eine spätere Übertragung der Gebeine nach Rom in die Kirche San Clemente gibt es keinen historischen Beweis. Nach dem neuen Kalender der Kirche wird das Fest des heiligen Bischofs und Martyrers Ignatius am 17. Oktober gefeiert.
Die Briefe des Ignatius sind sämtliche auf dem Weg nach Rom, kurz vor seinem Tod, das heißt um das Jahr 110, geschrieben worden. Sie gehören damit zu den frühesten außerbiblischen Zeugnissen christlichen Lebens. Der Stil der Briefe ist impulsiv, ja leidenschaftlich, glühend von Glaubensbegeisterung und Sehnsucht, dem Herrn im Tod nachzufolgen, aber auch voll Hirtensorge um den Glauben und den Lebenswandel der Gemeinden, an die sie gerichtet sind.

1. Von der sogenannten „Naherwartung" der Apostel, das heißt dem Glauben, die Wiederkunft des Herrn stehe unmittelbar bevor, so daß sich der Aufbau einer auf Zukunft angelegten Kirche nicht lohne, ist bei Ignatius nichts mehr zu finden. Die Kirche hatte ihren Weg durch die menschliche Geschichte bereits angetreten. Vielleicht ist gerade dadurch die persönliche Naherwartung des Reiches Gottes, das heißt die Begegnung mit dem Herrn im persönlichen Tod, stärker in den Vordergrund getreten. Ignatius und mit ihm viele der Blutzeugen der ersten Jahrhunderte hatten eine aufrichtige Sehnsucht, Christus in Leiden und Tod nachzufolgen und sobald wie möglich mit ihm vereint zu werden. Ignatius beschwört die römischen Christen geradezu, ja keine Fürsprache für ihn beim Kaiser einzulegen und ihn damit von seinem Lebensziel fern zu halten. Wie erkaltete Lava muß sich christliches Fühlen heute vorkommen, wenn es die leidenschaftlich glühenden Worte des Blutzeugen liest: „Ich schreibe an alle Kirchen und teile allen mit, daß ich gern

für Gott sterbe, wenn ihr es nicht verhindert. Ich flehe zu euch, daß euer Wohlwollen mir keine Schwierigkeiten bereitet. Laßt mich eine Speise der wilden Tiere werden; durch sie ist es mir möglich, zu Gott zu kommen. Brotkorn Gottes bin ich. Und durch die Zähne der Tiere werde ich gemahlen, damit ich als reines Brot Christi erfunden werde. Lieber schmeichelt den Tieren, daß sie mir zum Grab werden und nichts von meinem Körper übrig lassen, auf daß ich niemand zur Last falle, wenn ich entschlafen bin. Dann werde ich wahrhaft Jesu Christi Jünger sein, wenn die Welt auch meinen Leib nicht mehr sieht . . . Für mich ist es besser durch den Tod zu Christus Jesus zu kommen, als König zu sein über die Grenzen der Erde. Ihn suche ich, der für uns gestorben ist; ihn will ich, der unseretwegen auferstanden ist . . . Gönnet mir ein Jünger zu sein, ein Nachahmer des Leidens meines Gottes!"

2. Das Gerüst der kirchlichen Organisation steht für Ignatius fest auf den Bischöfen, den Priestern und den Diakonen.
„Haltet zum Bischof, damit auch Gott zu euch hält. Meine Seele setze ich darin für die, die dem Bischof, den Presbytern (Priestern) und den Diakonen untertan sind", schreibt Ignatius an Bischof Polykarp. Dann mahnt er diesen: „Verteidige dein Amt in jeglicher Sorgfalt, leiblicher wie geistiger; sorge für die Einheit, das Beste von allem. Alle ertrage, wie auch dich der Herr erträgt. Mit jedem einzelnen rede nach Gottes Geist . . . Steh fest wie ein Amboß unter den Schlägen! Einem starken Ringkämpfer ist es eigen, daß er Streiche erhält und doch den Sieg erringt." Die Christen von Tralles mahnt Ignatius: „Solange ihr dem Bischof untertan seid, wie Jesus Christus, lebt ihr nicht nach Menschenart, sondern nach Jesus Christus, der euretwegen gestorben ist. Daher ist es notwendig, daß ihr ohne den Bischof nichts tuet und daß ihr auch dem Presbyterium (den Priestern) euch füget wie den Aposteln Jesu Christi. Auch ist es nötig, daß die Diakone, welche die Geheimnisse Jesu Christi verwalten, auf jede Weise allen gefällig seien. Denn sie sind nicht Diener für Speise und Trank, sondern Gehilfen der Kirche Gottes. Alle sollen die Diakone achten wie Jesus Christus wie auch den Bischof als Abbild des Vaters, die Presbyter aber wie eine Ratsversammlung Gottes und wie einen Bund von Aposteln. Getrennt von diesen kann man von keiner Kirche reden."

3. Die gemeinsame Feier der Eucharistie ist ein fester Bestandteil des kirchlichen Lebens. Dies geht aus einer Stelle im Brief an die Epheser hervor: „Ihr versammelt euch alle, Mann für Mann, gemeinsam in der Gnade, in einem Glauben, in einem Brotbrechen als Heilmittel zur Unsterblichkeit, dies ist eine Gegenkraft, daß wir nicht sterben, sondern leben in Christus immerdar."

4. Von ganz großer kirchengeschichtlicher Bedeutung ist die Tatsache, daß Ignatius, der den ersten Bischofsstuhl des Apostels Petrus innehatte und der Kirche vorstand, zu der das Heilige Land gehörte, der Kirche von Rom einen Vorrang im Glauben und in der Liebe zusprach. Sie bittet er, die Aufsicht über den durch seinen Tod verwaisten Bischofsstuhl von Antiochien zu übernehmen.
Bei Ignatius findet sich auch zum ersten Mal die Bezeichnung „katholische Kirche". In seinem Brief an die Gemeinde von Smyrna schreibt er: „Alle sollt ihr dem Bischof gehorchen wie Jesus Christus dem Vater, und auch den Priestern wie den Aposteln; die Diakone aber ehret wie Gottes Gebot. Keiner tue ohne den Bischof etwas, was die Kirche angeht. Nur jene Eucharistie gilt als die richtige, die unter dem Bischof vollzogen wird oder dem von ihm Beauftragten. Wo immer der Bischof sich zeigt, da sei auch das Volk, so wie da, wo Christus ist, auch die *katholische* Kirche ist. Ohne den Bischof darf man nicht taufen noch das Liebesmahl feiern; was immer er für gut findet, das ist auch Gott gefällig, auf daß alles, was geschieht, sicher sei und rechtmäßig."
Der Mann, der wohl viele der Apostel noch persönlich gekannt hat, der mit den Zeugen des Lebens Jesu umging, der als Bischof dem Apostel Petrus nachfolgte, legt Zeugnis ab für die Grundwahrheiten unseres Glaubens, für das Herzstück unserer Liturgie und für den Aufbau der Kirche, an deren Grundstruktur sich bis heute nichts geändert hat. Seine Briefe gehören zwar nicht zum Neuen Testament, aber sie sollten eigentlich jeder Bibel als Urzeugnis beigefügt werden.
Ignatius ist einer der „apostolischen Väter". Die Apostel waren ihre Väter im Glauben, und sie selbst haben als Väter der Kirche das apostolische Zeugnis getreu weitergegeben.

Ignatius von Loyola

geboren: 1491
gestorben: 31. Juli 1556
Fest: 31. Juli

Man könnte erschrecken, wenn man zwei Tatsachen unseres Glaubens bedenkt: Die erste: Gott hat seinen Sohn in die Welt gesandt, um ihr eine „gute Botschaft“ zu übermitteln; die Botschaft nämlich, daß Gott ein gütiger Vater ist, der es gut meint mit den Menschen und der ihrem Leben Dauer verleihen will auch über den Tod hinaus durch die Teilhabe an seinem eigenen, ewigen Leben. Die zweite: Diese für uns so lebenswichtige Botschaft hat Jesus bei seinem Scheiden Menschen anvertraut. Gott will, daß seine Botschaft so weit und nur so weit gelangt, wie Menschen sie zu Menschen tragen. Welch eine Verantwortung für eine Sache, die es Gott selbst wert war, sich dafür ans Kreuz schlagen zu lassen. Es hat immer wieder Menschen gegeben, die diesen Auftrag des Herrn: „Geht in alle Welt und bringt die gute Botschaft zu allen Völkern“ als tiefe persönliche Verpflichtung empfunden und die ihr ganzes Leben in den Dienst dieser Aufgabe gestellt haben.

Diese Vorerwägung vermag uns Kindern eines zweifelnden und zaudernden Zeitalters vielleicht den Zugang zu öffnen zu einem Heiligen, der alle Kräfte des Leibes und der Seele, des Verstandes und des Willens seinem Lebensziel dienstbar gemacht hat: die Sache Gottes in der Welt vorwärts zu bringen. Dieses Lebensziel hat er aber nicht dilettantisch, als Einzelgänger und gleichsam „aus dem Stand“ angegangen. Noch nie ist ein Feldzug planvoller und überlegter vorbereitet und geführt worden. „Seht ihr nicht, daß wir im Krieg sind, daß wir im Felde stehen?“ sagt Ignatius am Ende im Blick auf sein Werk. Den Soldatenberuf hatte sich der junge Ignatius aus Loyola im Baskenland zunächst allerdings anders vorgestellt. Der Beginn seiner Soldatenlaufbahn scheint weit wegzuführen von ihrem Ziel und Ende. Er wollte Ruhm, Ehre, Reichtum, die Liebe schöner Frauen erwerben. Dem diente seine Ausbildung als Page am Hof eines spanischen Granden und als Offizier im Dienste des Vizekönigs. Der Ordensbruder, der noch zu Lebzeiten von Ignatius dessen Biographie niederschrieb, wollte gewiß nicht übertreiben, sondern diese dunkle Seite der Lebensgeschichte eher verstecken. Trotzdem glaubt er der Wahrheit zuliebe über das Leben bis zum dreißigsten Jahr das Urteil setzen zu müssen: „Er war mutwillig im Spiel, in Frauengeschichten, in Raufhändeln und Waffentaten. Er war versucht und besiegt vom Laster des Fleisches.“

Was heute der Ost-West-Gegensatz ist, das war damals die Dauerspannung zwischen Frankreich und dem Heiligen Römischen Reich, zu dem nicht nur Deutschland und Österreich, sondern auch Spanien gehörte. König Franz I. von Frankreich und Kaiser Karl V. waren die Führer im Kampf um die Vorherrschaft in Europa. Die Franzosen belagerten die spanische Festung Pamplona. Sie mußte sich der Übermacht ergeben. Der letzte Kanonenschuß zertrümmerte das linke Bein des Verteidigers Iñigo de Loyola.

Auf dem monatelangen Krankenlager im väterlichen Schloß verband sich der Schmerz des Körpers mit der Trauer über die jäh beendete Soldatenlaufbahn und das Ende aller bisherigen Lebensträume. Die Wunde verheilte schlecht, das Bein mußte nochmals gebrochen werden und blieb kürzer, so daß Ignatius zeitlebens hinkte. Damit war er als Kavalier bei Hof wie als Offizier bei der Truppe abgeschrieben.

In den langen Monaten der Genesung suchte Ignatius Zerstreuung in der Lektüre, die er gewohnt war: d.h. in galanten und seichten Liebesromanen. Aber solche gab es nicht auf Loyola. Aus lauter Langeweile nahm er die einzigen zwei Bücher, die man im Schloß gefunden hatte, zur Hand: ein Leben Jesu und eine Heiligenlegende. Allmählich aber schwand sein Widerwille gegen die ungewohnte geistige Kost. In den Heiligen fand er auch Helden: Tapferkeit und Mut, Treue und Dienst kamen sogar noch besser zur Geltung, weil sie einem Herrn erwiesen wurden, der weit über allen Mächtigen dieser Erde stand und der auch in der Lage war, Verdienst und Leistung mit größeren Ehren zu vergelten als der Kaiser. Es ging ihm auf, daß die Waffen in diesem Kampf andere sein mußten als Schwerter und Kanonen. Auch die Ausbildung der Soldaten in diesem Heere bestand nicht im Fechten und Schießen, sondern in der zuchtvollen Unterwerfung aller aufbegehrenden, eigensüchtigen Wünsche und Leidenschaften. Ignatius begeisterte sich allmählich für den neuen Kriegsdienst und beschloß, in die Dienste dieses Herrn zu treten, ganz und ohne Vorbehalt, mit Haut und Haaren und unwiderruflich auf Lebenszeit. Freilich führte der Entschluß, in dieses Heer einzutreten, nicht sogleich zum Marschallsstab, sondern in die Rekrutenausbildung. Und diese begann für Ignatius nach seiner Genesung. Sie war hart und dauerte lange, nur ein zäher Baske aus altem Adel konnte sie mit der Gnade des neuen Kriegsherrn durchstehen.

Nach der Genesung führte ihn sein erster Weg nach Montserrat, der größten Wallfahrtsstätte der mittelalterlichen Christenheit. Dort setzte er einen Schlußstrich unter sein bisheriges Leben in einer sorgfältig vorbereiteten Generalbeichte. Dann legte er die Waffen des irdischen Soldaten zu Füßen der Gottesmutter nieder; er weihte sich seinem neuen Kriegsherrn und zog dessen Uniform, das Bettlergewand, an.

Wie er es gewohnt war, will er auch in seinem neuen Leben gleich aufs Ganze gehen und in das Zentrum und zum Gipfel gelangen in einer Wallfahrt zu den heiligen Stätten nach Jerusalem. Aber seine Ausbildung zum Soldaten Christi hatte ein anderer in die Hände genommen. Dieser führte Ignatius in ein kleines Städtchen, Manresa, wo er einige Tage Rast halten will, wo er aber in zehn Monaten die harte Rekrutenschule des geistlichen Lebens durchmachen muß. Zunächst bestimmte er selbst das Reglement. Er verbrachte täglich sieben Stunden im Gebet, besuchte Hochamt, Vesper und Komplet in der Kirche und las in dem mitgebrachten Auszug aus dem Leben Jesu. Zur Buße, wie er sie damals verstand, ließ er sein Äußeres verwildern und bettelte in den Straßen um Almosen. Dieser Zustand wurde abgelöst von einer Periode größter innerer Anfechtungen und Qualen. In dem von ihm selbst diktierten „Pilgerbericht" heißt es: „Vor seine Seele traten die Schwierigkeiten seines derzeitigen Lebens, und es war, als ob jemand in seinem Inneren zu ihm sagte: Wie willst du ein derartiges Leben aushalten können, während der siebzig Jahre, die du noch zu leben hast? . . . Dabei hatte er nun viele Plagen mit Skrupeln auszustehen . . ., dadurch befand er sich in einem ganz niedergeschlagenen Zustand." Auch das Gebet verschaffte ihm keine Erleichterung. Seine Verzweiflung war so groß, daß er versucht wird, seinem Leben ein Ende zu machen. Dies ist der Tiefpunkt.

Er ist nahe daran, das Leben, für das er sich entschieden hatte, aufzugeben. So sehr hat ihn der Abscheu vor seinem bisherigen übermannt. Schließlich will er Gott gleichsam nötigen, ihm zu helfen. Er nimmt sich vor, so lange nichts mehr zu essen, bis Gott sich seiner erbarmt. Sechs Tage hat er durchgehalten. Dann nimmt sein Beichtvater die Zügel in die Hand. Durch eindeutige Befehle befreit er ihn aus seiner Verstrickung und von der Qual seiner Angst. Nunmehr ist das Gefäß und das Gerüst seines alten Lebens zertrümmert. Der Aufbau eines neuen kann beginnen.

Nach dieser langen Nacht kehrte große Ruhe und Heiterkeit in seine Seele ein. Ignatius erfuhr viele mystische Gnaden und entscheidende Weichenstellungen für sein künftiges religiöses Leben. Das bedeutendste Erlebnis schildert er selbst: „Da begannen die Augen seines Verstandes sich ihm zu öffnen . . . Es wurde ihm ein Verständnis und die Kenntnis vieler Dinge über das geistliche Leben sowohl wie auch über die Wahrheiten des Glaubens und über das menschliche Wissen geschenkt. Dies war mit einer so großen Erleuchtung begleitet, daß ihm alles im neuen Licht erschien. Dieses Ereignis war so nachdrücklich, daß sein Geist ganz erleuchtet blieb. Und es war ihm, als sei er ein anderer Mensch geworden und habe einen anderen Verstand erhalten, als er früher besaß."

In der Tat: der Ignatius nach Manresa ist ein anderer als vorher. Jetzt hat er die total andere Beschaffenheit des Reiches Gottes, seiner Gesetze und Bedingungen erkannt. Jetzt sind sie ihm in Fleisch und Blut eingegangen, er handelt aus ihnen heraus mit der Selbstverständlichkeit des Angeborenen. Das Ergebnis seiner eigenen Erfahrungen legt er nieder in dem Exerzierreglement des geistlichen Lebens, den Anleitungen zu geistlichen Übungen oder Exerzitien, die den

Zweck haben, den Menschen von seinem irdischen Denken loszulösen, seine Bereitschaft zu wecken, in den Dienst Gottes zu treten und diese Entscheidung überlegt und mit Beständigkeit ins Werk zu setzen. Die Exerzitien des Ignatius haben die abendländische Welt verändert. Sie waren das Hauptinstrument für die Wiederbefestigung des Glaubens in der Zeit der Reformation und für die innere religiöse Erneuerung der katholischen Kirche. Bis zum heutigen Tag sind sie in der ganzen katholischen Welt ein vorzügliches Mittel zur Vertiefung und Festigung des Glaubens.

Die Pilgerfahrt in das Heilige Land (1523) schenkt Ignatius viele Gnaden und Erfahrungen. Sein Ziel aber hat er nicht erreicht. Der dauernde Aufenthalt im Heiligen Land wird ihm versagt. Seine Bestimmung lag in Rom, nicht in Jerusalem.

Als er enttäuscht nach Europa zürckgekehrt war, mußte er zunächst Klarheit über seinen weiteren Weg gewinnen. Das Ziel stand unverrückt vor seinen Augen: im Heer des Christuskönigs die Welt für Gott erobern. Der Weg dazu war – wie noch heute – an viele Voraussetzungen und Vorschriften gebunden. Schon bisher war ihm immer wieder vorgeworfen worden, wenn er lehrte und predigte, er habe doch gar nicht studiert, weder Philosophie noch Theologie, noch sei er zum Priester geweiht. Ihnen allein aber war die amtliche Verkündigung, die religiöse Unterweisung und die Seelenführung vorbehalten. Also begab sich Ignatius auf den langen Weg des Erwerbs der schulmäßigen Voraussetzungen. In Barcelona, Alcala, Salamanca und schließlich in Paris erwarb er in zehn harten Jahren die Kenntnisse des Lateinischen, der Philosophie und der Theologie und damit die Voraussetzungen für die Priesterweihe. Das ungeliebte, aber notwendige Studium schloß er 1534 mit dem Magistergrad ab. Doch sagt dies wenig über sein eigentliches Leben in diesen Jahren.

Wo immer es ihm möglich war, sammelte Ignatius die Kinder, die einfachen Leute um sich und erzählte vom Leben Jesu, von seiner Liebe und von dem Weg, sich ihm anzuschließen, die Seelen zu retten und das ewige Leben zu gewinnen. Daneben versuchte er, unter den Mitstudenten Gefährten und Mitarbeiter zu gewinnen, sie nach den eigenen Erfahrungen zu erziehen und damit eine Truppe für den Kampf im Heere des Christuskönigs aufzubauen. Nicht immer fanden diese neuartigen und ungewöhnlichen Methoden den Beifall der kirchlichen Obrigkeit. Mit geradezu kindischen Anklagen wurde neunmal versucht, ihm ein Verfahren vor der gefürchteten Inquisition anzuhängen. Ignatius verteidigte sich freimütig, und er fand zu seinem Glück klügere Richter als Ankläger. Trotzdem schien es ihm schließlich geraten, den Machtbereich der spanischen Inquisition zu verlassen und an die weltberühmte Hohe Schule in Paris überzusiedeln. Dort gelang es ihm, auch die ersten wertvollen und beständigen Gefährten zu finden. Es sind große und leuchtende Namen in der Kirchengeschichte: u. a. der heilige Franz Xaver, der später als Missionar Asiens mehr Heiden bekehrte, als irgendein anderer Missionar in der Kirchengeschichte, Petrus Faber, der den Jesuitenorden nach Deutschland brachte und den heiligen Petrus Canisius in diesen aufgenommen hat (1872 seliggesprochen), Diego Lainez, der Nachfolger des Ignatius als Ordensgeneral und einer der bedeutendsten Theologen des Konzils von Trient. Nach 30tägigen Exerzitien entschlossen sie sich zur bedingungslosen Kreuzesnachfolge in Armut und Keuschheit, und zwar im Heiligen Land. Sollte sich dieser Plan nicht verwirklichen lassen, so wollten sie sich dem Papst in Rom für jeden Dienst zur Verfügung stellen. Am 15. August 1534 besiegelten die sieben ihr gemeinsames Leben durch ein Gelübde. Dies war der Anfang des Jesuitenordens. Bis 1537 setzten die Freunde ihr Studium der Theologie in Paris und Bologna fort. Nach dessen Abschluß trafen sie sich Anfang 1537 in Venedig. Dort empfingen sie am 24. Juni die Priesterweihe. Wegen des bevorstehenden Krieges zwischen der Republik Venedig und den Türken ging aber kein Schiff zum Heiligen Land. Sie sahen darin eine Fügung Gottes und entschlossen sich, den zweiten Weg, den sie in Paris in Aussicht genommen hatten, zu begehen, den Weg nach Rom zum Papst.

Kurz vor Rom, in dem kleinen Ort La Storta, hatte Ignatius eine Erscheinung. In dieser erschien ihm Christus mit dem Kreuz auf der Schulter. Gott Vater sprach zu diesem: „Ich will, daß du diesen zu deinem Knecht annimmst." Und Jesus sprach: „Ich will, daß du mir dienst." In dieser Erscheinung sah Ignatius eine Bestätigung der Entscheidung, nach Rom zu gehen. Am Weihnachtsfest 1538 feierte Ignatius über der Krippe von Maria Maggiore das erste heilige Meßopfer. Der Papst nahm das Angebot einer besonderen Dienstbereitschaft an. Er schickte die Gefährten nach Siena und Parma, das Angebot des Königs von Portugal, Missionare nach Indien zu schicken, lag auf dem Tisch. Damit stand die Gemeinschaft vor schweren Entscheidungen. Ignatius tat nichts ohne gründliche Prüfung und Überlegung. Mehrere Monate lang dauerten die Beratungen. Dann entschlossen sie sich, aus ihrem losen Freundeskreis eine dauerhafte Gemeinschaft, einen Orden, zu entwickeln. Ignatius verfaßte die Statuten. Trotz des persönlichen Wohlwollens, gab es genug Hindernisse, vor allem Schwierigkeiten durch andere Orden, die die Konkurrenz fürchteten, durch formalistische Paragraphenreiter und durch andere Rädchen in der langsam mahlenden Bürokratie der Kurie. Endlich, am 27. September 1540, erfolgte die Approbation der „Compania de Jesus", d. h. der Kompanie im Heere von Jesus, später vereinfacht umbenannt in „Gesellschaft Jesu".

Ist 1539 das Jahr der großen Grundsatzentscheidungen, 1540 das Jahr der Anerkennung, so fällt in das Jahr 1541 die Wahl des ersten Ordensoberen, dem nach dem Vorbild des Heeres nicht nur der Name „General", sondern auch die nahezu uneingeschränkte Befehlsgewalt eines Heerführers gegeben wird. Die Wahl fällt (natürlich) auf Ignatius, den Gründer des Ordens. Trotz seines sicher aufrichtig gemeinten Widerstrebens bewog ihn die hartnäckige Anhänglichkeit seiner Mitbrüder und die Entscheidung des Beichtvaters, die Wahl anzuneh-

men. Am 22. April 1541 ist die Gründung des Jesuitenordens mit der feierlichen Profeß in der Basilika St. Paul in Rom abgeschlossen. Ignatius verblieben noch fünfzehn Jahre einer rastlosen und gesegneten Tätigkeit als Ordensgeneral. Er feilte an den Statuten, er gründete in Rom Liebeswerke für die Randgruppen der Gesellschaft, er wachte über die Aufnahme und Ausbildung des Ordensnachwuchses, er sandte Mitarbeiter aus in alle Länder Europas und in alle Bereiche kirchlicher Tätigkeiten. Er regte an und überwachte die Gründung von Jesuitenkollegien und Bildungsstätten, vor allem in den von der Reformation zurückgewonnenen Teilen Europas. Er übernahm heikle diplomatische Missionen des Papstes, er hielt dauernde briefliche Verbindung mit allen abwesenden Mitbrüdern, vor allem in den fernen Missionen, und er führte sein hartes Bußleben fort, und dies alles mit einem chronischen Gallenleiden, mit häufigen Kolikanfällen. Seine Umgebung ist ganz daran gewöhnt, ihn krank zu wissen und gesund zu sehen. Darum fiel auch das allmähliche Erlöschen seiner Lebenskraft fast gar nicht auf. Am 31. Juli 1556 ging er nach einer einsamen Sterbenacht am Morgen ohne Aufsehen zum Herrn, dem er treu gedient hatte, „ein Tod, wie alle Welt ihn stirbt“, schreibt sein Biograph.
Man ist zu dieser dürren Aufzählung der entscheidenden Ereignisse in diesem mit Leben randvoll gefüllten Heiligendasein gezwungen und kann nur wenig ausführen über die bewegten inneren Vorgänge und Erlebnisse, die wohl reicher und aufregender waren als der äußerliche Lebenslauf.
Er hat sich vom irdischen Soldatenberuf zu einem Soldaten Chrisiti gewandelt. Damit aber ist nicht eine Wirksamkeit im irdischen Bereich der Kirche gemeint, er war kein Kirchenfürst, kein Salonabbé und kein Diplomat in der roten Soutane. Äußere Betriebsamkeit, Machtstreben und Herrschsucht waren ihm fremd. Er war ein Gefolgsmann im Kreuztragen; nichts anderes wollte er sein. Alle seine Unternehmungen flossen heraus aus einem tiefen, existentiellen Glauben. Dieser begründete eine unwandelbare Liebe und Bereitschaft zur Teilhabe am Leiden. Ignatius ist die geballte Kraft der Liebe, der Gottesliebe und der Nächstenliebe, die sich in dem Einsatz und dem Verbrauch aller menschlichen Kräfte für die Liebe äußert. Das Zusammenwirken der Gnade Gottes und seiner starken Persönlichkeit wird in einem, Ignatius zugeschriebenen Wort so geschildert: „Vertraue so auf Gott, als ob aller Erfolg der Dinge nicht von dir, sondern allein von Gott abhinge; wende jedoch all deinen Fleiß so auf dein Werk an, als wenn Gott nichts, sondern du alles tun müßtest.“
„Gott suchen in allen Dingen“, diese ignatianische Grundhaltung hat seit Ignatius nichts von ihrer Bedeutung für den einzelnen und für das pilgernde Volk Gottes eingebüßt.

Irmingard

geboren: um 832/33
gestorben: 16. Juli 866
Fest: 16. Juli

Ein Heiliger hat zwei Leben auf dieser Welt. Eines, das er wirklich geführt hat. Über dieses wissen wir bei dem einen Heiligen mehr, bei dem anderen weniger. Seine genaue Untersuchung erfolgt im Heiligsprechungsprozeß. Die Kenntnis dieses Lebens leidet – wie alle geschichtlichen Ereignisse – unter der Zufälligkeit der Erhaltung und Überlieferung von Dokumenten, unter der zeitlichen und räumlichen Distanz, der sozialen Stellung und der öffentlichen Beachtung, die der Heilige zu Lebzeiten gefunden hat.
Das zweite Leben eines Heiligen besteht in der Verehrung der Gläubigen. Diese Verehrung setzt bei manchen Heiligen schon zu Lebzeiten ein, so zum Beispiel wurde die heilige Katharina von Siena schon zu Lebzeiten als „La Santa" (die Heilige) bezeichnet. Es kommt aber auch vor, daß ein Heiliger jahrhundertelang überhaupt nicht verehrt wird, ja daß er aus dem Gedächtnis des christlichen Volkes völlig verschwindet, und plötzlich lebt aus Anlaß einer Gebetserhörung oder einer besonderen Notlage die Verehrung wieder auf, und das neue Leben des Heiligen vollzieht sich dann in den Formen dieser neuen Zeit. Ein Beispiel dafür bietet die Verehrung des heiligen Wolfgang. Er wurde zu Lebzeiten und gleich nach seinem Tod so verehrt, wie ihn seine Zeitgenossen um das Jahr 1000 gekannt hatten. Dann wurde er vergessen. Gut 400 Jahre später entwickelte sich um den Wolfgangsee, der nach ihm umbenannt wurde, eine gewaltige Wallfahrt, deren geschichtliche Grundlagen in keinem Verhältnis zur Verehrung des Volkes standen.
Ein Mißverhältnis zwischen den überlieferten Zeugnissen über ihr irdisches Leben und der ungebrochen über mehr als tausend Jahre lebendigen Verehrung besteht auch für die selige Irmingard von Frauenchiemsee. Wer in der Kapelle des Münsters, in der ihre Gebeine ruhen, die Zeugnisse über erfahrene Gebetshilfen betrachtet, wer in dem aufgelegten Buch die eingetragenen Gebetsanliegen liest und wer die täglich ankommenden Wallfahrer beobachtet, der spürt, daß diese Heilige lebt, mitten im Herzen des Chiemgaues, ja daß sie selbst dieses Herz ist, von dem Zuversicht, Trost und Hilfe ausgeht. Dabei tut es diesem zweiten Leben der ehemaligen Königstochter keinen Abbruch, wenn das Volk ihr Tugenden und Würden zuschreibt, die ihm selbst in seinem heutigen Glaubensbewußtsein wichtig und teuer sind, die aber im ersten Leben

der Seligen durch Dokumente nicht belegt werden können; denn das zweite Leben ist ein Leben inmitten des Stroms der Geschichte, auch der Frömmigkeitsgeschichte, die in jeder Zeit ihre besondere Ausprägung erlebt. Ist die Erforschung des ersten Lebens eine Aufgabe des wissenschaftlichen Biographen, so gehört die Darstellung des zweiten Lebens in die Geschichte der christlichen Frömmigkeit. Beide zusammen haben teil am Gang des lebendigen Herrn durch die Geschichte der Menschen. Und darum sind sie wie die Vorder- und die Rückseite der gleichen Medaille.

Der Vater der seligen Irmingard war der erste ostfränkische König, Ludwig der Deutsche (806–876). Sein Großvater, Karl der Große, starb, als Ludwig acht Jahre alt war. Die Mutter, Emma, stammt aus dem schon damals mächtigen Geschlecht der Welfen. Zunächst war Ludwig nur ein Unterkönig für Bayern. Auch als er 843 die ganzen Länder östlich des Rheins erhielt, blieb der Mittelpunkt seines Reiches in Bayern; in Regensburg hielt er sich am liebsten und häufigsten auf. Auf der Fraueninsel im Chiemsee errichtete er eine königliche Pfalz, von der heute noch das sogenannte „Torhaus“ steht. Vermutlich verbrachte er hier, in der Nähe seiner Tochter Irmingard die wenigen Ruhepausen in seinem unsteten Leben. Das Königspaar hatte sieben Kinder. Alle drei Töchter gingen ins Kloster und wurden Äbtissinnen bedeutender Konvente. Neben der religiösen Einstellung der Eltern und der Kinder waren dabei auch politische Gründe im Spiel. Das Land war noch wenig erschlossen. Die Klöster waren Mittelpunkte des kulturellen, des religiösen, aber auch des gesellschaftlichen und politischen Lebens. Sie waren gleichsam die Knoten im Netz der Landesstruktur. Wer in ihnen zu bestimmen hatte, der war der wirkliche Herr im Lande. Darum war es immer das Bestreben der regierenden Familien, die großen Abteien mit Angehörigen der eigenen Familie zu besetzen. Außerdem brachten Klosterfrauen keine Schwiegersöhne ins Haus. Dies war damals wichtig, als die Erb- und Thronfolge noch nicht so klar geregelt war. Unter mehreren setzte sich meist der stärkste und wildeste in Bruderkriegen und unter Blutvergießen durch. Die ältere Schwester Hildegard war zunächst Äbtissin in Münsterschwarzach und dann in dem neugegründeten Stift Fraumünster bei Zürich. Sie starb schon mit achtundzwanzig Jahren. Ihr folgte in beiden Abteien ihre jüngere Schwester Bertha nach. Die mittlere der drei Schwestern war Irmingard. Sie wurde um 832 oder 833 in Regensburg geboren. Da ihre Mutter, die Königin Emma, gleichzeitig das adelige Frauenstift Obermünster leitete, darf man annehmen, daß Irmingard dort ihre Ausbildung erhalten hat; die Erziehung der Töchter adeliger Familien war ja gerade eine Hauptaufgabe dieser Damenstifte bis zur Säkularisation.

Am 28. April 857 hat Ludwig der Deutsche eine Urkunde ausgestellt, die noch heute erhalten ist und in der er den Tausch von Besitzungen zwischen der Benediktinerabtei Reichenau und dem Stift Buchau am Federsee bestätigt. In dieser Urkunde schreibt der König: „Stift Buchenau, das wir unserer geliebten

Tochter Irmingard gegeben haben." Diese Stelle kann man nach den damaligen Verhältnissen zweifach auslegen: entweder hat der König nur die Einkünfte des Stifts seiner Tochter Irmingard zum Unterhalt ausgesetzt. Dann war Irmingard nicht unbedingt selbst dort Nonne. Für diese Deutung wird unter anderem das jugendliche Alter Irmingards (vierundzwanzig Jahre) angeführt. Die zweite Bedeutung der Stelle besagt, daß Irmingard zu dieser Zeit Nonne oder wahrscheinlich Äbtissin im Stift Buchau gewesen ist. Dafür spricht das Vorbild ihrer Schwester, die in den gleichen Jahren wichtige und große Abteien leitete. Die Urkunde von 857 beweist, daß Irmingard eine Tochter des Königs Ludwigs des Deutschen und eine Urenkelin Karls des Großen war.
Wann und wie sie von Buchau auf die Fraueninsel im Chiemsee gekommen ist, dafür gibt es keine urkundlichen Zeugnisse. Ein Wechsel von einer Abtei zur anderen war zu dieser Zeit nicht ungewöhnlich; noch dazu wenn beide Klöster denselben Stifter und Herrn hatten, hier den König Ludwig. Auch die Schwester Irmingards wechselte von Münsterschwarzach nach Fraumünster. Man pflegt das Fehlen von Urkunden aus dieser Zeit den Ungarneinfällen zuzuschreiben, in denen nachweislich auch das Kloster Frauenchiemsee durch Brand zerstört wurde. In den Klöstern der damaligen Zeit gab es eine Sitte, die unter den Konventen derselben Kongregation noch heute besteht, wonach der Tod eines Mönchs oder einer Nonne allen Klöstern mitgeteilt wird, damit diese den Toten in ihr Gedenken mit aufnehmen können. So wurde der Tod der Äbtissin Irmingard im Totenbuch des Klosters St. Gallen unter dem 16. Juli verzeichnet, und im Totenbuch der Abtei Weingarten heißt es: „Irmingard, die Schwester des erlauchten Königs Karl, ist gestorben." Gemeint ist hier Karl der Dicke, der jüngste Sohn Ludwigs des Deutschen und damit Bruder Irmingards. Dieser erhielt 864 das Herzogtum Schwaben, 882 wurde er König in Ostfranken und 885 König in Westfranken, 881 zum Kaiser gekrönt, vereinigte er für kurze Zeit nochmals das ganze Reich Karls des Großen in seiner Hand. Der Todestag steht also fest, als Todesjahr wird das Jahr 866 angenommen. Es könnte auch 876 sein, da Karl erst in diesem Jahr zum König gekrönt wurde.
Das kostbarste Zeugnis für das Leben der seligen Irmingard verwahrt Frauenchiemsee selbst, die echten und glaubhaft bezeugten Gebeine der Heiligen. Im Jahre 1631 wurde der ursprüngliche Sarkophag geöffnet, um die Gebeine in das noch heute vorhandene Hochgrab zu überführen. Dabei fand man bei den Gebeinen ein Bleitäfelchen, das eine frühere Grabesöffnung bezeugt, die durch den Abt Gerhard von Kloster Seeon um das Jahr 1000 vorgenommen wurde. Auf diesem Bleitäfelchen, das heute im bayerischen Nationalmuseum aufbewahrt wird, ist eingraviert: „Hier ruht Irmingart, eine hochselige Jungfrau, Tochter des glorreichen Königs Ludwig. Sie wurde in Augenschein genommen unter der Äbtissin Tuta (11. Jahrhundert), selbst Äbtissin aber war sie viele Jahre vorher." Am Rand des Täfelchens ist der Todestag angegeben, der 16. Juli. Dieser stimmt mit dem Totenbuch von St. Gallen überein. Die ursprüngli-

che Grabstätte der Seligen wurde vor zwanzig Jahren im Westteil des Münsters unter dem Kirchenpflaster entdeckt. Die Äbtissin von 1631 hatte eine so genaue Beschreibung des Grabes gegeben, daß eine Identifizierung mit wissenschaftlicher Sicherheit möglich war.
Das älteste schriftliche Dokument entstand gut 200 Jahre nach Irmingards Tod. Kaiser Heinrich VI. bestätigte im Jahre 1077 die Besitzungen, die Rechte und Privilegien der Abtei. Er bezeichnete sie als „königliches Stift". Als Gründer wird in dieser Urkunde „König Tassilo" genannt, von dem sie an seinen „Nachfolger" (!) Karl den Großen kam und von diesem an König Ludwig, der aus Liebe zu diesem Kloster, das sein Lieblingskloster war, seine Tochter Irmingard dort als Äbtissin einsetzte." Da die kaiserliche Kanzlei bei der Erstellung dieser Urkunde mit Sicherheit auf ältere Originalunterlagen zurückgegriffen hat, dürfen wir in dieser Urkunde ein erstrangiges, historisches Zeugnis sehen für die Gründung durch Tassilo, für die Liebe König Ludwigs zu diesem Kloster und für die Äbtissinnenwürde Irmingards.
Die späteren Zeugnisse wiederholen diese Angaben in verschiedenen Abwandlungen und Ausweitungen je nach dem Stil der Zeit. Sie stammen aus dem zweiten Leben der Heiligen, dem Leben im Bewußtsein des verehrenden Volkes. So leiteten die Äbtissinnen von Frauenchiemsee bis in unsere Zeit von ihrer königlichen Vorgängerin das Recht her, als Abzeichen ihrer Würde neben Stab und Ring eine königliche Krone zu tragen. Die Andachtsbücher, die in der Barockzeit entstanden sind, enthalten lange und ausführliche Beschreibungen des Tugendlebens, der Nächstenliebe, ja der mystischen Begnadung der Seligen. „Zu ihren Lebzeiten gab es auf der Insel und im ganzen Chiemgau keine Armen." Sie habe das Stift aus einer Ruine neu aufgebaut und gilt damit als dessen eigentliche Stifterin. Solche Angaben gibt es in Fülle. Sie haben keinen historischen Wert für das Leben Irmingards, wohl aber sind sie wichtige Zeugnisse für ihre Verehrung.
In der allerneuesten Zeit ist Bewegung in die Geschichte von Frauenchiemsee gekommen. Ausgehend von der karolingischen Torhalle wurden Fundamente einer großen Klosteranlage entdeckt, die in der Mitte des 9. Jahrhunderts entstanden ist. Auch die neu entdeckten Wandmalereien in der Torhalle und im Münster weisen in dieselbe Zeit. Ihre hohe künstlerische Qualität zeugt außerdem von einem hochgestellten Auftraggeber mit Verbindungen in alle Gegenden des Reiches. Alle Hinweise konzentrieren sich auf die Lebens- und Regierungszeit Irmingards. Sie gewinnt dadurch immer mehr Profil als eine energische und weitschauende Vorsteherin des königlichen Klosters im Chiemsee.
Die Tatsache, daß im frühen 11. Jahrhundert das Grab geöffnet wurde, ist ein Beweis für die Verehrung als Heilige; denn wie noch heute, so wurden auch damals nur Gräber von Personen geöffnet, die im Ruf der Heiligkeit standen und die der öffentlichen Verehrung empfohlen werden sollten. Das den Gebeinen beigefügte Bleitäfelchen enthält übrigens bereits eine Anrufung in den

Worten der Allerheiligenlitanei: „Ora, pro nobis“ (bitte für uns). Der Klosterschreiber von Frauenchiemsee bezeichnet die Selige im Jahre 1473 als „Sant Irmengart“. 1631 wurde das Originalgrab feierlich geöffnet und in die neue Gruft hinter dem Hochaltar übertragen. Unter den Gebeinen fehlte allerdings der Schädel. Auch dieses Fehlen ist ein Hinweis auf die frühe Verehrung der Seligen. Ist es abwegig anzunehmen, daß bei der einzigen Graböffnung seit dem Tod durch Abt Gerhard das Haupt als kostbare Reliquie nach Seeon gewandert ist und erst in unserem Jahrhundert wieder mit den übrigen Gebeinen vereinigt werden konnte?

Der Glaube des Volkes rings um den Chiemsee erwies sich, als in der Aufklärung die Verehrung der seligen Irmingard unterdrückt werden sollte. Aufgeklärte Pfarrer halfen dabei, aber das gläubige Volk ließ sich seine Chiemseeheilige nicht nehmen. Im Gegenteil. Gerade dadurch wurde die Wallfahrt zur Protestdemonstration, und in der nachfolgenden Romantik wurde die Königstochter vom Chiemseekloster zu einem beliebten, manchmal auch verkitschten Gegenstand der Chiemseekünstler.

Auf Bitten des Münchener Kardinals Michael von Faulhaber kam von 1922–1928 ein formeller Seligsprechungsprozeß in Gang, was bei Heiligen und Seligen, deren Lebenszeit so lange zurückliegt, eine außerordentliche Seltenheit ist. 1928 bestätigte Papst Pius XI. das Ergebnis des Prozesses und vollzog damit die Seligsprechung der Äbtissin Irmingard von Frauenchiemsee. Seit dieser Zeit hat die Wallfahrt zum Grab der Seligen noch zugenommen. Vor allem in der Nazizeit und im Krieg trug das gläubige Volk des Chiemgaus seine Anliegen in das ehrwürdige Münster im See. Dankschreiben, Votivbilder und Kerzen könnten ein Museum füllen. Man darf zum Schluß fragen, was wohl mehr zählt in der Heiligengeschichte, einige Dokumente mehr aus dem ersten Leben der Äbtissin oder diese Flut von Beweisen der Zuneigung und Verehrung aus ihrem zweiten, dem Leben und Wirken der Seligen unter uns.

Johannes Bosco

geboren: 16. August 1815
gestorben: 31. Januar 1888
Fest: 31. Januar

Das religiöse und politische Klima des 19. Jahrhunderts war für Heilige nicht günstig. In Italien schon gar nicht. Zu Beginn des Jahrhunderts litt das Land noch unter den Verheerungen der napoleonischen Kriege. Dann stürzten die Geburtswehen des italienischen Nationalstaates die Kirche in Unruhe und Verwirrung. Die geistigen Träger der Einigung Italiens verbanden mit dem politischen Ziel der Beseitigung des Kirchenstaates einen kämpferischen Liberalismus und kirchenfeindliches Freimaurertum. Die Katholiken wollten zwar den gemeinsamen italienischen Staat, aber sie sahen in der Beraubung des Papstes den Versuch, die Kirche selbst zu zerstören, und viele ihrer Feinde wollten dies auch.

Von diesen Auseinandersetzungen verspürte die Familie Bosco in Becchi, einem kleinen Dorf bei Turin, zunächst wenig. Sie hatte ihre eigenen Sorgen. Der Vater starb 1817, als Johannes zwei Jahre alt war. Der „Mann im Haus" war der vom Vater in die Ehe mitgebrachte Stiefbruder. Dieser wollte sich in Johannes einen billigen Hilfsknecht heranziehen und sträubte sich daher gegen alle Pläne zu weiterem Schulbesuch, zum Studium, zum Priestertum. Der Mutter blieb schließlich nichts anderes übrig, als sich von ihrem Stiefsohn zu trennen, da das Familienleben unter seiner eifersüchtigen Mißgunst und Primitivität viel zu leiden hatte. Die Mutter war eine großartige Frau. Grundgescheit, natürlich fromm hielt sie durch unermüdliche harte Arbeit das Hauswesen zusammen, erzog ihre zwei Kinder zu aufrechten, frohen und frommen Menschen und blieb ihrem Priestersohn Johannes zeitlebens das Vorbild, die Ratgeberin, Trösterin und Helferin in allen seinen Unternehmungen. Johannes war harte Arbeit, frühes Aufstehen und ein frohes Glaubensleben von daheim gewohnt. Darum vermochte er die Belastungen des Studiums in diesem Geist zu bestehen. Er mußte nämlich nicht nur die lateinischen Vokabeln lernen, er mußte sich nebenbei durch alle möglichen Handwerksarbeiten den Lebensunterhalt selbst verdienen. Er war der „erste Werkstudent" im buchstäblichen Sinn. Dabei lernte er das Handwerk des Schneiders, Schlossers, Schreiners und Schmiedes kennen. Sein Fleiß und sein Lebensziel, das Priestertum, ließen seine wissenschaftliche Ausbildung trotz der Doppelbelastung nicht zu kurz kommen.

1841 wurde er zum Priester geweiht. In der Seelsorge in Turin stieß er auf eines der großen Probleme des beginnenden Industriezeitalters. Die Gründung der ersten Fabriken zog viele Jugendliche weg von den Dörfern in die Stadt. Viele fanden aber weder Arbeit noch Unterkommen. Sie ernährten sich vom Betteln und Stehlen. Niemand nahm sich ihrer an. Die Verwahrlosung dieser Bauernkinder erbarmte den jungen Priester, der sich ihnen durch seine eigene Herkunft und Jugend nahe fühlte. Am 8. Dezember 1841, als Johannes Bosco gerade die Sakristei verließ, um die Messe zu feiern, kam ein völlig verwahrloster sechzehnjähriger Junge zu ihm. Der Mesner wollte ihn davonjagen, aber Johannes hielt ihn zurück. Er erschrak über den Zustand seines Äußeren, mehr noch über seine seelische Verfassung. Diese Begegnung war die Geburtsstunde der großen Werke Don Boscos. Viele Menschen, viele Priester begegnen täglich auf der ganzen Welt unwissenden, heimatlosen, hungernden Jugendlichen. Viele gehen vorüber, viele kaufen sich los mit einem Almosen, einige sehen zwar ein, daß etwas geschehen müßte, aber sie haben nicht die Antriebskraft dazu. Diese aber besaß Johannes Bosco im höchsten Maße. Darum fragte er nicht: Wo führt das hin? Kann ich das mit meinen übrigen Pflichten in Einklang bringen? Hat es einen Sinn, meine Zeit für *einen* Jungen aufzuwenden, die ich dann für andere nicht mehr habe? Dieser von Gott geschickte Junge stand vor ihm, und ihm wendete er sich ganz zu. Er wandte seine Zeit, viel Zeit, für ihn auf. Der menschliche Kontakt kam zustande. Der Junge brachte schon am nächsten Tag fünf Kameraden mit. Am 2. Februar waren es schon zwanzig und am 25. März dreißig. Jungen kann man nicht mit Katechismusunterricht und mit Gebetsstunden allein zusammenhalten. Diese standen zwar im Mittelpunkt, daneben aber gab es Spiel und Sport und – nicht zu vergessen – eine warme Mahlzeit, die sich „Don Bosco", wie ihn die Jungen nannten, vom Munde abgespart hatte. Natürlich ging die neue Seelsorgsarbeit des jungen Priesters nicht ohne Lärm und nicht ganz ohne Belästigung der Umgebung ab. Mehrmals mußte Johannes Bosco seine Seelsorgsstelle und oft den Ort der Zusammenkunft der Jungen wechseln. Schließlich fand er einen Schuppen vor der Stadt, wo die Bubenschar niemand störte. Diesen baute er mit eigenen Händen aus, unter der Mithilfe seiner Schützlinge und mit Spenden von Gläubigen, die das segensreiche Wirken des jungen Geistlichen allmählich verstanden. Die meisten Schikanen kamen von den kirchenfeindlich eingestellten Behörden. Sie wollten eine Seelsorge, die an der Sakristeitüre endet, und einen Klerus der bürgerlichen Anpassung. Auffällige Aktivitäten waren verdächtig, noch dazu mit jungen, begeisterungsfähigen Arbeitern, in denen man Soldaten von morgen sehen wollte. Johannes focht dies alles nicht an, noch weniger als vorher, nachdem seine eigene Mutter ihr Dorf verlassen hatte und ihm in seiner großen Familie „den Haushalt führte". Sie brachte eine gütige, mütterliche Atmosphäre in die Männerwirtschaft. Sie ist auch hier der gute Geist ihres Sohnes geblieben, und ihr Tod riß eine große Lücke in sein Werk, für ihn selbst aber fiel endgültig die Tür einer glücklichen Kindheit zu.

Zeit zur Besinnung aber hatte Johannes Bosco nicht. Sein Werk wuchs. Schon fünf Jahre nach jenem ersten Jungen waren es dreihundert. Alle Last lag auf seinen eigenen Schultern, die Sorge für Unterkunft und Arbeit, die Sorge für die Erziehung, die Sorge für die Seelsorge. Er wollte es auch nicht anders. Schließlich aber mußte er sehen, daß eine weitere Ausbreitung geeignete und fähige Priester brauchte, die in seinem Geist arbeiten wollten. Daher gründete er die Gesellschaft des heiligen Franz von Sales für den Priesternachwuchs und das Institut der Töchter Mariä für die Schwestern, die in den Tagesheimen, den Lehr- und Erziehungsanstalten und in den Schulen und Waisenhäusern die Wirtschaft führten und Schule hielten. Es gab kein Gebiet, das Johannes Bosco von seiner Aufmerksamkeit und Aktivität aussparte, wenn er erkannt hatte, daß es für die religiöse Umwelthygiene seiner Schützlinge wichtig war. So gründete er Verlage, Buchdruckereien, Zeitschriften, um dem Gift der Presse seiner Zeit entgegenzuwirken. Es ist schlechterdings unvorstellbar, was die Salesianer seit ihrem Bestehen für die Verbreitung guten Schrifttums geleistet haben. Mit dem Wachstum seines Werkes konnten ihm auch die staatlichen Autoritäten die Anerkennung nicht länger versagen. Sogar der Staat, der mit der Kirche seit der Wegnahme des Kirchenstaats nicht auf gutem Fuße stand, bediente sich Don Boscos als Vermittler zum Papst hin und ebenso umgekehrt. Im Jahr des Todes von Johannes Bosco zählte sein Werk in der ganzen Welt etwa 250 Häuser, in denen 130 000 junge Menschen ausgebildet und erzogen wurden; „etwa 18 000 ausgebildete Lehrlinge traten jährlich aus diesen Anstalten in die Welt, und etwa 6000 Priester sind aus ihnen in seinen letzten Jahren hervorgegangen, von denen 1200 in seiner Genossenschft verblieben" (W. Schamoni). Wer denkt hier nicht an einen Schneeball, der sich zur Lawine auswächst, eine Lawine der Güte, der Beheimatung und der Entfaltung junger, wertvoller Persönlichkeiten, eine Lawine auch des Gotteslobes und der Nächstenliebe. Und der Schneeball, das war das Herz eines jungen Priesters, der sich nicht selbst zurückgehalten hat, der sich mit Haut und Haar dem Ruf Gottes hingegeben hatte. Die geistige Landschaft seiner Zeit war vom Nebel aufklärerischer Irrlehren verseucht, vom aufkommenden Materialismus und Marxismus verdüstert. Gott hat ein starkes Licht angezündet, das seine Güte und Liebe aufleuchten ließ. Gott setzt jederzeit seinem Weg Leuchten aus Heiligen. Johannes Don Bosco war eine Leuchte Gottes in seiner Zeit; sein Licht leuchtet noch heute über den irrlichternden geistigen Nebelschwaden unserer Tage. Als Johannes Bosco am 31. Januar 1888 starb, da hatte er alle seine Kräfte bis zur letzten Faser aufgebraucht. 1929 wurde er selig- und 1934 heiliggesprochen.

Der heilige Johannes Bosco. ▷
Gemälde in Santuario Maria Ausiliatrice, Torino, nach einem zeitgenössischen Foto.
Foto: Archiv.

Johannes Capestrano

geboren: 24. Juni 1386
gestorben: 23. Oktober 1456
Fest: 23. Oktober

Für die Kirche Jesu Christi war das 15. Jahrhundert ihres Bestehens eine verrückte und gefährliche Zeit. Vier Jahrzehnte lang stritten Päpste und Gegenpäpste, bannten und exkommunizierten sich gegenseitig. Mancher Nachfolger Petri fühlte sich wohler in Panzer und Helm als im Meßgewand, mancher lebte mehr im Geist der antiken heidnischen Philosophen und erfreute sich mehr an klingenden Reimen als am Brevier und mancher hielt sich lieber auf Baustellen auf als in der Kapelle. Es muß schon schlimm gewesen sein, wenn es in einer katholischen Kirchengeschichte heißen kann: „Ein weltlich gesinntes Papsttum, das sich in erster Linie für italienische Politik interessierte, war Mittelpunkt eines reichen, glänzenden, weltlichen und oft lasterhaften Hofes geworden."
Gleichzeitig strahlt aus diesem selben Jahrhundert der Glanz vieler und großer Heiliger, strenger Büßer und Ordensgründer bis in unsere Zeit herüber, wie zum Beispiel Bernardin von Siena, Johannes Capestrano, Francesca Romana, Franz von Paul, Jeanne d' Arc und vieler anderer. „So finden wir gleichzeitig die extremsten Formen von Luxus und Weltlichkeit, von Strenge und Heiligkeit."
Dabei hätte das christliche Abendland allen Grund gehabt, sich auf seine Werte zu besinnen und geschlossen der Türkengefahr entgegenzutreten. Aber Geld- und Machtgier der Fürsten und der reichen Städte verhinderten jede gemeinsame Aktion, das Kaisertum war geschwächt, eine neue politische Ordnung nicht in Sicht. Der Abfall Böhmens im Hussitensturm war ein erstes Wetterleuchten der großen Spaltung, die dann im 16. Jahrhundert die gemeinsame christliche Geschichte Europas endgültig beenden sollte.
Die innere Spaltung im Menschen des 15. Jahrhunderts, die Zerrissenheit seiner Persönlichkeit zwischen individualistisch-heidnischem Humanismus und wortwörtlicher Kreuzesnachfolge in Buße und Armut spiegelt auch das Leben des Johannes, der als Sohn des Grafen von Celano am 24. Juni 1386 in Capestrano bei Aquila in den Abruzzen geboren wurde. Die Familie stammte aus Savoyen und war mit Ludwig von Anjou in den Raum von Neapel gekommen. Mit vierzehn Jahren bezog Johannes die Universität Perugia, um Rechtswissenschaft zu studieren. Im gleichen Jahr brannten aus Perugia vertriebene Söldnerführer die väterliche Burg nieder; dabei kamen die Eltern und Geschwister ums

Leben. Als Johannes sein Studium 1409 mit dem Titel eines Lizentiaten der Rechtswissenschaft abgeschlossen hatte, trat er in die Dienste des jungen Königs Ladislaus von Neapel ein. Dieser bestellte ihn zunächst zum königlichen Rat an seinem Gerichtshof in Neapel, drei Jahre später zum obersten Richter der Stadt Perugia, die sich dem Königreich Neapel angeschlossen hatte. Mit Strenge und Gerechtigkeit stellte Johannes den inneren Frieden in der Stadt in kurzer Zeit wieder her. Dabei hatte er die größten Schwierigkeiten mit den „Fratizellen". Diese lebten einzeln oder in Gruppen in Einsiedeleien, bekämpften die verweltlichte „Amtskirche" und sprachen Papst und Bischöfen jede geistliche Gewalt ab. Diese liege allein bei den „Basisgemeinden" der Glaubenden. Viele einfachen Leute, die am Luxus der Prälaten Ärgernis nahmen, ließen sich durch die zur Schau getragene Armut beeindrucken, glaubten ihnen und fielen von der Kirche ab. Gerade in Perugia erklärten die Fratizellen den Papst für einen Ketzer, drangen in die Kirchen ein, verjagten die Priester, zerstörten die Beichtstühle und richteten unter den Gläubigen die größte Verwirrung an. Der Richter Johannes sah sie als Gefahr für den religiösen und gesellschaftlichen Frieden an und erreichte ihre Verweisung aus der Stadt. Die umliegenden Städte, die viel unter ihren Umtrieben zu leiden hatten, beneideten Perugia.
Das Jahr 1414 war für Johannes ein Schicksalsjahr voll der Entscheidungen, die sein späteres Leben bestimmen sollten. Zunächst starb sein Gönner, König Ladislaus von Neapel. Kurz danach zog Carlo Malatesta, der Fürst von Rimini, gegen Perugia, um es vom Königreich Neapel loszureißen und selbst in Besitz zu nehmen. Der Kapitän, der oberste Repräsentant des Königreichs, floh aus der bedrohten Stadt. Der Stadtrat wählte Johannes zu seinem Nachfolger. Mit achtundzwanzig Jahren stand er auf dem Höhepunkt seiner weltlichen Laufbahn. Mit großem Gepränge feierte er nun eine glanzvolle Hochzeit mit der Braut, mit der er seit mehreren Jahren verlobt gewesen war. Noch war das Hochzeitsmahl nicht zu Ende, da kam die Kunde vom Angriff Malatestas. Der Rat der Stadt beschloß, mit dem Angreifer zu verhandeln. Er entsandte Johannes ins feindliche Lager. Unterwegs wurde er gefangengenommen und im Castell Brufa eingesperrt. Dies war das Ende seines Hochzeitstages.
Zunächst dachte er nur an Befreiung, an Rache und an seine junge Frau. Allmählich jedoch fiel er in tiefe Depressionen, seine bisherige Welt lag weit hinter ihm. Andere Gedanken über den Sinn des Lebens, über den Wert der Macht und des Reichtums gewannen immer mehr Raum. Eines Tages hatte er eine Erscheinung des heiligen Franz von Assisi. Diese Erscheinung wiederholte sich. Übergroß trat vor sein geistiges Auge der Satz des Evangeliums: „Wer Vater und Mutter, Bruder und Schwester, Weib oder Kind mehr liebt als mich, ist meiner nicht wert!" Wiederum erschien ihm der heilige Franz. Johannes hörte ihn sagen: „Komm und folge mir nach!" Da fielen die Zweifel und Grübeleien von ihm ab, er erkannte seinen künftigen Weg im Gefolge des Heiligen von Assisi. Er wollte nicht mehr zurück in Amt und Würden, er wollte

in den Orden der Minderen Brüder eintreten und Gott suchen sein Leben lang. Nach seiner Befreiung trat er auch wirklich am 4. Oktober, dem Fest des heiligen Franz von Assisi, im Franziskanerkloster San Francesco in Monteripido in den Orden ein. Damit war die Laufbahn des glänzenden Juristen, des erfolgreichen Politikers und Hofmanns zu Ende; Johannes begann sein zweites Leben als Bettelmönch und – als Heiliger.

Vorher hatte er allerdings noch ein schweres Problem zu lösen. Er war verheiratet, seine Frau liebte ihn und wollte ihn nicht freigeben. Die Ehe war gültig geschlossen, aber noch nicht vollzogen, das heißt, sie hatten die Wohn- und Geschlechtsgemeinschaft noch nicht aufgenommen. Eine solche Ehe war noch nicht vollständig. Daher war eine kirchliche Lösung des Ehebandes – auch nach dem heutigen Kirchenrecht – möglich. Allerdings bedurfte es dazu der Zustimmung der Frau. Johannes erhielt sie, wenn auch unter Tränen. Das väterliche Erbe übertrug er seiner Schwester. Dann war er frei für sein neues Leben.

Um sich vor der Stadt, die ihn im Glanz der Macht gesehen hatte, zu verdemütigen, zog Johannes aus Perugia hinaus, umgekehrt auf einem Esel reitend mit einer Schandmütze auf dem Kopf, wie sie Verurteilte zu tragen hatten, auf der seine Fehler und Sünden geschrieben standen.

Der Orden nahm ihn nicht mit offenen Armen auf. Die Oberen befürchteten, es handle sich um eine kurzlebige Laune eines reichen Mannes, der bald wieder in sein früheres Leben zurückkehren würde. Sie prüften daher seinen festen Willen in einer überaus strengen Probezeit.

Nach einem Jahr, 1416, nachdem ihn seine Frau nochmals umzustimmen versucht hatte, legte Johannes die feierlichen Ordensgelübde ab.

Im Franziskanerorden bestanden seit dem 14. Jahrhundert zwei Richtungen, die Konventualen und die Observanten. Die Konventualen hatten die ursprüngliche strenge Regel des heiligen Franz in vielen Punkten abgemildert und entschärft. Man pflegte die „geistige Armut" und verstand darunter die Theorie, während die Praxis ganz andere Wege ging. Viel Weltlichkeit, Besitz und Genuß war in die Bewegung des heiligen Franz eingedrungen, und der Ruf der Bettelmönche im christlichen Volk war nicht der beste. Dagegen traten die Observanten auf. Der Name kommt vom lateinischen observare – beachten, befolgen. Die Observanten wollten auf Punkt und Komma, genau und wörtlich, die alte strenge Regel des heiligen Franz befolgen und besonders die Armut üben. Die Auseinandersetzungen zwischen den beiden Richtungen verliefen nicht immer friedlich. Das glaubwürdige religiöse Leben der Observanten, verkörpert in großen Heiligen, zog immer mehr Konvente auf ihre Seite, so daß ihnen der Papst 1517 die Selbständigkeit und Unabhängigkeit von Oberen der alten Richtung gewährte.

Die eine Hälfte seiner Zeit und Kraft als Ordensmann hat Johannes auf die Wiederherstellung der alten Ordenszucht und Strenge verwendet. „Gott sei es geklagt, daß so viele Konvente vom alten Ideal abgewichen sind und nur noch dem Namen nach zu den Armen gehören. Wie kann man von geistiger Armut sprechen, wenn alles Sinnen und Trachten nur der Mehrung des Besitzes gilt!" Diese bitteren Worte finden sich in einem Brief des Heiligen aus dem Jahre 1427. Als vom Papst eingesetzter Visitator traf Johannes oft haarsträubende Zustände an: als er unerwartet in einem Franziskanerkloster der milden Regel zur Visitation erschien, da war kein einziger Mönch anwesend. Sie waren allesamt auf der Wildschweinjagd. Am Abend kehrten sie hoch zu Roß und mit reicher Beute heim. Die Meute ihrer Jagdhunde hatte ihren Stall in der Sakristei. Die Kirche war voll Schmutz, die Altäre ohne Decken; nur zweimal im Jahr wurde die Messe gefeiert. Wer wollte es ihm übel nehmen, daß er in heiligen Zorn geriet und sich den Ruf der Überstrenge, ja des Eiferertums zuzog?

Die andere Hälfte der Zeit und Kraft des ehemaligen Juristen gehörte der Kirche. Allen rechtmäßig gewählten Päpsten seiner langen Lebenszeit diente er in demütigem Gehorsam in allen rechten Dingen. Gleich nach seiner Priesterweihe im Jahre 1417 stellte er sich dem im selben Jahr in Konstanz gewählten Martin V. vor. Mit ihm war das vierzigjährige Schisma beendet. Er residierte aber nicht in Rom, sondern in Mantua. Johannes beschwor ihn, endlich nach Rom zu gehen und von den Gräbern der Apostel aus die Kirche zu erneuern. Seine Sprache gegenüber den Päpsten ist immer kühn und aufrichtig gewesen: „Die Mietlinge in der Herde, denen Geld und Gut, Macht und Ehre kostbarer sind als das Heil der Seelen! Die Klöster, denen die Zucht erstarb, Priester und Ordensleute, die ihren Eifer verloren, kehrt zurück zur Einfachheit der Apostel, ihr und eure Kardinäle!" Diese Sprache unterscheidet sich wenig von den starken mutigen Worten der heiligen Katharina von Siena.

Martin V. übertrug Johannes die Führung im Kampf gegen die Fratizellen. Der neu ernannte Inquisitor wollte gewiß kämpfen, aber Erfolge waren nur zu haben, wenn die Hirten der Kirche ein besseres Beispiel gaben. Ihnen schleuderte er keine geringere Anklage entgegen als den verführten Ketzern: „Es riecht in Rom nach Fäulnis und Verwesung. Der Atem des Todes liegt schwer über der Stadt. Zur Bettlerin wurde die Königin der Welt. Was aber ist der äußere Verfall gegen jene Verheerung, die über die Seelen kam, gegen die Verwilderung der Sitten, die hoffnungslose Zerstörung des Guten?"

Sein Hauptquartier schlug Johannes im Kloster San Giuliano bei Aquila auf. Von da aus durchzog er ganz Italien und reformierte die Klöster, bekämpfte die Fratizellen und rief das gläubige Volk in gewaltigen Predigten, die oft von vielen Tausenden von Zuhörern besucht wurden, zur Umkehr auf. Dabei traf er auf einen gleichgesinnten Ordensbruder, Bernardin von Siena, der Gleiches wollte und wirkte, vielleicht mit leiseren Tönen, aber mit nicht weniger Beharrlichkeit und Begeisterung. Sie wurden Freunde auf Lebenszeit, zwei Heilige, die Rükken an Rücken kämpften für die Erneuerung des Ordens und für die Erneuerung der Kirche. Sie deckten sich gegenseitig, wenn einer angegriffen wurde, so als Bernardin 1425 als Ketzer verleumdet wurde, Predigtverbot erhielt und sich vor dem Inquisitionsgericht rechtfertigen mußte. Da verteidigte ihn Johannes in einer großen Rede vor dem Papst, sodaß Bernardin völlig rehabilitiert seine Arbeit fortsetzen konnte.

Endlich, auf dem Generalkapitel im Jahre 1430, schien das eine Lebensziel, die Rückkehr des Franziskanerordens zur strengen Regel, erreicht. Ein Ausschuß unter Vorsitz von Johannes Capestrano hatte ein Reformkonzept erarbeitet. Dieses wurde einstimmig angenommen. Der Kampf schien sich gelohnt zu haben, der Sieg war erkämpft. Aber so leicht trennen sich die Menschen nicht von Wohlleben und Besitz. Die Durchführung der Beschlüsse scheiterte am fehlenden Willen der Konventualen, und der Papst selbst gab zwei Monate nach dem Generalkapitel das Herz- und Kernstück der Reform preis. Voll tiefer Enttäuschung zog sich Johannes in sein Kloster zurück. Das Angebot des Papstes, Bischof von Aquila zu werden, lehnte er ab.

Der neue Papst Eugen IV. schickte den inzwischen sehr berühmt gewordenen Volksprediger und Ordenserneuerer nach Spanien, damit er dort gegen die Fratizellen kämpfe, die selbst in Mönchskonvente der Observanten eingedrungen waren. Fast ein Jahr lang zog Johannes von Kloster zu Kloster, der Erfolg dieser Mission war gering. Dieses Feuer würde erst erlöschen, wenn es keine Nahrung mehr erhielt durch das schlechte Beispiel der geistlichen Oberhirten.

Am Rande des Geschehens, von Verona und Trient aus, erlebte Johannes das Unionskonzil von Ferrara und Florenz. Als am 6. Juli 1439 die Glocken des Domes von Florenz jubelten, da schien die älteste Wunde am Leib der Christenheit endlich geheilt. Die Vereinigung der Ost- und Westkirche war besiegelt durch den Papst für den Westen, durch den Kaiser Johannes Paläologus für den Osten. „Es freue sich der Himmel, und es jauchze die Erde; denn hinweggenommen ist die Scheidewand, welche die abendländische und die morgenländische Kirche trennte", so jubelte der Papst. Johannes Capestrano blieb skeptisch. Er wußte, daß ein Vertrag zwischen Oberhäuptern nicht mehr bedeutet als ein Stück Papier, wenn dahinter nicht die Zustimmung des Volkes, die Einigung der Herzen steht. Und diese fehlte im Westen wie im Osten. Außenpolitische Not hatte den Kaiser gezwungen, gegen die Türken Hilfe beim Papst zu suchen. Als diese Hilfe ausblieb, war auch der Wille zur Einigung verflogen. Die Athosmönche taten ein übriges, die Spaltung zu erhalten.

Sollten die drei anderen großen Wunden am Leib der Kirche ebenso unheilbar sein?

Deren erste war die Konzilsmisere. Das Konzil von Basel fühlte sich als das eigentliche oberste Regiment der Kirche. Der Papst stehe unter dem Konzil und könne von diesem ein- und abgesetzt werden. Alle Versuche, das Petrusamt zu verteidigen, schlugen fehl, seine Träger hatten zuviel gefehlt, seit sie im Jahre 1309 aus dem Mittelpunkt der Christenheit weggezogen und ihren Sitz in Avignon aufgeschlagen hatten. Als die Tedeum-Gesänge über die Vereinigung der

Kirchen noch nicht verklungen waren, kam von Basel die Kunde, daß die Konzilsväter den Herzog Amadeus von Savoyen, einen Laien, Witwer mit zwei Söhnen, zum Gegenpapst gewählt hatten. Der Kampf gegen diese neue Spaltung der Kirche war eine Hauptaufgabe für den gefeierten Volksprediger, der in den nächsten Jahren ganz Europa durchzog und mit seinen aufrüttelnden Mahnungen zur Buße, zur Armut und zum Gehorsam gegen den Papst mehr Menschen erreichte als irgendein anderer Redner bis zur Erfindung des Rundfunks. Die zweite tiefe Wunde der Kirche war fast noch schlimmer als die erste. Die Hussitenbewegung hatte zum ersten Mal im Abendland ein ganzes Land, das Königreich Böhmen, aus dem Leib der Kirche gerissen. Der Urheber, der hussitische Lehrer Jan Hus, war 1415 vom Konzil von Konstanz verurteilt und als Ketzer verbrannt worden. Dies war das Signal zum kirchlichen und weltlichen Aufstand. Die Lehre der Hussiten deckte sich weitgehend mit den späteren Lehren der Reformatoren. Drei Feldzüge gegen die Aufständischen endeten mit vernichtenden Niederlagen. Wie alle Religionskriege waren auch diese von unerhörter Grausamkeit. Die Bevölkerung, sowohl die katholische wie die hussitische, hatte durch mehrere Jahrzehnte hindurch unendliche Leiden zu erdulden. Die Kirche war sich im klaren, daß eine solche Wunde sich ausdehnen und zu einer Blutvergiftung im ganzen Körper führen konnte. Daher vertraute sie nicht nur auf den „weltlichen Arm“, das heißt auf die katholischen Fürsten und den Kaiser. Sie sandte ihren besten Prediger und Volksmissionar in die bedrohten Gebiete. Wenn wir den Spuren des Johannes von Capestrano von 1450 bis 1455 folgen, so sehen wir, daß er wie ein Hirtenhund die Herde umkreiste. Rings um Böhmen trat er auf und begeisterte die Massen für Umkehr und Buße. In jeder Stadt brannten die Scheiterhaufen, aber nicht Ketzer, nicht Menschen wurden verbrannt, sondern Schminktöpfe, Fächer, elegante Haaraufbauten, Kleider, kurz der Tand reicher Damen. Wir finden ihn in Brünn, Olmitz, Eger, dann in Passau, Regensburg und Bayreuth, in Erfurt, Halle, Leipzig und Breslau. Die letztere Stadt nannte er „den Platz seines Herzens“. Die Stadt schenkte ihm den Grund für ein Kloster; von schwerer Krankheit genesen, zieht er nach Krakau, dann kehrt er nochmals nach Breslau zurück. Er wartet auf eine Möglichkeit, nach Prag zu gelangen, um im Herzen der Irrlehre die Wahrheit zu verkünden. Glaubensauseinandersetzungen wurden zur damaligen Zeit nicht mit Samthandschuhen ausgetragen. So freundlich und lieb Johannes mit dem irrenden Volk und seinen Sünden umging, so harsch ist seine Rede gegen die Ketzer. Seinem theologischen Hauptgegner Rokyzana schleudert er entgegen: „Wird einmal das ganz erbärmliche, unlautere Wesen dieses Mannes aufgedeckt, so werdet ihr einsehen, daß er auf sein Haupt gelogen hat. Diese Schlange konnte nichts anderes als Gift speien. Ich finde keine Ruhe, wenn ich nicht seine frechen Angriffe mit dem Schild der unbesiegbaren katholischen Wahrheit abwehre . . . In Laster und Ketzereien groß geworden, wagt er es, der christlichen Religion Vorschriften zu machen . . .

Dem Königreich Böhmen will ich Frieden und Ruhe bringen. Darum muß ich Rokyzana entlarven, damit sich jeder vor seinem Gift hüten kann. Endlich soll seine Schlangenzunge schweigen und aufhören, mich anzuzischen. Für seine Seele mühe ich mich ab. Ich verspreche, für euch alle und jeden einzelnen von euch zu beten, auch für Rokyzana. Ich will für ihn beten, daß er zum Gehorsam gegen die heilige Kirche zurückkehrt." In seinem späteren Heiligsprechungsprozeß haben ihm diese und schlimmere Zornesausbrüche schwer zu schaffen gemacht. Die Kompromißbereitschaft des Konzils und der Fürsten konnte ihn in helle Wut versetzen. Die 1437 ausgehandelten Basler „Kompaktaten", die immerhin den äußeren Frieden wieder herstellten, bekämpfte Johannes bis aufs Blut. Er ist wohl auch mit Schuld daran, daß sie nie die päpstliche Billigung fanden.

1454 durchzog Johannes, dem der Ruf eines großen Wundertäters vorausging, das Land Bayern. Er predigte in München und Augsburg. Sein Weg führte nach Frankfurt, wo ein Reichstag Beschlüsse fassen sollte, um die dritte und größte Wunde der Christenheit einzudämmen, die Türkengefahr. Auch in Augsburg loderten am 23. September 1454 die Scheiterhaufen, auf denen die Damen ihre Schnabelschuhe, ihre Würfelspiele, ihre Schleppengewänder und allerlei Putzkram verbrannten. Als der Heilige Augsburg verließ, vermerkte der Stadtschreiber in seiner Chronik: „Das war ein großes Weinen und Trauern von vielen andächtigen Menschen über sein Scheiden."

Die Hoffnungen auf wirkungsvolle Hilfe für die bedrängten Donauländer gegen den Vormarsch des Halbmonds waren in Frankfurt nicht groß. Die Ergebnisse selbst aber waren noch geringer. Da litt es Johannes Capestrano nicht länger; voll Enttäuschung schrieb er: „Ich verspreche mir nichts mehr von den deutschen Reichstagen. Hier wird nur geschwätzt. Einer sucht dem anderen die Schuld zuzuschieben. Wenn nicht ein Wunder geschieht, wird Ungarn geschlagen oder es schließt mit dem Sultan einen schmählichen Frieden. Dann aber wehe dir, Italien! Wehe dir, Rom! Wehe dir, Europa!"

Noch ehe der Reichstag zu Ende war, entschloß sich Johannes, selbst nach Ungarn zu eilen. Unterwegs rief er überall zum Kreuzzug zur Rettung Europas vor den Türken auf. Nicht einmal eine Einladung nach Prag konnte ihn jetzt noch zurückhalten. In eisiger Winterkälte schiffte er sich von Regensburg aus auf der Donau ein. Gegen die Eigensucht der Fürsten wetterte er: „Könnten sie den Untergang des Menschengeschlechts dadurch verhindern, daß sie nur einen einzigen Tag auf ihr Vergnügen verzichten, so würden sie es nicht tun." Allein der Herzog von Sachsen und der junge König Ladislaus von Böhmen und Ungarn sowie der Markgraf von Baden schickten Truppen, die anderen nur Trostworte und Ausreden. Da rief Johannes Studenten, Mönche, Knechte und Bauern auf zum Heiligen Krieg für Glauben und Heimat. Und sie kamen – ohne Waffen, ohne Ausrüstung, ohne Proviant zu Tausenden und Zehntausenden. Die Heerführer schüttelten den Kopf und rangen die Hände. Solche Helfer konnten die militärische und die Versorgungslage nur verschlechtern. Solche Kämpfer konnten nur sterben, nicht aber kämpfen und siegen. Bevor noch der neue Reichstag seine lahmen Beschlüsse in die Tat umsetzen konnte, rückte der Sultan mit einer riesigen Streitmacht gegen Ungarn vor. Belgrad war unmittelbar bedroht. In Belgrad stieg die Angst. König Ladislaus floh nach Wien, Barone und Prälaten machten sich aus dem Staub. Nur das „lumpene Heer" des Kreuzzugspredigers war da, es glühte vor Begeisterung, sich zu opfern. Es war die einzige Streitmacht, die aushielt, als die Türken tatsächlich vor Belgrad ankamen und mit der Belagerung der Stadt begannen. Am 2. Juli kam Capestrano mit seinen Kreuzfahrern in der Stadt an. Am anderen Morgen sah er vor den Wällen das Aufgebot der Belagerer: dreitausend Sturmgeschütze, siebenundzwanzig Riesenkanonen und sieben Mörser. Die Zahl der Krieger soll vierhunderttausend betragen haben. Auf der Seite der Verteidiger hielt der Zustrom der Kreuzfahrer noch immer an. Schließlich waren es vierzigtausend, Ungarn, Polen, Deutsche, Bosnier. Der ungarische Befehlshaber Hunyadi wollte kapitulieren gegen einen ehrenvollen Abzug. Johannes Capestrano widersprach heftig: „Wir werden durchhalten! Mit unseren Leibern werden wir die Breschen füllen, und sollten wir dabei sterben, ist es immer noch besser und ehrenvoller, als uns feige zurückzuziehen. Mag er abziehen, ich bleibe bei meinen Leuten und werde Belgrad verteidigen bis zum letzten Atemzug." Dies berichtet der bayerische Geschichtsschreiber des Königs Ladislaus, Johannes Roth.

Am Abend des 21. Juli begann der Sturm auf Belgrad. Die Verteidiger kämpften nicht mit dem Mut von Kriegern, sondern mit dem Mut von Martyrern. Sie wollten die Christenheit gegen den Unglauben verteidigen und dafür sterben. Wer bedingungslos für eine Sache zu sterben bereit ist, der hat ungeheure Kraft. Als die Türken sich bereits als Sieger fühlten und die Stadt zu plündern begannen, stürzten die Kreuzfahrer aus allen Ecken hervor, mit Keulen und Äxten kämpften sie und brachten den Angriff nicht nur zum Stillstand, sondern zum Wanken, bis er schließlich in eine regellose Flucht der Türken überging. Es war ein großer Sieg. Der Vormarsch der Türken in das Herz Europas war für lange Zeit beendet. Der Jubel der Christenheit über die Errettung war unbeschreiblich. Der Papst bezeichnete den Magdalenentag des Jahres 1456 als den glücklichsten Tag seines Lebens. Der Sieger von Belgrad und Retter Europas war Johannes Capestrano.

Für ihn selbst allerdings bedeutete dieser Sieg den Höhepunkt und gleichzeitig das Ende seines bewegten Lebens und seines gesegneten Wirkens. Zu Tode erschöpft zog er sich in das Franziskanerkloster Ilok zurück. Seine letzten Gebete galten der Kirche, ihren getreuen und ihren getrennten Kindern, der ganzen Christenheit und den Ländern Europas, die er sein ganzes Leben lang durchwandert hatte, die er bekehren und einen wollte im gemeinsamen katholischen Glauben. „Gib, daß sie eins seien, Herr, wie du mit dem Vater eins bist!"

Dies war sein letztes Gebet, das gleichzeitig sein ganzes Leben zusammenfaßt. Am 23. Oktober 1456 starb Johannes als Retter und Patron Europas. Siebzig Jahre nach seinem Tod verschleppten die Türken den Leib des Heiligen. Er wurde nie mehr aufgefunden.
Der Heiligsprechungsprozeß zog sich lange hin. Wer so im aktiven Leben seiner Zeit steht, der steht für manchen im Zwielicht. Die Kirche spricht niemand heilig, bevor sie die letzte Falte seines Lebens ausgeleuchtet und jedes Wort und jede Tat dreimal geprüft hat. Endlich, am 16. Oktober 1690, nahm Papst Alexander XIII. den Sieger von Belgrad in die Zahl der Heiligen auf. Auf seiner siegreichen Fahne stand der Name „Jesus“. Er sollte auch über dem neuen Europa stehen.

Johannes Chrysostomus

geboren: 344/354
gestorben: 14. September 407
Fest: 13. September

Im Jahre 312 besiegte Kaiser Konstantin seinen Mitkaiser und Rivalen Maxentius in der Schlacht an der Milvischen Brücke in Rom. Man sagt, er habe seinem Heer eine Fahne mit dem Zeichen des Kreuzes vorantragen lassen.
Ein Jahr darauf erließ er in Mailand ein feierliches kaiserliches Edikt, durch das die Christenverfolgung im Namen des römischen Staates beendet und den Christen der Schutz des Kaisers zugesichert wurde. Konstantin selbst war und blieb Heide. Erst auf dem Totenbett im Jahre 337 ließ er sich taufen. Von da an kann sich die Kirche frei entfalten, aus öffentlichen Geldern werden prachtvolle Kirchen gebaut, in Konzilien und Synoden wird die Glaubenslehre herausgearbeitet, gegen heidnische Irrlehren abgegrenzt und verteidigt. 391 erklärt Kaiser Theodosius das Christentum zur Staatsreligion, die heidnischen Kulte werden verboten, die Tempel geschlossen.
Der antike Staat war ein religiöser Staat gewesen. An die alten Götter hatte zwar längst niemand mehr geglaubt, ihr Kult aber war tragendes Fundament des Staates, die Verweigerung der Teilnahme – ein Vergehen gegen die Staatstreue – war Hochverrat. Deshalb waren die Christen dreihundert Jahre lang verfolgt worden. Nun trat das Christentum an die Stelle des Götterkults. Die kirchlichen Würdenträger waren nunmehr Bestandteil des Staatsapparats. Sie nahmen teil an der glanzvollen Repräsentation des Reiches. Die Bischöfe wurden wie kaiserliche Hofbeamte und Statthalter ausgestattet mit hohen Würden und umgeben mit Glanz und Reichtum. Sie wohnten in Palästen, fuhren in Hofkarossen und wurden begleitet von Wachsoldaten. Da sie zum Hofstaat gehörten, wurden die Bischofsstühle vom Kaiser vergeben nach den Gesichtspunkten der Staatsloyalität und der persönlichen Ergebenheit. Mit der Zeit riß bei der Vergabe dieser begehrten Staatsstellungen auch der Mißbrauch ein, der dabei üblich und unausrottbar ist. Manche kauften sich Bischofsstühle, um reich zu werden, andere, um Macht zu erlangen. Die Kirche war Teil der Politik geworden; dies war die eine Seite. Auf der anderen Seite gab es den Geist des Bekennertums aus der Zeit der Verfolgung. Es gab viele Mönche und Eremiten, die die Nachfolge Christi in Armut ernst, sehr ernst nahmen. Sie übten ein unblutiges Martyrium durch buchstäbliche Abtötung in grausamer Askese. Das Volk verehrte und liebte diese Asketen. Es wollte solche Männer als Bischöfe

haben. Manchmal gelang es auch, sie, oft gegen ihren Willen, zur Annahme von Ämtern zu bewegen. Dann prallten ihre Ansichten über den Dienst im Reiche Christi mit dem der Hofbischöfe zusammen wie Feuer und Wasser. In diesen Auseinandersetzungen gab es oft mehr Grausamkeit als während der amtlichen Christenverfolgung und ebenso viel Bekennermut und Bereitschaft zum Martyrium. Ein hervorragendes Beispiel dafür ist das Leben, Wirken und Sterben des heiligen Johannes Chrysostomus, des Patriarchen der neuen Hauptstadt des Römischen Reiches, Konstantinopel.

Johannes wurde um 350 in Antiochia geboren. Antiochia war nach Rom und Konstantinopel die dritte Stadt des römischen Erdkreises, die glanzvolle Metropole des Ostens, berühmt durch seine Tempel, Säulenstraßen, Theater und Bäder, durch die Residenz des römischen Statthalters. Antiochia war auch der erste Bischofssitz des heiligen Petrus, die Stadt, in der die Anhänger Jesu zum erstenmal „Christen“ genannt wurden. Der Vater des Johannes war General. Er befehligte die Reiterei des Kaisers in Syrien. Seine Mutter hieß Anthusa. Sie war viel jünger als ihr Gatte. Dieser starb, als Johannes ein Kind war. Die Mutter blieb Witwe und widmete sich ganz der Erziehung der Kinder, des Johannes und seiner zwei Jahre älteren Schwester.

Die höchste Bildung bestand damals in der Kunst der Rhetorik. Diese umfaßte auch die Philosophie und Ästhetik, kurz alle Gebiete, die man heute unter dem Begriff der humanistischen Bildung zusammenfaßt. Der berühmteste Rhetor seiner Zeit hatte nach einem Aufenthalt in Rom und Konstantinopel in seiner Vaterstadt Antiochia eine Rhetorenschule eröffnet. Die jungen Leute liefen ihm zu, und auch Anthusa schickte Johannes zu ihm, nicht ohne vorher den Bischof um Rat gefragt zu haben; denn Libanius war ein fanatischer Heide. In kurzer Zeit war Johannes sein bester Schüler. Nach Abschluß des Studiums ließ er sich als Rechtsanwalt nieder. Seine Beredsamkeit machte ihn bald zu einem gesuchten und berühmten Staranwalt. Schon bemühte sich Libanius, ihn für seine Nachfolge als Leiter seiner Schule zu gewinnen. Da trat ein Ereignis ein, das alle Pläne über den Haufen warf.

362 starb in Antiochia der Kaiser Flavius Claudius Julianus, genannt Apostata, mit 31 Jahren an einer Wunde, die er an der Spitze seiner Truppen im Kampf gegen die Perser erlitten hatte. Auch Julianus war ein Schüler des Libanius gewesen. Er war der letzte Heide unter den römischen Kaisern. Sein Ziel war es gewesen, den heidnischen Götterkult neu zu beleben, weil er sich davon die Wiederherstellung der Kraft und Macht des Römischen Reiches versprach. An ihn knüpften sich die Hoffnungen aller Anhänger des Heidentums und aller konservativen römischen Patrioten. Mit seinem frühen Tod brach die heidnische Restauration in sich zusammen. Wer auf seine Karriere bedacht war, suchte Anschluß an die christliche Kirche. Der Schule des Libanius liefen die Schüler davon. Er selbst löste sie auf und zog sich zurück. Auch Chrysostomus kehrte seinem Lehrer und dessen heidnischer Welt den Rücken. Zusammen mit

Der heilige Johannes Chrysostomus. ▷
Gemälde von Beato Angelico (1387–1455), Kapelle Nikolaus V., Vatikan.
Foto: Archiv.

TTEND ETIO·O
E·TIBI·H ECVLTA
SI·NEFO IMPIA
RTE·FIA NE·CO
T·ICORD GITATIO
S·IOA·GHRYSOSTO

seiner Mutter Anthusa ließ er sich taufen. Als Christ schloß er sich an den Bischof Meletius von Antiochia an. Dieser war ein großer Mensch und Heiliger. Gregor von Nazianz charakterisiert ihn so: „Ein Mensch ohne Verstellung, von einfachen Sitten, erfüllt vom Herrn, im Herzen die erhabene Ruhe seiner Züge tragend." Meletius führte Johannes seinem besten Freund und Lehrer Diodorus, dem späteren Bischof von Tarsus, zu. Bei ihm studierte der junge Rechtsanwalt Theologie, vor allem die Auslegung der Heiligen Schrift im Sinne der Schule von Antiochia. Diese antiochenische Schule unterschied sich von der Schule von Alexandria dadurch, daß sie die Aussagen der Schrift nicht allegorisch umdeutete, sondern wörtlich und historisch verstand. Wenn Gott zum Menschen durch das Mittel der menschlichen Sprache geredet hat, dann hat er sich auch den Gesetzen dieses Instruments, d. h. den Gesetzen der menschlichen Sprache und Logik, unterworfen. Also dürfen, ja müssen wir die Aussagen der Bibel so verstehen, wie sie dastehen und wie sie gesprochen wurden. Die Auslegung hat dann keine andere Aufgabe, als die sprachlichen und geschichtlichen Hindernisse wegzuräumen, damit wir die Botschaft Jesu so verstehen können, wie sie die Apostel gehört und verstanden haben. Das Wort der Schrift wird durch diese Art der Auslegung ernst genommen. In dieser Schule gewann Johannes ein sehr enges Verhältnis zur Heiligen Schrift und besonders zu der Person und zu den Briefen des Apostels Paulus. Dieser ist ihm zeitlebens das bestimmende Vorbild geblieben. In einem Wort von ihm finden wir die Konzeption, die Johannes seinem eigenen religiösen Leben zugrunde gelegt hat. Es könnte geradezu die Überschrift über sein Leben, Leiden und Sterben sein: „Ein jeglicher wird seinen Lohn empfangen, nicht nach der Größe seiner Taten, sondern nach der Größe der Leiden, die er erduldet hat. Wenn Paulus sich selbst erhebt, dann tut er dies nicht wegen seiner Taten, sondern wegen seiner Leiden." In diesem Geist baute Johannes sein künftiges Leben auf. Zunächst blieb er in Antiochia und widmete sich mit größtem Eifer dem Studium der Heiligen Schrift. Vom gesellschaftlichen Leben hatte er sich völlig zurückgezogen. Er lebte im Hause seiner Mutter wie ein Einsiedler. Wachen, Fasten, Beten und Studien, darin sah er die wörtliche und buchstäbliche Befolgung des Rufes Jesu: Wer mein Jünger sein will, der nehme täglich sein Kreuz auf sich und folge mir nach! Sein Lehrer zog ihn heran zum Unterricht und zur öffentlichen Verkündigung des Glaubens. Seine schon in seiner Anwaltszeit berühmte Kunst der Rede hatte nur den Inhalt, nicht den Glanz des Ausdrucks gewandelt. Darum verbreitete sich der Ruf des jungen Predigers in der ganzen Stadt, die Gläubigen strömten ihm zu. Er war auf dem besten Weg, aus einem Staranwalt ein Starprediger zu werden. Dies aber war ganz und gar nicht in seinem Sinne. Darum verließ er seine Vaterstadt bei Nacht und Nebel und ging in die Wüste, um als Einsiedler zu beten, zu betrachten und durch Entbehrungen das Kreuz Jesu zu tragen. In jener Zeit bevölkerten Tausende von Eremiten die Wüste. Es waren die vom religiösen Eifer getriebenen „Aussteiger" aus der damaligen

Wohlstandsgesellschaft. Aber sie stiegen nicht aus nur mit Worten, um die Annehmlichkeiten dieser Gesellschaft weiter zu genießen, sie ließen alles zurück: „Wenn man ein Mönch ist, dann sitzt man aufrecht auf einem Bett aus Gras, nimmt das Mahl zu sich in der freien Luft mit dem Himmel als Decke, dem Mond als Lampe und bedarf weder des Öls noch der Diener. Der Mönch, benachbart den Quellen, inmitten tiefer Ruhe und unbedingter Einsamkeit, vor allem anderen Gott angehörig, fühlt seine Seele beflügelt, leicht, reiner als die durchsichtigste Luft. Die armselige Mönchszelle im Gebirge bildet ein weit herrlicheres Lager als das jedes Kaisers." So beschreibt Johannes selbst sein Leben als Mönch und Einsiedler. Zeitlebens ist er diesem Ideal treu geblieben, auch im Patriarchenpalast in Konstantinopel.

Nach vier Jahren allerdings hatte er durch sein überstrenges Fasten seine Gesundheit so ruiniert, daß er, wollte er am Leben bleiben, in die Stadt und in ärztliche Behandlung zurückkehren mußte. Außerdem hatte Johannes in seinen jahrelangen Betrachtungen eingesehen, daß der Mensch die Gnaden und die Gaben Gottes nicht für sich allein empfängt. Dies wäre religiöse Selbstsucht. Nur in der Mitteilung an andere, im Dienst am Nächsten erfüllt sich das ganze Liebesgebot des Herren. Das Apostolat ist der Ausdruck, durch den die Gottesliebe in dieser Welt sichtbar und erfahrbar wird. Dieser Konsequenz wollte sich Johannes nicht länger entziehen. Mönch für sich und Apostel für andere, das war die künftige Ganzheit seines Lebenskonzepts.

Daher übernahm Johannes 381 das Amt des Diakons bei seinem alten Freund und Lehrer Bischof Meletius. Dessen Nachfolger Flabianus weihte ihn 386 zum Priester. Sein Äußeres war nicht sehr eindrucksvoll. Obwohl er erst vierzig Jahre alt war, hatte er fast alle Haare verloren. Seine ohnehin kleine Gestalt war eingeschrumpft vom Fasten. Bekleidet war er mit dem Mönchsgewand. Aber seine Stimme klang wie eine Leier oder wie eine Trompete, je nachdem er Gott pries oder den Menschen sein Gericht verkündete. Am Tag seiner Primiz stand er zum ersten Mal auf der Kanzel. Er war befangen und begeistert zugleich. Er wußte, das Apostolat des Wortes war künftig seine Welt: „Ich habe mir vorgenommen, wenn ich zum ersten Mal in einer Kirche den Mund auftue, Gott mein Wort zum Opfer zu bringen als Geschenk, das ich vom Himmel selbst bekommen habe." Bald ist Johannes der beliebteste Prediger von ganz Antiochia. Die Menge ist begeistert, sie klatscht in die Hände, ruft laut, weint und winkt mit den Taschentüchern. Dies aber gefällt ihm gar nicht: „Ich habe meine Aufgabe nicht auf mich genommen, um Freude an meiner Rede zu empfinden und den begeisterten Beifall zu genießen, sondern um die Irregeleiteten auf den Weg der Wahrheit zurückzuführen."

Seine erste große Bewährung kam in der Fastenzeit des Jahres 387. Das Volk von Antiochia seufzte unter einer unerträglichen Steuerlast. Die Menge begehrte auf, sie stürmte den Palast des Statthalters und zertrümmerte die Standbilder des Kaisers, seiner Gattin und seiner beiden Söhne. Dies war

Aufruhr und Majestätsbeleidigung; denn im Standbild war der Kaiser – ein Erbe der römischen Kaiserzeit – gleichsam persönlich anwesend. Ein furchtbares Strafgericht sollte den Frevel sühnen. Der Kaiser befahl, die Stadt Antiochia dem Erdboden gleichzumachen, die Männer in die Sklaverei zu verkaufen und Frauen und Kinder zu töten. Der Statthalter hatte bereits mit den Exekutionen begonnen. Furcht und Schrecken lagen über der ganzen Stadt. Der alte Bischof Flabianus war zwar ein Freund des Kaisers, aber er war krank. Eine Reise nach Konstantinopel, über tausend Kilometer weit, bedeutete unter den damaligen Reiseverhältnissen seinen sicheren Tod. Johannes aber hatte kein Mitleid mit ihm: „Der gute Hirte läßt sein Leben für seine Schafe." Er bestürmte ihn, er bereitete ihm die Reden vor, die er vor dem Kaiser halten sollte, er packte sein Gepäck zusammen. Endlich sagte der Bischof zu und reiste ab. Johannes beschwor in der bangen Wartezeit die unglücklichen Einwohner, nicht zu verzagen, die Ruhe zu bewahren und auf Gott zu vertrauen. In dieser schweren Zeit hat er seine schönsten und größten Predigten gehalten, die ihm nach seinem Tod den Beinamen Chrysostomus, d. h. „Goldmund", eingetragen haben. Diese Wartezeit war für Antiochia eine einzige Volksmission. In dieser Zeit bekehrten sich die letzten Heiden, die Christen aber kehrten um und taten Buße. Nie waren die Gebete inniger, die Christen frömmer, der Lebenswandel sittlicher als zu der Zeit, da das Vernichtungsurteil wie ein Schwert über jedem Haupte schwebte. Als die Verzweiflung am größten war, rief Johannes seine früheren Lebensgefährten, die Einsiedler, aus den umliegenden Bergen und aus der Wüste in die Stadt, damit die Soldaten es nicht wagen könnten, an diese ausgemergelten Gestalten, lebendige Heilige, Hand anzulegen. Tausende kamen. Sie drohten dem Statthalter, sich zu einem Marsch nach Konstantinopel zum Kaiser aufzumachen. Der Statthalter wußte, eine solche Demonstration würde auf ihn zurückfallen und könnte ihn den Kopf kosten. Daher sicherte er zu, bis zur Rückkehr des Bischofs Flabianus nichts zu unternehmen. Diesem gelang es tatsächlich, den Kaiser Theodosius zur Zurücknahme des Todesurteils über die Stadt Antiochia zu bewegen. Die Begnadigung traf zum Osterfest in Antiochia ein. Noch nie wurde Ostern als Auferstehung zum Leben bewußter, dankbarer und froher gefeiert. Johannes Chrysostomus war der Retter seiner Vaterstadt.
Im Jahre 398 starb Nektarius, der Patriarch von Konstantinopel. Er war der Hofbischof des Kaisers und der höchste kirchliche Würdenträger im Oströmischen Reich. Der Ruf des Johannes Chrysostomus als Redner war bis an den Kaiserhof gedrungen. Man wollte ihn als Nachfolger des Patriarchen. Man dachte, im Glanz des Hofes werde sich der Asket schon abschleifen und den Sitten des Hofes anpassen. Doch Johannes lehnte ab. Da ließ ihn der Kaiser mit List entführen und in die Hauptstadt bringen. Damit aber betrat Johannes eine Bühne, deren Spiel er nicht gewachsen war. Er war kein Diplomat, er war kein Höfling, er war ein Asket, und er war ein Mann des geraden, offenen Wortes.

Das konnte nicht gutgehen. Zunächst entrümpelte Johannes den prachtvollen Patriarchenpalast und machte aus ihm ein Kloster zum Ärger der großen Dienerschar, die sich andere Brotgeber suchen mußte. Die nächste Gruppe, die der neue Patriarch vor den Kopf stieß, war die Priesterschaft. Viele von ihnen nahmen sich junge Mädchen, die sich dem Dienst der Kirche weihen wollten, ins Haus. Sie führten den Haushalt und lebten in lebenslanger Hausgemeinschaft. Oft war es mehr als eine Hausgemeinschaft. Johannes sah in diesem Zusammenleben von Priestern und jungen Mädchen ein Ärgernis für die Gläubigen und befahl, diese Frauen sofort aus den Häusern der Priester zu entfernen. Wenn sie mit einem Mann zusammenleben wollten, so sollten sie heiraten, sagte er. Dies sei die natürliche gottgewollte Ordnung. Priester, die sich weigerten zu gehorchen, verloren ihre priesterliche Würde. So haßten ihn die, die gehorcht hatten, und die, die nicht gehorcht hatten und exkommuniziert worden waren. Diese beiden Gegnerschaften waren noch zu ertragen, da Johannes eine starke Stütze an der Kaiserin Eudoxia, einer jungen Germanin, hatte, die den schwachen Kaiser Arcadius völlig beherrschte. Gefährlich wurde es für ihn, als er sich gegen die zur Hofaristokratie gehörenden Palastdamen und damit gegen Prunk, Verschwendung und Sittenlosigkeit des Hofes selbst wandte. Die Damen erschienen zu seinen Predigten geschminkt wie „ein ägyptisches Idol", behängt mit Schmuck, in auffallenden und gewagten Toiletten. „Ich befehle euch, diesen Schmuck abzutun und den Erlös den Armen zu geben. Leistet Widerstand, wenn ihr wollt, ich werde vor niemand zurückweichen. So viele Arme belagern die Kirchen, und gerade diese Kirche hier, die so viele reiche Pfarrkinder zählt, sollte nicht imstande sein, den Armen zu helfen? Der eine ist übersättigt, und der andere stirbt am Hunger. Welche Grausamkeit!" So donnerte er die Hofdamen vor dem versammelten Volk an, vor den vielen Armen, die immer den Heiligen umgaben. Tödlichen Haß rief natürlich der direkte Angriff auf das Aussehen der Damen hervor: „Warum wollt ihr euren Körper dazu zwingen, sich zu verjüngen, wenn er es nicht mehr kann? Ihr kämmt die Locken eurer Haare in die Stirn nach Art der Prostituierten, um zu täuschen, wer euch sieht; aber glaubt mir, ihr erreicht dadurch nichts weiter, als daß ihr eure Falten bekennt . . . Meine Predigt verstößt gegen die Schicklichkeit. Das weiß ich wohl. Ich vermag dagegen nichts, die Gebote des Herrn sind da. Ich habe nicht den Ton eines Höflings angeschlagen, sondern den Ton der Treue und des Schmerzes." Keine Frau verzeiht einen so deutlichen Hinweis auf ihr Alter, auf die Falten in ihrem Gesicht. Damit hatte sich Johannes eine Feindschaft zugezogen, der auch ein Heiliger nicht gewachsen ist.
Nach den eitlen Hofdamen kamen die Reichen an die Reihe. „Die Reichen beleidigen ständig den Herrn. Man raubt nicht nur dadurch, daß man dem Armen sein Gut wegnimmt; man raubt auch, indem man seinen eigenen Besitz nicht weggibt. Ein Reicher besitzt nichts, wenn er nicht alles besitzt. Ein Reicher ist kein Mensch, sogar sein Gesicht bestätigt, daß seine Natur tierisch

ist. Aber selbst die Tiere sind weniger mitleidlos, ihre Krallen sind weniger scharf. Viele werfen mir vor, daß ich ständig die Reichen angreife. Das kommt daher, weil diese ständig die Armen angreifen. Ich greife eigentlich nicht die Reichen an, sondern alle, die ihren Reichtum schlecht verwenden. Die Reichen sind meine Kinder und die Armen sind meine Kinder. Ich wünsche ihr Heil. Ich bin ihr Arzt.“ Nach dieser Predigt mieden auch die Reichen die Kirche des Patriarchen.

Nun hatte er nur noch einen Freund, – die Armen, die Obdachlosen, die Kranken und die Krüppel. Diese liebte Johannes als Freunde des Herrn, und sie liebten ihn und schützten ihn vor seinen Feinden. Er hatte all sein Eigenes weggegeben. Er war einer der ihren geworden. Er hatte aber auch viele begüterte Menschen dazu gebracht, die Stiftungen machten, Heime errichteten, regelmäßige Speisungen einrichteten. Doch Liebe wird nicht bewirkt durch die Hingabe von Geld, sondern durch persönliche Zuwendung und menschliche Annäherung. Johannes verkehrte mit den Armen wie mit Brüdern. Er lud sie an seinen kärglichen Tisch. Er kannte viele persönlich und besuchte sie in ihren Behausungen. Er verteidigte sie gegenüber den Behörden. Er war ein Bischof der Armen, und wußte sich dabei in vollem Einklang mit seinem Herrn: Selig die Armen; denn ihnen gehört das himmlische Reich!

Das Lager seiner vielen Feinde wurde zunächst angeführt vom allmächtigen Günstling des Kaisers, dem Hofminister Eutropius. Dieser hatte die Kaiserin Eudoxia beleidigt. Außerdem war sie eifersüchtig auf seine Machtstellung, sie wollte selbst ihren Mann, den Kaiser, und über ihn das Reich beherrschen. Als es ihr gelungen war, Eutropius aus der Gunst des Kaisers zu verdrängen, forderte sie von ihm sein abgeschlagenes Haupt. Nun war Eutropius für den Bischof Johannes ein Armer geworden. Er flüchtete in die Kirche und bat den Patriarchen Johannes um seinen Schutz. Dieser hatte gegen den mächtigen Günstling gewettert, den armen Flüchtling aber verteidigte er bis zum äußersten und zog sich dadurch die Feindschaft der aufgebrachten Kaiserin zu. „Chrysostomus hielt den Eutropius drei Tage lang unter seinem Schutz in der Kirche. Weder der Kaiser noch die Armee, noch das Volk wagten es, ihm den Flüchtling zu entreißen. Ein einziger Mensch aber konnte auf seine Rache nicht verzichten. Es war Eudoxia. Eine Frau klammert sich manchmal mehr an ihre Rache als ans Leben. Eudoxia konnte nicht weiterleben, wenn sie nicht dem Eutropius den Kopf abschlagen ließ: er hatte sie gedemütigt“ (C. V. Gheorghiu).

Genauso wie Eutropius haßte sie von da an den Johannes Chrysostomus, weil er diesen vor ihr in Schutz genommen hatte. Ihr Werkzeug waren unwürdige Diener der Kirche selbst. An ihrer Spitze der Bischof Theophilus von Alexandria, „einer der schlechtesten Bischöfe, welche die Kirche je besessen hat. Man nennt ihn den ‚christlichen Pharao‘. Er war grausam wie ein Pharao, und wie ein Pharao verachtete er die Menschen“ (C. V. Gheorgiu).

Zu diesem feindlichen Mitbruder kamen noch viele andere seinesgleichen. Johannes hatte nämlich erfahren, daß man in Kleinasien einen schwunghaften Handel mit kirchlichen Ämtern und Würden trieb. So war es schon immer mit den weltlichen Pfründen gewesen, jetzt aber waren auch die geistlichen Amtsträger eingebaut in den Staatsapparat. Sie brachten bei entsprechender Verwaltung Ansehen, Macht und Reichtum ein. Darum lohnte es sich, in ihren Erwerb zu investieren. Natürlich mußte sich später das investierte Kapital auch lohnen. Und so wurde das geistliche Amt zur Ware, die man kaufen konnte. Obwohl die Diözese Ephesus, das Zentrum der Simonie, nicht zu seiner Diözese gehörte, reiste Johannes 401 nach Kleinasien. In Ephesus berief er eine Versammlung von siebzig Bischöfen ein und setzte alle Würdenträger, die durch Kauf in den Besitz ihres Amtes gelangen waren, ab, darunter allein sechzehn Bischöfe.

Während seiner dreimonatigen Abwesenheit von Konstantinopel hatte sich die Front seiner Feinde zusammengefunden und formiert. Es waren dies die Priester, denen er ihre Hausgenossinnen weggenommen hatte, die Hofdamen, denen er ihre Falten vorgeworfen hatte, die Reichen, die er als Raubtiere bezeichnet hatte, die Bischöfe, die er abgesetzt hatte, und die Kaiserin, die er an ihrer persönlichen Rache gehindert hatte, zusammengenommen also alles, was Rang und Namen hatte in der Hauptstadt Konstantinopel.

Die Kaiserin fädelte ihren Feldzugsplan gegen den Patriarchen klug ein. Sie berief ein Konzil ein, das zuerst und zunächst über die Schandtaten des Bischofs Theophilus, des „christlichen Pharao", richten sollte. Johannes hielt das Konzil in seiner Zusammensetzung für unrechtmäßig und lehnte eine Teilnahme ab. Darauf tagte dieses unter dem Vorsitz des Theophilus, und statt über diesen saß es über Johannes, den Patriarchen, zu Gericht. Die Anklage gegen seine Rechtgläubigkeit und seine Lebens- und Amtsführung war haltlos. Die „Eichensynode" von Chalkedon im Jahre 403 war eine Komödie, eine Verschwörung der Verurteilten gegen ihren Richter, den heiligen Johannes. Dieser wurde abgesetzt und durch den Kaiser nach Bithynien verbannt. Die Kaiserin, die die ganze Komödie inszeniert hatte, schrieb dem Heiligen in der Nacht seines Abtransportes einen scheinheiligen Brief: „Ich bitte Seine Heiligkeit ja nicht zu glauben, daß ich an Dingen teilgenommen habe, die sich im Zusammenhang mit dir abgespielt haben. Ich trage keine Schuld an deinem Blut. Es sind widerwärtige und verderbte Menschen, die gegen dich eine Verschwörung angezettelt haben. Gott ist mein Zeuge für die Wahrheit meiner Worte!"

Als die Gläubigen, allen voran die Armen und die Obdachlosen, hörten, daß man ihren Bischof weggeführt hatte, brach ein Aufstand los. Der Bischof Theophilus wollte ihn an der Spitze der Truppen niederschlagen. Ein großes Erdbeben in der Nacht aber wurde als Zeichen des Himmels zur Strafe für den Justizskandal gedeutet. Voll Angst vor Gott und vor dem Volk widerrief der

Kaiser die Verbannung und holte den Patriarchen zurück. Seine Rückkehr löste einen unbeschreiblichen Jubel aus.

Aber die Freude dauerte nicht lange. So leicht gibt eine gekränkte Frau und eine gedemütigte Kaiserin ihre Rache nicht auf. Der Friede war zu Ende, als Eudoxia vor der Kirche der heiligen Sophia ein gewaltiges Standbild für sich aufstellen ließ und der Trubel der Einweihungsfeier den Gottesdienst störte. In einer Predigt verurteilte Johannes die heidnische Sitte der Götterbilder in der Form der Kaiserstatuen. Zum Ende seiner Predigt verglich er die Kaiserin mit Salome, die das Haupt Johannes des Täufers für ihren gottlosen Tanz gefordert hatte. Es sei ihm klar, daß nach diesem Tanz Eudoxia sein Haupt, das Haupt des Johannes, aber nicht des Täufers, sondern des Patriarchen, fordern werde. Er war sich über seine Lage völlig im klaren. Eudoxia griff zum gleichen Mittel wie beim ersten Mal. Der gräßliche „Pharao", Bischof Theophilus, sollte eine neue Synode zur Verurteilung des Johannes einberufen. Diesmal würde es aber keine Rückkehr geben. Unter Hinweis auf ein nicht anerkanntes Konzil von 341 – damals war Johannes noch gar nicht geboren – stellte Theophilus fest, Johannes übe sein Amt zu Unrecht aus, er brauche gar nicht erst abgesetzt zu werden, er sei kirchenrechtlich längst nicht mehr im Amt. Diese kirchenrechtliche Auskunft genügte der Kaiserin. Im Jahre 404 wurde Johannes Chrysostomus erneut festgenommen und nach Kukusus an der armenischen Grenze verbannt. Hier lebte er drei Jahre segensreichen Wirkens unter der Bevölkerung. Mit zum Teil noch heute erhaltenen Briefen hielt er die Verbindung zu seinen Getreuen und Freunden aufrecht. Aber schon diese Briefe waren für seine Feinde gefährlich. Darum setzte die Kaiserin beim Kaiser eine Verbannung an einen noch entlegeneren Ort nach Pityus am östlichen Ufer des Schwarzen Meeres durch. Unter unsäglichen Strapazen, unter den Quälereien der entsprechend angewiesenen Soldaten brach er unterwegs zusammen. Am 14. September 407 sagte er zu seinen Bewachern: „Ich bin bis an die Pforte des Todes angekommen. Während zweier Monate habe ich nur gelebt, um zu leiden." Die Bemühungen des Papstes Innozenz I. und des weströmischen Kaisers Honorius stießen auf den erbitterten Widerstand der Kaiserin und kamen zu spät. Am letzten Tag seines Lebens bat der Martyrer Johannes Chrysostomus die Soldaten, die ihn begleiteten, ihn in die Kirche des heiligen Basiliscus zu bringen. Dort wolle er sterben. In der Kirche entkleidete er sich und schenkte alles, was er bei sich trug, den Armen. Dann legte er sich auf den Steinboden der Kirche und bat um die heilige Wegzehrung. Als er diese empfangen hatte, hauchte er seine Seele aus mit den Worten: „Ich rühme und ehre Gott in allen Dingen. Amen."

Papst Innozenz war über den Tod des Patriarchen von Konstantinopel erschüttert. Die Bischöfe und Priester, die sich an seiner Verfolgung beteiligt hatten, belegte er mit dem Kirchenbann. Der Name des Johannes wurde wieder in die Liste der Bischöfe von Konstantinopel aufgenommen. Im Jahre 438 wurden

seine Gebeine feierlich nach Konstantinopel übergeführt. Weinend wohnte der Sohn der Kaiserin Eudoxia, Kaiser Theodosius II., der Zeremonie bei.
Als die abendländischen Ritterheere 1204 Konstantinopel eroberten, nahmen sie den Leib des heiligen Chrysostomus mit und brachten ihn nach Rom, um ihn in Sankt Peter, in der Nähe des Apostelgrabes, beizusetzen. So ist er gleichermaßen ein Heiliger der Ostkirche wie der Westkirche, eine Brücke in der Vergangenheit und – so Gott will – in der Zukunft.
Im Jahre 1908 hat der heilige Papst Pius X. Johannes, den „Goldmund“, zum Patron der christlichen Redner, vor allem der Prediger, ernannt.
Unter den Schriften des Johannes Chrysostomus, die auf uns gekommen sind, nehmen die Predigten den ersten Rang ein. Es sind nicht Niederschriften des Heiligen selbst, sondern stenographische Nachzeichnungen. Die anderen Werke behandeln das Ideal des monastischen Lebens und der Jungfräulichkeit. „Die Krone unter seinen Schriften“ gebührt dem Dialog über die „Würde des Priestertums“. Ihr Inhalt war das Lebensprogramm des Heiligen, dem er nachgelebt hat in der Verfolgung, in der Verbannung und im Tod.
Die 236 Briefe, die uns noch erhalten sind, stammen alle aus der Zeit der zweiten Verbannung. Ihre Adressaten waren die treuen Anhänger des Verbannten in Konstantinopel.

Johannes vom Kreuz

geboren: 1542
gestorben: 14. Dezember 1591
Fest: 14. Dezember

In der Lebensgeschichte großer Büßer lesen wir immer wieder, daß sie in ihrer Jugend das Leben der Wüstenväter, der ägyptischen Einsiedler mit Begeisterung in sich aufgenommen haben. In der frühen Kirche galt als vorbildliche Nachfolge Christi allein das Martyrium. Nur wer sein Blut wirklich vergossen und geopfert hatte, wurde als Heiliger verehrt. Nun tobte die Verfolgung nicht zu jeder Zeit und in allen Gegenden des weiten Römischen Reiches. Darum wollten Gläubige die Krone des Martyriums auf unblutige Weise erringen, indem sie als Einsiedler sich aus der Gemeinschaft der Menschen zurückzogen und ihren Leib in der Wüste „abtöteten", oft buchstäblich und nicht immer ohne Blutvergießen. Freilich merkten sie auch, daß ihnen die Einsamkeit und der Verzicht auf irdischen Besitz sowie der Entzug aller Annehmlichkeiten des Lebens eine große Freiheit für Gott und eine Fähigkeit zur Betrachtung seiner Geheimnisse schenkte. Die Dinge des Lebens verstellen den Blick. Wenn sie beiseite geräumt werden, wird der Mensch unabhängig und bereit, sich mit den wesentlichen Wahrheiten seines Lebens, Gottes und seines Heiles auseinanderzusetzen und zu Gott in ein engeres und persönlicheres Verhältnis zu treten. Diese Seite der Askese gewinnt dann als Motiv eine immer größere Anziehungskraft und Bedeutung. Es gilt heute noch und wird immer gelten, solange die Menschen einerseits – gemeinsam mit dem Tier – dem biologischen Naturgesetz verhaftet und andererseits doch zur Erkenntnis ihrer Stellung in der Welt und zur Anbetung des Schöpfers fähig und bestimmt sind. Auch unsere verweichlichte Zeit muß, wenn sie nicht im Biologischen versinken will, dessen Ansprüche zurückdrängen und sich freimachen für die Suche nach dem Sinn des Daseins. Mit der Deutung und Aufarbeitung des Schmerzes und des Leidens wird die Menschheit wohl nie zu Ende kommen. Unter den vielen Versuchen, Sinn darin zu finden, wird man den Aufstieg zur Freiheit des Geistes, zur Fähigkeit der Hingabe an Gott und den Mitmenschen nicht vergessen dürfen. Zu allen Zeiten hat es Menschen gegeben, die die unvermeidlichen Schmerzen und Leiden begrüßt, ja sie selbst herbeigeführt haben, um frei zu werden von Zwängen und Bindungen für das wahre Leben, das sie in Gott gefunden hatten. Natürlich hat es zu verschiedenen Zeiten der Geschichte zeitbedingte Formen, auch Übertreibungen, ja Abwegigkeiten gegeben, die wir heute kaum verstehen, geschweige denn, nachvollziehen können. Wer wird im Stehen auf einer Säule oder im Verzicht auf Körperhygiene und Wäschewechsel eine gottgefällige Handlung sehen wollen? Aber darum geht es nicht. Die *Motive* sind es, die heute uns genauso angehen wie zur Zeit der Wüstenväter, nämlich die Gewinnung der Freiheit und Unabhängigkeit für Gott. Jede Zeit hat ihre Formen, und der treu gelebte Dienst am Fließband kann, im rechten Geist verstanden, nicht weniger asketischen Wert besitzen als das Stehen auf einer Säule.

Vielleicht eröffnen diese Gedanken einen leichteren Zugang zum Leben und zur Heiligkeit des Johannes vom Kreuz, den ein Biograph einen „Fanatiker des Leidens" genannt hat.

Johannes wurde im Jahre 1542 in Fontivera, östlich von Salamanca (Westspanien) geboren. Sein Vater Gonzalo de Yepes stammte aus einem alten Adelsgeschlecht, wurde aber wegen der Heirat mit einer Bürgerlichen aus der Familie und dem Erbe ausgeschlossen. Als Johannes drei Jahre alt war, starb der Vater und ließ die Mutter mit drei Kindern in bitterer Not zurück. Die Mutter zog nach Medina del Campo, um dort leichter Arbeit zu finden, um sich und ihre Kinder durchzubringen. Hunger, Armut und Not waren die Gefährten seiner Jugend. Um mitzuverdienen, sollte Johannes ein Handwerk erlernen. Er versuchte es bei einem Zimmermann, einem Schneider, dann bei einem Holzschnitzer und Maler, aber vergebens. Er war für eine praktische Tätigkeit absolut unbegabt. Am Anfang seines Lebens stand das wiederholte Erlebnis des Scheiterns. Es sollte ihn bis zu seinem Ende begleiten. Schließlich nahm er mit 14 Jahren eine Arbeit als Krankenpfleger in einem Seuchenlazarett an. Wer aus zeitgenössischen Schilderungen die hygienischen Zustände in mittelalterlichen Seuchenlazaretten kennt, sieht ein, daß nicht Arbeitsscheu ihn zur Aufgabe seiner früheren Lehrstellen getrieben hatte. Nebenbei besuchte er den Unterricht im nahe gelegenen Jesuitenkolleg und erhielt dort eine gediegene Ausbildung in Grammatik und Philosophie. Der Patronatsherr des Krankenhauses erkannte die vorzügliche geistige Begabung des jungen Krankenpflegers. Er förderte seine Studien und machte ihm Aussichten auf eine spätere Anstellung als Hausgeistlicher des Krankenhauses. Johannes aber hatte wenig Sinn für Laufbahnen, die mit Pfründen und Versorgung zu tun hatten. Trotzdem wußte er eigentlich immer, was er wollte. Mit 21 Jahren, am 24. November 1583, trat er in Medina in das Karmeliterkloster ein. Wegen seiner hervorragenden Begabung wurde er ein Jahr später zum Studium der Theologie an die berühmte Universität Salamanca geschickt. Dort hörte er nicht nur die großen Scholastiker, er kam auch mit dem Gedankengut der Mystik (Tauler, Ruysbroek, Katharina von Siena, Dionysius Areopagita) in Berührung. Der Einfluß der deutschen Mystik ist in seinen späteren Schriften nachweisbar. Unter ihrem Einfluß fühlte er sich in seinem Orden, so wie dieser sich entwickelt hatte, nicht mehr wohl.

Auf dem Berg Karmel in Palästina hatten sich in der Tradition des Propheten

Elija schon früh Einsiedler niedergelassen. Diese lebten nach einer strengen Regel in Zellen in ewigem Stillschweigen und pflegten Buße und Betrachtung. Nur einmal in der Woche kamen sie zur Meßfeier zusammen. In der Mitte des 13. Jahrhunderts kamen viele wegen der Sarazenengefahr nach Europa. Dort lebten sie zunächst weiter nach ihrer alten strengen Regel. Eine aktive Gruppe aber wollte wie die Bettelorden apostolisch durch Predigt und Seelsorge wirken. Sie erbaten und erhielten die Lebensform der Bettelorden. Damit war eine erhebliche Abmilderung der alten Regel verbunden, da sie ja in den Städten leben und unters Volk gehen mußten. Auch das Stillschweigen ließ sich so nicht weiterführen. 1434 wurde diese mildere Regel nochmals abgemildert, sodaß der Empfang von Besuchen, das Verlassen des Klosters, geschwätzige weltliche Unterhaltung, ein reich gedeckter Tisch mit Fleischgenuß und anderes wohl den europäischen Sitten des 15. Jahrhunderts, nicht aber dem Armutsideal vom Berge Karmel entsprachen. Ernste Naturen fanden in solchen Klöstern nicht das, was sie bei ihrem Eintritt gesucht hatten, und bemühten sich um die Wiederherstellung der alten Zucht und Lebensform. Um diese Reform entbrannte im 15. Jahrhundert innerhalb des Ordens ein erbitterter Kampf, der zum häßlichsten gehört, was die Ordensgeschichte kennt. In seinem Mittelpunkt standen die heilige Theresia von Avila und der heilige Johannes vom Kreuz. Sie waren die Hauptträger des Reformgedankens und damit auch die Hauptgegner der Anhänger der milden oder besser laxen Richtung. Schließlich blieb nichts anderes übrig als eine Trennung der beiden Richtungen, der „Beschuhten" (milden) und der „Unbeschuhten" (strengen) Karmeliter (1593). Johannes vom Kreuz sah zunächst keine Möglichkeit, im Karmeliterorden so zu leben, wie er es sich vorgestellt hatte, ein „beschauliches und zugleich asketisch-strenges Mönchsleben, zurückgezogen von der Welt und in der Einsamkeit Gottes". Daher wollte er in den Kartäuserorden übertreten. Dieser war bei der alten, strengen Regel geblieben und schien ihm das zu bieten, was er bei den Karmelitern vergeblich gesucht hatte.

War das Jahr 1567 schon bedeutsam durch die Weihe zum Priester und durch die Vorbereitung des Ordenswechsels, so wurde es für Johannes schlechthin entscheidend in der Begegnung mit der heiligen Theresia von Avila. In ihr traf er auf sein irdisches und wohl auch himmlisches Schicksal. Theresia war die Trägerin des Reformgedankens, aber nicht nur des Gedankens. Bei all ihrer mystischen Begabung war sie eine Frau der Tat, eine geniale Organisatorin, von bezwingendem Charme und eiserner Willensstärke. Sie war im August des Jahres 1567 nach Medina gekommen, um dort ihr zweites Reformkloster nach der alten strengen Regel zu gründen. Sie überredete Johannes, nicht den Orden zu wechseln, sondern ihn gemeinsam mit ihr zu reformieren. Und sie zeigte ihm damit ein Lebensziel, für das zu arbeiten und zu leiden es sich lohnte.

Schon ein Jahr später war es so weit. Johannes und sein reformbegeisterter Prior Antonius verließen das alte Kloster und gründeten in Duruelo das erste

Reformkloster der Unbeschuhten Karmeliter. Und was für ein Kloster! Man muß die Schilderung der heiligen Theresia, die sie nach einer Besichtigung niedergeschrieben hat, im Wortlaut lesen: „Nie habe ich ein kleines Kreuz aus Holz vergessen, das über dem Weihwasserkesselchen hing und an das ein Christusbild von Papier geklebt war. Dies schien mehr zur Andacht zu stimmen als das schönste Kunstwerk. Als Chor diente der Speicher, der in der Mitte etwas erhöht war; aber man mußte sich sehr bücken, um eintreten und der Messe beiwohnen zu können. In zwei Winkeln nächst der Kapelle hatten sie zwei armselige Zellen, in denen sie sich nur liegend oder sitzend aufhalten konnten. Sie waren angefüllt mit Heu, da die Gegend sehr kalt ist. Das Dach berührte fast ihr Haupt, zwei Fensterchen waren dem Altar zugekehrt, und zwei Steine dienten als Kopfkissen; auch hier fehlten Kreuz und Totenkopf nicht . . . Sie waren so in das Gebet versunken, daß manchmal ihr Habit ganz mit Schnee bedeckt war, ohne daß sie es gemerkt hätten.“ Das erste Kloster war eine halb verfallene Feldscheune, durch die der Wind blies und Regen und Schnee ungehindert eindrangen. Theresia jubelt geradezu: „Als ich jenes Häuschen sah, in dem man vorher nicht einmal wohnen konnte, und als ich ihre Lebensweise, ihre Abtötung, ihr Gebetsleben und das gute Beispiel, das sie geben, kennenlernte, konnte ich nicht satt werden, in der größten Freude meines Herzens unserem Herrn Dank zu sagen.“

Die Gemeinsamkeit strengster Askese und Armut war das Band der Freundschaft, das diese beiden Heiligen umschlang.

1571 wurde Theresia in dem Kloster zur „Menschwerdung“ in Medina, in das sie 1536 eingetreten war, zur Priorin bestellt. Ein halbes Jahr später berief sie Johannes, der sich seit der Gründung des Reformklosters Duruelo „Johannes vom Kreuz“ nannte, zum Spiritual ihres Klosters. Diese fünf Jahre, von 1572–1577, waren die glücklichsten und fruchtbarsten Jahre im Leben des Heiligen. Im ständigen Gedankenaustausch mit der um 27 Jahre älteren, auf der Höhe ihrer Entwicklung angelangten Mystikerin, entfaltete sich seine eigene mystische Begabung zu der Vollendung, die wir wenig später in seinen Gesängen bewundern. Und doch bestanden zwischen beiden Naturen, auch in ihrer Frömmigkeit große Unterschiede. Theresia war ein Tatmensch, eine geniale Organisatorin, mit einer charismatischen Begabung der Menschenführung. Ihr mystisches Erleben war eine *Schau,* sie *sah,* was sie fühlte, in Bildern und Visionen. Johannes war eine eher passive und intellektuelle Natur. Er lehnte jede Konkretisierung religiöser Erlebnisse ab. Von Visionen hielt er gar nichts. Jeder sinnenhafte Anhalt seiner Gottesbegegnung war ihm Ablenkung, ja gefährliche Versuchung. Seine Askese, seine körperlichen Leiden, sollten gerade jedes von menschlichen Seelenkräften ausgehende Hindernis für das übernatürliche Geschehen beseitigen. Darum war Johannes ein „Fanatiker des Leidens“. Es war sein Weg, durch die Nacht der Sinne aufzusteigen zum Berg Karmel der Erfahrung seiner Liebe, die weder mit den Sinnen noch mit dem

Verstand und schon gar nichts mit dem Gefühl zu tun hatte. Wichtig für Kinder unserer Zeit ist es, daß der Begriff der Liebe, der in den Schriften der Theresia und des Johannes eine so große Rolle spielt und der geradezu sinnliche Wort- und Bildschatz seiner Gedichte mit dem, was man heute unter „Liebe“ versteht, nicht das geringste gemein hat. Liebe zu Gott bedeutet für Johannes nichts anderes, als den Willen, ja alle Kräfte des Leibes und der Seele im Gehorsam ganz dem Willen Gottes zu unterwerfen. „Liebe und Wille sind geradezu austauschbare Begriffe.“ Über Privatoffenbarungen, Gesichte und Visionen schreibt Johannes: „Die Seele muß in Reinheit und Einfalt, mit Vorsicht und Demut den Offenbarungen und anderen Visionen widerstehen und versuchen, von ihnen freizuwerden, als gelte es den gefährlichsten Versuchungen. Wir haben die natürliche Vernunft, das Gesetz und die Lehre des Evangeliums; das reicht vollständig hin zu unserer geistlichen Leitung.“ Nichts ist falscher als die Meinung, Mystiker seien schwärmerische Naturen, die sich an der Leiter ihres eigenen Gefühls hinaufturnen zu himmlischen Höhen, private Offenbarungen von Gott erlangen und in Visionen die Seligkeit vorwegnehmen. Solche Naturen sind keine Mystiker, sondern höchstens Hysteriker. Und deswegen hat die Kirche den heiligen Johannes vom Kreuz zum Kirchenlehrer der Mystik ernannt, weil er wie kein anderer auf jede Stütze der Sinne verzichtet und sich allein durch Abtötung und Leiden bereitgemacht hat, Gott in seiner unendlichen Liebe so intensiv zu erfahren, daß der Begriff der „Vereinigung“ das allein ausdrücken kann. Die Bindung an die menschlichen Sinne erscheint dabei Johannes als „dunkle Nacht“. Er hat seine Vollendung nicht erreicht durch vorzeigbare Werke in dieser Welt. Er erwies seine Größe und seine Heiligkeit im Erdulden maßloser Leiden. Auch Theresia ist Anstrengungen und Leiden nicht ausgewichen. Aber diese waren nicht ihr Ziel, sondern eine Begleitung. Ihr Ziel waren sichtbare Werke der Klosterreform, Taten für Gott und nicht nur Leiden für Gott. Es konnte nicht ausbleiben, daß bei dem engen geistigen Austausch beide sich mit der Zeit des Unterschieds im Ansatz ihrer Frömmigkeit bewußt wurden. Schließlich ging jedes von ihnen seinen eigenen, inneren Weg, und beide gelangten zum selben Ziel – zur Heiligkeit.
Natürlich waren die Reformbestrebungen der Theresia und des Johannes den Anhängern eines bequemeren Klosterlebens ein Vorwurf und Ärgernis. Es blieb nicht bei Ablehnung, ja nicht einmal bei Verdächtigung und Verleumdung. Am 4. Dezember 1577 nahmen sie Johannes gefangen und sperrten ihn im Kloster von Toledo ein. Sein Gefängnis war ein Verlies, in dem der Heilige, obwohl klein von Gestalt, kaum aufrecht stehen konnte. Einmal am Tag wurde er herausgeführt, um im Refektorium im Angesicht aller Mönche sein kärgliches Mahl zu verzehren. Nach dem Essen mußten ihn alle Mönche beim Hinausgehen mit der Geißel schlagen. Seine blutverkrustete Kutte durfte er in neun Monaten der Gefangenschaft nur einmal wechseln. Die Haft dauerte neun Monate, bis er mit Hilfe eines jungen Mönches, der ihn bewachen sollte, fliehen

konnte. Gerade in der Nacht seines Kerkers aber erreichte er den Höhepunkt seiner mystischen Schau. Jetzt war die Nacht der Sinne vollendet, auch äußerlich. Nichts Irdisches hielt ihn zurück. Da erhob sich seine Seele zu Liedern von größtem poetischen Reiz. Sie entsprangen dem Glück der Begegnung mit der Liebe Gottes – mitten im Unrat des Leibes – im Haß der menschlichen Umgebung.

„Meine Festgewänder ließ ich,
barg in Leidgewand die Glieder;
an die grünen Weiden hängt ich
stumm und still das Spiel der Lieder.

Ließ es ruhen in dem Sehnen,
das in dir nur findet Frieden;
dort hat Liebe mich verwundet
und das Herz von mir geschieden.

Ich beschwor sie, mich zu töten,
weil sie solche Wunden bringe,
und ich warf mich in die Flamme,
wissend, daß ich drin verginge.

Starb ich mir durch dich mir selber,
ward durch dich erweckt zum Lichte;
Leben schuf dein Angedenken
mir und macht es mir zunichte.

(Zitiert aus: Ernst Schering: Mystik und Tat. München. 1959)

Wie können sich Menschen, die dasselbe Ordenskleid tragen, Menschen, die sich im feierlichen Gelübde Gott geweiht haben, so an einem Mitbruder versündigen? Diese Frage stellt sich wohl mancher Leser. Angesichts so furchtbarer Verbrechen ist es notwendig, sich die Wahrheit recht klar vor Augen zu stellen, daß jeder Mensch fehlbar bleibt, fähig zu Sünden, solange er auf Erden lebt, ohne Rücksicht darauf, welches Kleid er trägt. Das Ordensgewand ist ein Zeichen für einen hohen Anspruch, den der Träger mit der Wahl dieses Gewandes an sich selbst gestellt hat. Um so größer ist seine Schuld, wenn er hinter diesem Anspruch so weit zurückbleibt. Die Ordensprofeß ist keine Heiligsprechung. Sie ist nichts anderes als ein Versprechen, sich um Heiligkeit in der gewählten Form zu bemühen. Wie oft scheitert unser Bemühen, unser Vorsatz! Je größer Vorsatz und Anspruch, desto größer die Gefahr des Scheiterns. Verbrechen von Menschen sind keine Anklagen gegen Gott, sondern Anlaß zu Mitleid und Selbstbesinnung. So dachte Johannes.
Nach diesen schlimmen Erfahrungen mied Johannes seine Heimat Kastilien. In

Südspanien finden wir ihn in den nächsten zehn Jahren als Ordensoberen, als Spiritual, Rektor und Verwalter in den Klöstern in Baeza, Granada, Sevilla, Malaga. Glücklich ist er trotz des milden Klimas und der vergleichsweise friedlichen Ordenssituation nicht. Er fühlt sich einsam und in der Verbannung. Aber er sieht auch dies im Lichte seiner Berufung: „Die Verlassenheit formt; Erdulden der Finsternis macht bereit für großes Licht", schreibt er in einem Brief. 1588 kehrt er in seine geliebte Heimat Kastilien zurück und wird Prior des reformierten Klosters in Segovia. Neue Schwierigkeiten und Verfolgungen bleiben ihm nicht erspart. Er will die Ordenskonzeption der heiligen Theresia retten. Diese sah das Ideal in der vom alten Eremitengedanken abgeleiteten Vervollkommnung des einzelnen Mönchs in Einsamkeit und Abtötung. Der neue Ordensgeneral aber wollte den Orden für Aufgaben des Apostolats, der Mission einsetzen. Dies waren zwei verschiedene Ziele, die sich widersprachen. Johannes blieb fest. Er widersprach auf den Versammlungen der Ordensoberen und stimmte gegen die Pläne des Generals. Damit zog er sich dessen Haß und erneute Verfolgungen zu. Man schickte ihn zuerst in die Wüste, in die Einsiedelei Penuela in die Verbannung. Ja, man wollte ihn in die Mission nach Mexiko abschieben oder gar aus dem Orden ausstoßen. Dies war der Tiefpunkt seiner irdischen Leiden. Allerdings gehört es auch zu seinem Charakterbild, daß seine Bereitschaft zu leiden kein Ausdruck von Willensschwäche war, im Gegenteil, er wußte immer, was er tat, als er sich gegen seinen Oberen stellte. Er blieb auf mehreren Versammlungen unbeugsam, wo es um das Ordensideal ging. Er nahm lieber Verbannung und Verfolgung auf sich. Nur eine schwere Erkrankung verhinderte seine Verschickung in die Mission und seine Ausstoßung aus dem Orden. Man ließ dem Schwerkranken die Wahl des Klosters, in dem er sich behandeln lassen wollte. Er wählte Ubeda, wo er wußte, daß es von einem Prior geleitet wurde, der zu seinen ärgsten Feinden gehörte. Dementsprechend war auch seine Aufnahme und Behandlung. Der Prior empfing ihn wie einen Verbrecher. Er ließ ihn in eine entlegene Zelle bringen und verbot, ihn zu behandeln. Dafür kam er selbst täglich in die Zelle und überhäufte den Todkranken mit Schmähungen und Vorwürfen. Erst in den letzten Lebenstagen griff der Provinzial ein und ordnete eine angemessene Pflege an. Zu spät. Am 14. Dezember 1591 wurde Johannes vom Kreuz von allen irdischen Qualen erlöst. Kaum war er tot, da sah man in ihm den Heiligen. Mehrere Klöster stritten sich um den Leichnam. Im Juni 1593 wurde der Leib geraubt und heimlich nach Segovia gebracht. Nun aber wollte Ubeda, das Kloster, wo man ihn vor seinem Tod so gequält hatte, ebenfalls die Reliquien besitzen. Schließlich wurde er geteilt, besser gesagt, unglaublich verstümmelt. Nicht einmal im Tod hatte der Heilige, der das Leiden zum vorzüglichen Mittel seiner Heiligung und Heiligkeit gewählt hatte, seine Ruhe. Johannes erbrachte die Leistung, die er sich zum Ziel gesetzt hatte, durch Leiden und Niederlagen. „Dieser Zug zum Leiden aber wird nur dann recht gewürdigt, wenn man im Auge behält, daß er trotz

aller körperlichen und seelischen Qualen nie nachgab, und nicht einen Augenblick dachte, sein Wesen zu verleugnen und von seinen Zielen abzuweichen" (E. Schering). Erst nach dem Tod erkannten seine Mitmenschen, daß er ein Heiliger und der größte Sohn des Karmel war. Er wurde 1675 selig- und 1726 heiliggesprochen, 1926 ernannte ihn Papst Pius XI. zum Kirchenlehrer der Mystik.
Johannes vom Kreuz war aber auch einer der größten Dichter Spaniens. 1952 hat ihn die spanische Schriftstellervereinigung zu ihrem Patron gewählt. Er dichtete nicht um der Dichtkunst willen, er bemühte sich, seine Erfahrungen des Lebens mit Gott mitzuteilen, verständlich zu machen. Viele seiner Schriften sind in der Verfolgung durch seine Ordensbrüder entstanden. Schwestern, mutiger als Männer, haben unter Gefahren gerettet, was Johannes den ersten Platz unter den mystischen Autoren zuweist. „In seinem dichterischen Werk ist die Liebe zwischen dem unendlichen Gott und dem sehnsüchtigen Menschen leidenschaftlich und zärtlich in ihrer ganzen Tiefe erfühlt und besungen" (Johann Boldt). Wir haben von ihm Gedichte, dazu Erklärungen, die Anweisungen und Ratschläge, die er auf kleinen Zetteln als Beichtvater und Spiritual den Schwestern gegeben hat, und Briefe. Nur 34 Briefe sind erhalten, leider keiner an Mutter Theresia. Im Kerker zu Avila, verhöhnt und geschlagen von Brüdern, die dasselbe Ordensgewand trugen, in einem finsteren Loch, dichtete Johannes sein schönstes Lied:
„Es war in dunkler Nacht, ich brannte vor Liebeswehen. – O Glück, das seligmacht, entwich ich ungesehen und ließ mein Haus in Ruhe stehen . . ."

Johannes-Baptist Maria Vianney (Pfarrer von Ars)

geboren: 8. Mai 1786
gestorben: 4. August 1859
Fest: 4. August

Wenn es Favoriten für die Heiligkeit gäbe, wie zum Beispiel die Päpste, die Bischöfe, die Ordensleute, die Gescheiten und die Tapferen, Johannes-Baptist Vianney wäre nicht unter ihnen gewesen.
Er war schwachbegabt, nach heutigen Begriffen ein Lernbehinderter, unfähig zu wissenschaftlichem Denken, wie es gerade die Philosophie und Theologie seiner Zeit erforderte. Er hatte ein schlechtes Gedächtnis und war linkisch im Umgang.
Und doch wurde er ein ganz großer Heiliger. Gott hat ihm alles gegeben, was er dazu brauchte: eine fromme Mutter, die ihm Beispiel war für die Liebe zum Gebet und zu den Armen, eine ganz besondere Gnade und dazu Zähigkeit und Härte gegen sich selbst.
1786, drei Jahre vor dem Ausbruch der Französischen Revolution, wurde Johannes in dem Dorf Dardilly, acht Kilometer von Lyon entfernt, als viertes von sechs Kindern eines armen Bauern geboren. Seine Schlafstätte hatte er zusammen mit seinem Bruder bei den Tieren im Stall. Die Französische Revolution fuhr wie ein Sturm in die Kronen der französischen Kirche. Viele dürre Blätter wurden davongeweht. Gerade im Klerus hatte es viel Hofschranzentum, Weltlichkeit, Prunksucht und Genußsucht gegeben. Bei der Verfolgung der treuen Priester erwies sich aber auch die Lebenskraft der Kirche in großartigen Beispielen der Treue bis zum Blutopfer. Im niederen Klerus und im einfachen Volk war neben abgestandenem Gewohnheitschristentum auch ein tief verwurzelter Glaube, der nur des Eifers guter Priester und des Anstoßes der Verfolgung bedurfte, um aufzulodern wie die Glut unter der Asche unter einem frischen Windstoß.
Der Schulunterricht wurde während der Revolution nur unregelmäßig erteilt. Johannes mußte von frühester Kindheit an im Hauswesen der Eltern mitarbeiten. Nur im Winter nahm er einige Wochen am Unterricht in der Dorfschule teil, sodaß er mit 17 Jahren noch nicht richtig lesen und schreiben konnte. Die Begegnung mit treuen Priestern, die in seinem Elternhaus vor Verfolgern

Unterschlupf fanden, weckte in ihm den Wunsch, selbst Priester zu werden, für Jesus und die Kirche Zeugnis abzulegen und Menschen zu Gott zu führen. Doch zu diesem Ziel schien es keinen Weg zu geben. Der Vater war dagegen, er wollte seinen Knecht nicht verlieren. Die schulischen Voraussetzungen fehlten völlig.

Die Vorsehung führte ihm einen Priester zu, der sein geistlicher Vater werden sollte. Charles Balley, vertriebener Mönch der Abtei Sainte Geneviève, nunmehr Pfarrer in dem Dorf Écully, unternahm es, den bereits 28jährigen Johannes auf das Priestertum vorzubereiten. Sieben Jahre plagten sich Lehrer und Schüler mit den Regeln der lateinischen Grammatik – ohne sichtbaren Erfolg. Zu allem Unglück erhielt er 1809 einen Stellungsbefehl. Napoleon brauchte Soldaten für seine Schlachtfelder. Nichts auf der Welt war der Natur und dem Lebensplan des jungen Mannes entgegengesetzter als das Kriegshandwerk. Johannes wurde ein Wehrdienstverweigerer aus echter Gewissensnot. Er desertierte und hielt sich zwei Jahre vor den Häschern Napoleons verborgen. Erst als sich sein jüngerer Bruder als Stellvertreter anbot, wurde er außer Verfolgung gesetzt und konnte wieder auftauchen.

Die Mutter war inzwischen gestorben, der Vater war verbittert, weil er wegen seines fahnenflüchtigen Sohnes viel zu leiden hatte.

1812 brachte Pfarrer Balley Johannes in das Kleine Seminar zum vorgeschriebenen einjährigen Studium der Philosophie. Da ihm aber ein solides schulisches Fundament fehlte, konnte er den Vorlesungen, die in lateinischer Sprache abgehalten wurden, überhaupt nicht folgen. Und trotz der Erlaubnis, die Prüfung in französischer Sprache abzulegen, war seine Leistung in Philosophie ungenügend. Von Lehrern und Mitschülern wurde er gedemütigt und verspottet.

1813 begann er in Lyon mit dem Studium der Theologie. Schon nach sechs Wochen schickte man ihn wegen völliger Unfähigkeit nach Hause. Da unterrichtete ihn Pfarrer Balley privat in den Fächern der Theologie, wiederum nicht in lateinischer, sondern in französischer Sprache. Trotzdem fiel er beim Abschlußexamen durch. Nur das große Ansehen des Pfarrers Balley erwirkte eine einmalige Ausnahmeregelung. Johannes durfte die Prüfung wiederholen, vor einem einzigen Professor, der zur Abnahme der Prüfung in das Pfarrhaus von Écully gesandt wurde. Diesmal bestand Johannes mit Ach und Krach. Damit war der Weg zum Priestertum frei. Der Generalvikar M. Courbon von Lyon, der Freund von Pfarrer Balley, überwand alle Bedenken wegen der unzulänglichen Vorbildung und entschied: „Ich berufe ihn. Die Gnade Gottes wird das Übrige tun." Und so wurde Johannes am 13. August 1815 „aus Gnade und Barmherzigkeit" zum Priester geweiht, wobei man ihm die Abnahme der Beichte wegen seiner schlechten theologischen Kenntnisse vorläufig untersagte.

Drei Jahre war es Johannes vergönnt, neben seinem geistlichen Vater, Pfarrer Balley, zu wirken und in der Praxis von diesem heiligmäßigen Priester das zu

lernen, was er im Studium nicht begriffen hatte. Dann wurde er als Pfarrverwalter in das entlegene Dorf Ars mit 250 Seelen geschickt, das einen schlechten Ruf als „steiniger Acker“ der Seelsorge hatte. Mit seinem geringen Wissen, mit seinem Minderwertigkeitsgefühl, aber auch mit seinem glühenden Seeleneifer machte Pfarrer Vianney am Anfang viele Fehler. In seinen stundenlangen Predigten drohte er den Verstockten die schrecklichsten Höllenstrafen an. Die meisten seiner Predigten entnahm er veralteten Predigtbüchern. Er lernte sie auswendig und verschärfte sie noch. Die Pfarrkinder murrten und beschwerten sich bei Nachbarpfarrern, die geringschätzig auf ihren bekannt dummen Mitbruder herabsahen, der in seiner abgetragenen Soutane und in seinen groben Bauernstiefeln auch äußerlich zu Spott und Geringschätzung herausforderte.
Daß eine solche geistliche Roßkur nicht in einem totalen Mißerfolg endete, hatte seinen Grund in einer ganz anderen Predigt des neuen Pfarrers, die viel wirksamer war als seine Worte auf der Kanzel, in der Predigt seines Beispiels. Für alle sichtbar und spürbar war seine grenzenlose Freigebigkeit. Er verschenkte einfach alles, was er besaß, seine Möbel, sein Bett, ja seine Kleider. Von einem Seelsorgegang kehrte er ohne Strümpfe nach Hause zurück, weil er sie unterwegs einem Bettler geschenkt hatte. Sogar seine gute Hose zog er aus, um die zerrissene eines Landstreichers dagegen einzutauschen.
Umgeworfen wurde das verstockte Dorf Ars, als es sah, daß der neue Pfarrer alles, was er auf der Kanzel forderte, selbst vorlebte. Um zwei Uhr nachts stand er auf, betete das Brevier und versenkte sich in das betrachtende Gebet. Von vier Uhr früh bis gegen Mittag war er in der Kirche bei der Anbetung des Altarsakraments und bei der Feier des Meßopfers. Er wollte die Bekehrung seiner Gemeinde im Gebet vor Gott, nicht durch eigene Betriebsamkeit erreichen. Dem gleichen Ziel diente eine Askese, die geradezu erschreckt und die man nur verstehen kann aus seinem Bewußtsein eines Mangels an Bildung. Er betrachtete diesen Mangel geradezu als Sünde und wollte ihn ausgleichen durch die rücksichtslose Aufopferung alles dessen, was er sein Eigen nannte, vor allem seines gesunden, an Arbeit und Entbehrung gewöhnten Körpers. Der Pfarrer von Ars nahm täglich nur eine Mahlzeit ein. Diese bestand aus Schwarzbrot und gekochten Kartoffeln, die er selbst auf einmal für die ganze Woche zubereitete und in einem Topf aufbewahrte, wo sie oft Schimmel ansetzten.
Auf der Haut trug er einen Bußgürtel. Aus dem Bett hatte er alle Decken und Kissen entfernt, er schlief auf der nackten Matratze oder später auf einem Reißigbündel im Keller. Mit Bestürzung, ja Erschütterung lesen wir die Berichte über die tägliche Geißelung, die ihre Blutspuren bis zum heutigen Tag sichtbar an den Wänden seines Schlafzimmers hinterlassen hat. Verständlich ist diese für uns kaum faßbare Kasteiung als sühnende Leistung für die ihm anvertrauten Seelen in der Nachfolge des Herrn, der durch seine Geißelung und Kreuzigung die Sünden der ganzen Welt gesühnt hat. „Meine Freunde, hier ist mein Mittel: Ich gebe Ihnen eine kleine Buße, den Rest leiste ich selber für

Sie", sagte der Pfarrer zu einem Beichtkind. Wer an die Bekehrung der Sünder durch die Gnade Gottes glaubt, der vermag zu glauben, daß die Bekehrung von Ars in dieser Kammer, mit diesen Blutflecken erwirkt worden ist.
Johannes war sorgfältig bemüht, sein Büßerleben geheimzuhalten. Wenn er Mitbrüder zu Gast hatte, bemühte er sich, sie aufs beste zu bewirten, ja zu verwöhnen. Sogar er selbst nahm aus solchem Anlaß Fleisch und Wein zu sich, „allerdings sehr wenig", wie sein Biograph berichtet.
Die Predigt des Beispiels bewirkte, was die Predigt seiner Worte nicht bewirkt hatte. Die Gemeinde Ars änderte sich. Sämtliche vier Gasthäuser mußten schließen, weil niemand sie mehr besuchte. Kinder und Erwachsene versäumten keinen Gottesdienst, nicht einmal die Christenlehre. Ihre Freigebigkeit ermöglichte dem Pfarrer die Gründung eines Heimes für verlassene Mädchen, wo er seine seelische Heimat und Zufluchtsstätte fand. Für seine „Providence" = Vorsehung sorgte und bettelte er zeitlebens, weil ihm die Reinheit der Kinder Symbol und Leitstern für den erstrebten Zustand seiner Gemeinde war.
Die Bekehrung der harten Herzen in der Gemeinde Ars konnte in der Gegend nicht verborgen bleiben. Außerdem wirkte der Pfarrer von Ars auch außerhalb seiner Pfarrei bei Volksmissionen in der Umgebung mit. Allerdings nicht als begehrter Prediger, sondern nur als Aushilfe im Beichtstuhl.
Aber gerade diese Tätigkeit sollte dem heiligen Pfarrer zum Ruhm und zum Kreuz werden. Von überallher strömten die Gläubigen nach Ars, um bei dem Pfarrer die Beichte abzulegen. Durch sein ständiges betrachtendes Gebet, durch seine totale Hingabe und Versenkung in die göttlichen Geheimnisse, wurde dem Pfarrer die unmittelbare Erkenntnis des Seelenzustands seiner Beichtkinder geschenkt. Seine Seelenführung wurde zum Segen für die ganze Gegend. Als die neiderfüllten Amtskollegen ihn beim Bischof anschwärzten und auf seinen geringen Bildungsstand hinwiesen, da sagte dieser: „Ich weiß nicht, ob er gebildet ist, aber ich weiß, daß der Heilige Geist es sich angelegen sein läßt, ihn zu erleuchten." Und der Pfarrer selbst weiß sich vom Heiligen Geist geleitet, wenn er sagt: „Wer sich vom Heiligen Geist leiten läßt, hat richtige Ideen und Vorstellungen. Darum gibt es viele Ungebildete, die mehr verstehen als die Klugen."
Mit der Zeit nahm der Zustrom der Wallfahrer immer mehr zu. Aus ganz Frankreich kamen Adelige und Bauern, Professoren, Prälaten und Bettler nach Ars, um dem Priester zu beichten, dem man bei der Priesterweihe die Abnahme der Beichte glaubte untersagen zu müssen, weil seine Vorbildung mangelhaft war. Zwischen Lyon und Ars verkehrten besondere Postwagen. Zuletzt schwoll der Strom auf achtzig- bis hunderttausend Menschen im Jahr an. Pfarrer Vianney verbrachte täglich, in der Hitze des Sommers ebenso wie in der Kälte des Winters, vierzehn bis sechzehn Stunden im Beichtstuhl. Trotzdem mußten viele vier bis fünf Tage warten, bis sie an die Reihe kamen. Viele trieb die Neugierde, die meisten aber die Sehnsucht nach geistlichem Rat und nach Führung durch

einen Priester, den alle für einen Heiligen hielten. Der Wallfahrtsbetrieb war für den Pfarrer eine Qual, nicht nur wegen der *Marter* im Beichtstuhl, ihn bedrückte der laute Betrieb, der so himmelweit von seiner Vorstellung von einem innerlichen Leben entfernt war. Dreimal versuchte Vianney zu fliehen. Er wollte in einem Trappistenkloster ein Leben der Stille, der Buße, der Betrachtung und des Gebetes führen. Es war ihm nicht vergönnt. Die Treue zu seiner Berufung als Pfarrer stand ihm im Weg und trieb ihn immer wieder zurück in die Einsamkeit des Beichtstuhls und der nächtlichen Folterkammer; denn gerade in dieser Zeit des äußeren Erfolgs war er den stärksten Versuchungen und Anfechtungen ausgesetzt. Er erlebte die Angriffe des Teufels ganz real, so daß schließlich Männer des Dorfes seinen Schlaf bewachten.

Das harte Büßerleben, das Eingesperrtsein im licht- und luftlosen Beichtstuhl und das Alter zehrten die Kräfte des alternden Mannes auf. Schließlich hatte er nur noch einen Wunsch, sich in die Stille zurückziehen und sich auf das Sterben vorbereiten zu dürfen. Aber auch dieser letzte Wunsch blieb ihm versagt. Die Aufdringlichkeit der Menschen war sein Opfer, das er bis zum Ende bringen mußte. Am 4. August 1859 verschied er allein, ohne Todeskampf, an totaler physischer Erschöpfung.

Die Kirche hat den Pfarrer von Ars 1905 selig- und 1925 heiliggesprochen. 1929 hat Papst Pius XI. ihn zum Patron aller Pfarrer der ganzen katholischen Kirche erhoben.

Was hat den Pfarrer von Ars, den schwachbegabten Schüler, zum Heiligen, zu einem so großen Heiligen gemacht? Er hat mit allen Kräften, die ihm geschenkt waren, Gott geliebt und um dieser Liebe willen den Nächsten. Dieser Liebe hat er sein Leben, seine Gesundheit, sich ganz mit Haut und Haaren zum Opfer gebracht, freiwillig, gern und freudig. Darum ist er ein Großer im Gottesreich.

Zum Nachdenken über ihn und sein Leben seien einige der Gedanken, die er schriftlich hinterlassen hat, beigefügt:

Wie schön ist es, wie groß ist es, Gott zu erkennen, ihn zu lieben und ihm zu dienen! Es ist das einzige, was wir in der Welt zu tun haben. Alles andere ist verlorene Zeit.

Das einzige sichere Mittel, um Gott zu gefallen, ist es in allen Lebensumständen seinem Willen unterworfen zu bleiben.

Für die einen ist es die Krankheit, durch die sie geprüft und geläutert werden. Für andere ist es die Armut; für diese ist es ihre Unwissenheit, die Verachtung die ihnen unglücklicherweise seitens der Menschen zuteil wird; für jene sind es innere Schmerzen und Gewissensbisse; für alle ist es das verschiedene und auf tausenderleiweise gegenwärtige Leiden.

Gott lieben heißt nicht, daß wir jeden Augenblick ein Gefühl der Zuneigung zu ihm verspüren. Solch ein Gefühl steht nicht immer in unserer Macht.

Um in den Himmel zu kommen, mein Freund, dazu sind die Gnaden notwendig und das Kreuz.

Der Priester ist nicht Priester für sich selbst, er gibt sich nicht die Lossprechung, er spendet sich nicht die Sakramente. Er ist nicht für sich selbst, er ist für andere da.
Erschreckt nicht über unsere Bürde. Unser Herr trägt sie mit uns. Wenn er einer jungen Mutter viele Kinder gibt, dann will er sagen, daß er sie für würdig hält, sie zu erziehen. Es ist ein Zeichen des Vertrauens von seiner Seite. Macht es so, daß eure Kinder sich eines Tages viel mehr an das erinnern, was sie euch haben tun sehen, als an das, was ihr ihnen gesagt habt.

Johannes Nepomuk

geboren: um 1350
gestorben: 16. Mai 1393
Fest: 16. Mai

Für die Verbreitung der Verehrung eines Heiligen ist es oft wichtiger, wann er heiliggesprochen wurde, als wann er gelebt hat. Ein besonders gutes Beispiel dafür ist Johannes Nepomuk. 1729 auf dem Höhepunkt des Rokoko wurde der böhmische Martyrer Johannes von Pomuk zur Ehre der Altäre erhoben. Nie in der Kirchengeschichte – vielleicht mit Ausnahme von heute – wurden so viele Kirchen gebaut oder in Barockkirchen umgewandelt, nie galten die Heiligen so viel, nie hatte man so viel Sinn für dramatische Heiligenleben, und obendrein lag der Schwerpunkt der Verehrung in Böhmen und in Bayern, den Zentren barocker Kunst und Religiosität.
So kam es, daß in keiner nach 1729 gebauten Barockkirche eine Statue des heiligen Nepomuk fehlt, jede Brücke zierte die Figur des Domherrn mit Chorrock und Stola, mit Hermelinumhang und Birett und mit einem Kranz von fünf Sternen um das Haupt.
Freilich, sehr viel hat dieses neue Leben im Glanz der Lichter auf den Altären nicht zu tun mit dem geschichtlichen Leben des Johannes Welflin, der um 1350 in Pomuk im Osten des Böhmerwaldes als Sohn des Bürgermeisters geboren wurde. 1370 ist Johannes bereits vereidigter Schreiber – damals nannte man ihn Notar – in der erzbischöflichen Kanzlei in Prag. Für diese Tätigkeit bedurfte es keines Studiums, wohl aber der Kunst des Lesens und Schreibens und großer persönlicher Zuverlässigkeit. Daß Johannes diese besaß, läßt sich aus seiner steilen Karriere ersehen: 1373 ist er Protokollführer beim erzbischöflichen Gericht, 1377 Vorstand der Kanzlei. Daneben oder danach muß er Theologie studiert haben; denn 1380 wird er zum Priester geweiht und als Hilfspriester am Dom zu Prag angestellt. Nachdem er als Priester seine bisherige Tätigkeit nicht mehr ausüben konnte, erhielt er noch im Jahr seiner Priesterweihe das Amt des Pfarrers an der Galluskirche in der Altstadt von Prag und gleichzeitig die Pfründe eines Kanonikers bei Sankt Aegidien. Wahrscheinlich hat Johannes beide Ämter nicht selbst wahrgenommen, sondern nach der Sitte der Zeit nur die Einkünfte daraus bezogen. Die Arbeit taten Vertreter. Er selbst studierte Rechtswissenschaft, zunächst in Prag, wo er 1381 das Baccalaureat erwarb. Dann finden wir ihn zusammen mit dem Bruder und dem Neffen des Prager Erzbischofs, Johannes von Jenzenstein, an der berühmten Juristenfakultät in

Padua. Die Universität des Mittelalters war nach Landsmannschaften organisiert. 1386 bekleidete Johannes Welflin das Amt eines Rektors für alle Ausländer der Universität Padua. 1387 wurde er zum Doktor der Rechte promoviert. Nun standen ihm, dem geweihten Priester und gelehrten Juristen alle höheren Ämter in Kirche und Staat offen. Die Tatsache, daß er die Pfarrstelle Sankt Gallus und die Chorherrnstelle bei Sankt Aegidien noch immer innehatte, obwohl er jahrelang im Ausland studiert hatte, deutet darauf hin, daß er sein Studium mit den Einkünften aus diesen Pfründen finanzierte, ohne die Seelsorge auszuüben. Nach seiner Rückkehr von Padua vertauschte er diese Pfründen mit noch besseren: Er wurde Stiftsherr in Wischehrad, dem vornehmsten Stift des Landes und gleichzeitig Archidiakon von Saaz in Prag. Die oberste und letzte Sprosse auf der steilen Leiter seines Erfolgs erklomm Johannes 1389 – er war noch nicht vierzig Jahre alt –, als ihn der Erzbischof zu seinem Generalvikar ernannte. Ein Generalvikar hat die Verwaltung der Diözese zu leiten. Dies ist immer und überall eine hohe und schwere Aufgabe. Wenn aber der Bischof schwach und unfähig ist, dann muß der Generalvikar zur Diözese auch noch den Bischof leiten, und dies ist meist noch schwieriger.
Erzbischof Jenzenstein, zunächst eine ehrgeizige und dynamische Persönlichkeit, war durch seine Freundschaft mit König Wenzel auf den erzbischöflichen Stuhl von Prag gelangt. Eine schwere Erkrankung veränderte sein ganzes Wesen. Die Verwaltung seiner Diözese überließ er von da an dem Generalvikar, er verfiel in einen merkwürdigen Mystizismus und beschäftigte sich mit geistlichen Dichtungen. Nur das Interesse für die Erhaltung und Mehrung seines Vermögens hatte nicht nachgelassen. Bei diesem Erzbischof ruhte die Last der Geschäfte voll auf den Schultern des Generalvikars. Die Geschäfte von Kirche und Staat waren im Mittelalter stark ineinander verflochten. Der weltliche Partner des Erzbischofs war König Wenzel, ein jähzorniger, mißtrauischer und sinnlichen Genüssen ergebener Fürst, dem aber auch eine hohe Begabung und sorgfältige Bildung nachgesagt wurde. Wenzel war 1378 seinem Vater Karl IV. in Böhmen und im Reich nachgefolgt. Wegen Unfähigkeit und Untätigkeit setzten ihn die deutschen Kurfürsten 1400 als deutschen König ab, als König von Böhmen starb er 1410.
Obwohl sie Jugendfreunde waren, stritten sich König und Erzbischof um Ernennungen, Pfründen und andere Besitztümer. Der Erzbischof verbarg sich im Kloster und pflegte seine mystischen Neigungen. Den Zorn des Königs mußte der Generalvikar ausbaden. Der offene Konflikt brach aus, als das Stift Kladrau einen neuen Abt brauchte. Der Generalvikar wußte um die Pläne des Königs, dieses Stift mit einem ihm genehmen Mann zu besetzen, um es dann von der Erzdiözese Prag loszutrennen. Daher ließ er, bevor sich der König noch der Sache annehmen konnte, eilig einen neuen Abt wählen und erteilte diesem sofort die bischöfliche Bestätigung, wodurch seine Wahl unanfechtbar wurde. Der König tobte vor Wut und sann auf Rache. Äußerlich einigte man sich zwar

und schloß ein Übereinkommen. Dieses sollte in Prag von beiden Seiten feierlich unterzeichnet werden. Zu diesem Zweck kamen der Erzbischof Jenzenstein, der Propst Wenzel von Meissen, der Generalvikar Johannes und sein Offizial am 20. März 1393 mit dem König im Johanniterkloster in Prag zusammen. Der König, vermutlich betrunken, überhäufte den Erzbischof mit Vorwürfen und stieß wilde Drohungen aus. Schließlich ließ der König die drei Geistlichen – mit Ausnahme des Erzbischofs – als Gefangene abführen. Der Propst von Meissen und der Offizial waren von Adel und keine Untertanen des Königs. Darum nahm er ihnen lediglich das Versprechen des Stillschweigens ab und ließ sie frei. Am Generalvikar aber, der ihm den meisten Ärger bereitet hatte und der ihm geistig und juristisch überlegen war, ließ er seine Wut aus. Er ließ ihn foltern, ja er betätigte sich selbst als Folterknecht. Es gelang ihm aber nicht, das geforderte Geständnis zu erpressen. Worum es sich bei diesem Geständnis handelte, dafür gibt es keine Belege. Johannes hat sein Geheimnis mit ins Grab genommen, desgleichen die beiden anderen Priester, und auch der König hat später nichts darüber verlauten lassen. Erst vierzig Jahre später tauchte in der Kaiserchronik des Theodor Ebendorfer, der 1433 in Prag Material für sein Werk gesammelt hatte, als Motiv die Eifersucht auf seine zwanzig Jahre jüngere Gemahlin Sophie, eine Wittelsbacherin, auf. Ihre Schönheit wird von den Chronisten der Zeit hoch gerühmt, während der König das Bild eines faulen Trunkenbolds bot. Es mußte sich auf jeden Fall um einen Handel allein zwischen König und Generalvikar handeln, da er die anderen Prälaten entließ, ohne ihnen ein Haar zu krümmen. Es mag enttäuschend sein, aber die Beweislage bietet keinen Nachweis, daß es sich um das Beichtgeheimnis gehandelt hat, dessen Bruch der König verlangte. Wenn schon kein Martyrer des Beichtgeheimnisses, ein Martyrer des priesterlichen Amtsgeheimnisses ist Johannes Nepomuk auf jeden Fall. Nach grausamer Folterung („eine Seite des Körpers wurde dermaßen verbrannt, daß er auf keine Weise hätte am Leben bleiben können") „wurde der ehrwürdige Doktor Johannes ganz offen durch die Straßen und über die Plätze der Stadt geschleift, seine Hände auf dem Rücken und seine Füße gegen das Haupt nach Art eines Rades zusammengebunden, sein Mund mit einem hölzernen Knebel aufgespreizt. So wurde er um die dritte Nachtstunde von der Prager Brücke in die Moldau gestürzt, wo er im Wasser des Flusses versank und elendiglich seine Tage beschloß." So steht es wörtlich in dem noch heute erhaltenen Bericht des Erzbischofs an den Papst.

Der Erzbischof ließ den Toten im St. Veitsdom in Prag bestatten, eine Ehre, die sonst nur Bischöfen zuteil wurde. Damit bezeugte er die Unschuld des Ermordeten und nahm eine Art Heiligsprechung vorweg. Als die deutschen Fürsten König Wenzel absetzten, spielte unter den Gründen auch der Mord an Johannes Nepomuk eine Rolle. In den Akten heißt es, Wenzel „habe sogar mit eigenen Händen ehrwürdige Prälaten, geistliche Leute und auch viele andere ehrbare

Leute ermordet, ertränkt, mit Fackeln verbrannt und sie jämmerlich und unmenschlich wider alles Recht getötet".
1419 ist Wenzel, als die Hussiten seine Burg bestürmten, vor Aufregung einem Schlaganfall erlegen. Wann die Beichtlegende entstanden ist, wissen wir nicht. 1433 fand Ebendorfer sie in Prag bereits vor. Daß es keine schriftlichen Belege darüber gibt, muß nicht bedeuten, daß sie nicht wahr ist. Tatsachen gelangten auf viele Weise unter das Volk, das konnte auch ein König nicht verhindern, Schriftliches dagegen konnte er unterdrücken. Als Martyrer des Beichtgeheimnisses wurde Johannes Nepomuk heiliggesprochen. In der Heiligsprechung erklärt die Kirche feierlich und unfehlbar, daß der Heilige wegen seiner vorbildlichen Christusnachfolge sein ewiges Ziel bei Gott erreicht hat. Nicht behauptet eine Heiligsprechung die unwiderlegbare Wahrheit aller im Rahmen des Heiligsprechungsprozesses aufgeführten Ereignisse und Tatsachen. An der Heiligkeit des Johannes Nepomuk ändert die Frage, ob es sich um das Beichtgeheimnis oder um ein anderes Amtsgeheimnis gehandelt hat, für das er die Folter und den Tod auf sich genommen hat, gar nichts. Das christliche Volk hat aber keinen Grund, den Historikern zuliebe auf die Verehrung des Johannes Nepomuk als Martyrer des Beichtgeheimnisses zu verzichten; denn es gibt und hat schon viele Dinge gegeben, die es nach der „Aktenlage" nicht geben dürfte. Nicht einmal ein Prozent des Weltgeschehens findet einen schriftlichen Niederschlag, und von diesem einen Prozent sind neunundneunzig Prozent durchaus anders verlaufen, als es in den Akten steht. Die Verehrung des Volkes bewahrt religiöse Wahrheiten auch in der Einkleidung der Legende mit Sicherheit besser als Gerichtsprotokolle und Reichstagsakten.
An dieser Verehrung des Volkes hat es Johannes Nepomuk nicht gefehlt. Sie bestand von Anfang an, im Barock aber wurde sie zur Lawine. 1719 wurden die Gebeine des Martyrers „erhoben"; dies bedeutet die erste Stufe der Verehrung. Dabei soll die Zunge unversehrt vorgefunden worden sein. 1721 fand die Seligsprechung und 1729 die feierliche Heiligsprechung statt. Der bayerische Kurfürst hat den neuen Heiligen zum Patron des Bayernlandes erwählt. In der neuesten Zeit ist es still geworden um den heiligen Johannes Nepomuk. Sollte der Grund auch darin liegen, daß die Wertschätzung des Bußsakramentes zurückgegangen ist? Wer keine Beichte braucht, der braucht auch keinen Schutzheiligen für das Beichtgeheimnis! Die Beichte aber ist wieder im Kommen und damit hoffentlich auch die Verehrung dieses großen Beichtheiligen.

Johannes der Täufer

Fest: 24. Juni

Einen Heiligen gibt es, einen einzigen Heiligen, den Jesus Christus, der Sohn Gottes, selbst heiliggesprochen hat: „Unter allen Menschen hat es keinen größeren gegeben als Johannes den Täufer", sagt er (Mt 11,11). Alles, was wir von Johannes, dem Täufer, wissen, das wissen wir aus der Heiligen Schrift. Sein Leben ist auf das engste mit der Lebensgeschichte Jesu verbunden. Dies kommt schon dadurch zum Ausdruck, daß die beiden Kindheitsgeschichten im Evangelium des Lukas gleichförmig gestaltet sind, die des Johannes allerdings als die des Menschen, des Nur-Menschen, des Vorläufers.

„Zur Zeit des Herodes, des Königs von Judäa, lebte ein Priester, namens Zacharias, der zur Priesterklasse Abija gehört. Seine Frau stammte aus dem Geschlecht Aarons; sie hieß Elisabet" (Lk 1,5). Der Evangelist will mit der Angabe der weltlichen Regierung des Königs Herodes die Beziehung zur Weltgeschichte und zur Heilsgeschichte herstellen. Der zeitliche Rahmen ist derselbe wie der Jesu. König Herodes regierte von 37 v. Chr. bis 4 n. Chr. von Roms Gnaden über Palästina. Da der Name Herodes in der Lebensgeschichte des Johannes noch öfter vorkommt, ist es notwendig, die verschiedenen Träger dieses Namens auseinanderzuhalten. Der hier genannte Herodes ist der Herodes des Kindermordes von Betlehem. Es handelt sich um Herodes den Großen. Der Herodes der Leidensgeschichte ist dessen Sohn Herodes Antipas, der bis 39 n. Chr. regierte und neben vielen Schandtaten auch den Mord an Johannes dem Täufer auf sich geladen hat. Die Frau, die ihn dazu gebracht hat, Herodias, war eine Enkelin von Herodes dem Großen und damit eine Nichte von Herodes Antipas. Sie war in erster Ehe verheiratet mit Herodes-Philippus, in zweiter (zu Lebzeiten des ersten) mit Herodes Antipas. Aus ihrer ersten Ehe stammt die berüchtigte Tochter Salome, die von ihrer Mutter angestiftet, das Haupt des Johannes gefordert hat.

Die Priesterschaft des Tempels von Jerusalem war in vierundzwanzig Dienstklassen eingeteilt. Diese hatten wochenweise im Tempel Dienst zu versehen, jede Klasse zweimal eine Woche im Jahr. Auch die Mutter Elisabet stammte aus priesterlichem Geschlecht. Von beiden sagt der Evangelist, daß sie gerecht waren und sich streng an die Gebote und Vorschriften des Herrn, das heißt an das Gesetz des Mose, hielten. Dies ist das Höchste, was man in der alttestamentlichen Ordnung von einer Familie aussagen konnte. Es ist die Frömmigkeit des Alten Testaments, in der Johannes aufgewachsen ist. Der große Kummer des Priesterpaares war seine Kinderlosigkeit. Diese galt im Judentum als

Schande; denn aus einer jüdischen Familie würde der Messias hervorgehen, und jede Frau lebte in der stillen Hoffnung, die Mutter des Messias zu werden. Unfruchtbarkeit aber schloß von dieser Hoffnung aus. Elisabet war bereits in einem Alter, in dem die Aussicht auf Kindersegen geschwunden war.
Zacharias wohnte nicht in Jerusalem. Zweimal im Jahr, wenn die achte Priesterklasse zum Tempeldienst an der Reihe war, mußte er seine Heimat verlassen und sich für eine Woche in Jerusalem aufhalten. Die einzelnen Funktionen im Tempel (z. B. Schlachten der Opfertiere, Reinigung des Altars, Vorbereitung der Geräte, Darbringung der Opfergaben und des Räucheropfers) wurden unter den diensttuenden Priestern ausgelost; denn nicht alle Dienste waren gleich begehrt. Das Rauchopfer war der Höhepunkt in der Laufbahn eines Priesters. Nur einmal im Leben durfte er das Heilige betreten und das Rauchwerk auf die Opferschale legen. Das Volk stand draußen im Vorhof und betete. In diesem Augenblick sah Zacharias zur rechten Seite des Opferalters den Erzengel Gabriel stehen, den höchsten Heilsboten Gottes, der auch der Jungfrau Maria die Ankunft des Messias verkündet hat. Der Einbruch des Himmels in diese Welt ruft Furcht und Schrecken hervor. Daher beginnt der Bote des Himmels mit den Worten: „Fürchte dich nicht!" Dann folgt die Botschaft: „Deine Frau Elisabet wird dir einen Sohn gebären; dem sollst du den Namen Johannes geben. Große Freude wird dich erfüllen, und auch viele andere werden sich über seine Geburt freuen. Denn er wird groß sein vor dem Herrn. Wein und andere berauschende Getränke wird er nicht trinken, und schon im Mutterleib wird er vom Heiligen Geist erfüllt sein. Viele Israeliten wird er zum Herrn, ihrem Gott, bekehren. Er wird mit dem Geist und mit der Kraft des Elija dem Herrn vorangehen, um das Herz der Väter wieder den Kindern zuzuwenden und die Ungehorsamen zur Gerechtigkeit zu führen und so das Volk für den Herrn bereitzumachen" (Lk 1,13–17). Wer die Ankündigung der Geburt Jesu liest, der merkt die Übereinstimmung, aber auch den deutlichen Unterschied. Johannes ist ein Großer vor dem Herrn, bei Jesus ist dieser Aussage hinzugefügt: „und Sohn des Höchsten". Die Anklänge in den beiden Verkündigungen zeigen die enge Verbindung der beiden im heilsgeschichtlichen Werk Gottes. Sie zeigen aber gleichzeitig auch den deutlichen Unterschied zwischen dem gesandten Boten und dem Herrn selbst, dem Gott „den Thron seines Vaters David geben wird". Die Größe des Johannes besteht in seiner Beziehung zu Jesus. Er ist groß, weil er den Größten ankündigen darf.
Mit ehrfürchtigem Staunen hat Zacharias die Botschaft des Engels vernommen. Er weiß, daß es eine Botschaft vom Himmel, ein Versprechen des lebendigen Gottes ist. Trotzdem bleibt er nüchtern und bei klarem Verstande. Er weiß, daß er selbst ein alter Mann ist, und er weiß, daß seine Frau das Alter, in dem eine Frau Kinder bekommen kann, überschritten hat. Daher hat er Zweifel an der Wahrheit der Voraussage und verlangt ein Zeichen. Die Antwort des Engels strahlt überirdische Hoheit aus: „Ich bin Gabriel, der vor Gott steht, und ich bin

gesandt worden, um mit dir zu reden und dir diese Frohbotschaft zu bringen. Aber weil du meinen Worten nicht geglaubt hast, die in Erfüllung gehen, wenn die Zeit dafür da ist, sollst du stumm sein und nicht mehr reden können, bis zu dem Tag, an dem all das eintrifft" (Lk 1,19–21). Dies ist gleichzeitig ein Zeichen und eine Strafe für den Zweifel am Wort Gottes.
Nach der Darbringung des Rauchopfers hatte der Priester von den Stufen der Vorhalle des Tempels aus den Segen über das Volk zu sprechen. Das Volk war schon ungeduldig, weil die Erscheinung und das Gespräch mit dem Engel die übliche Dauer der Zeremonie überschritten hatte. Nun trat Zacharias vor das Volk, konnte aber den Segen nicht sprechen, er war stumm. Nur mit den Händen machte er Zeichen. Da merkte das Volk, daß etwas Besonderes vorgefallen war. Der Glaube an Erscheinungen im Heiligtum gehörte zum religiösen Bewußtsein des jüdischen Volkes.
„Als die Tage des Dienstes im Tempel zu Ende waren, kehrte Zacharias nach Hause zurück. Bald darauf empfing seine Frau Elisabet einen Sohn und lebte fünf Monate zurückgezogen. Sie sagte: „Der Herr hat mir geholfen; er hat in diesen Tagen gnädig auf mich geschaut und mich von der Schande befreit, mit der ich in den Augen der Menschen beladen war" (Lk 1,23–25).
Gegen Ende dieser fünf Monate, die Elisabet in der Verborgenheit zubrachte, trat das Ereignis ein, auf das die Geschichte der Welt zulief und von dem sie alle künftigen Jahre zählt: die Verkündigung der Geburt Jesu an die Jungfrau Maria. Auch Maria hat Bedenken gegen die Worte des Engels vorgebracht. Aber sie äußerte keinen Zweifel und verlangte kein Zeichen. Trotzdem bot ihr der Engel ein solches an: „Auch Elisabet, deine Verwandte, hat noch in ihrem Alter einen Sohn empfangen, obwohl sie als unfruchtbar galt, ist sie jetzt schon im sechsten Monat. Denn für Gott ist nichts unmöglich" (Lk 1,36.37).
Maria hat „mir geschehe, wie du es gesagt hast" gesprochen, aber sie war sicher im Innersten aufgewühlt von diesem Einbruch der göttlichen Macht in ihr bis dahin ruhiges Mädchendasein. Es war nicht die Neugier, ob das vom Engel gegebene Zeichen der Wahrheit entspräche, sondern es war wohl das Bedürfnis, mit einer gleichfalls begnadeten Frau die Gedanken und Gefühle auszutauschen und gemeinsam die Allmacht Gottes zu loben, die sie zu ihrer Reise bewog.
Elisabet wohnte in einer Stadt im Bergland von Judäa; dieses liegt zwischen dem Jordantal im Osten und der Küstenebene im Westen. Die Stadt wird in der Heiligen Schrift nicht genannt. Von Betlehem aus wird man mit einer Reise von drei bis vier Tagen zu rechnen haben. Sicher hat Maria diese Reise nicht allein unternommen, sondern in Begleitung, vielleicht in einer nach Jerusalem ziehenden Karawane. „Und sie ging in das Haus des Zacharias und begrüßte Elisabet. Als Elisabet den Gruß Marias hörte, hüpfte das Kind in ihrem Leib. Da wurde Elisabet vom Heiligen Geist erfüllt und rief mit lauter Stimme: Gesegnet bist du mehr als alle anderen Frauen und gesegnet ist die Frucht deines Leibes. Wer bin

Taufe Jesu. ▷
Wandgemälde im Katholikon des Klosters Kaisariane. Foto: Archiv.

IC XC

ich, daß die Mutter meines Herrn zu mir kommt?" (Lk 1,41–43). Noch vor seiner Geburt erfüllte Johannes sein Amt, das Kommen des Messias anzukündigen. Zum erstenmal begegneten sich Jesus und Johannes, beide im Schoße ihrer Mütter, der alternden Elisabet und ihrer jungen Base Maria.

Maria antwortet auf die Grußworte Elisabets mit dem Magnifikat, dem schönsten Loblied auf die Würde der Gottesmutter. Dieser gewaltige Hymnus paßt zwar zur Begegnung der beiden Frauen, er greift aber weit über die Situation hinaus. Es ist eigentlich die menschliche Antwort des Dankes, der Freude, des Lobpreises auf die Großtat Gottes in der Memschwerdung des Sohnes, in der Öffnung des Tores zum Leben der Ewigkeit und Seligkeit.

Drei Monate blieb Maria bei ihrer Base Elisabet. Es muß dem frommen Sinn überlassen bleiben, was die beiden Frauen in dieser Zeit in der Betrachtung der wunderbaren Ereignisse, die zu ihrem Zustand geführt hatten, gedacht, gesprochen, betrachtet und gebetet haben. Es war, als ob die Ewigkeit und die Zeit den Atem anhielten vor dem Wehen des Heiligen Geistes, der über dem Leben dieser beiden Kinder schwebte, die im Schoße ihrer Mütter dem Leben entgegenträumten.

Noch vor der Geburt des Johannes kehrte Maria nach Hause zurück. Elisabet gebar einen Sohn. Ihre Verwandten und Nachbarn freuten sich mit ihr. Als es Zeit war, ihn nach jüdischer Sitte zu beschneiden und ihm einen Namen zu geben, gab es Streit mit den Verwandten. Die Mutter, die die Weisung des Engels kannte, wollte ihn Johannes nennen. Die Verwandten aber sagten: Es gibt doch niemand in der Verwandtschaft, der so heißt. Der Vater aber konnte nicht reden. Er war seit neun Monaten stumm. Da verlangte Zacharias ein Schreibtäfelchen und schrieb zum Erstaunen aller darauf: Sein Name ist Johannes. Im gleichen Augenblick löste sich seine Zunge, und er redete und pries Gott. Und alle, die in jener Gegend wohnten, erschraken, und man sprach von all diesen Dingen im ganzen Bergland von Judäa. Alle, die davon hörten, machten sich Gedanken darüber und sagten: Was wird wohl aus diesem Kinde werden? Denn es war deutlich, daß die Hand des Herrn mit ihm war (Lk 1,63–66).

Nun bricht Zacharias nach neun Monaten des Schweigens in einen Jubelhymnus aus, der weit über das Ereignis der Geburt seines Sohnes hinausgreift. Er sieht diese als Teil des viel größeren Geschehens, der Ankunft des Messias, der Erfüllung der Geschichte Israels, des Anbruchs der Gottesherrschaft. Das eigene Kind gehört zu diesem Geschehen: „Denn du wirst dem Herrn vorangehen und ihm den Weg bereiten. Du wirst sein Volk mit der Erfahrung des Heils beschenken in der Vergebung der Sünden" (Lk 1,76–77).

Der Bericht von der Geburt des Täufers schließt mit dem Satz: „Das Kind wuchs heran, und sein Geist wurde stark. Und Johannes lebte in der Wüste bis zu dem Tag, an dem er den Auftrag erhielt, in Israel aufzutreten."

Johannes wuchs im Elternhaus auf. Als junger Mann aber ging er von zu Hause weg „in die Wüste“. Die Wüste bedeutet in der Heiligen Schrift stets den Ort besonderer Gottesnähe. So verstanden könnte es bedeuten: Er suchte die Nähe Gottes in Einsamkeit, Gebet und Fasten. Andere Ausleger meinen, Johannes habe sich der Sekte der Essener angeschlossen, die in der Wüste von Engedi am Toten Meer ein Kloster errichtet hatten. Diese Sekte bekämpfte die verweltlichte Priesterschaft von Jerusalem, besonders die Hohenpriester. Die Mönche waren ehelos und lebten von ihrer Hände Arbeit. Sie beobachteten das Gesetz des Mose und hatten Gütergemeinschaft. Die später in der Heiligen Schrift geschilderte Lebensweise und die Lehren des Johannes liefern aber keinen Beweis für die Zugehörigkeit zu den Essenern. Wahrscheinlich ist es, daß es sich bei der Angabe „in der Wüste“ ebenso wenig um eine genaue Ortsangabe handelt wie bei der Versuchung Jesu (Lk 4,1), wo es heißt: „Darauf führte ihn der Geist vierzehn Tage lang in der Wüste umher.“

Fast ebenso lang wie bei Jesus dauerte das „verborgene“ Leben des Johannes. Dann aber erging das Wort Gottes an ihn, die Berufung zu seinem Amt, dem Amt des Herolds, des Vorläufers, des Täufers. Dieser Beginn der Heilszeit wird im Lukasevangelium fast noch feierlicher angekündigt als die Geburt Jesu selbst. „Es war im 15. Jahr der Regierung des Kaisers Tiberius, Pontius Pilatus war Statthalter von Judäa . . .“ (Lk 3,1–3).

Johannes zog von der Wüste aus in die Gegend am Jordan. Er forderte in flammenden Reden die Menschen auf, umzudenken und umzukehren, für ihre Sünden Buße zu tun und sich taufen zu lassen. Sein Ruf zur Buße war glaubwürdig. Schon sein Äußeres und seine Lebensweise zeigten, daß bei ihm im Gegensatz zu den Priestern in Jerusalem kein Widerspruch bestand zwischen den Worten und dem eigenen Lebenswandel. „Johannes trug ein Gewand aus Kamelhaaren und einen ledernen Gürtel um seine Hüften; Heuschrecken und wilder Honig waren seine Nahrung.“ Sanft ging er nicht um mit seinen Zuhörern. Als er sah, daß unter diesen auch viele Pharisäer und Sadduzäer waren, da rief er ihnen zu: „Ihr Schlangenbrut, wer hat euch denn gelehrt, daß ihr dem kommenden Gericht entrinnen könnt?“ (Mt 3,7). Die Endzeit der Welt, die Zeit des Heiles, ist angebrochen. Wer umkehrt und Buße tut, dem wird sie zum Heil ausschlagen, den anderen aber wird es schlecht ergehen. Nach mir kommt ein Stärkerer, als ich bin, ich bin ihm gegenüber ein Nichts, ein Sklave, nicht wert, die Schuhe zu binden. Er wird die Spreu vom Weizen trennen und diese in „nie erlöschendem Feuer verbrennen. Zum Zeichen eurer Bußgesinnung taufe ich euch mit Wasser. Dieser aber wird euch taufen mit dem Heiligen Geist und mit Feuer.“ Die Predigt des Täufers ist düster und schwer. Er sieht in dem kommenden Herrn vor allem den Richter und Rächer Gottes, der Gute und Böse trennen und richten wird. Johannes der Täufer sieht die erste Ankunft des Messias und die zweite Ankunft zum Weltgericht gleichsam in einer zeitlichen Ebene. Für ihn ist die Zeit des Weltgerichts schon jetzt angebrochen. Dies stimmt schon, wenn auch mit zeitlicher Versetzung: Das Erscheinen des Chri-

stus ist schon das Gericht: „Wer an mich glaubt, der wird gerettet werden, wer nicht glaubt, der ist schon gerichtet“, sagt Jesus selbst.
Das Volk strömt in hellen Scharen zum Jordan, die Menschen bekennen ihre Sünden und lassen sich taufen. Ja viele glauben, dieser gewaltige Prediger sei der Messias selbst, doch Johannes gibt ihnen zur Antwort: „Ich bin nicht der Messias, ich taufe euch nur mit Wasser. Nach mir kommt einer der stärker ist als ich; ich bin es nicht wert, mich zu bücken, um ihm die Schuhe aufzuschnüren.“
Eines Tages kommt dieser Größere und Stärkere, Jesus aus Nazaret in Galiläa zum Jordan, um sich von Johannes taufen zu lassen. Dürfen wir annehmen, daß Johannes ihn von Angesicht kannte? Er war ja mit ihm verwandt. Ihre beiden Mütter hatten sich vor ihrer beider Geburt besucht. War dies der einzige Besuch, oder haben sie sich in den dreißig Jahren ihres verborgenen Lebens kennengelernt? Wir wissen es nicht. Auf alle Fälle wollte es Johannes nicht zulassen, daß Jesus sich taufen ließ. Er sagt zu ihm: „Ich müßte von dir getauft werden, und du kommst zu mir?“ Jesus antwortet ihm: „Laß es nur zu! Denn nur so können wir die Gerechtigkeit ganz erfüllen. Da gab Johannes nach“ (Mt 3,13–15).
Es ging hier gar nicht um die persönliche Bekanntschaft. Johannes erkannte im Heiligen Geist die göttliche Würde und Sündelosigkeit Jesu. Für diesen bestand kein Anlaß zur Umkehr und zum Empfang der Bußtaufe. Jesus aber übernahm mit dieser Taufe die Sündenlast der Menschheit, um der Gerechtigkeit Gottes Genüge zu tun. Als Jesus aus dem Wasser stieg, öffnete sich der Himmel, und der Heilige Geist kam sichtbar in Gestalt einer Taube auf ihn herab, und eine Stimme aus dem Himmel sprach: „Das ist mein geliebter Sohn, an dem ich Gefallen gefunden habe“ (Lk 3,21–22). Dieses Ereignis zu Beginn des öffentlichen Wirkens Jesu war gleichsam die Proklamation des Messias, der nunmehr nach langer Wartezeit des Volkes Israel gekommen war, unter die Menschen trat und seinen Lauf begann. Der Täufer, der Vorläufer aber hat sein Amt erfüllt, sein Werk getan.
Darum berichtet der Evangelist Lukas schon hier, noch vor dem ersten Auftreten Jesu, über die Gefangennahme des Täufers durch Herodes Antipas.
Dieser hatte seinem Bruder Philippus die Frau Herodias „ausgespannt“. Eine solche Heirat verstieß gegen das Gesetz des Mose (Lev 18,16). Und Johannes nahm sich kein Blatt vor den Mund. Er prangerte den Frevel gegen die Heiligkeit der Ehe öffentlich an. Dies kam der Herodias zu Ohren, sie geriet in Wut und wollte den Johannes töten lassen. Aber Herodes fürchtete sich vor Johannes, „weil er wußte, daß dieser ein gerechter und heiliger Mann war. Darum schützte er ihn. Sooft er mit ihm sprach, wurde er unruhig und ratlos, und doch hörte er ihm gern zu“ (Mk 6,19.20). Die Haft des Johannes dauerte demnach länger. In dieser Zeit drang die Kunde vom Wirken Jesu in seinen Kerker, von der Auferweckung des Jünglings von Nain, von der Heilung des Knechts des Hauptmanns von Karfarnaum, von vielen Krankenheilungen, Dämonenaustrei-

bungen und von der Gewalt seiner Predigt überall in Galiläa. Johannes aber hatte geglaubt, der Messias werde das Weltgericht verkünden, mit seinem Erscheinen sei das Ende der Welt gekommen. Stattdessen tröstete Jesus die Betrübten, er aß mit den Zöllnern und Sündern und führte Reden wie: „Ich bin gekommen, um die Sünder zur Umkehr zu rufen, nicht die Gerechten" (Lk 5,32). Wo war die Wurfschaufel, mit der der Messias Weizen und Spreu sondern wollte, um die Spreu in unauslöschlichem Feuer zu verbrennen? Johannes wurde irre, er litt unter Zweifeln an der Messianität Jesu. Der Sinn seines Lebens und seiner Berufung war in Frage gestellt. Da bat er in seiner Not zwei seiner Jünger zu sich, er schickte sie zu Jesus und ließ ihn fragen: „Bist du der, der kommen soll, oder müssen wir auf einen anderen warten?" (Lk 7,18.19). Es ist eine erschütternde Szene: Der vorausgeschickte Bote weiß nicht, ob er einem Irrtum zum Opfer gefallen ist, weil die Lehre und die Werke des von ihm verkündeten Messias ganz anders aussahen, als er sich dies vorgestellt hatte. Johannes war ein Mensch, ein bloßer Mensch, er war nicht allwissend, und Gott macht es seinen besten Dienern nicht leicht; das könnte wohl auch die Muttergottes bestätigen. Die Antwort Jesu ist zunächst fast enttäuschend: „Geht und berichtet Johannes, was ihr gesehen und gehört habt: Blinde sehen wieder, Lahme gehen, und Aussätzige werden rein; Taube hören, Tote stehen auf, und den Armen wird das Evangelium verkündet. Selig ist, wer an mir keinen Anstoß nimmt" (Lk 7,22.23). Man könnte glauben, die Worte Jesu seien gar keine Antwort auf die Frage des Johannes. Aber sie sind es doch. Beim Propheten Jesaja sind die Werke, die der Messias verrichten wird, genannt (Jes 35,5 f.; 61,1; 29,18 f.). Und zwar sind es dieselben Werke, zitiert mit denselben Worten, wie sie der Prophet vom Messias gebraucht. Jesus will also mit seiner Antwort dem Täufer bedeuten: Da ich die im Alten Testament vom Messias vorhergesagten Werke vollbringe, bin ich auch der Messias. Dann fügt Jesus ein Wort an, das der Täufer als einen Tadel an seinem Zweifel auffassen muß: „Selig ist, wer an mir nicht Anstoß nimmt!" (Mt 11,6) Das ganz allgemein formulierte Wort ist allerdings an alle gerichtet, die Anstoß daran nehmen, daß die Wirklichkeit des Gottesreiches mit den Vorstellungen, die sie sich selbst gemacht haben, nicht übereinstimmt. Der Tadel und die Warnung sind zeitlos und stets aktuell bis zur zweiten Ankunft des Herrn. Die Heilige Schrift sagt nichts darüber, wie Johannes die Antwort Jesu aufgenommen hat. Da er aber in der Welt des Alten Testaments lebte und dessen Sprache verstand, dürfen wir annehmen, daß er die Antwort verstand und in der Treue zu Gottes Wort hingenommen hat.

Für Herodias kam die Gelegenheit zur Rache an dem verhaßten Wüstenpropheten ganz überraschend. Die Burg Machäros östlich des Toten Meeres hatte Herodes zu einer prachtvollen Residenz ausbauen lassen. Dort wurde Johannes gefangengehalten. An seinem Geburtstag gab der König ein großes Fest und lud die Würdenträger seines Reiches dazu ein. Beim Mahl führte die Tochter der

Herodias aus ihrer früheren Ehe, Salome, einen Solotanz auf. Solche Tänze waren bei festlichen Gelagen durchaus üblich. Allerdings traten im allgemeinen Berufstänzerinnen auf. Vielleicht kannte Herodias die Wünsche ihres Gatten und arrangierte das Schauspiel, um diesen in einer Weinlaune zu fangen. Jedenfalls war ihr Plan erfolgreich. In der fröhlichen Stimmung des Festmahls, angeregt vom Wein und aufgeregt durch die Sinnlichkeit des Tanzes, läßt sich Herodes unter Eid zu einem leichtsinnigen Versprechen hinreißen: „Was du auch von mir verlangst, ich will es dir geben, und wenn es die Hälfte meines Reiches wäre" (Mk 6,23). Das Mädchen eilte zu seiner Mutter und fragte sie, was sie sich wünschen solle. Sicher dachte sie an kostbaren Schmuck, an ein edles Pferd oder an einen reichen Bräutigam. Die Mutter aber hatte andere Pläne. Sie gebot ihr: Verlange den Kopf des Täufers! Das Mädchen war sicher nicht begeistert, aber es folgte dem Befehl der Mutter und verlangte den Kopf des Johannes. „Da wurde der König sehr traurig", sagt die Heilige Schrift. Da er aber einen Eid geleistet hatte, befahl er einem Scharfrichter, sofort in das Gefängnis zu gehen und den Kopf des Täufers herzubringen. Der Henker ging und enthauptete Johannes. Dann brachte er den Kopf auf einer Schale, gab ihn dem Mädchen, und das Mädchen gab ihn seiner Mutter" (Mk 6,26–28). Dies ist der Bericht des Evangelisten. So endete das irdische Leben des Menschen, von dem Jesus Christus, der Herr, gesagt hat: „Unter allen Menschen hat es keinen größeren gegeben als Johannes, den Täufer" (Mt 11,11).

Als die Jünger des Johannes das hörten, da holten sie den Leichnam und bestatteten ihn.

Die Jüngergemeinde des Johannes bestand noch längere Zeit weiter. Einige schlossen sich Jesus an, andere standen in einem gewissen Gegensatz zu Jesus. Sie hielten Johannes noch immer für den Messias. An sie richtet der Evangelist Johannes in dem feierlichen Prolog zu seinem Evangelium die Worte: „Es trat ein Mensch auf, der von Gott gesandt war. Sein Name war Johannes. Er kam als Zeuge, um Zeugnis abzulegen für das Licht, damit alle durch ihn zum Glauben kommen. Er war nicht selbst das Licht, er sollte nur Zeugnis ablegen für das Licht" (Joh 1,6–8).

Johannes war der letzte Prophet des Alten Bundes und gleichzeitig der Herold des Neuen. Wie Mose sah er in das verheißene Land, das er selbst nicht betreten durfte. Die Berufung des Herrn lastete schwer auf ihm. Er ist eigentlich eine tragische Gestalt. Darum wird er mit Recht als ein ganz großer Heiliger verehrt, weil er treu war, treu sich selbst und treu seiner Berufung, die er mit dem Tode besiegelt hat, ein Vorläufer seines Herrn, auch in diesem, seinem eigenen Schicksal.

Josef

Fest: 19. März

In den biblischen Berichten über das Leben der Heiligen Familie, die aus Jesus, Maria und Josef bestand, wird aus dem Munde des Hauptes der Familie, Josef, nicht ein einziges Wort überliefert. Seine Person steht wie ein Schatten im Hintergrund. Was hat er gedacht und gefühlt in der Nacht von Betlehem, auf der Flucht nach Ägypten, als Lehrmeister seines Sohnes, der von ihm das Handwerk eines Zimmermanns gelernt hat? Dreißig Jahre hat er mit ihm zusammen gelebt. Er ist der einzige Mensch, der in den Armen seines Gottes und Richters gestorben ist. Wie und wann ist er gestorben? Von all dem wissen wir nichts. Den Männern, die die heilige Geschichte aufgeschrieben haben, ging es darum, die Botschaft vom auferstandenen, fortlebenden und fortwirkenden Herrn zu verkünden. Erst später erwachte das Interesse an seinem irdischen Leben, seinem Leiden, seinem Tod und seiner Auferstehung. Dann wollte man zeigen, daß es derselbe Herr war, der durch Galiläa zog und lehrte und heilte. Die Menschen in seiner Umgebung erhielten ja ihre Bedeutung für die Evangelisten einzig von Jesus her, als seine Eltern, als seine Jünger, als seine Gegner. Es war gar nicht die Absicht der Evangelisten, über Josef zu berichten. Nur sein Anteil an der Geschichte Jesu war für sie und ist für uns wichtig. Wichtig ist die Rolle, die ihm Gott in der Heilsgeschichte zugemessen hat. Dies war allerdings eine ganz andere Rolle als die, die Josef für sein Leben sich zurechtgelegt hatte. Er war ein junger Handwerker, ein Zimmermann in Nazaret, einer kleinen Stadt in Galiläa. Man nannte den Namen dieser Stadt mit einem verächtlichen Unterton. Der Beruf des Zimmermanns gehörte zwar nicht zu den Berufen, die ihre Vertreter aus der Gesellschaft ausschlossen, wie z. B. die Gerber, Bader, Krämer, Schafscherer; besonderes Ansehen oder Wohlstand brachte er aber auch nicht ein; denn die Bauten Palästinas verwendeten wenig Holz, schon deswegen, weil Bauholz eingeführt werden mußte. Darum spielte der Zimmermann unter den Bauberufen eine untergeordnete Rolle. Man muß annehmen, daß die Zimmerleute gleichzeitig Nebenerwerbslandwirte waren, das heißt, sie hatten einige Rinder oder Schafe, weil sie von ihrem Handwerksberuf allein nicht leben konnten. Auf der anderen Seite legen die Evangelien großes Gewicht auf die Abstammung dieses Zimmermanns Josef von König David. Nach dem Evangelisten Matthäus waren es von Abraham bis David vierzehn, von David bis zur Babylonischen Gefangenschaft wiederum vierzehn Generationen und von der Babylonischen Gefangenschaft bis zu Christus nochmals vierzehn Generationen. Der Vater des Josef hieß nach diesem Evangelium

Jakob (Mt 1,16), nach dem Lukasevangelium aber Eli. Nur einer dieser Namen kann der richtige sein. Vermutlich aber keiner; denn die Stammbäume der Evangelien haben nicht den Zweck, geschichtlich genaue Angaben zu liefern. Sie wollen anhand zeitgenössischer Vorlagen die Abstammung Jesu von David belegen. Dabei kam es nicht auf die Genauigkeit der Einzelangaben an. Nachkommen Davids gab es viele in Israel. Manche waren reich und angesehen, andere waren im Laufe der Generationen verarmt. Der Handwerksberuf des Josef und seine Abstammung von König David widersprechen sich daher nicht. Dagegen macht ein anderer Widerspruch auf den ersten Blick größere Schwierigkeiten. Die biblischen Stammbäume führen zu Josef, aber nicht zu Jesus. Jesus war nicht der Sohn des Josef. Jesus wurde durch die Allmacht Gottes im Schoß der Jungfrau Maria erschaffen. Er hatte keinen irdischen Vater. Damit geht der Nachweis der Abstammung von Jesus über Josef zu David ins Leere. Eine solche Fragestellung war den Evangelisten und ihren Lesern fremd. Nach dem jüdischen Recht stand der Sohn in der Abstammungslinie des Vaters, und Jesu Vater war nach dem Gesetz eben Josef. Derselbe Evangelist Lukas, der die Verkündigung des Engels an Maria berichtet, nennt wenig später Josef „seinen Vater" (Lk 2,33) und Josef und Maria „seine Eltern" (Lk 2,39.41). Maria selbst sagt zu dem zwölfjährigen Jesus im Tempel: „Dein Vater und ich haben dich voll Angst gesucht" (Lk 2,48). So war die Rechtslage, die Josef nach der Erscheinung des Engels anerkannte und auf sich nahm. Zunächst hatte er sich die Ehe mit Maria allerdings anders, ganz anders vorgestellt.
Als der Engel Gabriel von Gott in eine Stadt in Galiläa namens Nazaret gesandt wurde zu einer Jungfrau, da schreibt der Evangelist Lukas (1,27): „Sie war mit einem Manne namens Josef verlobt." Die Verlobung war bei den Juden soviel wie bei uns die Eheschließung. Die Verlobte war vor dem Gesetz die Ehefrau eines Mannes. Er konnte sich von ihr scheiden lassen und mußte dazu die Formalitäten der Ehescheidung beachten. Im Falle seines Todes wurde sie Witwe. Allerdings lebten die Verlobten im allgemeinen nicht zusammen wie Eheleute, die Braut blieb im Hause ihrer Eltern. Nach ungefähr einem Jahr führte der Bräutigam die Braut heim in sein Haus und nahm die eheliche Gemeinschaft auf. Ein Mädchen wurde im allgemeinen im Alter von zwölf bis dreizehn Jahren verlobt, mit dreizehn bis vierzehn Jahren war sie Ehefrau, mit fünfzehn Jahren hatten die meisten jüdischen Frauen ihr erstes Kind. Durch die Verlobung hatten Maria und Josef also bereits alle rechtlichen Schritte getan, um ein ganz normales Ehepaar zu werden mit der Hoffnung auf reichen Kindersegen; denn eine Ehe ohne Kinder war für die Juden unvorstellbar; Unfruchtbarkeit war für eine Frau ein schweres Schicksal, eine Schande. In der Erwartung des Messias lebte jede jüdische Frau in der Hoffnung, daß ihr Kind der „Ersehnte" sein könnte. Josef wußte sich also mit Maria verbunden und lebte in der freudigen Erwartung eines glücklichen, kinderreichen Familienlebens.
Da merkte er, daß seine Braut Maria ein Kind erwartete. Er war wie erschla-

Der heilige Josef mit dem Jesuknaben. Gemälde von El Greco um 1597/99, Toledo, Kathedrale. Als Leihgabe im Museo de Santa Cruz, Toledo. Foto: Atelier Oronoz, Madrid. ▷

gen. Da sie noch keine eheliche Gemeinschaft gehabt hatten, wußte er, daß dieses Kind nicht von ihm sein konnte. Er mußte also an eine Untreue mit einem anderen Mann glauben. Er kannte seine Braut Maria und wußte um ihre Reinheit in all ihrem Denken, Sinnen und Handeln. Und Maria kam nicht zu ihm, um sich mit ihm auszusprechen. Die Qualen eines liebenden Bräutigams, der sich das reinste aller Mädchen erwählt hatte und nun entdecken und vermuten mußte, sie habe ihn betrogen, wurden durch das Schweigen Marias nicht gemildert, sondern noch verstärkt. Josef mußte überlegen, was er nun zu tun hatte. Das jüdische Gesetz sah für eine untreue Ehefrau, und eine Verlobte war wie jede Ehefrau zur ehelichen Treue verpflichtet, die Strafe der Steinigung vor. Allerdings war im Laufe der Zeit die Durchführung der Strafe gemildert worden; zur Zeit Jesu wurde sie kaum noch vollzogen. Dagegen blieb die öffentliche Verhandlung und die lebenslange Schande. Es gab noch einen anderen Weg, ein Vergehen dieser Art aus der Welt zu schaffen. Wenn der betrogene Gatte seiner Frau die Schande der öffentlichen Verhandlung ersparen wollte, dann konnte er ihr einen Scheidebrief ausstellen, das heißt sich scheiden lassen, und sie damit freigeben für eine Ehe mit dem Vater des Kindes. Die Praxis der Ehescheidung wurde zu dieser Zeit sehr lax gehandhabt. Ein Mann konnte aus jedem Grund, selbst wegen einer angebrannten Suppe, seiner Frau den Scheidebrief ausstellen. Dieser mußte die Namen der Frau und des Mannes enthalten und von zwei Zeugen unterzeichnet werden; dann war die Ehe oder die Verlobung gelöst. Ein solcher Vorgang fiel bei der verbreiteten Scheidungspraxis so gut wie gar nicht auf. Er setzte allerdings den Verzicht des Mannes auf eine öffentliche Genugtuung der ihm angetanen Schmach voraus. Nach langem Grübeln hatte sich Josef für diesen zweiten Weg entschieden. „Er beschloß, sich in aller Stille von Maria zu trennen", sagt der Evangelist (Mt 1,19); denn Josef war „gerecht". Dieses Wort gerecht bedeutet hier: er war gütig und mild; er wollte seine Braut Maria nicht ins Unglück stoßen. Während Josef noch hin und her überlegte, erschien ihm im Traum ein Engel des Herrn und sagte: „Josef, Sohn Davids, fürchte dich nicht, Maria als deine Frau zu dir zu nehmen; denn das Kind, das sie erwartet, ist vom Heiligen Geist. Sie wird einen Sohn gebären; ihm sollst du den Namen Jesus geben; denn er wird sein Volk von seinen Sünden erlösen" (Lk 1,20.21). Für einen im jüdischen Glauben aufgewachsenen frommen Israeliten ist diese Botschaft nicht weniger eine Zumutung an alle Sinne und Erfahrungen als für jeden anderen Menschen. Trotz der Prophezeiung des Jesaja: „Seht, die Jungfrau wird ein Kind empfangen, einen Sohn wird sie gebären . . ." (Jes 7,14) war dieser Gedanke der phantasiereichen Theologie der Juden völlig fremd. Gott ist mit Macht eingebrochen in diese Zeit und in diese Welt, um Heil zu bringen. Schlichter kann die gläubige Gehorsamstat des Josef nicht geschildert werden als mit den Worten des Evangelisten Matthäus (1,24): „Als Josef erwachte, tat er, was der Engel des Herrn ihm befohlen hatte, und nahm seine Frau zu sich. Er erkannte sie aber nicht, bis sie ihren Sohn gebar. Und er gab ihm den Namen Jesus.“ Vor den Augen der Öffentlichkeit vollzog sich alles völlig unauffällig und normal. Die Verlobte war bereits die Frau gewesen. Die Empfängnis eines Kindes vor der Aufnahme der häuslichen Gemeinschaft wurde zwar nicht als ideal, aber als durchaus normal angesehen. Normal war der Beginn des Ehelebens mit dem Einzug in das Haus des Gatten. In dieser Heiligen Familie aber war ein anderes Gesetz gültig als das Gesetz der Natur zwischen Mann und Frau. Diese Familie hatte Gott in Anspruch genommen für seinen Heilsdienst an der ganzen Menschheit. Maria gebar ihr Kind als unberührte Jungfrau. Dies festzustellen ist dem Evangelisten ein Anliegen. Eine Aussage über die Zeit nach der Geburt Jesu ist in seinen Worten nicht enthalten. Josef aber, der Vater vor dem Gesetz, gab „seinem“ Sohn den Namen, den ihm der Engel aufgegeben hatte, Jesus, das bedeutet: „Gott bringt (durch Jesus) seinem Volk Heil, Erlösung“. Bald bedurfte die Heilige Familie des männlichen Schutzes des Familienoberhaupts. Kaum war der seltsame und hohe Besuch der Weisen aus dem Morgenland vorbei, erschien dem Josef wiederum ein Engel im Traum und sprach zu ihm: „Steh auf, nimm das Kind und seine Mutter, und flieh nach Ägypten. Dort bleibe, bis ich dir etwas anders auftrage; denn Herodes wird das Kind suchen, um es zu töten. Da stand Josef in der Nacht auf und floh mit dem Kind und dessen Mutter nach Ägypten. Dort blieb er bis zum Tode des Herodes“ (Mt 2,13–15).

Seit alter Zeit war das Land Ägypten Zuflucht für Verfolgte. Um 160 v. Chr. floh sogar der Hohepriester mit seinen Anhängern nach Ägypten. Sogar die eigene Schwiegermutter des Herodes wollte sich mit ihrem Sohn Aristobul auf dem gleichen Weg in Sicherheit bringen. Für sie allerdings war es zu spät. In Ägypten gab es eine große jüdische Kolonie, so daß man annehmen darf, daß Josef dort hoffen konnte, bei Verwandten oder Bekannten ein Unterkommen zu finden. Wo sich die Heilige Familie in Ägypten aufgehalten hat, ist nicht bekannt. Vermutlich hat Josef dort sein Zimmermannshandwerk ausgeübt und damit den Lebensunterhalt verdient.

Als Herodes im Jahre 4 v. Chr. gestorben war, konnte Josef an die Rückkehr nach Palästina denken. Der Aufenthalt in Ägypten könnte etwa drei Jahre gedauert haben, sodaß Jesus bei der Rückkehr vier Jahre alt war. Wiederum erscheint Josef ein Engel des Herrn im Traum. Der kritische Leser von heute wird fragen, was es mit den wiederholten Engelserscheinungen auf sich hat. Den Tod des Herodes konnte Josef auf ganz natürlichem Wege erfahren haben, dazu bedurfte es nicht der Erscheinung eines Engels. Man muß solche Erzählungen aus dem Verständnis der Zeit heraus erklären. Der Evangelist will mit den Erscheinungen des Engels zum Ausdruck bringen, daß Gott die Geschicke und die Geschichte Jesu gelenkt hat. Er hat dem Josef die Gedanken eingegeben, die ihn zu den richtigen Entscheidungen führten. Diese Tatsache der göttlichen Führung kleidet er für die Leser seiner Zeit in das Gewand einer himmlischen Erscheinung im Traum. „Wir dürfen daher die Traumerlebenisse als eine literarische Einkleidung oder Erzählungsform dessen betrachten, der die Erzählungen geformt hat“ (P. Gaechter). Josef war ein umsichtiger, klar denkender Handwerker, der die wunderbaren Ereignisse bei der Geburt Jesu tief in sich aufgenommen hatte, und der es durchaus verstand, die rechten Entscheidungen daraus abzuleiten.

So zog er auf die Nachricht vom Tode des Herodes „in das Land Israel. Als er aber hörte, daß in Judäa Archelaos an Stelle seines Vaters Herodes regierte, fürchtete er sich dorthin zu gehen. Und weil er im Traum einen Befehl erhalten hatte, zog er in das Gebiet von Galiläa und ließ sich in einer Stadt namens Nazaret nieder“ (Mt 2,21–23). Archelaos hatte sich als „würdiger“ Nachfolger seines Vaters Herodes eingeführt. Sicher hatte Josef erfahren, daß dieser gleich in den ersten Tagen seiner Regierung in Jerusalem einen Aufstand blutig niedergeschlagen und dreitausend Juden hatte umbringen lassen. So ging ihm der Ruf eines grausamen und tyrannischen Herrschers voraus. Aus dem Matthäusevangelium könnte man den Eindruck gewinnen, als ob Josef jetzt zum ersten Mal seinen Wohnsitz in Nazaret, das ihm bis dahin fremd war, genommen hätte. Nach dem Lukasevangelium aber war Nazaret die Heimat Josefs und Marias (2,4). Der Engel Gabriel wurde „von Gott in eine Stadt namens Nazaret zu einer Jungfrau gesandt“ (Lk 1,26). Und in der Weihnachtserzählung heißt es wörtlich: „So zog auch Josef von der Stadt Nazaret in Galiläa hinauf nach Judäa in die Stadt Davids, die Betlehem heißt“ (Lk 2,4). Nach ungefähr vierjähriger Abwesenheit kehrten Maria und Josef in ihre Heimat Nazaret zurück. Der Evangelist Lukas weiß allerdings nichts von der Flucht nach Ägypten. Nach seinem Bericht schließt sich an die Geburt, die Beschneidung und die Darstellung im Tempel unmittelbar die Heimreise nach Nazaret an: „Als seine Eltern alles getan hatten, was das Gesetz des Herrn vorschreibt, kehrten sie nach Galiläa in ihre Stadt Nazaret zurück. Und das Kind wuchs heran und wurde kräftig; Gott erfüllte es mit Weisheit, und seine Gnade ruhte auf ihm“ (Lk 2,39.40).

Damit schließt die Geschichte von der Menschwerdung Gottes in Jesus durch Maria, die Jungfrau. Josef hat diese Geschichte miterlebt, miterlitten und durch seinen demütigen Gehorsam mitgestaltet. Er ist nicht nur ein Zeuge, eine Randfigur. Er gab der Jungfrau Maria seinen Namen, seine Ehre, seinen Schutz, der Heiligen Familie das Dach und das Heim einer vollgültigen jüdischen Familie. Kein einziges Wort ist von Josef überliefert. Was mag er gegrübelt und gebetet haben, und wie ist er allmählich gereift zur glaubensvollen Hinnahme der göttlichen Geschehnisse, die sein Leben so von Grund auf umgeworfen hatten? Über Josef und sein Schicksal muß man nachdenken, wenn Menschen auf göttliches Handeln antworten sollen.

In der Heiligen Schrift ist nach der Kindheitsgeschichte nicht mehr viel von Josef die Rede. Als der zwölfjährige Jesus erstmals zum Tempel nach Jerusalem

reisen durfte, berichtet der Evangelist: Die Eltern Jesu gingen jedes Jahr nach Jerusalem. Dies war Brauch bei frommen Juden. Und daraus ersehen wir, daß Jesus in einer frommen jüdischen Familie aufwuchs. Als Josef und Maria Jesus nach drei Tagen im Tempel gefunden hatten, sagte Maria vorwurfsvoll zu Jesus: „Dein Vater und ich haben dich voll Angst gesucht." Maria bezeichnete Josef auch Jesus gegenüber als Vater, was zwar der gesetzlichen, nicht aber der biologischen Wirklichkeit entsprach. Ist es erlaubt zu fragen, ob der Mensch Jesus, von dem die Evangelien öfter berichten, daß er fragte, daß er nicht wußte usw., Josef für seinen Vater hielt und – als Mensch – seine unmittelbar göttliche Entstehung nicht kannte? Die Antwort, die er seinen Eltern gibt: „Wußtet ihr nicht, daß ich in dem sein muß, was meinem Vater gehört?" muß nicht unbedingt eine Antwort auf diese Frage sein.
Josef ist vor dem öffentlichen Auftreten Jesu gestorben. Er hat die Taten seines „Sohnes" nicht mehr erlebt. Es ist ihm erspart geblieben, Zeuge seiner Verwerfung durch die Autorität des Judentums, seines Leidens und seiner Hinrichtung zu werden. Er ist in Nazaret in der Gemeinschaft von Jesus und Maria hinübergegangen zu Gott, dem er so treu gedient hatte. Mit Recht wird er als Patron der Sterbenden verehrt; denn er durfte unter den Augen des Gottessohnes und unter den Gebeten der Gottesmutter sein Leben zurückgeben.
Das menschliche Bild des heiligen Josef zeigt ihn als aufrechten, männlichen Charakter, dem Willen Gottes untertan in einem klugen und tapferen Gehorsam, treu und selbstlos sorgend für die ihm anvertraute Familie, ein schweigsamer Mann, der sich der höchsten Aufgabe, die einem irdischen Mann je gestellt wurde, gewachsen gezeigt hat. Eine Erneuerung der Verehrung des heiligen Josef wäre ein zuverlässiger Maßstab für eine Erneuerung des Glaubens der Christenheit.

Karl Borromäus

geboren: 2. Oktober 1538
gestorben: 3. November 1584
Fest: 4. November

Karl wurde am 2. Oktober 1538 auf der Burg Arona am Lago Maggiore als viertes Kind von Giberto II. Borromeo und seiner Gemahlin Marghareta de Medici geboren. Wohl niemand hätte diesem Kind seinen Lebenslauf vorausgesagt. Der Zustand der Kirche war trostlos. Die Päpste fühlten sich als Renaissancefürsten, die ihr Leben in Pracht und Luxus verbrachten, die nach Kriegsruhm, nach Dichterehren oder nach dem Lob der Künstler strebten. Die Bischöfe hielten sich in den seltensten Fällen in ihrer Diözese auf. Sie waren nur an den Einkünften interessiert. Wie oben so unten. Die Geistlichen lebten häufig im Konkubinat und kümmerten sich wenig um die Seelsorge, das Volk war unwissend in religiösen Dingen und lief dem Aberglauben nach. Dies war der Nährboden der Reformation, die wie ein Steppenfeuer die deutschen Lande ergriff und sich über die Schweiz nach Süden bis vor die Tore von Mailand ausbreitete.
Es gab auch Ausnahmen, es gab Frömmigkeit und Mildtätigkeit. Aber diese Ausnahmen bei hoch und niedrig bestätigten eher den allgemeinen Zustand. Karl hatte das Glück eines tieffrommen Elternhauses. Sein Vater übte barmherzige Nächstenliebe bis zum eigenen wirtschaftlichen Ruin. Die Mutter verlor Karl bereits im Alter von neun Jahren.
Mit sieben Jahren erhielt der junge Borromeo die Tonsur und das geistliche Kleid. Rechtlich trat er damit in den geistlichen Stand ein. Aber es wäre falsch, hierin ein Zeichen besonderer religiöser Neigungen zu sehen. Dieser Schritt war vielmehr die rechtliche Voraussetzung für die Erlangung geistlicher Pfründen, d. h. der Einkünfte aus geistlichen Ämtern. So erhielt Karl schon in diesem Alter die Einkünfte der Abtei zu Arona. Eine Verpflichtung gegenüber den Mönchen oder zu eigenem klösterlichen Leben war damit nicht verbunden.
Mit sechzehn Jahren bezog Karl die Universität Pavia, um Rechtswissenschaft zu studieren und später entweder eine leitende Position bei einem der zahlreichen verwandten Fürstenhäuser einzunehmen oder die eigenen Familiengüter zu verwalten. An dem jungen Studenten wurde sein starker Wille gerühmt, die Klarheit und Bestimmtheit seiner Ansichten und seine angeborene Geradheit; es fiel aber auch eine gewisse Härte des Charakters auf; einen störenden Sprachfehler bekämpfte er mit Energie und Erfolg. Von dem fröhlichen, mut-

willigen Treiben der Studenten, unter denen sich sein Bruder Friedrich und mehrere Verwandte befanden, schloß er sich nicht völlig aus. An Trinkgelagen und derben Späßen beteiligte er sich aber nicht. Sie lagen seinem Charakter nicht. Auch verschwendete er keine Zeit, so daß er bereits nach vier Jahren 1559 den Doktorgrad beider Rechte erwerben und damit seine Studien abschließen konnte.

Im gleichen Jahr trat ein Ereignis ein, das über seinen weiteren Lebensweg entscheiden sollte. Am Weihnachtstag 1559 wurde der Bruder seiner Mutter, also sein Onkel mütterlicherseits, als Pius IV. zum Papst gewählt. Dieser rief sogleich seine beiden Neffen, Friedrich und Karl, zu sich nach Rom, um sich mit zuverlässigen, ihm treu ergebenen Mitarbeitern zu umgeben. Die Sitte der Päpste dieser Zeit, mit Verwandten die leitenden Stellen der Kurie zu besetzen, ist viel kritisiert worden. Sie hat auch zu schlimmen Auswüchsen geführt, wenn die „Nepoten" (Neffen) sich gewissenlos bereicherten und mit ihren Fehlern und Verbrechen die Namen der Päpste und die Ehre der Kirche befleckten. Einige Male aber hatten die Päpste auch Glück, wie z. B. Pius IV. In diesen gewalttätigen Zeiten, wo die Rechtsverhältnisse und die kirchlichen Laufbahnen noch nicht so festgelegt und geordnet waren, war es für einen Papst wichtig, Mitarbeiter zu haben, denen er wegen der in Italien besonders gepflegten Familienbande persönlich trauen konnte.

Pius IV. überhäufte seine beiden Neffen mit den wichtigsten Regierungsämtern des Kirchenstaats und der Kirchenregierung. Der Bruder Friedrich wurde Kommandeur des Kirchenstaats, Karl wurde, obwohl noch nicht zum Priester geweiht, mit 21 Jahren Kardinal und Staatssekretär des Papstes. Damit war er der mächtigste und wichtigste Mann nach dem Papst. Alle Vorlagen, die der Papst zu behandeln und zu entscheiden hatte, gingen durch seine Hand. Sein Arbeitseifer und seine gute juristische Ausbildung ermöglichten ihm die Bewältigung eines geradezu unvorstellbaren Arbeitspensums. Auch hier zeigte sich zum Nutzen der Kirche und zum Ärger vieler ihrer Diener bald die hervorstechende Charaktereigenschaft des jungen Nepoten: Klarheit und Bestimmtheit seiner Anweisungen und eine scharfe Kontrolle der Ausführung in allen Einzelheiten. Dies fiel bei der Milde und Güte des Papstes und bei dem gewohnten Schlendrian am päpstlichen Hof ganz gewaltig auf. Dabei fügte sich Karl in seinem persönlichen Leben damals durchaus in den aufwendigen weltlichen Stil des päpstlichen Hofes ein. Er legte Gewicht auf elegante Kleider, auf eine reich besetzte Tafel mit vielen Gästen. Er liebte die Jagd und andere Kurzweil. Die Verwaltung der Erzdiözese Mailand wurde ihm als Laien übertragen. Ihre Einkünfte ermöglichten ihm den Unterhalt eines standesgemäßen Hofstaats. Die Sorge um das geistliche Wohl blieb Vikaren überlassen. Große Energie verwandte Karl auf die Wiedereinberufung des Trienter Konzils; denn von seinem Erfolg hing die Zukunft der Kirche ab. Der bisherige Verlauf des Konzils war nicht sehr erfolgreich. Rangstreitigkeiten und Wortklaubereien nahmen viel Zeit und Kraft in Anspruch. Für die Erneuerung der Kirche „an Haupt und Gliedern" war nicht viel herausgekommen. Doch nun hatte das Konzil im neuen Kardinalstaatssekretär einen starken Motor erhalten. Karl hat das Hauptverdienst am glücklichen Ausgang und Erfolg dieser bis heute bedeutendsten Kirchenversammlung. Freilich, zu guten Beschlüssen zu kommen, war schwierig. Die Beschlüsse aber in die Tat umzusetzen, war noch viel schwieriger. Und diese zweite Aufgabe füllte die zweite Hälfte des kurzen Lebens des Heiligen aus.

Am Beginn dieser zweiten Lebenshälfte steht ein Erlebnis, das den jungen Kirchenfürsten zutiefst getroffen und in der Folgezeit so umgewandelt hat, daß man glauben könnte, man habe die Lebensläufe von zwei ganz verschiedenen Männern vor sich. Es war der plötzliche Tod seines älteren Bruders Friedrich, der im Alter von 27 Jahren nach wenigen Krankheitstagen in seinen Armen starb. Friedrich war nicht nur Befehlshaber aller Truppen des Kirchenstaats gewesen, König Philipp II. von Spanien hatte ihm den Befehl über die spanische Flotte anvertraut und ihn mit dem Fürstentum Oria belehnt. Nun war der Traum von Macht und Größe der Borromäerfamilie ausgeträumt, die übrigen Geschwister waren Mädchen, die in die besten Familien Italiens eingeheiratet hatten und als Träger des Namens damit ausschieden. Die Lebenskonzeption Karls war wie ein Kartenhaus zusammengebrochen. Daß hier aber mehr als Verzweiflung über einen Tod, daß Gottes Führung mit im Spiel war, das zeigte sich darin, daß Karl alle Ratschläge, die Verwaltung der borromäischen Besitzungen zu übernehmen, den Kirchendienst zu verlassen und durch eine große Heirat sein Geschlecht fortzuführen, selbst auf das Zureden des Papstes hin ablehnte, obwohl er noch nicht zum Priester geweiht war und damit jederzeit in die Welt zurückkehren konnte. Sein Weg ging genau in die entgegengesetzte Richtung. Neben den vielfältigen Aufgaben eines Staatssekretärs begann Karl nun mit dem Studium der Theologie. Ganz im geheimen ließ er sich zum Priester weihen und feierte am 15. August 1563 am Hochaltar von St. Peter seine Primiz. Im Dezember des gleichen Jahres empfing er die Bischofsweihe. Damit hatte er seinem Leben unwiderruflich die Richtung gegeben. Der Kardinal war ein anderer geworden, auch wenn sich an seinem Pflichtenkreis und an dem äußeren Ablauf der Geschäfte zunächst wenig änderte. Allmählich bemerkte aber auch seine Umgebung die Veränderungen. Er verkleinerte seinen Hofstaat. Die großen Einladungen hörten auf. Die seidenen Gewänder verschwanden. Die Einfachheit des Lebens führte zu einem Aufstand der Dienerschaft, die „Besseres" gewöhnt war. Stattdessen wurden die Gottesdienste häufiger, die Gebetszeiten länger, und voll Entsetzen entdeckte ein Kammerdiener im Schlafzimmer Bußwerkzeuge, die damals am päpstlichen Hofe am wenigsten gesucht wurden. Auch der Umgang des Kardinals änderte sich. Die roten und violetten Roben der Kirchenfürsten verschwanden, die prachtvollen Aufzüge der Gesandten wurden weniger. Dafür gingen die Männer der neuge-

gründeten Gesellschaft Jesu in ihrem schlichten Schwarz so häufig aus und ein, daß Beschwerden beim Papst gegen diese neuen Ratgeber erhoben wurden.
Die Hauptaufgabe in der Kirche sah Karl in der Durchführung der Beschlüsse des Konzils von Trient. Ein wichtiger Konzilsbeschluß betraf die sog. Residenzpflicht der Inhaber kirchlicher Ämter. Jeder Pfründeinhaber sollte das Amt, aus dem er das Einkommen bezog, selbst an Ort und Stelle ausüben. Konnte er dies nicht, weil er die entsprechenden Weihen nicht empfangen hatte oder weil er mehrere, oft viele Pfründen innehatte, so sollte er bei der Strafe der Exkommunikation verpflichtet werden, diese Ämter zurückzugeben, damit sie mit wirklichen Hirten neu besetzt werden konnten. Karl war Inhaber des Erzbistums Mailand. Darüber hinaus bezog er das Einkommen aus vielen weiteren kirchlichen Ämtern. Er wollte diese abgeben und das Amt eines Bischofs in Mailand selbst ausüben. Der Papst erschrak und bot ihm jede Dispens von den Vorschriften des Konzils an. Aber Karl wußte, daß es bei der Erneuerung der Kirche auf das gute Beispiel von oben ankam. Niemand wäre bereit gewesen, in diesem heiklen Punkt, der die Einnahmen so vieler Prälaten schmälerte, dem Konzil zu folgen, wenn an der Spitze der Kirche ein schlechtes Beispiel gegeben worden wäre. Darum gab Karl nicht nach; er wickelte seine Geschäfte in Rom ab, legte die kurialen Ämter alle nieder und zog am 23. September 1565 unter dem ungeheuren Jubel des Volkes, das jahrzehntelang keinen Erzbischof mehr gesehen hatte, in seine Bischofsstadt Mailand ein. Fast zwanzig Jahre war er ein guter Hirte dieser seiner Herde. Er brachte das religiöse Leben in der Lombardei von seinem tiefsten Punkt zu seiner höchsten Erhebung in der Geschichte Mailands.
Welches war das Geheimnis seines Erfolgs? Wenn es auch nicht leicht ist, dies in einem einzigen Satz zusammenzufassen, so könnte man es doch beschreiben als totale Einheit von Glauben und Leben, dem amtlichen wie dem privaten. Wie der Kreuzbalken senkrecht oben und unten zusammenfaßt, so war für Karl die von oben empfangene Gnade gegeben zur Weitergabe nach unten in das Volk hinein bis zum letzten Bettler seiner Diözese. Und wie der andere Kreuzbalken von rechts nach links die ganze Erde umspannt, so hat Karl die Stände der Gläubigen zusammengeführt im Schnittpunkt des gemeinsamen Glaubens, in seinem Bekenntnis und seiner Bewährung. Das Kreuz war ihm Ziel und Mittelpunkt seines eigenen Lebens und seiner Seelsorge. Von nun an richtete er seine mitunter gefürchteten Befehle zuerst an sich selbst, mit sich selbst war er stets strenger als mit irgendeinem anderen Menschen. Wie der Herr die Welt, so wollte er mit seinem Opferleben seine Diözese loskaufen aus der Verlorenheit und sie dem Herrn zuführen als treue Herde.
„Karl war zum Regieren geboren wie Napoleon zum Kriegführen“, sagt ein Biograph von ihm. Er konnte befehlen, und er befahl auch: konkret und genau. Und er überzeugte sich stets, ob seine Befehle ausgeführt wurden, gleichfalls konkret und sehr genau in allen Einzelheiten. Wer befehlen muß, erregt Wider-

stand und Feindschaft. Auch daran hat es ihm nie gefehlt. Wenn er von der Richtigkeit und Notwendigkeit eines Befehls überzeugt war, dann scheute er keinen Gegner, weder das irregeführte Volk noch aufsässige Mönche noch den ehrgeizigen Statthalter des spanischen Königs. Der Bischof wußte sich im Dienst eines größeren Herrn. Richtschnur war ihm stets die Treue und der Gehorsam gegen die Kirche. Er hielt sich eng und streng an ihre Gebote. Es waren für ihn die Gebote Gottes. Ihm war klar, daß die Kirche nur so, nur als geschlossene Streitmacht aus ihrer schweren Niederlage aufkommen und von neuem als Licht der Völker ihren alten Glanz zurückgewinnen konnte. Für die Verwaltung des Bischofsamts hat Karl Maßstäbe gesetzt, die bis heute nicht überholt sind, und die Akten seiner Konzilien und Synoden sind noch heute geradezu ein Lehrbuch, das von Bischöfen in aller Welt zu Rate gezogen wird. Die Aufzählung auch nur der herausragenden Werke und Einrichtungen aus seiner zwanzigjährigen Wirksamkeit in Mailand sprengt den Rahmen dieses Lebensbildes.

Seine erste Sorge galt der Darstellung des Bischofsamts, d. h. der immer reineren Verkörperung dessen, den er zu vertreten hatte, des Herrn, der durch Liebe und Leiden Menschen erlöst und gewonnen hat. Die lebendige und ständige Verbindung mit ihm war Antrieb und Kraftquelle, die alle an ihrem Bischof spürten. Sein Gebetsleben war mit den Jahren, mit den Aufgaben und mit den Erfahrungen allmählich gewachsen. In der Jugend unterschied er sich wenig von seinen Altersgenossen. Er war stolz auf schöne Kleider, er beteiligte sich an jugendlichen Unterhaltungen und war bedacht auf die Mehrung von Macht und Besitz in der Familie. Später wuchs er rasch in die Aufgaben seines Amtes hinein, die früh auf seine jugendlichen Schultern gelegt wurden. Er war ein hervorragender Jurist, ein ehrgeiziger und pflichtbewußter Beamter und ein gewissenhafter und treuer Diener des Papstes. Daneben gewann die religiöse Seite seines Lebens immer mehr an Bedeutung, bis ihr der Schock über den Tod des Bruders zum totalen Durchbruch verhalf. Von da an war das lebendige Bewußtsein von der Vergänglichkeit des Lebens, von der Nichtigkeit seiner Güter, die Kostbarkeit des Reiches Gottes und die ganz nahe empfundene Liebe des Herrn Zentrum all seines Denkens und Handelns. Dieses Zentrum erstarkte immer mehr und nahm schließlich alle seine Kräfte ein. Dem entsprach dann die äußere Lebensgestaltung, sein sich immer mehr verstärkendes Bußleben. Zweimal im Jahr unterzog sich Karl den Exerzitien des heiligen Ignatius. Diese geistlichen Übungen waren Kraftquelle und Erholung zugleich. Sie sind ein Schlüssel zum Verständnis seines Lebens. Die ständige Schärfung seines Gewissens führte ihn zu der heute kaum mehr verständlichen Übung der täglichen Beichte. Außerdem bestellte er Priester und Laien, die ihn regelmäßig auf Fehler, die sie an ihm bemerkt hatten, aufmerksam machen mußten. Übel nahm er höchstens, wenn sie keine bemerkten, nie, wenn sie ihn tadelten. In der Arbeit und im Leiden sah Karl die echte Kreuzesnachfolge. Daher betrieb er die Arbeit so, daß sie schließlich ein einziges Kreuztragen wurde. Seine Tagesordnung liest der Arbeiter des Acht-Stunden-Tages mit Schaudern. Dem ermüdeten Körper gönnte er höchstens drei Stunden Schlaf. Wenn man ihm zuredete, pflegte er zu antworten: Die Bischöfe müssen es machen wie die Heerführer im Krieg: die Tüchtigsten schlafen sitzend auf einem Stuhl! Um sich untertags wach zu halten, hielt er eine eiserne Kugel in der Hand. Wenn er einschlief, fiel sie zu Boden und weckte ihn auf. Diese Kugel wird noch heute als kostbares Andenken aufbewahrt. Sein Bett war nicht bequemer als sein Stuhl. Das Bett, die Kissen und die Zudecke waren aus grobem Stroh. Nicht einmal bei seinen häufigen Fieberanfällen gestattete er, das Bett zu wärmen. Einem Gebirgspfarrer verriet er sein Rezept, immer ein warmes Bett zu haben: „Wenn ich aufbleibe, bis der Körper ganz kalt ist, dann ist das kälteste Bett immer noch wärmer als ich.“ Während der ganzen Fastenzeit und an allen übrigen Fasttagen des Jahres nahm der Kardinal nur Wasser und Brot zu sich. In den späteren Jahren nahm er das Essen allein ein, um seine Hausgenossen und Gäste nicht sehen zu lassen, was er aß bzw. nicht aß. Die von ihm bewohnten Räume wurden auch im strengsten Winter nicht geheizt. Nach seinem Tod entdeckte man Bußwerkzeuge, wie Bußgürtel und rauhe Bußhemden, die als Reliquien heute noch hoch verehrt werden.

Schließlich konnte der Leibarzt den körperlichen Zustand seines Patienten, der obendrein durch häufige Fieberanfälle geschwächt wurde, nicht mehr verantworten. Er wandte sich an das Provinzialkonzil mit der Bitte, es solle dem Erzbischof befehlen, doch mehr auf seine Gesundheit zu achten und die Weisungen des Arztes zu befolgen. Viel hat es nicht genützt, denn gerade damals brach die Pest aus, die dem Erzbischof die letzte Kraft abgefordert hat. Schließlich konnte sogar Papst Gregor XIII. die Überstrenge des Mailänder Bischofs nicht mehr mit ansehen. Er verpflichtete Karl im Gehorsam, sich ärztlich behandeln zu lassen und den Anweisungen des Beichtvaters und des Leibarztes zu folgen. Aber da war es schon zu spät. Arbeit und Eifer im Amt sowie extreme Bußwerke, Nachtwachen und Fasten hatten die Kraft bis zur letzten Faser aufgezehrt. Mit 46 Jahren starb Karl Borromäus an Erschöpfung.

Man muß sich fragen, ob dies Gottes Wille war. Man darf auch fragen, ob darin die Heiligkeit besteht. Sicher nicht, wenn diese Buße dem persönlichen Ehrgeiz entspringt und der Befriedigung eines eigenen Lebensplanes dient. Bei Karl war sie etwas anderes. Sein Ziel war die Zurückgewinnung und Heiligung seiner Diözese. Er wollte sein Opfer Gott anbieten für das Leben, das begnadete Leben der Seinen. Wenn Christus mit Leiden die Welt erlöst hat, dann wollte er als Bischof die ihm anvertrauten Seelen erlösen von Unglauben und Sittenlosigkeit. Sein Gebets- und Bußleben war integrierter Teil seines Bischofsamtes. Seine Selbstaufopferung sollte der Kaufpreis sein für alle Getauften von Mailand bis in die entferntesten Alpentäler.

Vor dem Hintergrund dieser zentralen Auffassung vom Bischofsamt sind die

zahlreichen Aktivitäten auf allen Gebieten des religiösen und des gesellschaftlichen Lebens zu sehen.
Die erste Sorge galt dem Klerus. Priester gab es genug in Mailand. Aber die meisten von ihnen hatten fast gar keine theologische Ausbildung. Sie verbrachten einige Zeit bei einem alten Pfarrer, gleichsam als Lehrlinge, und ließen sich dann, wenn ein Bischof dazu bereit war, weihen, oft mehr wegen der Sicherung des Lebensunterhalts als aus geistlicher Berufung. Die herausgehobenen Stellen blieben aus denselben Gründen dem Adel vorbehalten. Bis eine neue Generation herangewachsen wäre, mußte Karl mit diesem Klerus auskommen. Mit großer Klugheit baute er ein Fortbildungswerk auf, das bis heute unübertroffen geblieben ist.
Das erste Mittel der Fortbildung waren Provinzialkonzilien und Synoden. Bei diesen versammelte er zuerst die Bischöfe und Prälaten, dann aber sämtliche Geistliche der Region. Er machte sie mit den Beschlüssen des Konzils von Trient bekannt und erließ genaue Richtlinien zu ihrer Durchführung. Papst Pius XI. hat – dreihundert Jahre später – die Protokolle der sechs Konzilien und der elf Synoden im Druck herhausgegeben. „Sie bilden ein richtiges Handbuch der Pastoraltheologie für Bischöfe und Priester." Und viele der Beschlüsse sind noch heute nicht veraltet. Aber die besten Anweisungen und die schönsten Beschlüsse nützen wenig, wenn der persönliche Kontakt vor Ort fehlt. Dies dachte auch der heilige Karl. Daher war die zweite Säule der priesterlichen Fortbildung die von ihm mit größtem Eifer gepflegte Kirchenvisitation. Keine Pfarrei war ihm zu entlegen, kein Gebirgsdorf zu schwer zu erreichen, der Erzbischof hat sie alle besucht, und zwar nicht nur zu einem feierlichen Gottesdienst und einer schönen Ansprache. Er kam meist am Abend an. Dann hielt er die erste Predigt, oft bis Mitternacht saß er dann im Beichtstuhl. Der Rest der Nacht diente dem Gespräch mit dem Pfarrer. Am Morgen wollte er jedes Gerät und jedes Kirchenbuch genau prüfen. Nach einem mehrstündigen Gottesdienst besuchte der Erzbischof die Kranken, schlichtete Streitigkeiten und prüfte die religiösen Kenntnisse der Kinder. Wenn er eine Pfarrei verließ, dann wußte er über den Stand des religiösen Lebens genau Bescheid. Er wußte, was er gelobt und getadelt, was er angeordnet hatte, und er kam wieder, um sich vom Vollzug zu überzeugen. So wurden die guten Priester ermuntert und gestärkt, ja begeistert, die schlechten verließen ihre Stellen und suchten sich mildere, das heißt nachlässigere Herren.
Für die Heranbildung des priesterlichen Nachwuchses hatte das Konzil von Trient die Gründung von Seminaren, „kleinen Seminaren" für die Gymnasiasten und „großen Seminaren" für die Priesterkandidaten, befohlen. Mit Überzeugung und Eifer erfüllte Karl die Forderungen des Konzils. Er gründete ein großes Priesterseminar in Mailand und mehrere kleine Anstalten für die entlegenen Gegenden, besonders für die Gebirgstäler in der Schweiz, wo die Reformation weit nach Süden vorgedrungen war.

1572 hatte er 104 Alumnen im Priesterseminar. Für sein Seminar legte er selbst den Lehrplan und die Hausordnung in allen Einzelheiten fest. Viel davon ist bis heute in den geistlichen Seminaren erhalten geblieben.
Schuld am Niedergang des religiösen Lebens im Volk war dessen Unwissenheit in religiösen Dingen. Die meisten einfachen Leute waren Analphabeten. Sie wurden allzuleicht das Opfer von Irrtum und Aberglauben. Ihr Verständnis der Sakramente war nicht weit von Zauber- und Hexenglauben entfernt. Jede Besserung hatte daher die Hebung des Bildungsniveaus zur Voraussetzung. Der neue Erzbischof ging auch diese Frage ebenso geschickt wie erfolgreich an. Er gründete in jeder Pfarrei „Schulen des christlichen Unterrichts". Der Unterricht fand in der Kirche statt. Schüler war das ganze Volk ohne Unterschied des Alters, des Geschlechts, des Standes. Gegenstand des Unterrichts waren die Wahrheiten der Religion. An ihnen lernten die Leute das Lesen und Schreiben. Der Pfarrer hatte die Unterrichtsaufsicht. Er wurde unterstützt von Laien, die erklärten und wiederholten, für Ruhe und Ordnung sorgten und „Schwänzer" zu Hause abholten. Die neue Bildungseinrichtung wurde mit Begeisterung vom Volk angenommen. Sie trug in kurzer Zeit zur beträchtlichen Hebung des allgemeinen Bildungsniveaus der Bevölkerung bei. Zunächst fehlte ein Schulbuch als Grundlage für die einwandfreie Wiedergabe der Glaubenslehre. Auf Karls Veranlassung entstand der „Römische Katechismus", der von nun an im Religionsunterricht verwendet werden konnte. Der Erzbischof selbst nahm oft an solchen Katechismusstunden teil. Nach wenigen Jahren schreibt 1586 ein Bischof, der sich auf der Durchreise in Mailand aufhielt, nach Hause: „Das Volk ist gelehrig. Besonders an den Feiertagen beschäftigt es sich die meiste Zeit mit Übungen der Frömmigkeit, vor allem in der Christenlehre. Ich bin selbst dabei gewesen und habe da Dinge gesehen, die mich in Erstaunen versetzt haben, so daß mir vor Rührung die Tränen kamen. Ich habe vierjährige Kinder gesehen, die sich untereinander über den Katechismus unterhielten und dabei Dinge sagten, die anderswo selbst Fünfzigjährige nicht so zu sagen vermögen. Sie haben sodann eine so große Ehrfurcht vor ihrem Oberhirten und allen Geistlichen, wie man sie, glaube ich, nirgendwo sonst finden kann." Diese Würdigung eines Außenstehenden enthält die Bilanz einer zwanzigjährigen Wirksamkeit des heiligen Erzbischofs Karl.
Eine mittelalterliche Stadt an der Grenze zur Neuzeit hatte bereits viele moderne soziale Probleme ohne die religiös begründete soziale Sicherung des Mittelalters. „Ohne Nächstenliebe kein Glaube; ohne Glaube auch keine echte Nächstenliebe!" Die Tiefe des Glaubens ist überhaupt nur erfahrbar in der Tiefe der Nächstenliebe. Diese Wahrheit war dem heiligen Karl schon in die Wiege gelegt worden. Sein Vater speiste täglich Arme an seinem Tisch und bediente sie persönlich. Ein Großteil seines Vermögens wurde durch seine Wohltätigkeit aufgebraucht. Auch in Rom war der Kardinalstaatssekretär Borromeo für seine Mildtätigkeit bekannt. Aber erst im Hirtenamt in Mailand kam sie zur vollen

Entfaltung. Für arme Studenten schuf er Wohnheime, die begabten jungen Menschen vom Land kostenlose Unterbringung boten. So besonders für die Schweizer, die der Heilige in sein Herz geschlossen hatte. Noch heute besteht ein Studentenheim, das Karl für die begabten Söhne armer Eltern aus dem Staatsgebiet von Mailand gegründet hat. Die letzte Amtshandlung vor seinem Tod war die Einweihung des Almo Collegio Borromeo in Ascona.
Neben den Studierenden lag ihm die breite Volksbildung nicht weniger am Herzen. Im Jahr 1595 besuchten mehr als zwanzigtausend Kinder regelmäßig die Schule des christlichen Unterrichts. Diese Zahl entspricht umgerechnet auf die heutige Bevölkerungszahl der Zahl der Schüler von Mailand, d. h. ziemlich alle Kinder nahmen diese freiwillige Bildungsmöglichkeit an. Sie war für das einfache Volk das einzige Angebot, lesen und schreiben zu lernen. Für die Betreuung dieser Schule sollte jedes Dekanat einen „Schulkaplan" anstellen, der von sonstigen Verpflichtungen befreit, nur für die Kirchenschule zu sorgen hatte.
Scharf ging er gegen die Unsitte vor, Mädchen bereits im unmündigen Alter für das Kloster zu erziehen. Nach seiner Anweisung durften im Kloster erzogene Mädchen überhaupt nicht direkt in das Kloster eintreten. Sie mußten zunächst nach Hause geschickt werden, um in völliger Freiheit ihren Klosterberuf zu prüfen. Dies hielt er auch bei den eigenen Schwestern so; er empfahl den Verwandten, der Schwester „anstelle der Gewohnheiten, die sie im Kloster angenommen hatten, die richtigen Verhaltensregeln der Welt beizubringen".
Bereits in Rom hatte er ein Heim für Bettler, eine Zufluchtsstätte für „gefallene Mädchen" und ein Spital für „Lombarden in Rom" gestiftet. In Mailand gründete er ein Heim für Dirnen, die sich von ihrem „Beruf" abgewandt hatten. Für Frauen, die von ihren Männern mißhandelt wurden und die das Leben bei ihnen nicht mehr aushielten, schuf Karl ein Soccorso, eine Zufluchtsstätte, von wo aus angesehene Bürger Frieden stifteten und die Voraussetzung für eine Rückkehr in die Familie schufen. Noch heute ist die Familienpolitik für diese armen Frauen nicht über Ansätze hinausgekommen. Für gefährdete Mädchen vom Land, für Waisenkinder, die besonders nach der Pest sehr zahlreich waren, schuf Karl mehrere Heime. Das Spital der Bettler und verschämten Armen, für das Karl 1578 ein Kloster hatte räumen lassen, besteht noch heute. In einem großen Krankenhaus fanden alte Leute und Behinderte Unterkunft und Pflege. Eine Bruderschaft angesehener Bürger sammelte die Alten und Kranken, brachte sie ins Krankenhaus und pflegte sie persönlich. Dazu kamen regelmäßig große, finanzielle Beiträge für den Unterhalt. Zur Bereitstellung der Arzneimittel für Unbemittelte errichtete Karl einen Verein, der die Arzneien bezahlte und verteilte. In Mailand konnte jeder Bedürftige ohne Krankenschein jedes Medikament kostenlos erhalten. Eine andere Laiengenossenschaft kümmerte sich um die Gefangenen, mittellosen Angeklagten wurden Verteidiger bestellt, die Gefangenen wurden besucht, die Entlassenen in die Gesellschaft eingeglie-

dert und für die Hingerichteten wurde ein würdiges Begräbnis gesichert. Sogar Adelige waren in diesem Verein aktiv tätig, sodaß der spanische König das Patronat übernahm.
Vieles wäre zu berichten über die soziale Gesetzgebung des Heiligen. Weltliche Gesetze von Bedeutung gab es nicht. Karl hatte viel Vertrauen auf die Liebe, aber Gesetze und Ordnungen wollte er, da er die Menschen kannte, nicht entbehren. Den Kinderhandel verbot er bei Strafe der Exkommunikation. Der Wucher wurde mit Verweigerung der Sterbesakramente und des kirchlichen Begräbnisses bestraft. Jedem Angeklagten mußte bei Mittellosigkeit ein kostenloser Verteidiger bestellt werden. Ein Schiedsgericht sollte streitende Parteien versöhnen und Prozesse verhindern.
Jemand hat versucht, die Summen zu errechnen, die der Erzbischof für diese und viele andere Werke ausgegeben hat. Das Vermögen des reichen Fugger hätte dazu nicht ausgereicht. Schonungslos hat Karl sein eigenes, nicht geringes Vermögen aufgebraucht. Er ist als armer Mann gestorben. Daneben gelang es ihm, auf Grund seiner adeligen Herkunft und seiner römischen Beziehungen, große Summen zusammenzubetteln. Oft wollten die Stifter ungenannt bleiben. Die Zeit war eine Zeit großer Verschwendung, aber auch eine Zeit großer Mildtätigkeit und frommer Stiftungen.
Höhepunkt der Nächstenliebe im Leben des Heiligen waren die Notzeiten: die Hungersnot von 1570 und die Pest von 1576. Die Versorgungsdecke des Landes war dünn. Kriegszüge, Unwetter, Dürrekatastrophen verursachten regelmäßig Hungersnöte, denen Tausende zum Opfer fielen. Meist drängten die Landbewohner in die Stadt und vermehrten die Not. Die Straßen von Mailand boten ein Bild des Elends und des Grauens. Scharen von Bettlern umdrängten das Haus des Erzbischofs. Dort erhielten sie noch immer ein Stück Brot für einen Tag. Monatelang wurden täglich über 3000 Hungrige gespeist. Dazu mußten die Spitäler, die Heime und die Klöster versorgt werden. Im Hof des Palastes wurde in großen Kesseln Suppe gekocht und ausgeteilt. Schließlich gingen auch dem Erzbischof die Mittel aus. Er verkaufte seine Möbel und viele Kunstwerke aus Familienbesitz. Der Kardinal rief die Reichen auf zum Spenden. Sein Ruf wurde gehört, die Mittel flossen reichlich. Aber es gab nichts mehr zu kaufen, alle Vorräte waren aufgebraucht. Der Tod hielt in der unterernährten Bevölkerung reiche Ernte. Der Kardinal war Kirchen- und Stadtoberhaupt in einem. Er war die einzige Person, an die sich die ganzen Hoffnungen der Bevölkerung klammerten.
Dies wiederholte sich in noch weit höherem Maße im Pestjahr 1576. Es fehlte an den primitivsten sanitären Vorkehrungen, vor allem an geschultem Sanitätspersonal. Die Ärzte flohen, ebenso die weltliche Obrigkeit, an der Spitze der königliche Statthalter. Dieser übertrug gern dem Erzbischof auch die Zuständigkeit für alle Maßnahmen der Gesundheitspolizei. So brachte dieser allmählich mit Hilfe mutiger Ordensleute Ordnung in das Chaos. Große Lazarette

wurden eingerichtet, die medizinische Versorgung kam in Gang. Der Kardinal selbst begab sich täglich in die Pestkrankenhäuser und prüfte den Vollzug seiner Anordnungen selbst nach. Sicher hielten sich die Maßnahmen auf dem medizinischen Kenntnisstand der Zeit. Damit waren nach heutigem Verständis auch Fehler verbunden. So wäre es sicher besser gewesen, Bittprozessionen, Gottesdienste und andere Versammlungen des Volkes zu vermeiden. Aber solange man die Ursachen der Pest nicht kannte, konnte man nur Symptome bekämpfen. Wenn einmal die Ursachen des Krebses völlig geklärt sein werden, dann wird man auch über manche Therapie von heute lächeln. Im ganzen aber hat sich, dank der energischen Maßnahmen des Erzbischofs, die Zahl der Toten in Grenzen gehalten. In dem viel kleineren Venedig wurden zur selben Zeit dreimal so viele Personen dahingerafft. Nach dem Abklingen der Pest beschloß der Magistrat von Mailand zum Dank an die Stelle der kleinen Sebastianskirche eine neue große und prächtige Kirche zu setzen. Dem heiligen Karl aber war es wichtiger, der religiösen Besinnung, die das Unglück mit sich gebracht hatte, Dauer zu verleihen. Darum faßte er alle die Mahnungen und Belehrungen, die er während der Pestzeit zum Trost und zur Stärkung den Gläubigen gegeben hatte, in einem „Erinnerungsbüchlein" zusammen. In diesem schrieb er über das Gebet in der Familie, das Betragen in der Kirche, die Heiligung der Feiertage, aber auch über die rechte Erziehung der Kinder, über die Behandlung der Dienstboten, die Menschenwürde der Diener und Gesellen, einfach über alle Fragen eines christlichen Weltlebens in damaliger Zeit. Noch viele Jahrzehnte über den Tod des Heiligen hinaus hat dieses Büchlein das Leben des Volkes in Mailand geprägt.

Die Pest hat das Ansehen und die Liebe des Volkes zu seinem Oberhirten ins Ungemessene gesteigert. Man sah in ihm den Heiligen. Wo er auftauchte, strömten die Menschen ihm zu. Oft schlich er sich bei Nacht in sein Haus, wenn er von einer Reise zurückkehrte. In ihm sah das Volk den Schutz vor zeitlichen Bedrohungen und den Vater in allen Nöten. Entsprechend groß war das lähmende Entsetzen, das der Nachricht von seinem plötzlichen Tod folgte. „Es hat in Mailand an diesem Tag wohl keinen Menschen gegeben, der nicht bittere Tränen geweint hat", schreibt ein Zeitgenosse. Alle wollten den Toten sehen, berühren, sodaß die Tore des Palastes und des Domes geschlossen werden mußten. „Die Sucht, sich ein Andenken an ihn zu verschaffen, war derart, daß man sich um das bißchen Stroh stritt, auf dem er gestorben war", schreibt derselbe Zeitgenosse.

Seinem Wunsch gemäß wurde er in einem einfachen Holzsarg in einem bescheidenen Erdgrab vor dem Hochaltar des Domes beigesetzt. Das Grab war vom ersten Tag an ein Wallfahrtsort und ist es bis heute geblieben. Das Volk hatte seinen Bischof schon längst heiliggesprochen, bevor die katholische Kirche ihn am 1. November 1610, das ist 26 Jahre nach seinem Tod, zur Ehre der Altäre erhob.

Katharina von Siena

geboren: um 1347
gestorben: 29. April 1380
Fest: 29. April

Es war eine zwielichtige Zeit um die Mitte des 14. Jahrhunderts. Der Schwarze Tod, die Pest, raste über Europa hinweg; oft starben in einer Stadt Tausende in wenigen Wochen. In ihrem Gefolge zogen die Geißler übers Land, fanatisierte Horden, die die Botschaft von der evangelischen Armut mißverstanden hatten, die nicht nur selbst das große Unglück durch krankhafte Bußübungen beschwören, sondern diese auch ihren Mitmenschen aufzwingen wollten, sodaß sie selbst zur Geißel ganzer Landstriche wurden. Das religiöse Leben war weithin von der Kirchen*politik* überwuchert. Rom war eine verödete Kleinstadt geworden. Die Päpste residierten seit 1309 in Avignon in Frankreich inmitten einer prächtigen, verschwenderischen und geldgierigen Hofhaltung. Der Kaiser, Ludwig der Bayer, war – nicht aus religiösen, sondern aus politischen Gründen – mit dem Kirchenbann belegt. Katharina selbst gebraucht bittere Worte in ihrer Kritik an dem Verfall oben bei den Würdenträgern und unten bei den Mönchen und Klerikern. Den Kardinälen ruft sie zu: „Nicht duftende Blumen seid ihr, sondern Gestank, der die ganze Welt verpestet ... Ihr solltet uns vom Höllenteufel retten, und jetzt seid ihr selbst Teufel geworden." Und den Ordensleuten wirft sie vor, „all ihr Streben zielt darauf ab, ihren Leib zu pflegen und ihre Zellen gemütlich einzurichten. Mit eitlem Geschwätz durchziehen sie die Städte. So geht es ihnen wie einem Fisch ohne Wasser, er verendet."

Wie bei einem Gemälde von Rembrandt heben sich von diesem dunklen Hintergrund die lichten Gestalten um so heller ab. Franz von Assisi hatte eine gewaltige Lawine religiöser Begeisterung ausgelöst. Der Geist der franzsikanischen Armut, Einfachheit und Demut breitete sich über ganz Europa aus und schenkte der Kirche ihre größten Heiligen. Die Leistung der franziskanischen Theologie war eine Wiederbelebung der mystischen Frömmigkeit. Die Identifikation mit dem leidenden Erlöser war ja das zentrale Motiv des heiligen Franz. Nicht wie Thomas von Aquin und seine Scholastik in Wahrheit und Erkenntnis Gottes suchten die großen Mystiker (Tauler, gest. 1361; Seuse, gest. 1366) die Einigung mit Gott in der Liebe. Das mystische Leben ist für sie Ziel und Höhepunkt. Hier hat auch die uns, Kindern einer gefühlskalten Zeit, schwer zugängliche „Braut-Mystik" ihren theologischen Ort. Die Schultheologie ging freilich andere Wege. Mit dem Sieg des Nominalismus verschwand um die Mitte

des 14. Jahrhunderts die mystische Theologie von den Universitäten. Sie blühte aber weiter unter den Laien. Ein Kirchenhistoriker kennzeichnet die theologische und religiöse Situation der Zeit, als Katharina geboren wurde, so: „Von 1350 an findet man die Heiligen häufiger außerhalb als innerhalb der Klostermauern und Hörsäle."
Katharina wurde als fünfundzwanzigstes Kind des Färbers Jakob Benincasa und seiner Frau Lapa um 1347 in Siena geboren. Der Vater war mild und schweigsam, die Mutter fromm und temperamentvoll. Als „Nesthäkchen" wurde Katharina von den Eltern und Geschwistern geliebt und verwöhnt. Die Familie hatte ihr gutes Auskommen. Das Zusammenleben der Großfamilie, zu der auch die Dienstboten und Handwerksgesellen gehörten, bot Geborgenheit, Fröhlichkeit und viele Anregungen. Die Pflege des religiösen Lebens war selbstverständliche Grundlage des gemeinsamen Familienlebens. Dies schloß nicht aus, daß es auf das eine Familienmitglied stärker, auf das andere schwächer wirkte. Es schloß vor allem nicht ehrgeizige Pläne für vorteilhafte Heiraten und beruflichen Fortschritt aus. Mutter Lapa war hierin keine Ausnahme, sondern eine echte italienische Mama. Auch Katharina leistete solchen in der Zeit und in der Familie üblichen Vorstellungen zunächst keinen Widerstand. Im Gegenteil: sie begann, wie dies für junge Mädchen ganz natürlich ist, auf ihr Äußeres zu achten, sich zu schmücken, und einmal färbte sie sich sogar ihre dunklen Haare blond, was in Italien ja noch immer ein Schönheitsideal ist. Doch mehr als auf ihre Geschwister machten auf die intelligente und phantasiebegabte Katharina die Gottesdienste, Predigten und Gespräche mit den Dominikanern des nahegelegenen Klosters tiefen Eindruck. Es ist nicht leicht, in den uns überlieferten Berichten über ihr Leben, besonders über ihre Kindheit und Jugend „Dichtung und Wahrheit" zu scheiden; denn diese Berichte wurden alle nach ihrem Tode abgefaßt, als man sie schon als Heilige verehrte. Sie dienten der Förderung und Beschleunigung ihres Heiligsprechungsprozesses und entsprachen daher den zu dieser Zeit üblichen Beschreibungen von Heiligenleben. So wird berichtet, daß sie ihre erste Vision schon mit sechs Jahren mitten auf der Straße gehabt habe. In strahlendem Glanz sah sie den Erlöser über dem Chor der Klosterkirche San Domenico; umgeben von den Aposteln lächelte er ihr zu. Großen Eindruck machten auf das frühreife Kind die Erzählungen vom Leben der Wüstenväter in Ägypten. Hier liegt zweifellos ein Schlüssel zum Verständnis ihres ungewöhnlichen, ja erschreckenden Bußlebens. Die ursprünglich vollwertige Nachfolge Christi war das Martyrium. Nur Martyrer wurden als Heilige verehrt. Als Ersatz für das Martyrium, gleichsam als unblutiges Martyrium, lebten die Einsiedler in der Wüste der wörtlich verstandenen Abtötung des Leibes und gelangten so zu derselben Kreuzesnachfolge wie die Martyrer. Als die Mutter – wie damals in Italien üblich – für die zwölfjährige Katharina nach einer vorteilhaften Partie Ausschau hielt und bereits den geeigneten Partner gefunden zu haben glaubte, stand das Kind vor der Entscheidung für ihr Leben. Für ein Mädchen wie

Katharina gab es damals wenig Auswahl: Heirat oder Kloster, das war die Frage. Katharina aber wollte weder das eine noch das andere. Von der Ehe war sie in der Entwicklung ihres mystischen Gebetslebens schon weit weggerückt. In die Abgeschiedenheit eines Klosters aber wollte sie sich auch nicht einsperren. Um den Heiratsplänen der Mutter ein für allemal ein Ende zu machen, schnitt sie ihr schönes langes Haar ab. Diese Handlung hatte damals eine ganz bestimmte Bedeutung, sogar mit öffentlich-rechtlicher Wirkung. Das Abschneiden der Haare war Teil der monastischen Jungfrauenweihe. Die Mutter mußte diese Entscheidung Katharinas respektieren, wenn auch widerwillig. Eine Zeitlang hatte die Lieblingstochter die Vorwürfe der Mutter auszustehen. Katharina gelobte vor ihren Angehörigen lebenslange Jungfräulichkeit. Unter dem milden Einfluß des Vaters erkannte die Familie jetzt ihre Wahl an und ließ sie gewähren. Die junge Frau lebte nun im eigenen Vaterhaus wie eine Einsiedlerin mit Schweigen, Fasten und grausamen körperlichen Bußübungen. In einer zweiten Vision, in der sie sich unter die seligen Ordensgründer versetzt sah, wählte sie den heiligen Dominikus zu ihrem Seelenführer. Dieser überreichte ihr sein Ordensgewand. Nach dem Erlebnis bittet sie um Aufnahme unter die Bußschwestern des heiligen Dominikus. Dabei handelt es sich um einen Dritten Orden. Wegen ihrer dunklen Mäntel wurden die Schwestern „Mantellaten" genannt. Es waren meist ältere Frauen, vor allem Witwen, die im Kreise ihrer Familie wohnen blieben, sich aber ganz dem Gebet und den Werken der Nächstenliebe widmeten. Hier hat Katharina gefunden, was sie suchte. Mit bewundernswerter Klarheit hatte sie nämlich erkannt, daß die Beteuerungen der Liebe zu Gott, zum Kloster, zum heiligen Kreuz, ja daß Fasten und Kasteiungen nicht die ganze Nachfolge Christi seien. Gottes Liebe zu uns muß sichtbar werden in unserer Sorge und Liebe für den Nächsten. „Weitet eure Seele, um euren Nächsten aufzunehmen in Liebe und Verlangen!" „Liebet den Nächsten um Gottes willen!" „Christus der Gekreuzigte ist die Quelle, an der die Seele ihren Durst stillt. Hier empfängt sie das liebevolle Verlangen, das zur Ehre Gottes und zum Heile der Seelen die ganze Schöpfung umfassen muß. Die Glut, die sie in sich trägt, kann sie nicht für sich behalten. So ergeht es der Seele, die in den Glutofen der Liebe Gottes eintritt. Sie wird die Funken, die sie im Feuer empfing, weiter verbreiten."

Dies sind eigene Worte aus den Briefen einer Seele, die von Gottes Liebe so sehr glüht, daß sie auch ihre Umgebung entflammen möchte.

So ist zu verstehen, daß sich um die noch nicht zwanzigjährige Terziarin eine geistliche Familie bildet, in der sich Ordensgeistliche, Politiker, Gebildete und Ungebildete der geistlichen Führung ihrer „mamma dolce" anvertrauen. Das Leben dieser Gemeinschaft erschöpft sich nicht in geistlichen Gesprächen, in Anregungen für ein mystisches Gebetsleben, es schließt den Dienst an Kranken, Armen, Alten, Gefangenen ein. Die Versöhnung von Feinden, die Bekehrung Verstockter ist oft noch schwerer als die Pflege von Aussätzigen. Auch das

Kreuz Katharinas hat eben zwei Balken, einen senkrechten als Zeichen der Liebe Gottes, die zu uns Menschen herabgestiegen ist, einen waagerechten Balken zum Zeichen der Liebe zu allem, was Gott auf dieser Welt geschaffen hat. Es braucht beide Balken, damit das Zeichen der Liebe Jesu, das Kreuz, vollständig sei. In der Liebe zum Nächsten um Gottes willen heben sich für Katharina die irdischen Unterschiede unter den Menschen, die alle der Erlösung bedürfen, vollkommen auf. Vor Gott und dem Kreuz sind alle gleich, ob Papst oder Kaiser, ob Ordensmann oder Dienstmagd. Als Dienerin der Liebe Christi fühlt sich Katharina berechtigt und berufen, allen das zu sagen, was ihr die Liebe zum Herrn eingibt. Weltliches Treiben, Geldgier, Genußsucht bezeichnet sie als das, was sie im Licht ihrer mystischen Vereinigung mit der Liebe Gottes sieht: als Werk des Teufels, ob es sich dabei um Kirchenfürsten oder um weltliche Herrn handelt.

Am Fest der Bekehrung Pauli im Jahre 1370 erlebte Katharina eine Art mystischen Tod in einer visionären Vereinigung. Aus ihr brachte sie den Antrieb mit, nicht nur Werke der leiblichen Nächstenliebe zu üben, sondern ihre Mitmenschen durch Predigt und Seelenführung direkt für Gott, für Jesus und sein Kreuz zu begeistern. Mit ihrer geistlichen Familie durchzog sie von da an die Städte und Dörfer der Toskana, um zu lehren und die vielen Irrenden und Abgefallenen zum Glauben zurückzuführen. Aus dieser Zeit werden viele Wundertaten erzählt. Auch wenn der heutige Leser diese kritisch aufnimmt, so steht doch fest, daß ihr Ruf als Heilige und Wundertäterin ganz Italien durchzog und bis zum Papst nach Avignon in Frankreich gelangte. Freilich – wie könnte es anders sein – rief diese missionarische Tätigkeit einer jungen Frau, die in Begleitung männlicher und weiblicher, geistlicher und weltlicher Anhänger durchs Land zog, Mißdeutungen, üble Nachreden und Verleumdungen hervor. Daher wurde Katharina 1374 vor das Ordenskapitel der Dominikaner in Florenz gerufen, um sich zu rechtfertigen. Es gelang ihr, die erfahrenen Theologen zu überzeugen, sodaß ihr der Papst Gregor XI. drei Priester zur Seite stellte, die den von Katharina zur Kirche zurückgeführten Menschen die Sakramente spenden sollten. Ihre Begeisterung für die Kreuzzugsidee und ihre etwas naive Werbung unter den hartgesottenen Söldnerführern Italiens mutet in der Mitte des 14. Jahrhunderts anachronistisch an. Es war auch mehr Ausdruck der Sehnsucht nach einer die ganze Christenheit einigenden Idee zur Heilung der heillosen Zerrissenheit und Spaltungen, in denen sich bereits das große Schisma ankündigt.

Ab 1370 genügt Katharina das Mittel der mündlichen Unterweisung nicht mehr; sie richtet ihren Blick vom Kreuz aus, an dem sie sich seit dem Empfang der Wundmale mit Christus in einer Leidensgemeinschaft weiß, auf die ganze Kirche und ihr Verhältnis zu ihrem Stifter. Mit den Augen des Herrn sah sie auf das verwaiste Rom, auf das prunkende Avignon, auf die zaudernden Päpste, auf die geldgierigen Prälaten, auf die verweltlichten Mönche und auf die im Aberglauben versinkende Christenheit. Da bricht es in heiligem Zorn aus ihr heraus: „Sie sind voll Unrat und Geilheit und vom Stolz aufgeblasen. Ich meine die schlechten Hirten und Verwalter, die diesen Garten verpesten und ihn vermodern lassen. Wie muß man sich schämen, wenn man jene, die ein Vorbild an freiwilliger Armut sein und Kirchengut an die Armen austeilen sollten, in Würden, Pomp und Eitelkeiten der Welt schwelgen sieht. Tausendmal schlimmer treiben sie es, als wenn sie Weltleute wären. Ja viele Laien beschämen durch ihr gutes und heiliges Leben diese Prälaten."

Katharina glaubte durch eine Rückkehr des Papstes nach Rom wäre schon ein Anfang der Reform der Kirche gemacht; daher beschwor sie Gregor XI., Avignon zu verlassen und in die Heilige Stadt der Apostel zurückzukehren. Am 18. Juni 1376 zog sie selbst nach Avignon, um den Beschwörungen ihrer Briefe an Ort und Stelle Nachdruck zu verleihen. Als der Papst endlich im September dieses Jahres mit seinem ganzen Hofstaat nach Rom aufbrach, sah Katharina die Morgenröte eines neuen Tages für die Kirche anbrechen. Aber es war nicht die Morgenröte, sondern die Röte des großen Brandes, der bald den Himmel der Kirche düster beleuchten sollte, der großen Spaltung, die unter seinem Nachfolger Urban VI. ausbrach und die abendländische Christenheit in zwei Lager zerriß, die sich blutig bekämpften. Katharina zog mit vierzig Getreuen ihrer „Familie" nach Rom. Sie erklärte sich für den rechtmäßigen Papst und stärkte durch ihr Ansehen als „La Santa" die Position Urbans. Die äußeren Anstrengungen und die inneren Leiden am Zustand der Kirche, am Scheitern ihrer Friedensbemühungen unter den italienischen Städten, führten im Frühjahr 1380 zu einem totalen gesundheitlichen Zusammenbruch. Ihr Todeskampf, in dem sie entsetzliche Anfechtungen ausstehen mußte, dauerte acht Wochen, bis sie am 29. April 1380 in Kreise ihrer Freunde im Alter von 33 Jahren sterben durfte.

Es ist unmöglich, in dieser Kürze die Spannweite der äußeren Aktivitäten, mehr noch der geistlichen Reichtümer dieser körperlich zarten und stets kränklichen Frau auszubreiten. Sie wollte mit ihrer Glut die kalt gewordene Kirche und ihre Führer erwärmen, und sie wollte alle Menschen etwas spüren lassen von der Wärme der Nähe zum Kreuz. Dabei waren für sie alle Menschen gleich, weil alle dieser Wärme bedurften. Sich selbst aber verstand sie als Werkzeug. Ihr ständiges Schreiben – sie hat 380 Briefe und ein „Buch" hinterlassen –, ihre Reisen, ihre mündlichen Belehrungen vor dem Hintergrund eines tiefen mystischen Gebetslebens und geradezu erschreckender Bußübungen hat ihr mit Recht den Ehrentitel einer „Märtyrerin der Liebe" eingetragen.

Das Grab der heiligen Katharina von Siena ist in der Kirche Santa Maria sopra Minerva in Rom. Ihr Haupt ruht in San Domenico in Siena.

Heiliggesprochen wurde sie 1461. Am 27. September 1970 erhob Papst Paul VI. Katharina zur Kirchenlehrerin, eine Ehrung, die neben ihr nur einer weiteren Frau, nämlich der heiligen Theresia von Avila, zuteil wurde.

Konrad von Parzham

geboren: 22. Dezember 1818
gestorben: 21. April 1894
Fest: 21. April

Die Zeit zu Beginn des 19. Jahrhunderts war kein guter Nährboden für Heilige. Die Napoleonischen Kriege hatten das Land verwüstet. Einquartierungen und Kontributionen der fremden und der eigenen Truppen nahmen den Bauern oft sogar das Saatgut weg.

Die aufgeklärte Staatsführung, aber auch manche Kirchenfürsten, bekämpften die Volksfrömmigkeit, verboten die Wallfahrten und Prozessionen, beseitigten Wegkreuze und Kapellen, nachdem die Säkularisation schon die alten Klöster aufgehoben und die Kirchengüter verschleudert hatte. Das katholische Volk aber wehrte sich gegen den neuen Geist, es verteidigte die althergebrachten Formen barocker Frömmigkeit. Und wenn auch vieles davon äußeres Brauchtum ohne innere Erfüllung geworden war, so lebte doch gerade im bayerischen Volk ein tief verwurzelter Glaube, der seinen Ausdruck fand in Gottesdienstbesuchen, im Sakramentenempfang, im täglichen Hausgebet und in stillem Wohltun. Gerade im östlichen Bayern hatte die Wirksamkeit der beiden heiligmäßigen Bischöfe von Regensburg, Johann Michael Sailer und Georg Michael Wittmann, die alten Formen mit neuem Leben erfüllt, sie von manchen abergläubischen Zutaten gereinigt und eine neue Religiosität für das neue Jahrhundert begründet.

Johannes Birndorfer, wie Bruder Konrad mit seinem bürgerlichen Namen hieß, wurde als elftes von zwölf Kindern auf dem Venushof in Parzham im niederbayerischen Rottal am 22. Dezember 1818 geboren.

Auf einem großen Hof war die Arbeit hart, das Leben karg, der Umgangston rauh. Das praktische sittliche Leben entsprach häufig nicht dem Anspruch der Christenlehre. Doch rühmt man den Bewohnern des Venushofs eine „unerschöpfliche Freigebigkeit gegen Handwerksburschen und Arme aller Art“ nach (Alois Winklhofer). Die Birndorfers galten als „ganz brave, fromme, zurückgezogene Leute“. Trotzdem fielen die Geschwister des Heiligen nicht aus dem Rahmen ihrer Umgebung heraus. Drei von ihnen hatten ihre ersten Kinder schon vor der Eheschließung. Alle drei aber hielten ihrem Partner die Treue, auch wenn die damaligen Erb- und Übergabeverhältnisse eine Heirat erst zehn bis zwölf Jahre später ermöglichten. Der kleine Hans war von Anfang an anders. Unter der Anleitung seiner Schwester Theres lernte er die Grundwahr-

heiten des Glaubens schon vor der Schule. Als Schulkind sammelte er die Kinder zum Rosenkranzgebet. Er ist ein stilles Kind, das die lauten Streiche seiner Schulkameraden meidet. Man läßt ihn gewähren und respektiert seine Art. Darin zeigte sich jetzt und erst recht später die tiefreligiöse Grundhaltung der bäuerlichen Gemeinschaft, daß sie ein Mitglied, das es ernst nahm mit der Frömmigkeit, voll annahm, gelten ließ, ja mit einer gewissen Ehrfurcht umgab und nicht wie dies später und heute so ist, als Sonderling ausstieß und verspottete. Jeder wußte, daß er eigentlich selbst so sein sollte, daß er aber die Kraft dazu nicht aufbrachte, und er freute sich, daß einer von ihnen ernst machte mit dem, was man am Erstkommuniontag versprochen hatte.
Wenn die Heiligkeit eine Gnade Gottes ist – und das glauben wir – dann wurde diese Begnadung dem Bauernkind Johannes Birndorfer von Gott in die Wiege gelegt. Er ist derselbe geblieben vom ersten Kindergebet bis zu seinem Tode. Große Krisen, Glaubensschwierigkeiten, Bekehrungen suchen wir in seinem Lebenslauf vergebens. So wie Mozart in der Musik, so war er ein geborenes „Genie" des Glaubens und der Frömmigkeit. Gott hat diesen Heiligen der Kirche seiner Zeit und unserer Zeit geschenkt, ganz einfach geschenkt. Das soll aber nicht heißen, daß diese Begnadung sich für Johannes Birndorfer ohne eigene Zutat, ohne eigenes Bemühen entfaltet hätte. Im Gegenteil: Gott hat sein Wunderkind ganz in seinen Dienst genommen, er war ihm ein anspruchsvoller Herr, und Johannes hat ihm alles gegeben, seine Jugend, seine Kraft, seine ganze Zeit, und er hat für sich selbst nicht den kleinsten Rest zurückbehalten. Für ihn gilt der Vergleich mit einer Kerze, die die Liebe Gottes entzündet hat und die still und gleichmäßig aufgezehrt wird von diesem Licht bis zum letzten Tropfen Wachs. Es war Johannes geschenkt, die Wirklichkeit und Gegenwart Gottes so direkt und unmittelbar zu erfahren, daß der Umgang mit ihm, das Betrachten seiner Liebe, das Zwiegespräch im Gebet, seine liebste Beschäftigung wurde, ganz ohne Klimmzüge des Verstandes und ohne verkrampfte Anstrengung des Willens. So wie es seinen Altersgenossen Spaß machte, die Sonntage auf der Kegelbahn und im Wirtshaus zu verbringen, so fühlte Johannes sich angezogen von der Einsamkeit, wo er die Schönheit und Güte Gottes bedachte und pries, aber nicht in hochgeistigen Ergüssen, sondern im schlichten Rosenkranzgebet oder in stummer Betrachtung. Dabei mußte er viel arbeiten, vor allem nach dem Tode des Vaters und der Heirat der älteren Geschwister. Aber auch auf dem Feld, auf dem Fuhrwerk hatte er den Rosenkranz in der Hand.
Am Sonntag hielt ihn keine Pflicht auf dem Hofe. Bereits um 1 Uhr nachts brach er auf, um mehr als einen Gottesdienst zu erreichen, um bei seinem Seelenführer in dem fünf Stunden entfernten Aigen zu beichten und zu kommunizieren. Bei Regen und Schnee machte er diesen Weg. Nach zehnstündigem Marsch kam er am späten Nachmittag nach Hause. Neun Jahre bis zu seinem Klostereintritt machte er allwöchentlich diesen Gewaltmarsch. Wenn er zu

Hause den Gottesdienst besuchte, dann kam er schon um halb vier Uhr morgens zur Kirche. Kniend und betend wartete er vor der verschlossenen Türe, bis sie aufgemacht wurde. Im Mittelpunkt seiner Andacht stand die wöchentliche Kommunion, zu seiner Zeit für Laien eine große Seltenheit. Später, im Kloster, erhielt er als besondere Vergünstigung die Erlaubnis zum täglichem Empfang der heiligen Kommunion. Sie wurde ihm schon um halb fünf Uhr morgens vor dem Aufstehen der Klostergemeinschaft gereicht, damit niemand es bemerkte. Fast 40 Jahre lang bereitete sich Bruder Konrad von drei Uhr morgens an auf die Begegnung mit dem eucharistischen Herrn vor.
31 Jahre seines Lebens verbrachte der Heilige im Elternhaus in seiner dörflichen und bäuerlichen Umgebung. Natürlich wurde auch über den „Frömmler“ und „Betbruder“ gespottet. Aber dieser Spott hörte bald auf. Man fühlte, daß Johannes das tat und lebte, was man selbst auch tun sollte. „Um den Venushans bis zu seinem Weggang von der Heimat (1849) hatte sich eine Aura von Ernst und Würde gebildet, die Distanz und eine gewisse Unnahbarkeit schuf und zugleich den Eindruck von Güte und Freundlichkeit nicht ausklammerte.“ (Alois Winklhofer)
Als Johannes den elterlichen Hof als Bauer übernehmen sollte, da lehnte er ab. Er fühlte eine andere Berufung, kannte sie aber noch nicht deutlich. Elf Jahre horchte er in sich hinein und beriet sich mit seinem Seelenführer, dem Priester Franz Xaver Dullinger. Dieser riet ihm schließlich den Eintritt in den Kapuzinerorden. Im September 1849 wurde er im Alter von 31 Jahren bei den Kapuzinern in Altötting aufgenommen. Mit dem Ordenskleid erhielt er den Klosternamen Bruder Konrad. Auch diese vollständige Veränderung seiner Lebensverhältnisse bereitete ihm keine größeren Schwierigkeiten, ein Beweis, daß die Entscheidung für den Orden richtig war. Sein religiöses Leben bedurfte keiner Umstellung. Es wurde lediglich eingeordnet in den geregelten Tagesablauf der Klostergemeinschaft. Nachdem er am 4. Oktober 1852 die Profeß abgelegt hatte, wurde er zum Pförtner des Klosters Sankt Anna in Altötting bestellt. Dieses Amt versah er 41 Jahre lang bis drei Tage vor seinem Tod.

Seinen Dienst trat er an mit elf Vorsätzen, die er während der Exerzitien gefaßt und sich aufgeschrieben hatte. Sie geben einen guten Einblick in sein religiöses Innenleben. Einige dieser Vorsätze sind:

Ich will mich alle Zeit in die Gegenwart Gottes stellen;
ich will die Bruderliebe wahren, kein Wort wider die Liebe reden;
ich will die Fehler, Mängel, Schwächen der anderen geduldig ertragen;
ich will im Reden sparsam sein und das Stillschweigen genau beobachten;
ich will jene Abtötungen pflegen, die von den anderen am wenigsten bemerkt werden;
ich will in allem meinen Eigenwillen bekämpfen, jede Unvollkommenheit verabscheuen und nie einen Fingerbreit von der Regel abweichen;

ich will die Andachten der seligsten Jungfrau pflegen und ihre Tugenden nachahmen.
Diese Haltung stand hinter dem freundlichen, aber wortkargen Bruder, der täglich, sonntags wie werktags das Fenster in der Klosterpforte öffnete, hundert bis zweihundertmal am Tage. Der Besucher gab es viele, besonders zu den Zeiten der großen Wallfahrten. Ihre Anliegen waren ebenso vielfältig. Da wurden Andachtsgegenstände gebracht zum Weihen. Patres mußten in den Beichtstuhl geholt werden. Aushilfen für umliegende Pfarreien wurden gebraucht. Ratsuchende wünschten sich mit Patres zu beraten. Meßstipendien waren entgegenzunehmen. Almosen wurden abgegeben. Vor allem aber mußten täglich viele Bettler mit Speise und Trank versorgt werden. Alle Bestellungen, Einnahmen und Ausgaben waren in Listen und Bücher einzutragen. Alle Besorgungen im Haus mußten persönlich ausgetragen werden, das Telefon war noch nicht erfunden, und oft läutete die Glocke schon wieder, noch ehe der Pförtner von der vorhergehenden Besorgung zurückgekehrt war. Da gab es dann Ungeduld und Geschimpfe auf die „faulen Klosterbrüder“. Überhaupt war die Kundschaft des Pförtners so vielfältig wie seine Aufgabe. Die Bettler und Handwerksburschen standen an der Spitze. Manche waren unzufrieden und grob. Einige Male wurden dem Pförtner die dünne Klostersuppe und das Bier in das Gesicht geschüttet.
Unter den Wallfahrern waren aber auch viele brave Landleute, die nach einer guten Ernte ihr Opfer im Kloster abliefern wollten, auch manche „fromme Seelen“, die sich mit dem Pförtner unterhalten wollten und die von seiner spröden Zurückhaltung enttäuscht waren. Selbst hohe Herrn aus dem Königshaus und dem bayerischen Adel gingen im Kapuzinerkloster zu Altötting aus und ein. Viele geistliche Herren und die Patres wollten angemessen empfangen und verabschiedet werden. Mit der Zeit kamen auch Besucher, die der Ruf der Heiligkeit des Klosterpförtners angezogen hatte und die seinen Rat und sein Gebet erbaten.
Diese keineswegs vollständige Auflistung der Aufgaben des Pförtners zeigt, daß eine große Klugkeit, eine tiefe Verankerung in der Ordensdisziplin, ja die Tugend eines Heiligen dazugehörte, um sie 41 Jahre lang zur Zufriedenheit aller – oder fast aller – zu erfüllen. Forscht man nach den Qualitäten eines guten Pförtners, dann stößt man von selbst auf den besonderen Tugendkatalog des Bruders Konrad; denn das Amt des Pförtners war ihm auf den Leib geschnitten.
Große Demut zeichnete ihn aus, verbunden mit einer hohen Achtung vor dem Menschen, dem es galt in vielerlei Gestalt, mit stets gleicher Güte gegenüberzutreten.
Eine große Klugheit, um die Geister unterscheiden zu können, die Ernsten und die Schwätzer, die Bedrückten und die Angeber.
Eine große Geduld, um alle anzuhören, um allen nach Möglichkeit gerecht zu werden, um allen das Gefühl zu geben, daß sie ernst genommen werden.

Eine große Beharrlichkeit, um den täglich gleichen Strom der leiblichen und seelischen Not auszuhalten und sich mit Gleichmut dem Geschwätz geltungssüchtiger Scheinheiliger auszusetzen.
Eine große Gewissenhaftigkeit, um die Aufträge sofort und exakt auszuführen, die Gelder gewissenhaft zu verwalten und die vielen Listen und Bücher genau zu führen.
Alle diese Tugenden hatte Bruder Konrad von Natur aus, und in 40 Jahren hat er sie gepflegt und entwickelt bis zur Vollkommenheit.
Und doch ist dies nur die zweite *Ebene* in seinem Leben. Sie wurde *gespeist* und getragen vom *Zentrum* seiner Frömmigkeit: der Erfahrung der Wirklichkeit, der Nähe, der Liebe Gottes, die er lebenslang in kindlicher Einfalt und Einfachheit erwidert hat mit der vollen Hingabe aller Kräfte des Leibes und der Seele. So etwas könnte wie eine Phrase klingen. Bei Bruder Konrad ist es die schlichte Wirklichkeit. Ein Athos-Mönch saß vor seiner Einsiedelei und war in tiefe Betrachtung versunken; er wurde gefragt, worüber er denn nachdenke. Da sagte er: „Ich denke nichts. Ich halte meine Seele in die Liebe Gottes." Dieses Wort könnte von Bruder Konrad sein, und es wäre die Zusammenfassung seines Umgangs mit Gott. Er brauchte kein mystisches System, keine geistvolle Spiritualität, keine Hinterfragung und keine theologische Reflexion. Er war ganz einfach die einmalig gelungene Verwirklichung des Herrenwortes: Wer das Reich Gottes nicht so annimmt wie ein Kind, der wird nicht hineinkommen (Lk 18,17).
„Die ganz einfache christliche Förmmigkeitsform – sein wie Kinder – warum sollen wir sie nicht gerade in einer so komplizierten geistigen Weltverfassung wie der heutigen realisieren können? Auch wir vermögen es fertigzubringen, nichts aus uns zu machen und nichts zu erwarten als die Anschauung Gottes, darauf zu verzichten, neue Christenwege wichtigtuerisch zu gehen, unser Kreuz zu lieben und es zu ertragen als ein Geschenk des Vaters, ohne es künstlich zu „Opfern" aufzuwerten. Wir alle können uns heraushalten aus der Unruhe des Alltags, können die Stille des gläubigen Gebets erwerben gegenüber all den Menschen und Dingen, die uns beunruhigen und die wir nicht beeinflussen können. Wir können die Liebe zur Einsamkeit gewinnen, in der man so schlicht bei sich ist wie man bei Gott ist." (Alois Winkelhofer)
Es muß zu denken geben, daß gerade der große „Intellektuelle" unter den Päpsten unseres Jahrhunderts, Pius XII., den Bruder Konrad besonders verehrte und nicht geruht hat, bis er durch die Selig- und Heiligsprechung den Gläubigen der ganzen Welt als das Beispiel vorgestellt wurde, das er zu Lebzeiten gewesen ist und das er heute und morgen noch sein kann.

Korbinian

geboren: um 680
gestorben: 8. September zwischen 724 und 730
Fest: 8. September
(in der Erzdiözese München am 20. September)

In dem Beitrag über die selige Irmingard von Frauenchiemsee ist ausgeführt: „Ein Heiliger hat zwei Leben auf dieser Welt. Eines, das er wirklich gelebt hat. Über dieses wissen wir bei dem einen Heiligen mehr, bei dem anderen weniger. Seine genaue Untersuchung erfolgt im Heiligsprechungsprozeß. Die Kenntnis dieses Lebens leidet, wie bei allen geschichtlichen Ereignissen, unter der Zufälligkeit der Erhaltung und Überlieferung von Dokumenten, unter der zeitlichen und räumlichen Distanz, der sozialen Stellung und der öffentlichen Beachtung, die der Heilige zu Lebzeiten gefunden hat.
Das zweite Leben eines Heiligen besteht in der Verehrung der Gläubigen. Diese Verehrung setzt bei manchen Heiligen schon zu Lebzeiten ein, so zum Beispiel wurde die heilige Katharina von Siena schon zu Lebzeiten – auch vom Papst – als „La Santa", die Heilige, bezeichnet. Es kommt aber auch vor, daß ein Heiliger jahrhundertelang überhaupt nicht verehrt wird, ja daß er aus dem Gedächtnis des christlichen Volkes völlig verschwindet, und plötzlich lebt die Verehrung wieder auf und entfaltet sich dann fast losgelöst und unabhängig vom geschichtlichen Leben des Heiligen."
Die Verehrung des Patrons der Erzdiözese München und Freising, des heiligen Korbinian, steht zu dem, was wir zuverlässig über sein irdisches Leben wissen, nur in einem losen Zusammenhang. Dabei sind uns Nachrichten über dieses, sein irdisches Leben nicht wie bei anderen Heiligen erst Jahrhunderte nach seinem Tod aufgeschrieben worden. Schon wenige Jahrzehnte danach hat der Nachfolger auf dem Freisinger Bischofsstuhl, der Geschichtsschreiber Arbeo von Freising, eine Lebensbeschreibung des Heiligen verfaßt. Diese enthält Tatsachen und fromme Legenden „in oft unauflöslicher Weise verwoben" (P. Stockmeier). Für den damaligen Biographen hatte beides den gleichen Wahrheitsgehalt. Ihm ging es um das Handeln Gottes durch seinen heiligen Diener. Die Legende vermag dies oft besser zu zeigen als der nüchterne Bericht, der nur den äußeren Ablauf schildern kann. Dabei ist die Biographie Arbeos kein Klischee, das man mehr oder weniger für jeden Heiligen verwenden könnte, mit denselben Tugenden, Wundern usw. Hinter seiner Darstellung wird eine ausgeprägte Persönlichkeit spürbar mit Ecken und Kanten, mit besonderen Begabun-

gen und mit Fehlern, ein Charakter, mit dem man sich noch heute auseinandersetzen kann.
Korbinian war kein Bayer. Seine Wiege stand nicht weit entfernt von Paris zu Arpajon. Früher hielt man Chaitres bei Melun für seinen Geburtsort. Der Vater mit Namen Waltekis soll ein Franke, die Mutter Corbiniana eine Irin gewesen sein. Eine gewisse Nähe zum iro-schottischen Mönchtum muß aber nicht auf der Abstammung beruhen. Im 7. und 8. Jahrhundert verließen Hunderte von irischen Mönchen ihre Heimat. Sie ließen sich auf dem Festland nieder, oder missionierten heidnische germanische Stämme, um die Krone des Martyriums zu erlangen. Das „Gehen in die Fremde", die Heimatlosigkeit als Nachfolge Christi knüpft an die Tradition des ägyptischen Eremitentums an, das für die Ausprägung des irischen Mönchtums von weit größerem Einfluß war als die Regel des heiligen Benedikt. „Das Exil als unwiderrufliche Trennung von allem, woran das Herz hängt und hing, Familie und Freunde, stellt sich innerlich als die letzte Stufe am obersten Ende der Tugendleiter dar . . . Im Verständnis der Heiligen Schrift ebenso kompetent wie in alten Sprachen und freien Wissenschaften, erregten diese Mönche Bewunderung, besonders durch ihre phänomenale, schon auf keltische Tradition zurückgehende Gedächtnisleistung" (J. Meyer-Sickendiek).
Überall, wo die „gottesgelehrten Vaganten" sich niederließen, verbreiteten sie mit dem Christentum auch die Kunst des Lesens und Schreibens. Die Klöster waren die einzigen Stätten, an denen man Bildung erwerben konnte.
Korbinian verlor seinen Vater, noch bevor er geboren wurde. Zusammen mit seinem Halbbruder Erimbert, den der Vater mit in die Ehe gebracht hatte, wurde er von der irischen Mutter und über sie wohl von irischen Mönchen erzogen und in den Geist des Mönchtums eingeführt. Dazu gehörte der Rückzug aus der Welt in ein Kloster, in eine Einsiedelei oder als höchste Steigerung in die Heimatlosigkeit eines unsteten Wanderlebens in der Fremde. Korbinian errichtete zunächst eine „Klause" bei einer Kapelle des heiligen Germanus, vermutlich in der Nähe seines Geburtsortes Arpajon. Es scheint sich dabei allerdings nicht um eine Einsiedelei gehandelt zu haben, sondern um eine klosterähnliche Gemeinschaft mit mehreren Gefährten. Auch kamen aus der Umgebung viele Besucher, die der Heilige im Glauben unterrichtete. Aus den Gaben der Pilger bestritt die Gemeinschaft ihren Lebensunterhalt. Vierzehn Jahre verbrachte der Heilige in dieser halb klösterlichen, halb weltlichen Zurückgezogenheit. Sein Ruf als Büßer und Wundertäter verbreitete sich im ganzen Frankenreich. Der mächtigste Mann des Reiches, Pippin der Mittlere (gestorben 716), lud ihn zu sich und beschenkte ihn reich mit kostbaren, vermutlich liturgischen Gewändern. Die steigende Unruhe, die der Zustrom der Gläubigen mit sich brachte, und der Wille, im Eremitenideal fortzuschreiten, weckte in Korbinian den Wunsch, auf Wanderschaft zu gehen. Vermutlich im Jahre 750 machte er sich mit seinen Gefährten auf, um das Zentrum der

Christenheit, Rom mit den Gräbern der Apostel, zu besuchen. Dort wollten sie bleiben, sich einen Platz für ein Kloster vom Papst erwerben und ihr Gemeinschaftsleben fortsetzen. Der Papst aber dachte weiter. Er sah in der Flucht aus der Welt nur die eine Hälfte christlicher Existenz. Die andere Hälfte war das Apostolat der Nächstenliebe, gelebt durch die Verkündigung der Frohen Botschaft und durch den Dienst an Armen und Kranken. Beide Hälften zusammen machen erst die Nachfolge Christi ganz. Dieser Impuls des Papstes veränderte die Einstellung und das Leben Korbinians von Grund auf. Von da an fühlte er sich als Missionar. Vermutlich ist er in Rom auch zum Bischof geweiht worden, um seiner Tätigkeit kirchenamtlichen Charakter und größere Autorität zu verleihen. Die älteste Biographie berichtet, der Heilige sei von Rom nach Gallien zurückgekehrt und habe dort eine ausgedehnte Lehr- und Missionstätigkeit ausgeübt. Dabei bleibt im Dunkeln, ob er dies nach Art der irischen Wanderbischöfe getan hat oder nach den Vorschriften des römischen Kirchenrechts. Beide Konzeptionen prallten um diese Zeit ziemlich hart aufeinander; denn Rom wollte die Kirche in fest umschriebenen Diözesen mit ortsfesten Bischofssitzen organisieren, während in der irischen Kirchenorganisation die Bischöfe einem Kloster angehörten, dem Abt unterstanden und nur für ihre Person mit der bischöflichen Würde ausgestattet waren. Aus Gründen, die uns unbekannt sind, entschloß sich Korbinian erneut zu einer Reise nach Rom. Unbekannt ist auch der Grund, warum er seinen Weg nicht über Südfrankreich nahm, sondern über Bayern. Bayern hatte eine römische Restbevölkerung, die zum Teil christlich war. Die Bayern selbst waren im frühen 6. Jahrhundert in das Gebiet zwischen der Donau und den Alpen eingedrungen, hatten die keltische Urbevölkerung in die Gebirgstäler zurückgedrängt und das Land in Besitz genommen. Sie waren in der Hauptsache Heiden, vermischt vielleicht mit Arianern; das Herrscherhaus der Agilolfinger aber war katholisch. So bot sich im Land der Bayern eine große und lohnende Missionsaufgabe. Unter dem Schutz des Herzogs war die römische Kirchenorganisation neu zu schaffen und die Bevölkerung für den christlichen Glauben zu gewinnen. Für Rom war Bayern als Landbrücke zum Norden und Westen Europas von größter Bedeutung. Wie lange sich Korbinian auf seiner zweiten Romfahrt in Bayern aufgehalten hat, wissen wir nicht. Der Eindruck, den er hinterließ, hat jedenfalls den Herzog bewogen, beim Papst eine ausdrückliche Sendung in dieses Arbeitsfeld zu erbitten und zu erhalten.
Auf dem Weg nach Rom soll sich das „Bärenwunder" erreignet haben. In den Alpen tötete während eines Nachtlagers ein Bär das Reitpferd des Heiligen. Als der Diener ihm den Verlust meldete, sagte dieser: „Geh hin und bestrafe das böse Tier, leg ihm den Sattel auf und das Gepäck, und treibe es mit unseren anderen Lasttieren auf den Weg!" Mit Zittern führte der Knecht den Befehl aus, und der Bär ließ sich willig die Last auflegen und trug sie bis in die Heilige Stadt. Weniger poetisch ist der Bericht über einen Wutausbruch des Heiligen.

Fischer hatten seinem Knecht Ansericus einen Fisch, den dieser gefangen hatte, weggenommen. Korbinian geriet in Zorn und ließ die Fischer auspeitschen. Dieser gar nicht heilige, aber menschliche Zug erhöht den Wert der Biographie; denn als Zeichen der Heiligkeit läßt er sich wirklich nicht ausdeuten.
Der Papst gestattete auch diesmal nicht, daß Korbinian sich in Rom niederließ. Er verwies ihn nochmals auf den Weg des Apostolats und schickte ihn, vermutlich auf Bitten des Bayernherzogs, als Missionar über die Alpen. Bei Meran ließ ihn der Bayernherzog in Empfang nehmen; ob als Gast oder als Gefangenen, läßt sich mit Sicherheit nicht mehr ausmachen. Korbinian wollte dort verweilen; denn in der Zenoburg war der heilige Valentin bestattet und verehrt. Außerdem hatte es ihm die Landschaft angetan. In Kuens errichtete er eine klösterliche Niederlassung und gedachte, hier sein Leben zu verbringen, um neben dem heiligen Valentin bestattet zu werden. Der Bayernherzog war geduldig, aber nicht für immer. Schließlich verlangte Herzog Grimoald die Übersiedlung an seine Residenz nach Freising. Auf dem Domberg wurde Korbinian mit großer Herzlichkeit aufgenommen. Eine Kirche zur Seligen Jungfrau gab es dort bereits. Auch bestand ein „Oratorium zum heiligen Stephan“. Dort richtete Korbinian eine Klostergemeinschaft ein, in der er nach einer eigenen Regel lebte, die wohl in der Mitte zwischen der benediktinischen und der irischen Mönchsregel lag. Ein Diözesanbischof im heutigen Sinn war er nicht, sondern mehr ein irischer Klosterbischof. Erst Bonifatius legte gut zwanzig Jahre nach dem Tod von Korbinian Ausdehnung und Grenzen des Bistums Freising fest.
Das Herzogshaus war zwar christlich, aber ebenso wie im merowingischen, später im fränkischen, gab es auch im bayerischen Fürstenhaus noch viele heidnische Gewalttaten, Aberglauben, Zauberei und Ehefrevel. So heiratete Herzog Grimoald seine Schwägerin Piltrudis, die Frau seines verstorbenen Bruders Theobald. Dies war nach dem damaligen Kirchenrecht verboten. Korbinian verlangte und erreichte die Trennung der Ehe. Von da an hatte er in Piltrudis eine Todfeindin. Auf das Temperament des Bischofs und die Sitten bei Hofe wirft die Erzählung ein bezeichnendes Licht, wonach der Bischof bei Tisch das Brot segnete und der Herzog das erste Stück des gesegneten Brotes seinen Hunden vorwarf. Daraufhin warf der Bischof den Tisch mitsamt den Speisen und dem Geschirr um, sodaß alles durcheinander zu Boden fiel, und verließ zornentbrannt die herzogliche Burg. Solche Reibereien legten eine gewisse räumliche Distanz zwischen der Hofhaltung des Herzogs und des Bischofs nahe. Korbinian zog sich auf den Berg des heiligen Stephan (das heutige Weihenstephan) zurück und überließ dem Herzog den Domberg, den er mit seinen Mönchen nur besuchte, um in der Marienkirche den Gottesdienst zu feiern.
Krach gab es aber trotz der räumlichen Entfernung. So, als der Bischof am Lager eines Kindes der Herzogin Piltrudis eine Zauberin antraf. Mit den Fäusten jagte er sie aus der Burg hinaus und verärgerte damit die Herzogin noch mehr. Schließlich schmiedete diese Mordpläne. Der Anschlag mißlang zwar,

doch schien es Korbinian geraten, sich aus dem Machtbereich der Herzogin zurückzuziehen. Er verließ Freising bei Nacht und Nebel und zog sich nach Kuens zurück. Dort gefiel es ihm ohnehin besser, weil er hier die Einsamkeit fand, die er zeitlebens vergebens suchte, und weil er sich in der Landschaft um Meran besonders wohl fühlte. Vier Jahre blieb er im südlichsten Bezirk des Herzogtums in der Nähe des Grabes des von ihm sehr verehrten Bischofs Valentin. Inzwischen hatten sich die Verhältnisse im Herzogtum Bayern verändert. Herzog Grimoald war ermordet worden, Piltrudis wurde ins Frankenreich, von wo sie herstammte, in die Verbannung geschickt und kam dort um. Der neue Herzog Hugibert, ein Neffe Grimoalds, nahm Korbinian mit Freuden wieder auf. Er überließ ihm seine eigene Residenz auf dem Domberg. Das freundschaftliche Verhältnis zwischen Bischof und Herzog bot nunmehr eine gute Grundlage für eine fruchtbare missionarische Wirksamkeit, die vermutlich mehr in einer Vertiefung und Befestigung des Christentums als in der Bekehrung von Heiden bestand.

Korbinian fühlte, daß ihm nicht mehr viel Zeit verblieb. Er bestellte sein Haus und äußerte den Wunsch, an der Seite des Bischofs Valentin auf der Zenoburg bei Meran bestattet zu werden. Vom Langobardenkönig Liutprand, der inzwischen Herr dieses Gebietes geworden war, ließ er sich den Bestand seines Klosters in Kuens und der erwählten Grabstätte ausdrücklich zusichern.

An einem 8. September – das Jahr des Todes ist nicht genau bekannt, es liegt zwischen 724 und 730 – feierte er das heilige Meßopfer; danach „machet er das Zeichen des heiligen Kreuzes an sein stiern (Stirn) und gab unserm Herrn seinen Geist auf ohn alles Wehklagen".

Zunächst wollte der Herzog den Leichnam des verehrten Bischofs in Freising behalten. In einem großen Unwetter aber sah man ein Zeichen des Himmels und vollzog daraufhin den letzten Willen des Toten. Man brachte ihn nach Meran und setzte ihn neben Bischof Valentin bei. Herzog Tassilo III. aber brachte die Reliquien 768 auf den Domberg nach Freising zurück, wo sie seitdem der Verehrung der Gläubigen des Erzbistums München und Freising ausgesetzt sind.

Korbinian war in Bayern ein Fremder, ein Franke, was damals, als Tassilo gegen die fränkische Herrschaft aufbegehrte, ein Schimpfwort war. Sein Charakter, sein Temperament, seine Freude an der Natur, sein herrscherliches Wesen, sein Aufbrausen und sein Hang zur Stille, in all dem finden die Bayern sich so sehr wieder, daß sie ihren Bischof Korbinian schon zu Lebzeiten als Verkörperung ihres eigenen Wesens liebten und verehrten. Diese Verehrung wurde seit seinem Tod nie unterbrochen und ist heute so echt und lebendig wie vor tausend Jahren. Es ist gewiß kein Zufall, daß nicht Bonifatius, der 739 die Diözese Freising errichtete, ihr Patron wurde, sondern Korbinian, ihr erster Bischof, in dem sich die Bayern in ihrem Wesen und ihrer Frömmigkeit wiedererkannten und bis zum heutigen Tage wiederfinden.

Kyrill und Method

Kyrill (Cyrill)
geboren: 826/827
gestorben: 14. Februar 869
Fest: 14. Februar

Method
geboren: um 815
gestorben: 6. April 885
Fest: 14. Februar

Im Bewußtsein der Bewohner Westeuropas schränkt sich der Begriff „Europa" durch das Bestehen der „Europäischen Gemeinschaft" immer mehr auf die Länder dieser Gemeinschaft ein. Europa aber ist größer, schon geographisch, vom Atlantik bis zum Ural, aber auch kulturell und vor allem religiös. Es schließt das heute unter kommunistischer Herrschaft stehende Osteuropa, auch seinen slawischen Teil ein. Das christliche Europa kennt keine politischen Vorhänge. Das urchristliche Land Polen gibt der ganzen Welt in unseren Tagen dafür einen eindrucksvollen Anschauungsunterricht. Die Signale aus Rußland sind leiser, aber ebenso unüberhörbar.

Papst Paul VI. hat dieses christliche Europa der Welt vor Augen gestellt, als er 1980 die Slawenapostel Kyrill und Method neben Benedikt von Nursia zu Patronen Europas proklamierte.

Die beiden „Lehrer der Slawen" waren leibliche Brüder. Sie stammten aus Thessaloniki, der wichtigsten byzantinischen Handelsstadt auf dem europäischen Festland. Ihr hatte der Apostel Paulus selbst das Evangelium gebracht. Der blühenden Christengemeinde schrieb er zwei Briefe; im ersten stellte er die Christen von Thessaloniki allen Gläubigen in Griechenland als Vorbild vor Augen: „Ihr seid unsere Hoffnung, unser Ruhm und unsere Freude."

Der Vater Leon und die Mutter Maria hatten sieben Kinder, das älteste war wohl Method (dies ist sein Klostername, der Taufname war Michael); Kyrill war das jüngste Kind, geboren 826 oder 827. Er hieß ursprünglich Konstantin; den Namen Kyrill hat er erst bei seinem Klostereintritt, fünfzig Tage vor seinem Tod, angenommen. Der Vater, kaiserlicher Offizier, starb, als Kyrill vierzehn Jahre alt war. Vaterstelle vertrat der damalige kaiserliche Statthalter Theoktistos, später als Kanzler des Kaisers Michael III. der mächtigste Mann im byzantinischen Reich. Er verschaffte dem jungen begabten Juristen Method einen hohen Verwaltungsposten als Gouverneur einer Provinz an der Grenze Bulga-

riens am Fluß Strymon (Struma). Den jungen Kyrill nahm er mit nach Konstantinopel zum Studium an der Universität. Dort lernte er zunächt die Grundlagen, etwa die heutigen Fächer des Gymnasiums, dann studierte er mit Begeisterung Philosophie. Schon als Student wurde er „der Philosoph“ genannt. Dieser seltene gelehrte Titel wurde ihm später, als er selbst Philosophie an der Universität lehrte, in aller Form vom Kaiser verliehen. Sein hoher Gönner hatte für ihn eine einflußreiche Beamtenstellung in seiner Nähe bei Hof vorgesehen. Dazu gehörte auch eine standesgemäße Heirat mit einer jungen Frau aus angesehener Familie. Aber dies alles lag nicht im Lebensplan des jungen Gelehrten. Er hatte sich schon in jungen Jahren eine Braut gewählt: Sophia, der göttlichen Weisheit, hatte er sich verlobt. Diese göttliche Weisheit war in der Welt sichtbar geworden in der menschlichen Natur Jesu Christi, verbunden mit der göttlichen in einer Person. Auch wollte er alles menschliche Wissen erwerben, um damit Gott zu dienen und ihn zu ehren.
Die „urväterlichen Ehren“ wollte er wiedergewinnen, das ist der Gnadenstand, den Adam hatte vor seinem Sündenfall. Dieser war wiederhergestellt worden durch den Erlösungstod Jesu Christi. Abraham war der Stammvater der Juden, Adam aber war der Stammvater *aller* Menschen. Darum ist das Zurückgehen auf Adam ein Bekenntnis und ein Programm. Es kommt in ihm zum Ausdruck „das tiefe Bewußtsein von der Einheit aller Menschen im Christetum, von der Gleichberechtigung aller Menschen und Völker. Die ungeschmälerten Menschenrechte, Die Gleichheit und Brüderlichkeit waren ihm lebendig bewußt. Aus dieser Idee erklärt sich seine Tatkraft und sein Streben nach Ausbildung der slawischen Schriftsprache und der slawischen Liturgie“ (F. Grivec).
Wenn er schon kein weltliches Regierungsamt anstrebte, so sollte er wenigstens in der kirchlichen Hierarchie, die mit dem Staat auf das engste verflochten war, seine Kenntnisse und großen Fähigkeiten anwenden können. Nach seiner Priesterweihe wurde er zum „Bibliothekar“ ernannt. Hinter diesem harmlosen Titel verbirgt sich eine große Machtfülle. Das Amt umfaßte ungefähr die Aufgaben, die heute der Generalvikar wahrzunehmen hat. Aber nach kurzer Zeit hatte Konstantin genug an den Hofintrigen, den Eifersüchteleien und Machtkämpfen. Er lief einfach davon und verbarg sich in einem Kloster, wo er seinen Betrachtungen, Bußübungen und gelehrten Studien lebte. Als man ihn nach einem halben Jahr entdeckte, wollte er um keinen Preis auf seinen früheren Posten zurückkehren. Er wurde Professor für Philosophie an der kaiserlichen Universität in Konstantinopel.
In diese Zeit, um 851, Konstantin war erst vierundzwanzig Jahre alt, fällt eine Gesandtschaft des byzantinischen Kaisers an den Hof des Kalifen, der die religiösen islamischen Traditionen erneuerte. Konstantin sollte in dieser Gesandtschaft die religiösen Gespräche leiten. Die Araber hatten zu dieser Zeit große Gelehrte. Sie waren auf vielen Gebieten, zum Beispiel in der Geometrie, der Astronomie, aber auch in der Philosophie, den Christen überlegen. Der

Inhalt der Religionsgespräche ist zum Teil überliefert. Auf das Argument, die Christenheit sei in viele Sekten aufgespalten, während der Islam durch seine Geschlossenheit überzeuge, gab Konstantin eine Antwort, die noch heute aktuell ist: „ Unser Gott ist wie das hohe und tiefe Meer. Viele steigen in diese Tiefe, um ihn zu suchen, und die Scharfsinnigen empfangen mit seiner Hilfe reiche Einsicht; sie schwimmen hindurch und kehren zurück. Die Schwachen dagegen, die wie in morschen Schiffen hinausfahren, ertrinken teils, teils atmen sie kaum und wanken ohnmächtig. Euer Meer dagegen ist schmal und bequem; über dieses kann jeder Kleine und Große leicht hinwegspringen."

Nach der Rückkehr von dieser Gesandtschaft gab Kyrill seine Professur auf. Er wollte in Stille und Sammlung mit sich und seinem Gott ins reine kommen. Er zog sich in ein Kloster am Berg Olymp in Bithynien in Kleinasien zurück. Dort lebte schon seit zehn Jahren sein Bruder Method als Mönch. Dieser hatte im Zusammenhang mit den Wirren des Bilderstreits sein Regierungsamt nach wenigen Jahren aufgegeben und sich von der Welt zurückgezogen. Vielleicht war für den Entschluß Konstantins auch die Ermordung seines väterlichen Freundes Theoktistos ein Anlaß gewesen (856). Der volljährig und selbständig gewordene Kaiser Michael III. setzte den Patriarchen Ignatius ab. An seine Stelle kam der gelehrte Photios, unter dem sich das Verhältnis zum Papst in Rom rasch und nachhaltig trübte. Vielleicht darf man dieses Motiv für die Weltflucht Konstantins auch daraus schließen, daß er nicht als Mönch in das Kloster eintrat, sondern nur als Oblate, das heißt als Gast im Kloster lebte.

Im Kloster beschäftigten sich die Brüder viel mit der slawischen Sprache und Kultur. Beide brachten schon Voraussetzungen dafür mit, Method hatte als Gouverneur einer slawischen Provinz Sprache und Sitten des von ihm regierten Volkes kennengelernt, Konstantin brachte Sprachkenntnisse aus Thessaloniki mit, denn das Um- und Hinterland von Thessaloniki war – als Folge der Völkerwanderung – hauptsächlich von Slawen bewohnt. Auch in Konstantinopel gab es viele Gelegenheiten, mit Slawen zu verkehren. Ohne die Zukunft zu kennen, bereiteten sich beide so auf die Missionsaufgabe vor, die die Vorsehung ihnen zugedacht hatte.

Mit dem Klosterfrieden sollte es bald ein Ende haben. 860 kam eine Gesandtschaft der Chazaren an den Kaiserhof mit der Bitte, ihnen einen Mann zu schicken, der sie im rechten Glauben unterweisen könne; denn „bald versuchen die Juden, uns zu ihrem Glauben zu bekehren, und dann wieder die Sarazenen zu ihrem . . . Deshalb entschlossen wir uns, bei dem höchsten christlichen Kaiser Rat zu suchen im großen Vertrauen auf euren Glauben und eure alte Freundschaft." Die Chazaren hatten im siebten Jahrhundert ein großes Reich vom Dnjepr bis zum Kaspischen Meer gegründet. Ebenso wie die Byzantiner hatten sie unter den Angriffen der Araber zu leiden. Daher waren sie mit dem Kaiser von Byzanz verbündet.

Der Kaiser beauftragte Konstantin mit der Führung der Gesandtschaft, die zu den Chazaren gehen sollte. Sein Bruder Method begleitete ihn. Die erste Station war das byzantinische Cherson auf der Halbinsel Krim. Hier fand Konstantin am 30. Januar 861 die Reliquien des heiligen Papstes Clemens I., der dorthin verbannt im Jahr 101 den Martertod erlitten hatte. Fünf Jahre später hat Konstantin diese Reliquien nach Rom gebracht, wo sie mit Ehrfurcht feierlich empfangen und hoch verehrt wurden. Durch dieses Erlebnis wurde der Blick des Griechen nach Rom als dem Zentrum der christlichen Welt gelenkt. Die Mission Konstantins war ein großer Erfolg. Auch hier stellte er die Würde Adams gegen die Abrahams und begründete so die Berufung aller Menschen zum Glauben. Aus der Umgebung des Chazaren-Khans ließen sich über zweihundert Würdenträger taufen. Der Khan bedankte sich beim Kaiser mit den Worten: „Du hast uns einen Mann gesandt, der uns mit Wort und Tat bewiesen hat, daß der christliche Glaube heilig ist."

Nach der Rückkehr setzte Konstantin sein zurückgezogenes Leben in einer Zelle bei der Kirche der heiligen Apostel in Konstantinopel fort. Method wollte der Kaiser zum Erzbischof ernennen, dieser aber lehnte ab. Dafür wurde er Abt des großen Klosters Polychron am Marmarameer.

Die Stunde der Slawenapostel schlug, als 862 eine Gesandtschaft des mährischen Fürsten Ratislav an den Kaiserhof nach Konstantinopel kam. Mähren war in der ersten Hälfte des neunten Jahrhunderts christianisiert worden. Es gehörte zur Diözese Passau bzw. Salzburg. Kirchliche Zugehörigkeiten bedeuteten damals immer auch politische Abhängigkeit. Daher setzte das Streben nach politischer Selbständigkeit meist bei der kirchlichen Emanzipation ein. Auf diesen Nenner läßt sich das jahrzehntelange Tauziehen um die kirchliche Organisation im Donauraum bringen. Dazu kam der immer größer werdende Riß zwischen der Ostkirche und der Westkirche. Beiden lag viel an der Integration des slawischen Raums, der sich eben dem Christentum zu erschließen begann. Obwohl Rom sonst mit Härte auf der lateinischen Kultsprache und dem römischen Kirchenrecht bestand, war es hier aus übergeordneten Gründen bereit, der slawischen Sprache fast denselben Platz einzuräumen, den die Nationalsprachen nach dem II. Vatikanischen Konzil gewonnen haben.

Fürst Ratislav sah sich von den Deutschen (Ludwig der Deutsche 843–876) im Westen und den Bulgaren im Osten bedroht. Daher suchte er Freundschaft und Schutz des byzantinischen Kaisers Michael. Er bat den Kaiser, ihm einen Bischof und Lehrer zu senden, der das Volk in seiner Muttersprache im christlichen Glauben unterrichten würde. „Zu uns kamen mehrere Lehrer aus Italien, Griechenland, Deutschland und lehrten uns verschieden. Doch wir Slawen sind einfache Leute und haben niemand, der uns in aller Wahrheit unterrichten und sie verständlich erklären würde." Sicher dachte der Fürst dabei an die Gründung einer eigenen slawischen Kirchenprovinz und damit an die Herauslösung aus der Kirchenprovinz Salzburg.

Konstantin war bereit, die Aufgabe zu übernehmen, „wenn sie eine Schrift in

ihrer Sprache haben.“ Die Slawen hatten zwar eine Sprache, aber keine Schrift. Konstantin war klar, daß ohne Schrift, nur durch mündliche Rede weder die christliche Botschaft irrtumslos zu vermitteln noch die Liturgie einzurichten war. Daher machte er sich mit seinen Mitarbeitern daran und schuf die slawische Schrift, die sich zwar in vielen Zeichen an das griechische Alphabet anlehnt, die aber für die vielen slawischen Zisch- und Zwischenlaute auch eigene Zeichen neu erfand. Die geniale Leistung war sicher nicht das Werk weniger Wochen oder Monate. Konstantin und sein Bruder Method hatten sich seit Jahren auf die Slawenmission vorbereitet. Sie hatten slawisch sprechende junge Männer um sich gesammelt, allmählich die Schrift entwickelt und die Heilige Schrift und die liturgischen Texte in diese Schrift und Sprache übertragen. So gerüstet folgten sie dem Auftrag des Kaisers und der Bitte des Fürsten Ratislav. Auch der Papst sah später in dieser Erfindung das Werk und den Willen Gottes, als er der Verwendung der slawischen Sprache in der Liturgie zustimmte. Ein Brief des Kaisers an den Fürsten deutet die weitreichende kirchen- und staatspolitische Wirkung einer eigenen Sprache an: „Damit werdet auch ihr zu den großen Völkern gezählt werden, die Gott in ihrer eigenen Sprache verherrlichen.“ Das heißt, die sprachliche Eigenständigkeit wird die kirchliche und die politische Unabhängigkeit notwendig im Gefolge haben. So kam es auch; aber bis dahin gab es noch viel Streit und Blutvergießen.
Im Frühjahr 863 brachen Konstantin und Method mit weiteren Gefährten auf nach Mähren. „Als er nach Mähren kam, empfing ihn Ratislav mit großer Ehre, versammelte Schüler und übergab sie ihm zum Unterricht. In kurzer Zeit übersetzte er die ganze Kirchenordnung, lehrte sie das Morgengebet, das Stundengebet, die Vesper, das Nachtgebet und die heilige Meßliturgie.“ Konstantin ging also planmäßig an sein großes Werk: Zuerst schuf er die Instrumente für Unterricht und Gottesdienst, dann sammelte er Schüler für den geistlichen Nachwuchs. Die Schwierigkeiten begannen ein Jahr später. Ludwig der Deutsche zwang Ratislav, die deutsche Oberherrschaft anzuerkennen; zu deren Befestigung sandte er deutsche Priester ins Land. Diese kamen wegen ihrer lateinischen Sprache gegen die in der Muttersprache des Volkes lehrenden Slawenapostel nicht auf. Daher wollten sie diese mit der Autorität der Heiligen Schrift bekämpfen: Pilatus habe die Inschrift am Kreuz in lateinischer, griechischer und hebräischer Sprache verfaßt. Daher seien auch nur diese drei Sprachen als Kultsprachen im Christentum zulässig. Nach dreijähriger Arbeit war das Missionsfeld so gefestigt, daß es notwendig war, die gut vorbereiteten einheimischen Schüler zu Priestern zu weihen, um die Pfarreien mit slawischen Seelsorgern besetzen zu können. Einen slawischen Bischof gab es nicht, an einen deutschen Bischof wollten sie sich nicht wenden. Daher wandten sie sich Ende 866 nach Rom. Auf der Reise dorthin hielten sie sich längere Zeit bei Fürst Kocel in Pannonien auf. Dies war eine Markgrafschaft, bestehend aus dem östlichen Teil der Steiermark und dem westlichen Teil von Ungarn. Panno-

nien war seit langem christlich, seit siebzig Jahren gehörte es zur Salzburger Kirchenprovinz. Dort fiel wohl auch die endgültige Entscheidung, ihr Missionsgebiet nicht der Kirche von Byzanz, sondern der Kirche von Rom, dem Papst, zu unterstellen. Fürst Kocel und sein slawisch sprechendes Volk fanden Gefallen an der slawischen Kirchensprache. Sie ließen fünfzig angehende Priester in dieser Sprache ausbilden und hatten wohl auch langfristig eine gewisse nationale Unabhängigkeit im Auge. Verärgert verließ der Salzburger Erzpriester das Land.
In Venedig erreichte die Brüder eine schriftliche Einladung des Papstes Nikolaus I. Vielleicht hat diese Einladung verhindert, daß sie doch den Weg statt nach Rom zurück in ihre Heimat Konstantinopel nahmen; denn in Venedig wurden sie von Bischöfen, Priestern und Mönchen wegen ihrer slawischen Kirchensprache heftig angegriffen und der Häresie bezichtigt.
Um die Jahreswende 867/68 kamen Konstantin und Method in Rom an. Der neue Papst Hadrian II. zog ihnen mit Priestern und Volk bis vor die Tore der Stadt entgegen. Dieser ehrenvolle Empfang galt aber weniger ihrer Person als den Reliquien des heiligen Papstes Clemens I., die sie mit sich führten. In Rom standen ihnen alle Türen offen. Der Papst selbst weihte Method, der bis dahin nur Mönch und Diakon gewesen war, zum Priester. Die slawische Liturgie wurde vom Papst ausdrücklich gebilligt. Den Schülern, die Konstantin mitgebracht hatte, wurde im Auftrag des Papstes die Priesterweihe erteilt. Sie feierten ihre Primiz in der größten Kirche der Stadt in slawischer Sprache. Wahrscheinlich wohnten die Brüder in dem griechischen Kloster bei der Kirche der heiligen Praxedis nahe der Kirche Maria Maggiore. Die Strapazen der Reise und das römische Klima, auch die vielen öffentlichen Verpflichtungen durch Vorträge und Disputationen hatten die Gesundheit Konstantins untergraben. Er brauchte Ruhe und Stille. Daher zog er sich ganz in das Kloster zurück, er ließ sich einkleiden und legte die feierlichen Mönchsgelübde ab. Dabei erhielt er den Namen Kyrill (lateinisch: Cyrill). Aber ganze fünfzig Tage der klösterlichen Abgeschiedenheit waren ihm bestimmt. Sein Zustand verschlechterte sich von Tag zu Tag und, am 14. Februar 869 „betete er für seine Schüler, für seine Herde, für die Einheit der Kirche und entschlief im Herrn". Er war nur zweiundvierzig Jahre alt geworden. Method wollte den Leichnam seines Bruders in das Kloster am Olymp bringen, aber der Papst erlaubte es nicht. Dieser wollte ihn in der Peterskirche beisetzen. Auf Bitten Methods stimmte er schließlich zu, daß er in der Kirche des heiligen Clemens bestattet werden durfte. Die Reliquien sind seit der französischen Besetzung 1798 verschwunden. Aber ein altes Bild, wohl aus der Zeit nach seinem Tod, zeigt noch heute die Ruhestätte des großen Apostels der Slawen.
Method, der bisher still und bescheiden an der Seite seines jüngeren, genial begabten Bruders gedient hatte, stand nun allein der großen und immer schwieriger werdenden Missionsaufgabe gegenüber. Am liebsten wäre er in sein Klo-

ster nach Kleinasien zurückgekehrt. Aber sein Bruder hatte ihn auf dem Sterbebett beschworen, das gemeinsame Werk nicht im Stich zu lassen.
In Mähren waren inzwischen große Veränderungen vor sich gegangen. Fürst Swatopluk, der unter seinem Onkel Ratislav die Slowakei regiert hatte, hatte diesen gefangengenommen, an die Deutschen ausgeliefert und seine Nachfolge angetreten. Dieser hatte zwar den gleichen oder einen noch größeren Drang nach Unabhängigkeit, er trug aber auf allen Schultern Wasser und spielte einen Nachbarn gegen den andern aus. Ihm gefiel die Pflege der slawischen Kirchensprache, doch stießen er und seine Umgebung sich an der moralischen Strenge der Slawenapostel.
Auch in Rom waren die Freunde der Slawenmission teils in Ungnade gefallen, teils gestorben. Geblieben war der alte Papst Hadrian II. Dieser weihte Method zum Bischof und sandte ihn als päpstlichen Legaten nach Pannonien und Mähren zurück. Auf Betreiben des Fürsten Cocel wurde Method zum Bischof von Sirmium ernannt. Dieser Bischofssitz war seit dreihundert Jahren, seit der Zerstörung durch die Awaren, nicht mehr besetzt. Damit war, ohne daß die Rechte Salzburgs direkt berührt wurden, eine neue slawische Kirchenprovinz auf dem altchristlichen Bischofssitz Sirmium für den Bereich von Pannonien und Großmähren errichtet. Method wird in päpstlichen Schreiben als „Erzbischof von Pannonien" bezeichnet. Dieser Schritt mußte den Widerstand der bayerischen Bischöfe, die dieses Gebiet als das ihre ansahen, herausfordern. Sie nahmen den Erzbischof vermutlich in Mähren, nicht ohne Beihilfe Swatopluks, gefangen und verschleppten ihn nach Bayern. Auf der Synode von Regensburg im Herbst 870 wurde er als „Eindringling" abgesetzt und aus seiner Diözese verbannt. Wahrscheinlich brachte man ihn in das Kloster Ellwangen. Dabei wurde der Heilige brutal gequält und mißhandelt. Ein päpstliches Schreiben nannte den Passauer Bischof einen „Wüterich", weil er den Bischof mit Kerker gequält, ihn bei strengem Winter den Unbilden der Witterung unter freiem Himmel ausgesetzt und in der Versammlung der Bischöfe mit der Peitsche bedroht habe. Dem Freisinger Bischof werden „himmelschreiende Frechheit, tyrannische Handlungsweise und Lügenhaftigkeit" vom Papst vorgeworfen. Beide wurden vom Papst ihrer Ämter enthoben, bis sie Method freigelassen hätten. Auf Betreiben von Fürst Cocel entsandte der neue energische Papst Johannes VIII. einen eigenen Legaten nach Deutschland, der die sofortige Freilassung Methods durchsetzen sollte. Dies geschah auch nach zweieinhalbjähriger entwürdigender Gefangenschaft. Der Vorgang zeigt die Folge der Vermischung von christlichem und weltlichem Amt, von kirchlichen mit politischen Interessen. Die Bischöfe waren Reichs- und Kirchenfürsten, manche von ihnen zuerst Reichs- und dann Kirchenfürsten und manche eben nur Reichsfürsten und keine Kirchenmänner.
Nach seiner Entlassung aus der Gefangenschaft kehrte Method nach Pannonien zu Fürst Cocel zurück, der in der Zwischenzeit seine Hand über die Slawenmis-

sion gehalten hatte. Als der Fürst aber ein Jahr später abgesetzt wurde und aus der Geschichte verschwand, und als sich Swatopluk im Frieden von Forchheim im gleichen Jahr dem deutschen König unterworfen hatte, da war die weltliche Stütze der Slawenmission zusammengebrochen. Ohne diese war aber im Mittelalter der Aufbau und die Verteidigung einer so umstrittenen kirchlichen Organisation nicht möglich. Die größte Gefahr für sein Werk sah Method nicht in Pannonien, sondern in Mähren. Das Volk selbst rief die Slawenmissionare zurück. „Seit diesem Tag begann die göttliche Lehre zu wachsen und die Zahl der Kleriker sich zu mehren in allen Burgen... Um so mehr begann auch die mährische Macht sich nach allen Seiten auszudehnen." Schon die alte slawische Chronik sieht also den Zusammenhang zwischen der Slawenmission und der politischen Stärkung des mährischen Staates. Nach dem Frieden von Forchheim kamen zur Befestigung der deutschen Herrschaft deutsche Priester ins Land, und der Kampf gegen die slawische Liturgie entbrannte von neuem. Swatopluk trat immer mehr auf die Seite der Gegner Methods. Mit Hilfe des deutschen Erzpriesters Johannes und des eigenen Suffraganbischofs Wiching verleumdete er Method in Rom und bezichtigte ihn im Zusammenhang mit dem Trinitätsstreit der Häresie. Der falsch unterrichtete Papst verbot daraufhin in einem Brief an Method 879 die slawische Kirchensprache. Dies wäre das Ende seines Lebenswerks gewesen. Daher reiste Method nochmals selbst nach Rom, um sich persönlich vor dem Papst zu rechtfertigen. Dies gelang ihm glänzend. Nach sorgfältiger Prüfung und allseitiger Überlegung billigte der Papst in einer eigenen Bulle die Handlungsweise Methods und die slawische Liturgie. Gleichzeitig bestätigte er das Amt des Apostolischen Legaten für die Christianisierung der Slawen. In der Bulle heißt es: „Gott, der die drei hauptsächlichen Sprachen, nämlich Hebräisch, Griechisch und Latein geschaffen hat, derselbe Gott hat auch alle anderen Sprachen zu seinem Lob und zu seiner Ehre geschaffen." Mit Recht hat man diese Bulle die Charta der Gleichheit aller Sprachen vor Gott genannt.

Auch nach dieser glänzenden Rechtfertigung durch den Papst hatte Method viele Schwierigkeiten von Swatopluk und seinem Vertrauten, Bischof Wiching, auszustehen. Letzterer, obwohl vom Papst zum strikten Gehorsam gegenüber seinem Erzbischof Method ausdrücklich aufgefordert, spann Intrigen gegen ihn und sein Werk. Er fälschte sogar die päpstliche Bulle, sodaß ihr Inhalt ins Gegenteil verkehrt wurde und ließ im Volk Verleumdungen gegen den Erzbischof verbreiten. Der Papst allerdings, eingedenk der Heiligkeit des heiligen Kyrill und seines in Rom lebendigen Andenkens, hielt treu zu Method. In mehreren Briefen ermutigte er ihn, in allen Widerwärtigkeiten auszuharren und versicherte ihn seiner Liebe und Hilfe.

Gegen Ende seines Lebens hat Method noch eine Reise in seine Heimat Konstantinopel unternommen. Der Zweck dieser Reise ist nicht genau bekannt. Manche meinen, der Papst habe ihn geschickt, da er – nicht zur Freude aller in

Rom – mit dem Patriarchen Frieden geschlossen hatte und diesen Frieden durch einen dem Patriarchen vertrauten Abgesandten stärken wollte. Der Kaiser und der Patriarch nahmen Method freundlich auf. Sie waren darauf aus, die Slawen an Konstantinopel und an die Ostkirche zu binden. Daher gefiel ihnen die Liturgie in slawischer Sprache. Trotzdem wäre es abwegig, in dieser Reise eine Abwendung Methods von Rom zu sehen. Zur Zeit dieser Reise war der Streit zwischen Rom und Konstantinopel begraben. Method nahm zeitlebens eine vermittelnde Stellung zwischen der Ost- und Westkirche ein. Er fühlte sich beiden in gleicher Weise zugehörig. Darum war es wichtig für ihn, seine Missionsarbeit von beiden Seiten anerkannt zu sehen. Aus Konstantinopel nahm er griechische Bücher und Handschriften mit nach Mähren, um durch Übersetzung in die slawische Sprache die liturgische und theologische Basis seiner slawischen Kirchenprovinz zu verbreitern. In den nächsten Jahren hat er die ganze Heilige Schrift und viele Bücher der Kirchenväter sowie das kirchliche Gesetzbuch übersetzt.

Über die letzten Tage Methods berichtet sein altslawischer Biograph: „Als sich am Palmsonntag alle Leute versammelt hatten, ging er in die Kirche, obgleich erschöpft, ließ den Segen singen für den Kaiser, für den Fürsten und das Volk, und dann sprach er: Kinder, wachet mit mir bis zum dritten Tag! Beim Morgengrauen des dritten Tages sagte er: Herr, in deine Hände befehle ich meinen Geist. Dann verschied er in den Armen der Priester am 6. Tag des Monats April."

„In den letzten Jahren vor dem Tod Methods und gleich nach seinem Tod erschien die ehrwürdige Persönlichkeit Methods in ihrer ganzen überragenden Größe ... Er war gleichzeitig Seelenhirt und Verwalter, Leiter der Priestererziehung, Schriftsteller und Diplomat ... Neben der Persönlichkeit des ehrwürdigen Erzbischofs und Apostolischen Legaten hatte auch die slawische Liturgie einen bedeutenden Einfluß auf das Volk." (Grivec)

Konstantin-Kyrill war wie geschaffen für ein Leben der Kontemplation und der Wissenschaft, abseits dem lauten Getriebe der Welt. Er überwand diese Neigung und unterwarf sich den Pflichten und Strapazen der Missionsarbeit. Aber er hatte seine Zelle in sich und verbreitete Stille um sich. In aller Aktivität verharrte der geniale Gelehrte in betrachtender Anbetung. Als großer „Philosoph" bezauberte er Anhänger und Gegner durch seine freundliche Sicherheit. Seine sprachschöpferische Begabung hat einer der größten Sprachfamilien der Welt ihre Schrift geschenkt. Als Gelehrter, als apostolischer Missionar, als Priester und Heiliger bleibt sein Andenken lebendig und aktuell.

Method war von härterem Holz. Auch waren ihm härtere Menschen und härtere Situationen gegenübergestellt. Er war ihnen als hervorragender Jurist und erfahrener Verwaltungsfachmann gewachsen. Er mußte viele Kämpfe bestehen und körperliche und seelische Qualen erdulden. Er wurde eingekerkert und der Häresie verdächtigt. Aber mit Entschiedenheit verteidigte er sich

und sein Werk. Seine Neigung gehörte der Klosterzelle, doch verließ er sie, um seinem Bruder zu dienen, aber nicht aus Schwäche. Sein Verhalten nach dessen Tod zeigt, daß er diesem ebenbürtig und in Fragen der Organisation vielleicht überlegen war. Sein starker Charakter, seine Treue zum Papst und seine Liebe zum Volk machen menschliche Größe, sein Eifer für Gott, seine treue Beharrlichkeit in seinem apostolischen Dienst und seine Demut machen ihn zu einem großen Heiligen.
Beide aber, Kyrill und Method, sind Patrone Europas, Brücken zwischen Ost und West, Zeugen eines größeren, eines christlichen Abendlandes.

Liborius Wagner

geboren: im Dezember 1593
gestorben: 9. Dezember 1631
Fest: 9. Dezember

Martyrer, das sind Blutzeugen für den Glauben, gibt es nicht nur in den ersten Jahrhunderten der Kirchengeschichte. Jede Zeit hat ihre Zeugen nach dem Wort des Herrn: Haben sie mich verfolgt, werden sie auch euch verfolgen. Gerade das 20. Jahrhundert hat viel mehr Martyrer hervorgebracht als alle vorhergehenden zusammen. In den Christenverfolgungen in Mexiko, in Rußland, in China und vielen anderen Ländern der Welt haben viele Tausende „um des Namens Jesu willen" ihr Leben verloren.
Darum ist es wohl begründet, daß in dieser Sammlung von Heiligen auch Martyrer aus der Zeit der Glaubensspaltung und aus unserer Zeit vorgestellt werden als Zeugen für die Treue der Kirche zu ihrem Stifter und als Fürbitter für die Einheit der Christenheit. Es geht dabei auf keinen Fall um eine Anklage oder um eine Betonung der Spaltung. Im Gegenteil: die grausamen Qualen des Gemarterten sollen das Unglück der Spaltung aufzeigen und zur Versöhnung und Einigung mahnen; beide Seiten haben viel gesündigt. Es darf keine Rechnung und Gegenrechnung geben, sondern nur – und zwar schon heute – die bedingungslose Einheit in der Liebe, der dann die Einheit im Glauben mit Sicherheit nachfolgen wird.
Liborius Wagner wurde als Kind einer begüterten protestantischen Handwerkerfamilie am 5. Dezember 1593 in Mühlhausen in Thüringen in der Pfarrkirche des heiligen Blasius getauft. Zunächst besuchte er das Gymnasium in seiner Vaterstadt, im Sommersemester 1613 war er an der Universität Leipzig immatrikuliert. Er war ein begabter junger Mann; seine Vaterstadt verlieh ihm wegen seiner hervorragenden Leistung im gleichen Jahr ein Stipendium. Anscheinend aber siedelte er im Herbst dieses Jahres nach Gotha über; denn ein Jahr später stellt ihm der berühmte Philologe Andreas Wilke ein glänzendes Zeugnis aus und lobt darin insbesondere Wagners „echt lutherische Frömmigkeit". Bis 1617 setzt er dann seine Studien an der Universität in Straßburg fort und schließt sie mit dem Magistergrad ab. Anscheinend kehrte er dann in seine Heimat Mühlhausen zurück; denn dort bewarb er sich 1619 um den Posten eines Lehrers und Kantors. Seine Bewerbung wurde im Frühjahr 1621 abgelehnt. Dieser Mißerfolg veranlaßte ihn, im gleichen Jahr die Heimat endgültig zu verlassen. Es scheint, daß er nicht einmal mit seinen Eltern in Verbindung blieb; denn 1633

setzten sie ihn zu ihrem Erben ein. Um diese Zeit aber war Liborius bereits zwei Jahre tot.

Anscheinend ging Wagner nach Würzburg. In dieser Stadt hatte der tatkräftige Bischof Julius Echter von Mespelbrunn den katholischen Glauben erneuert und befestigt. Die Jesuiten und andere Orden machten Würzburg zu einem Zentrum der Gegenreformation. 1622 trat Liborius Wagner in Würzburg in die katholische Kirche ein. 1623 finden wir ihn als Theologiestudenten an der Würzburger Universität. Am Karsamstag 1625 wird er zum Priester geweiht.

Nachdem er kurze Zeit als Kaplan in Hartheim im badischen Franken gewirkt hatte, wurde er am 4. September 1626 zum Pfarrer von Altenmünster (bei Königshofen im Grabfeld) ernannt. Diese Pfarrei war ein steiniger Acker für einen katholischen Seelsorger. Das Dorf gehörte zur Herrschaft der Truchsessen von Wetzhausen zu Sternberg. Unter ihrem Druck waren die beiden Vorgänger von Liborius Wagner und die Mehrzahl der Einwohner protestantisch geworden. Der Rest behauptete sich, und so standen die beiden Bekenntnisse in einer Gemeinde hart gegeneinander und kämpften um jede Seele. Der Bericht des neuen Pfarrherrn an seine vorgesetzte geistliche Behörde in Würzburg, den er ein Jahr nach Dienstantritt erstattete, ist noch erhalten. In diesem Bericht klagt er, daß viele Einwohner am Sonntag zum Gottesdienst in ein lutherisches Dorf gingen und daheim die Messe und den Katechismusunterricht links liegen ließen. Er müsse ihnen bei der Trauung assistieren, obwohl er wisse, daß die Brautleute gar nicht katholisch seien und auch nicht werden wollten. Manche wollten zwar gern wieder zur alten Kirche zurückkehren, aber sie hätten Angst vor dem Dorfherrn, der in der Filiale Zell bereits einen protestantischen Prediger eingesetzt hätte. Dieser düstere Lagebericht wird durch das Protokoll einer Visitation von 1628 ergänzt. Dort heißt es, die Sakristei sei baufällig, das Kirchendach sei so schadhaft, daß es auf die Altäre und Kirchenbesucher herabregne, und der Kirchturm drohe einzustürzen.

Liborius Wagner machte sich mit Feuereifer an seine schwere Aufgabe, die Treugebliebenen zu festigen und die Abgefallenen wieder zu gewinnen. Man kann sich heute von der Konfrontation dieser Zeit der Glaubenskämpfe nur schwer mehr eine Vorstellung machen. Die evangelischen Christen freuten sich ihrer Kirchenfreiheit und lasen begeistert die Bibel. Für Papst und Priester gebrauchten sie die harten Schimpfworte aus dem polemischen Repertoire des „Grobianismus“, wie man nicht umsonst diese Zeit bezeichnet. Die Katholiken gewannen in der erwachenden Gegenreformation ihr Selbstbewußtsein zurück. Sie steigerten sich oft in einen missionarischen Triumphalismus hinein. So gab es viele böse Worte auf beiden Seiten und keinen Frieden und wenig Liebe im Großen, noch schlimmer aber in der Enge des Dorfes, wo sich die Anhänger beider Bekenntnisse täglich begegneten und dörfliche Angelegenheiten gemeinsam regeln mußten. Wir befinden uns mitten im Dreißigjährigen Krieg. In seiner ersten Phase siegte der Kaiser und gebot die Wiederherstellung der

katholischen Religionszugehörigkeit. Der Bischof von Würzburg führte im Bereich seines Hochstifts das kaiserliche Edikt entschieden durch, und Pfarrer Liborius Wagner bat um die Vollmacht, die Ausgetretenen wieder in die Kirche aufnehmen zu dürfen.
Mit dem Eintritt Schwedens in den Krieg wendete sich das Kriegsglück. Die katholischen-kaiserlichen Heere wurden geschlagen und zurückgedrängt. Gustav Adolf, der Schwedenkönig, zog siegreich durch ganz Deutschland bis nach München. Die deutschen Verbündeten erhielten von ihm die Vollmacht, die Reformation überall, auch mit Gewalt, einzuführen und Truppen auszuheben. Die Truppe, die in Altenmünster einquartiert wurde, stand unter dem Befehl des protestantischen Dorfherrn Philipp Albrecht von Wetzhausen zu Sternberg und dessen Schwager Philipp Ernst Truchseß von Pommersfelden, beide grobschlächtige Landsknechte, denen das Schwert näher lag als das Recht, von Menschlichkeit und Nächstenliebe ganz zu schweigen.
Pfarrer Liborius Wagner versteckte sich zunächst im Nachbardorf und richtete von da aus zwei Gesuche an die neue Verwaltung um Wiederzulassung zu seiner Pfarrei. Auf beide erhielt er keine Antwort. Sein Versteck aber wurde bald durch die eigenen lutherischen Pfarrkinder verraten. In der Nacht vom 3. zum 4. Dezember wurde er gefangengenommen. „In der nassen Kälte eines Wintermorgens wurde Liborius Wagner halb nackt auf ein Pferd gebunden und in das gut zwei Wegstunden entfernte Schonungen geschleift, wo die Soldaten ihn seines Geldes beraubten. Dann führten sie ihn hinauf nach Schloß Mainberg zu ihren Offizieren. Diese versuchten ihn durch fünf Tage währende scheußliche Qualen, wie sie nicht grobe Barbarei, sondern nur perverses Raffinement begehen können, zu zwingen, seinem katholischen Glauben wieder abzusagen“ (A. Wendehorst).
Es gibt viele Berichte über grausame Folterungen in den Christenverfolgungen in den ersten Jahrhunderten, aber keine strahlt so viel kalten Haß und unmenschliche Grausamkeit aus. Aus einem Zeugenverhör aus dem Jahre 1635, also vier Jahre nach dem Geschehen, geht hervor, daß der Pfarrer zunächst betrunken gemacht werden sollte, damit er in Volltrunkenheit seinen Glauben verleugne. Er mußte drei Liter Wein austrinken, ohne abzusetzen. Als dies mißlang – Liborius Wagner verlor nicht die Besinnung – mußte er unter dem Spott und Gegröle der Soldateska eine Predigt halten. Dann zwang man ihn, der des Schießens unkundig war, eine mit Pulver gefüllte Muskete abzufeuern. Der Rückstoß warf ihn blutüberströmt zu Boden. Danach schlitzte man ihm die Wangen auf und streute Salz in die Wunden, so daß das ganze Gesicht eine einzige aufgeschwollene Wunde war. Schließlich goß man ihm Pech und Wachs ins Haar und in die Nase und zündete es an. Mit einem Schmiedehammer wurden seine Geschlechtsteile zerquetscht. Auf die zusammengebundenen Hände wurde mit Hämmern so lange eingeschlagen, bis sich Haut und Fleisch von den Knochen gelöst hatten. Nicht weiter! Die Feder sträubt sich, in der

Schilderung seiner Marter fortzufahren. Dabei wurde der Blutzeuge unaufhörlich aufgefordert, seinem Glauben abzuschwören und zum protestantischen zurückzukehren. Liborius Wagner aber antwortete nie etwas anderes als: Ich lebe, leide und sterbe päpstlich und katholisch.

Fünf Tage dauerte dieses Martyrium, und der Martyrer lebte noch immer. Da brachte man ihn nach Schonungen zurück. Am Ufer des Mains sollte er erschossen werden, aber zwei Kugeln verfehlten ihr Ziel. Da zog ein Offizier seinen Degen und durchbohrte den geschundenen Leib. Dann zog man ihm die Kleider aus und warf den Leichnam nackt in den Main.

Nach einigen Monaten zog ein Fischer die Leiche aus dem Fluß. An den Wunden und am verbrannten Haar erkannte man den ehemaligen Pfarrherrn von Altenmünster. Zunächst begrub man ihn in den Mainwiesen, um ihn vor neuer Schändung zu bewahren. Nach dem Abzug der Schweden 1634 wurde der Leichnam in die Mainberger Schloßkapelle und 1637 in die Kirche des Stifts Heidenfeld am Main gebracht.

Pfarrer Liborius Wagner wurde von seinem schrecklichen Tod an als Martyrer verehrt. Sein Heiligsprechungsprozeß schien einen guten Anfang und raschen Verlauf zu nehmen. Die vier Augen- und Ohrenzeugen seines Martyriums wurden von der Kirchenbehörde eidlich vernommen. 1661 wurden seine Gebeine erhoben und in einer Wandnische in der Nähe des Hochaltars beigesetzt. Dann aber geriet das Verfahren ins Stocken. Nicht, weil es Zweifel an der Heiligkeit des Blutzeugen gegeben hätte, sondern weil Verwandte und Nachkommen der Hauptschuldigen inzwischen zum katholischen Glauben übergetreten waren und auf den Bischofsstühlen von Würzburg und Bamberg saßen. In der Säkularisation wurde dann das Stift Heidenfeld aufgehoben und seine Kirche 1805 abgebrochen. Die Gebeine des Blutzeugen wurden in die Pfarrkirche übertragen. Erst im 20. Jahrhundert kam das Verfahren wieder in Gang. In einer feierlichen Seligsprechung gelangte Liborius Wagner am 24. März 1975 zur Ehre der Altäre, die ihm der Herr mit Sicherheit bereits am Tag seines siegreichen Blutzeugnisses geschenkt hatte.

Warum heute diese Seligsprechung? Warum die Aufnahme in diese Auswahl von Heiligenleben? Dient sie der Versöhnung und Wiedervereinigung aller Christen, der Ökumene, oder reißt sie längst vernarbte Wunden wieder auf? Die Spaltung der Christenheit ist ein Ärgernis, seit und solange sie besteht. Sie hat Schuld aufgehäuft auf allen Seiten, vor allem Schuld gegen das Hauptgebot des Herrn, gegen die Liebe. „Liebt einander! Wie ich euch geliebt habe, so sollt auch ihr einander lieben! Daran werden alle erkennen, daß ihr meine Jünger seid: wenn ihr einander liebt“ (Joh 13,34–35). Ein Berg von Sünden gegen die Liebe bleibt allen Christen gemeinsam abzutragen. „Zuerst die Einheit in der Liebe, dann die Einheit im Glauben“, sagte ein griechischer Bischof. Diese Aufgabe gemeinsam zu leisten, dazu möge die Fürbitte des neuen Seligen helfen.

Ludwig

geboren: 25. April 1219
gestorben: 25. August 1270
Fest: 25. August

„Er war hochgewachsen, schlank und zart gebaut, hatte helle Haut, blondes Haar und blaue Augen, deren heitere Ruhe seine Untertanen liebten. Seine raschen und anmutigen Bewegungen und seine angenehme Stimme vollendeten den Charme seiner Persönlichkeit“ (G. Kranz).

Ein König also – nach dem Bilder-, ja nach dem Märchenbuch – und obendrein ein Heiliger. Diese Beschreibung gilt Ludwig IX., dem König der Franzosen (1219–1270).

Ludwig wurde 1219 in Poissy, westlich von Paris geboren. Seine jüngere Schwester war die selige Elisabeth von Frankreich, die in demselben Jahr 1270 starb wie ihr heiliger Bruder. Was muß das für eine Mutter gewesen sein, die zwei heilige Kinder geboren und erzogen hat! Die kastilische Königstochter Blanka wird in Frankreich selbst als Heilige verehrt. Sie war aber nicht nur eine fromme, sie war eine kluge und starke Frau, die für ihren minderjährigen Sohn das Land kraftvoll regiert hat. Ludwig wurde schon mit elf Jahren zum König gekrönt, mit fünfzehn Jahren schloß er eine von der Mutter gestiftete Ehe mit der dreizehnjährigen Margarete von der Provence. Der politischen Eheschließung folgte erst nach sechs Jahren die eheliche Gemeinschaft, der elf Kinder entsprossen.

Zwei Themen beherrschten die politische Bühne Europas im 13. Jahrhundert: die Kreuzzugsidee und der Kampf zwischen Kaiser und Papst.

Der 5. Kreuzzug hatte mit einer Niederlage des Kreuzfahrerheeres in Ägypten (1221) geendet. 1244 ging Jerusalem verloren. Kaiser Friedrich II. von Hohenstaufen (1210–1250) hatte wenig Neigung, das Blut seiner Ritter und das Vermögen seiner Völker einer Kreuzzugsidee zu opfern, die zu seiner Zeit ihren Glanz bereits verloren hatte. Er wollte von der modern organisierten Basis Sizilien aus das Reich erneuern als weltlichen, von der politischen Bevormundung der Kirche befreiten Staat.

Das Papsttum hatte sein Selbstverständnis in den vergangenen zwei Jahrhunderten allmählich bis zu einer Abbildlichkeit der Allmacht Gottes hinaufgesteigert. Der Papst wollte Herr sein nicht nur über die religiösen Güter, sondern ebenso über die irdischen. Er fühlte sich berufen, Könige und Kaiser abzusetzen und einzusetzen. Dabei bediente er sich häufig geistlicher Mittel als Waffen im weltlichen Kampf. Der Kirchenbann, das Interdikt und sogar die Exkommunikation wurden bedenkenlos angewandt, um Kriege zu entscheiden, politische Gegner zu vernichten, ja um finanzielle Leistungen zu erpressen. Es bedurfte schon so leuchtender Sterne am Heiligenhimmel wie Franz von Assisi (gestorben 1226), Bonaventura (gestorben 1224), Dominikus (gestorben 1221), Thomas von Aquin (gestorben 1274) und anderer, um die Finsternis dieses Jahrhunderts aufzuhellen und den Glauben an die Heiligkeit der Kirche trotz ihres Erscheinungsbildes zu bewahren.

Daß es solche Sterne nicht nur am Himmel der Kirche, des Klerus gab, sondern auch in politischen Ämtern, dafür steht das Beispiel des Friedenstifters, des heiligen Königs Ludwig. Zunächst sah es keineswegs nach Frieden aus in seinem Reich. Die mächtigen Barone, angestachelt von England, versuchten ihre Macht auf Kosten des jungen Königs zu erweitern. In mehreren Feldzügen verteidigte Ludwig Krone und Reich. Er führte selbst seine Streitmacht und zeichnete sich durch unerschrockenen Mut und militärische Geschicklichkeit aus. Die Barone wurden besiegt, der englische König Heinrich vom Festland vertrieben. „Von da an unternahmen die Barone Frankreichs nichts mehr gegen ihren gesalbten Herrn, denn sie sahen, daß Gott mit ihm war“, schreibt ein Zeitgenosse.

In dem Streit zwischen Kaiser und Papst sah Ludwig seine Aufgabe als Friedensstifter. Um diese Rolle spielen zu können, mußte er strenge Neutralität bewahren. Papst Gregor wollte den französischen König immer wieder auf seine Seite ziehen und zum Eingreifen gegen den Kaiser bewegen. Ludwig lehnte rundweg ab. Als der Papst den Kaiser für abgesetzt erklärte, da dachte er, das mächtige Frankreich zu gewinnen, indem er dem Bruder des Königs die Kaiserkrone anbot. Ludwig aber verbot seinem Bruder, sie anzunehmen. Aber auch nach der anderen Seite wahrte er seine Unabhängigkeit. Als der Papst ein Konzil einberief, da erlaubte Ludwig den Bischöfen seines Landes die Teilnahme. Der Kaiser nahm die Schiffe, die die Konzilsväter nach Rom bringen sollten, und steckte über hundert Bischöfe und Äbte kurzerhand ins Gefängnis. König Ludwig forderte unmißverständlich die sofortige Freilassung und drohte dem Kaiser mit Krieg. Darauf wollte es Friedrich nicht ankommen lassen und ließ die Gefangenen frei. Der Nachfolger Gregor IX., Innozenz IV., verschärfte den Kampf noch mehr. Er mußte aber vor den Truppen des Kaisers fliehen. Er wollte nach Frankreich. Obwohl fünfhundert Äbte den König kniefällig darum baten, lehnte dieser die Aufnahme des Papstes und damit die Aufgabe seiner Neutralität ab. Voller Entrüstung wehrte sich Ludwig auch gegen die ständig zunehmenden Geldforderungen des Papstes, die keinem anderen Zweck dienten als der Finanzierung seiner Feldzüge gegen den Kaiser. Noch mehr empörte ihn die Verhängung des Kirchenbannes oder gar der Exkommunikation zur Erzwingung von Zahlungen. Hier verteidigte der König nicht nur sein eigenes Land, sondern die Religion gegen den politisierenden Papst und den macht- und habgierigen Träger der Tiara. Die Zuneigung, die man seit alters in Frankreich gegen die Kirche hege, sei durch die Schamlosigkeit der päpstlichen Geldeintreiber so gut wie ausgelöscht und habe sich in Haß und Groll verwandelt, schrieb der König dem Papst. Innere und äußere Unruhen, die Feinde des Friedens, sind die Erfolge solchen Tuns. Es macht die empörten Gewissen zur Hinneigung zu Gott unfähig, weil dazu der innere Friede notwendig ist, schreibt der König. Der Papst wollte auch alle Bischofsstühle und Abteien mit Feinden des Kaisers besetzen. Da richtete der gesamte französische Adel ein Protestschreiben mit der Unterschrift des Königs an den Papst, das als letzte Warnung verstanden sein wollte: „Möge die erste aller Kirchen ihren Vorrang nicht dazu mißbrauchen, andere zu Grunde zu richten." Diese Sprache verstand der Papst und lenkte ein. Seine Neutralitätspolitik hat es Ludwig möglich gemacht, immer wieder, manchmal mit Erfolg, oft ohne Erfolg zwischen den beiden hohen Streithanseln Europas den Frieden zu vermitteln.

Weniger Glück hatte Ludwig mit seiner Kreuzzugspolitik. Für seine wunderbare Genesung aus einer schweren Krankheit hatte er 1244 seine Teilnahme an einem Kreuzzug gelobt. Treu und beharrlich wie er war, hielt er sich gegen die Stimme seiner Umgebung, seines Landes, ja sogar der Bischöfe an sein Versprechen gebunden. Man muß sich zur Erklärung dieser heute kaum mehr verständlichen Sehnsucht, in Palästina das Blut und Gut des Abendlandes zu verschwenden, die Kreuzzugstheologie dieser Zeit, die der heilige Bernhard von Clairvaux entwickelt und gepredigt hat, vor Augen halten: „Gott will es!" Dieser Ruf zog die Jugend des Abendlandes von Weide und Herde fort, um die heiligen Stätten des irdischen Lebens Jesu vor der Entweihung durch die ungläubigen Menschen zu bewahren. Daß jeder Platz der Erde durch Gottes Menschwerdung gleich geweiht und heilig ist, zu dieser Tatsache eröffnete das theologische Denken dieser Zeit keinen Weg. Für den Laien, den Ritter, gab es keinen besseren und näheren Weg zur Seligkeit als den Kreuzzug ins Heilige Land.

Nach jahrelanger Vorbereitung unternahm Ludwig von 1248 bis 1254 den 7. Kreuzzug. Die Königin begleitete ihn, die Königinmutter Blanka führte in Frankreich die Regierung. Im Juni 1249 erstürmte und eroberte das Kreuzfahrerheer die ägyptische Festung Damiette. Dann zog es nilaufwärts. Bei Mansoura errang das Heer einen mühsamen Sieg. Die auftretenden Seuchen aber waren durch Tapferkeit nicht zu besiegen. Auf dem Rückweg nach Norden fiel ein Teil des Heeres durch Krankheiten, ein anderer durch die nachdrängenden Sarazenen, der Rest, darunter der König, wurde gefangengenommen. Manchem Ritter kamen die Tränen, als er seinen König in Ketten sah. Nach langen Verhandlungen wurden die Gefangenen durch die Preisgabe von Damiette und ein hohes Lösegeld freigekauft. Von dreitausend Rittern, die mit dem König ausgezogen waren, kehrten nicht einmal dreihundert in die Heimat zurück. Ludwig war zunächst nicht unter ihnen. Er besuchte die Festungen an der Küste

Der heilige Ludwig von Frankreich. ▷
Gemälde von El Greco um 1585/90, Paris, Musée du Louvre.
Foto: Atelier Oronoz, Madrid.

des Heiligen Landes, die noch in christlicher Hand waren. Erst 1254 rief ihn die Nachricht vom Tod seiner Mutter in die Heimat zurück. Jerusalem hatte er nicht gesehen.

Der überzogene Machtanspruch an der Spitze der Kirche fand Nachahmung bei den Kirchenfürsten niederen Ranges, bei Bischöfen und Äbten. Sie waren neben ihrer geistlichen Würde in aller Regel Herren über große Ländereien mit zahlreichen weltlichen und geistlichen Untertanen, und sie regierten und verwalteten diese nach der Art weltlicher Fürsten. Auch sie gebrauchten die geistlichen Waffen des Bannes und der Exkommunikation, des Interdikts in weltlichen Auseinandersetzungen. König Ludwig griff gegenüber diesem Mißbrauch der geistlichen Amtsgewalt hart durch. Wenn ein Bischof wegen materieller Interessen den Kirchenbann verhängte, dann sollten sofort seine Länder und alle seine Güter beschlagnahmt werden. Der Papst verlangte die Zurücknahme dieses Erlasses, aber der König blieb fest. Auf diese Weise stellte er Mißbräuche ab, die in anderen Ländern damals und später zu großen Katastrophen für die Kirche führten.

Auch auf anderen Gebieten beseitigte der Monarch Auswüchse und stärkte die Rechtssicherheit für alle Untertanen. Schwierige Zivilprozesse wurden damals oft durch eine Art „Gottesurteil" entschieden. Die Prozeßgegner entschieden im Duell; der Sieger bekam Recht, der Unterlegene Unrecht. Ludwig verbot 1258 diese Zweikämpfe als ungeeignetes Mittel zur Findung der Wahrheit und führte stattdessen den Beweis durch Urkunden und Zeugenaussagen ein.

Überhaupt waren die sechzehn Friedensjahre von 1254–1270 eine segensreiche Zeit in Frankreich. Zunächst ordnete der König die Verwaltung. „Er machte sich größte Mühe, zuverlässige und kluge Männer zu finden, die guten Rufes waren und reine Hände hatten. Solche ernannte er zu seinen Vögten", berichtet der Beichtvater des Königs. Alle Beamten mußten einen öffentlichen Amtseid ablegen, daß sie und ihre Familien keine Geschenke annehmen und daß sie auch ihren Vorgesetzten keine Geschenke machen wollten. Höhere Beamte durften in ihrem Amtsbereich kein Land erwerben, keine geistlichen Pfründen annehmen und nicht einmal ihre Kinder verheiraten. Königliche Kommissare reisten durch das Land und überwachten die Ausführung der königlichen Erlasse. Jedermann konnte sich mit Beschwerden an sie wenden. Sie hatten die Vollmacht, jeden Beamten sofort abzusetzen und zu bestrafen. Dafür bezahlte der König die Beamten so gut, daß sie nicht auf Nebeneinkünfte und Bestechungen angewiesen waren.

Die wirtschaftliche Lage des Landes verbesserte Ludwig durch die Einführung eines neuen Münzsystems. Durch dieses wurden die Münzrechte von etwa hundert Fürsten aufgehoben. Der König garantierte den Münzwert und damit die Anerkennung seiner Münzen im ganzen Reich.

Der Adel suchte sich sein Recht oft lieber mit dem Schwert als vor dem Richter. Das Recht des Stärkeren ließ eine gerechte Gesellschaftsordnung nicht entstehen. Der König setzte den Vollzug der Gerichtsurteile ohne Ansehen der Person durch. Er errichtete ein „Parlament“, in dem die Großen des Reiches die wichtigen Angelegenheiten des Staates berieten und Gerichtsfälle entschieden. Durch die Autorität dieses hohen Gerichtshofes wurden die Möglichkeiten und auch die Versuchungen des Adels, sich selbst Recht zu schaffen, immer geringer. In einem berühmten Rechtsstreit zwischen einem jähzornigen Baron und einem armen Bauern empfahl der König dem Richter: „Sei stets eher auf der Seite des Armen als eines Reichen, bis du die Wahrheit weißt!“

Durch viele derartige Maßnahmen hat Ludwig seinem Land den inneren Frieden und Wohlstand geschenkt. Dadurch blühte das Land auf, es wurde wirtschaftlich stark und in ganz Europa als „Insel des Friedens“ gepriesen. Die bekannte Friedensliebe des Königs, seine Vermittlertätigkeit im Streit zwischen Kaiser und Papst, empfahlen ihn auch in anderen Streitigkeiten der europäischen Mächte als Friedensstifter. So versöhnte er die Burgunder und die Lothringer, den König von England und den König von Navarra, er vermittelte zwischen dem byzantinischen Kaiser und dem Papst und wurde sogar zu Hilfe gerufen im Streit des englischen Königs mit seinen eigenen Baronen. Den alten Erbstreit zwischen Frankreich und dem König von Aragon beendete Ludwig durch einen Verzicht auf das umstrittene Gebiet und durch die Heirat seines Sohnes, des Thronfolgers, mit der Tochter des Königs von Aragon. Den höchsten Beweis seines Friedenswillens gab König Ludwig durch seine Entspannungspolitik gegenüber England. Es gelang ihm, diesen uralten Streit zu begraben. Im Friedensvertrag trat Ludwig Gebiete an England ab, die seine Vorfahren erobert hatten; dafür gab König Heinrich III. seinen Anspruch auf die Normandie ab und erkannte sogar für die in Frankreich liegenden Gebiete die Lehenshoheit des französischen Königs an. Aber auf beiden Seiten gab es viel Kritik an diesem Vertrag. Der König rechtfertigte sich mit den Worten: „Ich weiß, daß der König von England kein Recht auf dieses Land hat . . . Ich tue es nur, um Liebe zu stiften zwischen meinen Kindern und seinen Kindern. Es gehört sich, daß zwischen ihnen Frieden herrscht, daß die Königreiche nicht mehr verwüstet werden und daß die Männer sich nicht mehr gegenseitig verderben und erschlagen.“ Dies ist die Politik eines weitschauenden und klugen Herrschers, es ist gleichzeitig die Politik eines Heiligen, zu seiner Zeit und zu aller Zeit ebenso heilbringend wie selten.

Ein deutscher Historiker (W. Kienast) nennt Ludwig den „ungekrönten Kaiser des Abendlandes und den erkorenen Schiedsrichter Europas“. Dies war zu derselben Zeit, als in Deutschland die „kaiserlose, die schreckliche Zeit“ herrschte.

Persönlich war Ludwig IX. anziehend, kontaktfähig, unmittelbar ansprechbar, voll Humor, temperamentvoll, manchmal aber auch aufbrausend und jähzornig. Seine persönlichen Ansprüche waren äußerst bescheiden. Er kleidete sich einfach, so daß ihn sogar seine Gattin deswegen tadelte. Der König erwiderte ihr: „Da der Mann der Frau und die Frau dem Mann gefallen soll, werde ich mich jetzt prächtiger kleiden, damit ich euch gefalle, und ihr müßt euch einfacher kleiden, damit ihr mir gefallt." Damit war das Thema vom Tisch.

Verschwenderisch war allein seine Liebestätigkeit. Im Jahre 1256 gab Ludwig für seine eigene Kleidung 132 Pfund, für seine Almosen 5099 Pfund aus. Er baute vier Krankenhäuser, dazu ein Haus für 300 blinde Mädchen. Insgesamt gründete er 70 Klöster und Krankenhäuser, dazu viele Stiftungen, z. B. für die Ausstattung armer Mädchen, für gefallene Mädchen, für Waisenkinder und für alte Menschen.

Sehr am Herzen lag ihm die Pflege einer gesunden Theologie. Daher gründete er die Universität Toulouse. Er stiftete Bibliotheken und förderte besonders die Universität Sorbonne in Paris. An seinem Tisch saßen die berühmtesten Gelehrten wie Thomas von Aquin und Bonaventura.

Das persönliche religiöse Leben des Königs war mehr das eines Mönchs als das eines Weltmannes. Täglich nahm er an mindestens zwei Messen und am ganzen Chorgebet der Mönche teil. Strenge Fasten- und Bußübungen verbarg er sorgfältig vor der Öffentlichkeit. Erst sein Beichtvater hat nach seinem Tod einen Einblick in das Büßerleben des Heiligen gegeben. Als der König zur Rede gestellt wurde, daß er auf diese Weise zu viel Zeit den Regierungsgeschäften entziehe, sagte er: „Warum sollte ich dafür getadelt werden, daß ich soviel Stunden dem Gebet widme? Wenn ich doppelt soviel Zeit auf die Jagd oder das Würfelspiel verwenden würde, nähme niemand es mir übel."

Trotzdem war Ludwig mit Leib und Seele ein König, er wollte ein König sein für die Menschen vor Gott. Dieses königliche Selbstverständnis kommt besonders eindrucksvoll in der Umschrift um seine Münzen zum Ausdruck. Auf der einen Seite steht: „Ludwig, von Gottes Gnaden König der Franzosen" und auf der anderen Seite: „Christus siegt, Christus regiert, Christus herrscht". So war es in seinem Leben und so sollte es in seinem Königreich sein.

Eine große Wunde trug der König in all diesen Friedensjahren mit sich herum. Es war sein mißglückter Kreuzzug. Es war nicht seine Art, sich mit einer solchen Niederlage abzufinden und noch dazu in der Herzmitte seines religiösen Denkens. Für ihn war der Kreuzzug „nur unterbrochen, nicht beendet". Als der Papst zu einem neuen Kreuzzug aufrief, sagte der König gegen den Rat, ja gegen den Protest aller seiner Getreuen begeistert zu. Dabei war er gesundheitlich schwer angeschlagen. Man mußte ihn auf das Schiff, das ihn nach Afrika bringen sollte, tragen. Dort, mit der Eroberung von Tunis zu beginnen, weil der Emir von Tunis bereit sei, sich bekehren zu lassen, das hatte ihm sein eiskalt rechnender Bruder vorgemacht. Dieser Bruder war kein anderer als Karl von Anjou, der den letzten Hohenstaufen Konradin 1268 in Neapel kaltblütig hatte enthaupten lassen und dessen Ehrgeiz sich auf ein großes Mittelmeerreich mit ganz Italien, Nordafrika und vielleicht auch Frankreich richtete. Ludwig ließ in seiner Kreuzzugsbegeisterung seinen sonst klugen Verstand zu Hause. Er segelte nach Afrika und belagerte die Stadt Tunis. Von Bekehrung und Ergebung war natürlich nicht die Rede. Im Kreuzzugsheer brach die Ruhr aus. Auch der König erkrankte und starb nach wenigen Tagen am 25. August 1270 mit dem Psalmvers auf den Lippen: „Ich will eintreten in dein Haus und will dich anbeten in deinem Tempel." Seine Gebeine wurden nach Paris übertragen, wo er in der Sainte-Chapelle das edelste Bauwerk der Gotik zu Ehren des heiligsten Altarsakramentes hatte errichten lassen. Sein Herz ruht im Dom zu Monreale in Sizilien.

Als Ludwig IX. 1297, siebenundzwanzig Jahre nach seinem Tod, in das Verzeichnis der Heiligen aufgenommen wurde, erklärte der Papst: „Er war in Wahrheit ein König, der sich selbst und seine Untergebenen wahrhaft, gerecht und heilig regierte ... Weil Ludwig gerecht war gegen sich, gegen Gott und gegen seinen Nächsten, deshalb hatte er Frieden."

Das Ideal des christlichen Monarchen wurde im Mittelalter oft gepriesen und versucht, ebenso oft verraten und mißachtet. Daß dieses Ideal überhaupt gelebt werden kann und gelebt wurde, das haben nur ganz wenige bewiesen, keiner so glaubwürdig wie Ludwig der Heilige.

Maria

Feste:
1. Januar: Hochfest der Gottesmutter Maria
2. Februar: Mariä Lichtmeß
25. März: Mariä Verkündigung
1. Mai: Maria Schutzfrau Bayerns
2. Juli: Mariä Heimsuchung
15. August: Mariä Himmelfahrt
8. September: Mariä Geburt
12. September: Mariä Namen
8. Dezember: Mariä Unbefleckte Empfängnis

Ein Volksprediger im Barock hat die Frage gestellt: Welcher Professor hat der Jungfrau Maria die Doktorwürde verliehen? Antwort: der Heilige Geist. Mit seiner übernatürlichen Gnadenfülle war nach der Darstellung dieses Predigers die irdische Vollkommenheit verbunden. Maria war die schönste Frau der Welt, sie war die gesündeste Frau der Welt, sie war der intelligenteste Mensch der Geschichte. Sie beherrschte alle Sprachen der Erde und so weiter. Der Prediger wollte von Maria alles Gute aussagen. Er glaubte seinen Zuhörern ihre Begnadung nur auf diese Weise nahebringen zu können.
In Wirklichkeit hat er das Gegenteil getan. Er hat Maria so außerhalb aller menschlichen Verhältnisse gestellt, daß die Zuhörer in dieser Frau kein menschliches Wesen mehr, sondern eine Halbgöttin sehen mußten. So wurde sie weit weggerückt von den Sorgen und Nöten des Alltags und den Schwächen der Menschen. Die Ausführungen des Barockpredigers sind aber auch theologisch falsch.
Die Gnade tut nicht weh und tut nicht wohl. Sie bewirkt weder Schönheit noch Gesundheit. Sie vermehrt nicht die natürlichen Verstandeskräfte und vermittelt keine irdische Gelehrsamkeit. Sie hat dem heiligen Pfarrer von Ars nicht geholfen, die lateinischen Wörter, die ihm schwerfielen, zu lernen und hat ihn nicht vor dem Durchfallen in der theologischen Prüfung bewahrt. Die Gnade erleichtert nicht das irdische Leben, und sie verlängert es nicht. Sie beläßt das Menschliche und das Natürliche in seinen Rechten und Gesetzen und baut das Werk Gottes darauf auf, auch auf dem Leib von Krüppeln und Siechen, auf dem Geist von Beschränkten, auf der Vergangenheit von Verbrechern, auf dem Idealismus von Optimisten und auf der Verzweiflung von Pessimisten. Aus jedem Werkstoff der Natur vermag die Gnade Heilige zu formen. Unseren

Vorfahren waren die übernatürlichen Wahrheiten und Tatsachen so gegenwärtig, daß sie in ihrer Ausdrucksweise Irdisch-Menschliches und Übernatürlich-Gnadenhaftes oft ineinander und füreinander gesehen haben. So haben sie Maria gern als Königin mit Krone und Zepter dargestellt. Dies ist richtig, wenn man ihre Würde als Gottesmutter und Königin des Himmels betrachtet. Nichts zu tun aber hat eine solche Darstellung mit der Wirklichkeit ihres irdischen Lebens. Die Gläubigen von heute suchen in ihr die menschliche Mutter und Schwester, um sich in ihrer Nähe zu wärmen und zu trösten, um sich ihres menschlichen Verstehens zu vergewissern und die Gewißheit ihrer Hilfe zu erfahren. Maria hatte weder teil an der Allwissenheit ihres göttlichen Sohnes noch gar an seiner Allmacht. Vermutlich hat sie vieles von dem, was mit ihr und um sie geschah, in seiner vollen Heilsbedeutung gar nicht verstanden. Sie wußte lediglich, daß alles von Gott kommt, und mit Gottes Hilfe war sie imstande, es deswegen anzunehmen und sich ohne Zögern und ohne Schwanken dem Willen Gottes zur Verfügung zu halten. Der Schlüssel ihres Lebens und ihrer Größe ist ihr Wort: „Ich bin eine Magd des Herrn, mir geschehe, wie du es gesagt hast."
Das meiste, was wir über das Leben der Gottesmutter wissen, steht in den Kindheitsgeschichten Jesu, in den Evangelien des Matthäus und des Lukas. Diese beiden Berichte sind unabhängig voneinander entstanden, das heißt, der Evangelist Lukas hat den Bericht des Matthäus nicht gekannt und umgekehrt. Beide schöpften aus einer mündlichen Überlieferung, die in der urchristlichen Gemeinde von Jerusalem entstanden und um das Jahr vierzig bis fünfzig nach Christus schriftlich niedergelegt worden war. Später wurden diese schriftlichen Berichte dann von den Evangelisten in ihre Evangelien aufgenommen. Die Frage nach dem „Sitz im Leben", das heißt nach der historischen Glaubwürdigkeit, beschäftigt die wissenschaftliche Schriftauslegung seit Jahrzehnten. Auch wenn man alle Thesen und Hypothesen abwägt, Gewißheit gewinnt man nicht aus ihnen, sondern allein aus dem Glauben, und diesem wollte der Evangelist eine Grundlage geben. Für ihn ging es um Geschichte, um die heilige Geschichte. Er wollte Tatsachen, Heilstatsachen überliefern, nicht Biographien und erst recht nicht Reportagen zur Befriedigung der menschlichen Neugierde.
Maria wuchs in Nazaret, einem unscheinbaren, wenig bekannten Dorf in Galiläa auf. Im Alter von dreizehn bis vierzehn Jahren wurde sie mit Josef, dem Zimmermann des Ortes, verlobt. Das Handwerk des Zimmermanns gehörte nicht zu den verachteten, aber auch nicht zu den einträglichen Berufen, da der Anteil der Holzarbeiten bei den Bauten in Palästina gering war. Die Verlobung war nach den jüdischen Sitten und Gesetzen soviel wie bei uns die Eheschließung. Allerdings wohnte die Braut während der Verlobungszeit weiterhin im Elternhaus, um während dieser Zeit ihre Aussteuer zusammenzurichten. Nach etwa einem Jahr führte der Bräutigam die Braut in sein Haus und nahm die eheliche Gemeinschaft mit ihr auf. Eine Braut war damals also Jungfrau und Ehefrau zugleich. Der eigene Lebensplan Marias enthielt nichts anderes als der

jeder jüdischen Frau ihrer Zeit. Sie wollte die Frau des Josef werden und wollte diesem Kinder gebären. Der Gedanke an ein jungfräuliches Leben lag ihr völlig fern. Sie war ja schon – sicher nicht gegen ihren Willen – rechtlich verheiratet, als Gott in ihr Leben eingriff. Ehelosigkeit und Kinderlosigkeit galten in Israel als Schande; denn von einer Frau mußte der Messias geboren werden, und seine Mutter zu werden, war die stille Hoffnung jeder israelitischen Ehefrau. Gerade das religiöse Ideal ihrer Zeit war nicht auf Jungfräulichkeit gerichtet, sondern auf die Mutterschaft in der Erwartung des Messias. Die Botschaft des Engels veränderte für Maria von einer Stunde auf die andere alles. „Du hast bei Gott Gnade gefunden"; das bedeutet: Gott hat dich ausgewählt für eine Aufgabe. Er nimmt dich in Anspruch für seine Pläne. Dies ist das Höchste, was einem Menschen widerfahren kann. Dann folgt der Inhalt ihrer Aufgabe: „Du wirst ein Kind empfangen, einen Sohn wirst du gebären: dem sollst du den Namen Jesus geben." Du sollst die Mutter des Messias sein. Dies und nicht Geringeres bedeutet die Botschaft des Engels. Maria wußte, daß Josef ein Nachkomme Davids war. Sie wußte auch, daß der Messias aus dem Hause Davids kommen sollte. Sie trug auch wie jede Frau aus dem Hause Davids die stille Hoffnung in ihrem Herzen, den Messias zu gebären, freilich nach den Vorstellungen der Juden in ganz natürlicher Weise im Rahmen der Ehe. Was der Engel ihr verkündete, das paßte ganz und gar nicht in diese ihre Vorstellungen; denn ihre Ehe war zwar rechtlich geschlossen, aber nicht vollzogen, solange ihr Mann sie nicht in sein Heim geführt hatte. Maria sieht in ihrer Situation keinen Weg zu einer Erfüllung der Verheißung. Darum bittet sie den Engel um eine Erläuterung seiner Botschaft. Diese wird ihr gegeben, aber sie liegt so außerhalb ihres Vorstellungsvermögens, daß der Bote Gottes ihr einen Beweis für die Realität seiner Botschaft gibt. Nicht durch Josef soll das Kind entstehen, sondern durch die unmittelbare Schöpfermacht Gottes. Auf diese Weise hat Gott beschlossen, den Messias ins Dasein treten zu lassen. Gott konnte die Welt erschaffen. Er kann auch seinen Sohn ohne Zutun eines Mannes Mensch werden lassen. Gott hat Verständnis für die hilflose Lage der jungen Frau, und gibt ihr ein Zeichen, das gleichfalls seine Allmacht offenbart und das doch in die Vorstellungswelt Marias paßt: Ihre Base Elisabet, deren Unfruchtbarkeit ihr bekannt war, hat einen Sohn empfangen: „denn für Gott ist nichts unmöglich". Darauf gab Maria ihre schlichte Antwort: „Ich bin die Magd des Herrn; mir geschehe, wie du es gesagt hast."

Was mag in Maria bei und nach dieser Antwort vor sich gegangen sein? War ihr bewußt, daß sich ihr Leben von diesem Augenblick an völlig verändern würde, daß alle ihre eigenen Vorstellungen über Familienglück mit Josef ins Nichts zerrannen, daß Gott seine Hand auf sie gelegt und sie für seine Pläne in Beschlag genommen hatte, daß die Menschen seiner Auserwählung im irdisch-menschlichen Sinn oft schwer an ihrer Berufung zu tragen haben? Doch mit Sicherheit konnte sie nicht ahnen, daß diese Berufung sie schließlich zu einem

Die heilige Maria mit dem Kind. ▷
Gemälde von Albrecht Dürer, 1512. Kunsthistorisches Museum, Wien.
Foto: Archiv.

Platz unter einem Kreuz führen würde und daß der Sohn, der ihr hier verheißen wurde, wie ein Verbrecher an diesem Kreuz hingerichtet werden würde.
Die Gnade und die Auserwählung tun nicht weh, tun nicht wohl im natürlichen Sinne, und daher werden die Tage und Wochen auch dunkel und stürmisch gewesen sein für das Mädchen Maria, bis sie durchfand zur freudigen Annahme des Willens Gottes. Die Heilige Schrift berichtet nichts über die Gedanken Marias. Aber aus der Tatsache, daß sie Josef, ihrem Verlobten, nichts erzählt hat von der Botschaft des Engels, dürfen wir menschliche Schlüsse ziehen. Sie mußte mit sich und ihrem Geschick erst ins reine kommen. Sie mutete Josef viel zu. Erst als ein Engel auch ihm die Augen geöffnet hatte, kam ihr Verhältnis, freilich auf einer ganz neuen Basis, wieder in Ordnung. Josef führte seine Braut heim in sein Haus. Er bejahte seine Rolle als gesetzlicher Vater eines Kindes, das nicht das seine war. Er war Jesus ein Vater und Maria ein Gatte vor der Welt, das Dach über der Heiligen Familie in Nazaret war der Beitrag des heiligen Josef zur Heilsgeschichte. Wie Maria hat auch er seine im irdischen Sinne undankbare Rolle im Gehorsam gegen Gottes Willen angenommen und bis zu seinem Tode in den Armen seines Gottes und Richters ausgefüllt.
Vor der Heimführung in das Haus des Josef besuchte Maria ihre Base Elisabet, sicher nicht, um das Zeichen des Engels nachzuprüfen, wohl aber um die Gedanken, die auf sie einstürmten, mit einer gleichfalls begnadeten Seele auszutauschen, sich im Gespräch mit ihr klarzuwerden über die Tragweite ihrer Berufung und um gemeinsam mit ihr die Allmacht und Güte Gottes zu preisen. Der Hochgesang Marias bei der Begrüßung durch Elisabet, das Magnifikat, wurde in dieser Form sicher von der urchristlichen Gemeinde formuliert und Maria in den Mund gelegt. Es ist ein Beweis für die Verehrung der Gottesmutter von den ersten Tagen der Christenheit an. Die Marienverehrung erlebte im Laufe der Kirchengeschichte ein Auf und Ab, auch unechte Übertreibungen und Irrwege, aber sie ist und bleibt ein wesentlicher und natürlicher Bestandteil unseres Glaubens. Es wäre ein schwerer Mangel in diesem Glauben, wenn die Menschen diese Frau geringer schätzten und behandelten, als Gott selbst sie geschätzt hat, und wenn man die Liebe zum Sohn abkoppeln wollte von der Liebe zur Mutter. Dies wäre nicht nur gegen die menschliche Natur, sondern auch wider den Verlauf der Heiligen Geschichte.
Unter den Festen der Weihnachtszeit ist das Fest der Geburt des Herrn eigentlich ein Marienfest, das Fest der Erscheinung des Herrn ein Herrenfest. Der Satz, auf den es in der Weihnachtsbotschaft des Lukas vor allem ankommt, lautet: „Als sie dort waren (in Betlehem), kam für Maria die Zeit ihrer Niederkunft, und sie gebar ihren Sohn, den Erstgeborenen“ (Lk 2,6). Sie hat das Jawort, das sie dem Engel gegeben hatte, nun eingelöst. Sie hat etwas geleistet, worum Gott selbst sie gebeten hatte. Es ist ihre Tat, ihr Tag in der Geschichte der Erlösung. Sie hat der Menschheit einen Bruder geschenkt, der Gott ist. Sie hat den Mächtigen geboren, der allein das Tor des menschlichen Daseins

aufsprengen, den Tod besiegen und dem Menschen die neue Dimension hinein in die Ewigkeit eröffnen konnte. Mit ihrer Tat beginnt die neue, die zweite Schöpfung, die nie enden wird, weil sie den Keim der Verwandlung in Gott hinein in sich trägt. Maria ist wirklich die zweite Eva, die Stammutter des neuen Menschengeschlechts, das nicht mehr dem Tod und der Verzweiflung ausgeliefert ist. Maria hat in ihrem Kinde der Welt Hoffnung gebracht. Sie ist wahrhaftig die Pforte des Himmels.

Was mag in ihr vorgegangen sein, als die Hirten kamen und den Messias begrüßten, als die Weisen ihn als den neugeborenen König der Juden verehrten? Zweimal betont der Evangelist ausdrücklich: „Maria aber bewahrte alles, was geschehen war, in ihrem Herzen und dachte darüber nach" (Lk 2,19.5). Sie war nicht einfach ein passives Werkzeug, das sich gebrauchen ließ. Sie hat die Geschehnisse mitvollzogen. Sie war eine Mithandelnde. Sie dachte und tastete die Wege Gottes in ihrem Sinnen und Denken nach und bewahrte sie in ihrem Herzen. Sie lebte aus diesem Schatz in ihrem Herzen und zog die Kraft daraus, das Schwere, das ihre Berufung im Übermaß enthalten sollte, im Gehorsam durchzustehen.

Maria und Josef waren und blieben fromme Juden. Sie leiteten aus ihrer hohen Würde keine Rechte ab. Sie unterwarfen sich den Sitten und Gesetzen ihres Volkes. Daher ließen sie das Kind acht Tage nach der Geburt beschneiden und gaben ihm dabei den Namen Jesus, den der Engel genannt hatte. Dann kam für sie der Tag der vom Gesetz des Mose vorgeschriebenen Reinigung. Sie brachten das Kind nach Jerusalem hinauf, um es dem Herrn zu weihen (Lk 2,22.23). Die Tage der Reinigung dauerten für die Wöchnerin bei der Geburt eines Knaben vierzig Tage. Während dieser Zeit durfte sie das Heiligtum nicht betreten und nichts Heiliges anrühren. Nach Verlauf dieser vierzig Tage hatten die Begüterten ein Lamm und die Ärmeren eine Taube als Opfer zum Tempel zu bringen. Da jeder erstgeborene Sohn nach dem Gesetz Jahwe geweiht und zum Tempeldienst verpflichtet war, mußten ihn seine Eltern von dieser Bindung loskaufen. Der Preis betrug fünf Schekel. Er wurde zusammen mit dem Reinigungsopfer im Tempel oder bei jedem Priester im Lande entrichtet.

Als Maria und Josef den Tempel betraten, näherte sich ihnen ein Greis namens Simeon. Er war fromm und lebte in der Erwartung des Messias. Ihm wurde die Bedeutung des Kindes, das hier dargebracht wurde, geoffenbart. Er sah sein Volk und sein eigenes Leben am Ziel aller Hoffnungen und Erwartungen und brach in den Jubelruf aus:

„Nun läßt du, Herr, deinen Knecht,
wie du gesagt hast, in Frieden scheiden.
Denn meine Augen haben das Heil gesehen,
das du vor allen Völkern bereitet hast,
ein Licht, das die Heiden erleuchtet,
und Herrlichkeit für dein Volk Israel."

Sein Vater und seine Mutter staunten über die Worte, die über Jesus gesagt wurden. Und Simeon segnete sie und sagte zu Maria, der Mutter Jesu: „Dieser ist dazu bestimmt, daß in Israel viele durch ihn zu Fall kommen und viele aufgerichtet werden, und er wird ein Zeichen sein, dem widersprochen wird. Dadurch sollen die Gedanken vieler Menschen offenbar werden. Dir selbst aber wird ein Schwert durch die Seele dringen“ (Lk 2,25–35).

In dieser freudigen Hochstimmung der prophetischen Begrüßung des Messias durch einen frommen Vertreter des Alten Bundes nimmt sich das düstere Bild vom Schwert, das die Seele seiner Mutter durchdringen wird, wie eine drohende Wolke am Himmel ihres Lebens aus. Der Messias wird Widerspruch erfahren. An ihm werden sich die Geister scheiden. Die Mutter wird dies alles erleben, und es wird auf sie wirken wie ein Schwert, das ihr ins Herz dringt. Auch diese Worte wird Maria bewahrt haben, und sie wird sie noch oft in ihre Erinnerung gerufen haben, als sie bittere Wirklichkeit geworden waren.

Nach dem Bericht des Evangelisten Lukas kehrten die Eltern mit dem Kind in ihre Heimatstadt zurück, die sie vor der Geburt Jesu verlassen hatten.

Nach dem Bericht des Evangelisten Matthäus folgten auf die Geburt die Huldigung durch die Weisen aus dem Osten, der Kindermord von Bethlehem, die Flucht nach Ägypten und dann erst, nach dem Tode des Herodes, die Rückkehr nach Nazaret. Danach müßte Jesus etwa vier Jahre alt gewesen sein, als er Nazaret zum erstenmal sah. Man sieht aus diesem Unterschied, daß die beiden Evangelienberichte unabhängig voneinander entstanden sind. Beide Berichte gehen auf verschiedene schriftliche Vorlagen zurück, die aber wiederum aus einer gemeinsamen mündlichen Überlieferung schöpften und dann das auswählten, was jedem von ihnen wichtig erschien. Diese Unterschiede in den Einzelheiten haben einen hohen Wert für die Verbürgung der *wesentlichen* Ereignisse, die von den beiden Evangelisten unabhängig, aber übereinstimmend berichtet werden: so die Empfängnis der Jungfrau Maria vom Heiligen Geist, die Geburt Jesu in Betlehem, die endgültige Heimat Nazaret.

Das stille Leben der Heiligen Familie faßt Lukas in einem einzigen Satz zusammen: „Das Kind wuchs heran und wurde kräftig; Gott erfüllte es mit Weisheit, und seine Gnade ruhte auf ihm“ (Lk 2,40). In diesem Satz eingeschlossen ist alles, was das Leben einer Handwerkerfamilie mit einem Kind in der Dorfgemeinschaft, in der jüdischen Gemeinde ausmachte. Eingeschlossen ist auch die Gnade des Zusammenlebens mit einem Kind, das Gottes Sohn war, das Hineinwachsen in die tiefe Gnade und Liebe Gottes. Eingeschlossen sind alle die Dienste, die Maria ihrem Sohn geleistet hat, aber auch die Liebe, mit der dieser Sohn diese Dienste beantwortet hat. Was gäben wir für eine Stunde der Gemeinschaft mit Jesus? Maria waren sie dreißig Jahre lang geschenkt. Diese Gnadenzeit können wir betrachten, bedenken und verehren; eindringen in dieses einmalige Verhältnis von Mutter und Sohn kann kein Mensch.

Unterbrochen wurde das unauffällige, in die Gesellschaft von Nazaret integrierte Leben der Heiligen Familie durch die jährliche Wallfahrt nach Jerusalem, an der sich Jesus zum erstenmal beteiligen durfte, als er zwölf Jahre alt war. Wie wir wissen, blieb Jesus in Jerusalem zurück, ohne seine Eltern zu verständigen. Diese suchten ihn drei Tage, und als sie ihn schließlich im Tempel fanden, fragte ihn seine Mutter vorwurfsvoll: „Kind, wie konntest du uns das antun? Dein Vater und ich haben dich voll Angst gesucht. Da sagte er zu ihnen: Warum habt ihr mich gesucht? Wußtet ihr nicht, daß ich in dem sein muß, was meinem Vater gehört? Doch sie verstanden nicht, was er damit sagen wollte. Dann kehrte er mit ihnen nach Nazaret zurück und war ihnen gehorsam. Seine Mutter bewahrte alles, was geschehen war, in ihrem Herzen. Jesus aber wuchs heran, und seine Weisheit nahm zu, und er fand Gefallen bei Gott und den Menschen“ (Lk 2,48–52).
Diese Szene zeigt die Spannung, die für die Heilige Familie aus der Herkunft und aus der Berufung ihres Sohnes erwuchs und zunahm, je näher sein öffentliches Auftreten rückte. Jesus war eben nicht nur der Sohn Marias und der gesetzliche Sohn Josefs, er war der Sohn Gottes. Maria und Josef verstanden nicht, was Jesus sagen wollte, als er auf seinen himmlischen Vater verwies. Dürfen wir daraus entnehmen, daß sie die ganze Tiefe des Geheimnisses seiner Person nicht verstanden? Wir dürfen dies nicht nur annehmen, wir müssen es sogar. Denn sie waren Menschen, *nur* Menschen, und dieses Geheimnis erschließt sich nur, soweit Gott es ausdrücklich offenbart. Es muß nicht sein, und es gehört nicht zu ihrer Berufung, daß Maria das Geheimnis der Menschwerdung in seiner ganzen übernatürlichen Tiefe und Bedeutung erkannte. Sonst würden wir beim Barockprediger und der Promotion der Gottesmutter landen.
Diese deutliche Schranke, die das Geheimnis Jesu auch für seine Mutter umgab, wird mehrmals in den Berichten der Evangelien deutlich. Als Jesus seine öffentliche Tätigkeit bereits aufgenommen hatte und sich umgeben von vielen Menschen in Kafarnaum aufhielt, kamen seine Mutter und seine Brüder; sie blieben vor dem Hause stehen und ließen ihn herausrufen. Als man ihm sagte: „Deine Mutter und deine Brüder stehen draußen und fragen nach dir“, antwortete Jesus: „Wer ist meine Mutter, und wer sind meine Brüder?... Das hier sind meine Mutter und meine Brüder. Wer den Willen Gottes erfüllt, der ist für mich Bruder und Schwester und Mutter“ (Mk 3.31–35). Wenn es sich um das Reich Gottes handelt, dann bedeuten die Bande des Blutes nichts mehr; dann zählt für die Nähe oder Ferne zu Gott und seinen Heilsboten nur die Bereitschaft, den Willen Gottes zu tun.
Auch bei der Hochzeit zu Kana müssen wir an diese Konfrontation der natürlichen Familienbande mit der von Gott gesetzten Heilsaufgabe denken. Als Maria bittet, den Brautleuten aus ihrer Verlegenheit zu helfen, da antwortet Jesus fast schroff und unverständlich: „Was willst du von mir, Frau? Meine Stunde ist noch nicht gekommen.“ Dann aber geht er hin und wirkt das Wun-

der. Er will Maria bedeuten: Das Wirken eines Wunders ist keine Angelegenheit der Familie, es ist Sache Gottes, seinen Gesandten durch ein Zeichen zu beglaubigen, wann und wie er es bestimmt. Wo Gott, der himmlische Vater, befiehlt, da endet für Jesus der Gehorsam gegen seine irdische Mutter. Dies ist für Maria sicher ein Lernprozeß gewesen, der mit Kummer und Leid verbunden war. An ihrer Liebe zu ihrem Sohn hat es nichts geändert. Sie hat zeit ihres Lebens die Worte und Taten Jesu aufgenommen, bewahrt und bedacht.
Das Leiden Jesu und das Mitleiden seiner Mutter begannen nicht erst auf Golgota. Es begann fast gleichzeitig mit dem öffentlichen Auftreten, mit der Verkündung des Anbruchs des Gottesreiches, mit der Auseinandersetzung mit den Pharisäern und Schriftgelehrten, mit der Ablehnung durch das Volk. Maria wußte und glaubte, daß Jesus der von Gott gesandte Messias war. Es muß schrecklich für sie gewesen sein, als sie sehen mußte, wie das Volk Israel, das Gott auserwählt und bis zu diesem Punkt geführt hatte, den Gesandten Gottes ablehnte und damit das Ziel und den Sinn seiner Geschichte zu verspielen drohte. Dies begann schon in Nazaret. Als Jesus am Sabbat in der Synagoge lehrte, da sagten die Menschen: „Woher hat er das alles? Was ist das für eine Weisheit, die ihm gegeben ist! Ist das nicht der Zimmermann, der Sohn der Maria und der Bruder von Jakobus, Joses, Judas und Simon? Leben nicht seine Schwestern hier unter uns? Und sie nahmen Anstoß an ihm und lehnten ihn ab" (Mk 6,2.3).
Und so ging es fort; immer dichter wurde der Widerstand, immer größer der Haß der Autoritäten des jüdischen Volkes. War die Sendung Jesu ein Irrweg, war seine Mission gescheitert? So schien es für alle, als die Katastrophe seiner Verhaftung, Verurteilung und Hinrichtung hereinbrach. Maria zweifelte nicht und schwankte nicht. Sie stand unter dem Kreuz und litt mit ihrem Sohn. Sie hatte sicher nicht die volle Tiefe der Kenntnis in die Notwendigkeit dieses Leidens. Für sie starb der Sohn, ihr Kind, am Galgen, verurteilt und verworfen von seinem Volk. Ein Schwert des Schmerzes durchdrang ihre Seele, und sicher wäre ein wirkliches Schwert leichter zu ertragen gewesen als diese Qual der Mutter. Es steht zwar nicht in der Schrift, aber es ist ein guter Glaube, daß der vom Kreuz abgenommene Leichnam des Sohnes in den Schoß der Mutter gelegt wurde. Von wo er ausgegangen, dorthin war der Mensch Jesus zurückgekehrt, vom strahlenden Kind zum Leichnam eines Hingerichteten. Der Weg der Mutter, die ihn geboren, erzogen, geliebt und in Hoffnung, Bangen und Schmerzen begleitet, hatte bis zu diesem Ende!
Die Pieta, die Mutter mit dem Leichnam ihres Sohnes im Schoß, ist die Quelle des Trostes für alle leidenden Mütter der Welt. Sie ist ihre Schwester, die höchstbegnadete Frau der Welt. Sie hat den Kelch des Leidens bis zur Neige gelehrt. Selbst wenn sie die Heilsbedeutung dieses Sohnes voll erkannt und verstanden hätte, so hätte dies das menschliche Leiden dieser menschlichen Mutter in nichts gemildert. Gnade tut eben nicht weh, aber auch nicht wohl! Die

Schmerzensmutter Gottes ist unter den Menschen aufgerichtet als Zeichen der Solidarität mit allem Leid der Menschen.
Wenn jemand einen Funken von Glauben an ein Fortleben nach dem Tode hat, dann muß er dieses der Gottesmutter Maria zubilligen. Wenn aber diese Mutter, die unter dem Kreuz stand, fortlebt, dann läßt sie sich auch anrufen von jedem Menschen, der einsam, leidend, unglücklich ist. Und wie könnte der Sohn, der unter Kreuzesqualen für seine Mutter gesorgt hat, je diesen Augenblick vergessen und je eine Bitte dieser Mutter für menschliche Brüder und Schwestern ablehnen. Die Muttergottes mit Krone und Strahlenkranz und Zepter verstehen viele nicht mehr, die menschliche Mutter mit der Leiche ihres Sohnes in ihrem Schoß aber strahlt weit über das Christentum hinaus Trost, Hoffnung und menschliche Liebe aus.
Nach der Auferstehung verließ Maria Jerusalem wohl nicht mehr. Die Apostelgeschichte berichtet, daß sie mit den Aposteln, mit den Frauen, die Jesus begleitet hatten, und mit seinen Brüdern „einmütig im Gebet verharrte". Damit erlebte sie auch die Herabkunft des Heiligen Geistes am Pfingstfest im Kreise der Apostel. Diese ihre zweite Begegnung mit dem Heiligen Geist mag ihr die letzte Klärung und Gewißheit über das Heilsgeschehen gebracht haben, in dem Gott ihr eine so wichtige Rolle zugeteilt hatte. Kein Mensch auf dieser Welt ist dem Gottmenschen näher gestanden als seine leibliche Mutter. Sie ist Mensch gewesen und Mensch geblieben. Sie hatte weder eine untadelige Schönheit noch einen durchdringenden Verstand, noch sonst eine menschliche Vollkommenheit. Sie wurde von Gott auserwählt für eine große und schwere Aufgabe. Sie hat diese Aufgabe angenommen und ist ihr gerecht geworden bis zu ihrem Platz unter dem Kreuz. Darum ist sie die größte und höchste unter allen Frauen, darum hat sie teil am Heilswerk ihres Sohnes, darum ist es für uns ein beglükkender Glaube, daß Gott sie schon jetzt mit Leib und Seele heimgeholt hat, wo sie für alle Christen und Nichtchristen dieselbe mütterliche Liebe bereithält, wie für ihren eigenen Sohn. Niemand kann diese Mutter genug preisen, lieben und verehren. Nur darf man sie nicht zur Halbgöttin machen wollen. Gerade weil sie Mensch, nur Mensch, ein voller Mensch war, kann sie uns Menschen Mutter, Schwester und Trösterin und Führerin zu ihrem Sohne sein.

Maximilian

geboren: unbekannt
gestorben: 12. März 295
Fest: 12. März

Die römischen Gerichtsbehörden, die mit der Durchführung der Prozesse gegen die Christen beauftragt waren, ließen Protokolle anfertigen, in denen die Fragen des Richters und die Antworten der Angeklagten im Wortlaut festgehalten wurden. In einigen Orten gelang es Christen, von diesen amtlichen Protokollen Abschriften anzufertigen. Diese wurden immer wieder abgeschrieben und verbreitet, um die Blutzeugen zu ehren und die Kräfte der Mitchristen in der Verfolgung zu stärken. Da und dort drangen bei dieser Verbreitung Aussprüche in die Protokolle ein, die man dem Martyrer in den Mund legen wollte. Aber diese Wortprotokolle sind als Ganzes doch eine hervorragende und zuverlässige Geschichtsquelle. Im Gegensatz dazu gibt es andere Martyrerakten, die als fromme Darstellungen lange nach dem Martyrium von Leuten verfaßt wurden, die keine Augenzeugen waren.
Nachstehend wird als Beispiel für diese Martyrerakten ein Auszug aus dem Prozeß gegen den jungen Maximilian wiedergegeben, der sich weigerte, Kriegsdienst zu leisten mit der Begründung, er sei Christ. Wie der Richter richtig bemerkt hat, gab es viele Christen im Heer des Kaisers Diokletian. Auch der heilige Sebastian war kaiserlicher Offizier. Es ist keine Vorschrift der Kirche bekannt, die den Kriegsdienst verbot. Auf der anderen Seite war es der Beruf des Soldaten, im Dienst des heidnischen Kaisers Kriege zu führen, Menschen zu verwunden und zu töten, in Feldzügen, die der Macht des Kaisers, nicht aber der Gerechtigkeit dienten. Ein Christ konnte hier durchaus eine Gewissensfrage sehen. Ein solcher Kriegsdienstverweigerer aus Gewissensgründen war Maximilian. Sein Fall, sein Prozeß und seine Begründungen vermögen in unserer Zeit, wo der Begriff der „Wehrdienstverweigerung aus Gewissensgründen“ zu einer billigen Münze geworden ist, zu zeigen, was christliche Gewissensnot ist und wie die echte Gewissensentscheidung stärker sein kann als der Tod. Streng genommen wurde Maximilian nicht hingerichtet, weil er Christ war, sondern weil er den Kriegsdienst verweigerte. Der Richter selbst wies ihn darauf hin, daß sein christlicher Glaube kein Hindernis für den Eintritt ins Heer sei. Maximilian ist daher ein Martyrer des Gewissens, nicht des Glaubens. Gerade darum ist er heute der Erinnerung und der Verehrung in besonders aktueller Weise würdige.

„Unter den Konsuln Tuskus und Aurelius wurde zu Thebeste in Afrika (heute: Tebessa, südwestlich von Tunis) Fabius Victor, zugleich mit seinem Sohn Maximilian im Rathaus vorgeführt. Pompeianus, der Anwalt meldete dem Prokonsul: Fabius Victor ist mit seinem Sohn, dem Rekruten Maximilian erschienen. Es scheint, daß Maximilian diensttauglich ist, ich bitte daher, ihm das Maß zu nehmen (d. h. ihn zu mustern). Der Prokonsul Dion sagte zu dem Rekruten: Wie heißt du? Maximilian antwortete: Wozu willst du meinen Namen wissen? Ich darf nicht in das Heer eintreten, ich bin Christ.
Dian befahl: Stellt ihn unter das Maß!
Während sie das Maß nahmen, sagte Maximilian nochmal: Ich kann nicht dienen, ich kann nichts Böses tun, ich bin Christ!
Der diensttuende Soldat meldete: Er mißt 5 Fuß, 10 Daumen. Darauf Dion: Tragt ihn in die Stammrolle ein!
Maximilian sagt zum drittenmal: Ich tue es nicht, ich kann nicht Soldat sein.
Nunmehr erwidert Dion: Werde Soldat, sonst mußt du sterben. Darauf Maximilian: Ich tue keinen Militärdienst; schlage mir den Kopf ab, ich diene nicht der Welt, ich leiste meinem Gott Kriegsdienst!
Dion: Wer hat dir denn das eingeredet?
Maximilian: Mein Gewissen und der, der mich gerufen hat.
Nun wandte sich Dion an den Vater des jungen Mannes und sagte: Rede doch deinem Sohn zu!
Der Vater aber erwiderte: Mein Sohn ist alt genug, er weiß selbst, was er zu tun hat!
Dion wandte sich wieder an Maximilian: Werde Soldat und nimm die Marke! (eine Art Erkennungsmarke)
Dieser erwiderte: Ich nehme die Marke nicht. Ich trage das Zeichen Christi, meines Gottes.
Dion: Ich werde dich gleich zu deinem Christus schicken.
Maximilian: Du erfüllst damit meinen eigenen Wunsch.
Dion sagte zu den Beamten: Signiert ihn!
Maximilian antwortet: Ich nehme das Siegel der Welt nicht an, und wenn du mir die Marke doch umhängst, so zerbreche ich sie. Ich bin ein Christ, ich darf keine Bleimarke am Hals tragen; denn ich bin gezeichnet im Heilszeichen meines Herrn Jesus Christus, des Sohnes des lebendigen Gottes. Du kennst ihn nicht. Er hat gelitten für unser Heil; Gott hat ihn hingegeben für unsere Sünden. Ihm dienen wir Christen, ihm folgen wir als unserem obersten Feldherrn, als dem Fürsten des Lebens und Urheber des Heiles.
Dion: Werde Soldat und nimm die Marke, sonst rennst du in dein Verderben!
Maximilian: Ich gehe nicht zugrunde. Mein Name ist bei meinem Herrn eingeschrieben. Ich kann nicht Soldat werden!
Dion: Denk doch daran, wie jung du bist! Werde Soldat! So gehört es sich doch für einen jungen Mann!

Maximilian: Mein Soldatendienst gehört meinem Herrn. Ich kann der Welt nicht dienen. Ich habe doch schon gesagt: Ich bin ein Christ.
Dion: In der Gefolgschaft unserer Herren Diokletian und Maximian gibt es gute Christen, die auch ihren Dienst leisten.
Maximilian: Das ist ihre Sache, sie müssen wissen, was sie zu tun haben. Ich jedenfalls bin Christ und kann nichts Böses tun.
Dion: Was tun denn die Böses, die im Heere dienen?
Maximilian: Du weißt doch, was sie tun.
Dion: Werde Soldat! Wenn du den Dienst mit der Waffe verweigerst, kommst du elend um!
Maximilian: Ich komme nicht um. Wenn ich diese Welt verlassen muß, dann beginne ich erst richtig zu leben mit Christus, meinem Herrn.
Nun befahl Dion den Beamten: Löscht seinen Namen (aus der Stammrolle)!
Als der Name gelöscht war, sagte der Prokonsul: Da du gottlos, wie du bist (der Kaiser mußte als Gott verehrt werden), den Kriegsdienst verweigerst, sollst du die angemessene Strafe erleiden, auch zur Warnung für die anderen!
Dann verlas er das Urteil: Maximilian wird wegen Kriegsdienstverweigerung mit dem Schwert hingerichtet.
Maximilian antwortete: Gott sei Dank!
Er war zu diesem Zeitpunkt einundzwanzig Jahre, drei Monate und achtzehn Tage alt.
Auf dem Weg zur Hinrichtung sagte er: „Liebe Brüder, beeilt auch ihr euch mit Kraft und Sehnsucht den Herrn zu sehen und von ihm mit dem Siegeskranz ausgezeichnet zu werden!"
Dann wandte er sich heiteren Angesichts an seinen Vater und sagte: „Gib dem Scharfrichter den neuen Anzug, den du mir fürs Militär hast machen lassen. Ich werde dich wiedersehen, belohnt mit hundertfachem Lohn. Dann werden wir zusammensein und uns des Herrn erfreuen."
Dann ging Maximilian seiner Vollendung entgegen.
Viktor, sein Vater, ging voll Freude nach Hause. Er dankte Gott, weil er dem Herrn eine solche Opfergabe hatte vorausschicken dürfen. Wenig später sollte er seinem Sohn nachfolgen. Eine Frau Pompelana kaufte den Leichnam von den Gerichtsbehörden, ließ ihn nach Karthago überführen und in der Nähe des heiligen Martyrers Cyprian bestatten.
Noch niemand hat in den letzten Jahren, als die „Kriegsdienstverweigerung aus Gewissensgründen" in unserem Lande so heftig umstritten war, auf dieses Beispiel und Vorbild zurückgegriffen. Es hätte helfen können, Begriffsverwirrung zu beseitigen und den Mißbrauch einzudämmen. Das Gewissen ist eine heilige Sache, seine Befehle sind höher als alle formalen Gebote und Gesetze. Aber dies ist nicht Willkür, ist kein Freibrief für Bequemlichkeit und keine Tarnung für Egoismus. Gewissen, das ist der Gehorsam gegenüber dem härteren, strengeren Gebot und Gottes Willen. Maximilian hat nicht die Mühen des

Soldatenlebens gescheut, er hat den sofortigen Tod dafür eingetauscht. Darum ist seine Gewissensentscheidung, die das Schwerere für das Leichtere gewählt hat, zweifellos echt und heilig. An seinem Maßstab müssen sich Gewissensentscheidungen zu allen Zeiten, auch heute, messen lassen.

Maximilian Kolbe

geboren: 8. Januar 1894
gestorben: 14. August 1941
Fest: 14. August

Aus Block 14 des Konzentrationslagers Auschwitz war Ende Juli 1941 ein Gefangener entflohen. Die unmenschliche Lagerordnung sah in solchen Fällen die Dezimation vor, das heißt, für den Flüchtigen mußten zehn Mithäftlinge sterben. Nachdem die Gefangenen des Block 14 einen Tag in glühender Hitze auf dem Appellplatz gestanden hatten, erschien gegen Abend der Lagerkommandant und wählte willkürlich zehn Häftlinge aus. Sie wurden ausgesondert, ihr Los war der Tod durch Verhungern im Todesbunker. Da schrie einer der „Verurteilten", der polnische Unteroffzier Franz Gajownizek, in Verzweiflung auf: „Meine arme Frau, meine armen Kinder, was wird mit meiner Familie!" Wen kümmerte das in dieser Umgebung, in dieser Situation? Die schwer bewaffnete SS-Mannschaft war an Szenen dieser Art gewöhnt, bei den Davongekommenen überwog die Erleichterung das Mitleid. Da tritt aus der Reihe derer, an denen der Kelch bereits vorübergegangen war, ein Häftling vor und stellt sich vor den Kommandanten. Auf dessen unwirsche Frage, was das zu bedeuten habe, zeigt der Häftling auf den zum Tod bestimmten Franz G. und sagt: „Ich bin ein katholischer Priester aus Polen. Ich möchte seine Stelle einnehmen, weil er Frau und Kinder hat."

Dies war noch nie vorgekommen. Hierfür gab es keine Bestimmung in der Lagerordnung. Selbst dem Kommandanten stand Staunen und etwas wie Respekt im Gesicht. „Vor Betroffenheit schien er nicht mehr sprechen zu können. Nach einem Augenblick gab er mit der Hand ein Zeichen und sagte nur *ein* Wort: Weg!" So schildert ein Augenzeuge diesen Vorgang. G. wurde aus der Gruppe der zum Tod Bestimmten weg und zurück in seine Reihe befohlen. Dafür nahm Pater Maximilian Kolbe seinen Platz ein.

Nach dem Appell wurden die Todgeweihten in den Bunker geführt, um dort den Hungertod zu sterben. Vierzehn Tage dauerte dieses Sterben. Fast mehr noch als Hunger und Durst quälten Verzweiflung, Sinnlosigkeit und Ausweglosigkeit. Nur einer weiß, warum er stirbt. Er hat sich bereiterklärt, sein Leben für einen anderen hinzugeben. Sein Motiv steht im Johannesevangelium (15,13): „Es gibt keine größere Liebe, als wenn einer sein Leben für seine Freunde hingibt." Dem Priester stellt sich dabei eine letzte große Seelsorgsaufgabe, seine Mitverurteilten in den Tod und in die Arme Gottes hineinzubeglei-

ten. Der Sekretär und Dolmetscher berichtet als Augenzeuge: „Aus der Todeszelle hörte man täglich laut gesprochene Gebete, den Rosenkranz und religiöse Lieder. Ihnen schlossen sich auch die Gefangenen der anderen Zellen an . . . Ich glaubte mich in einer Kirche. Pater Maximilian begann, und alle antworteten. Manchmal waren sie so ins Gebet versunken, daß sie nicht einmal die Wachen bemerkten. Oft weinten die Unglücklichen beim Öffnen der Türe und bettelten um ein Stück Brot und einen Schluck Wasser. Selbst das verwehrte man ihnen . . . Pater Maximilian jammerte nicht und verlangte auch nichts. Die anderen ermutigte und tröstete er. Durch die lange Zeit waren alle schon sehr geschwächt, die Gebete konnten sie nur noch lispelnd sprechen. Bei jedem Besuch stand oder kniete Maximilian Kolbe noch mitten in der Zelle und schaute gelassen auf die Eintretenden, während die anderen schon auf dem Boden lagen . . . Am Ende der dritten Woche blieben nur noch vier übrig. Den zuständigen Stellen erschien diese Zeit zu lang. Man brauchte die Zellen für andere Opfer.“ Soweit der Bericht des Dolmetschers. Daher spritzte der Leiter der Krankenabteilung am 14. August Pater Maximilian Kolbe das tödliche Gift in den linken Unterarm. Am 15. August, dem Fest Mariä Himmelfahrt, wurde der Leichnam im Krematorium des Konzentrationslagers Auschwitz verbrannt. War dieses Opfer eine einmalige heroische Tat, oder war sie Schluß und Höhepunkt eines Lebens, das auf die Möglichkeit eines solchen Ausgangs zulief? Respekt, Bewunderung und Verehrung hindern eine solche Frage nicht, sondern rufen sie hervor.
Pater Maximilian Kolbe wurde am 8. Januar 1894 in Dunska bei Lodz in Mittelpolen als zweites von fünf Kindern geboren. Sein Taufname war Raymund, Maximilian ist sein späterer Klostername. Raymund war nach den Worten seiner Mutter ein intelligenter, manchmal eigenwilliger Junge. Nachdem der ältere Bruder studieren und Priester werden durfte, reichten die Mittel der Familie für den zweiten nicht aus. Er sollte Weber werden wie sein Vater. Durch mehrere unerwartete hilfreiche Fügungen gelang es Raymund aber doch, im Jahre 1907 in das Gymnasium der Franziskaner aufgenommen zu werden. Zusammen mit seinem Bruder Franz tritt er 1911 in den Orden ein, der jüngere Bruder Josef folgt einige Jahre später nach. Als Novize erhielt Raymund den Namen Maximilian. Hinter diesen dürren Daten steht der Werdegang eines hochbegabten jungen Mannes, der, wie könnte es anders sein, seine Probleme hatte mit Gott und der Welt, mit Beruf und Berufung. Seine Neigung galt der Mathematik und den Naturwissenschaften. Er wollte Forscher werden, die Welt vorwärts bringen und den Mitmenschen durch die Ergebnisse seiner Forschung das Dasein erleichtern. Der Priesterberuf und das Ordensleben traten demgegenüber immer mehr in den Hintergrund. Aber in einer entscheidenden Begegnung mit seiner Mutter entschied er sich doch für Ordensleben und Priestertum. 1911 legte er die einfachen Ordensgelübde ab und studierte anschließend von 1912–1919 in Rom Philosophie und Theologie. Die Studien schloß er mit der

Promotion in beiden Disziplinen ab. 1914 legte er die feierlichen Ordensgelübde ab und wählte als zweiten Klosternamen: Maria. 1918 wurde er in Rom zum Priester geweiht. Seine Primiz feierte er am 29. April in der Kirche S. Andrea delle Fratte. In einem Brief, den er gegen Ende seines Studiums an seinen jüngeren Bruder Josef schrieb, legte er die Grundkräfte und Motive dar, die ihn in den Orden führten und die sein späteres Leben bestimmen sollten. In diesem Brief heißt es u. a.: „Die Ehre Gottes besteht im Heil der Menschen. Das Heil der Menschen ist daher unser vornehmes Ideal... Alles, was existiert, besitzt nur insofern Wert, als es sich auf Ihn bezieht, den Urgrund des Universums, den Erlöser aller Menschen... Durch den Gehorsam werden wir mächtig – ohne Grenzen. Das, lieber Bruder, ist der einzige Weg der Entfaltung unserer Möglichkeiten, Gott die größte Ehre zu geben." Gott über alles und vor allem und von ihm aus das Heil der Menschen zu wirken, das war der Lebensplan des jungen Priesters.

Noch in Rom erlebt er 1917 das zweihundertjährige Gründungsfest der Freimaurer. Dieses Fest war damals gleichbedeutend mit einer öffentlichen Demonstration der Feindschaft zur Kirche. Nicht aus einer Erwiderung des Hasses, sondern aus Liebe zu den Gläubigen, um ihnen Gutes zu tun, entwarf Maximilian einen Plan zur Rettung der Ungläubigen und Sünder. Das Ziel war die Überwindung des Bösen in der Welt durch gemeinsame Anstrengungen aller Gläubigen. Nach damaliger Sitte nannte er sein Apostolat eine Kampftruppe der Unbefleckten Gottesmutter – Militia Immaculatae. Sie ist in Deutschland bekanntgeworden unter dem Namen „Kreuzzug". Die Verehrung der unbefleckt empfangenen Gottesmutter stand immer im Mittelpunkt franziskanischer Frömmigkeit, angefangen vom heiligen Franz von Assisi, dem heiligen Bonaventura bis zum Dogma von 1854. Darum wollte Maximilian seinen Feldzug gegen die Zerstörung der Welt durch das Böse unter ihre Fahne stellen.

1917 stand die Welt in der zweiten Hälfte des Ersten Weltkriegs. Pessimismus und Weltuntergangsstimmung verbreiteten sich immer mehr, das Leid und die Verzweiflung der Menschen und Völker hatte nicht zu ihrer Bekehrung geführt, im Gegenteil, Ungerechtigkeit, Hartherzigkeit und Genußsucht bestimmten weithin das Leben der Gesellschaft.

Beachtung verdient die klare religiöse Motivation: die Ehre Gottes, das Lob der Jungfrau Maria, die Heiligung des eigenen Lebens und dann der Kampf mit dem Satan und die Bereitschaft, dafür zu arbeiten und Leiden auf sich zu nehmen.

Zuerst das Gebet, dann aber Aktion in jeder Form, auf jedem Feld, mit allen erlaubten Mitteln. Die Zeit stellt den Menschen Maschinen zur Fortbewegung, zur Verbreitung der Gedanken zur Verfügung, also: Druckmaschinen, Autos und Flugzeuge her für den Dienst am Guten! Nicht umsonst hatte Pater Maximilian in seiner Jugend eine besondere Neigung zur Technik und Naturwissenschaft. Alle Errungenschaften der modernen Zivilisation wollte er in den Dienst

Der heilige Maximilian Kolbe. ▷
Fotografie im Dezember 1939. Foto: Archiv.

seines Apostolats stellen. Die Aktivitäten seiner Bewegung sollten dreifacher Art sein:

1. Privat-persönliche Wirksamkeit zur Verwirklichung der Ziele im eigenen Lebens- und Wirkungskreis;
2. gemeinsame Sonderprogramme zur Konzentration der Kräfte;
3. hauptamtlicher Dienst mit ganzheitlichem Einsatz für die Ziele der Miliz.

Mit diesem Programm begann der dreiundzwanzigjährige Ordensmann ein Werk aufzubauen, dessen Ausmaß jedem Wirtschaftsmanager Staunen und Bewunderung abnötigen müßte.
Zunächst sah es freilich gar nicht danach aus. Eine Lungentuberkulose zwang ihn nach seiner Rückkehr nach Polen für fast zwei Jahre ins Sanatorium. Er hat diese erzwungene Ruhepause zur Klärung seiner Gedanken und zur Vertiefung seiner Motive gut genützt. Nur so gelang es ihm nachher, in Geduld die unvermeidlichen Schwierigkeiten zu überwinden, die ihm auch von wohlmeinenden Vorgesetzten im Orden gemacht wurden.
Als Lehrer für Kirchengeschichte an der Universität Krakau stürzte er sich nach der Genesung in die Arbeit. Er warb Anhänger, organisierte Zellen, er führte Schulungen durch und bereitete die Herausgabe einer Zeitschrift vor. Die Monatsschrift „Ritter der Unbefleckten" erschien in der ersten Nummer mit fünftausend Exemplaren. Schon in der zweiten Nummer verdoppelte sich die Auflage, und mit der sechsten Nummer hatte sie sich verzehnfacht. Trotz der neu auflebenden Tuberkulose arbeitete er weiter, selbst im Sanatorium, das er 1926 doch wieder aufsuchen mußte. Die Redaktion der Zeitschrift war schwierig, „weil die Leser sich rekrutieren vom Katheder der Universität bis zur Werkstätte der Arbeiter und der strohbedeckten Hütte irgend einer Bäuerin", schreibt Pater Maximilian an seinen Bruder Pater Alfons. 1927 zählt der „Ritter" eine Auflage von sechzigtausend, die Zahl der eingeschriebenen Milizmitglieder ist auf einhundertsechsundzwanzigtausend gestiegen.
Initiative, Mut und Ausdauer zieht die Hilfe guter Menschen an. 1927 schenkt der Fürst Drucki-Lubecki Pater Maximilian ein Grundstück von dreißigtausend Quadratmetern. Hier entsteht in einem Jahrzehnt die Stadt der Immaculata, Niepokalanòw. Der Anfang war armselig, das Wachstum erstaunlich und das Ergebnis großartig. Fünf Jahre nach der Gründung hat sich die Ausdehnung der Stadt verdoppelt, nach zwanzig Jahren (1946) verzehnfacht. Zuerst wurde die technische Abteilung ausgebaut, vom Stromaggregat bis zu den Druckmaschinen; als zweite Abteilung die Kontaktstelle zu den Mitgliedern und Abonnenten in aller Welt, als dritte die Versorgungszentrale, das Kraftwerk und das Bauamt der Stadt. Außer den Gebäuden für die Ordensleute verfügt die Stadt über Parkanlagen, Sportplätze, sechs Ordenskollegien, mehrere Oratorien, eine eigene Krankenabteilung, einen Gästebau und einen Flugplatz. Die dreischif-

fige Kirche faßt fünftausend Menschen. So groß war ungefähr die Zahl der Einwohner. Alle Berufe werden von Angehörigen der Miliz wahrgenommen. Aber nicht alle sind Priester, die meisten sind Laien. 1927 waren es achtzehn Laienbrüder und zwei Patres, 1938 siebenhundertzweiundsechzig Ordensleute. In den letzten Jahren bewarben sich durchschnittlich zweitausend junge Männer jährlich um Aufnahme. Für Ordensobere aus Deutschland hört sich eine solche Zahl wie ein Märchen an. Motor und Kraftzentrum dieses Werkes war Pater Maximilian, von 1927 bis 1930 und von 1936 bis 1941 war er Guardian des Klosters und verantwortlich für die Gesamtleitung der Marienstadt.
Sein Ziel war aber nicht Polen, sondern die ganze Welt. Dies war für ihn keine Phrase, sondern ein reales Programm. 1930 überließ er sein Werk mitten im Aufbau den Händen treuer Mitarbeiter. Er schiffte sich ein nach Japan. Am 24. April landete er in Nagasaki, und genau einen Monat später erschien die erste Nummer seiner Zeitschrift in japanischer Sprache. Von 1930 bis 1936 baute er in Japan ein ähnliches Zentrum auf wie in Polen. Der frühe Tod seines Bruders Pater Alfons, der ihm treu zur Seite gestanden hatte, findet die Antwort eines Christen und Priesters: „Man kann ihn nur beneiden." Hier wird die Haltung sichtbar, die ihm das Hungersterben im Bunker ermöglicht hat. Auch von Japan aus ist sein Blick auf weitere Ziele gerichtet, vor allem nach China und Indien. 1932 reist er dorthin und trifft die Vorbereitungen für eine indische Niederlassung. Dreimal in diesen sechs Jahren muß er zum Provinzkapitel nach Polen zurückreisen, um seine Sache vor den Mitbrüdern zu vertreten. Der Rückweg führt mit der transsibirischen Eisenbahn über Moskau, Sibirien und Korea. Nicht zufällig! Denn schon machte er Pläne für eine Ausdehnung des Werkes nach Rußland. 1936 beruft ihn das Ordenskapitel wieder zur Leitung der Marienstadt in Polen. Noch fünf Jahre ist es ihm vergönnt, ihren Aufbau zu leiten. Sie entwickelt sich immer mehr zu einem maßgebenden Faktor des kirchlichen und gesellschaftlichen Lebens in Polen.
Die Versuchung liegt nahe, hinter einer solchen Zusammenballung von Energie, Phantasie und Organisation einen kirchlichen Manager zu sehen, der sich von einem Wirtschaftsmanager nur durch den Gegenstand seiner Arbeit unterscheidet. Aber nichts täte Pater Maximilian mehr Unrecht. Die Kraft, die ihn vorwärts treibt, ist seine Liebe zu Gott und den Mitmenschen; sein Ziel ist es, das Böse in der Welt zurückzudrängen und möglichst vielen Menschen das Heil zu bringen. Der Geist, in dem er alles schafft, ist der Geist des heiligen Franz von Assisi, der Geist der brüderlichen Liebe und der Armut. Es macht ihm gar nichts aus, daß seine Brüder mit geflickten Kutten an den modernsten Druckmaschinen stehen und barfuß das Flugzeug steuern. Nur die Hilfsmittel für die Apostolatsarbeiten, die sollten das Neueste vom Neuen sein. Schon dachte er an eine eigene Rundfunkstation. Auch für das Fernsehen interessierte er sich. In einem eigenen Filmstudio sollte die Medienarbeit konzentriert werden. Das Herzstück der Arbeit aber blieb die Pressearbeit. Nicht weniger als elf periodi-

sche Veröffentlichungen erreichten Leser aus allen Volksschichten und Altersstufen. Sie nahmen Stellung zu Tagesfragen aus der Sicht des Evangeliums. Sie boten den Christen Informationen, die die Tagespresse verschwieg, und sie boten Lebenshilfe und Orientierung. Der „Ritter" hatte bei Kriegsbeginn eine Auflage von einer Million und war das auflagenstärkste Presseerzeugnis Polens. Schließlich gründete Pater Maximilian sogar eine Tageszeitung mit einer Auflage von zweihundertfünfzigtausend Exemplaren, eine Ziffer, von der die meisten Tageszeitungen Deutschlands heute nur träumen können. Auch die Jugendzeitschriften hatten eine Auflage von mehr als einer Viertel Million.
Über dieses blühende Werk brach der Zweite Weltkrieg herein wie ein Reif in der Frühlingsnacht. Niepokalanòw wird von der deutschen Wehrmacht besetzt. Die deutsche Polizei sperrt die nicht geflohenen Ordensbrüder mit ihrem Guardian ins Lager. Pater Maximilian sieht auch in dieser Situation noch eine Chance zur Fortsetzung, ja zur Intensivierung der Apostolatsarbeit. „Die Haft ist für uns eine heilige Mission", lautet seine Sinngebung der neuen Lage.
Nach dem Polenfeldzug, am 8. Dezember, dem Fest der Unbefleckten Empfängnis, werden die Brüder aus dem Lager entlassen. Sie können in ihre zusammengebombte Stadt zurückkehren. Die Aufbauarbeit ist jedoch von kurzer Dauer. Am 17. Februar 1941 wird Pater Maximilian mit vier Patres erneut verhaftet und in das Gefängnis eingeliefert. Er hatte in seiner Tageszeitung die Kirchenverfolgung und die Vergehen an der polnischen Zivilbevölkerung wiederholt scharf kritisiert.
Am 28. Mai 1941 kommt er zusammen mit dreihundertzwanzig Gefangenen ins Konzentrationslager Auschwitz. Er erhält die Häftlingsnummer 16670. Als Priester wird er zu schwerster Zangsarbeit eingeteilt. Zuerst muß er mit dem Karren Kies zum Bau der Krematoriumsmauer herbeischaffen, dann wird er zum Transport von Holzstämmen befohlen. Nach kurzer Zeit bricht sein von Tuberkulose geschwächter Körper zusammen. Mit Lungenentzündung wird er in die Krankenabteilung eingeliefert. Dort tröstet er die Verzweifelten, segnet die Sterbenden und richtet alle auf durch sein Beispiel. Ein Mitgefangener berichtet darüber u. a.: „Ende Juli 1941 lagen wir zusammen im Block zwanzig in der Krankenabteilung. Wie viele kroch ich nachts auf dem bloßen Boden ans Bett von Pater Maximilian. Die Begrüßung war ergreifend. Er machte mir Mut, dann beichtete ich. Schmerz und Verzweiflung wollten mich überwältigen. Er jedoch forderte mich auf, starken Glauben an den Sieg des Guten zu haben. Er sagte: der Haß ist keine schöpferische Kraft. Unsere Schmerzen sind notwendig, damit die nach uns Lebenden glücklich werden." Ein evangelischer Arzt, der Pater Kolbe in seiner Krankheit zu behandeln hatte, schildert den Eindruck, den der Schwerkranke auf ihn machte, so: „Ich entdeckte in ihm große Demut und eine unermeßliche Einfachheit, obgleich ich ihn sofort als einen Menschen hoher Bildung und Wissenschaft erkannte ... Im ganzen Lager Auschwitz gab es keinen ihm vergleichbaren Menschen ... Nach meinem Ermessen waren die

theologischen Tugenden und die Kardinaltugenden im Diener Gottes keine augenblicklichen Impulse, sie entsprangen einer Zuständlichkeit, tief verwurzelt in seiner Persönlichkeit.
Ich sah in Auschwitz, obwohl ich doch von 1941 bis 1945 dort war, keinen analogen Fall einer solchen heroischen Nächstenliebe."
Nach seiner Genesung kam Pater Maximilian zum Block 14, der vor allem für landwirtschaftliche Arbeiten eingesetzt war. Dort vollzog sich die eingangs geschilderte Hingabe des Lebens für einen Mitmenschen, einem Familienvater, der ihm bis dahin nicht näher bekanntgewesen war.
Diese heroische Tat der Nächstenliebe steht nicht isoliert als plötzlicher und einmaliger Entschluß fremd in seinem Lebenslauf. Sie bildet vielmehr den Höhepunkt eines Lebens, das ganz der Nächstenliebe gewidmet war. Wie der Arzt bemerkt hatte, entsprang sie einer „Zuständlichkeit, tief verwurzelt in seiner Persönlichkeit". Maximilian Kolbe war ein Heiliger, schon vor und auch ohne seine aufopfernde Tat. Diese war der Schlußstein zu einem Gebäude, an dem er von Jugend auf Tag für Tag gearbeitet hatte. Es kommt öfter vor, daß ein Mensch in einem plötzlichen Entschluß sein Leben riskiert, um einen anderen Menschen aus tödlicher Gefahr zu erretten. Sein Wille richtet sich auf die Rettung des Gefährdeten, und er hofft dabei, selbst heil aus der Gefahr hervorzugehen. Pater Maximilian aber wußte, daß der Inhalt seines Angebots der unwiderrufliche eigene Tod sein würde. Er wählte diesen Tod im vollen Bewußtsein aus Nächstenliebe. Die Kraft zu diesem Entschluß war die Frucht seines ganzen religiösen Lebens.
Noch eine zweite Überlegung drängt sich auf. Das Leben von Pater Maximilian Kolbe war Initiative, Dynamik, Tat. Er wollte Gutes schaffen mit allen Kräften, die Gott ihm gegeben hat. Seine größte Tat aber war Leiden. Dieses Leiden war nicht ein passives Erdulden und Hinnehmen, es war ein großes und letztes Werk der Liebe. Leiden kann Tat sein, sogar mehr als äußere Aktivität. Es ist erst die Frage, wenn wir einmal die Seite des Weltteppichs sehen können, auf der die Fäden geknüpft sind, was Gottes Werke mehr bewirkt hat, die Taten der Menschen oder das freiwillig übernommene Leiden. So kann alles Leiden der Kranken und Sterbenden, der Behinderten und Alten seinen tiefen Sinn haben im Herabrufen des Gottesreiches.
Pater Maximilian Kolbe wurde am 17. Okober 1971 selig- und am 10. Oktober 1982 heiliggesprochen. Papst Johannes Paul II. verlieh ihm, der seit seiner Seligsprechung als „Bekenner" verehrt wurde, den Titel eines „Martyrers" mit den Worten: „Ist dieser aus Liebe zum Menschen frei übernommene Tod nicht eine ganz besondere Erfüllung der Worte Christi? Verleiht er nicht unserem Heiligen eine besondere Ähnlichkeit mit Christus, dem Urbild aller Martyrer, der am Kreuz sein Leben hingibt für die Brüder? Ist nicht gerade solch ein Tod eine besonders eindringliche Botschaft für unsere Zeit, ein besonders glaubwürdiges Zeugnis der Kirche für die heutige Welt!"

Monika

geboren: 332
gestorben: 387
Fest: 27. August

Alles, was wir von der heiligen Monika wissen, das wissen wir von ihrem Sohn, dem heiligen Augustinus. Seine Autorität in der Kirche war so groß, daß sein Zeugnis über seine fromme Mutter genügte, um sie in den Kreis der Heiligen aufzunehmen. In seinem Buch „Bekenntnisse" hat er ihr ein Denkmal des Dankes gesetzt; denn „das Taufwasser des Sohnes waren die Tränen seiner Mutter", das heißt, Augustinus verdankte seine Bekehrung und seine Bereitschaft, die Taufe zu empfangen, den Gebeten und Opfern seiner Mutter Monika. Die „Bekenntnisse" sind als Ganzes ein glühendes Dankgebet an Gott für die Errettung aus den Verstrickungen der Sinne und den Irrwegen falscher Lehren. Daneben enthalten sie aber auch viele Einzelzüge und Mitteilungen über Begebenheiten aus dem eigenen Leben und dem Leben seiner Mutter. Diese tragen unverkennbare Züge der Echtheit und der historischen Genauigkeit. Ihre Zuverlässigkeit wurde im Laufe der vielhundertjährigen Überlieferung dieses Büchleins weder von der Wissenschaft der Theologie noch der Literatur in Zweifel gezogen.

Monika stammte aus einem christlichen Elternhaus in Thagaste in Numidien. Aus ihrer Kindheit erzählte sie ihrem Sohn, sie sei weniger von ihren Eltern als von einer alten und gebrechlichen Magd aufgezogen worden, die schon ihren Vater herumgetragen habe, „wie halt erwachsene Mädchen auf dem Rücken gern die kleinen Kinder tragen". Diese alte Magd stand deswegen in hohen Ehren, und man überließ ihr die Sorge für die Tochter. Dies war ein Glück für Monika; denn ihr hohes Alter hinderte die Dienerin nicht, das Mädchen „in strenger Zucht zu halten und in nüchterner Klugheit zu lehren".

Aus ihrer Kindheit und Jugend berichtet Augustinus einen Vorgang, der zeigt, daß es ihm nicht um die Zeichnung eines fleckenlosen Bildes seiner Mutter zu tun war. Als Kind hatte Monika die Pflicht, den Tischwein aus dem Keller zu holen. Wie es Kinder tun, nippte sie am Kruge und kostete den Wein. Mit der Zeit wurde aus dem Nippen ein Schluck und aus dem Schluck ein ganzes Glas. Ohne es richtig zu bemerken, war ihr das Weintrinken zur Gewohnheit und zum Bedürfnis geworden. Eines Tages hatte sie Streit mit der Magd, die sie immer in den Keller begleitete. In dem hitzigen Wortgefecht rutschte der Magd das Wort „du Trinkerin" heraus. Dieses Schimpfwort traf Monika wie ein Keulenschlag;

von diesem Tag an trank sie keinen Tropfen mehr und war von ihrer Gewohnheit geheilt.
Wie es in Afrika Sitte war, wurde Monika in sehr jungen Jahren mit dem Heiden Patricius, einem römischen Beamten, verheiratet, der ein Haus und einen kleinen Grundbesitz hatte. Sie hatten ihr gesichertes Auskommen, konnten aber die Kosten für eine teure auswärtige Ausbildung des Sohnes Augustinus nicht aufbringen. Dieser fand in dem reichen Romanianos einen Gönner, der ihn auf seine Kosten nach Madaura und Karthago zum Studium schickte. Patricius und Monika hatten drei Kinder, Navigius, Augustinus und eine Tochter (vielleicht mit Namen Perpetua). Vom Vater sagt Augustinus, er sei gutmütig, gleichzeitig aber auch sehr jähzornig gewesen. Seine Zornausbrüche und seine ehelichen Seitensprünge ertrug Monika in solcher Ruhe, daß es darüber zwischen den Gatten nie zum Streit kam. „Sie wußte wohl, daß sie sich dem Zürnenden niemals widersetzen dürfe, im Tun und nicht mit Worten. Dann erst, wenn seine Wut gebrochen war, gab sie ihm, wenn sie es für gut hielt, Rechenschaft von ihrem Tun, wenn er darüber in Zorn geraten war." Frauen aus der Nachbarschaft kamen oft zu ihr und fragten sie um Rat. Sie hatten friedfertigere Männer als Patricius und „trugen doch im geschändeten Gesicht die Spuren harter Schläge". „Dann sagte meine Mutter, daran sei ihre Zunge schuld, und sie gab den Frauen den Rat, es zu machen wie sie und die Ruhe nach dem Sturm abzuwarten."
Auch ihre Schwiegermutter, die zunächst aufgehetzt worden war, gewann Monika durch „beständigen Gehorsam und durch entgegenkommendes liebevolles Wesen lieb, so daß sie die Zuträgerinnen bestrafte und fortan Frieden im Hause hatte. Beide Frauen lebten nun in herzlicher und denkbar inniger Freundschaft".
Ganz besonders hebt Augustinus an seiner Mutter die Fähigkeit hervor, Frieden zu stiften. Wenn sie, wie es unter Nachbarinnen damals und heute vorkommt, von der einen Klagen gegen die andere hörte, dann hinterbrachte sie niemals der einen die Vorwürfe der anderen, sondern sie berichtete nur die Worte, die geeignet waren, die beiden zu versöhnen. Und Augustinus schreibt: „Ich hielte dies gewiß nur für ein kleines Gut, hätte ich nicht unzählige Menschen kennengelernt, die erzürnt untereinander nicht nur hinterbringen, was der Erzürnte im Zorn gesagt hat, nein, die noch Dinge sagen, die er nicht gesagt hat." Seine Mutter aber war mit Eifer darauf bedacht, Gutes weiterzusagen und so Haß und Feindschaft auszulöschen.
Schließlich gelang es ihr auch, ihren Gatten zum Glauben zu führen. Taufen ließ er sich allerdings erst auf dem Sterbebett (371). Dies entsprach der damaligen Auffassung, daß (nur) die Taufe alle Sünden tilge und daß man daher nach der Taufe keine (schwere) Sünde mehr begehen dürfe.
Nach dem Tod ihres Gatten lebte Monika noch sechzehn Jahre als Witwe, teils in Thagaste, teils bei ihrem Sohn Augustinus in Mailand. Von dort wollte sie mit

ihm zusammen nach Afrika zurückkehren. Aber bevor sie in Ostia das Schiff besteigen konnte, ergriff sie ein Fieber, dem sie in wenigen Tagen (387) erlag.
Das Verhältnis Monikas zu ihrem Sohn Augustinus entwickelte sich in drei Stufen: ehrgeizige, weltliche Zukunftspläne in der Kindheit und frühen Jugend, Tränen und himmelstürmende Gebete in der Zeit seiner Ausschweifungen und Irrungen, Freude und dankbares Glück nach der Bekehrung.
Bald nach der Geburt ließ Monika ihren Sohn in einer Zeremonie, bei der das Zeichen des Kreuzes gemacht und Salz gereicht wurde, in das Katechumenat aufnehmen. Die Taufe empfing er aber erst als erwachsener Mann nach einem bewegten Leben. Die Mutter wollte, daß er von Kindheit auf in den Glauben hineinwachse, und sie war untröstlich, als er stattdessen so ganz andere Wege einschlug. Im Vordergrund allerdings standen bei den Eltern zunächst andere Pläne und Gedanken. Beide Eltern wünschten für Augustinus eine glänzende Laufbahn, die ihm Ehre, Ansehen und Reichtum einbrächte. Augustinus sagt ausdrücklich: „Das wünschten beide Eltern, der Vater, weil er von mir nutzlos Eitles erhoffte, die Mutter glaubte wohl, daß wissenschaftliches Arbeiten mich nicht hindern, vielleicht sogar mich weiterbringen werde, dich (Gott) zu finden." Die Mutter hoffte also, daß angestrengtes wissenschaftliches Arbeiten den Sohn von seinen Ausschweifungen abbringen und eher zu Gott hinführen würde. In dieser Lebensplanung waren sich zunächst grundsätzlich Vater, Mutter und Sohn einig; denn auch Augustinus wollte studieren, wollte die damals hoch angesehene Redekunst beherrschen lernen und durch die Macht seines Wortes Ansehen und Reichtum gewinnen. An das Ansehen allerdings, das seine Rede dann später gewinnen und sich durch die Jahrhunderte hindurch erhalten sollte, dachte der junge Augustinus gewiß nicht.
Als die Pubertät einsetzte und die Sinne erwachten, erschrak die Mutter und geriet in einen Zwiespalt zwischen den ehrgeizigen irdischen Hoffnungen und der Furcht, ihr Sohn werde darüber den Glauben und das Heil seiner Seele verlieren. Dieser taumelte von einer Frau zur anderen, auch seine Männerfreundschaften waren nicht frei von sinnlichen Anfechtungen. Er bat seine Eltern, seine Sinnlichkeit durch eine Ehe in geregelte Bahnen zu lenken. „Und meine Mutter mahnte mich wohl zur Keuschheit, aber sie sorgte nicht dafür, meiner Sinnlichkeit, von der sie Schlimmstes für meine Zukunft befürchten mußte, die Fessel ehelicher Liebe anzulegen. Sie sorgte dafür nicht, aus Furcht, die Schranken der Ehe möchten den Hoffnungen im Wege sein, die man auf mich setzte, nicht den Hoffnungen eines ewigen Lebens, sondern den eitlen Hoffnungen wissenschaftlicher Bildung."
Augustinus sah in seiner Mutter nicht die Heilige von Anfang an. Er wußte wohl um ihr Wachsen im Glauben, und er verschweigt dies nicht: „Meine Mutter, die zwar schon aus Babels Mitte entronnen war, aber noch zögernd langsam nach draußen ging..." Seine Mutter war gläubig und liebte den Herrn, aber ihr Denken und Trachten kam noch nicht aus der Mitte, sondern mehr vom Rande

her. Es war vermischt mit irdischen Motiven und Zielen. Mit den Sorgen, die Augustinus seiner Mutter bereitet hat, mit ihrer Hilflosigkeit, auf ihn Einfluß zu nehmen, wuchs ihr Gottvertrauen, und in Schmerzen reifte ihr Gebet. Später nahm Augustinus eine Frau und lebte mit ihr in einer „Ehe ohne Trauschein". Monika wandte in diesen Jahren ihrem Sohn und ihrer „Schwiegertochter" gegenüber dieselbe Methode an, mit der sie bei ihrem Gatten Erfolg hatte. Sie brach die Beziehungen nicht ab, sie verkehrte mit ihnen, sie hielt sich zeitweise in ihrem Hause auf, sie machte keine Vorwürfe, sie weinte und klagte nicht ihrem Sohn gegenüber, sondern ausschließlich vor Gott. „Meine Mutter, deine treue Magd, weinte zu dir um mich, mehr als Mütter weinen um der Kinder leiblichen Todes wegen. Meiner Seele Tod sah sie in ihrem Glauben und im Geist, den du ihr gegeben. Und du Herr, hast sie erhört." Dann erzählt Augustinus einen Traum seiner Mutter, durch den sie bewogen wurde, „mir wieder zu erlauben, mit ihr im gleichen Haus zu wohnen und am gleichen Tisch mit ihr zu essen". Monika sah sich im Traum auf einem Richtholz stehen, voll Trauer und Tränen. Da sei ein strahlender Jüngling auf sie zugekommen und habe sie gefragt, ob sie weine. Sie sagte, sie habe Angst um mein ewiges Heil. Da sagte der Jüngling, sie solle sich umschauen, wo sie sei, da sei auch ihr Sohn. Als sie diesen Traum Augustinus erzählte – er war damals Manichäer –, versuchte dieser, den Traum so zu deuten, daß sie, seine Mutter, einst dahin kommen werde, wo er, Augustinus, jetzt stehe, das sei bei den Manichäern. Die Mutter widersprach sofort und sagte: „Nicht dahin, wo er stehe, sondern er werde dahin kommen, wo sie stehe." Diese Antwort seiner Mutter hat Augustinus mehr erschüttert als der Traum selbst; denn sie sah seine Bekehrung neun Jahre voraus. In ihrem Schmerz suchte Monika Hilfe bei einem frommen Bischof. Sie bat ihn, doch mit Augustinus zu reden. Der Bischof lehnte dies ab und empfahl ihr: „Laß ihn dort, wo er jetzt ist, und bete indes für seine Seele zum Herrn ... So wahr du lebst, unmöglich ist es, daß ein Kind so vieler Tränen zugrunde geht." Später erzählte die Mutter ihrem Sohn – nach der Bekehrung –, sie habe diese Antwort aufgenommen wie eine Stimme vom Himmel.
Den tiefsten Punkt erreichte das Verhältnis von Mutter und Sohn, als Augustinus von Studentenkrawallen erschüttert die Hochschule Karthago verließ und mit Hilfe seiner Freunde in Rom Karriere machen wollte. Die Mutter, die ihm nach Karthago gefolgt war, fürchtete eine noch tiefere Verstrickung in Laster und Irrglauben. Sie wollte ihn zurückhalten oder ihn nach Rom begleiten. Gerade dies aber wollte Augustinus nicht. „Ich habe meine Mutter angelogen, und eine solche Mutter!" sagt er in seinem Bekenntnis. Die Mutter war ihm zum Hafen gefolgt. Er sagte, er wolle einen Freund auf seinem Schiff besuchen, bevor dieser in See steche. Die Mutter solle ihn in einigen Stunden in der Kapelle des heiligen Cyprian in der Nähe erwarten. Als Monika nach einer langen Nacht den Sohn am Hafen suchte, erfuhr sie, daß er längst auf hoher See, auf dem Weg nach Rom war. „Sinnlos vor Schmerz füllte sie Gott mit

Seufzen und Klagen die Ohren." Gewiß, es war der Schmerz der irdischen Mutter, die sich von ihrem geliebten Sohn betrogen und getrennt sah. Es war aber auch der Schmerz der gläubigen Mutter, die nunmehr jede Hoffnung auf einen Sinneswandel ihres Kindes in weite Ferne entschwinden sah.
Augustinus blieb nicht lange in Rom. Sein Erfolg war gering, die Enttäuschung groß. Dazu kam noch eine schwere Erkrankung. Daher nahm er ein Angebot auf eine Professur für Rhetorik in Mailand an. Dort war zu dieser Zeit die Residenz des weströmischen Kaisers. Dort lebte aber auch der heilige Bischof Ambrosius. Dieser war die führende Gestalt in Mailand, ja in der ganzen Kirche in Italien.
Monika wußte von all dem zunächst nichts. „Sie gab Almosen, oft und gern, und ließ keinen Tag vergehen, auf dem Altar dir zu opfern, kam zweimal am Tag, morgens und abends in die Kirche. Nicht um Gold und Silber bat sie, sondern um das Heil der Seele ihres Sohnes."
Als sie von der Übersiedlung ihres Sohnes nach Mailand hörte, ließ sie sich nicht halten und reiste ihm nach. Augustinus teilte ihr mit, er sei unter dem Eindruck der Predigten des Ambrosius von der Lehre der Manichäer abgekommen. „Die Mutter gab voll Vertrauen zur Antwort, sie glaube an Christus, daß sie mich als gläubigen Katholiken sehen werde, noch ehe sie aus dem Leben scheide... Und eifriger noch lief sie zur Kirche und hing am Munde des Ambrosius. Sie liebte diesen Mann wie einen Engel Gottes... Er aber liebte sie um ihrer großen Frömmigkeit willen, womit sie gläubigen Herzens gute Werke tat und die Kirche besuchte, und oft, wenn er mich sah, erging er sich in ihrem Lob und wünschte mir Glück, daß ich eine solche Mutter habe." Das Zeugnis eines Heiligen über eine Heilige an einen Heiligen! Dabei zeigt diese Heiligkeit keinen Zug, der nicht einer Mutter anstünde. Ihre Menschlichkeit, Mütterlichkeit und Gläubigkeit waren sich nicht fremd; sie lassen sich nicht voneinander trennen. Vielleicht beruht gerade darin ihre Heiligkeit; denn: eine Mutter, die nicht eine gute Mutter ist, kann keine Heilige sein.
Nachdem sich die Glaubenszweifel lichteten, wollte Monika – auch hierin eine echte Mutter – auch die äußeren Lebensverhältnisse ihres Sohnes geordnet wissen. An eine Aufgabe seiner bürgerlichen Existenz dachte sie dabei nicht, im Gegenteil: Sie überredete ihn, sie durch eine Heirat mit einem jungen Mädchen aus gutem Hause zu ordnen und zu festigen. Dazu mußte vorher die wilde Ehe gelöst werden. Die Gefährtin, die mit Augustinus fünfzehn Jahre zusammengelebt und ihm einen Sohn geboren hatte, wurde ohne ihr Kind weggeschickt in ihre Heimat nach Afrika. Es ist zwar nicht erwiesen, aber sehr wahrscheinlich, daß Monika dabei ihre Hand im Spiele hatte. Da Augustinus den Vorgang nicht näher beschreibt, entzieht er sich unserem moralischen Urteil. Von außen gesehen erscheint er aus der Sicht einer Mutter verständlich, im Bild der Heiligen aber als dunkler Fleck. Auch das Menschliche muß seinen natürlichen Ort behalten.

In der Osternacht des Jahres 387 empfing Augustinus von Ambrosius die Taufe. Die Mutter war am Ziel. Ihr Gebet war erhört. Sie war glücklich, selig. Nun hielt es Augustinus nicht länger in Mailand. Er gab seine Professur auf, um mit seiner Mutter, seinem Sohn und seinen Freunden nach Afrika zurückzukehren. Aber noch bevor sie in Ostia das Schiff bestiegen, „da nahte der Tag, daß sie aus dem Leben scheiden sollte".

Das zehnte bis dreizehnte Kapitel im neunten Buch der „Bekenntnisse" ist das schönste Denkmal der Mutterliebe in der Weltliteratur. „Da hattest du (Gott) es auf deine stille, verborgene Weise gefügt, daß ich und sie (die Mutter) allein gelehnt ans Fenster standen, von wo man den inneren Garten unseres Hauses sah, dort zu Ostia am Tiber, wo wir in Ruhe, fern von aller Menschenmenge nach langer, mühevoller Reise für die Meerfahrt neue Kräfte sammeln wollten. Da sprachen wir einsam miteinander, köstlich und innig, nicht von dem, was hinter uns lag, sondern von dem, was vor uns lag ... Danach berührten wir das Ewige leise und wie mit einem vollen Schlag des Herzens ... da sagte meine Mutter: Mein Sohn, was mich angeht, so freut mich jetzt nichts mehr am irdischen Leben. Ich weiß nicht, was ich hier noch tue und warum ich noch hier bin. Ein einziges war es, warum ich in dieser Welt noch verweilen wollte, daß ich dich als Christ und als Katholiken sehe, ehe ich sterbe. Das hat mein Gott mir verliehen, daß ich dich sehen darf als seinen Knecht, der alles Erdenglück verachtet ... Und gleich danach, fünf Tage oder wenig mehr vergingen, da lag sie im Fieber krank ... Als sie uns ansah, die wir ganz verstört von Trauer waren, da sprach sie: Hier werdet ihr eure Mutter begraben ..., und so ward denn diese reine, fromme Seele vom Leib erlöst am 9. Tag der Krankheit, 55 Jahre alt, im 39. Jahr meines Lebens ... Ich habe ihr die Augen zugedrückt ... Ich weine, wer darin eine Schuld sieht, daß ich eine Mutter und eine solche Mutter beweine, möge, wenn er ein mitleidvoller Mensch ist, lieber über meine Sünden weinen und von Gott für mich Verzeihung erflehen."

Der große Sohn dieser Mutter, der größere Sohn der Mutter Kirche, schließt die Würdigung seiner Mutter mit den Worten: „So also ruhe sie im Frieden mit dem Gatten, dem einzigen, vor dem und nach dem sie mit keinem anderen vermählt war, dem sie diente, da sie dir Früchte brachte in Geduld, daß sie auch ihn für dich gewinne. Und gib, du Herr, mein Gott, deinen Knechten ein, gib meinen Brüdern ein, die deine Söhne, meine Herren sind und denen ich mit Wort und Herz und Griffel diene, daß sie, wer immer dieses lese, an deinem Altar deiner Dienerin Monika gedenken mögen und des Patricius, der einst ihr Gatte war, aus deren Fleisch so wundersam du mich ins Leben riefst. Daß derer sie in Frömmigkeit gedenken, die in diesem Licht einst meine Eltern waren und nun meine Brüder sind aus dir, dem Vater, ... und dann wird durch dieses mein Bekenntnis das, worum sie mich in ihrer letzten Stunde bat, durch vieler Beten ihr reichlicher als durch mein eigenes Gebet erfüllt."

Die heilige Monika ist die Patronin der Frauen und Mütter.

Nikolaus von Flüe

geboren: 1417
gestorben: 21. März 1487
Fest: 25. September

„Bruder Klaus“, wie die Schweizer ihren Landespatron liebevoll nennen, macht uns den Zugang zu seinem Leben und zu seiner Heiligkeit nicht leicht. Als ich einer frommen und gebildeten Dame, Mutter vieler Kinder, die Absicht mitteilte, ihn in diese Sammlung von Heiligenleben aufzunehmen, sagte sie: „Mit dem möchte ich nicht einmal im Himmel beisammen sein. Er hat sein vor Gott gegebenes Eheversprechen gebrochen. Dieses schließt ja nicht nur die Erzeugung von Kindern ein, sondern den lebenslangen Beistand für die Frau und die Erziehung der Kinder. Von zehn Kindern ist er weggelaufen, das jüngste war wenige Wochen alt! Dies hat mit meiner Vorstellung von Heiligkeit nicht das geringste zu tun. Gehorsam gegen Gottes Gebot, das ist das Fundament der Gottesliebe. Und was soll es für ein größeres Gebot geben als das vor Gott im Sakrament beschworene Ehegelöbnis!“ Soweit diese christliche Mutter von heute. So wie ihr ergeht es vielen.
Mit dem christlichen Leben verhält es sich nicht wie mit einem Kochrezept: Man nehme . . . Und wenn man die Anweisungen des Rezepts genau befolgt hat, dann entspricht das Ergebnis den Erwartungen. Christliches Leben ist menschliches Leben. Ein Mensch entschließt sich und bemüht sich, in seinem Denken und Handeln sich an Jesus Christus zu orientieren. Dabei bringt jeder Mensch seine eigene Veranlagung, seine besondere Begabung und seine Belastung, seine von Natur und Umwelt geprägten Anschauungen in seine Entscheidung mit ein. Dieselbe Situation sieht zur selben Zeit in den Köpfen verschiedener Menschen verschieden aus, und die Konsequenzen, die sie aus der Situation ziehen, fallen bei allem guten Willen eben verschieden aus. Ja sogar der gleiche Mensch urteilt und handelt in den verschiedenen Altersstufen seines eigenen Lebens verschieden. Wie oft belächeln wir unsere Ansichten und Taten aus der Jugend. Das Evangelium ist kein Kochrezept, das man wörtlich anwenden könnte ein für allemal und zu jeder Zeit. Es ist eine gute Botschaft von der Vaterliebe Gottes, die jeder Mensch in seiner Art und nach seinen Kräften ergreifen und zur Grundlage seiner Lebensentscheidung machen soll. Daraus entstehen so viele Formen von Heiligkeit, wie es Christen gibt.
Ein Zweites muß vorbedacht werden, will man nicht mit Vorurteilen an das Leben des Bruders Klaus herangehen. Der Mensch lebt nicht in einem luftlee-

ren Raum. Neben dem eigenen Charakter wird sein Denken geprägt durch seine Umgebung und seine Zeit. Unsere ältere Generation ist oft verwundert und unwillig, weil die Jugend, die Diktatur und Krieg nicht miterlebt hat, so wenig Verständnis für ihre damalige Lage aufbringt. Dieses Unverständnis ist nicht böswillig, sondern ganz natürlich. Die damalige Situation läßt sich nur theoretisch rekonstruieren, die Gefühle, die Ängste und die persönlichen Betroffenheiten können Geschichtsbücher nicht mitteilen. Aber gerade durch sie wurden die Entscheidungen der Menschen bestimmt. Wenn es uns schon mit der jüngsten Vergangenheit so ergeht, wie viel mehr mit einer Zeit, die fünfhundert Jahre zurückliegt.

Das 15. Jahrhundert, das die Lebenszeit des Bruders Klaus enthält, war eine brodelnde, verwirrende, von Gegensätzen zerrissene Zeit. Es war der Übergang vom Mittelalter zur Neuzeit. Und solche Übergangszeiten sind immer undurchsichtig, aufregend und gefährlich.

Die Macht des Geldes, des Handels und der Wirtschaft, verkörpert in mächtigen Handelsherrn und reichen Städten, wetteiferte mit der ererbten Fürstenmacht. Humanismus und Renaissance wandten den Blick des Menschen vom Himmel auf die Erde. Diese Wende von Gott hin auf den Menschen ist nicht geringer als die kopernikanische Wende, die die Erde aus dem Mittelpunkt des Alls wegrückte.

Die Kirche, die Päpste, die Prälaten, die Ordensleute und das christliche Volk wurden in den geistigen Strudel der Zeit hineingerissen. Zu Beginn des Jahrhunderts wird zwar auf dem Konstanzer Konzil (1418) die große Spaltung des Papsttums beseitigt, aber die tiefen Wunden, die der jahrzehntelange Kampf der Glaubwürdigkeit der Kirche geschlagen hatte, waren damit keineswegs geheilt. Die religiöse Fäulnis hatte sich tief in den Körper der Kirche hineingefressen. Kirchliche Würden wurden verkauft oder an Günstlinge vergeben, die zwar die Einkünfte genießen, aber nicht ihre Pflichten erfüllen wollten. Der Mißbrauch von Amt und Sakrament setzte sich nach unten fort bei Priestern und Mönchen. Die Pfarrei Sachseln, die Heimatpfarrei von Bruder Klaus, blieb viele Jahre unbesetzt, weil die braven Oberländer Bauern sich gegen Pfarrer zur Wehr setzten, die von der Gunst fremder Herrn in den Genuß der Pfründe eingesetzt worden waren. Das gläubige Volk war in seinem religiösen Leben allein gelassen. Es versank in Aberglauben, Äußerlichkeiten und halbheidnischen Zauber.

Diese dunklen Stellen im Bild der Zeit geben den Hintergrund, vor dem die lichten Erscheinungen und Gestalten nur um so heller strahlen. Die hohe Theologie auf den Universitäten hatte sich in immer feinere, für das religiöse Leben unergiebige Haarspalterei verrannt. Das Herz der Kirche schlug mühsam unter dieser Kruste verkalkter Gefäße. Aber es hatte plötzlich die wunderbare Kraft, den Panzer zu sprengen und mit neuem Blut die schon fast abgestorbenen Teile des schlecht durchbluteten Körpers zu beleben. Die Erneuerung kam von

der mystischen Frömmigkeit, die mit der Zeit in alle Schichten des Kirchenvolks eindrang. Die großen Mystiker hatten die Dürre der Wissenschaft schmerzvoll erfahren. Ihnen ging es nicht um Erkenntnisse und Definitionen, ihnen ging es um Leben. Sie wollten Gott nicht definieren, sondern erfahren, erleben. Sie wollten ihm nahe sein, ja sich mit ihm, dem gegenwärtigen und liebenden Gott vereinigen. Dazu mußten sie sich von der vergänglichen Welt loslösen auf einem schmerzvollen Weg der „Reinigung". Sie trennten sich von Besitz und irdischem Glück, sie fasteten und kasteiten sich, um mit Christus zu leiden und an seinem Sterben teilzuhaben. Sie wollten ihm durch die Teilnahme an seinem Leben nahekommen. Ihr Lohn waren Erlebnisse seligen Schauens in Visionen und Ekstasen. Doch machen diese nicht das Wesen des mystischen Erlebens aus, im Gegenteil, der Kirchenlehrer der Mystik, Johannes vom Kreuz, sah in diesen Erlebnissen nur Versuchungen und Gefahren. Sie entspringen den Sinnen und lenken ab von der wahren Vereinigung mit Gott. Diese ist keine Angelegenheit der natürlichen Sinne, sie geht einher mit Dürre des Geistes und Trockenheit des Gefühls. Allein das Maß der Vereinigung unseres Willens im göttlichen Gehorsam entscheidet über die Nähe zu Gott.
Dieser „mystische Frühling" schenkte der Kirche viele große Heilige. Er erneuerte den religiösen Geist der Klöster, er drang aber auch in das einfache, christliche Volk hinein. Die heilige Begeisterung der mystischen Priester führte Christen aus allen Schichten zu einem vertieften, ehrlich frommen Leben. Ja ein Laie, Rulman Merswin aus Straßburg, wurde geradezu zum Mittelpunkt eines Mystikerkreises und übte durch seine Schriften, die er unter dem Namen eines „Gottesfreundes aus dem Oberland" herausgab, einen großen Einfluß im Elsaß und in der Schweiz aus.
Nach diesen kümmerlichen Andeutungen der religiösen Situation im 15. Jahrhundert sind wir bei Bruder Klaus; denn mit ziemlicher Sicherheit kannte er die Bewegung der Gottesfreunde im Elsaß und in ihr haben wir wohl einen Schlüssel für seine religiösen Anschauungen.
Nikolaus wurde im Jahre 1417 in Flüeli, Pfarrei Sachseln im Kanton Obwalden, geboren. Nach dem Felsen, an dem das Geburtshaus lag, hieß die Familie von Flüe. Das Haus steht ebenso wie das spätere Heim, das sich Nikolaus vor seiner Heirat erbaute, noch heute ziemlich unverändert. Wenige Minuten entfernt hat sich der Bergbach, die Melchaa, in einer tiefen Schlucht ihren Weg durch das Gebirge gebahnt. Diese Schlucht heißt die Ranft und ist heute gut zugänglich, früher, zu Lebzeiten des Bruders Klaus, muß sie eine „erschreckende Wildnis" gewesen sein, die nur von Jägern und Holzfällern dann und wann im Jahr betreten wurde. Nikolaus wuchs auf in der großen Familiengemeinschaft eines stattlichen Bauernhofes. Dazu gehörten nicht nur die Eltern und Geschwister; mit den Großeltern und den Dienstboten saßen gut zwanzig und mehr Personen um den Tisch. Sie alle waren an der Erziehung der Kinder beteiligt, nicht so sehr mit Worten als durch ihr Beispiel. Die Kinder wuchsen ganz von selbst in

das Leben der Gemeinschaft hinein, sie übernahmen ihr Denken, ihre Gewohnheiten, ihre Pflichten und Aufgaben. Mit den wachsenden Kräften durfte der junge Hoferbe Nikolaus die Arbeiten der Erwachsenen zunächst mittun und dann auch selbständig verrichten. Er war zum Bauern geboren, anderes kam ihm auch gar nicht in den Sinn. An Lesen und Schreiben dachte niemand. Es war nicht üblich und auch nicht notwendig. Lesen und Schreiben war eine Kunst der Mönche, selbst Fürsten und Könige waren damals meist des Schreibens unkundig. Auf das gesunde Urteil, auf Klarheit der Gedanken und auf Weisheit kommt es beim Hausvater eines großen Hofes an, und diese haben mit Lesen und Schreiben wenig zu tun. „Fest gegründet im bäuerlichen Boden" schien für Nikolaus der Lebensweg vorgezeichnet, so wie ihn die Eltern und viele Generationen vor ihnen auf dem alten Hof gegangen waren. Freilich, auch damals war ein solcher Hof keine einsame Insel. Das Getöse der Welt, die Händel der Mächtigen, der Jammer der Kirche kam mit den Nachrichten ins Haus, die die Jungbauern mitbrachten, wenn sie Butter und Käse bis ins Tessin und ins Elsaß vertrieben. Die religiöse Erziehung lag in den Händen der Mutter. Diese stammte aus Wolfenschießen, wo der Einsiedler Matthias Hattinger lebte. Auch hatte sie Verwandte im Kloster Engelberg, einem Zentrum mystischen Lebens. So kam das Gedankengut der „Gottesfreunde" in das Haus am Flüe und in das aufnahmebereite Herz des Knaben Klaus. Zunächst freilich war er ein Junge und Jungmann wie alle anderen auch, froh, fleißig und auch fromm. Dies berichten zwei gleichaltrige Freunde später unter Eid: „Wir sind von Jugend auf, da wir kleine Knaben waren, viel beieinander gewesen, sind miteinander auf den Acker gegangen und haben gewerkt. Es gab keinen flinkeren und fleißigeren Knaben als Klaus. Wenn wir vom Acker oder von einer anderen Arbeit heimkamen, schlich Klaus sich immer hinter einen Gaden oder sonst in die Einsamkeit. Da betete er und ließ die anderen Knaben laufen, wohin sie wollten." Klaus hatte also von früher Jugend an einen Hang zur Einsamkeit und zur Absonderung. Dieses „einsiedlerische Wesen", wie sein Sohn es später nennt, verstärkte sich mit den Jahren immer mehr. Als er verheiratet war, stand er nachts heimlich auf und verbrachte am Ofen in der Wohnstube halbe Nächte mit Gebet und Betrachtungen. „Seine Frömmigkeit besaß eine dunkle Färbung und verstärkte seine depressive Anlage" (W. Nigg). Teufelskämpfe, höllische Versuchungen und Ängste um das ewige Heil raubten ihm den Schlaf und quälten ihn viele Jahre lang. „Die schweren Depressionen abgerungene Heiligkeit ist das Große an Nikolaus, und ihr kommt vorbildlicher Wert zu" (W. Nigg).

Zunächst freilich merkte die Umwelt nichts von den düsteren Schatten, die die Nächte des beliebten und angesehenen jungen Bauern erfüllten. Er wuchs hinein, nicht nur in die Stellung des Hoferben, er übernahm auch in der Gemeinde und im Kanton öffentliche Pflichten und Aufgaben nach dem Ansehen seiner Familie und nach der hohen Wertschätzung, die er selbst genoß. Er wurde Soldat und zog mindestens viermal ins Feld. Er trug die Fahne und wurde schließlich zum Hauptmann befördert. Man rühmte seine Tapferkeit, ebenso aber die Schonung des unterlegenen Feindes und die Fürsorge für Frauen und Kinder. Durch sein Eintreten wurde das Kloster Katharinental vor der Zerstörung bewahrt. Aber man wird nicht Hauptmann, wenn man nicht mit der Waffe Mann gegen Mann tapfer gekämpft hat. Daran kommt keine nachträgliche „Entschärfung" seines Soldatendienstes vorbei. Der Heiligsprechungsprozeß hat hieran jedenfalls keinen Anstoß genommen. Gegen den Kriegsdienst in fremdem Sold, der damals zur äußeren und inneren Verderbnis der Schweiz üblich war, hat Nikolaus zeitlebens gekämpft. Als sein eigener Sohn zu den Söldnern ziehen wollte, verbot es der Vater mit den Worten: „Daß mir keiner in fremde Dienste geht um schnödes Geld. Denkt daran, daß euer Vater dies gesagt hat!"

Ebenso natürlich und selbstverständlich wie er auf dem Hof, in der Gemeinde, im Heer den Platz des „Bauern" einnahm, gründete er, als es Zeit war, eine Familie mit seiner Braut Dorothea Wyß, der Tochter des angesehenen Ratsherrn Ruedi Wyß aus Oberwilen. Die Nachbarn rühmen das harmonische Ehe- und Familienleben im Haus Flüeli. Die Ehe wurde gesegnet mit fünf Söhnen und fünf Töchtern. Es war eine gute und gesunde Ehe, in der die geschlechtliche Liebe ihren natürlichen Raum hatte, erhöht und vertieft durch die gemeinsame Sorge in Haus und Hof und durch die Einheit im Glauben und im Gebet.

Das Vertrauen der Mitbürger berief Nikolaus mehrfach in öffentliche Ämter und Würden. So war er Ratsherr und Richter und er wäre – wie später sein Sohn – zum Landamtmann, dem höchsten Amt im Kanton, gewählt worden, wenn er sich dieser Ehre nicht entzogen hätte. Noch als Einsiedler erzählt Nikolaus 1469 dem Predigermönch: „Als ich ein Jüngling war, nahm ich eine Frau und war mächtig im Gericht und Rat und in den Regierungsgeschäften des Vaterlandes. Dennoch erinnere ich mich nicht, daß ich jemals von dem Pfad der Gerechtigkeit abgewichen wäre." Damit meinte Nikolaus einen Fall von Bestechlichkeit seiner Mitrichter. Er selbst ließ sich nicht in diese unehrenhaften Händel hineinziehen. Er legte sein Richteramt nieder und zog sich von da an aus dem öffentlichen Leben zurück.

Neben diesem unauffälligen Leben des angesehenen Bauern wuchs mit den Jahren immer mehr sein zweites verborgenes Leben, das Leben des Einsiedlers, zunächst mitten in der Gemeinschaft der Seinen. Dieses bestand in Fasten – zuerst nahm er einmal, dann viermal in der Woche nur ein Stücklein Brot und einige getrocknete Birnen zu sich – in nächtelangen Gebeten und Betrachtungen, in furchtbaren Kämpfen mit dämonischen Mächten und im Ringen um den rechten Weg der Nachfolge Christi. Zunächst war es wohl mehr eine Versuchung, alles zu verlassen wie die Apostel und sich ganz dem Herrn anzuschließen. Der Gedanke war zu ungeheuerlich für einen Bauern und Hausvater, einen Ehemann und Bürger. Seine Lebensumstände waren geordnet und glücklich und gaben ihm nicht den geringsten Anlaß zu einer Veränderung, die man nur als Flucht würde deuten können. Aber die Verbindung seines „einsiedlerischen Wesens“ mit dem Frömmigkeitsideal der „Gottesfreunde“, das in einer radikalen, buchstabengetreuen Christusnachfolge bestand, führte ihn in eine schwere seelische Krise. Er selbst bekennt: „Ich war so tief niedergedrückt, daß mir selbst die liebe Frau und die Gemeinschaft der Kinder lästig ward.“ Er fing an, seine häuslichen Pflichten zu vernachlässigen und trieb auf ein Gemütsleiden zu.

Endlich offenbarte er sich seiner Gattin und bat sie, ihn freizugeben für ein neues Leben als Einsiedler, der von Ort zu Ort ziehend die Einsamkeit mit sich trägt, auf den Straßen ebenso wie in den Einöden. Frau Dorothea hatte ihrem Mann große Freiheit gelassen für sein absonderliches religiöses Leben im Haus, nunmehr aber sträubte sich alles in ihr, das Herz der Mutter und der Gattin. Das zehnte und jüngste Kind trug sie unter ihrem Herzen. Sie kämpfte um den Fortbestand ihrer Ehe, ja der ganzen Familie. Auch die Söhne griffen auf seiten der Mutter in die Auseinandersetzungen ein. Sie fürchteten den Spott der Nachbarn und der Gemeinde, wo sie im Begriff waren, eine ähnlich angesehene Stellung zu erringen, wie sie der Vater besessen hatte. Wieviel Schmerz und Leid tat Nikolaus seiner Gattin und seinen Kindern an! Mit wieviel Tränen wurde schließlich die widerwillig erteilte Zustimmung erkauft! Mit Recht empören sich noch heute christliche Frauen und Mütter, wenn sie sich in die Lage der Frau Dorothea hineindenken. Schließlich ist die Ehe ein Sakrament, vor Gott geschlossen. Er ist Bürge für die unaufhebbar lebenslange Gemeinschaft, nicht nur zum Zweck der Erzeugung von Kindern, sondern auch der Lebensgemeinschaft in Liebe und gegenseitiger Hilfe. Die Frau hat ein göttliches Recht auf die Nähe ihres Mannes, und die Kinder haben ein gleiches Recht auf den Vater und seine Hilfe bei ihrer leiblichen und seelischen Entwicklung. Daß dies schon immer galt und noch heute gilt nach den Worten des Herrn und nach den Geboten der Kirche, wird kein Theologe bestreiten. Galt es auch für Nikolaus? Er war in eine Entscheidungssituation hineingeraten, in der es für ihn keine Alternative mehr gab. Er sah in dem Zwang, Einsiedler zu werden, den Ruf Gottes. Darum glaubte er, seiner Frau das Opfer der Trennung zumuten zu können, ja zu müssen. Dorothea erkannte schließlich wohl seine existentielle Not und gab ihre Zustimmung aus Liebe, weil sie ihn leiden sah und weil sie spürte, daß er nicht aus Abneigung gegen sie so handelte, sondern um den Ruf eines Größeren zu folgen, und daß er nicht ein leichteres Leben anstrebte, sondern ein Dasein, das zehnmal härter war als das aufgegebene. Auch wir müssen – wenn auch nicht ohne Widerstreben – um Verständnis ringen für die unausweichliche Berufung des Heiligen, die stärker war als die Bande des Blutes, ja des Sakraments. Der formale Fortbestand der Ehe bei Trennung des gemeinsamen Lebens kann uns dabei wenig hilfreich sein. Ob diese Trennung

Gottes Wille und Werk war oder das Ergebnis der psychischen Ausweglosigkeit eines Menschen, das entzieht sich unserem Urteil.
Am 16. Oktober 1467 verließ Nikolaus Haus und Hof, Frau und Kinder, um zeit seines Lebens nie mehr unter das Dach, wo er zwanzig glückliche Jahre des Ehe- und Familienlebens verbracht hatte, zurückzukehren. Zuerst wollte er ein wandernder Pilger werden ohne feste Bleibe. Er wandte sich gegen das Elsaß zu, vermutlich um dort Anschluß an die Bewegung der Gottesfreunde zu finden. In Liestal bei Basel hatte er eine Erscheinung. Er sah das Städtchen in Flammen. Als ein Einheimischer ihn vor dem Weg in das Elsaß warnte, kehrte er um in Richtung Heimat. In der Nacht zuvor hatte er eine neue Vision. Ein Strahl vom Himmel umleuchtete ihn. Er empfand einen Schmerz, als ob ihm mit dem Messer der Leib aufgeschlitzt wurde. Dies war der Beginn seiner Nahrungslosigkeit, die zwanzig Jahre lang bis zu seinem Tod dauerte. Später ließen die Bürger des Kantons Obwalden seine Klause mehr als einen Monat lang überwachen, um zu prüfen, ob ihm jemand Nahrung brächte. Aber alle Prüfungen und Überwachungen gaben keinen Hinweis auf eine Nahrungsaufnahme. Weder die Zeitgenossen noch die Nachwelt haben daran gezweifelt. Gerade diese Nahrungslosigkeit hat den Ruf des Einsiedlers in die ganze damalige Welt getragen. Wir müssen sie als überliefertes Wunder hinnehmen, weil jede natürliche Erklärung fehlt. In der Heimat hatte Nikolaus nur Unverständnis und Spott zu erwarten. Er verkroch sich zunächst auf einer Alm. Dort wurde er nach acht Tagen von Jägern entdeckt. Sein Bruder suchte ihn auf und versuchte, ihn zur Heimkehr zu bewegen. Vergebens. Schließlich baute er sich aus Zweigen und Ästen einen Unterschlupf in jenem Teil der Melchaa-Schlucht, die man Ranft nennt. Sie lag nur wenige Minuten von seinem Bauernhof entfernt. Später bauten die Talbewohner dort eine Klause, man sagt gegen den Widerspruch der verbitterten Verwandtschaft. Diese Klause bewohnte Bruder Klaus, wie man Nikolaus nunmehr nannte, bis an sein Lebensende.
Die Klause war kein wohnlicher Ort. Sie bestand aus zwei Räumen, einem unteren und einem oberen. Der obere, den Bruder Klaus bewohnte, war so niedrig, daß der große Mann nicht aufrecht darin stehen konnte. Eine Einrichtung gab es nicht, keinen Tisch, keinen Stuhl, kein Bett. Stattdessen ein Brett zum Schlafen und einen Holzklotz als Kopfkissen. Im unteren Raum stand ein kleiner Ofen, der im strengsten Winter den oberen mitheizte. Am Leib trug Bruder Klaus nichts als seine braune Kutte. In Eis und Schnee ging er barfuß. Das größte Opfer, härter als das Ertragen der Witterungsunbilden, war das Ertragen der Nähe seiner Lieben, der Verzicht auf ihre Gemeinschaft; denn Nikolaus war ein natürlicher Mensch „voll Gemüt und Herzenswärme“.
Allmählich verstummte der Spott der Nachbarn und wich einem Gefühl der Achtung, ja der Bewunderung. Die Beständigkeit des großen Entschlusses war erwiesen, die Nahrungslosigkeit war geprüft und allgemein anerkannt. Zum Zeichen der Verehrung erbauten die Obwaldner an seiner Klause eine Kapelle

mit drei Altären und einem Fenster von der Klause zur Kapelle. So konnte Bruder Klaus von seiner Zelle aus dem Gottesdienst beiwohnen. Sonst ging er am Sonntag nach Sachseln zum Gottesdienst und zum Empfang der Eucharistie. In späteren Jahren, als sein Ruf sich in ganz Europa verbreitete, war die Klause kein einsamer Ort mehr. Bedrängte suchten den Klausner auf und erbaten Rat und Hilfe, die ihnen gern gewährt wurde. Neugierige reisten an, um den „Mensch ohne Nahrung" zu sehen, so wie man ein Kalb mit zwei Köpfen besichtigt. Auch mißtrauische Theologen, verstandesstolze Professoren und Abgesandte der Inquisition fanden sich ein, um die Rechtgläubigkeit des Bruders zu prüfen. Dieser wird in seiner einfachen Redlichkeit und lebenserfahrenen Klugheit mit allen fertig. Schließlich aber kommen auch politisch Verantwortliche aus den Kantonen der Schweiz, aus Deutschland, Österreich und aus Mailand. Sie begehren und erhalten politischen Rat. Dieser dreht sich immer um den Frieden, den Gewinn und die Erhaltung des Friedens. Klaus kennt den Krieg aus eigener Erfahrung und hält ihn für ein gott- und menschenfeindliches Beginnen. Seine Rolle als politischer Ratgeber und Friedensstifter erfuhr ihren Höhepunkt im Friedensschluß in der Tagsatzung von Stans. Stadt- und Landkantone kämpften um die Vorherrschaft, Streit gab es um die Verteilung der reichen Beute aus den Burgunderkriegen, eine allgemeine Verwilderung der Sitten infolge des hochbezahlten auswärtigen Söldnerdienstes bedrohte den inneren Frieden. Zwei Tage stritten die Parteien zu Stans am 21. und 22. Dezember 1481. Schließlich wurden die Verhandlungen ohne Ergebnis abgebrochen, der Bürgerkrieg schien unvermeidbar. Die Verhandlungsdelegation war schon im Aufbruch, die Rosse waren gesattelt, die Wagen vorgefahren. Da erschien der Pfarrer von Stans. Er war in der Nacht zu Bruder Klaus gelaufen und hatte ihn unterrichtet. Nun kehrte er in letzter Minute mit einer Botschaft des Klausners zurück. Er rief die Abgesandten nochmals zusammen und richtete ihnen die Botschaft des Heiligen aus. Da geschah ein Wunder. Was tagelange Verhandlungen nicht erreicht hatten, das gelang in einer Stunde. Man einigte sich und schloß das „Stanser-Vorkommnis", die erste Verfassungsurkunde der Schweiz. Im Schlußprotokoll dazu heißt es wörtlich: „Die Treue, Mühe und Arbeit, so der fromme Mann, Bruder Klaus, in diesen Dingen getan hat, ihm treulich zu danken, wie jener Ratsbote des Näheren zu sagen weiß." Der Friede war gerettet, die Entwicklung der Eidgenossenschaft zu einem freiheitlichen und friedlichen Gemeinwesen eingeleitet. Mit Recht wird Bruder Klaus als Baumeister dieses einmaligen staatlichen Gebildes in der Mitte Europas verehrt. Sein Patronat über die Schweiz hat nicht nur einen theologischen, sondern auch einen historischen Grund.

Dies alles sagt bei aller Bedeutung für die Mit- und Nachwelt wenig aus über das eigentliche Leben, über das Beten und Büßen des Einsiedlers im Ranft. Er hatte seinen eigenen Weg erkämpft, getreu seinem Wort: „Wenn du Gott dienen willst, mußt du dich um niemand kümmern." War er nun ein eigensinni-

ger alemannischer Dickschädel oder das Gegenteil davon, ein psychopathischer Neurastheniker? Er war weder das eine noch das andere. Er war ein sensibler, kluger „gestandener“ Mann, der seine Umwelt ernst nahm, der aber die Botschaft Gottes noch ernster nahm in seiner schlichten Wahrhaftikeit und Treue.
Er hörte die Bibelworte: „Wenn jemand zu mir kommt und nicht Vater und Mutter, Frau und Kinder, Brüder und Schwestern, ja sogar sein Leben gering achtet (wörtlich: haßt), dann kann er nicht mein Jünger sein. Wer nicht sein Kreuz trägt und mir nachfolgt, kann nicht mein Jünger sein“ (Lk 14,26). Diese Worte hatten ihn von zu Hause fortgetrieben. Im Mittelpunkt seines Lebens steht nunmehr dieses Kreuz. Ihm, dem Leiden Christi, galten seine tage- und nächtelangen Gebete und Betrachtungen. Seine mündlichen Gebete waren schlicht und einfach, nicht gelehrt und nicht poetisch. Schließlich stieg er zu immer größerer Freiheit der Gedanken, zu immer innigerer Liebe und zu immer größerer Reife der Anbetung auf. Die quälenden Versuchungen und Teufelsvisionen ließen nach. Er hatte die schmerzliche „Reinigung“ hinter sich gebracht und den „Aufstieg“ zur mystischen „Vereinigung“ mit Gott, dem Gegenstand und Ziel seines Sehnens erklommen. Diese ständige Vereinigung mit Gott schenkte ihm eine große Liebe zu den Menschen. Er begegnete jedem Besucher mit Freundlichkeit und fröhlicher Milde. So gelang es ihm, die Trauernden und die Schwermütigen zu trösten. Auch seiner Gattin und seinen Kindern, die ihn öfter besuchten, war er ein Ratgeber und Seelenführer. Sein Einsiedlerdasein ist nur aus seiner überseligen Gottesfreundschaft als erträglich vorstellbar.
Nikolaus war siebzig Jahre alt geworden. Ein Besucher (Petrus Schott) schildert sein Aussehen so: „Er war ein Mensch mit ungepflegtem Haarwuchs, jedoch einem edlen, von Magerkeit verrunzelten, erdfahlen wie von Staub bestäubten Gesicht, der seine langen hageren Glieder mit einem einzigen Gewand bedeckt hatte.“ In den Wochen vor seinem Tod befiel ihn ein überaus schmerzliches Leiden, während er sein ganzes bisheriges Leben mit Krankheiten nichts zu tun gehabt hatte. Nach dem Empfang des heiligen Sakraments gab er unter größten Schmerzen am 21. März 1487 im einundsiebzigsten Lebensjahr seinen Geist auf. Bruder Klaus wurde auf dem Friedhof von Sachseln unter ungeheurem Zustrom des Volkes begraben. Sein Tod versetzte die Eidgenossen in eine solche Trauer „als wäre Jedermann sein Vater gestorben“.
Über der Heiligsprechung des all die Jahrhunderte hindurch hochverehrten und durch viele Wunder beglaubigten Bruder Klaus waltete ein Unstern. Viele Anläufe wurden gemacht und versandeten wieder, bis Papst Pius XII. nach dem Zweiten Weltkrieg den Friedensstifter der neutralen Schweiz dem zerrissenen und verwüsteten Europa durch die Heiligsprechung am 15. Mai 1947 vor Augen stellte. Was der Papst bei der Heiligsprechung über Nikolaus von Flüe aussprach, mögen die Christen bedenken, die sich mit seiner Entscheidung für ein Leben der völligen Einsamkeit nur schwer abfinden können:
„In zwanzigjähriger Ehe mit Dorothea Wyß ersteht ihm eine blühende Familie

von zehn Kindern. Heute, in dieser feierlichen Stunde, verdient auch der Name der Gattin in Ehren genannt zu werden. Sie hat durch den freiwilligen Verzicht auf den Gemahl, einen Verzicht, der ihr nicht leicht wurde, und durch ihre feinfühlige, echt christliche Haltung in den Jahren der Trennung mitgewirkt, um euch (den Eidgenossen) den Retter des Vaterlandes und den Heiligen zu schenken . . . Er ist ein Heiliger. Das Vorbild christlicher Tugend und Vollkommenheit, das im heiligen Nikolaus aufleuchtet, ist so einfach, natürlich, so entzückend schön und vielgestaltig wie der Farbenreichtum einer in ihrer Blumenpracht daliegenden Alpenwiese . . . “

Otto

geboren: um 1060
gestorben: 30. Juni 1139
Fest: 30. Juni

Ein Christ von heute, der das Leben eines heiligen Bischofs aus dem Mittelalter betrachtet, hat oft seine Schwierigkeiten. Im Vordergrund der Berichte über dessen Leben stehen nach Art der Zeit vor allem Leistungen, die wir weder mit einem Bischof noch gar mit einem Heiligen verbunden sehen möchten.

Das Heilige Römische Reich verstand sich als die politische Zusammenfassung der Christen auf Erden. Das Kaisertum war ein Amt innerhalb der religiösen Ordnung; daher wurde der Kaiser auch geweiht und gesalbt für sein Amt. Ihm war nicht nur die Sorge für das leibliche Wohl, für die Sicherheit nach innen und außen anvertraut, sondern auch die Sorge für den Schutz und die Ausbreitung des Glaubens. Auch die Bischöfe hatten eine Doppelstellung: sie waren Fürsten des Reiches und gleichzeitig Hirten ihrer Diözese. Als Reichsfürsten nahmen sie teil am politischen Leben, als Kirchenfürsten leiteten und ordneten sie die Seelsorge. Es ist ganz natürlich, daß beim einen mehr, bei manchem sogar ganz die irdisch-weltliche Seite dieses Doppelamts im Vordergrund stand, bei anderen dagegen die kirchlich-seelsorgliche. Nur wenigen gelang eine vollkommene Synthese; dies vor allem dann, wenn hinter beiden Ämtern Menschen standen, die persönlich fromm und gläubig waren. Diese waren dann – die wenigen – heiligen Bischöfe des Mittelalters. Zu ihnen gehört Otto I. von Bamberg.

Obwohl sich drei Biographen bald nach seinem Tod seiner Lebensgeschichte annahmen, wissen wir über Herkunft, Kindheit und Jugend sehr wenig. Otto entstammte vermutlich einem schwäbischen Rittergeschlecht. Die Eltern starben früh, der ältere Bruder Friedrich hatte als Erbe für Unterhalt und Ausbildung seiner drei jüngeren Brüder zu sorgen. Wo Otto studiert hat und zum Priester geweiht wurde, wissen wir nicht. Als junger Priester trat er in den Dienst des Polenherzogs Wratislaw, der die Schwester Kaiser Heinrichs IV., die verwitwete Ungarnkönigin Judith, geheiratet hatte. Der Herzog sandte den klugen und gewandten Hauskaplan wiederholt in wichtiger Mission zu seinem Schwager Heinrich IV. Dadurch lernte dieser Otto kennen und schätzen. Er nahm ihn in seinen eigenen Dienst und übertrug ihm zunächst die Leitung der Wiederaufbauarbeiten am Speyrer Dom (um 1090), der 1030 abgebrannt war. Nachdem der Dom vollendet war, trat Otto in die kaiserliche Hofkanzlei ein. Diese war das Regierungszentrum des Reiches. Da in aller Regel nur Priester und Mönche die Kunst des Lesens und Schreibens beherrschten, waren sie als „Hofkapläne“ die leitenden Beamten des Kaisers. Otto zeichnete sich in dieser Stellung so aus, daß ihn der Kaiser im Jahre 1102 als „Kanzler des Reiches“ an die Spitze der Verwaltung stellte. Nie war die Stellung eines Priesters als Kanzler eines Kaisers schwieriger. Zwischen Kaiser und Papst tobte der Investiturstreit. Der Papst hatte den Kaiser mit dem Kirchenbann belegt.

Angesichts des Doppelgesichts des kaiserlichen Amts, des geistlichen und des weltlichen, und angesichts der Schwäche des Papsttums hatte sich die Gewohnheit herausgebildet, daß der Kaiser auch kirchliche Ämter, Bischofsstühle und Abtsitze verlieh und durch die Übergabe von Stab und Ring sowohl in die weltlichen wie in die geistlichen Rechte des Amtes einsetzte. Das durch die Kirchenreform mit neuem Selbstbewußtsein erfüllte Papsttum wollte die beiden Bereiche trennen. Der König sollte nur in die weltlichen Güter und Rechte einführen, der Metropolit oder der Papst sollten die geistliche Amtsgewalt verleihen. Darüber kam es zum Streit, der Kirche und Reich in gleicher Weise schweren Schaden zugefügt hat. Die Bischöfe standen in ihrer Doppelfunktion zwischen Kaiser und Papst.

Der Papst betrieb die Aufstellung eines deutschen Gegenkönigs (Rudolf von Schwaben), der König ließ Bischof Wibert von Ravenna zum Gegenpapst wählen und sich selbst von diesem krönen. Papst Gregor VII. starb 1085, besiegt und verbannt in Salerno. Der Streit war aber damit nicht zu Ende. In demselben Jahr, als Otto das Amt des Kanzlers übernahm, bestätigte der neue Papst Paschalis II. das absolute Verbot der Vergabe kirchlicher Ämter durch Laien. Mehrfach wurde der Kaiser exkommuniziert und mit ihm alle, die in seinen Diensten standen. Der Kaiser rächte sich durch die Gefangennahme und Absetzung des Papstes und durch die erneute Aufstellung eines Gegenpapstes.

Im Mittelpunkt der ganzen politischen Tätigkeit Ottos stand das Bemühen um den Frieden, den Frieden zwischen Kaiser und Papst, den Frieden unter den Fürsten des Reiches, unter den Bischöfen und unter dem Volk, das in seinem Glauben und in seinem Vertrauen schwer unter dem Streit der beiden obersten Gewalten des einen Gottesreiches litt. Wie es Friedensstifter zu allen Zeiten ergeht, so geriet auch Otto zeitweilig zwischen die Fronten und wurde einmal von der einen, dann von der anderen Seite als Verräter angesehen, weil er Recht und Unrecht auf beide Seiten verteilt sah und sich keiner mit Haut und Haaren verschreiben wollte. 1103 hatte ihm Kaiser Heinrich IV. die Würde eines Bischofs von Bamberg übertragen. Otto sah darin nur die eine Hälfte des Amtes, die andere, die geistliche, erbat er sich vom Mainzer Erzbischof und von Papst Paschalis II. (1099–1118). In der Bischofsweihe war für ihn die Einsetzung zum Hirten der Diözese gelegen. Erst nach drei Jahren gelang es ihm, selbst nach Rom zu kommen und sich 1106 vom Papst zum Bischof weihen zu lassen. Durch diese Ernennung des Königs und die Weihe des Papstes gab Otto ein Beispiel für den Kompromiß, mit dem sich der unheilvolle Streit hätte aus der

Welt schaffen lassen. Von beiden Seiten aber wurde ihm Feigheit vorgeworfen, aber die scheinbare Feigheit des Friedensstifters ist in Wirklichkeit die Tapferheit des Heiligen!
Der neue König Heinrich V. schien zunächst um der Einheit des Reiches willen Frieden zu suchen. Daher unterstützte ihn Otto zu Beginn seiner Regierung. Dafür wurde er von seinem eigenen Metropoliten in Mainz als Bischof abgesetzt, seine Diözese wurde mit dem Interdikt, der höchsten aller Kirchenstrafen, belegt. Dieses bedeutete unter anderem, daß kein Gottesdienst, keine Taufen, keine Beerdigungen, keine Trauungen stattfinden durften. Trotzdem hielt Otto zum König, solange er diesen im Recht glaubte. Er war sogar dabei, als Heinrich V. den Papst nach wüsten Szenen im Dom von Sankt Peter in Rom gefangennehmen ließ. Aber auch hier wirkte er nicht als blinder Parteigänger des Kaisers, sondern als Vermittler zwischen Kaiser und Papst. Ein Zeichen der Dankbarkeit für diese Vermittlung war wohl die Verleihung des Palliums durch Paschalis II. Diese Verleihung ist bis zum heutigen Tag eine Auszeichnung für besonders angesehene und verdiente Bischöfe. Überall, wo in den folgenden Jahren Gespräche und Verhandlungen über eine Beendigung des unseligen Streits geführt wurden, war Otto beteiligt, so auf dem Fürstentag zu Würzburg, wo eine Einigung in greifbare Nähe gerückt zu sein schien. Und schließlich 1122 in Worms, wo endlich mit dem „Wormser Konkordat" der Friede erreicht wurde. Dieser Friede fußte auf der Trennung der weltlichen und der geistlichen Seite des kirchlichen Amts, wie es Otto bei sich selbst schon praktiziert hatte. Nicht zufällig fand der Hoftag, auf dem der Einigungsvertrag beschlossen und genehmigt wurde, in der Bischofsstadt Ottos, in Bamberg, statt. Otto fügte seiner Unterschrift unter den Vertrag das Wort der Heiligen Schrift bei: „Otto, Bischof von Bamberg, der Gott gab, was Gottes ist, und dem Kaiser, was des Kaisers ist."
Es wird Zeit, neben dem Reichsfürsten Otto den Bischof von Bamberg in seinem Wirken in der und für die Diözese in den Blick zu nehmen. Es ist kaum zu glauben, wie ein Mann, dem alle technischen Hilfsmittel der Neuzeit fehlten, der in der Politik für den und mit dem Kaiser die Sorge für ein großes Reich mitzutragen hatte, in wenigen Jahren das religiöse Leben seiner Diözese auf allen Gebieten mit neuem Leben erfüllen konnte. Otto hat nicht weniger als siebenundzwanzig Klöster gegründet oder von Grund auf erneuert und zwar nicht allein in seiner Diözese, sondern in ganz Bayern in sechs weiteren Diözesen. Seine besondere Liebe und Fürsorge galt dem Benediktinerkloster Michelsberg in seiner Bischofsstadt. Er baute nicht nur die Gebäude wieder auf, er reformierte die verlotterte Klosterzucht, ernannte einen neuen Abt und holte Mönche aus dem Reformkloster Hirsau. Aber auch die Prämonstratenser und Zisterzienser erfuhren seine Förderung. So gehörte das Zisterzienserkloster Ebrach zu seinen Lieblingsstiftungen. Von dort aus besiedelte er dann Langheim und Heilsbronn (Diözese Eichstätt).

Der heilige Otto. ▷
Wandgemälde in St. Michael, Bamberg. Foto: Emil Bauer.

C
A

In allen Klöstern verlangte der Bischof die Einrichtung von Klosterschulen. In diesen sollten die Konvente ihren Nachwuchs heranziehen. Außerdem sollten sie der Verbreitung von Bildung und Wissen im Lande dienen. Noch heute zeugen die Handschriften vom Michelsberg für die Kunst und den Eifer der Schreibschule dieses Klosters.
In Diözesansynoden schuf er die Grundlagen für die Reform der Klöster und die Erneuerung des Volkes, das in den Wirren des Investiturstreits weithin in primitiven Aberglauben versunken war.
Seinem apostolischen Eifer genügte aber dies alles nicht. Seine Jugendverbindungen zu Polen waren nicht abgerissen. Daher wußte er, daß der Herzog von Polen das Nachbarland Pommern in mehreren Feldzügen unterworfen hatte. Eine wichtige Friedensbedingung war die Zustimmung zur Missionierung des heidnischen Landes. Polnische Missionare waren angesichts der langen kriegerischen Auseinandersetzungen für diese Aufgabe ungeeignet. Daher wandte sich der polnische Herzog Boleslav III. an Otto von Bamberg. Er erinnerte diesen an seine Tätigkeit in Polen und bat ihn, die Pommernmission zu übernehmen. „Deshalb bitten wir dich, liebender Vater, weil deine Heiligkeit zu jeder guten Tat bereit ist und unermüdlich gepriesen wird, es möge dich nicht verdrießen, unter Beihilfe unseres Dienstes zum Ruhme Gottes und zur Mehrung deiner Seligkeit dieses Werk zu unternehmen.“ Im Mai 1224 brach Otto mit Zustimmung des Papstes und des Kaisers nach Pommern auf. Die Bekehrung ganzer Völker war damals zuvorderst eine politische Entscheidung. Otto gewann den Herzog von Pommern. Damit war der Weg frei zum Volk. Dieses folgte ebenso wie in weltlichen, so in religiösen Entscheidungen dem Vorbild und Rat (Befehl) seines Fürsten. Viele Wochen lang zog Otto mit seinen Begleitern durchs Land und lehrte und taufte. Über zwanzigtausend Pommern wurden in einem halben Jahr in die Kirche aufgenommen. Natürlich saß dieses Christentum nicht tief. Die Mehrzahl der so getauften Menschen fiel ins Heidentum zurück. Daher unternahm Otto drei Jahre später eine zweite Missionsreise, auf der er die Seelsorgsorganisation aufbaute und für die Vertiefung des Glaubens sorgte.
Als ein neuer Krieg zwischen Polen und Pommern auszubrechen drohte, da bot sich Otto als Vermittler an. Es gelang ihm, den Frieden zu erhalten und Pommern vor einer neuen Zerstörung zu bewahren. Gerade diese Sorge um den Frieden öffnete ihm die Herzen des Volkes, so daß es sich nunmehr aus eigenem Antrieb, nicht nur wegen des Befehls ihres Herzogs, dem christlichen Glauben öffnete. Der Polenherzog mag die Missionierung der Pommern unter politischen Gesichtspunkten gesehen und betrieben haben, Bischof Otto aber aus religiösen, und allmählich glaubte ihm das Volk. Auf der Insel Usedom, wo die Mission besonders mühsam war, wurde im Jubiläumsjahr 1928 ein Erinnerungskreuz errichtet, in das ein Wort Ottos eingemeißelt ist, das gleichsam als Überschrift über seiner Pommernmission stehen könnte: „Gott will keinen

erzwungenen, sondern freiwilligen Dienst.“ Den Ehrentitel „Apostel der Pommern“ trägt Bischof Otto von Bamberg zu Recht.
Nachdem er siebenunddreißig Jahre lang Hirt der Diözese Bamberg gewesen war – die längste Regierungszeit unter allen Bamberger Bischöfen – starb er im Alter von fast achtzig Jahren am 30. Juni 1139. Im Sterben zeigte er den Geist, in dem er sein Leben als Fürst, als Bischof und Priester aufgefaßt und geführt hatte: im Habit eines Benediktinermönchs wollte er im Kloster Michelsberg bestattet werden. Sogleich nach seinem Tode setzte eine große Wallfahrtsbewegung zu seinem Grabe ein. Viele Wunder wurden berichtet, so daß sich seine Nachfolger bald um seine Heiligsprechung bemühten. Diese fand am 29. April 1189, genau fünfzig Jahre nach seinem Tode, statt.

Paulus

geboren: um 10 n. Chr.
gestorben: zwischen 64 und 67
Fest: 29. Juni

„Der Apostel Paulus ist für alle Zeiten eine der bedeutendsten Persönlichkeiten, die je gelebt haben“ (M. Grant).
Paulus ist die lateinische Form des jüdischen Namens Saulus. Schon in diesen beiden Namen wird das breite Feld der Herkunft, des Lebens und Wirkens dieses Mannes sichtbar. Er war der Sohn eines jüdischen Kaufmanns aus dem Stamme Benjamin, von dem ja auch der berühmteste Träger des Namens, König Saul, abstammt. Der Geburtsort des Apostels lag aber nicht im Heiligen Land, sondern in Tarsus, einer Stadt in Kilikien. Von seinen Eltern her besaß Paulus sowohl das städtische als auch das römische Bürgerrecht, was auf eine gehobene soziale Stellung der Familie schließen läßt. Dies bedeutet aber nicht eine Sympathie für römische Lebensart, im Gegenteil: als Diasporajude schloß sich Paulus der strengsten religiösen Richtung des Judentums, den Pharisäern, an. Er ließ sich in der Kenntnis des Gesetzes und der Überlieferungen ausbilden. Vielleicht studierte er bei dem damals berühmtesten Lehrer der Tempelakademie von Jerusalem, Gamaliel I. Seine Muttersprache war aramäisch; gleichwohl beherrschte er die griechische Sprache in Wort und Schrift. Diese verband die vielen Völker des Römischen Reiches zu einer gewissen kulturellen Einheit. Darum hat Paulus später seine Briefe an die Christengemeinden in Kleinasien, in Griechenland und in Rom in griechischer Sprache verfaßt. Trotz seiner akademischen Ausbildung als Rabbi erlernte er, wie das bei den Pharisäern üblich war, ein Handwerk. Er war Zeltmacher und verdiente sich auf seinen späteren Missionsreisen seinen Lebensunterhalt selbst. Mit einem gewissen Stolz hat er darauf verwiesen, daß er sich nicht von den Christengemeinden unterhalten ließ. Die Phariäser kommen in den Evangelien nicht gut weg. Sie erscheinen als scheinheilig, selbstgerecht und unduldsam. Jesus mußte sich vom ersten Tag seines Wirkens an gegen ihre Verleumdungen und Verfolgungen zur Wehr setzen. Neue Forschungen lassen diese strenge und ernsthafte religiöse Gemeinschaft in einem besseren Licht erscheinen. Sie lebten in geschlossenen Gemeinschaften. Ihre Zahl betrug zur Zeit Jesu nicht viel mehr als sechstausend. Trotzdem hatten sie auf die Theologie und die Politik ihres Landes einen bedeutend größeren Einfluß. Während die meisten von ihnen Handwerker und Bauern waren, beschäftigten sich andere hauptberuflich mit dem Studium des

Gesetzes. Diese waren dann die Schriftgelehrten oder Rabbinen. Paulus war also ein schriftgelehrter Pharisäer. Durch ihre Aufnahme als Gruppe in den Hohen Rat wurden die Pharisäer zu einer mächtigen politischen Partei. Ihr religiöses Anliegen war die genaue Befolgung des Gesetzes des Mose. Sie nahmen große Opfer auf sich und führten ein strenges Leben in der Beobachtung auch der kleinsten Gebote und Vorschriften, die mit der Zeit das Gesetz überwuchert hatten. Dafür betrachteten sie sich auch als die „Frommen" und „Heiligen", die auf das gewöhnliche Volk, das die Gebote gar nicht alle kennen konnte, herabsahen. Im Mittelpunkt ihrer Religion stand nicht so sehr Gott, sondern das Gesetz. Wer es befolgte, erwarb Verdienste, die auch Gott gegenüber einen Anspruch auf Lohn begründeten. Gegen diese Anspruchs- und Leistungsreligion hat Jesus sich gewandt und hat Paulus später sein Leben lang gekämpft. Die Befreiung von der Knechtschaft des Gesetzes durch die in Jesus erschienene Liebe Gottes ist geradezu das Hauptthema des Apostels, zu erklären auch aus seiner eigenen pharisäischen Vergangenheit.

Wann Paulus zum ersten Mal mit der jungen Christengemeinde in Jerusalem in Berührung kam, wissen wir nicht. In der Heiligen Schrift taucht er zum ersten Mal auf als eine Randfigur bei der Steinigung des Stephanus (Apg 7,45–8, 1a): „Die Zeugen legten ihre Kleider zu Füßen eines jungen Mannes nieder, der Saulus hieß . . . Saulus aber war mit dem Mord einverstanden." Soweit ging sein Fanatismus, daß er seine „Gesetzestreue" über das Leben eines Menschen stellte. Dabei scheint es nicht bei dem Fall Stephanus geblieben zu sein. Die Apostelgeschichte berichtet später: „Saulus wütete immer noch mit Drohung und Mord gegen die Jünger des Herrn. Er ging zum Hohenpriester und erbat sich von ihm Briefe an die Synagogen in Damaskus, um die Anhänger des neuen Weges, Männer und Frauen, die er dort finde, zu fesseln und nach Jerusalem zu bringen" (Apg 9,1–2).

Auf dem Weg nach Damaskus tritt durch unmittelbares göttliches Eingreifen die große Wende im Leben des Pharisäers Saulus ein. In einer Vision erscheint ihm Jesus und fragt ihn: „Saul, Saul, warum verfolgst du mich?" Er antwortet: „Wer bist du Herr?" „Ich bin Jesus, den du verfolgst" (Apg 9,3–5). Jesus gebot ihm, in Damaskus zu einem Jünger namens Hananias zu gehen, dem er in einer Vision geboten hatte, den Saulus zu taufen: „Dieser Mann ist mein auserwähltes Werkzeug: Er soll meinen Namen vor Völker und Könige und die Söhne Israels tragen. Ich werde ihm auch zeigen, wieviel er für meinen Namen leiden muß" (Apg 9,15–16).

Die Umkehr vom Verfolger zu einem Jünger war plötzlich und vollständig: „Sogleich verkündete er Jesus in den Synagogen und sagte: Er ist der Sohn Gottes. Alle, die es hörten, gerieten in Aufregung und sagten: Ist das nicht der Mann, der in Jerusalem alle vernichten wollte, die diesen Namen anrufen?" (Apg 9,20–21).

Aus dem Saulus war ein Paulus geworden, so pflegt man die plötzliche Bekehrung des Apostels auszudrücken, wenn dieser auch den Namen Paulus schon zeitlebens neben seinem jüdischen Namen Saulus geführt hatte. Für Paulus ging es nicht nur darum, einen Namen, den er bisher gehaßt und verfolgt hatte, nun zu verehren und zu verkünden. Er war ein jüdischer Theologe, ein pharisäischer Rabbi mit festen Überzeugungen. Sein Lebensinhalt war das Gesetz und seine buchstabengetreue Erfüllung gewesen. Plötzlich sollte dies alles nichts mehr gelten. Er selbst bezeichnet dieses Gesetz und diese Werkfrömmigkeit jetzt als „Schaden", ja als „Dreck", „weil die Erkenntnis Christi Jesu, meines Herrn, alles übertrifft . . . Nicht meine eigene Gerechtigkeit suche ich, die aus dem Gesetz hervorgeht, sondern jene, die durch den Glauben an Christus kommt, die Gerechtigkeit, die Gott auf Grund des Glaubens verschenkt." Christus, seine Person, seine Heilstatt, die Erlösung am Kreuz, das in ihm erschienene Heil Gottes sind von da an der Gegenstand und Inhalt seiner Religion und seines Lebens.

Dieses Heil ist zu allen Menschen gekommen; eine Beschränkung auf das Volk Israel wie bei dem Gesetz des Mose ist sinnlos geworden. Daher trat Paulus von dem Zeitpunkt seiner Bekehrung an für die Verkündung der Botschaft auch an die Heiden ein. Er sieht darin seine unmittelbar von Gott bestimmte Aufgabe. „Als Gott, der mich schon im Mutterleib auserwählt und durch seine Gnade berufen hat, mir in seiner Güte seinen Sohn offenbarte, damit ich ihn unter den Heiden verkündige, da zog ich keinen Menschen zu Rate; ich ging auch nicht sogleich nach Jerusalem hinauf, zu denen, die vor mir Apostel waren, sondern zog nach Arabien und kehrte dann wieder nach Damaskus zurück. Drei Jahre später ging ich nach Jerusalem hinauf, um Kephas (Petrus) kennenzulernen und blieb fünfzehn Tage bei ihm" (Gal 1,15–18).

Man kann sich die Wut der Juden, besonders der Pharisäer vorstellen, als sie sehen mußten, daß Paulus heute das „verbrannte, was er gestern angebetet hatte und anbetete, was er gestern verbrannt hatte". Noch schlimmer war in ihren Augen seine Behauptung, daß die Bevorzugung des auserwählten Volkes ein Ende habe, daß Gott die Heiden zum Heil gerufen habe, daß es nun nicht mehr um Herkunft, Stamm und Geburt gehe, sondern allein um den Glauben an Jesus Christus, der für alle Menschen das Heil gebracht habe. Was einst Saulus den Christen angetan hatte, das sollte nun ihm selbst widerfahren: „Die Juden in Damaskus beschlossen, ihn zu töten. Sie beobachteten sogar Tag und Nacht die Stadttore, um ihn zu beseitigen. Aber seine Jünger nahmen ihn und ließen ihn bei Nacht in einem Korb die Stadtmauer hinab" (Apg 9,23–25).

Nach dem kurzen Besuch in Jerusalem missionierte Paulus in seiner Heimat, in Kilikien und in Syrien. Den Gemeinden in Judäa blieb er persönlich unbekannt. „Sie hörten nur: Er, der uns einst verfolgte, verkündigt jetzt den Glauben, den er früher vernichten wollte" (Gal 1,22–23). Paulus verpflichtete die Heiden, die Christen geworden waren, nicht zur Einhaltung des jüdischen Gesetzes. Die Judenchristen vertraten demgegenüber die Auffassung, die Heiden müßten zuerst Juden werden und sich dem jüdischen Gesetz unterwerfen, bevor sie Christen werden könnten. Diesem Ansinnen ist Paulus scharf entgegengetreten. Sein Standpunkt wurde von den „Säulen, die Ansehen genießen“, das heißt von den Altaposteln Jakobus, Petrus und Johannes, gebilligt: „Sie gaben mir und Barnabas die Hand zum Zeichen der Gemeinschaft: wir sollten zu den Heiden gehen, sie zu den Beschnittenen (Juden)“. Damit war eine weittragende Entscheidung in der Geschichte der Kirche gefallen: Juden und Heiden waren gleichberechtigt. Die Zugehörigkeit zum Volke Israel bedeutete keinen Vorrang mehr im Neuen Bund; der Weg zu Christus führte nicht über das Gesetz des Alten Bundes.

Die Entscheidung der Altapostel war aber in der judenchristlichen Gemeinde nicht so leicht durchzusetzen. Diese bestand nach wie vor darauf, daß sich Heiden, die Christen werden wollten, erst beschneiden ließen und die Vorschriften des jüdischen Gesetzes befolgten, das heißt also, zuerst Juden und dann Christen wurden. Solche Judenchristen kamen von Jerusalem nach Antiochia, wo sich Paulus längere Zeit aufhielt und wo er blühende heidenchristliche Gemeinden gegründet hatte. Nach heftigen Auseinandersetzungen zwischen ihnen und Paulus beschloß man, daß Paulus und Barnabas und einige andere von ihnen wegen dieser Streitfrage zu den Aposteln und den Ältesten nach Jerusalem hinaufgehen sollten (Apg 15,1–5).

Dies war das erste Konzil, das sogenannte Apostelkonzil in Jerusalem um das Jahr 50. „Einige aus dem Kreis der Pharisäer, die gläubig geworden waren, sagten: Man muß sie beschneiden und von ihnen fordern, am Gesetz des Mose festzuhalten. Die Apostel und die Ältesten traten zusammen, um die Frage zu prüfen“ (Apg 15,5–6). Es wurde heftig gestritten auf diesem ersten Konzil. Petrus hielt schließlich eine Rede und brachte die Entscheidung: „Warum legt ihr ihnen ein Joch auf den Nacken, das weder unsere Väter noch wir tragen konnten? . . . Da schwieg die ganze Versammlung, und sie hörten Barnabas und Paulus zu, wie sie erzählten, welch große Zeichen und Wunder Gott durch sie unter den Heiden getan hatte.“ Das Konzil beschloß, „keine weiteren Lasten aufzuerlegen als diese notwendigen Dinge: Götzenopferfleisch, Blut, Ersticktes und Unzucht zu meiden“ (Apg 15,28–29). Die Reste von Speisevorschriften sollten wohl das friedliche Zusammenleben von Juden und Heidenchristen in ein und derselben Gemeinde ermöglichen. Nun war der Weg zu den Heiden für Paulus endgültig frei.

In den nächsten Jahren unternahm Paulus drei große Missionsreisen durch Kleinasien, Makedonien und Griechenland. Auf jeder dieser Reisen legte er mehr als tausend Kilometer zu Fuß zurück. Er gründete Christengemeinden in den großen Städten (Ephesus, Philippi, Thessaloniki, Korinth). Diese organisierte er so, daß sie sich selbständig weiterentwickeln konnten. Dabei gab es freilich oft Verwirrung und Streit durch das Eindringen früher Irrlehren, durch Schwächen und Laster, wie es eben der Gang der göttlichen Botschaft durch die

Geschichte und das Leben der Menschen notwendig mit sich bringt. Paulus schrieb Briefe, die erklärten und schlichteten, die beschworen und drohten. Seine Briefe gehören zu den fundamentalen Zeugnissen der Christenheit und der Weltliteratur. Er rang die ungeheuren Strapazen dieser Missionsreisen einem kranken Körper ab und verdiente dabei den Lebensunterhalt selbst durch sein Handwerk als Zeltmacher. Begleitet war sein Aufenthalt in jeder Stadt vom Haß der jüdischen Gemeinden; denn Paulus war in ihren Augen ein Apostat, der den Glauben der Väter verlassen und an die Heiden verraten hatte. Gegenüber den eingebildeten Korinthern bricht es aus dem geplagten Missionsapostel mit ironischer Bitterkeit heraus: „Gott hat uns Apostel auf den letzten Platz gestellt, wie Totgeweihte; denn wir sind zum Schauspiel geworden für die Welt, für Engel und Menschen. Wir stehen als Toren da um Christi willen, ihr dagegen seid kluge Leute in Christus. Wir sind schwach, ihr seid stark; ihr seid angesehen, wir sind verachtet. Bis zur Stunde hungern und dürsten wir, gehen in Lumpen, werden mit Fäusten geschlagen und sind heimatlos. Wir plagen uns ab und arbeiten mit eigenen Händen, wir werden beschimpft und siegen; wir werden verfolgt und halten stand; wir werden geschmäht und trösten. Wir sind sozusagen der Abschaum der Welt geworden, verstoßen von allen bis heute“ (1 Kor 4,9–13).
In seinem zweiten Brief an die Christen von Korinth rechnet der Apostel mit seinen Kritikern noch bitterer ab. Was muß sich bei ihm angestaut haben an enttäuschter Liebe und an Sorge um die Zukunft dieser Gemeinde von Korinth, daß Paulus zu dieser harten Sprache greift und den Christen, denen er den Glauben gebracht hat, seine Mühen und Leiden aufzählt: „Fünfmal erhielt ich von Juden die neununddreißig Hiebe, dreimal wurde ich ausgepeitscht, einmal gesteinigt, dreimal erlitt ich Schiffbruch, eine Nacht und einen Tag trieb ich auf hoher See. Ich war oft auf Reisen, gefährdet durch Flüsse, gefährdet durch Räuber, gefährdet durch das eigene Volk, gefährdet durch Heiden, gefährdet in der Stadt, gefährdet in der Wüste, gefährdet auf dem Meer, gefährdet durch falsche Brüder. Ich erduldete Mühsal und Plage, durchwachte viele Nächte, ertrug Hunger und Durst, häufiges Fasten, Kälte und Blöße . . . “ (2 Kor 11,24–27).
Seine vierte Reise führte den Apostel als Gefangenen nach Rom. Er hatte als römischer Bürger an das Gericht des Kaisers appelliert. Daher mußte sein Prozeß in Rom geführt werden. Solche Berufungen dauerten oft mehrere Jahre. In dieser Zeit konnte sich Paulus zeitweise frei bewegen. Vielleicht hat er in dieser Zeit sogar seine geplante Missionsreise nach Spanien durchgeführt.
Im Sommer des Jahres 64 brach in Rom eine Verfolgung aus, als Kaiser Nero den Christen den von ihm gelegten Brand der Stadt in die Schuhe schieben wollte. Dieser Verfolgung fielen der erste Papst, der Apostel Petrus, und der erste Theologe, der Apostel Paulus, zum Opfer. Das Todesjahr ist nicht genau bekannt. Die Überlieferung weiß, daß beide Apostel im Jahre 67 hingerichtet

wurden, Petrus durch Kreuzigung im Zirkus des Nero an der Stelle, wo sich heute die Peterskirche erhebt, Paulus wurde als römischer Bürger enthauptet, und zwar vor den Stadtmauern, an der Stelle, wo heute die Basilika „Sankt Paul vor den Mauern" steht. Was ist ein Theologe? Wer als Glaubender die Wahrheit der Offenbarung systematisch mit dem menschlichen Verstand zu durchdringen und zu ordnen versucht. Paulus war schon Theologe vor seiner Bekehrung. Als Rabbi beschäftigte er sich hauptamtlich mit der Offenbarung des Alten Testamentes. Nach seiner Bekehrung stand im Mittelpunkt seines Lebens und Lehrens das Heil, das von Gott in der Person Jesu Christi in die Welt gekommen ist und das als Geschenk des liebenden Vatergottes für alle Menschen bestimmt ist. Nicht eine Lehre, nicht Vorschriften und Gesetze, sondern die leibhafte Person des Gottessohnes ist Zentrum und Kern der paulinischen Theologie und dazu der Mensch und sein Heil, das darin besteht, die Nachfolge Christi im Glauben anzutreten.

In seinem ersten Brief an die Korinther (15,1–34) faßt Paulus Inhalt und Bedeutung seines Evangeliums zusammen mit den Worten: „Ich erinnere euch, Brüder, an das Evangelium, das ich euch verkündet habe, ihr habt es angenommen; es ist der Grund, auf dem ihr steht . . . Vor allem habe ich euch überliefert, was auch ich empfangen habe: Christus ist für uns Sünder gestorben und ist begraben worden. Er ist am dritten Tag auferweckt worden . . . Wenn aber verkündigt wird, daß Christus von den Toten auferweckt worden ist, wie können dann einige von euch sagen: eine Auferstehung der Toten gibt es nicht? Wenn es keine Auferstehung von den Toten gibt, dann ist auch Christus nicht auferweckt worden. Ist aber Christus nicht auferweckt worden, dann ist unsere Verkündigung leer und euer Glaube sinnlos . . . Nun aber *ist* Christus von den Toten auferweckt worden als der Erste der Entschlafenen . . . Was gesät wird, ist verweslich, was auferweckt wird, unverweslich. Was gesät wird, ist armselig, was auferweckt wird, herrlich. Was gesät wird, ist schwach, was auferweckt wird, ist stark. Gesät wird ein irdischer Leib, auferweckt ein überirdischer Leib . . . Gott sei Dank, der uns den Sieg geschenkt hat durch Jesus Christus, unsern Herrn."

Eine gewaltige Zusammenschau seiner Theologie hat Paulus in seinem Brief an die Römer niedergelegt. Die Tiefe seiner Gedanken hat die Theologie seit zweitausend Jahren befruchtet und ist bis heute nicht ausgeschöpft. Gewiß, es waren Gedanken eines Menschen über Gott, über Jesus Christus, über den Menschen und über das Band der Gnade, das sie alle umschließt. Aber durch die Aufnahme der Apostelbriefe in die Heilige Schrift verbürgt die Kirche die unfehlbare Wahrheit der Glaubensaussage, die für unser Heil wichtig und entscheidend ist.

Die Briefe des Apostels haben in der Geschichte der Kirche auch oft Anlaß zu falschen Auslegungen und Irrlehren gegeben; denn Paulus hat nicht ein systematisches Lehrgebäude geliefert. Der Römerbrief ist kein Lehrbuch. Der Brief ist das tiefe Bekenntnis eines gehetzten Missionars, eines vor Eifer glühenden, aber von Verfolgungen und Krankheiten stets behinderten Mannes, der sich von der Seele schreibt, was ihn auf monatelangen Fußreisen, in durchwachten Nächten und im Gefängnis bewegt hat, das Ergebnis seiner Betrachtungen und seines Ringens mit Gott im Glauben. Manche Sätze und Gedankenreihen sind angefangen, aber nicht zu Ende geführt. Die Gedanken springen von einem Gegenstand zum anderen über, der Zusammenhang ist oft nicht leicht herzustellen. Alle Arbeit eines gewaltigen Intellekts ist übergossen von der Glut der totalen Hingabe einer leidenschaftlichen Natur. Paulus ist kein Professor, der mit kühlem, unbeteiligtem Verstand den Gegenstand seines Lehrens seziert und die einzelnen Stücke dann dem Zuhörer serviert. Er ist ein liebender Eiferer für die Verbreitung einer guten Botschaft von Gott, die durch Jesus Christus an die Menschen gekommen ist. Diese Botschaft bedeutet das endgültige Glück für die Menschen. Darum gibt es nichts Wichtigeres und Größeres, als allen Menschen diese Botschaft zu überbringen. Paulus ist ein ruhelos Umgetriebener, aber nicht von Ehrgeiz, Macht oder Besitz, sondern von der Liebe, der Liebe zu Gott und um seinetwillen zu den Menschen. Darum ist er ein großer Mensch und einer der größten Heiligen der Kirche.

Petrus

gestorben: zwischen 64 und 67
Fest: 29. Juni

Viele Christen von heute tun sich schwer, einen persönlichen Zugang zu den Heiligen zu finden. Ihre Statuen in unseren Kirchen strotzen von Gold und ihre Lebensbeschreibung von vollkommener Tugend und heroischen Bußübungen. Die kirchliche Frömmigkeit hat die Heiligen so hoch hinaufgestellt, daß der Christ sie nicht mehr in sein Leben hereinzuholen vermag. Daß sie Menschen aus Fleisch und Blut waren, mit eigenwilligen Charakteren, mit Schwächen und mit Sünden, das ist weithin aus dem Bewußtsein der Gläubigen verschwunden. Freilich waren sie auch Menschen, die mit sich fertiggeworden sind und die mit der Gnade ein Verhältnis zu Gott gefunden haben, das uns Vorbild und Beispiel sein kann. Dieses Wissen ist leider oft mitverschwunden. Dies ist ein großer Verlust, denn wer sonst sollte uns zeigen, daß die Kirche heilig ist und daß ihr Weg der richtige ist – auch für uns?

Wem es so ergeht, dem sei die Betrachtung des Apostels Petrus besonders empfohlen. Die Nachrichten über sein Leben stehen nicht in einer „Heiligenlegende". Sie stehen in der Heiligen Schrift selbst. Sie sind auf das engste verwoben mit den Berichten über das Leben und Wirken Jesu. Über keinen Menschen, der den irdischen Weg mit Jesus gegangen ist, berichtet die Schrift soviel wie über Petrus, auch nicht über Maria, die Mutter Jesu. In Petrus begegnet uns ein Mann mit großen Fähigkeiten und fast ebenso großen Schwächen, bei dem sich die Christen seit zweitausend Jahren fragen, warum Jesus gerade ihn zum Grundstein seiner Kirche ausgewählt hat.

Simon, wie Petrus ursprünglich hieß, wurde in Betsaida, einem Dorf am See Genesaret, geboren. Sein Vater hieß Johannes. Wir kennen auch einen Bruder, den späteren Apostel Andreas. Beide erlernten das Fischerhandwerk. Petrus heiratete nach Kafarnaum und zog dorthin in das Haus seiner Schwiegereltern. Die Schwiegermutter hat Jesus, der sich öfters im Hause des Petrus aufhielt, durch ein Wunder von einer fieberhaften Erkrankung geheilt. (Mk 1,29–31)

Eines Tages kam Jesus von Nazaret her an den See. Er hatte seine Lehrtätigkeit bereits begonnen und viele Leute drängten sich um ihn, um ihm zuzuhören. „Da sah Jesus zwei Fischerboote am Ufer liegen. Die Fischer waren ausgestiegen und wuschen ihre Netze. Jesus stieg in das Boot, das dem Simon gehörte, und bat ihn, ein Stück vom Land wegzufahren. Dann setzte er sich und lehrte das Volk vom Boot aus. Als er seine Rede beendet hatte, sagte er zu Simon: „Fahr hinaus auf den See! Dort werft eure Netze zum Fang aus! Simon antwortete ihm: Meister, wir haben die ganze Nacht gearbeitet und nichts gefangen. Doch wenn du es sagst, werde ich die Netze auswerfen. Das taten sie, und sie fingen eine so große Menge Fische, daß ihre Netze zu reißen drohten . . . Als Simon Petrus das sah, fiel er Jesus zu Füßen und sagte: Herr, geh weg von mir; ich bin ein Sünder . . . Da sagte Jesus zu Simon: Fürchte dich nicht! Von jetzt an wirst du Menschen fangen. Und sie zogen die Boote an Land, ließen alles zurück und folgten ihm nach." Soweit der Bericht des Evangelisten Lukas (5,1–11). Dies war die Berufung des Fischers Simon zum Jünger Jesu und zum Menschenfischer. Dabei dürfen wir aber nicht außer acht lassen, daß dieser Bericht Jahrzehnte nach diesem Ereignis niedergeschrieben wurde, als die Kirche unter der Leitung des Petrus ihre Anfangsgeschichte schon hinter sich hatte und der Apostel als Haupt der Kirche und Martyrer eine unbestrittene und allgemeine Verehrung genoß. Bei der Berufung konnte Petrus die Tragweite seines impulsiven Entschlusses natürlich nicht überblicken.

Im Judentum war es nicht ungewöhnlich, daß junge Männer ihr Heim verließen und sich einem frommen und gelehrten Rabbi anschlossen, bis sie selbst in die Geheimnisse des Gesetzes und der Lehre der Väter eingeweiht zu Lehrern aufstiegen und Schüler um sich sammelten. Bei Petrus war es jedoch anders. Er hatte keine gelehrte Vorbildung, und er strebte auch nicht danach. Auch sein Meister Jesus kam nicht aus einer Gelehrtenschule. Er wollte nicht Weisheit lehren und damit Geld verdienen. Die Nachfolge des Petrus lag vom ersten Moment an auf einer anderen Ebene. Es war eine Bindung an eine Person, an den Menschen Jesus aus Galiläa, der auf ihn eine besondere Anziehung ausübte und dem er folgten mußte, jetzt und sein ganzes Leben lang mit all seinen Fähigkeiten, aber auch mit seinen Schwächen, mit der Labilität seines Charakters und mit seinem aufbrausenden Temperament. Petrus war kein Heiliger von Anfang an. Er stand am Beginn eines langen Weges, der ihn schließlich nach Rom an das Kreuz im Zirkus des Nero führte. Im Kopf des Petrus spukten ehrgeizige und unausgegorene Gedanken. Er stellte sich die Messiasherrschaft wie viele Juden seiner Zeit als ein irdisches Königreich in Glanz und Macht vor. Als Jesus diese falschen Vorstellungen zurechtrücken wollte und von seinem Leiden sprach, „da nahm Petrus ihn beiseite und machte ihm Vorwürfe. Jesus wies ihn hart zurecht: Weg mit dir, Satan, geh mir aus den Augen! Denn du hast nicht das im Sinn, was Gott will, sondern was die Menschen wollen" (Mk 8,32–33).

Als Jesus von der Gefahr des Reichtums sprach und sagte: „Wie schwer ist es für Menschen, die viel besitzen, in das Reich Gottes zu kommen", da waren die Jünger bestürzt, und Petrus sagte: „Du weißt, wir haben alles verlassen und sind dir nachgefolgt." Dies war eine Frage nach dem Lohn für diese Nachfolge. Jesus verstand ihn auch so, denn er antwortete: „Jeder, der um meinetwillen und um des Evangeliums willen Haus oder Brüder, Schwestern, Mutter, Vater, Kind

Die Heiligen Petrus und Paulus. ▷
Gemälde von El Greco um 1605/08, Stockholm, Nationalmuseum.
Foto: Atelier Oronoz, Madrid.

oder Acker verläßt, wird das Hundertfache dafür empfangen." Damit war freilich nicht irdischer Lohn gemeint, sondern „in der kommenden Welt das ewige Leben". Und dann setzt Jesus seinen Maßstab dem Maßstab der Welt entgegen: „Viele, die jetzt die Ersten sind, werden die Letzten sein, und die Letzten werden die Ersten sein" (Mk 10,17–31).
Beim letzten Abendmahl sagte Jesus voraus, daß alle Jünger von ihm abfallen werden. Da sagte Petrus: „Auch wenn alle von dir abfallen werden, ich nicht!" Jesus sagte Petrus voraus, daß er ihn in derselben Nacht dreimal verleugnen werde, aber Petrus beteuerte: „Selbst wenn ich mit dir sterben muß, werde ich dich nicht verleugnen" (Mk 14,29–31).
Als Jesus verhaftet war, folgte ihm Petrus in einiger Entfernung in den Hof des Hohenpriesters. Darauf verleugnete er Jesus dreimal unter Schwüren und Flüchen. „Ich kenne diesen Menschen nicht!" (Mk 14,66–72)
Die Evangelien berichten noch mehr Beweise für das Unverständnis, den Kleinmut und die Unbeständigkeit des Petrus.
Bei der Verklärung Jesu, als Petrus sich anbot, drei Hütten zu bauen, für Jesus, für Mose, für Elija, „denn er wußte nicht, was er sagen sollte, und sie waren sehr erschrocken", Petrus hatte keine Ahnung von der übernatürlichen Herkunft der Erscheinung und von ihrer prophetischen Bedeutung.
Als Jesus über den See auf das Boot der Jünger zukam, rief ihm Petrus voll impulsiver Begeisterung zu: „Herr, wenn du es bist, so befiehl, daß ich auf dem Wasser zu dir komme. Und Jesus sagte: Komm! Da stieg Petrus aus dem Boot und ging auf dem Wasser auf Jesus zu. Als er aber sah, wie heftig der Wind war, da bekam er Angst und begann unterzugehen. Er schrie: Herr, rette mich! Jesus streckte sofort seine Hand aus, ergriff ihn und sagte zu ihm: Du Kleingläubiger, warum hast du gezweifelt?" (Mt 14,28–31)
Am Ölberg, in Jesu Todesnot, bat der Herr seine drei bevorzugten Jünger, Petrus, Jakobus und Johannes, doch mit ihm zu wachen. Sie aber schliefen und ließen ihn in seiner bittersten Stunde allein. Jesus sagte vorwurfsvoll: „Simon du schläfst? Konntest du nicht einmal eine Stunde wach bleiben?" (Mk 14,32–42)
Dann aber, als Petrus sieht, wie man Jesus gefangennimmt, gerät er in Wut. Trotz des Verbots Jesu zieht er sein Schwert und schlägt nach dem Diener des Hohenpriesters und haut ihm das rechte Ohr ab. Da sagt Jesus zu Petrus: „Steck das Schwert in die Scheide! Der Kelch, den mir der Vater gegeben hat – soll ich ihn nicht trinken?" (Joh 18,10–11) Petrus hatte nicht begriffen, was hier vor sich ging. Ein Messias, der leiden mußte, war ihm unverständlich. Den Herrn, den er liebte, aber mußte er schützen – Leidensweissagung hin oder her!
Dies ist der Petrus, der auf Macht und Reichtum hofft im Gefolge des Messias, der ihn in der Stunde der Gefahr verflucht und verleugnet, der schläft, als er wachen soll, der zweifelt, als er glauben soll. Es ist schon erstaunlich, daß alle vier Evangelisten mit geringen Unterschieden diese dunklen Seiten im Charakter und im Leben des Petrus berichten, obwohl dieser zu der Zeit, als sie ihr

Evangelium verfaßten, in der ganzen Kirche unbestrittene Verehrung genoß. Gerade dies ist ein Beweis für die Echtheit und Wahrheit der evangelischen Berichte.

Dies ist die eine, die schwache Seite im Leben und Charakter des Petrus. Sie wird überstrahlt von der anderen Seite des glaubenden und liebenden Jüngers, den Jesus ausgewählt und ausgebildet hat zum Grundstein und Fundament seiner Stiftung, der Kirche, für die Zeit, da er selbst nicht mehr in diesem Leben weilte.

So steht Petrus von Anfang an an der Spitze der Jüngerschar. In den Verzeichnissen der Apostel wird er stets als erster aufgeführt. Mit Jakobus und Johannes bildet er den „inneren Kreis" der Jünger, den Jesus getrennt von den übrigen an besonderen Ereignissen seines Wirkens teilnehmen ließ, so an der Verklärung (Mk 9,2–13), an der prophetischen Voraussage des Schicksals der Stadt Jerusalem (Mk 13,2f.), am Eintritt in sein Leiden am Ölberg (Mk 14,29–31).

Petrus war von Anfang an der Wortführer und Sprecher der Jünger. Als Jesus die Jünger fragte: „Für wen haltet ihr mich? Da antwortete Petrus: Du bist der Messias, der Sohn des lebendigen Gottes!"

Als sich viele Jünger nach der Rede Jesu über das Himmelsbrot zurückzogen, da fragte Jesus die Zwölf: „Wollt auch ihr weggehen? Simon Petrus antwortete ihm: Herr, zu wem sollen wir gehen? Du hast Worte des ewigen Lebens. Wir sind zum Glauben gekommen und haben erkannt: Du bist der Heilige Gottes" (Joh 6,67–69).

Petrus fragt im Namen aller Jünger: „Herr, wie oft muß ich meinem Bruder vergeben, wenn er sich gegen mich versündigt? Siebenmal? Jesus sagt zu ihm: Nicht siebenmal, sondern siebenundsiebzigmal" (Mt 18,21–22).

Immer, wenn sich die Jünger mit einer Frage oder Bitte an Jesus wenden, tun sie es durch den Mund des Petrus. Er ist nicht nur der zuerst in die Jüngerschaft Berufene, sondern auch der Wortführer der Jünger in allen Evangelien.

Diese Stellung ist nicht eine Anmaßung des Petrus, Jesus selbst hat den Anlaß dazu gegeben. Er hat ihm als dem einzigen seiner Jünger einen neuen Namen gegeben: „Du bist Petrus, und auf diesen Felsen werde ich meine Kirche bauen und die Mächte der Unterwelt werden sie nicht überwältigen. Ich werde dir die Schlüssel des Himmelreiches geben, was du auf Erden binden wirst, das wird auch im Himmel gebunden sein, und was du auf Erden lösen wirst, das wird auch im Himmel gelöst sein" (Mt 16,17–19). Die Echtheit dieser Stelle ist lange Zeit bestritten worden, heute wird sie allgemein anerkannt. Schuld daran waren nicht Zweifel an der Zuverlässigkeit der Textüberlieferung, sondern die Erkenntnis, daß hier dem Petrus ein Auftrag und eine Vollmacht zur Leitung der Kirche übertragen wurde, die fortdauert, solange die Kirche besteht. Wer das Petrusamt heute ablehnt, der muß die Echtheit dieser Stelle ablehnen. Heute wird zwar die Echtheit der Überlieferung zugegeben, aber bestritten, daß es sich um ein Wort Jesu handle, es stamme vielmehr vom Evangelisten, der den

Glauben der Kirche zur Zeit der Abfassung des Evangeliums wiedergegeben habe. Dem widersprechen aber andere Stellen in den anderen Evangelien, die das gleiche bedeuten. So sagt Jesus beim Evangelisten Lukas beim letzten Abendmahl zu Petrus: „Ich habe für dich gebetet, daß dein Glaube nicht erlischt. Und wenn du dich wieder bekehrt hast, dann stärke deine Brüder“ (Lk 22,32).

Nach dem Johannesevangelium sagte Jesus vor seiner Himmelfahrt zu Simon Petrus: „Simon, Sohn des Johannes, liebst du mich mehr als diese? Er antwortet ihm: Ja, Herr, du weißt, daß ich dich liebe. Jesus sagt zu ihm: Weide meine Lämmer! Zum zweiten Mal fragt er ihn: Simon, Sohn des Johannes, liebst du mich! Er antwortet ihm: Ja Herr, du weißt, daß ich dich liebe. Jesus sagt zu ihm: Weide meine Schafe! Zum dritten Mal fragt er ihn: Simon, Sohn des Johannes, liebst du mich? Da wurde Petrus traurig, weil Jesus ihn zum dritten Mal gefragt hatte: Hast du mich lieb? Er gab ihm zur Antwort: Herr, du weißt alles, du weißt, daß ich dich lieb habe. Jesus sagte zu ihm: Weide meine Schafe!“ (Joh 21,15–17)

Auch das Verhalten der Jünger und der christlichen Urgemeinde, die von Anfang an eine kirchliche Gemeinschaft bildeten, beweisen die Echtheit der Worte Jesu. Auch Paulus erkannte diese Stellung an. Er ging nach seiner Bekehrung eigens nach Jerusalem, um sich dem Petrus vorzustellen (Gal 1,18). Diese Vorrangstellung des Petrus hat sich aber nicht erst allmählich in der Urkirche herausgebildet. Sie bestand von Anfang an. Das zeigt sich schon bei der „Nachwahl“ zum Apostelkollegium für den Verräter Judas. Petrus fordert zur Ergänzung der Zwölf auf und leitet die Wahl (Apg 1,15–26).

Als an Pfingsten der Heilige Geist auf die Jünger herabkam, „da trat Petrus auf, zusammen mit den Elf; er erhob seine Stimme und begann zu reden: Ihr Juden und alle Bewohner von Jerusalem! Dies sollt ihr wissen, achtet auf meine Worte!“ (Apg 2,14). Dann verkündet Petrus die Botschaft vom Auferstandenen und vom Heil, das dieser gebracht hat.

Die ganze erste Hälfte der Apostelgeschichte handelt vom Wirken des Petrus in der ersten Christengemeinde zu Jerusalem. Er wirkt Wunder im Namen des Herrn, er trifft nach einer Vision die Entscheidung über die Aufnahme des ersten Heiden, des Hauptmanns Kornelius, in die Kirche. Durch seine Entscheidung sprengt er die Grenze des Volkes Israel und öffnet der christlichen Botschaft die Tore zur ganzen Menschheit.

Als das Ehepaar Ananias und Saphira die Gemeinde betrügen wollte, da vollzog Petrus das Gottesurteil. Auf sein Wort hin starben beide.

„Selbst die Kranken trug man auf die Straße hinaus und legte sie auf Betten und Bahren, damit, wenn Petrus vorüberkam, wenigstens sein Schatten auf einen fiel“ (Apg 5,15).

Die Nachfolge Jesu bestand aber auch für Petrus nicht nur im Wirken von Wundertaten, sondern im Kreuztragen und in der Verfolgung. Dies begann

schon sehr bald. König Herodes Agrippa I. ließ Petrus einkerkern. Durch ein Wunder wurde er aus dem Gefängnis befreit. Dann verließ er Jerusalem „und ging an einen anderen Ort" (Apg 12,17).
Petrus missionierte von da an unter Juden und Heiden. Einige Judenchristen verlangten, daß die Heiden, die zum Christentum übertraten, sich zuvor beschneiden ließen. Sie sollten also den Umweg zum Christentum über das Judentum machen. Diese Streitfrage drohte die frühe Christenheit in zwei Lager zu spalten. Da „traten die Apostel und die Ältesten zusammen, um die Frage zu prüfen. Als ein heftiger Streit entstand, erhob sich Petrus und sagte zu ihnen: Brüder, wie ihr wißt, hat Gott schon längst hier bei euch die Entscheidung getroffen, daß die Heiden durch meinen Mund das Wort des Evangeliums hören und zum Glauben gelangen sollen . . . " Auf Grund dieser Rede des Petrus beschloß das Apostelkonzil: „Der Heilige Geist und wir haben beschlossen, euch keine weiteren Lasten aufzulegen . . . " (Apg 15,28). Nach dem Apostelkonzil ging Petrus nach Antiochien. Dort gab es bereits eine Gemeinde aus Heidenchristen, mit denen Petrus verkehrte, ohne die jüdischen Speisevorschriften zu beachten. Als aber Judenchristen sich darüber beschwerten, brach er diesen Verkehr ab und wurde von Paulus deswegen heftig getadelt. Dieser Zwischenfall spricht nicht gegen die Führerrolle des Petrus. Petrus war eben Petrus geblieben auch als Apostel, der einem Streit aus dem Wege gehen wollte und dafür in das Zwielicht der Unentschlossenheit und Feigheit geriet.
Über die spätere Wirksamkeit des Petrus wissen wir aus der Heiligen Schrift unmittelbar nichts. Aus dem ersten Petrusbrief geht eine Wirksamkeit des Apostels in Kleinasien hervor und ein Aufenthalt in Rom. Die Kirche von Jerusalem wurde nach dem Weggang des Petrus von Jakobus geleitet. Die Aufgabe und Stellung des Petrus war nicht mehr lokal oder regional, sondern universal. Das ist auch die eigentliche Erklärung für die Reise des Petrus nach Rom, dem Mittelpunkt der damaligen Welt. Gerade durch diesen Aufenthalt des Petrus wurde Rom der neue Mittelpunkt der Christenheit.
Wie die literarischen Zeugnisse außerhalb der Heiligen Schrift in der Zeit um 100 n. Chr. bekunden, hat Petrus in Rom während der Christenverfolgung des Kaisers Nero in den Jahren 64–67 den Martertod erlitten.
Durch die Ausgrabungen von 1940 bis 1949 unter dem Papstaltar der Peterskirche in Rom konnte das Grab des Apostels mit hoher wissenschaftlicher Wahrscheinlichkeit festgestellt werden. Danach starb Petrus im Zirkus des Nero am vatikanischen Hügel den Martertod und wurde in der Nähe des Zirkus in einem einfachen Erdgrab beigesetzt. Viele Christen wollten in seiner Nähe bestattet werden. Diese Anlage wurde bald darauf zugeschüttet und blieb dadurch erhalten. Über ihr wurden die Grabmausoleen reicher Römer errichtet. Durch Freilegung der verschiedenen Schichten gelang es, das aus der Zeit um 70 n. Chr. stammende Grab mit Knochenresten eines alten Mannes in einem Steinsarkophag mit hoher Wahrscheinlichkeit als das Petrusgrab zu identifizieren.

Petrus Claver

geboren: 1580
gestorben: 8. September 1654
Fest: 8. September

Warum hat Jesus die Sklaverei nicht bekämpft, ja nicht einmal verurteilt? Diese Frage stellen sich heute viele, besonders junge Christen, deren Gewissen wach ist für die Würde des Menschen, für seine Grundrechte und für seine Gleichheit vor aller weltlichen und göttlichen Autorität. Jesus kannte die Sklaverei. Sie gehörte zu seiner Zeit zur sozialen Ordnung. In den Gleichnissen Jesu kommen Sklaven vor. Dabei fehlt bei Jesus der sozialkritische Ton. „Wenn einer von euch einen Sklaven hat, der pflügt oder das Vieh hütet, wird er etwa zu ihm, wenn er vom Feld kommt, sagen: Nimm gleich Platz zum Essen? Wird er nicht vielmehr zu ihm sagen: Mach mir etwas zu essen, gürte dich, und bediene mich; wenn ich gegessen und getrunken habe, kannst auch du essen und trinken. Bedankt er sich etwa beim Sklaven, weil er getan hat, was ihm befohlen wurde?“ (Lk 17,7–9)
Über den Sklaven Onesimus, der seinem Herrn entlaufen und zu Paulus gekommen war, schreibt er diesem: „Ich schicke ihn dir zurück . . . Nicht mehr als Sklaven, sondern als weit mehr: als geliebten Bruder. Das ist er jedenfalls für mich, um wieviel mehr dann für dich, als Mensch und auch vor dem Herrn. Wenn du dich mir verbunden fühlst, dann nimm ihn also auf wie mich selbst!“ Die gemeinsame Zugehörigkeit zu Christus läßt das Verhältnis von Herrn und Sklaven bedeutungslos werden. Wer Bruder ist, kann nicht gleichzeitig Ware, Sache, Sklave sein. Jesus hat der Sklaverei den Boden entzogen durch die gleichberechtigte Berufung in seine Nachfolge, der gegenüber alle sozialen Unterschiede ganz von selbst verschwinden müßten. Und so war es auch im Urchristentum. Die Martyrerakten enthalten dafür ein besonders eindrucksvolles Beispiel. Während der Christenverfolgung des Kaisers Septimius Severus wurde in Nordafrika eine junge Frau aus vornehmer Familie, Perpetua, verhaftet. Sie war zweiundzwanzig Jahre alt und stillte ihr erstes Kind. Mit ihr wurde eine Sklavin eingesperrt, Felizitas, die ihre Niederkunft erwartete. Wie zwei Schwestern stärkten und begeisterten sie sich gegenseitig für das gemeinsame Blutzeugnis. Gemeinsam, Hand in Hand traten sie in die Arena. „Zuerst wurde Perpetua von einer wilden Kuh in die Luft gewirbelt und fiel zur Erde. Sie stand auf, und als sie sah, daß Felizitas hingestreckt war, ging sie hin, reichte ihr die Hand und richtete sie wieder auf.“

Diesen Geist der Frohen Botschaft haben Christen späterer Jahrhunderte vergessen und verraten. Sie hielten zwar fest an der Sklaverei, nicht aber an dem Geist, der Sklaven und Freie zu Brüdern macht. Die Geschichte der Sklaverei unter den Völkern, die sich christlich nannten, ist und bleibt ein Schandfleck auf ihrem Namen. Zwei besonders dunkle Kapitel sind mit der Entdeckung der Neuen Welt, Amerikas, verbunden. Das eine ist die Versklavung und Ausrottung der Indianer, das andere der Import der Negersklaven von Afrika nach Amerika. In theologischen Haarspaltereien stritt man sich auf den Universitäten, ob die Neger eine Seele hätten, ob sie Menschen oder nur menschenähnliche Wesen wären, und schaffte sich so das gute Gewissen für die haarsträubenden Verbrechen gegen Menschlichkeit und Menschenwürde, vor allem aber gegen den Geist des Evangeliums. Sklavenjäger und Sklavenhändler, die christlich getauft und erzogen waren und die auf ein barmherziges Gericht Gottes im Tode hofften, durchzogen die Steppen und Urwälder Afrikas, überfielen die Dörfer im Schlaf, mordeten die Schwachen und Alten und führten die jungen Gesunden gefesselt zur Küste. Dort wurden sie zusammengepfercht auf Schiffe verladen, so daß auf der wochenlangen Überfahrt viele durch Hunger und Krankheit elend umkamen. Bei der Ankunft wurden sie auf dem Sklavenmarkt ausgestellt, wie Vieh abgetastet, untersucht, taxiert und verkauft, ohne Rücksicht auf den Zusammenhang von Familien und Sippen. Viele brachten sich selbst um, andere siechten aus Heimweh dahin, die Kräftigsten aber hielt der Haß auf die Unterdrücker aufrecht. Dies war Ursache und Beginn des „Negerproblems“ in Amerika.
In der Kirche lebte die Sklaverei, wie sie zur Zeit Jesu bestand, zunächst fort. Allerdings starb die Haltung, die Paulus im Philemonbrief eingenommen hatte, und das Beispiel der Urchristen nie aus. So ließen die griechischen Klöster und später auch die meisten abendländischen Mönchsgemeinschaften ihre Sklaven grundsätzlich frei. Ein Sklave konnte sogar Mönch, Priester und sogar Bischof werden. Auf der anderen Seite rechtfertigt Thomas von Aquin die Sklaverei als Institution, und Papst Nikolaus V. erlaubte 1452 den Portugiesen, die auf ihren Eroberungs- und Entdeckungsfahrten gefangenen Heiden und andere Feinde Christi „zu Sklaven“ zu machen. In dieser päpstlichen Bulle „Dum diversas“ sahen beutegierige Händler den Freibrief für den Aufkauf von Sklaven durch geldgierige Häuptlinge, aber auch für ihre grausamen Sklavenjagden. „Das schwarze Elfenbein“ wurde Haupthandelsartikel der afrikanischen Küste, zumal als Amerika immer mehr Sklaven anforderte und alle seefahrenden Nationen sich an diesem schauerlichen Handel beteiligten. Man schätzt die Gesamtzahl der ausgeführten Sklaven in dreieinhalb Jahrhunderten auf dreißig Millionen und ebenso hoch die Zahl derer, die auf dem Transport oder beim Fang starben (B. M. Biermann).
Erst im 19. Jahrhundert, als die jedem Menschen ohne Unterschied zustehenden Grundrechte durch die Aufklärung ins allgemeine Bewußtsein gehoben

wurden, nahm die Kirche eine entschiedene Haltung gegen die Sklaverei ein. Gregor XVI. kann sich in seiner Verurteilung der Sklaverei 1839 zwar auf verschiedene Erlasse seiner Vorgänger berufen, die allgemeine Ächtung der Sklaverei gelang aber erst 1926 durch den Völkerbund, und ganz ist die Sklaverei und die Zwangsarbeit bis heute nicht ausgestorben. Die Arbeitslager des „Archipel Gulag“ stehen den Sklavenschiffen des 16. Jahrhunderts an menschenverachtender Grausamkeit in nichts nach.
In diesem düsteren Bild vom Umgang des Menschen mit seinem Mitmenschen strahlen die wenigen Sterne, die sich nicht der Finsternis ergaben, sondern diese in ihrem Umkreis ein wenig aufgehellt haben, um so heller hervor. Für die armen Indianer hat der Dominikaner Bartholome de Las Casas vor Kaiser und Papst gekämpft und viel erreicht. 1537 erklärte Papst Paul III. das Recht der Indianer auf Besitz und persönliche Freiheit.
Für die aus Afrika nach Südamerika eingeführten Negersklaven war der spanische Jesuit Petrus Claver ein Licht des Trostes und der Stärkung.
Petrus wurde 1581 zu Verdú bei Cervera in Nordspanien geboren. Nach Absolvierung des Gymnasiums in Barcelona trat er 1602 in die Gesellschaft Jesu ein. Das Noviziat und die philosophischen Studien führten ihn in verschiedene Häuser des Ordens, darunter auch in das neu gegründete Kolleg auf der Insel Mallorca. Dort begegnete der Student Petrus dem Mann, den ihm die Vorsehung als Wegweiser zu seinem Lebensziel bestimmt hatte. Es war der Laienbruder Alfons Rodriguez, der in späteren Jahren, nach dem Tod seiner Frau und seiner Kinder, in den Orden eingetreten war und als Pförtner in verschiedenen Ordenshäusern diente. Wegen seiner mystischen Begnadung wird der tieffromme und weise Pförtner selbst als Heiliger verehrt. Bruder Alfons hatte in einer Vision einen jungen Missionar gesehen, um den sich gläubig vertrauend schwarze Menschen drängten. Sein Haupt umgab der Strahlenkranz des Heiligen. Gleichzeitig aber auch eine Dornenkrone. Als der Student den Pförtner begrüßte, erkannte dieser in ihm den Missionar seiner Vision. Zwischen beiden entwickelte sich eine tiefe geistliche Freundschaft. Petrus Claver schrieb die Gespräche mit seinem geistlichen Seelenführer nieder und führte dieses geistliche Tagebuch als kostbarsten Besitz bis an sein Lebensende mit sich. Bruder Alfons, früher selbst Kaufmann, wußte um das himmelschreiende Los der Negersklaven. Ihn bewegte ebenso die Sorge um ihr ewiges wie um ihr irdisches Heil. Darum suchte er seinen Freund und Schüler für die Mission unter den Negersklaven Amerikas zu begeistern.
„Man schätzt die Reichtümer Amerikas, verachtet aber seine Bewohner. Sollte die Liebe nicht den Weg über das Meer finden, den die Habsucht schon seit langem geöffnet hat? Ganze Flotten, beladen mit Indiens (Amerikas) Schätzen, laufen Jahr um Jahr in den Häfen Spaniens ein. Welche Mengen Seelen könnte man dort gewinnen und in den Hafen der ewigen Seligkeit führen?“ Diese Worte des heiligen Bruders schrieb Petrus Claver in sein Tagebuch, mehr noch

in sein junges, begeisterungsfähiges Herz. Dort blieben sie das Leitmotiv für sein ganzes langes Leben und für sein schweres, segensreiches Wirken.
„Wenn du Christus liebst, so eile hin, sein kostbares Blut aufzutrocknen, das er auch für diese Menschen vergossen hat. Arbeite dort, arbeite bis zum Tod für das Heil der Seelen . . . Es ist das Land, wohin dich der Herr ruft." Nun kannte Petrus seinen Weg, nun hatte er ein Ziel: er wollte der Apostel der Sklaven in Amerika werden. Freilich, so schnell wurden und werden eigene Wünsche im Orden nicht erfüllt. Sie werden lange auf ihre Echtheit geprüft und erprobt. Zunächst mußte Petrus noch zwei Jahre in Barcelona Theologie studieren, dann allerdings wagte sich der Provinzial seiner offenkundigen Berufung nicht länger zu widersetzen. Noch vor der Priesterweihe erteilte er ihm die Erlaubnis, in die neu errichtete Ordensprovinz im Königreich Neu-Granada in Südamerika zu gehen. Am 10. April des Jahres 1610 lichtete das königliche Schiff „Unsere liebe Frau von den Schmerzen" in Sevilla den Anker. Nach monatelanger Fahrt landete die Galione im Hafen von Cartagena, dem Zentrum des Sklavenhandels. Hier landeten alle Schiffe, die ihre elende Fracht von Afrika brachten, hier fanden die Sklavenmärkte statt, und von hier aus traten die Sklaven den Weg in das Innere des Landes an. Hier sollte Petrus Claver nach dem Willen seiner Oberen fast vierzig Jahre bis zu seinem Tod als Seelsorger unter den Negersklaven wirken. Trotz seines ungesunden Klimas war Cartagena das Handelszentrum Südamerikas geworden. Hier strömte das Gold und Silber aus Mexiko, Peru und den Inseln zusammmen, um den Weg ins spanische Mutterland anzutreten, hier sammelten sich aber auch die Abenteurer der Neuen Welt, um ihre dunklen Geschäfte zu machen; hier wurde das „Schwarze Elfenbein" aus Afrika gehandelt, wurden mit der Menschenware ungeheure Gewinne erzielt, Menschlichkeit und Nächstenliebe aber waren hier keine gefragte Handelsware.
Zunächst freilich mußte Petrus sein in Spanien abgebrochenes theologisches Studium fortsetzen und abschließen. Dazu mußte er in das tausend Kilometer entfernte Santa Fé de Bogotá, die Hauptstadt Kolumbiens, reisen. Erst 1615 konnte er mit einer glänzend bestandenen theologischen Abschlußprüfung nach Cartagena zurückkehren, wo er am 19. März 1616 im Alter von fünfunddreißig Jahren zum Priester geweiht wurde. Als er 1622 sein letztes und lebenslängliches Ordensgelübde ablegte, floß ihm in die Formel, die er nachsprechen mußte, ganz von selbst eine Ergänzung ein. Er begann mit den Worten: „Jesus, Maria, Ignatius, Petrus, Alfonsus und ihr Schutzpatrone meiner treuen Neger, vernehmt mich!" Dann fügte er den vier gewöhnlichen Ordensgelübden der Jesuiten als fünftes hinzu, „allezeit ein Sklave der Negersklaven zu sein", und unterzeichnete das Dokument: „Petrus, allzeit Sklave der Negersklaven".
Wenn ein Sklavenschiff sich der Küste näherte, ging Pater Petrus schon vor der Landung an Bord. Dies war ein gefährliches Unternehmen, da die Kapitäne ihn am liebsten ins Meer geworfen hätten. Aber die Hafenbehörde stand hinter ihm, und so wagten die hartgesottenen, brutalen Sklavenhändler nicht, sich an

ihm zu vergreifen. Die Neger gerieten in Panik; denn um sie einzuschüchtern, hatte man ihnen weisgemacht, der schwarze Mann wolle sie umbringen und mit ihrem Blut seine Fahne färben. Mit kleinen Geschenken, mit Erleichterungen ihrer fürchterlichen Unterbringung, mit der Pflege ihrer Kranken erwarb sich der Missionar Vertrauen und löste die seelische Verkrampfung und die Angst dieser Naturmenschen vor dem drohenden, unbekannten Schicksal.

An Land wurden die Sklaven in großen Lagerhallen zusammengepfercht bis zum nächsten Sklavenmarkt. Mit Hilfe von einheimischen Dolmetschern verkündete Petrus den heidnischen Negern die Heilsbotschaft in einfachen Worten und anschaulichen Bildern. Die heitere, freundliche, liebeausstrahlende Herzlichkeit verfehlte die Wirkung auf die verschüchterten Naturkinder nicht. Sie faßten rasch Zutrauen zu dem einzigen Menschen, der sie seit ihrer Gefangennahme als Menschen behandelte. Obendrein erleichterte er ihr Los, wo er nur konnte. Er schleppte mit seinen Helfern Lebensmittel und Kleider heran, die er bei den reichen Familien zusammengebettelt hatte. In aller Regel gelang es Petrus, nahezu alle Ankömmlinge zur Taufe zu führen, ihre Seelen aufzurichten und ihnen neuen Lebensmut und im Glauben eine neue seelische Heimat zu begründen.

Aber die Taufe war erst ein Anfang des Missionswerkes. Petrus überließ die Neugetauften nicht sich selbst. Er ging ihnen nach und suchte sie auf. Er tröstete die Niedergeschlagenen, pflegte die Kranken und schützte die Mißhandelten. Die Sklaven dankten es ihm mit rührendem Vertrauen und treuer Anhänglichkeit an die Heilswahrheit, die sie von ihm empfangen hatten. Am Sonntag bestand er darauf, daß die Neger und ihre weißen spanischen Herrn gemeinsam den Gottesdienst besuchten. Er wollte beiden Gruppen vor Augen führen, daß es vor Gott nicht Sklaven und Herrn gibt, sondern daß alle Kinder seiner Liebe sind. Natürlich rümpften die vornehmen spanischen Damen die Nase und sagten, sie könnten die Ausdünstung der Neger nicht ertragen. Ihnen entgegnete Petrus: „Der Herr muß die Ausdünstungen eurer Sünden ertragen, und diese sind schlimmer als der Geruch der Neger, auch diese armen Menschen sind Christen. Ich bin ihr Hirte und Seelsorger und feiere für alle, die sich zu Christus bekennen, die eine und gemeinsame heilige Messe." So gab er ihnen die Würde als Menschen, als Christen und Kinder des einen Gottes.

Schrecklich war der Tag der Trennung, wenn die Sklaven den Marsch ins Innere zu ihren neuen Herrn antreten mußten. „Gleich als sei ihm ein Stück aus dem Leib gerissen, blieb er zurück, bis sie seinen Blicken entschwunden waren. Seine flehentlichen Gebete begleiteten sie in die neuen Arbeitsstätten, in die Bergwerke und Pflanzungen."

Ein jahrzehntelanger Dienst unter solchen Umständen ist kein Ort für spektakuläre Heldentaten, er ist selbst eine einzige Heldentat, Tag für Tag zu ertragen, nur mit einer ganz starken Gesundheit, mit einem unbeugsamen Willen und mit einer besonderen übernatürlichen Gnade. Erniedrigte Menschen, als Tiere behandelt und als Ware verkauft, müssen erst aufgeschlossen werden für eine Botschaft der Liebe und der Freude, die aber erst im Jenseits erfahren werden kann ohne Erleichterung in ihrem verzweifelten diesseitigen Dasein. Die schnell bekehrten Neger, die sich leicht durch neue Eindrücke ablenken lassen, müssen im Glauben befestigt, in ihren trübseligen Lebensumständen zu sittlichem Leben angeleitet werden; Kranke, Sterbende müssen in stinkenden Hütten besucht und versehen werden; Pocken und Cholera und andere Epidemien gehören zu den immer wiederkehrenden, normalen Zuständen. Bei alldem ein frohes Gesicht, das Zuversicht und Vertrauen ausströmt und auf die Verzweifelten überträgt, das ist mehr als ein einmaliger Akt eines heroischen Martyriums. Auf dreihunderttausend Taufen zählt man die Ernte des Petrus Claver. Doch sagt diese Zahl nur wenig über die Mühe und Arbeit aus, die dahintersteht, über die Leiden um die Mißerfolge, die Demütigungen durch übermütige und brutale Sklavenherrn, das Mißverhältnis zwischen der ungeheuren Aufgabe und den geringen eigenen Kräften. Petrus Claver aber ist seiner Aufgabe treu geblieben, und Gott hat sie gesegnet. Schon zu Lebzeiten wurden Hunderte von wunderbaren Gebetserhörungen berichtet. Seine Autorität war bei weiß und schwarz allmählich ungeheuer gewachsen. Man sah in ihm den Heiligen, was den Zulauf und damit die Last seiner Mühe nur vermehrte.

Jedes Jahr nach Ostern ging Pater Petrus auf „Urlaub“. Er bepackte sich mit dem Notwendigsten und wanderte zu Fuß über Berg und Tal, durch Schluchten und Sümpfe, um die Sklaven aufzusuchen und zu betreuen, die in das Landesinnere verkauft worden waren. In elenden Sklavenhütten hörte er die Beichte und feierte das Meßopfer. Am Abend versammelte er die von weit hergekommenen Plantagenarbeiter zur Christenlehre und zum Gebet und bereitete sie auf den Empfang der Sakramente vor. Einladungen der weißen Herrn lehnte er immer ab, sein Nachtlager war in den Hütten der Sklaven, er wollte der „Sklave der Sklaven“ sein.

„Kehrte er dann nach vielen Mühen und Strapazen nach Cartagena zurück, dann war er fast nicht mehr zu erkennen. Erschöpft und abgezehrt dachte er nicht an Ruhe, sondern nahm seine gewöhnliche Arbeit wieder auf. Neben den Negersklaven hatten eigentlich nur noch die Kranken Platz in seinem Herzen. Es verging fast kein Tag, an dem er nicht das Hospital zum heiligen Sebastian aufsuchte, Sterbende versah und die niedrigsten Pflegedienste verrichtete. Das Ziel dabei war ihm stets das Heil der Seele. Aber schon seine Gegenwart wirkte beruhigend auf die Kranken; er strömte Heiterkeit und Frieden auf alle aus, besonders auf die Unglücklichsten, die Aussätzigen im Spital St. Lazarus. Mit abgöttischer Verehrung hingen diese Ausgestoßenen der Menschheit an ihrem Vater und Apostel und begegneten ihm mit tiefster Hochachtung; sie hielten ihn für einen Engel, den Gott zu ihrem Trost vom Himmel gesandt und der das bittere Schicksal zu verklären wußte, das auf ihren zerschlagenen Schultern lastete“ (J. Schenk).

Neben den Spitälern brauchte eine Stadt wie Cartagena an öffentlichen Gebäuden vor allem Gefängnisse. Die Justiz in einem solchen Schmelztiegel aller Farben und Rassen der Erde machte nicht viel Federlesens mit Gesetzesbrechern. Dabei war die Hautfarbe oft mehr Grund für eine Verurteilung als das Verbrechen. Petrus Claver folgte seinen Schützlingen auch in das Gefängnis und auf den Richtplatz. Die Obrigkeit hatte ihm unbegrenzten Zutritt gewährt. Er besorgte Verteidiger, verhandelte mit den Richtern und rief auch den starken Arm des Vizekönigs an, um schlimmste Mißgriffe und Fehlurteile zu verhindern.

Schon die Zeitgenossen fragten sich, wie ein Mensch dies alles leisten könne. Keine noch so robuste Gesundheit konnte diesen Raubbau der Kräfte auf die Dauer aushalten. Es ist die Gnade, die Heilige schafft. Die Liebe Gottes war für Petrus nicht ein vorübergehendes süßes Gefühl, es war die unausweichliche Bindung des Willens, ja aller Kräfte des Leibes und der Seele an den Willen Gottes, an die von Gott gestellte Aufgabe. Eine unaufhörliche Versenkung in Gott, fortdauerndes betrachtendes Gebet hielten diese Verbindung aufrecht und verstärkten sie von Tag zu Tag, von Jahr zu Jahr. Zeugen haben unter Eid bekräftigt, daß sie ihn von himmlischem Licht umgeben im Gebet versunken gesehen hätten. Seine Zurückhaltung in Speise und Trank versuchte er sorgfältig vor seiner Umgebung zu verbergen. Seine Kost, bestehend aus Brot, Kartoffeln und Wasser, rechtfertigte er mit einem schwachen Magen, der eine andere Kost nicht vertrüge. Jahrelang schlief er auf bloßem Boden mit einem Holzkeil als Kopfkissen. Nächtliche Geißelungen bildeten den Höhepunkt einer uns erschreckenden Abtötung. Um seinem Herrn nachzufolgen, setzte er sich, wenn er allein war, eine spitze Dornenkrone aufs Haupt.

Schließlich muß auch der Körper eines Riesen unter einer solchen Last zusammenbrechen. Vierzig Jahre war Petrus der gute Geist der Wüstenstadt Cartagena gewesen. Er hat den Kelch mit seinem Herrn geleert – bis zum letzten Tropfen. Dieser letzte Tropfen war die Einsamkeit und Verlassenheit des kranken Greises, um den sich niemand mehr kümmerte, der vergessen und vernachlässigt in Schmerzen in seiner Zelle lag. Seine letzte Freude war die Ankunft seines Nachfolgers, dem er seine Aufgabe übergeben konnte, nachdem er sein Gelübde erfüllt hatte bis zur letzten Faser seiner Kräfte und bis zum letzten Augenblick seines Lebens.

Am 6. September 1654 schleppte sich Petrus Claver auf zwei Krücken gestützt noch einmal in die Kirche und wohnte der heiligen Messe bei. Zwei Tage später, am Fest Mariä Geburt, gegen Morgen ging der Heilige heim zu Gott.

Jetzt empfand die Stadt Cartagena, was sie verloren hatte. Weiße und Schwarze drängten sich gemeinsam um den Leichnam. Der Gouverneur mußte durch Soldaten die Ordnung aufrecht erhalten. Es war aber nicht möglich, den Sarg zu

schließen und das Begräbnis durchzuführen. Man mußte die Menge durch die Verteilung von Reliquien ablenken und dann in aller Eile den Sarg entfernen und die vorbereitete Nische mit einer Marmorplatte verschließen. Die Neger aber wollten ihre eigene Totenfeier für ihren geliebten Vater veranstalten. Sie luden den Statthalter, den Adel und die Offiziere dazu ein. Dann zogen sie mit den Abzeichen ihrer Stämme feierlich in die Kirche ein. Jeder Anwesende trug ein Kreuz, alle weinten um den weißen Priester, der ihnen ihre Würde zurückgegeben und ihnen eine neue Heimat in der Kirche geschenkt hatte.
„Clavers Tod vollbrachte das größte Wunder unter den Menschen, wofür er sich ein Leben lang bemüht und bis zur Erschöpfung gearbeitet hatte: die Anerkennung der Neger als gleichberechtigte Glieder der menschlichen Familie und die Überzeugung, daß auch sie eine Seele besaßen und durch Christi kostbares Blut erlöst seien. In der Jesuitenkirche von Cartagena, am Grab des Negerapostels, am Tag des Totengottesdienstes der Neger, wurde die Magna Charta dieser Menschlichkeit und Brüderlichkeit geschlossen“ (J. Schenk).
Am 16. Juli 1850 wurde Petrus Claver selig- und am 22. Januar 1888 heiliggesprochen. Papst Leo XIII. hat ihn am 7. Juli 1896 zum Patron der Negermission ernannt.

Petrus Canisius

geboren: 8. Mai 1521
gestorben: 21. Dezember 1597
Fest: 27. April

Es war keine Übertreibung, als Papst Leo XIII. den 1864 seliggesprochenen Petrus Canisius den „zweiten Apostel Deutschlands“ nach Bonifatius nannte. Im Gegenteil: Dieser zweite Apostel hat die kirchliche Landkarte Deutschlands mehr verändert als sein großer Vorgänger. Wenn man seine vielen „Missionsreisen“ kreuz und quer durch Deutschland, ja durch ganz Europa betrachtet, dann möchte man ihn mit Paulus vergleichen, wobei ihm keine bequemeren Reisemittel zur Verfügung standen als jenem.
Petrus Canisius entstammte einer hochangesehenen und wohlhabenden Patrizierfamilie in Nijmwegen. Sein Vater wurde dort neunmal zum Bürgermeister gewählt. Seine Mutter war eine tieffromme und mildtätige Frau. Von diesen Eltern stammen die beiden Grundelemente in der Persönlichkeit des Sohnes: eine angeborene politische Begabung und eine tiefe Gläubigkeit. Das Jahr seiner Geburt 1521 hat beinahe symbolische Bedeutung für seinen späteren Lebensweg. Martin Luther verfällt auf dem Reichstag zu Worms der Reichsacht und beginnt auf der Wartburg seine Bibelübersetzung und im gleichen Jahr verläßt in Spanien Ignatius von Loyola den Militärdienst, um sein neues Leben zu beginnen, das zur Gründung der Gesellschaft Jesu führt, die wiederum dem neugeborenen Petrus Canisius geistliche Heimat und Aufgabe bieten sollte. Freilich, an so etwas dachte der Vater bei der Taufe seines Sohnes gewiß nicht. Er sah in diesem vielmehr den Fortsetzer seiner eigenen politischen Aufgabe. Er sollte Jurist werden und in die Dienste der Stadt treten. Aber: Der Mensch denkt und Gott lenkt.
Nachdem er zu Hause die Grundbildung erhalten hatte, kam Petrus Canisius 1536 nach Köln, seiner zweiten Heimat, der er zeitlebens seine besondere Liebe bewahrt hat. Schon nach zwei Jahren erwarb er dort das Baccalaureat der freien Künste und wieder zwei Jahre später 1540 den Magistertitel, dem ein Jahr später das Doktorat der Philosophie folgte. Diese strahlende Studienlaufbahn beweist seine hervorragende Begabung und seinen Fleiß. Wichtiger aber als diese äußere Studienzeit war seine religiöse Entwicklung in diesen Jahren. Petrus Canisius verkehrte viel bei Kartäusern. Er lernte ihr strenges Bußleben kennen. Ebenso aber auch ihre Hinwendung zu den kleinen Leuten und ihre Milde gegenüber den Sündern. Unter ihrem Einfluß kehrte er der Rechtswis-

senschaft den Rücken und entschloß sich zum Mißvergnügen des Vaters zum Studium der Theologie. Hier begegnete er Petrus Faber, einem der ersten Gefährten des Gründers der Gesellschaft Jesu, des heiligen Ignatius. Er machte bei ihm die „geistlichen Übungen“ (Exerzitien) und bat um Aufnahme in den neuen Orden. Am 8. Mai 1543 wurde er als erster Deutscher Jesuit. Schon während des Theologiestudiums (1544 Diakonatsweihe, 1546 Priesterweihe) entfaltete er seine große schriftstellerische Begabung. So gab er die Werke des deutschen Mystikers Johannes Tauler heraus und übersetzte die Kirchenväter Cyrill von Alexandrien und Leo den Großen ins Deutsche.

Aber seine politische Begabung ließ sich nicht unterdrücken. Schon in diesen jungen Jahren wurde er von den treuen Katholiken der Stadt Köln dreimal an den Hof des Kaisers Karl V. geschickt, um zu verhüten, daß der Kölner Erzbischof mit seinem ganzen Erzbistum zum neuen Glauben übertrat.

1545 sehen wir Canisius als theologischen Berater auf dem Reichstag zu Worms. Dort begegnete er dem Kardinal Otto von Truchseß, der tief in den Gang seines Lebens eingreifen sollte. Noch im gleichen Jahr nahm er ihn als seinen Konzilstheologen mit nach Trient, wo er bald eine große Rolle unter den Theologen spielte und auch selbst als Redner vor den Konzilsvätern auftrat.

Nachdem er in Messina (Sizilien) ein Jahr Philosophie gelehrt und bei der Gründung des dortigen Ordenskollegs mitgewirkt hatte, kehrte er 1549 nach Rom zurück und legte dort seine feierliche Profeß ab. Dort fiel auch die Entscheidung über sein künftiges Leben. Am 2. September 1549 wurde er von Papst Paul III. empfangen. Dieser bestätigte den besonderen Auftrag, den ihm der Ordensstifter Ignatius zugedacht hatte: nach Deutschland zu gehen und für die Kirche zu retten, was noch zu retten war. In Rom wußte man wenig über die Vorgänge im Norden Europas. Die Ausbreitung der neuen Lehre, der Abfall ganzer Länder mit ihren Fürsten, auch Geistlicher, erschreckte die Renaissance-Prälaten wenig. Canisius selbst sagt darüber: „In Rom bedarf man mehr als *eines* Sporns. Man hört ja wohl etwas von unserem Lande, aber die Ärzte sind weit weg vom Kranken, sie sehen unsere Geschwüre und Wunden nicht mit eigenen Augen.“ Er selbst kannte den traurigen Zustand der Kirche in Deutschland ganz genau, und fand bittere, ja harte Worte für die verweltlichten Bischöfe, die ungebildeten Priester und das im Aberglauben steckende Kirchenvolk: „Die Geistlichen glauben selbst nicht an die Messe, keine Andacht ist bei ihnen wahrzunehmen. Vom Altar weg gehen sie in Schänken. Es ist keine Ehrbarkeit in ihrem Haus, keine Mäßigkeit an ihrem Tisch, keine Enthaltsamkeit auf ihrem Lager, kein Studium bei ihren Büchern, keine Frömmigkeit in ihrem Herzen.“

Canisius aber ging nicht nach Deutschland, um die Reformation mit politischen Mitteln zu bekämpfen. Er ging nach Deutschland, um die katholischen Christen zu missionieren, die Fürsten im Glauben zu festigen, die Bischöfe und Geistlichen zu glaubwürdigen Zeugen des Evangeliums zu machen und das Kirchenvolk zu ermutigen und zu lehren. Dreißig Jahre hat er diesem Ziel mit unvorstellbarem Eifer als Ordensoberer und Diplomat, als Lehrer und Beichtvater, als Prediger und Schriftsteller, nicht zuletzt als Büßer und Beter gedient. Und nach diesen dreißig Jahren war die katholische Kirche in Deutschland reformiert oder wenigstens auf dem Weg zu einer inneren Reform. Petrus Canisius war der Träger der katholischen Reform in Deutschland. Mit seiner politischen und organisatorischen Begabung erkannte er aber, daß ein einzelner nichts ausrichten konnte. Es bedurfte vieler gleichgesinnter Mitarbeiter, die dann in Bildungsanstalten kirchlich gesinnte Priester und Laien ausbildeten. Diese sollten dem christlichen Volk ein gutes Beispiel geben und die Unwissenheit und den Aberglauben durch gute Schriften und katechetische Unterweisung bekämpfen. Daher galt seine Hauptsorge der Gründung von Jesuitenkollegien mit angeschlossenen Schulen und Hochschulen. Schon bevor er nach Rom ging, gründete er in Köln 1544 das erste Jesuitenkolleg auf deutschem Boden. Das angeschlossene Gymnasium hatte 1559 schon tausend Schüler. 1549 nach seiner Rückkehr von Rom galt seine erste große Sorge der Reorganisation der heruntergekommenen Universität Ingolstadt. Hier entstand der geistige Mittelpunkt des katholischen Bayern. Durch diese hohe Schule ging der ganze bayerische Adel. Auch Kaiser Ferdinand und Kurfürst Maximilian I. von Bayern erhielten dort ihre entscheidende religiöse Prägung. Die Krone seiner Schöpfungen aber war das Kolleg und die Universität Dillingen. Aus der Dillinger Hochschule gingen in den folgenden Jahrzehnten zahlreiche Bischöfe, Staatsmänner, Äbte und Gelehrte hervor. Vor allem die alten Orden ließen ihren Nachwuchs in Dillingen studieren, so daß von dort auch eine segensreiche Reform auf die da und dort verwahrlosten alten Klöster überging. Es kam gar nicht selten vor, daß auch Protestanten ihre Söhne nach Dillingen schickten. Es war eine Reformuniversität mit fortschrittlichen Methoden und Fächerangeboten. Von den übrigen Kollegs und Schulen, die von Petrus Canisius gegründet und geleitet oder wenigstens mitverantwortet waren, können hier nur einige aufgezählt werden: 1552 Wien; 1554 München; 1561 Mainz, Innsbruck, Hall; 1567 Würzburg; 1565 Speyer; 1565 Braunsberg. Außerdem errichtete er die polnische Ordensprovinz, die im Jahre 1600 bereits 466 Jesuiten zählte.

Mit zwei Gefährten war Petrus Canisius 1549 nach Deutschland geschickt worden. Als er 1580 Deutschland verließ, um in der Schweiz ein Kolleg zu gründen, zählte die deutsche Ordensprovinz 1111 Mitglieder. Nahezu die gesamte studierte Laienschaft und ein sehr großer Teil des Klerus sahen in den Ordensschulen der Jesuiten ihre berufliche und religiöse Heimat. Dies war die Quelle der katholischen Reform.

Unterbrochen wurde diese Tätigkeit als Ordensprovinzial (1556–1569) durch weite Reisen an nahezu alle katholischen Fürstenhöfe. Bei allen kirchenpolitisch wichtigen Vorgängen in der Mitte des sturmbewegten 16. Jahrhunderts hat Petrus Canisius in irgendeiner Form mitgewirkt als Berater der Päpste, der

Der heilige Petrus Canisius. ▷
Stich von Dominicus Custos. Foto: Archiv.

Kaiser, der Bischöfe und der katholischen Fürsten. Mit jeder wichtigen Persönlichkeit aus der katholischen Welt seiner Zeit war er persönlich bekannt, mit den meisten in Freundschaft verbunden. Ein unglaubliches Maß an körperlichen Strapazen, an seelischen Leiden und geistigen Mühen ist in diesen Sätzen eingeschlossen.

Und doch war Canisius kein Politiker, wollte keiner sein. Seine Antriebskräfte lagen ausschließlich in seiner Liebe zu Gott, zur Kirche und zu den Seelen. Dies gilt so sehr, daß man die gewaltigen Leistungen im Aufbau des Ordens, der Gründung der Schulen und Hochschulen, sowie seine kirchenpolitischen Aktivitäten nur als Nebentätigkeit, als Hilfsmittel zweiter Ordnung ansehen darf. Die Kanzel, der Beichtstuhl, der Schreibtisch und das Betpult machten das Zentrum seines priesterlichen Daseins aus.

Drei Jahre lehrte und predigte er in Ingolstadt, drei Jahre als Domprediger in Wien, zehn Jahre in Augsburg und sieben Jahre in München. Noch heute sind mehr als 12000 Bogen mit seinen Predigtskizzen erhalten. Ganz im Gegensatz zu der Mode seiner Zeit legte er gar keinen Wert auf eine bombastische Rhetorik. Seine Sprache war einfach, verständlich, beinahe schmucklos. Dafür verstand ihn das einfache Volk, das er direkt ansprach, ja in seine Predigt mit Frage und Antwort miteinbezog. Er sprach in dauerndem Kontakt mit seinen Zuhörern und vermochte sie zu einer gemeinsam hörenden und fühlenden Gemeinschaft zusammenzuschließen. Der Zustrom zu seinem Beichtstuhl ging aus diesem Predigtkontakt hervor. Es war die individuelle Fortsetzung der Predigt. Bis heute ist seine charismatische Kontaktfähigkeit in Predigt und Seelenführung selten erreicht, nie übertroffen worden.

Dabei war ihm bewußt, daß viel Samen stets auf den Weg, auf steinigen Grund oder unter die Dornen fällt. Er mußte seiner Unterweisung Unterbau und Fortdauer sichern. Dies sah er in der Verbreitung religiöser Schriften, die den Aberglauben bekämpfen, die Unwissenheit aufhellen und zum Aufbau eines vertieften religiösen Lebens anleiten sollten. Diesem Ziel diente vor allem sein Katechismus, eine systematische, in Frage und Antwort gegliederte, leicht verständliche katholische Glaubenslehre in drei Ausgaben: der große für Studenten und Akademiker, der kleine Katechismus für Kinder und dazwischen eine Ausgabe für Gymnasiasten. Dieser Katechismus hat Petrus Canisius die Würde eines Kirchenlehrers eingetragen. Noch zu seinen Lebzeiten erschien er in 200 Auflagen. Das Buch gehört zu den meist verbreiteten gedruckten Büchern der Welt. Noch in unserem Jahrhundert wurde vielfach der Name des Verfassers anstelle des Titels gebraucht. Der Katechismus hat im katholischen deutschen Raum ein gemeinsames Glaubens- und Kirchenbewußtsein geschaffen und dieses bis in die Mitte unseres Jahrhunderts maßgeblich geprägt. Außer dem Katechismus hat Petrus Canisius noch etwa dreißig theologische Werke verfaßt, die in ihrer theologischen Argumentation, in ihrem kontrovers-theologischen Ansatz und in ihrer zeitbedingten Gefühlslage heute nur noch historische Bedeutung haben. Dagegen strahlen seine in acht Bänden vorliegenden Tausende von Briefen noch heute einen großen Zauber aus. Petrus Canisius war ein Genie der Freundschaft. So wortkarg und spröde er im persönlichen Umgang sein konnte, mit seinen Briefen vermochte er, über die größten Entfernungen und gesellschaftlichen Schranken hinweg herzliche Freundschaften zu begründen und zu pflegen. Hierin liegt sicher ein Geheimnis seiner großen Wirkung auf Menschen.

Der Heilige war hochbegabt, aber eigentlich kein Genie. Er hatte einen klaren Blick für das Notwendige und für die Wege zu seiner Verwirklichung. Zähe Beharrlichkeit und ein nie erlahmender Fleiß brachten ihn allen seinen Zielen, in vielen kleinen und kleinsten Schritten, näher. Die Triebfeder für sein Handeln war seine Gottesliebe auf der Grundlage eines unerschütterlichen Glaubens. Er erfuhr die Wirklichkeit und Gegenwart Gottes lebendiger als seinen eigenen Körper. Der vertraute Umgang mit ihm war weder intellektuelle Anstrengung noch Willenstraining, er war sein Lebenselement. Dies war seine große Gnade. Er hat sie in einem immerwährenden Gebet gepflegt, und all sein Handeln war Teil dieses Gebets. Auch sein Gebet war nicht geistvoll und poetisch. Er betete den Rosenkranz und die einfachen Gebete des Volkes; es war ein Ruhen- und Atemholen der Seele.

Petrus Canisius war kein rigoroser Eiferer. Seine Milde und Langmut erregten sogar öfter die Kritik seiner Mitbrüder. Wer möchte einem „eifernden Jesuiten" des 16. Jahrhunderts die folgenden Grundsätze für die Erholung der Menschen zutrauen: „Man muß den guten Mittelweg einhalten, so daß man nicht übertreibt und Vorschriften nicht überspannt. Ich sage dies nicht nur vom Tanzen, sondern von allem Zeitvertreib an Feiertagen, wie Spielen, Schießen und dergleichen Unterhaltungen, Ausflügen und andere Arten der Erholung. Ich würde es nicht billigen, sondern vielmehr für eine Ungehörigkeit halten, wollte jemand seinen Nächsten richten, verdammen und verachten, weil er sich solche Erholungen gönnt, selbst wenn sie etwa von Sünden begleitet sein könnten. Denn es läßt sich schwer beweisen, daß die Menschen vermöge des Sonntagsgebotes verpflichtet sind, sich ausschließlich dem Dienste Gottes zu widmen, ohne sich irgendwelchen Zeitvertreib zu gestatten." Mit dieser milden Weisheit konnte sein Ordensoberer in München, ein fähiger, mit sich und seiner Umwelt überstrenger Eiferer nichts Rechtes anfangen. Dazu kam noch seine Eifersucht gegenüber dem vom Papst, dem Fürsten, dem Ordensgeneral hochgeachteten und vom Volk geliebten älteren Mitbruder. Schließlich entzog der Ordensgeneral den alternden Petrus Canisius den Schikanen seines Provinzials und beauftragte ihn 1580 mit der Gründung eines Jesuitenkollegs und einer Schule in Freiburg in der Schweiz.

Noch einmal begann Petrus Canisius von vorne, zuerst mit der Seelsorge, dann mit dem Bauen und schließlich mit der Gründung einer Schule und Hochschule, die bis zum heutigen Tag ein leuchtendes Zeugnis für den Weitblick ihres

Gründers ablegt. Wie in allen seinen Schulgründungen ging es Petrus Canisius auch hier nicht nur um die Hebung des Bildungsniveaus allein, es ging ihm um die Festigung und Förderung des Glaubens. Dem dienten neben der Lebensgemeinschaft im Konvikt besondere religiöse Vereinigungen, die über das allgemeine Maß hinaus die Verehrung der Gottesmutter pflegten: Es waren dies die Marianischen Kongregationen, zunächst für Studenten, später für Männer und Frauen. Ihr Anteil an der Erneuerung der katholischen Religion ist nicht gering. Könige und Fürsten, Bischöfe und Priester, ebenso Tausende von Akademikern zählten und zählen noch heute zu ihren Mitgliedern. Die herrlichen Kirchen, die von ihnen erbaut wurden, sind nur ein äußeres Zeichen ihres aktiven religiösen und sozialen Wirkens. Sie waren das Salz in der Bildungsarbeit der Jesuiten. Auch in der Schweiz mühte sich Canisius in der Seelsorge, Hunderte Male stand er auf der Kanzel; im Beichtstuhl stand der berühmteste Jesuit seiner Zeit jedermann zur Verfügung. Allmählich aber machten sich die Folgen der Strapazen bemerkbar, hatte er doch viele Tausende von Kilometern zu Fuß und zu Pferde bei jedem Wetter und in jeder Jahreszeit zurückgelegt. Auch die Beschwerden des Alters plagten ihn. Er selbst schreibt darüber in einem Brief: „Was mich betrifft, so fühle ich, daß meine Beine den Dienst nicht mehr tun wollen, und es ist oft schwer, die Messe zu lesen. Gepriesen sei Gott, die Quelle alles Guten, der Mattigkeit, Widerwillen gegen Nahrung, Schwächung des Gedächtnisses und der Konzentrationskraft, Beschwerlichkeit und andere ähnliche Armseligkeiten in uns alten Leuten zunehmen läßt, die uns mahnen, daß wir in gebrechlichen Zelten wohnen und auf dem Weg zu einem besseren Leben sind.“ Trotz seines starken Glaubens und der lebendig nahen Wirklichkeit Gottes wurde Petrus Canisius bis an sein Ende von Ängsten um sein ewiges Heil gequält. Das Bewußtsein des Abstands jeder menschlichen Armseligkeit von der unendlichen Größe und Majestät Gottes erzeugte bei ihm das Gefühl der Unwürdigkeit und der Selbstverdemütigung, die ein oberflächlicher Betrachter für eine Form der geistlichen Eitelkeit halten könnte. Es gibt kaum einen Brief von ihm, in dem er nicht um Fürbitte für die Rettung seiner Seele bittet. Und es war ihm ernst damit. Diese geistliche Unruhe entsprang der Heilstheologie seiner Zeit, der ignatianischen Frömmigkeit und der täglichen Betrachtung einer etwas juridisch verstandenen Gerechtigkeit Gottes, die bei ihm allerdings überstrahlt wurde von einer glühenden Gottesliebe. Diese bestand in der vollkommenen Unterordnung des Willens unter Gottes Gebot. Petrus Canisius hat sein ganzes Leben, seine ganze Person hingegeben, ohne für sich auch nur den kleinsten Rest zurückzubehalten. Darin liegt seine Heiligkeit, und darin ist er jedem Christen zu jeder Zeit ein Vorbild.

Am 21. Dezember 1597 starb er inmitten seiner Mitbrüder in Fribourg. Sein Leib ruht in der dortigen Michaelskirche.

1864 wurde er selig- und 1925 heiliggesprochen.

Philipp Neri

geboren: 21. Juli 1515
gestorben: 26. Mai 1595
Fest: 26. Mai

Philipp wurde zwei Jahre vor dem Thesenanschlag Luthers in Florenz geboren. Er hat der Welt, den Päpsten und der Stadt Rom gezeigt, wie eine katholische Reform der Kirche hätte aussehen können.
Sein Vater war Notar, aber nicht mit dem Einkommen, das man diesem Berufsstand heute nachsagt. Die einstmals angesehene und begüterte Familie war in den letzten Generationen verarmt. Den Rest verbrauchte der Vater für seine alchimistischen Experimente und Liebhabereien. Die Mutter verlor Philipp, als er 5 Jahre alt war. Aber auch mit der Stiefmutter hatte er Glück; sie liebte das Kind wie ihr eigenes. Sonst wissen wir wenig über die Kindheit und Jugend des späteren Apostels von Rom. Sicher ist, daß er nicht zu den oberen Tausend gehörte. Sein Umgang waren die Kinder der „Vorstadt", der Krämer und Handwerker, der Putzfrauen und Fuhrleute. Von daher stammte seine Vorliebe für die einfachen Leute, die ihm zeitlebens lieber und wichtiger waren als Grafen und Prälaten. Viel hielt er sich bei den Dominikanermönchen von San Marco auf. Der berühmteste von ihnen, Girolamo Savonarola, war zwar schon 17 Jahre vor seiner Geburt hingerichtet worden, aber sein Andenken war noch lebendig, und gerade, als Philipp 12 bis 14 Jahre alt war, erlebte der religiöse Ernst und die Besinnung unter dem Druck der Kriegsangst eine Erneuerung. 1528 wurde Christus zum alleinigen König und Herrn der Stadt feierlich proklamiert. Was Philipp sonst noch bei den Dominikanern gesehen und gehört hat, hat jedenfalls den Entschluß entstehen und reifen lassen: Einen Orden mit festen Regeln, mit striktem Gehorsam, mit Gemeinschaftsleben will ich nicht. Weder wollte er in einen solchen eintreten, noch wollte er einen solchen gründen. Daran änderte auch sein Umgang mit einem anderen Orden, den Benediktinern von Monte Cassino, nichts. Mit 18 Jahren hatte Philipp nämlich Florenz verlassen. Er sollte im Geschäft seines „Erbonkels" in San Germano am Fuße des Berges von Monte Cassino den Beruf des Kaufmanns erlernen und später dessen Geschäft übernehmen. Aber dies war nicht seine Zukunft, das erkannte Philipp bald. Er hielt sich mehr im Kloster als im Geschäft auf. Drei Jahre später finden wir ihn völlig mittellos in Rom wieder. Dort traf er zu seinem Glück einen Landsmann, den Leiter des florentinischen Zollamts, der ihm die Erziehung seiner Söhne gegen freie Kost und Wohnung anvertraute.

Großartig war diese Entlohnung freilich nicht. Die Kost bestand in einem Sack Mehl, für das der Hauslehrer beim Bäcker nebenan Brot backen ließ, und ein paar Oliven, die Unterkunft in einem Holzverschlag im Zollamt, in dem gerade das Bett Platz fand, die Kleider hatten im Lager auf einer Wäscheleine ihren Platz. Aber dies war ganz nach dem Herzen des jungen Neri. Noch in Monte Cassino oder zu Beginn seines Romaufenthaltes hatte er seine „Bekehrung" erlebt. Eine eigentliche Bekehrung war es allerdings nicht; denn bei den Dominikanern in Florenz und bei den Benediktinern in Monte Cassino war er ganz natürlich in ein religiöses Leben hineingewachsen, das keines Bruches, sondern höchstens der Entfaltung und Vertiefung bedurfte. „Es ging für ihn einzig darum, ein zwischen Diesseits und Jenseits geteiltes Leben zu vertauschen mit einem Dasein, das ausschließlich, vollkommen, endgültig und unbedingt Gott gehöre. Er hat sich weniger von dieser Welt abgewendet, als daß er plötzlich und unwiderruflich jener anderen Welt anhing" (M. Juhandeau).
Seine Tätigkeit als Hauslehrer ließ Philipp viel freie Zeit. Er hörte nebenbei theologische Vorlesungen und kam dabei vermutlich mit den ersten Jesuiten, vielleicht mit Ignatius von Loyola selbst in Berührung. Auch deren Ordensideal, der streng geordneten Kampfschar für Gott und die Kirche mit einem General an der Spitze, dem die Truppen bedingungslos zu gehorchen hatten, konnte Philipp nichts abgewinnen. Er liebte die Freiheit, die Freiheit zu gehen, wohin er wollte, zu beten, wann und wie lange er wollte, und Gutes zu tun, wo und wie sich Gelegenheit dazu bot. Sein Missionsfeld waren die lauten Gassen der römischen Altstadt, die ebenerdigen, dunklen Werkstätten der Handwerker und die weiten, sonnigen Plätze der Stadt, wo die Jugend spielte und sang und wo die Alten bis tief in die Nacht hinein im Gespräch zusammensaßen. Er spielte und sang mit, er beteiligte sich am Gespräch, seine witzigen Einfälle, sein fröhliches Lachen machten ihn bald zum Mittelpunkt, und ehe die Runde es sich versah, war man bei ernsten Themen des Glaubens, des Lebens und des Todes. Philipp hatte einen natürlichen und unbefangenen Sinn für Humor und Komik. Gerade ernste Situationen reizten ihn zu Einfällen, die bis an die Grenze der Clownerie gingen. So zog er seinen Mantel verkehrt an und putzte ihn mit Rüschen von Frauenkleidern heraus; er ging auf die Straße, die eine Hälfte des Gesichts glattrasiert, die andere Hälfte von einem Wochenbart bedeckt; er konnte vor Kardinälen tanzen, mitten in der Kirche ließ er sich die Haare schneiden; seine Witze machten die Runde in Rom, und seine Lieder wurden von Gassenbuben nachgesungen. Was stand hinter diesen Narreteien? Sie waren für den Volks- und Straßenmissionar ein Mittel zum Zweck. Er gewann dadurch Kontakt zu jungen und alten, zu einfachen Menschen und zu hochgestellten. Auf diese Weise gewann Philipp fast alle seine Schüler und Jünger. Nicht nur seine Witze und „Gassenhauer" machten die Runde, auch seine religiösen Gedanken drangen ins Volk von Rom und bewirkten allmählich eine spürbare Besinnung und Umkehr. Die Blüten der Renaissance begannen

zu welken, die gesunden und kräftigen Triebe der inneren Reform der Kirche hervorzutreiben. Das Auftreten als „Narr“ hatte außerdem das Ziel, das zentrale, religiöse Anliegen Philipps zu verwirklichen. Klein sein, sich klein machen, Demut ist Voraussetzung und Grundlage der Liebe Christi zu uns und unserer Liebe zu Jesus. Nicht Wissenschaft und Gelehrsamkeit machen fromm, nicht die Theologieprofessoren sind die frömmsten Christen, sondern die um Jesu willen sich klein machen. Auf das Studium hat Philipp nicht viel Zeit verschwendet. Er wollte sich verdemütigen, und er wollte das Volk Demut lehren; nur dann war für ihn eine Abkehr von der Hauptsünde der Renaissance, dem Stolz, zu erreichen.

Schließlich wollte Philipp mit Narrheiten und Witzen die eigene Begnadung durch Visionen, Ekstasen und Elevationen herunterspielen und verdecken. Es war ihm unangenehm, wenn sein tiefes mystisches Erleben sichtbar wurde. Um davon abzulenken, konnte er sogar grob werden.

Im Gegensatz zu vielen Bettelmönchen dieser Zeit, die in der Vernachlässigung der Körperpflege ein Zeichen besonderer Aszese und Heiligkeit sehen wollten, legte Philipp auf Reinlichkeit und Pflege des Körpers das größte Gewicht. Reinlichkeit war für ihn eine Tugend. Er lehnte z. B. schmutzige liturgische Gewänder ab, benutzte zum Zelebrieren nie einen geliehenen Kelch und trank selbst bei Tisch nur aus einem Glas, das ihm selbst gehörte. Auch für seine Gemeinschaft erließ er strenge Vorschriften für die Sauberkeit bei Tisch und am Altar. Man sagte, ihm nach, er sei „schön von Gestalt“ gewesen, seine Bewegungen strahlten einen natürlichen, unbezwinglichen Charme aus. Es gibt eine Schilderung von Philipp als Greis: „Er ist ein schöner Greis mit hermelinweißem Haar; seine Haut ist von mädchenhafter Zartheit. Wenn er die Hände hebt und die Sonne steht zufällig dahinter, so sind sie durchsichtig wie Alabaster.“

Dieselbe Reinlichkeit erwartete Philipp auch von seinen Besuchern. Man sagt, seine Sinne seien so empfindlich gewesen, daß er im Beichtstuhl die Sünde habe körperlich „riechen“ können. Diese Sensibilität bewirkte eine Hellsichtigkeit in natürlichen und übernatürlichen Dingen, die ans Wunderbare grenzte und die von den Zeitgenossen als Wunder empfunden wurde. So konnte er verlorene Dinge wieder finden. Beichtenden vermochte er den Inhalt ihres Sündenbekenntnisses oft zu sagen, bevor sie es ausgesprochen hatten. Er sah die Todesstunde seiner Freunde voraus. Wenn man nicht übernatürliche Erleuchtung annehmen will, dann muß man denen zustimmen, die glauben, er habe die Gabe des „zweiten Gesichts“ besessen. Frauen, die Philipp wegen seiner natürlichen und übernatürlichen Gaben in großer Zahl nachliefen, kamen bei ihm nicht auf ihre Rechnung. Einer vornehmen Dame, die ihm fortwährend verstohlene Blicke zuwarf, versetzte er kurzerhand eine Ohrfeige. Als er gezwungen wurde, sich zu entschuldigen, sagte er: „Selbstverständlich verzeihe ich dir, aber ich habe keine große Lust dazu.“

Am kürzesten angebunden war er bei Damen, die ihm ihre Seelenergüsse

endlos erzählen und Anregungen für noch längere und schönere Andachten holen wollten. Diese schickte er kurzerhand in das Spital der unheilbar Kranken. Dort sollten sie die Spucknäpfe leeren und die alten Strohschütten der Kranken erneuern. Viele blieben weg, die wiederkamen, waren die echten.
Einer verheirateten Dame, die ihm vom Einsiedlerleben vorschwärmte, wies er die Tür mit den Worten: „Halte die Versprechen, die du bereits gegeben hast, sonst wirst du die neuen genauso brechen wie die alten." Als eine andere Frau von ihren Erleuchtungen schwärmte, sagte er zu den Umstehenden: „Sucht einen Mann für sie!"
Heiligkeit durfte bei ihm nicht auf Kosten des Menschlichen gehen, im Gegenteil, sie mußte dem Menschlichen zugute kommen. Alle übertriebene Strenge, alle düsteren, den Menschen unfroh machenden gewaltsamen Abtötungen lehnte Philipp ab. Seine Gottesliebe schloß die Menschenliebe nicht aus, sie ging vielmehr aus ihr hervor und fußte auf ihr. Darum lag ihm auch wenig an dogmatischen Grundsatzfragen, lebendige Menschen wollte er vor sich und um sich haben. Das konkrete Leben der Heiligen war sein Vorbild, und die Menschen, die er liebte, wollte er glücklich sehen in der Geborgenheit der Liebe Gottes. Diese wenigen Striche können den Liebreiz seines Wesens und die Anziehung seiner Persönlichkeit nur andeuten. War es ein Wunder, daß ihm nicht nur die Gassenjungen von Rom nachliefen, daß Handwerker, Alte und Hausfrauen ihm andächtig lauschten, es fanden sich immer mehr Priester, Adelige, Bischöfe und Kardinäle ein, die ihn zum Beichtvater und Seelenführer wählten Er hatte auf Drängen seines Beichtvaters sich im Jahre 1551 zum Priester weihen lassen.
Schon zwei Jahre vorher hatte Philipp seine Stelle als Erzieher und sein unstetes Wanderleben in Rom und um Rom aufgegeben. Er gründete eine Bruderschaft für Laien. Die Mitglieder dieser Bruderschaft sollten jeden Sonntag kommunizieren. Nach dem Gottesdienst zogen sie sich in San Girolamo zu religiösen Gesprächen zurück. Ihr karitatives Wirken galt den Armen und Kranken, deren es in Rom nur allzuviele gab. Besonders im Jahre 1550, als ein Heiliges Jahr gefeiert wurde, strömten riesige Pilgerscharen in die Stadt, die wochenlange Fußmärsche hinter sich hatten und keine Zukunft vor sich sahen. In Höfen und Winkeln, oft in den Kirchen lagen sie krank und halb verhungert herum. Ihnen galt die Sorge der Bruderschaft. Mit ihrem sackähnlichen Gewand mit roter Kapuze (Symbol der Barmherzigkeit) wurden sie die Schutzengel der Fremden, von denen ohne sie viele ihre Heimat nicht mehr gesehen hätten.
Von 1551–1583 wohnte Philipp in San Girolamo della Caritá mit gleichgesinnten Weltpriestern zusammen. Einen Oberen gab es nicht, Statuten und Regeln wurden abgelehnt, es sollte einzig die Freiheit der Liebe Aufsicht und Gesetz sein. In dieser Atmosphäre und Umgebung entstand allmählich und gleichsam von selbst das Hauptwerk Philipp Neris, das Oratorium. Zunächst fünf, dann immer mehr Mitglieder kamen zusammen, lasen gemeinsam einen Abschnitt

aus der Heiligen Schrift und stellten Betrachtungen über das Gehörte an. Mittelpunkt war Philipp, der sich im Betrachten des Gotteswortes „ganz verströmte", so daß Teilnehmer sagten: „Man habe sich beim Hören seiner Stimme wie im Paradies gefühlt." Später zogen sie in einen großen Raum auf den Speicher um und bauten diesen aus als Bet- und Versammlungsraum. Daraus entstand der Name Oratorium, das heißt: Betsaal.

Zu den gemeinsamen Betrachtungen kamen die Wallfahrten zu den sieben Hauptkirchen Roms. Einfaches Volk, später auch Adelige und hohe Geistliche schlossen sich an. Man betete und sang abwechselnd, nach dem Gottesdienst fand vor der Kirche ein fröhliches Picknick statt, die Wallfahrten waren Volksfeste und Volksmissionen in einem.

Diese lockere und fröhliche Form der Seelsorge gefiel dem strengen und engen Papst Paul IV. und seinen geistlichen Bürokraten gar nicht. Man hetzte die Inquisition auf Philipp und seine Anhänger. Man unterwarf ihn langen Verhören. Man verbot die Wallfahrt. Aber die Päpste hatten damals ein kurzes Leben. Philipp erlebte deren dreizehn. Kaum hatte Paul IV. die Augen geschlossen – zur Freude der Römer –, da lebten die Wallfahrten wieder auf. Der neue Papst Pius IV. hatte einen heiligen Neffen, Karl Borromäus, der ein treuer Freund Philipps wurde. Ebenso dessen Schwester Anna und sein Neffe Kardinal Frederico Borromäus. Leider regierte Pius IV. nur sechs Jahre, und nach ihm kam Pius V. Auch dieser war ein Heiliger. Aber auch Heilige verstehen sich manchmal nicht; denn die Heiligkeit verändert weder das Temperament noch den Charakter. Diesem Papst war vieles, was Philipp liebte, verdächtig, so zum Beispiel, daß in San Girolamo zum Gottesdienst nicht geläutet wurde, daß bei Konferenzen auch Laien zu religiösen Themen das Wort ergreifen durften, daß sogar jüdische Gelehrte das Alte Testament auslegen durften usw.

Philipp hatte ein gutes Gewissen und kümmerte sich wenig um die Spione, die ihm die Inquisition auf den Hals schickte. Ja er reizte die heilige Behörde in unerhörter Kühnheit. Als ein paar Zigeuner aufgegriffen und auf die Galeeren geschickt werden sollten, um gegen die Türken zu kämpfen, gründete Philipp eine „Bürgerinitiative", die so laut schrie und demonstrierte, daß der Papst wütend von seinem Vorhaben abließ. So etwas war damals selbst für einen Heiligen gefährlicher als heute!

Schon überlegte Philipp, ob er mit seinen Freunden nicht doch besser Rom verlassen und unter den Schutz seines Freundes Karl Borromäus nach Mailand flüchten sollte. Da starb auch dieser Papst, und unter seinen Nachfolgern beruhigte sich das Verhältnis zu den Kirchenbehörden. Im Gegenteil, Papst Gregor XIII. verehrte Philipp; er zog ihn oft zu Rate. Man erzählt sich, er habe ihm bei der Audienz den Ehrenplatz angeboten mit den Worten: „Von uns beiden seid Ihr der Höhere, denn ich habe den Vorrang nur durch meine Amtswürde, Ihr habt ihn durch eure Verdienste."

Das Wachstum des Oratoriums und die Zuneigung des Papstes führten zu großen Veränderungen in der Gemeinschaft. Der Papst bestimmte die Valicella (wo heute die Chiesa Nuova steht) zum Eigentum und Sitz des Oratoriums. 1575 errichtete er amtlich und kirchenrechtlich das Oratorium als „Kongregation". Philipp hatte diese Entwicklung nicht betrieben. Er blieb auch selbst weiterhin in seinem geliebten San Girolamo wohnen. Seine Vereinigung war eigentlich kein „Orden" im herkömmlichen Sinne. Er hatte keine Regeln, wenigstens vorläufig, keine Ordensoberen, die Mitglieder waren Weltpriester, die kommen und gehen konnten, wann sie wollten und die ihr Vermögen mitbringen und behalten durften. Von den evangelischen Räten galt also nur die Verpflichtung zur Keuschheit, und die bestand für Priester ohnehin im Zölibat. Erst 1583 mußte Philipp auf Geheiß des Papstes nach Valicella umziehen. Außerhalb des „Betriebes" ließ er sich unter dem Dach zwei Stübchen einrichten mit einem Aussichtsplatz über die Dächer Roms. Dort lebte er für sich wie oder als ein Einsiedler. Er mußte allein sein in seinem Verkehr mit Gott, in seiner begnadeten mystischen Einheit, nicht zuletzt auch um die körperlichen Erscheinungen seiner Ekstasen vor den Menschen zu verbergen. Zur Feier der heiligen Messe brauchte er oft mehrere Stunden, die er in entrückter Schau mit Erhebung des Körpers vom Boden zubrachte.
Unter dem neuen Papst Sixtus V. machten sich die Beschwerden des Alters bemerkbar. Zum Kummer Philipps brachte das Wachstum seiner Gemeinschaft die Gründung von auswärtigen Filialen mit sich. Wie es alten Eltern oft geht, möchten sie ihre Kinder alle um sich haben, und wie eine Glucke ihre Küchlein mit ihren Flügeln bedecken und schützen. Philipp dachte von Rom her und für Rom. Er war der Apostel der Ewigen Stadt. Er hat ihr geistliches Gesicht gereinigt und erneuert. Der Abschied von seinen Söhnen, die fortziehen wollten, schmerzte ihn tief. Er zog sich immer mehr zurück und bereitete sich in seliger Beschauung auf die Begegnung mit dem geliebten und gefürchteten Gott vor.
In der Öffentlichkeit zeigte sich Philipp das letzte Mal am Fest Mariä Geburt 1594, dem Patrozinium seiner Kirche. Ein Kardinal feierte die Vesper, als der Heilige die Kirche betrat. Kaum hatte der Kardinal ihn erblickt, da erhob er sich von seinem Thronsessel, ging ihm entgegen und nötigte ihn an seiner Stelle auf dem Thron Platz zu nehmen. Philipp aber bestand darauf, zu seinen Füßen auf den Stufen des Thrones zu sitzen. Diese Szene drückt symbolisch die Rolle aus, die Philipp in der Kirche gewählt hatte.
Zweimal hat er die Würde eines Kardinals abgelehnt, andere Würden noch viel öfter. Er ist geblieben, was er sich vorgenommen hatte zu sein, „der Narr Gottes".
Am Fronleichnamstag, dem 26. Mai 1595, feierte er zum letztenmal die heilige Messe. In der Nacht darauf um 3 Uhr morgens verschied er friedlich im Kreise und in den Armen seiner Brüder.

Als man die Leiche des Heiligen öffnete, sah man, daß sich zwei Rippen vom Brustbein gelöst hatten und daß das Herz weit vorgewölbt war. Wenn er in Visionen verzückt war, hatte es so laut geschlagen, daß die Umstehenden es hören konnten. Schon zwei Monate nach seinem Tod wurde der Heiligsprechungsprozeß eingeleitet. 1615 wurde Philipp Neri selig- und 1622 heiliggesprochen.

Sein Werk, das Oratorium, hat sich über die ganze katholische Welt ausgebreitet. Kardinäle, Bischöfe und Heilige sind aus ihm hervorgegangen. In unserer Zeit gehörten ihm zum Beispiel John Henry Cardinal Newman (1801–1890) und Romano Guardini (1885–1968) an.

Polykarp von Smyrna

geboren: um 70
gestorben: 20. Februar 156
Fest: 23. Februar

Die Apostel haben den Herrn gesehen, gehört, berührt. Sie haben mit ihm gelebt bis zum Beginn seines Leidens. Ihre Predigt konnte auf viele Aussprüche, Gleichnisse und Taten des Herrn zurückgreifen. In den Evangelien ist uns nur ein kleiner Teil davon überliefert.

Aber wer steht auf ihren Schultern? Wer waren die Männer der zweiten Generation, die Jesu Botschaft nicht mehr von ihm selbst empfangen hatten, die auf das Hören von Zeugen, eben der Apostel angewiesen waren? Diese Männer sind von ganz entscheidender Bedeutung für die rechte Aufnahme und Weitergabe der Frohen Botschaft. Wir kennen nur wenige von ihnen, und von diesen wissen wir nicht sehr viel.

Einer von ihnen ist der Bischof von Smyrna (Izmir) Polykarp (gest. 156). Ihn hat noch der Apostel Johannes in sein Amt eingesetzt. Von diesem hat er das Zeugnis der Worte und Taten Jesu empfangen. Sein Geburtsjahr können wir nur aus dem Jahr seines Todes und aus der Angabe seines Alters beim Tode errechnen. Da er 156 im Alter von 86 Jahren den Martyrertod starb, wurde er 70 geboren, einige Jahre nachdem Petrus und Paulus in Rom in der Christenverfolgung des Kaisers Nero hingerichtet worden waren. Andere Apostel wirkten zu dieser Zeit noch in verschiedenen Teilen der damaligen Welt, so der Apostel Johannes in Kleinasien.

Über das Leben und Denken Polykarps sind wir eigentlich gut unterrichtet und zwar durch drei Briefe: einen Brief von ihm, einen Brief an ihn und einen Brief über ihn. Ein wichtiges Zeugnis für seine Verbindung zum Apostel Johannes befindet sich außerdem in einem Brief des Bischofs Irenäus (gest. 202) an Florinus. Beide waren gemeinsam Schüler des Polykarp in Smyrna gewesen. Irenäus schreibt: „Ich könnte dir noch den Ort angeben, wo der selige Polykarp saß und lehrte und sein Ein- und Ausgehen und sein ganzes Verhalten und sein Aussehen und die Vorträge, welche er an das Volk richtete, und wie er von seinem Verkehr mit Johannes erzählte und mit den anderen, die den Herrn gesehen hatten, und wie er deren Worte anführte, und was er von ihnen über den Herrn und seine Wundertaten und seine Lehre gehört hatte.“ Mit der Beschwörung dieser gemeinsamen Erinnerung wollte Irenäus seinen Mitschüler Florinus von dessen Irrlehren abbringen.

Es scheint, daß Polykarp viele Jahre in Smyrna als Lehrer und Bischof in aller Öffentlichkeit gewirkt hat und daß er großes Ansehen bei Christen und Nichtchristen genoß. Man darf sich hier nicht vorstellen, daß die Christen vom Anbeginn bis zum Kaiser Konstantin (312) ständig und in allen Teilen des römischen Reiches gleichzeitig verfolgt wurden. Es gab lange, verhältnismäßig friedliche Zeiten und Gegenden und auch in Verfolgungszeiten waren die Unterschiede in den einzelnen Provinzen ganz erheblich. Sogar für den Pöbel in der Arena von Smyrna, der sich an dem Schauspiel der sterbenden Christen belustigte, war Polykarp eine Respektsperson. In der höchsten Steigerung ihres Blutrausches brüllte die Menge: „Bringt sie um die Gottlosen! Her mit Polykarp!“ Daraus sieht man, daß er als Vorsteher der Christengemeinde weit über diese hinaus bekannt und angesehen war.
In seinem Brief an die Gemeinde von Philippi führte Polykarp öfters Stellen aus dem Neuen Testament, aus den Evangelien, der Apostelgeschichte und den Briefen an. Er hat sie also gekannt und als Autorität anerkannt. Gleich an den Anfang des Briefes setzt er das Bekenntnis seines Glaubens, „der bis heute fortlebt und Früchte bringt für unseren Herrn Jesus Christus, der es auf sich nahm, für unsere Sünden in den Tod zu gehen, den Gott auferweckt hat, . . . an den ihr, ohne ihn gesehen zu haben, glaubt in unaussprechlicher und herrlicher Freude . . ., der aber ihn auferweckt hat, der wird auch uns auferwecken, wenn wir seinen Willen tun und lieben, was er geliebt, und uns freihalten von jeder Ungerechtigkeit, Habsucht, Geldgier, übler Rede, falschem Zeugnis; wenn wir nicht Böses mit Bösem vergelten . . . eingedenk der Worte, die der Herr sprach: „Richtet nicht, damit ihr nicht gerichtet werdet . . ., seid barmherzig, damit ihr Barmherzigkeit erlanget . . . “ Polykarp hält sich in seiner Ausdrucksweise streng an die Worte Jesu, wie sie die Evangelien überliefern. Da sein Brief an die Philipper gerichtet ist, nimmt er auch ausdrücklich auf das Wirken des Apostels Paulus Bezug: „Weder ich noch meinesgleichen kann der Weisheit des seligen und berühmten Paulus gleichkommen, der persönlich unter euch weilte und die damaligen Leute genau und zuverlässig unterrichtete in der Wahrheit, der auch aus der Ferne Briefe schrieb, durch die ihr in dem euch geschenkten Glauben befestigt wurdet.“
Nachdem Polykarp sich an die einzelnen Stände und Berufe gewandt hat, behandelt er den Einzelfall eines abgefallenen Priesters: „Seid aber vernünftig und betrachtet ihn nicht als Feind, sondern ruft ihn als leidendes und irrendes Glied zurück, damit er den Leib von euch allen gesund mache . . . Betet für alle Heiligen (Gläubigen). Betet auch für die Könige und Machthaber und Fürsten und für die, die euch verfolgen und hassen, und für die Feinde des Kreuzes, damit eure Frucht offenbar sei bei allen, damit ihr vollkommen seid vor Gott.“
Einer der ältesten und größten nachapostolischen Zeugen ist Ignatius, Bischof von Antiochien, der um das Jahr 117 im Kolosseum zu Rom durch die wilden Tiere starb. Seine Briefe an verschiedene christliche Gemeinden sind ein beson-

ders wichtiges Zeugnis für das Fortleben und die Entwicklung des christlichen Glaubens um die Wende vom 1. zum 2. Jahrhundert. Ignatius grüßt Polykarp in seinem Brief als „den Bischof der Kirche von Smyrna". Das bedeutet, daß Polykarp schon um das Jahr 110 Bischof war; er war also ungefähr ein halbes Jahrhundert der Hirte der Christen von Smyrna.
Der ältere Ignatius rühmt den Glauben und den „auf Gott gerichteten Sinn" seines Mitbruders Polykarp. Er belehrt ihn aber auch über seine Hirtenpflichten, ganz deutlich und konkret: „Sorge für die Einheit, das Beste von allem. Alle ertrage, wie auch dich der Herr erträgt. Bitte um größere Einsicht als du hast . . . Mit jedem Einzelnen rede nach seiner Art, nach Gottes Art. Die, die Abweichendes lehren wollen, sollen dich nicht einschüchtern. Stehe fest wie ein Amboß unter den Schlägen des Hammers. Ein starker Ringkämpfer steckt Hiebe ein und erringt doch den Sieg . . . Witwen dürfen nicht vernachlässigt werden. Nach dem Herrn sollst du ihr Schutzherr sein. Sklaven und Sklavinnen verachte nicht . . . Aber auch sie sollen nicht danach trachten, auf Gemeindekosten losgekauft zu werden." An die Gemeinde aber richtet der Gefangene die Mahnung: „Haltet zum Bischof, damit auch Gott zu euch hält . . . Mühet euch miteinander, kämpfet, laufet, leidet, ruhet, wachet *miteinander* . . . Übet Langmut, gegenseitige Milde, wie Gott mit euch. Möge ich immer Freude haben an euch!"
Aus diesen beiden Briefen läßt sich ein guter Einblick in das Glaubensleben der Gemeinde von Smyrna gewinnen. Ihr Hirt, Bischof Polykarp, steht in großem Ansehen nach innen und außen. Die Gemeinde gibt ein gutes Beispiel. Aber sie hat auch ihre Probleme: falsche Lehrer tauchen auf und müssen abgewählt werden; das soziale Engagement muß verstärkt werden; das Sklavenproblem wird drängender. Es gibt auch aus der Kirche Ausgetretene und Abgefallene, besonders in Zeiten der Verfolgung. Alles in allem aber entfaltet sich ein frohes Glaubensleben, unter dem stets drohenden Schwert des römischen Staates, in großer brüderlicher Solidarität aller christlichen Gemeinden im Vorderen Orient und unter begnadeten Hirten, die ihren apostolischen Vätern in nichts nachstehen, auch nicht im Zeugnis des Blutes, wofür uns für Ignatius ebenso wie für Polykarp wahrheitsgetreue Berichte aus erster Hand überliefert worden sind.
Das Martyrium des Bischofs Polykarp wird geschildert in einem Brief, der unmittelbar unter dem Eindruck der Ereignisse geschrieben wurde und den die Gemeinde von Smyrna an die Schwesterkirche zu Philomelion in Kleinasien gerichtet hat. Die Einleitung dieses Briefes enthält eine tiefe Deutung des Martyriums, „weil der Herr uns den Verlauf seines eigenen im Evangelium erzählten Martyriums vorführen wollte." „Martyrium ist Mysterium des Jenseits, gar nicht erfaßbar mit irdischen, auch nicht mit irdisch kirchlichen Maßstäben. Sterben mit Christus heißt: Leben aus dem Vater, heißt neu geboren werden ins Ewige Leben hinein. Martyrium ist Geburtstag. Denn schön ist es

unterzugehen wie die Sonne für diese Welt, um strahlend aufzugehen in Gott hinein, sagt der Martyrer Ignatius." (Hugo Rahner).
Weil das Martyrium ein Geheimnis göttlicher Gnade ist, darum heißt es in dem Brief der Kirche von Smyrna: „Gott gesegnet und innerlich echt ist das Martyrium nur, wenn es geschieht nach Gottes Willen. Darum müssen wir behutsam und zurückhaltend sein beim Bekenntnis und uns überzeugt halten, daß alle Kraft dazu einzig von Gott kommt . . . Ganz eingetaucht waren sie in die Gnade Christi, darum konnten sie alle irdischen Qualen verachten". Dem Martyrium des Polykarp gehen mehrere Tage voraus Zirkusspiele, bei denen zahlreiche Christen den wilden Tieren vorgeworfen wurden. „Da war der edel geborene Germanikos, der alle, die schwach zu werden drohten, mit seiner Tapferkeit bestärkte. Großartig war sein Kampf mit wilden Tieren. Als der Proconsul ihm zuredete und sagte, er möge doch Mitleid haben mit seinem Alter, reizte er kühn die Bestie zum Sprung, um so möglichst rasch diesem gesetzlosen und gottfremden Erdenleben zu entkommen. Da ging ein Staunen durch das ganze Volk über so viel Heldenmut bei dem Christengeschlecht, das also seinen Gott liebte und fürchtete und alles schrie: „Bringt sie um, die Gottlosen! Her mit Polykarp!"
Dieser hatte die Stadt verlassen und sich zu Freunden auf ein kleines Landgut in der Nähe von Smyrna begeben. Unter der Folter verrieten Sklaven der Polizei seinen Aufenthalt. Polykarp empfing die Häscher freundlich, ließ ihnen Essen und Trinken vorsetzen, um noch eine kleine Weile des stillen Gebetes zu gewinnen. Er machte darin ein Gedenken an alle Menschen, denen er jemals im Leben begegnet war, für kleine und große, für vornehme und geringe, ja für die ganze katholische Kirche auf dem Erdenrund. Der Polizeipräsident fuhr dem Zug entgegen und versuchte, Polykarp zum Abfall zu bewegen. Dieser Triumph wäre noch größer gewesen als der Tod des Bischofs. Als er damit kein Glück hatte, warf er den alten Mann aus dem Wagen, sodaß er sich am Schienbein verletzte. „Als er in das Stadion hineingeführt wurde, erhob sich ein solches Gebrüll, daß man sein eigenes Wort nicht mehr verstand . . . Der Proconsul sagte: Schwöre ab, und du bist frei! Fluch deinem Christus! Polykarp gab zur Antwort: Seit 86 Jahren diene ich ihm, er hat mir nie ein Leid getan. Wie also könnte ich fluchen meinem König und Erlöser . . . Laßt die Bestien ruhig kommen, für unsereins kommt es gar nicht in Frage, den Sinn zu ändern vom Guten zum Schlechten . . . Du willst mir Angst machen mit einem Feuer, das eine Stunde lang brennt und dann erlischt! Du kennst eben das andere Feuer nicht, das Feuer des kommenden Gerichts, das für Gottesleugner angezündet ist. Dies sagte Polykarp und noch manches dazu. Dabei war er von Mut und Freude wie überströmt, und über seinem Antlitz leuchtete Liebreiz – so sehr, daß man es ihm förmlich anmerkte, wie wenig Eindruck das ganze Verhör auf seinen ruhigen Mut machte." Der Tod durch die wilden Tiere war dem Greis nicht bestimmt. Das Programm für die Tierhetzen war bereits abgelaufen, die

Bestien waren in ihre Käfige zurückgebracht worden. Da forderte der Pöbel den Feuertod für den Bischof. Überaus anschaulich schildert der Brief die Vorbereitungen: „Auf der Stelle war der Pöbel zur Hand und trug aus Werkstätten und Badstuben Holz und Reisig zusammen . . . Im Nu stand der Scheiterhaufen da. Alsbald schichteten die Henker das beigeschleppte Brennmaterial um ihn auf." Sein letztes Gebet gehört zu den schönsten Gebeten der Menschheit. Umstehende Christen haben es gehört und überliefert: „Herr, Gott, Allherrscher, Vater deines geliebten und gelobten Knechtes Jesus Christus. Ich preise dich, daß du mich dieses Tages und dieser Stunde gewürdigt hast in der Zahl der Martyrer Anteil zu haben, an dem Kelch deines Christus, zur Auferstehung mit Seele und Leib in der Unvergänglichkeit Heiligen Geistes. Möchte ich doch heute aufgenommen werden als ein reiches und wohlgefälliges Opfer. Darum lobe ich dich für alles, ich preise dich, dich rühme ich, durch den ewigen und himmlischen Hohenpriester Jesus Christus, deinen geliebten Knecht, durch den dir mit ihm und dem Heiligen Geist die Ehre ist wie jetzt, so für die kommende Weltzeit. Amen." Darauf wurde das Feuer entzündet, „leuchtend stieg die Stichflamme empor". Aber „da schauten wir ein Wunder – aber nur wir, denen diese Gnade zuteil ward und denen es vorbehalten blieb, davon den anderen Brüdern zu berichten. Das Feuer nahm die Gestalt eines gewölbten Zimmers an . . . und umwallte den Leib des Blutzeugen. Er aber stand in der Mitte des Feuers wie Brot in einem Backofen. Endlich merkten die Heidenmenschen, daß Polykarps Leib nicht von den Flammen verzehrt werden könne. Darum erging der Befehl, ein Henker solle vor ihn hintreten und ihm einen Dolch in die Brust stoßen. Der Befehl wurde sofort ausgeführt und siehe, ein solcher Strom von Blut quoll aus der Wunde, daß der Scheiterhaufen erlosch." Polykarp hatte Zeugnis abgelegt. Er war dem Herrn und seinen Aposteln nachgefolgt, treu in der Lehre und gehorsam bis zum Tod. Die Gemeinde von Smyrna faßt in ihrem Brief ihr Urteil über ihn zusammen: „An ihm besaßen wir einen Lehrer, der noch in unseren heutigen Zeiten den Aposteln gleich und prophetischen Geistes voll war. Er war unser Bischof, der Hirte der katholischen Kirche in Smyrna! Jegliches Wort, das aus seinem Munde hervorging, hat sich erfüllt und wird sich getreulich erfüllen." Um den Christen keine Reliquien zu überlassen, wurde der Leichnam mitten auf dem Scheiterhaufen verbrannt. Nur die Gebeine konnten die Christen sammeln und an einem würdigen Ort beisetzen. „Dort wollen wir, wenn es möglich ist, uns in Jubel und Freude versammeln, um den Jahrtag des Martyrertodes, seinen Geburtstag für den Himmel zu feiern zum Gedächtnis aller, die vor uns den Kampf bestanden, und zugleich als Einübung und Vorbereitung für alle, die ihn in Zukunft kämpfen werden."
Zum Schuß des Briefes wird auch der Verfasser genannt, ein Christ mit Namen Euaristos.
Mancher Leser von heute möchte denken: Dies ist eine sehr alte Geschichte und weit entfernt von unserer Zeit. So mag die Glaubensglut der ersten Christen

gewirkt haben, heute wäre so etwas unvorstellbar. Weit gefehlt! Kein Jahrhundert hat so viele Martyrer hervorgebracht wie das unsrige. Wenn in den ersten drei Jahrhunderten einige tausend Menschen den Tod erlitten, so sind es im „humanen“ und aufgeklärten 20. Jahrhundert ebenso viele Millionen. In Afrika, in Mexiko, in Rußland, in China, um nur einige der Schauplätze zu nennen, sind in unserer Zeit Christen nicht weniger heldenhaft zum Zeugnis ihres Glaubens in den Tod gegangen als im 2. Jahrhundert. Auch in unserem Land gibt es ein Martyrologium mit Hunderten von Namen, die zu unseren Lebzeiten um Christi willen Verfolgung, Kerker und Tod erlitten haben. Die Nachfolge am Kreuz ist nach dem Evangelium geradezu das Kennzeichen für die Anwesenheit des Herrn und für die Heiligkeit seiner Kirche. Diese Heiligkeit liegt nicht allein in ihrer Lehre, sie liegt in der gelebten und praktizierten Nachfolge bis zum Tode. Diese wird nicht von jedem Christen und nicht von jedem in der gleichen Weise gefordert. Sie ist abgestuft und beginnt bei Zurücksetzung, gesellschaftlichem Außenseitertum und Diffamierung. Sie steigert sich zu Berufsverboten, Ächtung bis zur Verfolgung und schließlich zur Vernichtung. Wer dazu berufen wird, der erhält auch die Gnade und Kraft, sie zu bestehen. Niemand soll und darf sich drängen. Dies ist keine irdische Kraftprobe. Es ist der Kampfplatz des Heiligen Geistes, und hier entscheidet seine Gnade. Darum ist das leuchtende Zeugnis des heiligen Polykarp in der Christenheit so aktuell und lebendig wie am Tag seines Todes. Der geradezu jubelnde Schluß des Briefberichts aus Smyrna steht seitdem über dem Weg der christlichen Botschaft durch die Jahrhunderte: „Jetzt singt er das Preislied auf Gott, den Vater, und Herrscher aller Welt zusammen mit den Aposteln und allen Heiligen. Jetzt jubelt er auf zu unserem Herrn Jesus Christus, dem Erlöser unserer Seelen und dem Lenker unserer Leiber, dem Hirten der katholischen Kirche auf dem Erdenrund!“

Sel. P. Rupert Mayer SJ

geboren: 23. Januar 1876
gestorben: 1. November 1945
Fest: 3. Januar

Rupert Emil Mayer wurde am 23. Januar 1876 in Stuttgart als zweiter Sohn einer wohlhabenden Kaufmannsfamilie geboren. Seine Eltern nahmen am Leben der katholischen Diasporagemeinde (1870 waren nur 12 % der Einwohner Stuttgarts katholisch) aktiven Anteil. Ihr Haus war bekannt wegen seiner Gastfreundschaft und Wohltätigkeit. Zusammen mit fünf Geschwistern erlebte Rupert eine frohe Kindheit und Jugend, „so schön und freudig, wie es wohl selten Kindern beschieden sein kann", sagt er selbst. Vom Vater erbte Rupert die Liebe zu den Pferden. Bis zu seiner schweren Verwundung war er ein begeisterter Reiter. Im Hause Mayer wurde viel musiziert. Jedes Kind spielte ein Instrument, Rupert die Geige. Im Turnen hatte er stets die beste Note. Das Elternhaus hatte als Erziehungsideal nicht Weltflucht oder verbogene Anpassung, sondern die weltoffene, gerade und sozial verantwortliche christliche Persönlichkeit.
Nicht in allen Schulfächern war der Schüler des Eberhard-Ludwig-Gymnasiums gleich gut. Ausgerechnet in Deutsch und Mathematik mußte die Mutter nachhelfen. Das weltanschauliche Klima dieser Schule behagte weder dem Schüler noch seinen Eltern. Daher schickten sie Rupert in das Gymnasium Ravensburg, wo es ihm gut gefiel, so daß er sich durch seinen gleichmäßigen Fleiß in die Gruppe der besten Abiturienten vorarbeitete. In seiner Klasse waren zwei Mitschüler, die vorher das Gymnasium der Jesuiten in Feldkirch besucht hatten. Zur Ablegung des Abiturs mußten sie auf ein deutsches Gymnasium überwechseln. Von ihnen erfuhr Rupert Mayer vieles über die Jesuiten, so daß er sich entschloß, nach dem Abitur bei den Jesuiten in Feldkirch seine ersten Exerzitien zu machen. Von diesen kam er zurück und erklärte seinen Eltern: Ich werde Jesuit. Der Vater knüpfte seine Zustimmung an die Bedingung, daß er vorher ein Jahr Weltpriester bleibe, um die Beständigkeit seiner Berufung zu prüfen.
Nach dem Studium der Philosophie an der katholischen Universität Freiburg/Schweiz verbrachte Rupert Mayer ein Semester an der Universität München (1895/96) und begann dann in Tübingen das Studium der Theologie. In der abschließenden Beurteilung der Fakultät hieß es: Talent mittel, Fleiß lobenswert, Verhalten musterhaft. Das letzte Studienjahr im Priesterseminar in Rottenburg galt der Einführung in die priesterliche Spiritualität und in die praktischen Aufgaben des Priesteramts, der Sakramentenspendung, der Liturgie und der Katechese. Ausgerechnet die Predigt bereitete Rupert Mayer die größten Schwierig-

Der selige Pater Rupert Mayer SJ ▷
Zeitgenössische Fotografie. Foto: KNA, Frankfurt.

keiten. Er, der später 50–70 mal im Monat auf den Kanzel stehen sollte, fürchtete, den Faden zu verlieren. (Damals durften die Prediger noch keine schriftlichen Unterlagen mit auf die Kanzel nehmen.)
Am 2. Mai 1899 weihte der Rottenburger Bischof Paul Wilhelm Kepler, ein Freund der Familie Mayer, deren Sohn zum Priester.
Das dem Vater versprochene Jahr als Weltpriester führte Rupert als Vikar nach Spaichingen am Fuße des Heubergs. Hier gewann er durch sein freundliches, offenes Wesen und durch sein soziales Engagement das Vertrauen und die Zuneigung der spröden bäuerlichen Bevölkerung. Noch nach Jahrzehnten nahmen die Spaichinger intensiven Anteil am Schicksal ihres ehemaligen Vikars.
Am 1. Oktober 1900 trat Rupert Mayer mit Genehmigung seines Bischofs in Tisis (Vorarlberg) in das Noviziat der Gesellschaft Jesu ein. Seinen Eltern schreibt er: „Ich kann Gott nicht genug danken, daß er mich in den Orden geführt hat, wo für Leib und Seele so gut gesorgt ist." Am Ende des zweiten Noviziatsjahres kann er feststellen: „Die Berufsfrage ist nun, Gott sei Dank, endgültig gelöst." An dieser Feststellung hat sich für ihn zeit seines Lebens nichts geändert.
Der Jesuitenorden verlangt von seinen Mitgliedern, auch von denen, die bereits Weltpriester waren, eine lange und vielseitige Ausbildung. Nach den zwei Noviziatsjahren legte P. Rupert Mayer die ersten Ordensgelübde ab, dann folgten zwei Jahre der praktischen Tätigkeit als Assistent des Novizenmeisters. Das 3. Probejahr diente der Einführung und Einübung in die Spiritualität des Ordens. Endlich konnte er als voll ausgebildeter Jesuit in der praktischen Seelsorge eingesetzt werden. Dabei hat die Vorsehung ihn auch hierbei weiter in die Schule genommen und für seine Lebensaufgabe in München vorbereitet: Als Volksmissionar in ganz Deutschland entwickelte er sich zu dem Volksprediger, der die Menschen anzog und dessen Wort später sogar die Machthaber des 3. Reiches fürchteten.
Wie ein trockener Schwamm das Wasser, so saugte München in der Zeit vor dem Ersten Weltkrieg die Menschen an. Die meisten kamen aus dem bäuerlichen Umland, wo die kleinen Höfe den nachgeborenen Kindern keine Existenz bieten konnten. So strömten sie als Hilfsarbeiter, als Dienstmädchen, als Handwerker und Lehrling in die Großstadt, wo sie, sich in der Freizeit selbst überlassen, in ihrer Unerfahrenheit oft das Opfer religiöser und politischer Scharlatane wurden. Der Erzbischof von München, Kardinal Bettinger, erbat sich daher vom Jesuitenorden einen Seelsorger für die neu Zugezogenen. Die Wahl fiel auf P. Rupert Mayer.
Am 8. Januar 1912 traf er in München ein. Für die ihm gestellte Aufgabe mußte er neue Wege der Seelsorge finden und gehen. Zunächst machte er sich mit dem Milieu vertraut, in dem seine Seelsorgskinder verkehrten. Er besuchte Versammlungen aller Art, von kirchlichen Vereinigungen, aber auch von Sozialisten, Kommunisten und Freidenkern. Stets sprach er zur Diskussion, widerlegte die Entstellungen des kirchlichen Standpunkts und legte die unverfälschte Lehre der

Kirche dar. Dadurch wurde er rasch bekannt. Dann aber ging er treppauf – treppab in den Hinterhöfen und Dachstuben den einzelnen nach, knüpfte Kontakte und warb um Vertrauen. Allmählich gelang es, die einzelnen zu Gruppen zusammenzuführen, gemeinsame Gottesdienste, Feiern und Freizeiten zu organisieren und vor allem aus ihnen Helfer für die Ausbreitung seiner Aktivitäten zu gewinnen. Besonders diente diesem Ziel die Gründung der „Schwesterngemeinschaft von der Heiligen Familie" im Jahre 1913. Ihre Aufgabe sollte besonders die religiöse Bildung der Mädchen und jungen Familien sein. P. Rupert Mayer war ihr erster Spiritual. Die Formung dieser Helferinnen im Apostolat nahm der Spiritual sehr ernst. Jede Woche hielt er ihnen einen Vortrag und einmal im Jahr Exerzitien. Seine Arbeit begann Früchte zu tragen, da begann 1914 der Erste Weltkrieg, und alles war plötzlich anders.

P. Rupert Mayer drängte es, ins Feld zu kommen, weil er wußte: Jetzt wird dort viel gelitten und gestorben, niemand braucht den Priester mehr als die jungen Menschen, die mit Begeisterung hinausgezogen waren und die von den Schrecken des Krieges keine Ahnung hatten. Sein apostolischer Urtrieb drängte ihn stets dahin, wo die Menschen am elendesten und die Hilfe Gottes am nötigsten war. Auch ihn selbst erschütterte die grausame Wirklichkeit des Krieges. Fassungslos schreibt er schon am 26. August 1914: „So habe ich mir die Sache doch nicht vorgestellt."

1915 wird er der 8. Bayer. Reserve-Infanteriedivision als Divisionspfarrer zugeteilt mit der besonderen Aufgabe, das 18. und 19. Bayer. Infanterie-Reserve-Regiment seelsorglich zu betreuen. Von da an bis zu seiner schweren Verwundung am 30. Dezember 1916 ist er ununterbrochen bei der kämpfenden Truppe an vorderster Front. Als der Divisionskommandeur ihm während des Trommelfeuers in der Materialschlacht an der Somme 1916 den Aufenthalt in der vordersten Linie verbieten will, antwortet P. Mayer: „Ich muß nach vorn, ich muß die Kameraden trösten, vor allem die Schwerverwundeten muß ich versorgen und die Sterbenden mit der letzten Tröstung versehen."

Als erster Feldgeistlicher des deutschen Heeres erhält er im Dezember 1915 das Eiserne Kreuz I. Klasse. In dem Bericht eines Vorgesetzten über die Somme-Schlacht heißt es: „In den Kämpfen an der Somme hat sich P. Rupert Mayer mehr als die Mannschaft der Gefahr ausgesetzt, auch beim Einschlag schwerster Geschosse auf Deckung verzichtet und wie ein Unverwundbarer überall die Sterbenden aufgesucht und getröstet."

Um so größer war der Schmerz der ganzen Division, als sich am 30. Dezember 1916 die Nachricht verbreitete, P. Rupert Mayer sei schwer verwundet worden. In den Karpaten hatte er zu einer Stellung vordringen wollen, die unter schwerem Feuer lag. Beim Überschreiten einer Brücke „spürte ich plötzlich einen heftigen Schlag gegen mein linkes Schienbein, so daß ich auf die Erde geschleudert wurde." Der Arzt, der ihm erste Hilfe leistete, war der Dichter Hans Carossa. Über viele Stationen vom Hauptverbandsplatz bis zur „Invalidenschule" in

Landsberg führte ein schmerzensreicher Weg, bis er am 24. Juli 1917 das erste Meßopfer nach seiner Verwundung feiern konnte.
Im November 1917 stand er wieder auf der Kanzel der St. Michaelskirche in München. Man sah ihn aber auch wieder auf den Kundgebungen und in den Vortragssälen der politischen und weltanschaulichen Führer und Verführer. Voll Schmerz und Sorge erlebt er den Sturz der Monarchie und die Rote Diktatur in Bayern. Am 6. Mai 1919 muß er für die 21 unschuldig erschossenen Mitglieder des Gesellenvereins St. Josef die Grabrede halten. Der Geist, in dem er die Auseinandersetzung mit Spartakisten und Kommunisten führte, kommt gerade bei diesem traurigen Anlaß zum Ausdruck: „Unsere Gedanken sind nicht Gedanken der Rache. Schaut! Über das Grab unserer Freunde reichen wir euch die Hände zur Versöhnung. Wir bieten euch die Hände! Schlagt ein! Tut es um des Blutes dieser unschuldigen Opfer willen!" Das ist die Feindesliebe der Bergpredigt!
Am 28. November 1921 ernannte der neue Kardinal, Michael Faulhaber, den „Apostel der Münchner Männerwelt", wie der Kardinal ihn nannte, zum Präses der alten, hochangesehenen „Marianischen Bürgerkongregation München". Von da an hatte sein apostolisches Wirken einen institutionellen Unterbau. Die Mitglieder der Kongregation waren seine Kerntruppe im Kampf um den Geist Münchens. Sie hielten stand auch über das 3. Reich hinweg. Viele erlitten Verfolgungen. Und nach 1945 waren sie alle da, als es um den äußeren und inneren Wiederaufbau ging. Während des Präsidiums von P. Rupert Mayer wuchs die Zahl der Pfarrgruppen von 25 auf 60 und die Zahl der Mitglieder von 2500 auf 8000.
Die radikale politische Szene in München war in den zwanziger Jahren geprägt durch die Polarisierung in Kommunisten auf der linken und Nationalsozialisten auf der rechten Seite. Regelmäßig besuchte P. Rupert Mayer die Versammlungen Hitlers im Zirkus Krone. „Hitler übertreibt in seinen Ausführungen ständig, scheut auch vor Unwahrheiten nicht zurück", schreibt er in einem Brief. Mehr als einmal geriet der Diskussionsredner im Priestergewand in höchste Gefahr, von der fanatischen Menge erschlagen zu werden. Seinem Einfluß schrieben die Nazis sogar das Scheitern ihres Putsches vom 9. November 1923 zu. Ein Plan, ihn zu ermorden, konnte nur vereitelt werden, weil ihn ein ehemaliger Kriegskamerad aus der Umgebung Hitlers gewarnt hatte.
Wer jung ist und in München wohnt, der will am Sonntag (der Samstag war Arbeitstag) in die Berge oder an die Seen fahren. Dauernd gab es Probleme mit dem Besuch der Sonntagsmesse. Da gelang es P. Rupert Mayer 1925, im Hauptbahnhof am Sonntag früh von 3.00 Uhr bis 6.35 heilige Messen mit Ansprache und Volksgesang einzurichten. Den frühesten der Gottesdienste übernahm P. Rupert jahrelang selbst. Neben Ausflüglern kamen auch viele Arbeiter, die vom Schichtdienst kamen, Angehörige der Post, der Bahn und der Krankenhäuser. Die „Bahnhofsgottesdienste" zählten 1934 über 75 000 Besucher. 1937 wurden sie von den Nationalsozialisten verboten.

War die Vorderseite des P. Rupert Mayer die unmittelbare Seelsorge in Predigt, Beichtstuhl, Versammlungen und Exerzitien, so war die Rückseite derselben Medaille sein Wirken als Apostel der Caritas. Er war das Teilen und das Geben von zu Hause gewöhnt. Als Kriegspfarrer hatte er diese Wohltätigkeit seines Elternhauses bis zum Äußersten in Anspruch genommen. Nach dem Krieg aber war die Not noch viel größer. 50–70 Besucher empfing P. Rupert Mayer fast täglich in seiner Zelle, und nicht immer ging es um seelische Not, oft handelte es sich um die Beschaffung eines Arbeitsplatzes, um eine Schlafstelle oder auch nur (!) um ein Mittagessen für den Tag. Keinen wies der Pater ab. Sein gewohnter Spruch lautete: „Kommen's nur wieder!" Man vertraute ihm große Summen an und verlangte keine Abrechnung. Das Geld fand rasch seine Empfänger. Für sich hatte der Wohltäter keine Wünsche.

In der Zeit der Inflation (1923) wandte er sich an das Landvolk, es dürfe aus christlicher Solidarität nicht zulassen, daß die Städter verhungerten. Sein „Kreuzzug der Liebe" brachte ganze Eisenbahnzüge mit Lebensmitteln ins Rollen – vom Land in die Stadt. Viele haben dadurch überlebt.

Eine Medaille hat neben der Vorder- und Rückseite einen Rand, der sie einfaßt und umgrenzt. Dieser Rand war bei P. Rupert Mayer, um im Bilde zu bleiben, sein ganz persönliches Gebetsleben. Das Zentrum seines geistlichen Lebens war die tägliche Feier der heiligen Messe. Sie im Gefängnis zeitweise entbehren zu müssen, war der härteste Teil seiner Strafe. Der Rosenkranz füllte die wenigen Minuten seiner freien Zeit aus. P. Rupert Mayer war gewiß ein Mann der Tat, ebenso aber auch ein Mann des Gebets. Seine Frömmigkeit war männlich herb und kindlich einfach.

Die 1933 begonnene Herrschaft des Nationalsozialismus änderte im Denken und Arbeiten von P. Rupert Mayer zunächst nichts. Er kannte den Gegner seit langem und erwartete sich nichts Gutes für sich und sein Werk. Daß nunmehr die Macht des Staates ihm die Möglicheit gab, seine falschen Ideen in die Tat umzusetzen, änderte nichts an der Pflicht, den Irrtum Irrtum zu nennen und das Unrecht Unrecht. Die Predigtthemen, die P. Rupert jeweils kurz notierte, berührten die empfindlichen Nahtstellen zwischen Kirche und Staat. Da war das allmähliche Abdrängen der Caritas durch die Nationalsozialistischen Vereine, die Vernichtung der Bekenntnisschule und die Einführung der „Deutschen Gemeinschaftsschule, die Schauprozesse gegen Ordensleute, die Gleichschaltung der Kirchenpresse, die Auflösung der katholischen Vereine und viele andere Themen, die P. Rupert in seinen Predigten landauf – landab ansprach und als Teil eines umfassenden Kampfes gegen das Christentum brandmarkte. Seine Predigten wurden schon lange überwacht, aber man wagte sich an den hochdekorierten Soldaten des Ersten Weltkriegs lange nicht heran. Das erste Polizeiverhör 1935 endete mit der Feststellung im Protokoll: „Pater Mayer hat sich als offensichtlicher Gegner des 3. Reiches bekannt." Von 1935 an wuchs der Druck auf die kirchlichen Einrichtungen, im gleichen Maß wuchs der Polizeiakt über kritische

Äußerungen von P. Rupert Mayer, die er auf vielen Kanzeln des Landes äußerte. Ab 1936 war seine Schonzeit endgültig abgelaufen.
Am 7. Mai 1936 lud der Staatsanwalt den Prediger von St. Michael amtlich vor. Er erteilte ihm eine „ernstliche Verwarnung". P. Rupert Mayer erwiderte ihm, wo das Heil der unsterblichen Seelen auf dem Spiel stehe, da dürfe man dem Prediger nicht übel nehmen, wenn er eine entschiedene Sprache spreche.
Im Oktober 1936 wurde dem schwerbeschädigten Priester die Erneuerung seines Reisepasses abgelehnt. Er fühlte sich dadurch zum „Volksgenossen zweiter Klasse gestempelt". Ihm war bewußt, daß dies nicht die letzte Schikane sein würde. Daher verstärkte er seine Tätigkeit noch mehr. „Ich fühlte, daß ich nicht mehr lange Gelegenheit zum Sprechen und Predigen haben würde." Er brauchte nicht lange zu warten.
Am 8. Mai 1937 wurde P. Rupert Mayer eröffnet, daß gegen ihn ein Predigtverbot – mit Ausnahme von St. Michael in München – erlassen worden sei. Mit Zustimmung seiner Oberen lehnte dieser ein solches Verbot des Staates ab, da dieser im Konkordat die freie Ausübung der Seelsorge garantiert habe.
Daraufhin erfolgte am 5. Juni 1937 die Verhaftung. Die Münchner Katholiken reagierten empört. In der St.-Michaels-Kirche gab es – damals unerhört – laute Pfuirufe. Hunderte protestierten lautstark vor der Kirche und zogen zum Polizeipräsidium, um die Freilassung des Paters zu fordern. Der Beichtstuhl des Verhafteten in St. Michael wurde mit Blumen bekränzt. Täglich fanden unter großer Teilnahme der Gläubigen in St. Michael Betstunden für seine Freilassung statt. Den Machthabern waren diese Kundgebungen höchst unangenehm. Man machte dem Gefangenen den Vorschlag, ihn freizulassen, wenn er sich verpflichtete – außer in St. Michael – nicht mehr zu predigen. Er lehnte ab. Dann wurde das Angebot erweitert auf ganz München, nicht aber im übrigen Land. P. Rupert Mayer lehnte auch dieses Angebot ab und gab folgende Erklärung ab: „Ich erkläre, daß ich im Falle meiner Freilassung trotz des gegen mich verhängten Redeverbots nach wie vor, sowohl in den Kirchen Münchens als auch im übrigen Bayern, aus grundsätzlichen Erwägungen heraus predigen werde..." Er blieb lieber im Gefängnis.
Am 9. Juni 1937 wurde der förmliche Haftbefehl gegen ihn erlassen wegen „eines fortgesetzten Vergehens des Kanzelmißbrauchs ... in Tateinheit mit einem fortgesetzten Vergehen gegen § 1 des Gesetzes gegen heimtückische Angriffe gegen Partei und Staat". Untersuchungshaft wurde angeordnet, da wegen seiner Erklärung zu besorgen sei, daß er die Freiheit zu neuen „strafbaren Handlungen mißbrauchen werde". Im Gefangenenwagen wurde der Untersuchungshäftling Mayer in das Gefängnis Stadelheim gebracht. Nach der Unruhe und Aufregung der letzten Zeit kam nun eine große Ruhe über ihn. „Ich gewinne die große, für mich ungewohnte Einsamkeit lieb ...", schreibt er aus dem Gefängnis. Besonders freute er sich über den Besuch von Kardinal Faulhaber. Dieser hielt am 4. Juni in der überfüllten St. Michaelskirche eine gewaltige Predigt über das Thema: „Es

gibt eine Zeit zu schweigen und eine Zeit zu reden." Darin sagte er u. a.: „P. Rupert Mayer ist als gesunder Mann ins Feld gezogen... er kehrte als körperlich zerbrochener Mensch aus dem Felde zurück. Nun hat er den Dank des Vaterlandes erhalten ... Der Staat hat kein Recht, einem Geistlichen die Predigttätigkeit im Kirchenraum zu verbieten. Die Seelsorge ist eine rein innerkirchliche Angelegenheit... Mit der Verhaftung von Pater Rupert Mayer hat eine Stunde der urchristlichen Zeit geschlagen. Gebe Gott uns die Gnade, daß auch auf der Seite der Verfolgten der Geist des Martyriums wieder auflebe."

Wie P. Rupert Mayer seine Haft selbst auffaßte, zeigt ein Brief an seine Mutter: „Ich bin der festen Überzeugung, daß das, was ich jetzt tue, mehr wert ist als mein früheres Werken und Arbeiten." Am 22. Juli begann der von den Katholiken Münchens mit Spannung erwartete Prozeß. Es ist leider nicht möglich, hier auf seinen Verlauf näher einzugehen. P. Rupert Mayer faßte seine Position in diesem Prozeß so zusammen: „Ich bin in diesem Prozeß viel lieber Angeklagter als Richter!"

Das Urteil vom 23. Juli 1937 lautete: Gefängnisstrafe von sechs Monaten abzüglich sechs Wochen Untersuchungshaft. Aufhebung des Haftbefehls, weil auf Grund der von P. Mayer zu Beginn der Verhandlung abgegebenen Erklärung „eine die Haftfortdauer notwendig machende Wiederholungsgefahr nicht anzunehmen ist." In der von den Verteidigern zusammen mit dem Ordensoberen verfaßten Erklärung heißt es: „Ich werde künftig wie bisher die katholische Kirche, ihren Glauben und ihre Sittenlehre gegen alle Angriffe und Anfeindungen und Verleumdungen verteidigen ... Ich werde dabei die staatlichen Gesetze achten und auch wie bisher meine Zuhörer zur Treue zum Staat auffordern ..." Diesem Text fügte P. Rupert Mayer den wichtigen Zusatz bei: „soweit ich dies mit meinem Gewissen vereinbaren kann."

Nach einer kurzen Erholungspause kehrte P. Rupert Mayer am 14. September 1937 nach München zurück und nahm seine Tätigkeit wieder auf, allerdings ohne deren Herzstück: der Kardinal und der Provinzial hatten sich verpflichtet, daß P. Rupert Mayer zunächst nicht predigen würde. Dies war ein bitterer Wermutstropfen und eine harte Probe seines Gehorsams. Selbst Kardinalstaatssekretär Pacelli, der P. Rupert Mayer aus seiner Münchner Zeit kannte und schätzte, konnte bei der deutschen Regierung keine Zurücknahme des Predigtverbots erreichen. P. Rupert Mayer machte aus der Not eine Tugend und fand neuartige Weg seiner apostolischen Arbeit. Auf seine Anregung hin bildeten sich viele private Zirkel und Kreise um apostolisch gesinnte Laien, die in Wohnungen zusammenkamen und religiöse Themen, die Lage der Kirche und Möglichkeiten zur Pflege und Vertiefung des geistlichen Lebens berieten. Diese Form hat sich in allen Ländern der Erde, in denen die Religion verfolgt wird, bis auf den heutigen Tag bewährt und der Kirche das Überleben ermöglicht (vgl. z. B. in China).

Ende 1937 rang P. Rupert seinem Provinzial die Erlaubnis ab, auf eigene Verantwortung trotz des bestehenden Verbots seine Predigttätigkeit wieder aufnehmen zu dürfen. Am Tag des Ersten Martyrers Stephanus stand er in St. Michael wieder auf der Kanzel. Die Reaktion der Gestapo (Geheime Staatspolizei) ließ nicht lange auf sich warten. Am 5. Januar 1938 wurde er wegen Übertretung des Predigtverbotes erneut verhaftet. Damit war die Haftverschonung des Gerichts hinfällig. P. Mayer mußte den Rest seiner Gefängnisstrafe in der Strafanstalt Landsberg a. Lech absitzen. Dort wurde er wie ein gewöhnlicher Strafgefangener behandelt. Sträflingskleidung, Zellenreinigung und Tütenkleben gehörten dazu. Den Lebenslauf, den er als Gefangener zu verfassen hatte, schloß er mit dem Satz: „Nach einem Leben reich an Erfolgen, aber auch reich an Enttäuschungen und Undank landete ich nun glücklich im Gefängnis. Ich bin mit diesem Los aber keineswegs unzufrieden: ich empfinde dies nicht als Schande, sondern als Krönung meines Lebens."

Auch in Landsberg besuchte Kardinal Faulhaber den verhafteten Priester. Er brachte ihm die Erlaubnis zum Zelebrieren der hl. Messe und den dazu notwendigen Meßkoffer.

Die vorzeitige Entlassung aus Landsberg geschah durch ein Ereignis, das mit dem „Fall Mayer" gar nichts zu tun hatte: eine allgemeine Amnestie anläßlich der Einverleibung Österreichs in das Deutsche Reich. Am 3. Mai 1938 öffneten sich die Gefängnistore und P. Rupert konnte seine greise Mutter, die ihn vor dem Tor erwartet hatte, in die Arme schließen.

Im Interesse seiner körperlichen und seelischen Erholung waren der Kardinal und der Provinzial übereingekommen, dem Freigelassenen einstweilen die Erlaubnis zum Predigen zu versagen. Pater Rupert Mayer empfand dies als sehr bitter. Von ihm wurde das Ordensgelübde des Gehorsams an seiner empfindlichsten Stelle eingefordert. Er brach es nicht und verlegte sich als „Prediger ohne Kanzel" wieder auf die Einzelseelsorge und auf das Wirken im kleinen Kreis. Eine Ehrung des Ordensgenerals versüßte ihm die bittere Pille. Mitgliedern des Ordens, die sich im Ordensleben besonders bewährt haben, kann der General die Ablegung der feierlichen Profeß gewähren, wodurch sie in den innersten Kreis des Ordens aufgenommen werden. Am 15. September 1938 durfte P. Rupert Mayer in die Hand seines Kampfgefährten und Vorgesetzten, des Pronvinzials P. Rösch in der St.-Michaels-Kirche diese feierlichen Ordensgelübde ablegen.

Der Gestapo war natürlich auch die ihrem Zugriff entzogene ausgedehnte Sprechzimmerseelsorge ein Dorn im Auge. Die Gelegenheit, sich einzumischen ergab sich mit der Aussage des Vorsitzenden der „Königspartei", er habe P. Rupert Mayer in der Sprechstunde für die Ziele seiner Partei gewinnen wollen. Obwohl der Zeuge auch aussagte, P. Rupert Mayer habe dies „rundweg abgelehnt", er habe ihm nicht einmal einen Stuhl angeboten, wurde P. Mayer am 3. November 1938 erneut verhaftet. Man verlangte von ihm Aussagen über den Inhalt seiner Gespräche im Sprechzimmer. Hier ging es um eine sehr zentrale Frage. P. Rupert Mayer erklärte unmißverständlich: „Ich bin der felsenfesten

Überzeugung, daß ich über alles, was mir von meinen Besuchern als Seelsorger mitgeteilt wird, strengstes Stillschweigen gegenüber jedermann und gegenüber jeder Behörde zu wahren habe." Kardinal Faulhaber bestätigte auf Anfrage diese Auffassung des Paters. Nachdem die politische Karte nicht gestochen hatte, zog man das Blatt der sittlichen Verdächtigung. Darin hatten die Nationalsozialisten Übung. Schließlich hatten das Sprechzimmer des Paters ja auch junge Menschen besucht und gerade diese in großer Zahl. Die Haltlosigkeit dieser Unterstellung leuchtete sogar der Gestapo ein. Sie fürchtete, sich lächerlich zu machen und ließ diesen Vorwurf selbst wieder fallen.

Nach zweimonatiger Gestapohaft ordnete der „Reichsführer SS, Heinrich Himmler" persönlich für P. Rupert Mayer die „Schutzhaft auf Kriegsdauer" an. Um ihn möglichst weit von München zu entfernen, wurde er in das Konzentrationslager Sachsenhausen gebracht. Kein Angehöriger und keiner der Mitbrüder durfte seinen Aufenthalt erfahren. P. Mayer war im Gefängnis des Konzentrationslagers in Einzelhaft lebendig begraben. Er durfte weder die Mitgefangenen sehen, noch mit dem Wärter ein Wort sprechen, sein Name wurde in keiner Liste geführt. „Ich war trotz äußeren riesigen Betriebs immer ein mehr oder weniger einsamer Mensch; dies kommt mir jetzt zustatten", schreibt er. Trotzdem traf ihn die völlige Isolierung sehr hart. Große Beschwerden bereitete ihm sein wundgescheuerter Beinstumpf. Die Prothese konnte er nicht mehr tragen. Endlich – nach einem Vierteljahr – hatte der Bischof von Berlin, Konrad Graf Preysing, die Zelebrationserlaubnis erwirkt. Nun war der Gefangene nicht mehr allein.

Allmählich zehrte der Aufenthalt im KZ an der Gesundheit des 64jährigen. Sein Gewicht nahm ab, in den Beinen sammelte sich Wasser, der wunde Stumpf bereitete unerträgliche Schmerzen. Bei Fortdauer der Haft mußte man das Schlimmste befürchten. Das aber wollte Himmler nicht. Der Tod eines hochdekorierten Frontsoldaten aus dem Ersten Weltkrieg in einem Konzentrationslager mitten im Krieg, noch dazu eines so bekannten und beliebten Priesters, mußte verheerende Wirkungen haben. Daher wollte man den Gefangenen lebend loswerden, aber nicht in die Freiheit entlassen.

Als Verbannungsort fand man das Benediktinerkloster Ettal. Dorthin wurde der Häftling am 7. August 1940 gebracht. Er durfte das Kloster nicht verlassen, durfte keinen Gottesdienst halten, bei dem Außenstehende anwesend waren, das Beichtehören war ihm untersagt, seine Post unterlag der Zensur, Besuche durfte er nur von den engsten Familienangehörigen empfangen. Das Kloster bürgte mit seiner Existenz für die Einhaltung dieser Bedingungen.

Wie der Kloster-Gefangene sein Los trug, geht aus einem Brief hervor: „Auf grund meiner grundsätzlichen Einstellung gegen die kirchlichen Behörden, blieb mir nichts anderes übrig als mich zu fügen. Seitdem bin ich ein lebender Toter, ja dieser Tod ist für mich, der ich noch so voll Leben bin, viel schlimmer als der wirkliche Tod, auf den ich schon so oft gefaßt war."

In diesen Jahren der erzwungenen Untätigkeit wurde P. Rupert Mayer nach dem allgemeinen Urteil seiner Besucher „immer stiller, besinnlicher, nachdenklicher. Unter großen Opfern und vielen Schmerzen ist er, fast völlig von der Außenwelt abgeschlossen, innerlich gewachsen und gereift … noch tiefer als zuvor stand er vollständig in der Welt des übernatürlichen Lebens. Er hat eine Entwicklung von der äußeren Betriebsamkeit zur letzten, inneren und tiefen Religiosität mitgemacht.“ (Sandfuchs)
Am 6. Mai 1945, 4 Jahre und 10 Monate nach seiner Überführung aus dem Konzentrationslager, schlug die Stunde der Befreiung. Am Himmelfahrtstag stand er in Ettal wieder auf der Kanzel. Das Thema der Predigt überraschte alle, die ihn nicht kannten: er forderte auf, das erlittene Unrecht zu verzeihen, nicht Gedanken der Rache und dem Denunziantentum Raum zu geben, gefordert sei jetzt echte christliche Liebe. (Sandfuchs)
Am 11. Mai 1945 kehrte P. Rupert Mayer in sein geliebtes München zurück. Der Anblick der zerstörten Stadt erschütterte ihn. Sein erster Besuch galt dem Kardinal, der zweite den Ruinen „seiner“ Kirche und Kanzel St. Michael. Auch die Bürgersaalkirche war ausgebrannt. Aber seine Zelle Nr. 3 war erhalten geblieben.
Das Hauptfest seiner Männerkongregation am 27. Mai 1945 wurde in Anwesenheit des Kardinals zum Dankfest für den heimgekehrten Präses. An Ruinen und Schuttbergen vorbei bewegte sich die Fronleichnamsprozession von 1945. Trotz starker Schmerzen am wunden Beinstumpf ging P. Rupert Mayer inmitten seiner Männer wie eh und je.
Ohne Säumen nahm er die Arbeit bei St. Michael wieder auf. Sein Sprechzimmer war noch voller als vor dem Krieg. Zu den bisherigen Nöten waren neue hinzugekommen: die Obdachlosen, die alles verloren hatten, die Flüchtlinge, die aus ihren Stellungen Entlassenen und nicht zuletzt die Hungernden und Verzweifelten. Es mußte mit neuen, unerfahrenen Behörden und mit den Dienststellen der Besatzungsmacht verhandelt werden. Dazu fast täglich eine Predigt; es war zuviel für den 70jährigen. Schon Ende Juli 1945 erhielt er eine erste Warnung. Plötzlich konnte er auf der Kanzel nicht mehr sprechen, Zeichen eines kleinen Schlaganfalls. Dieser wiederholte sich am 14. Oktober. Am Allerheiligentag 1945 traf ihn während der Predigt der tödliche Schlag. Er hatte den Satz begonnen mit den Worten: „Es ist der Herr …“ dann wiederholte er mehrmals das Wort „der Herr“. Noch immer stand er aufrecht. Zwei Mitbrüder eilten herbei und trugen ihn in die Sakristei. Ohne Bewußtsein wurde er noch in das Krankenhaus „Josefinum“ gebracht. Dort starb er, ohne das Bewußtsein nochmal erlangt zu haben, am 1. November 1945 um 11.10 Uhr an einem Gehirnschlag. „Er hat allen Menschen Gutes getan“ in diesen Worten faßte sein Vorgesetzter am Abend des 1. November das Leben seines Mitbruders zusammen.
Am 4. November wurde der Verewigte auf dem Ordensfriedhof der Jesuiten in Pullach unter ungeheuer großer Teilnahme der Münchner Bevölkerung zu

Grabe getragen. Schon nach zweieinhalb Jahren, am 23. Mai 1948 wurde er von dort an seine frühere Wirkungsstätte übergeführt und in der Unterkirche des Bürgersaals beigesetzt. Seitdem ist sein Grab eine Wallfahrtsstätte für die Münchner und für Tausende von Gläubigen aus aller Welt.
Schon bei seinem ersten Besuch in München am 19. November 1980 schloß Papst Johannes Paul II. seine Ansprache mit den Worten: „Abschließend möchte ich auf einen Mann hinweisen, den manche unter Euch oder Eure Eltern noch persönlich gekannt haben, den Jesuitenpater Rupert Mayer, an dessen Grab im Zentrum von München, in der Krypta des Bürgersaals, täglich Hunderte von Menschen kurze Gebetseinkehr halten. Ungeachtet der Folgen einer schweren Verwundung, die er im Ersten Weltkrieg bei einem Versehgang erlitt, trat er in schwerster Zeit öffentlich und ganz unerschrocken für die Rechte der Kirche und der Freiheit ein und hat deshalb die Härte des Konzentrationslagers und der Verbannung erleiden müssen."
Bei seinem zweiten Besuch in München hat Papst Johannes Paul II. am 3. Mai 1987 im Olympiastadion den Apostel Münchens seliggesprochen. Seitdem hat der Strom der Beter an seinem Grab noch zugenommen. P. Rupert Mayer setzt sein Missionswerk noch heute fort.

Severin

geboren: unbekannt
gestorben: 8. Januar 482
Fest: 8. Januar
(in der Diözese Linz am 28. Januar)

Wer das Grauen der Vertreibung am Ende des Zweiten Weltkrieges miterlebt hat, der kann sich die Not und die Schrecken vorstellen, die über die fruchtbaren Gefilde und die blühenden Siedlungen hinter dem Limes in Bayern und südlich der Donau in Österreich hereinbrachen, als das Römische Reich eine Grenzprovinz nach der anderen räumen und den nachdrängenden Stämmen der Germanen überlassen mußte.
Schon um die Mitte des 4. Jahrhunderts war das Voralpenland von römischen Truppen entblößt worden. Es erfolgte damals zwar noch keine richtige Landnahme durch einen Germanenstamm, aber die blitzschnellen Vorstöße und Beutezüge waren für die Bevölkerung fast noch schlimmer. Im bayerischen Teil der römischen Provinz Rätien sickerten die Germanen über Jahrzehnte hinweg ein und vermischten sich mit der römischen Bevölkerung, so daß hier der Übergang allmählicher und organischer unter Wahrung der kulturellen Kontinuität erfolgen konnte. Schlimmer war es im östlichen Rätien und in Ufernoricum, von Passau bis Wien. Im Osten saßen die arianischen Rugier, von Westen drängten die wilden Scharen des Alemannenkönigs Gibuld. Die schlecht bewaffnete und verarmte Bevölkerung konnte sich gegen die Angriffe der Germanen nicht wehren. Die römischen Kastelle an der Donau von Künzing bis Klosterneuburg waren längst geräumt und zerstört. Standhielt dagegen die kirchliche Organisation. Das Land war weitgehend christlich. Es gab Bischöfe, Priester und Mönche in der zweiten Hälfte des 5. Jahrhunderts. Lorch war Bischofssitz. Die römische Bevölkerung bestand aus entlassenen Veteranen des Heeres und ihren Familien und Nachkommen, aus Händlern und Handwerkern, Freigelassenen, Bauern und Priestern. Zum Teil kam sie um, zum Teil floh sie über die Alpen nach Italien, zum Teil überlebte sie und vermischte sich mit den neuen germanischen Bewohnern. Die Streitfrage, ob die römische Kultur in der Völkerwanderung gänzlich unterging oder ob sie wenigstens zum Teil weiterbestand und überlebt hat, ist bis heute nicht eindeutig beantwortet.
In dieser gespenstischen Dämmerstunde Europas, die Morgen- und Abenddämmerung in einem war – Abenddämmerung für das stolze Römische Reich, das blutrot unterging, und Morgendämmerung für das aufziehende Zeitalter der Germanen, das gleichfalls blutige Spuren durch ganz Europa zog –, erschien wie

ein Engel vom Himmel der Mönch Severin im Mittelpunkt des Völkerbebens. Niemand weiß, woher er kam und wer er war. Man wollte in ihm einen entlassenen römischen Feldherrn sehen, der sein Heer verloren hatte, oder auch einen Gefolgsmann Attilas, weil sein Auftreten zeitlich fast mit dem Tod des Hunnenkönigs (453) zusammenfiel. Mit einigem Grund nimmt man an, daß er aus einer Mönchsgemeinschaft vom Orient kam – er war weder Bischof noch Priester –, daß er ausgezogen war, um die höchste Form der Einsamkeit, die Heimatlosigkeit, zu suchen, daß ihn aber am Ufer der Donau „des Volkes erbarmte", so daß er sich, nachdem er zuerst in der Gegend herumgezogen war und gepredigt hatte, endgültig in Favianis, dem heutigen Mautern (gegenüber von Krems an der Donau), niederließ.

Über sein Leben und Wirken sind wir von da an gut unterrichtet, weil sein Schüler Eugippius, der die letzten Lebensjahre des Heiligen bei ihm verbrachte, nach seinem Tod eine Lebensbeschreibung verfaßt hat, die eine hervorragende Quelle für diese dunkle Zeit, aber auch für das Leben Severins darstellt. In Mautern gründete dieser außerhalb der Stadt ein Kloster, das bald Mittelpunkt und Zufluchtsort der geplagten Bevölkerung wurde. Favianis (Mautern) war ein zentraler Ort, das Hauptquartier der I. norischen Legion und Bischofssitz, der Severin angeboten war, den er aber ausgeschlagen hatte. Auf der anderen Seite der Donau lag die Residenz der Rugierkönige. Mit ihnen pflegte Severin gute Nachbarschaft, obwohl sie Arianer waren. Er erwirkte Frieden und Schutz für die römische Bevölkerung. Auch andere germanische Fürsten suchten den gebildeten, berühmten und durch Wundertaten ausgewiesenen christlichen Führer der Gegend auf. So der Skirenfürst Odoaker, der mit seinem Heer nach Italien zog, dort den letzten römischen Kaiser 476 stürzte, dem Römischen Reich ein Ende bereitete und das erste germanische Königreich auf dem Boden der Apenninenhalbinsel errichtete.

Auch mit dem alemannischen König Gibuld traf er zusammen, der bis nach Passau vorgedrungen war und in dem manche Forscher sogar den Urahnen des bayerischen Stammes sehen wollten. Er hielt ihm das Kreuz entgegen und forderte ihn auf, von Raub und Blutvergießen abzulassen.

Um das Christentum zu festigen und zu vertiefen, um das Volk zu trösten und um wirtschaftliche und militärische Hilfe zu organisieren, zog Severin donauaufwärts über Passau bis nach Quintanis, das ist Künzing, zwischen Osterhofen und Vilshofen. Dort habe er, so erzählt die Legende, einen Priester angetroffen, der auf der Totenbahre lag. Diesen habe er zum Leben erweckt. In Passau gründete er in der Innvorstadt in der Nähe der heutigen Severinskirche ein Kloster, dessen Spuren in jüngster Zeit entdeckt und zeitlich treffend eingeordnet werden konnten. Nicht verhindern konnte der Heilige einen Überfall der Thüringer, bei dem fast alle Einwohner Passaus niedergemacht wurden. Selbstverschuldet kamen die Bewohner von Joviacum ums Leben. Sie hatten seine vorhersagende Warnung in den Wind geschlagen und wurden von den Herulern

überfallen und getötet. Die restlichen Einwohner Passaus führte der Heilige nach Lorch; dort versorgte er sie mit dem Nötigsten. Man sagte ihm dabei eine wunderbare Vermehrung der lebensnotwendigen Ölvorräte nach.
Mit der Zeit stellte Severin die längst zusammengebrochene wirtschaftliche, militärische und kirchliche Struktur des Landes wieder her. Er war der Helfer in aller Not, der Vater der Bedrängten und Retter der Flüchtlinge, die alle Straßen füllten, ohne Habe und ohne Lebensmittel. Sein Ruf als Wundertäter half ihm, die harten Herzen der Reichen zu bewegen, Menschen für seine Werke zu organisieren und große Mittel dafür zu erschließen. Dazwischen aber kehrte er immer wieder in seine Zelle im Kloster in Favianis zurück. Für seine hohe klassische und theologische Bildung zeugt, daß der Bischof von Lorch ihm seinen Neffen zur Erziehung übergab, der später selbst Mönch wurde.
Severin wußte, daß das Schiff dem Untergang geweiht war. Alles, was er tun konnte, war die Verhinderung einer Panik, um einen geordneten Rückzug in die Rettungsboote jenseits der Alpen zu ermöglichen.
Als er sein Ende herannahen fühlte, gebot er seinen Mitbrüdern, sich nach Italien zurückzuziehen und seine Gebeine mitzunehmen. Die Sonne Roms war untergegangen in den Ländern nördlich der Alpen.
Severin starb am 8. Januar 482. 488 beseitigte Odoaker das Reich der Rugier. Die römische Bevölkerung ließ er nach der Anweisung Severins unter Leitung eines hohen Beamten geordnet nach Italien führen. Die Mönche erhoben den Leichnam Severins und brachten ihn unter großer Anteilnahme des Volkes nach Castellum Lucullanum bei Neapel. 910 wurde er zur Rettung vor den Sarazenen in das Kloster San Severino in Neapel gebracht und 1807 endgültig in der Pfarrkirche zu Frattamaggiore bei Aversa beigesetzt.
Es mag scheinen, als sei Severin im Strudel der Völkerwanderung eine große politische Führergestalt gewesen, ein Organisationsgenie, ein Apostel der Caritas. Gewiß, dies alles war er auch. Seine Kraftquelle und die Herzmitte seiner Persönlichkeit aber war sein Mönchtum. Der Weggang aus der Welt war verbunden mit einer überaus strengen Askese, mit einem intensiven Gebetsleben und mit der treuen Befolgung der Evangelischen Räte. Freilich ist er über den religiösen Individualismus vieler Eremiten hinausgewachsen zur Fülle der Botschaft Christi: Was ihr dem geringsten meiner Brüder getan habt, das habt ihr mir getan. Die Liebe Gottes ist in dieser Welt nur erfahrbar in der Nächstenliebe. Ohne sie bleibt die Liebe Gottes leer und egoistisch. Große Eremiten haben dies bald gespürt und als zweites „Standbein" ihrer Frömmigkeit das Apostolat in irgendeiner Form gesucht und gelebt. Severin gehört zweifellos zu diesen großen Mönchen des Abendlandes. Er ist ein Heiliger wegen seines Mönchtums, ebenso oder mehr noch wegen seiner Hingabe an den notleidenden Nächsten in schwerer Zeit.

Stephanus

Fest: 26. Dezember

Mit dem ersten Pfingstfest nahm die Geschichte des Christentums als die Geschichte einer menschlichen Gemeinschaft ihren Anfang. „Die seine Worte annahmen, ließen sich taufen. An diesem Tag (am Pfingsttag) wurden ihrer Gemeinschaft etwa dreitausend Menschen hinzugefügt" (Apg 2,41). In der volkreichen Stadt Jerusalem nahm die Christengemeinde rasch zu. Die Anhänger des Gekreuzigten und Auferstandenen kamen aus allen Schichten und Ständen: Priester und Schriftgelehrte, Handwerker und Sklaven. „Die Gemeinde der Gläubigen war ein Herz und eine Seele. Keiner nannte etwas von dem, was er hatte, sein Eigentum, sondern sie hatten alles gemeinsam . . . Es gab auch keinen unter ihnen, der Not litt. Denn alle, die Grundstücke oder Häuser besaßen, verkauften ihren Besitz, brachten den Erlös und legten ihn den Aposteln zu Füßen. Jedem wurde davon soviel zugeteilt, wie er nötig hatte" (Apg 4,32–35). Gerade hieraus entstand der erste Streit in der jungen Christengemeinde.

Die Bevölkerung von Jerusalem zerfiel in zwei Sprachgruppen, die eine sprach aramäisch als Muttersprache, die andere griechisch. Das Griechische war damals die Weltsprache, die im ganzen östlichen Mittelmeerraum verbreitet war. Sie war daher die Muttersprache der Juden, die aus Kleinasien, aus Ägypten, Lybien usw. zugezogen waren. Diese hatten auch griechische Lebensart und griechische Denkweise mit in ihre neue Heimat gebracht. Daher nannte man sie Hellenisten, die alteingesessenen aber Hebräer. Die Hellenisten hatten eigene Synagogen, in denen der jüdische Gottesdienst in griechischer Sprache gefeiert wurde. Die Apostelgeschichte nennt die Synagoge der Libertiner. Diese waren Freigelassene, meist ehemalige Kriegsgefangene, die viele Jahre im Ausland zugebracht und die griechische Sprache angenommen hatten; die Cyrenäer, das sind Juden, die aus Lybien zugewandert waren; die Alexandriner, so genannt nach der Stadt Alexandria in Ägypten; dazu noch „Leute aus Zilizien und der Provinz Asien". Damit sind die römischen Provinzen in Asien gemeint, die von einem Prokonsul verwaltet wurden. Diese „Zugereisten" bildeten auch unter den Christen eine eigene Gruppe, die sich durch ihre griechische Sprache und Lebensweise von den „Alteingesessenen" deutlich abhoben. Wie in jeder Gemeinschaft mit so unterschiedlichen Bestandteilen gab es auch in der Christengemeinde von Jerusalem Spannungen und Reibereien zwischen den Griechen und den Hebräern.

So beschwerten sich die Hellenisten, weil „ihre Witwen bei der täglichen Versorgung übersehen wurden“ (Apg 6,1). Die ersten Christen, einschließlich der Apostel, erwarteten die Wiederkunft des Herrn in allernächster Zeit, eigentlich jeden Tag. Was hatte es also für einen Sinn, dem Erwerbsleben nachzugehen, Besitztümer aufzuhäufen. Sie verkauften ihren Besitz und brachten den Erlös den Aposteln. Gemeinsam harrten sie in Gebet und Feier des Abendmahls des Anbruchs des Gottesreiches. Die Versorgung mit Speise und Trank, die gerechte Verteilung des zum Leben Notwendigen war eine schwierige Aufgabe, für die die Apostel Helfer brauchten. Da sie selbst aramäisch sprachen, bedienten sie sich vermutlich aramäischsprechender Helfer, die, sei es aus Abneigung, sei es wegen der Sprachschwierigkeiten, die Witwen der Hellenisten vergaßen. „Da riefen die Zwölf die ganze Schar der Jünger zusammen und erklärten: Es ist nicht recht, daß wir das Wort Gottes vernachlässigen und uns dem Dienst an den Tischen widmen. Brüder, wählt aus eurer Mitte sieben Männer von gutem Ruf und voll Geist und Weisheit; ihnen werden wir diese Aufgabe übertragen. Wir aber wollen beim Gebet und beim Dienst am Wort bleiben. Der Vorschlag befand den Beifall der ganzen Gemeinde, und sie wählten Stephanus, einen Mann, erfüllt vom Glauben und vom Heiligen Geist, ferner Philippus und Prochorus, Nikanor, Timon, Parmenas und Nikolaus, einen Proselyten aus Antiochia. Sie ließen sie vor die Apostel hintreten, und diese beteten und legten ihnen die Hände auf“ (Apg 6,2–6).

Alle sieben Beauftragten tragen griechische Namen. Dürfen wir daraus schließen, daß die Gemeinde, die sie ausgewählt hat, ihr Unrecht eingesehen hatte und einen Ausgleich schaffen wollte? Der griechische Name beweist nicht sicher, daß es Hellenisten waren, trugen doch mehrere Apostel griechische Namen, deren hebräische Herkunft außer Zweifel stand, so zum Beispiel Andreas und Philippus. Auf alle Fälle nahm der griechische Einfluß in der jungen Kirche von da an rasch zu und bestimmte die Frühgeschichte des Christentums mehr als die alte jüdische Glaubensheimat.

Nach dem weiteren Bericht der Apostelgeschichte haben wir uns in Stephanus einen griechisch gebildeten Mann vorzustellen, der nicht nur den „Tischdienst“ versah und Lebensmittel austeilte, sondern „voll Gnade und Kraft Wunder und große Zeichen tat unter dem Volk“. Er lehrte und verkündete die Botschaft von Christus vorzugsweise unter den griechischsprechenden Juden. Er ließ sich mit ihnen in Diskussionen ein, „aber sie konnten der Weisheit und dem Geist, mit dem er sprach, nicht widerstehen.“ Er war ihnen geistig überlegen, aber nicht nur das. Er sprach aus der Kraft des Pfingstgeistes, aus derselben Kraft, die den Fischer Petrus zu seiner großen Rede befähigt hatte, nach der sich dreitausend Menschen taufen ließen. Menschen, die in der Diskussion unterliegen, werden böse, noch dazu wenn diese sich um Fragen des Glaubens drehen. Die unterliegenden Juden griffen zu demselben Mittel, das sie gegenüber Jesus angewandt

Der heilige Stephanus. ▷
Altarflügel aus Worms, Mittelrhein, Mitte 13. Jahrhundert. Foto: Archiv.

hatten. Sie suchten falsche Zeugen, die bereit waren, auszusagen, Stephanus habe Gott gelästert. Dann packten sie ihn und schleppten ihn vor den Hohen Rat. Dort sagten die falschen Zeugen aus: „Dieser Mensch hört nicht auf, gegen diesen heiligen Ort (Tempel) und das Gesetz zu reden. Wir haben ihn nämlich sagen hören: dieser Jesus, der Nazoräer, wird diesen Ort zerstören und die Bräuche ändern, die uns Mose überliefert hat" (Apg 6,12–14). Das war – wie bei Jesus – so ziemlich das schlimmste Verbrechen, dessen man einen Juden beschuldigen konnte: Lästerung Gottes und seines Gesetzes und Drohung, Hand an den Tempel zu legen.

Bevor nun Stephanus zu seiner großen Verteidigungsrede ansetzt, stellt ihn der Berichterstatter der Apostelgeschichte auf die Ebene, auf die diese Verhandlung gehört, auf die Ebene der großen heilsgeschichtlichen Auseinandersetzung zwischen dem Alten und dem Neuen Testament, auf die Ebene nicht nur der Weltgeschichte, sondern der Heilsgeschichte, die Himmel und Erde umspannt. Darum sagt er: „Und als alle, die im Hohen Rate saßen, auf ihn blickten, erschien ihnen sein Gesicht wie das eines Engels" (Apg 6,15). Das Gesicht eines Engels ist im Alten Testament immer ein Zeichen für die Nähe Gottes. Sogar der Todesengel fürchtete sich, als er sich dem sterbenden Mose näherte, weil sein „Angesicht der Sonne und dem Engel Jahwes" glich. Wenn die Propheten in Gottes Sendung vor das Volk traten, „dann fürchteten sich alle vor ihnen, denn sie glichen den Engeln".

Wer denkt in dieser Stunde, da der erste Zeuge sich anschickt, die Nachfolge seines Herrn anzutreten, nicht an das Wort Jesu: „Sie werden euch vor die Gerichte bringen und in ihren Synagogen auspeitschen . . . Wenn man euch vor Gericht stellt, macht euch keine Sorgen, wie und was ihr reden sollt; denn es wird euch in jener Stunde eingegeben, was ihr sagen sollt. Nicht ihr werdet dann reden, sondern der Geist eures Vaters wird durch euch reden" (Mt 10,17–20). Die große Rede des Stephanus ist eigentlich keine Verteidigungsrede. Sie geht auf die gegen ihn vorgebrachten Anschuldigungen gar nicht ein. Es ist vielmehr eine heilsgeschichtliche Deutung der Geschichte Israels in der Perspektive ihrer Vollendung in Jesus. Stephanus beginnt mit der Geschichte der Erzväter Abraham, Isaak und Jakob. Dieser folgte seinem Sohn Josef mit seiner ganzen Familie nach Ägypten. Dort wuchs und mehrte sich das Volk Israel. Ein neuer König der Ägypter, der Josef nicht gekannt hatte, wehrte sich gegen die Überfremdung. Er bedrückte das Volk und zwang es, „seine Kinder auszusetzen, daß sie nicht am Leben bleiben". Da wurde Mose geboren und in aller Weisheit der Ägypter am Königshof erzogen. Ihn berief der Herr zum Retter seines Volkes. Er führte die Israeliten aus Ägypten heraus und war ihr Führer auf der vierzig Jahre dauernden Wanderung durch die Wüste. Gott war bei seinem Volk in einem Zelt. Erst Salomo baute ihm einen Tempel. Dieser Tempel ist Menschenwerk und damit vergänglich wie alle Werke der Menschen. „Doch der Höchste wohnt nicht in dem, was von Menschenhand gemacht ist, wie der Prophet sagt:

Der Himmel ist mein Thron und die Erde der Schemel für meine Füße . . . "
Damit geht Stephanus doch, wenn auch indirekt, auf den Vorwurf ein, er habe den Tempel als vergänglich angesehen, seine Zeit als begrenzt, ja eigentlich bereits als Vergangenheit. Nach dieser Darlegung der geschichtlichen Entwicklung geht Stephanus zum direkten Angriff über: „Ihr Halsstarrigen und Unbeschnittenen an Herz und Ohren!" Dies bedeutet, daß ihre körperliche Beschneidung als Zeichen der Zugehörigkeit zum Volk Gottes gar nichts nützt, weil sie sich in ihren Herzen und Ohren genauso verhalten, wie die unbeschnittenen Heiden. Dann fährt Stephanus fort: „Ihr widersetzt euch immer dem Heiligen Geist wie eure Väter, so auch ihr. Welchen der Propheten haben eure Väter nicht verfolgt? Sie haben die getötet, die die Ankunft des Gerechten geweissagt haben, dessen Verräter und Mörder ihr jetzt geworden seid. Ihr, die ihr durch die Anordnung von Engeln das Gesetz empfangen, es aber nicht gehalten habt."
Wahrhaft, eine gewaltige Szene: der Hohe Rat, das höchste weltliche und geistliche Gremium des Judentums, das in Anspruch nahm, das Gesetz Gottes zu verwalten und mit Vollmacht auszulegen, an der Spitze der Hohepriester, der allein das Allerheiligste des Tempels betreten durfte, und vor ihnen ein junger, gebildeter Mann, der sie alle in das Gesicht Verräter und Mörder nennt, die das Gesetz, den Inhalt ihres Lebens, ihres Glaubens verraten haben. „Als sie das hörten, waren sie auf das äußerste über ihn empört und knirschten mit den Zähnen" (Apg 7,54).
Stephanus wußte, was er getan hatte und was ihm bevorstand. Ein solcher „Frevel", der in den Augen des Hohen Rates gleichzeitig Gotteslästerung und Hochverrat war, konnte nur mit Blut gesühnt werden. Nun ereignet sich etwas, was wir aus vielen Berichten über das Martyrium in den christlichen Urzeiten kennen. Der erste Blutzeuge geriet in Ekstase: „Erfüllt vom Heiligen Geist blickte er zum Himmel empor, sah die Herrlichkeit Gottes und Jesus zur Rechten Gottes stehen und rief: Ich sehe den Himmel offen und den Menschensohn zur Rechten Gottes stehen" (Apg 7,55).
Gott selbst sieht er nicht, sondern nur seine Lichtherrlichkeit, aber Jesus, nicht wie sonst sitzend, sondern stehend, dieser spricht ihm Mut zu und bereitet sich, ihm entgegenzugehen. Ein solches Bekenntnis steigert die Wut seiner Feinde noch mehr. Sie schrien auf und hielten sich die Ohren zu, um solche Gotteslästerungen nicht länger anhören zu müssen. Dann stürzten sie auf ihn los, trieben ihn zur Stadt hinaus und steinigten ihn. Zu einem ordentlichen Gerichtsverfahren waren sie gar nicht mehr fähig. Sie übten Lynchjustiz. Ein Todesurteil hätten sie, wie wir aus dem Prozeß Jesu wissen, nicht fällen und vollziehen können. Dieses lag in der Zuständigkeit des römischen Landpflegers. Dagegen scheint die Hinrichtung selbst nach den bei den Juden geltenden Vorschriften vollzogen worden zu sein. Das Gesetz des Mose (Lev 24,11 f.) sah für Gotteslästerung die Strafe der Steinigung vor. Die Stätte der Steinigung lag außerhalb

der Stadt. An der Hinrichtungsstätte zog man dem Verurteilten die Kleider aus. Die Steinigung fand statt in einer Grube von zirka dreieinhalb Meter Tiefe. In diese wurde der Verurteilte auf den Rücken hinabgeworfen. „Stirbt er dabei, so ist der Pflicht genügt. Wenn aber nicht, so nimmt der zweite Zeuge (der die Anklage gegen ihn vorgebracht hat) einen Stein und wirft ihn auf sein Herz. Stirbt er dabei, so ist der Pflicht genügt; wenn aber nicht, so liegt die weitere Steinigung bei ganz Israel" (Billerbeck, II, 685). Der Stein, den der erste und der zweite Zeuge schleuderte, war so groß, daß er in der Regel den Tod herbeigeführt hat. Der Tote wurde dann an eine Art Galgen aufgehängt, vor Sonnenuntergang aber abgenommen und in dem für die Gesteinigten und Verbrannten bestimmten öffentlichen Grab bestattet. Die mit dem Schwert Hingerichteten und die Erdrosselten mußten in ein anderes Grab gelegt werden. Erst später durften die Gebeine den Angehörigen zur Beisetzung im Familiengrab ausgehändigt werden. Aus dem Bericht der Apostelgeschichte geht nicht hervor, ob bei Stephanus alle diese Bestimmungen eingehalten wurden. Ausdrücklich hingewiesen wird nur auf die Ablage der Oberkleider „zu Füßen eines jungen Mannes, der Saulus hieß", und „Saulus war mit dem Mord einverstanden" (Apg 7,58 b. 81a) Wenig später berichtet die Apostelgeschichte über die wunderbare Bekehrung dieses Saulus.

Der Bericht über den Tod des Stephanus ist stark an den Bericht des Lukasevangeliums über das Sterben Jesu am Kreuz angeglichen. Stephanus rief: „Herr, Jesus, nimm meinen Geist auf! Dann sank er in die Knie und schrie laut: Herr, rechne ihnen diese Sünde nicht an! Nach diesen Worten starb er" (Apg 7,59–60).

Bekanntlich hat der Evangelist Lukas nicht nur das Lukasevangelium geschrieben, sondern auch die Apostelgeschichte. Im Evangelium betet Jesus am Kreuz: „Vater, vergib ihnen, denn sie wissen nicht, was sie tun . . . ", und Jesus rief laut: „Vater, in deine Hände lege ich meinen Geist!"

Der Verfasser wollte deutlich machen: Hier steht ein Zeuge in der vollen Nachfolge des Herrn. Er war der erste, ihm werden Hunderte in den nächsten Jahren, Tausende in den nächsten Jahrhunderten und Hunderttausende bis zum heutigen Tag folgen. Christ sein, schließt die Bereitschaft zu diesem Zeugnis ein. Wohl kein Jahrhundert in der Geschichte des Christentums hat so viele Martyrer hervorgebracht wie das unsrige.

Die Kirche hat das Fest des heiligen Stephanus auf den Tag nach dem Weihnachtsfest gelegt. Sie will damit sagen: Wie der 26. Dezember auf den 25. folgt, so notwendig und sicher folgt das Blutzeugnis für Christus auf die Geburt des Herrn. Man kann nicht die Freude über das eine Ereignis empfinden, ohne die Bereitschaft zum zweiten. Glücklich, wem nicht diese letzte Bewährung abgefordert wird; denn niemand kann sie von sich aus bestehen. Aber es gehört zu unserem Glauben, daß den Beistand des Heiligen Geistes diejenigen erhalten, von denen Gott dieses Zeugnis fordert.

Stephan I., König von Ungarn

geboren: 969
gestorben: 15. August 1038
Fest: 16. August

955 rettet Kaiser Otto der Große in der Schlacht auf dem Lechfeld bei Augsburg das christliche Abendland vor den Reiterscharen der heidnischen Ungarn. Genau vierzig Jahre später zieht eine bayerische Prinzessin als Gemahlin des Thronfolgers nach Ungarn, und fünf Jahre später erhält dieser aus der Hand des Papstes die ungarische Königskrone. Die Weltgeschichte geht manchmal einen unerträglich langsamen Gang, manchmal rast sie aber auch durch die Zeit und schafft in Jahrzehnten, wozu sie sonst Jahrhunderte braucht.

„Ungarn" war im 9. und in der ersten Hälfte des 10. Jahrhunderts ein Ort des Schreckens für ganz Europa. Das wilde heidnische Reitervolk war zu Beginn des 10. Jahrhunderts aus Südrußland in die ungarische Tiefebene eingedrungen. 907 verlor Luitpold, der Graf der Ostmark, an der Enns die Schlacht und das Leben, mit ihm die Blüte des bayerischen Adels. Von da an überschwemmten die schnellen Reiterscharen fast alle Länder Westeuropas; bis nach Frankreich, Italien und Spanien führten ihre Raub- und Beutezüge. Am meisten zu leiden hatte Bayern. Die Ungarn waren die Geißel der Christenheit. Die Allerheiligenlitanei wurde ergänzt durch die Anrufung: „Von den Pfeilen der Ungarn – erlöse uns, o Herr!" Dies alles hatte nach der großen Ungarnschlacht im Jahre 955 ein Ende. In den nächsten Jahrzehnten wurde das Volk der Ungarn seßhaft und wuchs allmählich in die Staatlichkeit hinein.

Das Christentum hatte zu dieser Zeit im Donauraum schon eine lange und wechselvolle Geschichte hinter sich. Pannonien (Ungarn) war eine reiche und bedeutende Provinz des Römischen Reiches gewesen. Die römischen Soldaten und ihre Familien brachten den christlichen Glauben in die entferntesten Gebiete. Manche von ihnen erlitten in den verschiedenen Christenverfolgungen der ersten drei Jahrhunderte den Martyrertod. So wurde der heilige Florian mit seinen Gefährten im heutigen Lorch an der Enns hingerichtet. Der heilige Martin wurde um 316 in Steinamanger in Ungarn geboren. Mindestens drei Bischofssitze stammen aus dieser Zeit (Sirmium, Pécs, Steinamanger). Dieser frühchristliche Frühling wurde wie durch einen Reif in der Nacht beendet durch den Arianismus, den die germanischen Stämme in der Völkerwanderung mitbrachten. Nur die Randgebiete im Osten bewahrten durch Anlehnung an Ostrom den alten Glauben. Im Westen lassen sich Salzburger Missionare im 9. Jahrhundert westlich und südlich des Plattensees nachweisen. Die Diözese Passau engagierte sich nördlich der Donau. Die Slawenapostel Kyrill und Method missionierten mit großem Erfolg in Mähren und Ungarn. Ein Hauptgrund für ihren Erfolg lag in der slawischen Kirchensprache, die sie an die Stelle des Lateinischen gesetzt hatten. Method wurde vom Papst zum Erzbischof von Sirmium und zum Apostolischen Legaten ernannt. Die bayerischen Bischöfe, die um ihren eigenen Einfluß fürchteten, spielten ihm übel mit. Sie nahmen ihn gefangen und hielten ihn jahrelang in einer entwürdigenden Haft. Dies alles wurde durch die Landnahme der heidnischen Ungarn zwischen 895 bis 904 weitgehend vernichtet. Die Missionierung Ungarns mußte ganz von vorne beginnen.

Von Byzanz aus lassen sich Spuren einer Missionstätigkeit schon um die Mitte des 10. Jahrhunderts im östlichen Ungarn, vor allem in Siebenbürgen, nachweisen, aber der eigentliche Gründer der ungarischen Kirche und zugleich des ungarischen Staates war König Stephan I. (997–1038).

Sein Vater, der Arpade Géza, hatte sich gegenüber anderen Stammesfürsten durchgesetzt. Um seine politische Stellung zu festigen, mußte er sich an eine der beiden Großmächte, im Osten Byzanz und im Westen das karolingische Reich, anlehnen. Er entschied sich für den Westen und damit für eine Christianisierung in der Form der lateinischen Kirche. Die Missionare kamen von Bischof Pilgrim von Passau. Ein bayerischer Priester taufte den Fürsten und seinen Sohn, er erhielt den Taufnamen Stephan nach dem Patron der Domkirche von Passau. Die Mutter Stephans stammte aus Siebenbürgen und hatte dort nach östlichem Ritus die Taufe empfangen. Hier wird die Spannung zwischen Ostreich und Westreich, zwischen der griechischen und der römischen Kirche sichtbar, die für Ungarn eine dauernde Gefahr, aber auch eine Chance als Brücke zwischen den rivalisierenden Großmächten bedeutete. Die Herrscherfamilie hatte sich überwiegend aus politischen Gründen für das Christentum entschieden, das Volk und der Adel waren noch heidnisch. Damals verlief die Missionierung eines Volkes häufig von oben nach unten; der Fürst nahm den Glauben an und nach ihm das Volk, oft mehr aus Gefolgschaftstreue als aus religiöser Überzeugung. In der nächsten Generation wurde dann durch eine intensive Seelsorge der Glaube und die christliche Sitte befestigt durch den Bau von Klöstern, die Gründung von Bistümern und Pfarreien. Dies war aber nicht mehr das Werk des Vaters Géza, sondern des Sohnes Vajk oder, mit seinem christlichen Namen, des Kronprinzen Stephan. Ihm gab der Vater einen Heiligen zum Berater: Adalbert von Prag, der wenige Jahre später als Missionar von den heidnischen Preußen erschlagen und 999 durch Papst Silvester II. heiliggesprochen wurde. Dieser firmte Stephan und vermittelte 995 seine Heirat mit der bayerischen Prinzessin Gisela. Sie war die Schwester Heinrich II., des Heiligen, der zuerst Herzog in Bayern und von 1002 bis 1024 Kaiser des Heiligen Römischen Reiches war. Als Erzieher hatte sie in Regensburg den heiligen Bischof Wolfgang, einen Anhänger der kirchlichen Reformbewegung, und so erhielt der junge Fürst Stephan in seiner Gemahlin den westlichen Missionar für sein halbheidnisches Land.

997 starb sein Vater. In blutigen Kriegen mußte Stephan seine Nachfolge gegen heidnische Rivalen durchsetzen. Sein Hauptfeind verlor in der Schlacht bei Veszprem Sieg und Leben. Nachdem er auch die von Byzanz vorgeschickten Fürsten Gyula und Ajtony überwunden hatte, war die Einheit des Landes gesichert und ein Rückfall ins Heidentum verhindert. Ungarn konnte seinen Weg in eine staatliche und christliche Zukunft fortsetzen. Sein Regierungsprogramm war ebenso einfach wie schwer zu verwirklichen: die Festigung der Einheit und Unabhängigkeit des Staates mit Anschluß an den Westen und Freundschaft zum Osten, die Beheimatung des christlichen Glaubens durch den Aufbau einer stabilen Kirchenordnung und die Sicherung des inneren Friedens durch Zurückdrängung der Stammesfürsten und Schaffung einer straffen zentralen Verwaltung. Mißt man die Ergebnisse der vierzigjährigen Regierung Stephans an diesem Programm, so muß man den ersten König der Ungarn unter die wenigen Herrschergestalten der Geschichte einreihen, die ihre Lebensaufgabe voll gelöst haben. Seine Leistung ist „ein politisches Meisterstück ersten Ranges und stempelte ihn zu einem diplomatischen Genie, zum größten ungarischen Staatsmann seiner Epoche, nein bis heute“ (K. Hofmann).

Die Knotenpunkte im Netz der Seelsorgsorganisation waren damals die Klöster. Sie bildeten gleichsam „Großraumstationen“ der Mission und der Seelsorge. Gleichzeitig dienten sie der Verbreitung der Buchkultur ebenso wie der Agrikultur. Um sie herum entwickelten sich die Ungarn aus kriegerischen Nomaden zu einem Bauernvolk. Diese Klöster zu besiedeln, rief Stephan Benediktiner aus Bayern, aus Böhmen und Italien ins Land. Seine Gemahlin hatte die besten Beziehungen zur Abtei St. Emmeram in Regensburg, die damals ein Zentrum der Klosterreform in Deutschland und die Pflanzstätte vieler Äbte und Bischöfe für ganz Europa war.

Im Osten des Landes siedelte er aber auch griechische Mönche an, die nach der Regel des heiligen Basilius lebten, so wie die Mönche in den Athosklöstern. Die nächsthöhere Stufe der kirchlichen Organisation waren die Diözesen. Stephan gründete nicht weniger als zehn neue Bistümer und faßte diese in den beiden Erzdiözesen Gran und Kalocsa zusammen. Die Kirche war Mittel und Garant der nationalen Einheit. Aber Stephan erlag nicht der Versuchung, sie sich durch die Beschränkung auf die nationale Ebene dienstbar und untertan zu machen. Er verknüpfte sie fest mit ihrem Zentrum im Papsttum zu Rom. Von ihm erbat er sich die Bestätigung seiner Rechte und der Vollmachten eines Landesherrn gegenüber der Kirche. Papst Silvester war hoch erfreut über die Botschaft aus Ungarn, war sie doch ein Zeichen für die Bekehrung des unruhigen Volkes, das ein Menschenalter zuvor als Geißel Europas mit Mord und Brand die christlichen Staaten verheert hatte, gleichzeitig ein Zeichen, daß er an der Nahtstelle zwischen Ost und West eine klare Entscheidung für den Westen getroffen hatte. Und so stattete der Papst den heiligen Stephan mit allen Privilegien eines christlichen Herrschers aus. Er durfte Bistümer errichten, Klöster gründen und die Bischöfe und Äbte auch selbst ernennen. Als Zeichen seiner besonderen Zuneigung übersandte ihm Papst Silvester eine Krone und ein Vortragskreuz, Symbole für die Königswürde und für das Patronat über die Kirche seines Landes.

Am Weihnachtstag des Jahres 1000 wurde Stephan in der von ihm errichteten Kathedrale von Gran zum König gesalbt und gekrönt. Diese alte Stephanskrone wurde 1270 nach Böhmen entführt und ist seitdem verschollen. Sie wurde einige Zeit später durch die bekannte „Stephanskrone" mit dem schiefen Kreuz ersetzt, die 1945 nach den USA gebracht, 1978 dem ungarischen Staat zurückgegeben wurde. Mehr als irgendeine andere Krone der Welt war und ist die Stephanskrone Symbol des Landes, der Kirche und der Verbindung von weltlicher und kirchlicher Gewalt in Ungarn. Sie wurde im Laufe der ungarischen Geschichte gleichsam zu einem Sakrament der Herrschaft, das durch seine Präsenz den legitimen Besitz der Macht anzeigt und verleiht. Noch in der jüngsten Vergangenheit spielte diese theologische Deutung der Stephanskrone eine erhebliche politische Rolle (Kardinal Mintzenty).

Die Einbindung in die universale Kirche erhielt ihren Ausdruck auch in der ungarischen Präsenz an den heiligsten Stätten der Christenheit. So ließ Stephan in Jerusalem ein Benediktinerkloster errichten, in Rom ein Kollegiatstift und in Konstantinopel eine Kirche. Hand in Hand mit der Organisation der Kirche ging der Aufbau einer leistungsfähigen zentralen Staatsverwaltung. Nach dem Vorbild des fränkischen Reiches gliederte Stephan das Land in Grafschaften, die er mit treuen Anhängern und zuverlässigen christlichen Fürsten besetzte. Er schützte und achtete die alten Sitten und Bräuche seines Volkes und erfüllte sie mit neuem, christlichem Sinngehalt. So gelang es ihm, das Alte mit dem Neuen zu versöhnen und die innere Einheit des Volkes auf neuen christlichen Grundlagen zu festigen. Auf diese Weise schuf er in dem ehemals unruhigen und gefährlichen „Niemandsland" zwischen Ost und West ein mächtiges Bollwerk des christlichen Abendlandes, das in den kommenden Jahrhunderten den Hauptstoß der aus dem Osten anstürmenden Mongolen und später der Türken abfing.

Dem mächtigen Herrscher und frommen König blieb persönliches Leid nicht erspart. Seinen Sohn Emmerich hatte er zusammen mit seiner Gemahlin Gisela zu seinem Nachfolger bestimmt und erzogen. Die Ermahnungen an seinen Sohn und Thronfolger sind bis heute überliefert. Sie geben Zeugnis von dem herrscherlichen Selbstverständnis des heiligen Königs: „Herrsche mild, demütig, friedfertig, ohne Zorn und Haß! Es ziemt sich, daß der König mit Gerechtigkeit und Barmherzigkeit sowie mit den anderen christlichen Tugenden geschmückt sei... Jedes Volk lebt nach seinen eigenen Gesetzen; lasse dem Land die Freiheit, danach zu leben." Der, für den diese Mahnungen bestimmt waren, gelangte nie dazu, sie auf dem Thron zu befolgen. Emmerich wurde 1031 kurz vor seiner Krönung zum Mitkönig auf der Jagd von einem wilden Eber getötet. Er wird wie sein Vater und seine Mutter als Heiliger verehrt.

Der einzige verbliebene Erbe aus dem Geschlecht der Arpaden saß wegen schwerer Verfehlungen im Gefängnis. Als der König erkrankte, begnadigte er Wasul und bestimmte ihn zu seinem Nachfolger. Der aber konnte es nicht erwarten und beteiligte sich an einem Mordkomplott gegen König Stephan. Dieser schenkte ihm zwar das Leben, aber nach den harten Gesetzen der Zeit wurde er grausam verstümmelt und schied aus der Nachfolge aus. König Stephan mußte sein geniales Aufbauwerk einem ungewissen Schicksal überlassen. Am Tag der Himmelfahrt Mariens im Jahre 1038 schied Stephan I., König von Ungarn, im Alter von fast siebzig Jahren, nach zweiundvierzigjähriger Regierungszeit, aus dem Leben. Das Volk betrauerte ihn tief, sein Begräbnis glich einer Treuekundgebung des ganzen Landes. Sein Leichnam wurde in der von ihm errichteten Basilika zu Stuhl-Weißenburg beigesetzt.

1083 wurden seine Gebeine und die seines Sohnes Emmerich zur Ehre der Altäre erhoben; dies war damals eine gültige Form der Heiligsprechung. Stephan ist der Patron des ungarischen Landes. Er ist aber auch ein großer Heiliger des Abendlandes, weil er sein Volk in die religiöse, kulturelle und politische Gemeinsamkeit der westlichen Christenheit geführt hat. Nach seinem Tode erhoben sich gewaltige Stürme und Wirren, das Heidentum erhob nochmals sein Haupt. Aber die Gründung Stephans war doch so tief im Herzen und im Glauben des Volkes verankert, daß sie heil aus den Wirren hervorging. „Seitdem wuchs Stephan im Herzen des Volkes mehr und mehr zum legendär überhöhten Heros, zum Landesapostel, zum Schutzpatron und Ideal Ungarns empor; in ihm und mit ihm verschmolz sich Krone, Königtum und Nation zu einer fast mystischen Einheit... Sein Fest wurde der Nationalfeiertag Ungarns" (K. Hofmann).

Die Königinwitwe Gisela hatte von den heidnischen Fürsten, die nach dem Tod des Königs um die Macht und die Wiederherstellung des Heidentums kämpften, viel zu leiden. Sie wurde ihrer Güter beraubt, eingesperrt und mißhandelt. 1045 wurde sie vom deutschen König Heinrich III. befreit und auf ihren Wunsch nach Passau gebracht. Dort trat sie in das Benediktinerinnenstift Niedernburg als Nonne ein. Sie starb am 7. Mai 1060 in Passau. Dort ist das Originalgrab, durch ein gotisches Hochgrab überbaut, noch heute erhalten. Sie wird als Selige verehrt, ihr Gedächtnis ist am 7. Mai.

In Deutschland konzentrierte sich die Verehrung des heiligen Stephan vor allem auf Scheyern, den Stammsitz des Hauses Wittelsbach, auf Bamberg, eine Gründung von Kaiser Heinrich II., sowie auf Aachen und Köln. In Scheyern soll

nach der Legende König Stephan Verlobung und Trauung mit Gisela gefeiert haben. Dort soll er auch durch Adalbert von Prag getauft worden sein. Bis in die Barockzeit wurde das Fest des heiligen Stephan mit Wallfahrt, Festpredigt und Pontifikalämtern gefeiert.
Schon der Freund und Biograph Stephans, Hartwig, bezeichnete den Schwager, Kaiser Heinrich, als des „Königs aufrichtigen Freund“. Die Bamberger Domsage verlegt die Taufe und die Trauung Stephans in die Bamberger Domkirche. „Der Bamberger Reiter“, das herrlichste Kunstwerk des Domes, soll den heiligen König Stephan darstellen. Noch in einem Domführer von 1842 heißt es wörtlich: „Sodann die Reiterstatue des heiligen Königs Stephan von Ungarn, an einem Pfeiler des Schiffes.“ Dies sind keine wissenschaftlichen Beweise, wohl aber Zeugnisse für die tiefe Verehrung des heiligen Stephan über viele Jahrhunderte hinweg, bis heute.

Theodelinde

geboren: unbekannt
gestorben: 22. Januar 628
Fest: 22. Januar

Als letzte der großen Bewegungen der Völkerwanderung drangen 568 die germanischen Langobarden von Nordosten her in die Lombardei ein und eroberten in den nächsten hundert Jahren fast die ganze Apeninnenhalbinsel von Verona bis nach Benevent, unterbrochen nur vom Exarchat Ravenna, wo unter der Oberherrschaft des oströmischen Kaisers die Ostgoten regierten und vom Ducat von Rom, wo zu diesen beiden Gewalten noch die auch im weltlichen Bereich immer mehr erstarkende Macht des Papstes hinzukam.
Dies war das Schachbrett, auf dem die geistlichen und weltlichen Züge geführt wurden. Sie waren nicht immer als solche zu unterscheiden. Oft hieß die Parole „Gott“, und gemeint waren Ländereien und Macht. Der Kaiser von Ostrom, besonders der gewaltige Justinian, wollte Herr des Welt- und des Gottesreiches in einem sein. *Ein* Glaube in *einem* Reich war sein Regierungsziel. Aber leichter war es, Perser, Germanen und Araber im Zaum zu halten als die streitsüchtigen Theologen. Mit Mühe hatte man auf dem Konzil von Chalkedon 451 eine Glaubensformel gefunden, auf die sich Ost- und Westkirche einigen konnten: Christus ist wahrer Gott und wahrer Mensch in einer Person. Damit waren die Irrlehren des Arius, des Nestorius und des Eutyches zurückgewiesen. Aber die Irrlehre des Monophysitismus (*eine* Natur in Christus) war damit nicht ausgerottet. Von ihr gab es wiederum eine rechtgläubige und eine irrgläubige Richtung. Politik wurde mit Glaubensfragen gemacht, Glaubenskämpfe wurden mit politischen Mitteln ausgetragen. Um einer Unterscheidung in der Lehre von der Dreifaltigkeit willen waren ganze Völker zum Kämpfen und Sterben bereit. Obwohl Justinian überzeugt war, daß sein Reich nur Bestand haben könne, wenn es im Glauben geeint war, mußte er der mächtigen Partei der Monophysiten Zugeständnisse machen. An deren Spitze stand nämlich seine eigene Frau, die kluge und machtbewußte Kaiserin Theodora. Ihr zuliebe verurteilte der Kaiser die Schrift von drei Theologen, die zuvor schon auf dem Konzil ihre Irrlehren widerrufen hatten und feierlich in die Kirche aufgenommen worden waren. Die westliche Kirche sah in dem Vorgehen des Kaisers eine Mißachtung, ja eine Ignorierung des Konzils von Chalkedon und widersetzte sich dem kaiserlichen Erlaß. Obwohl sich der Papst unter Druck der kaiserlichen Verurteilung anschloß, wollten viele westliche Bischöfe lieber eine Kirchenspaltung in

Kauf nehmen, als sich von dem Ergebnis der mühsam erreichten Konzilsdefinition abbringen zu lassen. Der sogenannte Drei-Kapitel-Streit drohte die Christenheit zu spalten. Der Wortführer der europäischen Bischöfe war Dacius von Mailand, der seinen Protest erhob im Namen aller Bischöfe von Gallien, von Burgund, Spanien, Ligurien und Venezien: „Wer immer diesem Edikt seine Zustimmung gibt, kann nicht in Gemeinschaft stehen mit den Bischöfen der genannten Provinzen.“ Der Vorgang zeigt, daß in der Lombardei zur Zeit der Besetzung durch die Langobarden eine starke und selbstbewußte Kirchenprovinz mit einer durchweg christlichen, das heißt katholischen Bevölkerung bestand. Die Kirche des heiligen Ambrosius (gestorben 397) ging in den Stürmen der Völkerwanderung nicht unter. Die Langobarden hatten vor ihrem Einbruch in Italien in Pannonien (Ungarn) gesiedelt und dort zum Großteil den christlichen Glauben in der Form des Arianismus angenommen. Nach Arius ist der Sohn Gottes ein Geschöpf des Vaters und diesem nicht wesensgleich. Die Langobarden verbanden ihr Selbstbewußtsein als germanisches Herrenvolk mit ihrem arianischen Glauben und sahen daher im Papst und im oströmischen Kaiser nicht nur den politischen, sondern zuerst den religiösen Gegner. Die eingesessene katholische Bevölkerung im Langobardenreich hatte viel unter den arianischen Herren zu leiden.

Nördlich der Alpen, angrenzend an das Reich der Langobarden, hatten sich im 6. Jahrhundert die Bayern niedergelassen. Woher sie kamen, läßt sich trotz zahlreicher geistreicher Hypothesen bis heute nicht eindeutig beantworten. Auch in Bayern gab es neben der keltischen Urbevölkerung eine christliche Schicht ehemals römischer Soldaten und ihrer Nachkommen. Die Bayern selbst waren Heiden, zum Teil wohl auch Arianer, das Herzogshaus der Agilolfinger aber war katholisch. Vielleicht hat die Mutter Theodelindes, Walderada, diesen Glauben nach Bayern gebracht. Sie war zwar eine Tochter des Langobardenkönigs Wadro (510–540), aber vor ihrer Ehe mit dem Bayernherzog Garibald in erster Ehe mit einem Mitglied des fränkischen Königshauses verheiratet, das seit König Chlodwig (498) katholisch geworden war. Wie man schon an der Herkunft der Mutter sieht, waren die politischen und kulturellen Beziehungen zwischen den Bayern und den Langobarden von Anfang an freundschaftlich. Bis Karl der Große beide Völker unter seine fränkische Herrschaft zwang (774), gab es zwischen diesen beiden Völkern niemals einen Streit, der mit Waffen ausgetragen wurde. Das Langobardenreich war in starke, bisweilen fast unabhängige Herzogtümer eingeteilt. Erst König Autari (584–590) stellte die immer wieder gefährdete Einheit kraftvoll her. Als er auf Brautschau ging, richteten sich seine Blicke nach Bayern an den Hof des Herzogs Garibald. Um die Geschichte dieser Brautwerbung haben sich viele und schöne Sagen gerankt. So sei der König unerkannt als Brautwerber über die Alpen gezogen. Er wollte seine Braut selbst sehen, bevor sie ihm als Gattin zugeführt wurde. Im Wettkampf der Krieger aber verriet er sich durch die kraftvolle Führung der Stein-

axt: „Solche Hiebe führt nur Autari." So kam Theodelinde am 15. Mai 589 als bayerische Prinzessin in die Heimat ihrer mütterlichen Großeltern nach Pavia, der Residenz der langobardischen Könige.
Ihre Stellung war heikel genug. Als Königin eines bewußt halb arianischen, halb heidnischen Volkes war sie durch ihren Glauben verbunden mit den Feinden des Reiches, den Byzantinern, dem Papst und der unterdrückten Altbevölkerung des eigenen Landes. Schon wegen der Feindschaft zu Ostrom stand sie aber im „Drei-Kapitel-Streit" gegen Kaiser und Papst auf der Seite der schismatischen Bischöfe des Abendlandes unter Führung des Patriarchen von Aquileia. Theodelinde blieb ihrem katholischen Glauben treu. Sie lebte und bekannte ihn, ohne ihn aufdringlich oder gar gewaltsam auszubreiten. Sie bezog Stellung in den kriegerischen Auseinandersetzungen, ohne sich in politische Intrigen hineinziehen zu lassen. Ihr Ziel war die Wohlfahrt des Volkes. Bald war sie der Mittelpunkt des inneren Aufbaus, der allmählichen Übernahme der zivilisatorischen Errungenschaften der römischen Kultur, der sozialen Fürsorge für das von Krieg und Seuchen bedrängte Volk. Der König selbst verbrachte die meiste Zeit seines Lebens im Krieg. Die Fäden der Innenpolitik liefen immer mehr in der Hand der Königin zusammen. Autari starb schon nach einjähriger Ehe im Jahre 590 unter der Hand eines Verräters. Das Land brauchte einen starken Regenten. Noch in demselben Jahr heiratete daher Theodelinde den mächtigsten der Herzöge, Agilulf von Turin. In fünfundzwanzigjähriger Herrschaft sicherte dieser die Grenzen und legte die Fundamente eines westlichen Staatswesens. „Bewundernswert war der Zustand im Reich während der königlichen Herrschaft. Keiner litt durch den anderen Gewalt. Nirgends hausten Räuber, jeder konnte vielmehr seines Weges ziehen." Diese Feststellung des langobardischen Geschichtsschreibers wäre ein Lob für einen Staat von heute, geschweige denn für ein Reich der Völkerwanderung.
Still und beharrlich, nach dem Maß ihres wachsenden Ansehens, wirkte Königin Theodelinde für den Frieden, den militärischen und politischen, den religiösen und den sozialen Frieden. Die Stoßkraft der langobardischen Eroberungen richtete sich gegen die oströmischen Besitzungen in Italien, vor allem gegen Ravenna, dann gegen Rom. Dieses war ihnen ein besonderer Dorn im Auge, einmal weil es dem Kaiser gehörte, aber auch weil dort der Papst, das Oberhaupt der verhaßten katholischen Kirche, residierte. Mehrmals standen die Truppen des langobardischen Königs Agilulf vor Rom. Mehrmals gelang es Theodelinde, Mord und Plünderung von der Heiligen Stadt abzuwenden. Agilulf begegnete dem Papst und schloß erstmals mit ihm Vereinbarungen ab für die Stadt Rom. Wenn auch der Kaiser von Byzanz diese Vereinbarungen brach, so zeichnete sich doch die Rolle des Papstes als Souverän der Stadt Rom und ihres Umlandes dadurch bereits ab. Papst Gregor der Große wußte, wem er diesen Frieden zu verdanken hatte. Er bedankte sich bei Theodelinde in einem Brief: „Wir haben erfahren, wie freundlich und eifrig, entsprechend Eurer

Gewohnheit, Ihr Euch eingesetzt habt für den Abschluß des Friedens. Wir wußten, daß wir von Eurem christlichen Sinn erwarten konnten, daß Ihr Euer Bemühen und Eure Güte der Sache des Friedens mit allen Mitteln widmen würdet. Darum danken wir dem allmächtigen Gott, der Euer Herz so führt, daß er Euch nicht allein den wahren Glauben schenkt, sondern in Euch die Erfüllung seiner eigenen Gebote bewirkt. Du hast das Blutvergießen auf beiden Seiten zum Stillstand gebracht. Dies allein schon ist ein großer Lohn für Deine Mühe.“ Gibt es ein schöneres Zeugnis für eine Fürstin, für eine christliche Fürstin? Sogar mit den Byzantinern schloß der König auf ihren Rat hin mehrmals Frieden. Diese aber haben den Frieden zur Zeit ihrer Schwäche gesucht und zur Zeit ihrer Stärke verraten.
Theodelinde kannte die Lage des Papstes, die ihn an die Seite des byzantinischen Kaisers zwang. Sie ließ ihn die Anerkennung der kaiserlichen Dekrete nicht entgelten und pflegte zu ihm ein persönlich herzliches und religiös-kindliches Verhältnis. Der Papst seinerseits anerkannte ihre schwierige Stellung, er überforderte sie nicht und bedankte sich für jeden Fortschritt der allmählichen Befreiung der Kirche im Herrschaftsbereich der Langobarden. Es bedeutete viel, daß der gelehrte und selbstbewußte Gregor der Große, vormals Patrizier und Präfekt der Stadt Rom, 594 seine theologischen Dialoge der jungen Langobardenkönigin widmete. Als dem König eine Tochter geboren wurde, wurde sie katholisch getauft. Der Papst sandte wertvolle Taufgeschenke, die noch heute im Domschatz zu Monza verwahrt werden. Schließlich gelang es Theodolinde, ihren Gatten, den König, zum katholischen Glauben zu führen und auch ihren Sohn, den Thronfolger, katholisch taufen und erziehen zu lassen. In dieser Entwicklung wird nicht nur ihr treuer Glaube sichtbar, sie ist auch ein Hinweis auf ein harmonisches Familienleben, in dem das Verlangen nach der Gemeinsamkeit im Glauben von selbst entstand und wuchs. Der Übertritt des Königs vollzog sich ohne politische Schwierigkeiten, die Königin hatte ihn klug vorbereitet und reifen lassen. Sie selbst wollte über die umgewandelten heidnischen Tempel hinaus Zeichen des Glaubens, in neuen, zeitgemäßen Kirchen setzen. Noch 590, im Todesjahr von König Autari, begann sie mit dem Bau des Doms in Monza, ihrer Lieblingsresidenz. In dieser, Johannes dem Täufer geweihten Kirche wollte sie auch bestattet sein. Ihre Bautätigkeit belebte auch die während der kriegerischen Eroberung des Landes verschwundenen Künste der Bildhauerei, der Malerei, der Goldschmiedekunst. Sie berief Künstler, die noch die römische Technik beherrschten, und führte so allmählich die alte und die neue Kultur zu einer Einheit zusammen. Dabei gelang es ihr – vielleicht ihre größte, wenn auch wenig beachtete Leistung – die Aufwertung der römischen Bevölkerung, die bei der Einwanderung ihre Freiheit, ihr Recht und allen Besitz verloren hatte, allmählich durchzusetzen. Gerade ihr war Theodelinde ja durch ihren katholischen Glauben besonders verbunden. Sie mußte aber lange warten, bis sie selbst mächtig genug war, zu handeln, den Eingesessenen die

persönliche Freiheit zurückzugeben und sie dem kulturellen, religiösen und politischen Leben einzugliedern. Sie hat durch ihr kraftvolles, beherrschtes, aber auch zielbewußtes Wirken aus dem gefürchteten Kriegervolk der Völkerwanderung ein abendländisches Kulturvolk gemacht und aus dem eroberten Gebiet einen Staat, der 200 Jahre lang eine Drehscheibe der damaligen Weltpolitik war.

602 gebar Theodelinde den langersehnten Thronerben. Der Vater wollte die Nachfolge und damit die Einheit des Reiches sichern. Darum ließ er ihn schon im Alter von zwei Jahren zum Mitkönig wählen. Die katholische Taufe des Thronfolgers vertiefte die seit langem bestehende Freundschaft des Papstes und der Langobardenkönigin. Mit seinem Glückwunsch sandte der Papst „Unserem erlauchten Sohn, dem König Adaloald, Reliquienbehälter und zwar ein Kreuz mit einem Holz vom Heiligen Kreuz des Herrn und ein Evangelienbuch in persischer Umhüllung. Auch seiner Schwester, meiner Tochter, übersende ich drei Ringe, zwei mit Hyazinthen, einen mit Onix." Die Bekehrung von ganzen Völkern vollzog sich damals meistens von oben nach unten, das heißt, der König oder Fürst nahm den Glauben an und in Lehenstreue alle Untertanen mit ihm, ob sie persönlich glaubten oder nicht. Wechselte der König seine Einstellung, so war es mit der Bekehrung oft wieder vorbei. Dies wußte auch Theodelinde. In ihrer leisen Beharrlichkeit sorgte sie daher Zug um Zug für eine Vertiefung des religiösen Wissens und eine Verschmelzung des frühchristlichen römischen Erbes mit dem Eifer der Neubekehrten. Diesem Ziel diente vor allem eine Klostergründung, die für ganz Europa richtungsweisend und fruchtbar werden sollte. Nachdem der heilige Columban, ein irischer Mönch, das berühmte Kloster Luxeuil gegründet hatte, rief ihn Theodelinde nach Oberitalien, wo er mit ihrer Hilfe 612 das Kloster Bobbio in Trebbia ins Leben rief. Der König und die Königin unterstützten diese Mönchsgemeinschaft durch Schenkung von Gütern und durch jede Erleichterung ihrer Missions- und Kulturarbeit. Von hier aus hat Theodelinde den Abt Eustasius „zu den Boiern, die jetzt Bayern heißen", geschickt, um auch sie zu bekehren. Von da an setzt der Strom irischer Missionare in unser Land nicht mehr aus. Es ist nicht abwegig, in der Königin Theodelinde eine Art Proto-Missionar, das heißt die Verursacherin der Mission unseres Bayernlandes zu sehen.

615 starb König Agilulf. Für den minderjährigen Sohn führte die Mutter die Staatsgeschäfte. Ihre ruhige Hand bändigte den unberechenbaren Charakter des Sohnes, befriedete die verschiedenen religiösen, sozialen und stammesmäßigen Schichten des jungen Staates, sicherte mit Behutsamkeit und Wachsamkeit den äußeren Frieden und ließ allmählich eine gemeinsame kulturelle und religiöse Einheit wachsen. Der Sohn schlug aus der Art, im Zusammenspiel mit dem byzantinischen Exarchen wollte er sein Land und Volk verraten. Da setzten ihn die Herzöge im Einverständnis mit Königin Theodelinde 626 ab. Dieses Opfer von Mutterstolz und Mutterliebe hat ihre Kraft aufgezehrt. Vom

ersten Tag ihrer Ehe an hatte sie dem Volk und Land gedient, in einem ganzen Menschenalter war sie Königin und Mutter, Hüterin des Friedens, der Sitte, des Glaubens. Jetzt wollte sie den Rest ihres Lebens dem eigenen Heil, der Vorbereitung auf den Tod widmen. Daher schied sie von ihrer geliebten Residenz in Monza. Sie zog sich auf ein einsames Kastell oberhalb des Ortes Varenna am Comer See zurück, um in Einsamkeit, Buße und Betrachtung der Vollendung entgegenzugehen. Dort starb sie am 22. Januar 628.

Ihr Leichnam wurde im Dom zu Monza an der Seite ihres Gatten Agilulf und ihres Sohnes Adaloald beigesetzt. Im 13. Jahrhundert wurde ihr Grab geöffnet. Da fand man herrliche Grabbeigaben: eine silber-vergoldete Henne mit sieben Küchlein, einen Pergamentbecher, einen Kamm aus Gold und Elfenbein. Sie zeugen noch heute von der hohen Kultur, die das langobardische Volk erreicht und von der Verehrung, die der Königin diese Kostbarkeiten ins Grab gelegt hatte.

Theodelinde steht als Königin, als Landesmutter, als starke christliche Frau an der Seite der edelsten Frauengestalten des Mittelalters. Daß sie nicht wie diese im Bewußtsein Europas lebendig geblieben ist, hat seinen Grund in der Tatsache, daß das Volk, in dem sie lebte und wirkte, nicht in die Ahnenreihe der heutigen europäischen Völker eingegangen ist. Der Staat der Langobarden mündet 774 in die Geschichte des karolingischen Reiches ein. Und Eroberer haben selten das Bedürfnis, das Gedächtnis der großen Gestalten der von ihnen unterjochten Völker lebendig zu erhalten. Die Kirche allerdings hätte allen Grund, das Gedächtnis dieser großen Heiligen zu feiern; denn ohne ihr apostolisches Wirken, das zur Bekehrung ihres Volkes geführt hat, wäre die abendländische Geschichte der Kirche anders verlaufen. Die arianischen Langobarden lagen wie ein Sperriegel vor dem Landweg von Rom nach dem nördlichen Europa. Dieser Riegel zwang den Papst geradezu, den Blick trotz aller Demütigungen und Niederlagen nach Osten, nach Byzanz, zu richten. Theodelinde hat diesen Riegel zurückgezogen und den Weg freigemacht nach Rom und von Rom. Die Weihnachtsnacht des Jahres 800, als der Papst Karl den Großen zum römischen Kaiser krönte, wäre ohne das Wirken der Langobardenkönigin Theodelinde kaum möglich gewesen. Sie ist eine Mutter des christlichen Europas geworden und sollte als solche verehrt werden. Sie war außerdem eine große Friedensstifterin in den sturmbewegten Zeiten der Gestaltwerdung dieses Europa. Auch als eine solche Patronin täte sie dem heutigen Europa not. Und sie ist schließlich die große Vermittlerin antiker Kunst und Kultur an die Söhne Germaniens, die aus Kriegern und Eroberern zu Erbauern von Städten und zu Schöpfern der großen Werke der mittelalterlichen Kunst und Kultur wurden.

Theresia von Avila

geboren: 28. März 1515
gestorben: 04. Oktober 1582
Fest: 15. Oktober

Fünfunddreißig Jahre nach ihrem Tode, im Jahre 1617, erklärten die Stände Spaniens Theresia zur Patronin Spaniens. Am 29. September 1970 ernannte Papst Paul VI. sie, eine Frau, zur Kirchenlehrerin. Dabei hat Spanien viele große männliche Heilige hervorgebracht, die auf das Leben in Spanien und in der Welt weit mehr Einfluß ausübten, z. B. Ignatius von Loyola, dessen Jesuitenorden das Steuerruder der Weltgeschichte bewegte. Die katholische Kirche hat Legionen hochgelehrter Professoren, darunter auch manche Heilige, während Theresia weder Philosophie noch Theologie studiert und sich selbst oft als „dumme, ungebildete Frau“ bezeichnet hat. Es muß eine ganz besondere Bewandtnis haben mit dieser Heiligen, die als einzige Frau in der Kirche den Beinamen „die Große“ erhielt.

Die ersten zwanzig Jahre ihres Lebens sahen weder nach Heiligkeit noch nach Größe aus. Vom Vater und von der Mutter her entstammte sie altem spanischen Adel. Obwohl sie ihre Mutter früh verlor, war ihre Jugend behütet und sorglos. Sie war ein fröhliches Kind mit einer lebhaften Phantasie. Auf Grund der frommen und schaurigen Erzählungen ihrer Umgebung brannte sie mit sieben Jahren durch; sie wollte zu den Mauren, um dort den Martertod zu erleiden. Als sie lesen und schreiben konnte, las sie, was auf Schlössern zu ihrer Zeit Mode war: romantische Ritterromane, die ihre Phantasie mit einer Scheinwelt von Kühnheit, Schönheit, Pracht und Liebe anfüllten. Sie pflegte ihr Äußeres, legte großen Wert auf schöne Kleider, pflegte besonders ihr schönes Haar und verwendete Parfüm und Duftwasser. Die Neigung zu größter Sauberkeit und Reinlichkeit ist ihr zeitlebens geblieben. Dabei zeichnete sie ebenfalls zeit ihres Lebens ein natürlicher Charme aus, der sie zum Mittelpunkt eines Kreises gleichgestimmter junger Leute werden ließ, dessen Lebensinhalt Unterhaltung und frohes Spiel bildete. Sie sagt selbst: „Alle hatten mich lieb, überall wo ich hinkam, war ich gern gesehen und darum sehr geliebt.“ Allerdings kann sie von sich auch sagen: „Durch keine Todsünde hatte ich meines Erachtens Gott verlassen. Unehrbare Dinge verabscheute ich von Natur aus. Was ich suchte, war nur Zeitvertreib durch angenehme Unterhaltung.“

Etwa um 1530 ging sie bei den Augustinerinnen in die Schule, mußte diese aber nach zwei Jahren wegen einer schweren Erkrankung abbrechen und in ihr

Elternhaus zurückkehren. Bei einem Besuch ihres Onkels las sie diesem – erst widerwillig – dann aufmerksam und schließlich hingerissen aus religiösen Büchern vor. Darunter waren drei Bücher, die ihr späteres Leben maßgeblich geprägt haben: die Nachfolge Christi, das dritte ABC des Franziskaners Francisco de Osuña und die Bekenntnisse des heiligen Augustinus.
Nach Hause zurückgekehrt, war sie nicht mehr ganz dieselbe. Die unbekümmerte Sorglosigkeit, mit der sie sich dem fröhlichen Treiben ihrer Freunde hingegeben hatte, war dahin. Sie lebte in einem inneren Zwiespalt zwischen dem Leben, das sie bisher so reizvoll gefunden hatte und das in eine standesgemäße Ehe führen würde, und zwischen dem leisen Ruf zur vorbehaltlosen Hingabe an den Dienst Gottes. Eine solche war in der damaligen Zeit nur im Kloster vorstellbar. Nach langen inneren Kämpfen, die auch körperliche Leiden hervorriefen, floh sie aus dem Vaterhaus – der Vater war gegen den Klostereintritt – und trat mit Vollendung des 21. Lebensjahres am 2. November 1536 in das Karmeliterkloster zu Avila ein, während ihr Bruder am gleichen Tag den Habit der Dominikaner anzog.
Der Karmeliterorden leitete seine Entstehung vom Propheten Elija her, der nach der Legende auf dem Berge Karmel eine Klostergemeinschaft gegründet haben sollte. In Wirklichkeit ging er wohl auf Elemente der Klosterregel des heiligen Basilius zurück, die im 13. Jahrhundert von dem Patriarchen von Jerusalem für die Eremitengenossenschaft am Fuße des Berges Karmel in Palästina neu gefaßt wurde. Die Strenge dieser Regel (Stillschweigen, Handarbeit, strenges Fasten) wurde im 15. Jahrhundert von den Päpsten erheblich gemildert.
In ein solches Kloster „der milden Regel“ trat Theresia ein. Damit änderte sich aber an ihrer bisherigen Lebensweise zunächst nicht sehr viel. Die Nonnen saßen viel zusammen und vertrieben sich die Zeit mit Spielen und weltlichen Unterhaltungen. Sie empfingen Besucher aus der Stadt und durften auch selbst das Kloster verlassen, um Besuche zu machen, auf Urlaub zu gehen; manche hielten sich monatelang bei Verwandten auf. Ihr Charme und ihr Einfallsreichtum machten Theresia bald auch hier zum Mittelpunkt. Aber dies war nur die eine Seite. Mit der Zeit kamen Theresia Gewissensbisse wegen dieses weltlichen Klosterlebens. Wie immer in ihrem Leben durchbrach der Zwiespalt der Seele die Schranken der körperlichen Konstitution. Am 15. August 1539 fiel sie in ein lebensbedrohendes Koma. Sie war tagelang bewußtlos und gab vier Tage lang keinerlei Lebenszeichen von sich. Im Kloster hielt man sie für tot. Die Vorbereitungen für das Begräbnis wurden getroffen, das Grab war bereits ausgehoben. Beinahe hätte man eine Scheintote begraben. Danach blieb sie lange gelähmt, drei Jahre lang konnte sie nicht richtig gehen. Auf ihrem Krankenlager vertiefte sich Theresia in die Lektüre asketischer und mystischer Schriften. Ebenso wie auf Ignatius von Loyola machten auch auf Theresia die Heiligenlegenden einen tiefen Eindruck. Dazu das bereits erwähnte „Dritte ABC“. Aus

Die heilige Theresia von Avila. ▷
Gemälde von Velasquez. Slomifoto, Essen.

ihm schöpfte Theresia ihr Wissen über das mystische Gebet. Dieses besteht in einem ständigen vertraulichen Verkehr mit dem als unmittelbar gegenwärtig empfundenen Gott. Diese intensive Erfahrung der Gegenwart Gottes führte zu Erscheinungen, Visionen, Ekstasen, ja sogar Levitationen, das sind Erhebungen des Körpers und Schweben über dem Boden. Der Streit, ob es sich bei diesen Erscheinungen um natürliche, psychologisch erklärbare Phänomene oder um wunderbare Gnaden Gottes handelt, dauert bis heute an. Die Antwort wird stets auch von der Glaubenshaltung des Fragenden beeinflußt. Wer an Gott glaubt und an seine Allgegenwart, wer daran glaubt, daß seine Gnade unseren natürlichen Verstand erleuchtet, damit wir das Gute erkennen, unsern Willen bewegt, daß wir den Entschluß fassen, es auch zu tun, dem ist es keine Schwierigkeit zu glauben, daß Gott auch andere Anlagen und Seelenkräfte eines Menschen mit seiner Gnade zu beeinflussen vermag. Die äußeren Vorgänge, die Ausformung der Bilder und Gespräche mögen dann nach den natürlichen Gesetzen der Psychologie ablaufen. Theresia selbst hat jahrelang unter dem Zweifel gelitten, ob ihre Erscheinungen von Gott oder vom Teufel stammen. Und ihre Beichtväter haben es ihr nicht leichter gemacht. Sie haben ihr kurzerhand verboten, auf diese Visionen etwas zu geben, auf sie einzugehen. War Theresia demnach eine Hysterikerin oder eine von Gott mit besonderen Gnaden überhäufte Heilige? Auf diese Frage läuft der Streit hinaus. Das Urteil muß man aus den Gesamtumständen ihres Gebetslebens und ihrer Veranlagung gewinnen.

1. Theresia genierte sich und versuchte, ihre Visionen, so gut es ging, zu verbergen. Hysteriker tun das Gegenteil.
2. Theresia erfuhr wohl unbeschreibbare Tröstungen und Erhebungen in diesen Visionen. Aber diese dauerten immer nur ganz kurze Zeit. Dazwischen litt sie Schmerzen und Qualen der religiösen Trockenheit und Dunkelheit.
3. Die Erscheinungen enthielten keine neuen Offenbarungen; sie bewegten sich in den Grenzen der von der Kirche verkündeten Gesamtoffenbarung;
4. Theresia war keine gefühlsselige, schwärmerische, romantische Natur, sondern eine herbe, nüchterne, fast gefühlskalte Frau.
5. Die Liebe zu Gott, die zu den Erscheinungen führte und die durch diese Erscheinungen gestärkt und vermehrt wurde, hat mit dem, was wir heute unter Liebe verstehen, gar nichts zu tun. Unter Liebe zu Gott verstand sie den Gehorsam gegenüber dem Willen Gottes.
6. Dieser Gehorsam führte sie nicht zu Untätigkeit und Lebensuntüchtigkeit, sondern zu kraftvollen Entschlüssen und zu Taten, die das Wohl und Heil der Nächsten zum Ziel hatten. Die Mystik führte Theresia nicht vom Leben weg, sie war vielmehr Fundament und Antrieb für ein äußerst aktives Leben im Gehorsam gegenüber dem Willen Gottes.

Im Alter von 38 Jahren (1553) wandte sich Theresia ab von der bisherigen Konzeption ihres Klosterlebens. Von nun an nahm sie ihr Verhältnis zu Gott ganz ernst und stellte ihre monastische Existenz neu und ausschließlich auf dieses rein religiöse Fundament. Sie brauchte aber sieben Jahre, bis ihr klar wurde, was diese erste Bekehrung bedeutete und welche Konsequenzen sich daraus ergaben. Mit der Zeit erkannte sie, daß es bei den bisherigen laxen Formen des Klosterlebens nicht möglich sein würde, ihre neue Auffassung zu verwirklichen. Schon auf ihr eigenes verändertes Leben und auf ihre mystischen Begnadungen hatten ihre Mitschwestern mit Ablehnung, Isolierung, ja Haß reagiert. Von einer Bereitschaft zur Änderung ihres eigenen weltlichen Treibens konnte gar keine Rede sein. Nach einer erschütternden Höllenvision entschloß sie sich daher 1560, mit einigen Mitschwestern ein neues Kloster zu gründen und in diesem die alte strenge Ordensregel ungeschmälert zu verwirklichen. Nach dieser Regel hatte jede Nonne wie eine Einsiedlerin in ihrer Zelle zu leben. Nur der Gottesdienst wurde gemeinsam gefeiert. Der Kontakt nach draußen vollzog sich hinter einem dichten Gitter mit Vorhang. Die Kleidung war aus grobem Wollstoff und barfuß getragenen Sandalen; daher der Name „Unbeschuhte Karmelitinnen" im Gegensatz zu den anderen, den „Beschuhten Karmelitinnen". Der Lebensunterhalt sollte durch eigene, schwere Handarbeit verdient werden. Dazu kamen häufige und langdauernde geistliche Übungen. Jeder persönliche Besitz war streng verboten. Die Grundlage des Klosterlebens war der unbedingte Gehorsam gegen den Oberen. In diesem sah Theresia den Willen Gottes gegenwärtig, und diesen zu erfüllen, war Grundlage und Inhalt des religiösen Lebens schlechthin.
Nach kluger Überwindung unzähliger Schwierigkeiten von seiten der Mitschwestern, von seiten der Stadt Avila und von seiten der Ordensoberen gelang es ihr 1563, das Kloster zum heiligen Josef zu gründen. Am 24. August zog sie mit vier Schwestern in das Kloster der Unbeschuhten Karmelitinnen, d. h. der strengen Regel, ein. Dies war der Beginn einer Reihe weiterer Klostergründungen in den nächsten zehn Jahren, z. B. in Toledo, Valladolid, Salamanca, Alba de Tormes. Jede dieser Gründungen erforderte weite Reisen, die Theresia trotz häufiger Krankheiten auf dem Rücken eines Esels oder in einem Eselskarren zurücklegte, den Unbilden der Witterung, der Gluthitze, dem Regen und Schnee der Sierra Morena, in den Herbergen dem Ungeziefer und den Pöbeleien von Strauchrittern, Dieben und Viehtreibern ausgesetzt. Ihre Zähigkeit und ihr unbändiger Wille überwanden alle Hindernisse.
Mehr als unter den körperlichen Strapazen litt sie unter dem Unverständnis, den böswilligen Verleumdungen und der gehässigen Gegnerschaft kirchlicher Amtsträger. Der neue Reformorden wurde vom Heiligen Stuhl den Vorgesetzten des alten Ordens unterstellt. Diese hatten kein größeres Ziel, als die Reform und die Entstehung von Klöstern der strengen Regel zu verhindern. Das anfängliche Wohlwollen des Ordensgenerals kehrte sich in erbitterte Feindschaft

um. Auf dem Generalkapitel des Ordens 1570 wurden Theresia alle Vollmachten für die Gründung neuer Klöster entzogen. Alle Unbeschuhten, die sich der Leitung der Beschuhten nicht unterstellen wollten, wurden für Apostaten erklärt und exkommuniziert. Innerhalb von drei Tagen sollten die Mönche und Nonnen die reformierten Klöster verlassen. Theresia wurde „wegen ständigen Ungehorsams“ zum Zwangsaufenthalt in einem Kloster verurteilt. Ihre Briefe wurden überwacht, so daß sie unter Deck- und Tarnnamen schreiben mußte. Der 1577 neu ernannte Nuntius unterrichtete den Papst so einseitig und verleumderisch, daß dieser Theresia als „schmutzige und sittenlose Nonne“ bezeichnete, die „ihre Klöster nur gründe, um ihren ausschweifenden Gelüsten zu frönen“. Man muß sich bei solchen Äußerungen ganz fest vor Augen halten, daß Christus seine Kirche fehlbaren und sündigen Menschen anvertraut hat. Den Höhepunkt der Verfolgung bildete die Verhaftung und Einkerkerung des heiligen Johannes vom Kreuz, des geistlichen Beraters Theresias. Dieser wurde monatelang unter physischen und seelischen Martern in einem Kloster von den Ordensoberen gefangen gehalten. Nicht einmal eine Verfügung des Königs, ihn freizulassen, wurde befolgt. Am 24. Dezember 1578 schien das Ende der Ordensreform Theresias gekommen zu sein. Der päpstliche Nuntius, der Theresia als „Landstreicherin, umherschweifendes, ungehorsames und widerspenstiges Weib“ bezeichnete, hob alle reformierten Klöster auf und gliederte sie kurzerhand den Klöstern alter Ordnung ein. Den Mönchen und Nonnen wurde die Wahl gelassen zwischen Rückkehr zur alten Regel oder Exkommunikation. Die meisten folgten dem Befehl des päpstlichen Vertreters. Die Mission Theresias schien gescheitert. Vielleicht hat sich nie so klar wie in diesem Augenblick der ganze Charakter Theresias, ihre große Seelenstärke gezeigt. Sie dachte nicht daran, aufzugeben. Bis jetzt hatte sie geschwiegen und gehorcht. Jetzt aber stand das Werk, das ihr von Gott selbst aufgetragen war, auf dem Spiel. Da fielen alle menschlichen Rücksichten von ihr ab. Sie wandte sich persönlich an den spanischen König Philipp II. Dieser bestellte den Nuntius zu sich, äußerte seinen heftigen Unwillen gegen dessen Maßnahmen und verlangte ihre sofortige Zurücknahme. Was blieb dem Nuntius bei der starken Stellung des Königs anderes übrig, als der Aufforderung Folge zu leisten? Er nahm alles zurück. Die Klöster der Unbeschuhten wurden wieder zugelassen, die Unterstellung unter die Beschuhten wurde aufgehoben, die Selbständigkeit des Reformordens festgelegt. Theresia wurde aus der Haft befreit und konnte reisen, wohin sie wollte. Ihr Werk war gerettet. Nach langem Zögern entschied 1580 auch der Papst, daß der Ordensgeneral zwar für beide Richtungen gemeinsam sein sollte, daß diese im übrigen aber getrennt werden sollten. Aus dieser halben Maßnahme ist nach dem Tode Theresias noch viel Unheil entstanden.

Trotz eines leichten Schlaganfalls reiste Theresia von Kloster zu Kloster, um ihre Gründungen organisatorisch und geistig zu festigen. In ihrem Kloster in Alba ging es nicht mehr weiter. Ihre Kräfte waren aufgezehrt, ihr Weg war zu

Ende. Am 4. Oktober, dem Fest des heiligen Franz von Assisi, ging sie ohne Todeskampf zum Herrn, nach dem sie sich so sehr gesehnt hatte.
Wo lagen die Quellen der Stärke dieser Frau? War sie ein Mensch der stillen Betrachtung und Versenkung, der viele mystische Gnaden empfangen hat? Oder war sie überwiegend ein Mensch der Tat, ein Manager der Klosterreform? Man hat von ihr gesagt, sie hätte die Fähigkeit gehabt, ein Königreich ebenso zu regieren wie eine Klostergemeinschaft. Man hat aber auch gesagt, sie sei eine der bedeutendsten Schriftstellerinnen der spanischen Literatur und man hat mit noch mehr Recht gesagt, sie sei eine der größten Mystikerinnen der Kirche. Ein Biograph wertet ihren Anteil an der Erneuerung der katholischen Kirche nach der Reformation so hoch wie den des ganzen Konzils von Trient.
Theresia war von ihren natürlichen Anlagen her hoch begabt. Sie hatte einen durchdringenden Verstand. Dieser war gepaart mit einer großen Organisationsgabe. Das Kennzeichen ihres unbeugsamen Willens aber war Großzügigkeit und Flexibilität in den Teilzielen und in der Wahl der Mittel. Ihre Grundsatzfestigkeit hatte nichts mit eiferndem Fanatismus zu tun. Ihr bezaubernder Charme überstrahlte die Härte ihrer Entschlüsse und gewann selbst Gegner für ihre Ziele. Ein heiteres Temperament machte die Strenge ihrer Klosterreform erträglich. Sie war innerlich von keinem Menschen abhängig. Sie maß den Wert eines jeden nach seinem Nutzen für ihr Werk. Dies wird besonders in ihrem Verhältnis zum heiligen Johannes vom Kreuz deutlich. Ihr religiöses Leben war geprägt und getragen von der erfahrenen Realität der Gegenwart Gottes. Ihre natürliche Veranlagung, die Tiefe ihres Gebetslebens und eine besondere Gnade Gottes schenkten ihr mystische Gaben wie wenigen Glaubenden. Diese waren verbunden mit ebenso tiefen Leiden der Seele und des Körpers. Auf Anweisung ihrer Beichtväter hat sie über ihre religiöse Entwicklung und ihre Erlebnisse schriftlich Rechenschaft gegeben, in Schriften, die bleibende Denkmäler der christlichen Mystik sind. Die brennende Liebe zu Gott drängte sie zur Tat für ihre Mitmenschen. Ihre Aktivität ist Teil und Frucht ihres kontemplativen Lebens. Sie ist Martha und Maria in einem. Ihr Leben ist aus einem Guß. Es läßt sich nicht einteilen in das Leben als Mystikerin, in das Leben als Reformerin und Klostergründerin und in das Leben als Schriftstellerin. Ihr Leben war ein einziger Gehorsam gegen Gott, was bei ihr gleichbedeutend war mit Liebe. Ihre Liebe ist nicht Gefühlsseligkeit. Sie ist die Aneignung des göttlichen Willens durch ihren menschlichen Willen. Ihr aktives Leben ist die Frucht ihrer Mystik, die in Visionen und Ekstasen erblüht ist. So ist sie durch eine einmalige Begnadung zu einer der größten Heiligen der Christenheit geworden, die allzeit die Kirche lehrt, Gott zu lieben und Christus nachzufolgen.

Therese von Lisieux

geboren: 2. Januar 1873
gestorben: 30. September 1897
Fest: 1. Oktober

Jeder Heilige lebt in seiner Zeit. Er teilt ihre Vorstellungen, ihre Urteile und ihre Vorurteile. So hat es zum Beispiel im Mittelalter viele Heilige gegeben, die an Hexen glaubten. Die Heiligen sind weder in irdischen noch in überirdischen Dingen unfehlbar. Auch die Formen ihres religiösen Lebens sind eingebunden in ihre Zeit. Es kann durchaus sein, daß manche davon später als überholt, ja als falsch erkannt werden. Nur eines muß echt und für alle Zeit gültig sein: ihre Bereitschaft zur Nachfolge Christi. Das menschliche Gewand der Heiligen, das Pflaster ihres Weges, die Wegzeichen und die Weggenossen, das alles kann für uns unverständlich, ja ärgerlich sein, wenn nur die Richtung dieses Weges stimmt: es ist der Kreuzweg in der Nachfolge Christi.

Dies muß man für die Zeitgenossen vorausschicken, wenn man sich mit dem Leben der kleinen heiligen Therese von Lisieux beschäftigt. Sie hat es nicht leicht mit uns und wir mit ihr. Schon ihre Bilder und Statuen in unseren Kirchen sind ein Ärgernis. Sie sind süßlich, kitschig, wie es für die Darstellung der Heiligen um die Jahrhundertwende üblich war. Auch die Aussageweise dieser Zeit ist für uns oft eine Zumutung. Ja, die Theologie selbst, soweit sie menschliches Denken über die göttliche Wahrheit ist, war aus dem Denken des 19. Jahrhunderts geboren und ist mit ihm vergangen. Im Mittelpunkt dieser Theologie stand die Apologetik und die Moral. Die Apologetik zur Verteidigung des Glaubens gegen die großen kirchenfeindlichen Strömungen in Naturwissenschaft, Philosophie und Politik; die Moral als Werkfrömmigkeit mit Buchführung über gebrachte Opfer und geleistete gute Werke. Vieles mutet uns heute an wie alttestamentliche Gesetzeserfüllung, von der uns doch Jesus mit größter Entschiedenheit befreit hat. An dies alles muß man denken, wenn man die religiöse Welt der Familie Martin, aus der Therese hervorging, aus ihrer Zeit verstehen und gerecht beurteilen will.

Thereses Vater, Ludwig Martin, war Uhrmacher in Alençon. Er neigte zur Schwermut und war nicht besonders geschäftstüchtig. Als seine Frau, die Mutter Thereses, einen Betrieb zur Herstellung von Spitzen begann, (Alençon war das Zentrum der Spitzenindustrie in Frankreich), gab ihr Mann seinen Beruf auf und half seiner Frau in der Buchführung. Aus der Ehe von Ludwig und Zélie Martin gehen fünf Töchter hervor. Therese wurde als jüngstes Kind am

2. Januar 1873 geboren. Das Geschäft der Mutter begründete einen soliden Wohlstand; materielle Sorgen gab es nicht. Dagegen sehr wohl andere: Die Mutter starb im Alter von 45 Jahren nach elfjährigem Leiden an Brustkrebs; der Vater versank immer tiefer in seine Depressionen. Sein Leben endete in der Heilanstalt. Nach dem Tod der Mutter veranlaßte der Vormund und Onkel die Übersiedlung der Familie nach Lisieux. Therese, die beim Tod der Mutter fünf Jahre alt war, schloß sich eng an ihre großen Schwestern an und wurde von diesen geliebt und verwöhnt.
Ein tiefer Riß ging durch die französische Gesellschaft gegen Ende des 19. Jahrhunderts. Die eine Hälfte der Franzosen, vor allem die Arbeiter und die Intellektuellen, waren kämpferisch antikirchlich. Sie setzten eine Trennung von Kirche und Staat und eine weithin kirchenfeindliche Gesetzgebung politisch durch. Die andere Hälfte, vor allem das Bürgertum, hielt um so ängstlicher und treuer zur Kirche und ließ es dabei oft an Weite des Blickes und Offenheit zur Begegnung fehlen. Die persönliche Frömmigkeit hatte einen tiefen Weltpessimismus zur Grundlage. Die Welt war schlecht, die Erde ein Jammertal. Der Mensch befindet sich in der ständigen Gefahr, sein ewiges Ziel zu verfehlen und der Höllenstrafe zu verfallen. Mit Abtötung und guten Werken, über die man schon die Kinder anhielt, täglich Buch zu führen, mußte „der Himmel verdient" werden. Für die Bekehrung der Sünder mußten die guten Christen stellvertretend Sühne leisten. Im Bild Gottes stand der ewige Richter im Vordergrund, den man mehr fürchten als lieben mußte.
In dieser Welt wuchs Therese in der Gemeinschaft ihrer Schwestern problemlos heran. Auch sie hatte eine Buchführung der guten Werke. Die Eigenschaften, die ihrer Umgebung auffielen, waren eine frühreife Intelligenz (sie lernte mit 3 Jahren lesen und schreiben), eine große Beharrlichkeit in allen Dingen (über die zweieinhalbjährige schreibt ihre Mutter: „Wenn sie etwas erreichen will, könnte sie nichts davon abhalten"), eine Neigung zu Zornausbrüchen und Angriffslust („wenn die Dinge nicht nach ihren Vorstellungen gehen, wälzt sie sich wie eine Verzweifelte am Boden"). Diese Eigenschaften haben ihr geholfen, die schweren Belastungen in ihrer Familie heil zu überstehen und ihre eigene Persönlichkeit gesund zu entfalten.
Die im ganzen glückliche und im Stil der Zeit fromme Kindheit Thereses ging mit 14 Jahren plötzlich zu Ende. Ihre Schwester Pauline, an die sie sich nach dem Tod der Mutter besonders angeschlossen hatte, trat in den Karmel ein. Therese schreibt darüber: „Nachdem ich es überraschend erfuhr, war es mir, als hätte ein Schwert mein Herz durchdrungen." Dieser Eintritt erweckte in Therese den Wunsch, selbst auch ins Kloster zu gehen.
Das zweite Ereignis, am Pfingstsonntag 1883, hatte eine nicht geringere Bedeutung für ihre Lebensweg. Therese lag krank in ihrem Zimmer, in dem sich auch eine Statue der Muttergottes befand. „Plötzlich erschien mir", so erzählt Therese selbst, „die Heilige Jungfrau, so schön, daß ich noch nie etwas so Schönes

gesehen habe... Was mich bis auf den Grund meiner Seele durchdrang, war das entzückende Lächeln der Heiligen Jungfrau. Da verschwanden alle meine Leiden... Ich war glücklich, so glücklich!" Im tiefsten ist dieses Glück trotz aller Leiden nie mehr von Therese gewichen. Leider wurde die Erscheinung durch eine Indiskretion bekannt, sodaß Therese fortan als Begnadete unter dem Druck der Heiligkeitserwartung stand, eine nahezu übergroße Versuchung, entweder diesen Druck abzuschütteln oder die Erwartung für die Erfüllung zu nehmen. Gerade darin erweist sich ihre echte Heiligkeit, daß sie den schmalen und steinigen Pfad zwischen diesen beiden Möglichkeiten bis zum Ende durchgehalten hat.

Den Abschluß und Höhepunkt dieses Übergangs von der Kindheit in das Erwachsensein bildet der Weihnachtsabend 1886. Sie selbst hat ihn als „Nacht der Bekehrung" bezeichnet. Der Vater erklärte ihr, dies sei das letzte Mal, daß sie nach Kinderart Geschenke in ihren Schuhen erwarten dürfe. Sie sei jetzt erwachsen. Dieser Vorgang am Weihnachtsabend schlug die Türe der Kindheit mit einem Knall zu. Therese erkannte die Bedeutung des Vorgangs. Sie faßte ihn auf als besondere Gnade des Herrn, der sie „aus den Windeln und Unvollkommenheiten der Kindheit" befreit habe. „Er verwandelte mich so sehr, daß ich mich nicht mehr erkannte." In der Tat verläuft der Lebensweg Thereses von diesem Tag an ganz anders, als man es ihrer Kindheit nach hätte erwarten können. Aus dem verwöhnten Kind mit seiner süßlichen Frömmigkeit war über Nacht eine starke Frau geworden, die ihren eigenen Weg zu Jesus suchte und fand, ohne, ja gegen die Theologie und Aszetik ihrer Zeit. In der Tat ist dieser umstürzende Vorgang nur aus einer ganz besonderen, unmittelbaren und einmaligen Begnadung zu verstehen. Was ist dieses Neue? Welcher Wegweiser steht an ihrem Weg? Es ist der Weg der Liebe und des grenzenlosen Vertrauens auf Gott. Es ist die Abkehr vom strafenden und rächenden Gott. Die Liebe zu Gott ist Erwiderung und schwaches Abbild der vorausgehenden und fortdauernden, unendlichen Liebe Gottes zu uns, die nicht einmal durch alle Sünden und Verbrechen in Zorn und Rache verkehrt werden kann. Im Gegenteil: Gott liebt ganz besonders die Sünder. Die Liebe als Antwort auf die Liebe Gottes darf niemals ichbezogen sein, auch nicht als Streben nach eigener Vollkommenheit und Heiligkeit, nach einem Schatz von guten Werken; sie muß einzig auf die totale Erfüllung des liebenden Willens Gottes gerichtet sein. Dazu bedarf es aber nicht der großen Taten, nicht des Martyriums; dazu genügt die freudige Hinnahme all dessen, was Gott im Alltag uns schickt. Die Heiligkeit besteht nicht in diesen und jenen Übungen und Leistungen; sie besteht in einer Bereitschaft des Herzens, die uns klein und demütig werden läßt in den Armen Gottes, wissend um unsere Schwäche und bis zur Verwegenheit vertrauend auf seine Vatergüte.

Dem „großen Weg zur Heiligkeit", der in heroischen Taten für Gott besteht, in der Bekehrung von Tausenden, im Martyrium, in der Erbauung von Kirchen

usw., setzt Therese ihren „kleinen Weg“ entgegen. Dieser besteht in der Hinnahme von Leiden, wie sie das Leben uns zufügt, in der Bewältigung der tausend Tageshindernisse und Unannehmlichkeiten, im Herunterschlucken aller Klagen; dies alles ohne Aufsehen und ohne sichtbare Belohnung, einzig aus der totalen Verfügbarkeit Gottes über unser Leben, unseren Willen, unsere Person. Therese selbst bezeichnet sich in einem Brief als „Gottes kleine Null.“ Eine Mitschwester äußerte nach ihrem Tod, worin denn eigentlich die Heiligkeit der Schwester Therese bestanden habe. Sie habe gar nichts Besonderes getan, nichts anderes als alle anderen Schwestern auch. Sie sei durch keine besonderen Leistungen oder Tugenden aufgefallen. Hierin hätte Therese selbst wohl das größte Lob gesehen, das man ihr spenden konnte; denn genau das hat sie erstrebt: keine großen Werke, keinen Heroismus, sondern das, was ihr von Gott im Leben auferlegt ist, in totaler Hingabe zu tragen. Dies ist aber nicht passiv zu verstehen, nicht eine Hinnahme von Leiden, nicht christlicher Fatalismus, sondern höchste Aktivität, dies ist das Tun der Liebe.
Damit hat dieses Mädchen gleich mehr als eine Wende über die katholische Kirche gebracht:

1. Sie hat das Gottesbild ihrer Zeit verändert, weg vom strafenden Richter und hin zum liebenden Vater. Nicht die Furcht und Angst vor Gottes Strafe, sondern Vertrauen und unendliche Liebe sollen das Verhältnis zwischen Gott und den Menschen bestimmen.
2. Nicht große Taten der Abtötung, der Aufopferung, der Leistung begründen Heiligkeit, sondern die kleinen Dinge des Alltags, die in vollkommener Selbstlosigkeit aus Liebe zu Gott ertragen und getragen werden. Auch dies kann ein Martyrium sein, aber ein „Martyrium ohne Ehre, ohne Triumph“ (H. U. v. Balthasar). Dieser kleine Weg ist keinesfalls der leichtere Weg, er verlangt Beharrlichkeit und Demut, eine „geistliche Armut“, die auf jede Belohnung, sogar auf die eigene Befriedigung verzichtet.
3. Dies ist zwar der Weg einer Ordensfrau. Es ist aber auch der Weg des Christen in der Welt, im Alltag. Er ist jedem Christen überall angeboten. Er kann in aller Stille gegangen werden, ohne Aufsehen und ohne Änderung der äußeren Lebensumstände. Er kann und muß täglich neu begonnen werden, es ist der Weg für jeden Tag. Voraussetzung für ihn sind der Verzicht auf eine religiöse Buchführung und die täglich erneuerte Gesamthingabe an den Willen und an die Liebe Gottes.

Der „kleine Weg“ läßt sich mit den Worten Thereses selbst zusammenfassen: „Man muß sein wie alle anderen, man darf weder im Guten noch im Bösen aus der Reihe fallen, sich abheben, von sich reden machen. Man muß tun, als wäre nichts, als ob einem nichts fehlt . . . Nein, man muß, man darf nicht tun, ‚als ob nichts wäre‘, man muß wissen, daß man nichts Besonderes *ist* und das, was man tut und denkt und fühlt, wirklich nicht der Rede und der Beachtung wert ist; halten wir uns fern von allem, was glänzt, lieben wir unsere Kleinheit, freuen wir uns, wenn wir nichts empfinden, denn dann sind wir arm im Geiste ... Erst das Leiden ohne Großartigkeit, das Leiden in Schwäche ist wirklich mitleiden mit dem Herrn."

Hans Urs von Balthasar, der die Sendung der Heiligen beschrieb (Therese von Lisieux. Geschichte einer Sendung. 1950) faßt seine Darstellung wie folgt zusammen: „Das Meisterwerk, das Therese erschafft, ist nicht das Ergebnis einer äußersten menschlichen Anstrengung; vielmehr ist darin alles so leicht und durchsichtig, so gewichtlos und lächelnd, so selbstverständlich und scheinbar alltäglich, daß es der klare Ausdruck der in ihr wirkenden und sichtbar hervortretenden Gnade ist, die aber das Wunderwerk der göttlichen Vollkommenheit nur dadurch aufzubauen vermochte, weil Therese alles eigene abbauend, wirklich der Gnade den ganzen Raum überließ."

Da ist nichts von Kitsch, nichts von süßlicher Sentimentalität. Da ist alles Stärke, Beharrlichkeit, Demut und allesumspannende Hingabe und Liebe, die auch nicht das kleinste Eigene für sich zurückbehielt.

Therese ist die Heilige, die das 19. Jahrhundert in der Kirche überwand und das 20. eröffnete. Sie ist ihrer großen Schwester, der heiligen Theresia von Avila, in ihrer geistlichen Ausstrahlung ebenbürtig. Es wird Zeit, daß auch die kitschigen Abbildungen aus unseren Kirchen und Büchern und Herzen verschwinden.

Diese Gesamtwürdigung greift der Darstellung ihres äußeren Lebensablaufs vor. Doch ist dieser bald erzählt. Mit fünfzehn Jahren trat Therese, wie ihre drei Schwestern vor ihr, mit bischöflicher Sondererlaubnis in den Karmel von Lisieux ein. Da sie auf Grund ihrer Muttergotteserscheinung mit dem Ruf der Heiligkeit belastet war, wurde sie nach den Regeln ihres Ordens besonders streng behandelt. Außerdem litt sie unter den Auswirkungen des Machtkampfes der beiden Priorinnen, von denen eine ihre Schwester Pauline war. Sie hat es, im äußeren Sinne verstanden, nicht leicht gehabt im Kloster. Sie hatte reichlich Gelegenheit, die Tugenden ihres „kleinen Weges" zu erproben. Mangelnder religiöser Geist wirkt sich in einem so anspruchsvollen Orden viel schlimmer aus als in einem Leben, das eine Ablenkung nach außen ermöglicht. Gehässigkeit, Eifersucht und Lieblosigkeit kennzeichneten das Leben in diesem, im übrigen völlig durchschnittlichen Karmel. Für Therese, die von Jugend auf mit Liebe umgeben war, die auf Liebe angewiesen war, war das Leben – rein natürlich verstanden – eine Hölle. Dazu kamen die Qualen einer tiefen Glaubenskrise, die sie an den Rand der Verzweiflung brachte. Außerdem machten sich bald die Zeichen einer schleichenden Erkrankung, der damals unheilbaren Lungentuberkulose, bemerkbar. Es gehörte zur damaligen Auffassung von Klosterzucht, daß sie selbst die Zeichen der Krankheit unterdrückte und daß auch sonst niemand darauf achtete. Die Entbehrung jeder Pflege, das harte Fasten und die strengen Bußübungen zerstörten ihren jungen Körper in kurzer

Zeit. Sie selbst sehnte den Tod als Vereinigung mit dem Herrn herbei und erlangte die vollkommene Heiterkeit der sich absolut in der Liebe Gottes geborgen wissenden Seele.
Am 30. September 1897 starb die vierundzwanzigjährige Therese von Lisieux nach unendlichen Qualen und Schmerzen. Ihr letztes Wort hat ihr äußeres und inneres Leben zusammengefaßt und gedeutet: „Ich bereue nicht, mich der Liebe ausgeliefert zu haben. Nein, ich bereue es nicht, im Gegenteil."
Therese von Lisieux wurde am 29. April 1923 selig- und am 17. Mai 1925 heiliggesprochen.

Thomas von Aquin

geboren: 1225
gestorben: 7. März 1274
Fest: 28. Januar

Der Christ von heute, der unter der Zerrissenheit der Christenheit, der Flucht aus der Kirche, der Säkularisierung leidet, stellt sich oft das „christliche Mittelalter" als Ideal vor. Die Kaiser und Fürsten gingen dem Volk im Glauben voran, große Heilige erhoben durch Wort und Beispiel das gläubige Volk, das Ordensleben blühte, Christus war Herr und König über das private, politische und kirchliche Leben ohne Aufspaltung in unabhängige Lebensbereiche. Dieses Bild ist ebenso schön wie falsch. Die Araber hatten allmählich den ganzen christlichen Orient, Palästina, Kleinasien, Nordafrika und einen Teil Spaniens aus dem Leib der Kirche gerissen. Die Mongolen überfluteten Osteuropa, eroberten Breslau und zerstörten Budapest. In der Schlacht bei Liegnitz fiel die Blüte des ostdeutschen Adels. Nicht geringere Stürme durchtobten das Innere der Kirche. Als Gegenbewegung gegen weltliche Macht und Pracht der „Kirchenfürsten" begründeten Sekten in Südfrankreich und Norditalien einen evangelischen Radikalismus durch wörtliche Verwirklichung der Armutsgebote des Evangeliums. Sie drohten durch ihre manichäische Leibfeindlichkeit die Lebensordnung von Kirche und Staat zu zerstören. In jahrzehntelangen Kriegen wurden diese Bewegungen mit unerhörter Grausamkeit blutig unterdrückt – ein Schandfleck für die Kirche bis zum heutigen Tag. Diese wenigen Andeutungen mögen genügen, um dem allzu freundlichen Bild auch die kontrastierenden Schatten hinzuzufügen. Sie können aber die hellen Strahlen nicht völlig verdunkeln, die gerade aus dem 13. Jahrhundert bis heute das Leben der Christenheit durchleuchten. Die Armutsbewegung der Waldenser, die wegen ihrer Einseitigkeit aus der Kirche hinausgeführt hatte, führte innerhalb der Kirche zu einer Wiederentdeckung der evangelischen Armut. Als deren Verkünder hat der heilige Franz von Assisi (gestorben 1228) eine Lawine in Gang gesetzt, die bis heute noch immer nicht – und hoffentlich nie - ausgerollt ist. Sie hat die Welt wärmer, die Kirche glaubwürdiger und die Anwesenheit des Herrn spürbarer gemacht. Von gleicher Armut, wenn auch von anderer Art, war die Gründung des heiligen Dominikus (gestorben 1221). Die Dominikaner waren im Gegensatz zu den Franziskanern ein Priesterorden, der neben der Armut die Predigt, das Studium der Heiligen Schrift und die Pflege der Wissenschaft zum Inhalt seines Programms gemacht hatte. Sie suchten nicht die Einsamkeit der

Einsiedeleien, im Gegenteil, sie legten ihre Niederlassungen in die großen Städte und waren schon bald als Lehrer an den bedeutenden Universitäten Europas zu finden. Auch dort sperrten sie sich nicht in ihre Klöster ein, die Ortsbeständigkeit der Benediktiner war ihnen fremd: Wir finden große Lehrer wie Albertus Magnus und Thomas von Aquin bald in Köln, dann in Paris, Rom, Neapel, alle zwei Jahre an einer anderen Wirkungsstätte. „Die Feuerwehr muß dahin, wo es brennt", soll ein Ordensoberer der Dominikaner gesagt haben.

Mit welchem Unverständnis, ja mit welcher Empörung die etablierte Gesellschaft, zum Teil auch die Kirche, auf die Wiederentdeckung der evangelischen Armut reagiert hat, das kann man am besten am Verhalten des Vaters des heiligen Franz von Assisi sehen, der lieber einen Verschwender zum Sohn haben wollte als einen „Aussteiger", dem die Gassenbuben Spottverse nachriefen, wenn er bettelnd von Tür zu Tür ging. Nicht viel anders dachte die Familie des heiligen Thomas. Der Vater war ein adeliger Gefolgsmann des Hohenstaufenkaisers Friedrich II., die Brüder ehrgeizige und stolze Burgherren in der Gegend um Neapel. Thomas wurde als vierter Sohn auf der Burg Roccasecca in der Grafschaft Aquino geboren. Mit fünf Jahren brachte man ihn in die Benediktinerabtei Monte Cassino. Dort sollte er die Bildung und die Anwartschaft auf ein Amt als Abt, Bischof oder gar als Papst erwerben.

Wie lange sich Thomas in Monte Cassino aufhielt, wissen wir nicht. Wir dürfen annehmen, daß er das Bildungsangebot in seiner ruhigen, ernsten Art willig aufnahm, daß er aber auch mit seinem hellen Verstand wohl zu unterscheiden wußte zwischen den Forderungen des Evangeliums und den Forderungen der Kirchenpolitik, die in die Reichspolitik des Kaisers eingebunden war. Darum verließ er zwischen dem 14. und dem 19. Lebensjahr ohne die Zustimmung seiner Familie die Abtei und ging nach Neapel. Dort wehte ein ganz anderer Wind. Trotz des päpstlichen Verbots wurde an der Universität die Philosophie des heidnischen griechischen Philosophen Aristoteles gelehrt. Dort begegnete Thomas auch den ersten Mönchen des jungen Dominikanerordens. Sie, Studenten und Professoren der Universität, hatten Ernst gemacht mit den Forderungen des Evangeliums, wörtlich und buchstäblich. Im Bettlergewand zogen sie von Tür zu Tür und erbaten sich das tägliche Brot, auf diese Weise Demut und Armut lehrend und lernend. Darin sahen sie die echte, die allein wahre Nachfolge Christi: „Verkaufe alles, was du hast, verteile das Geld an die Armen, dann komm und folge mir nach!" (Lk 18,22). Wie weit hatte sich die Kirche von diesem Wort des Herrn entfernt, die Päpste, die Mönche, das Volk! Die Zeit war überreif für eine Besinnung, für eine Umkehr. Der Ruf zur evangelischen Armut fiel wie eine Fackel in den Heuhaufen und entzündete die gläubige Jugend Europas. Die Gründungen des heiligen Franz von Assisi und des heiligen Dominikus fanden ungeheuren Zulauf und erneuerten die Kirche in wenigen Jahren von Grund auf. Auch Thomas begeisterte sich für den neuen Orden und bat 1244 um Aufnahme. Dies war aber gar nicht im Sinne seiner Familie.

Als Thomas vom Orden zum weiteren Studium von Neapel nach Bologna gesandt wurde, überfielen die zwei älteren Brüder kurzerhand die Reisegruppe. Sie entführten ihren Bruder und sperrten ihn auf einer ihrer Burgen ein. Dort wurde er mit allen Mitteln der Überredung, der Drohung und der Versuchung bearbeitet. Thomas aber stand zu seinem Entschluß. Vermutlich wurde er durch solche Mittel sogar darin bestärkt. Als alle Überredungskünste nichts wirkten, wollte man ihn durch eine Frau verführen lassen und so auf andere Gedanken bringen. Thomas spürte die Versuchung, er war ein gesunder und natürlicher junger Mann; dann aber erkannte er die listige Absicht, er wurde wütend und griff nach einem brennenden Holzscheit im Kamin und jagte die Dirne zur Türe hinaus. Mit dem brennenden Scheit aber brannte er ein schwarzes Kreuz in die Türe. Nach diesem Erlebnis hatte Thomas eine Vision: zwei Engel gürteten ihn mit dem Gürtel der Keuschheit. Durch keine Versuchung sollte dieser gelöst werden können. Nach dieser Erscheinung erwachte er von einem überaus heftigen Schmerz. Sein erster Biograph berichtet, daß Thomas von da an zeitlebens von allen Versuchungen des Fleisches befreit gewesen sei. Dies ist wohl so zu verstehen, daß er auf Grund dieses Erlebnisses stark genug war, alle Versuchungen ohne Schwierigkeiten zu bestehen. Fast zwei Jahre lang hielt die eigene Familie den jungen Ordensmann gefangen. Dann sah sie ein, daß all ihre Mühe vergebens war. Schließlich verhalf ihm seine Schwester zur Flucht. Von da an war Thomas frei, frei für Gott und frei für das von ihm selbst gewählte Leben in Armut und Wissenschaft. Um weitere Nachstellungen der Familie zu verhindern, brachte ihn der Orden ins Ausland, nach Paris, zum Studium an der ältesten und angesehensten Universität des Abendlandes. Dort wurde er der Schüler eines begnadeten Lehrers, des heiligen Albertus Magnus. Als dieser 1248 nach Köln übersiedelte, um dort eine Ordenshochschule einzurichten, folgte ihm Thomas dorthin. In Köln wurde er 1250 zum Priester geweiht. Es war genau die Mitte seines kurzen Lebens.
Niemand hätte nach seinem Äußeren den Sizilianer in ihm vermutet. Er war groß und stark. Ein mächtiges Haupt saß auf einem beleibten Körper. Trotz des Fastens und seines anstrengenden Studiums konnte er nicht abnehmen. Seine Leibesfülle war oft Anlaß zu Spott und Scherz. So sagte man ihm nach, man hätte an der königlichen Tafel die Tischplatte halbrund ausschneiden müssen, damit er Platz nehmen konnte. Von allen, die mit ihm umgingen, wurde seine Lauterkeit, sein freundliches Wesen und seine schlichte Demut gerühmt. Die Dominikaner lebten in den Städten, sie stürzten sich in den lauten und lärmenden Studienbetrieb in den Universitäten. Deswegen aber pflegten sie doch die Einsamkeit durch Schweigen und Kontemplation. Von Thomas sagte man, er trage seine Einsiedelei ständig mit sich. Sein beständiges Schweigen, seine in sich gekehrte Versunkenheit hat ihm sogar einen Spitznamen eingetragen. Seine Schüler nannten ihn den „stummen Ochsen aus Sizilien". Als Albert Magnus dies hörte, sagte er: „Wir heißen ihn einen stummen Ochsen, aber er

Der heilige Thomas von Aquin. ▷
Fresko des Andrea da Firenze in der spanischen Kapelle der Kirche Santa Maria Novella in Florenz.

wird mit seiner Lehre noch ein solches Gebrüll von sich geben, daß es in der ganzen Welt ertönt." Und in der Tat: Die Stimme des Thomas von Aquin wurde gehört durch alle Jahrhunderte bis in die Gegenwart, und sie wird wohl immer zu hören sein, wo Menschen über Gott und die Welt nachdenken und sprechen.
1252 kehrte Thomas nach Paris zurück, diesmal nicht mehr als Student, sondern als akademischer Lehrer, als Privatdozent würden wir heute sagen. Zunächst hielt er seine Vorlesungen nicht an der Universität, sondern im Kloster der Dominikaner; der Lehrstoff war nach der Sitte der Zeit vorgegeben. Daneben hatte er Zeit, sein riesiges schriftliches Lebenswerk, das noch heute nicht weniger als 30 große Foliobände umfaßt, zu beginnen. Es wäre vermessen, den Inhalt dieses Werkes auch nur andeutungsweise wiederzugeben. Das wissenschaftliche Anliegen, das Thomas zeitlebens angetrieben hat, ist die Frage nach Gott. Was ist Gott? Was ist der Mensch? Das Verhältnis Gottes zu Menschen, als Schöpfer, als Erlöser, als Richter. Die Antwort des Menschen auf Gottes Anruf und Liebe, die Nachfolge Christi als Weg zu Gott, das sind die Themen, die er in seinen Bibelkommentaren und in seinen großen systematischen Zusammenfassungen behandelt hat. Thomas war aber trotzdem kein Buchgelehrter, eigentlich kein Schriftsteller. Er war Lehrer und wollte nichts anderes sein. Er liebte das Gespräch und entwickelte alle seine Gedanken, auch in seinen schriftlichen Werken in der Form von Gesprächen. Die Disputation als Rede und Gegenrede wurde von ihm zur höchsten Vollendung geführt. Sie bot ihm die Möglichkeit, seine Gedanken als Frage einzuführen; dann wurden Einwände gegen sie erhoben. Diese Einwände wurden widerlegt und die eigene Meinung dabei ausführlich dargelegt, so daß am Schluß die anfangs gestellte Frage ihre Antwort gefunden hatte. Jede Woche zweimal bot er seinen Hörern Gelegenheit zur freien Aussprache und Diskussion über alle Gegenstände an, die sie behandelt haben wollten. Die Ergebnisse dieser freien Diskussion haben ihren Niederschlag in einem seiner großen Werke gefunden.
Das 13. Jahrhundert war auch in den Hörsälen der Universitäten keine friedliche Zeit. Die explosive Spannung in der Welt regte auch die geistige Auseinandersetzung an. Dort hieß der Gegensatz aufkommende Weltlichkeit der Kultur (Hofleben, Minnesang, Ausbildung der Geldwirtschaft, neue Formen der Staatsverwaltung) und dagegen: radikale religiöse Bewegungen (Kreuzzugsbegeisterung, Ketzerkriege, Inquisition). In der Philosophie und Theologie, auch für Thomas, zeigte sich diese Spannung im Verhältnis der aristotelischen Philosophie zur radikalen Christusnachfolge in der evangelischen Armut. Aristoteles, das war die Welt der Dinge in ihrem Eigenwert, frei von aller Zweckhaftigkeit. Diese entschiedene Weltlichkeit stieß auf eine noch entschiedenere Bejahung des Übernatürlichen der göttlichen Offenbarung. Die geistesgeschichtliche Leistung des Thomas von Aquin war die Synthese dieser Gegensätze, die Bändigung und der Ausgleich dieser Spannung. Der Bogen, den er darüber gespannt hat, trägt das Gewölbe des christlichen Mittelalters. Sein Werk hat

aber auch den Weg frei gemacht für die spätere geistige Entwicklung Europas, auch in ihrer heutigen verweltlichten Form. Thomas hat die Welt und alle Dinge dieser Welt als wert-voll gesehen, weil sie von Gott erschaffen sind. Was Gott erschaffen hat, das ist gut. Alle Dinge sind gut, weil sie Gottes Geschöpfe sind. Sie haben Anteil am göttlichen Sein. Darum ist alles, was es gibt auf dieser Welt, von Gott und von Natur aus gut. Der Mensch allerdings kann die Schöpfung auch zum Bösen mißbrauchen. Dies macht nicht die Dinge schlecht, sondern das Handeln der Menschen sündhaft. Geheiligt hat Gott die Schöpfung in besonderer Weise durch die Menschwerdung seines Sohnes. Dieser hat sich unter die Bedingungen dieser irdischen Welt begeben und sie damit selbst da, wo sie von Menschenhänden entweiht war, zurückgeholt in den Heilswillen des Schöpfers. Mit dieser Verknüpfung der Welt mit Gott, der sie so geschaffen hat, hat Thomas die Brücke geschlagen von der Philosophie zur Theologie, von der Natur zur Übernatur, vom Bewußten zum Geglaubten. „Mit dem Richtbild einer theologisch gegründeten Weltlichkeit einerseits und einer weltoffenen Theologie andererseits ist das Prinzip formuliert, das die geistige Struktur des christlichen Abendlandes bestimmt" (J. Pieper). Natürlich ist es unmöglich, in wenigen Sätzen das riesige Gedankengebirge seiner Lebensarbeit auch nur andeuten zu wollen. Aber wir ahnen die Umrisse, so wie man einen Berg in seinen Umrissen sieht, wenn hinter ihm die Sonne steht. Hinter allen Gedanken des Aquinaten stand die Sonne seines tiefen Glaubens und seiner großen Gottesliebe. Sie schenkt dem Berg seiner menschlichen Gedanken Licht und Glut.

1256 sollte Thomas an der Universität Paris einen Lehrstuhl erhalten, aber die aus Weltgeistlichen bestehende Professorenschaft wehrte sich gegen das Eindringen der Bettelmönche in den Lehrkörper. Dabei ging es zunächst um Brotneid und Eifersucht wegen des großen Zulaufs zu den jungen Ordensprofessoren. Dann aber auch um theologische Unterschiede. Der traditionelle mittelalterliche Augustinismus war allmählich erstarrt in Systematisiererei und Dogmatismus. Die Hinwendung zur aristotelischen Philosophie brachte neuen Wind in die Disputationen, die oft zu formalisierter Haarspalterei degeneriert waren. Der Streit zwischen dem Universitäts-Establishment und den Professoren aus den Bettelorden wurde mit Erbitterung, ja mit den Fäusten ausgetragen. Der Papst selbst mußte als Protektor der Pariser Universität durch ein Machtwort Thomas und mit ihm den Franziskaner Bonaventura auf ihre Lehrstühle setzen.

Aber schon 1260 rief ihn der Papst zu sich an den päpstlichen Hof in Orvieto. Dort schien sich eine Chance für eine Wiedervereinigung der Ostkirche mit der römischen Kirche zu bieten. Der Kaiser Paläologos war aus politischen Gründen bereit, die Spaltung der Kirche zu beenden. Dazu bedurfte es subtiler theologischer Vorbereitung. Niemand war dafür besser geeignet als Thomas. Während dieser vier Jahre in Orvieto entstand eines seiner Hauptwerke, die

„Summe wider die Heiden“. In dieser setzt sich Thomas umfassend mit der arabischen Philosophie auseinander, die mit den Kreuzzügen und über Spanien in das Abendland eingedrungen war. Sie fand bei den Gebildeten, besonders am Hofe Kaiser Friedrichs II., großen Anklang und drohte wegen ihrer offenbarungsfeindlichen Grundtendenz zu einer ernsten Gefahr für die methodisch veraltete christliche Theologie zu werden.

Nachdem Thomas 1265 in Rom am Hauptsitz des Ordens bei S. Sabina ein Theologiestudium eingerichtet hatte, kehrte er nochmals für drei Jahre an den päpstlichen Hof, diesmal nach Viterbo, zurück. In dieser Zeit arbeitete er an seinem zweiten Hauptwerk, der Summa theologica. In ihm wollte er das Gebäude der christlichen Glaubenslehre für Studienanfänger systematisch darstellen. Man hat den gewaltigen geistigen Bau mit den zur gleichen Zeit entstandenen gotischen Kathedralen verglichen. Es ist schwer zu sagen, wem größere Bewunderung gebührt. Noch 600 Jahre später konnte Papst Leo XIII. die Theologiestudenten verpflichten, sich bei ihrem Studium an der Theologie des heiligen Thomas zu orientieren. Um die Zeit des II. Vatikanischen Konzils hat man diesen Wegweiser etwas vorschnell verlassen und hat andere Wege eingeschlagen. Die Folge war die große Hilflosigkeit der heutigen Theologie, ein neuer Thomas ist weit und breit nicht in Sicht.

In Paris lehrte zu dieser Zeit eine der schillerndsten Figuren des Mittelalters, Siger von Brabant. Er tritt im Gefolge des arabischen Philosophen Averroes, aber auch eines falsch verstandenen Aristoteles für eine völlige Trennung von Philosophie und Theologie, von Glauben und Wissen ein. „Weisheit“, das ist allein die irdische, menschliche Wahrheit, zugänglich allein dem menschlichen Verstand; von der Offenbarung ist bei ihm nicht mehr die Rede. Die Universität von Paris lief nahezu geschlossen zu ihm über. Niemand von den großen Autoritäten war da, um ihm entgegenzutreten. Da wurde Thomas gegen alle Regeln seines Ordens ein zweites Mal auf seinen früheren Lehrstuhl nach Paris geschickt. Thomas mußte sich nun nach zwei Seiten verteidigen: gegen den falschen Aristotelismus des Siger von Brabant und gegen den veralteten Augustinismus, der in der Irrlehre Sigers eine Bestätigung seiner Befürchtungen erblickte und Siger und Thomas in einen Topf zu werfen versuchte. Unter Aufbietung aller Kräfte ist Thomas in den drei Jahren des zweiten Pariser Aufenthalts mit beiden fertiggeworden. Aus seiner Beschäftigung mit der Offenbarung erwuchsen in diesen Jahren seine großen Bibelerklärungen neben zwölf Aristoteleskommentaren und theologischen Streitschriften gegen Siger von Brabant und andere Irrlehrer.

Als der Brand in Paris gelöscht war, kehrte Thomas nach Italien zurück, um in seiner Heimat Neapel, wo er selbst studiert hatte und in den Orden eingetreten war, einen Lehrstuhl zu übernehmen. Aber schon nach einem guten Jahr forderte ihn der Papst auf, als theologische Autorität am Konzil von Lyon teilzunehmen. Im Februar 1274 bricht Thomas von Neapel auf. Unterwegs erkrankt er plötzlich an einer nicht näher bekannten Krankheit. Er wird in die Abtei Fossanova, nördlich von Terracina, gebracht und stirbt dort am 7. März 1274 im Alter von 49 Jahren. Der Beichtvater bemerkt nach der Reichung der Sterbesakramente: „Die Beichte eines fünfjährigen Kindes." Läßt sich Größeres über die Seele des größten Gelehrten eines Jahrtausends sagen? Schon im Dezember 1273 hatte Thomas aufgehört zu schreiben. Nach einer Vision sagte er zu seinen Begleitern: „Alles, was ich geschrieben habe, erscheint mir wie Stroh gegenüber dem, was ich geschaut habe." Nach dieser Erscheinung rührte er keine Feder mehr an.

Sein Leib ruht im Dom St. Etienne in Toulouse. 1323, ein halbes Jahrhundert nach seinem Tode, sprach Papst Johannes XXII. Thomas von Aquin heilig. Damals lebten noch viele Zeitgenossen und bezeugten seine Heiligkeit.

Der heilige Papst Pius V. ernannte ihn 1567 zum Kirchenlehrer.

Sein Fest wird ausnahmsweise nicht am Todestag, dem 7. März, gefeiert, weil dieser Tag meist in die Fastenzeit fällt, deren liturgische Feier dem Heiligenfest vorgeht. Darum wurde sein Fest 1969 auf den 28. Januar verlegt.

Daß Thomas ein großer, der größte Gelehrte des Mittelalters war, steht außer Zweifel. Aber war er auch ein Heiliger? Wissenschaft allein begründet keine Heiligkeit. Nicht die gescheitesten Menschen sind die heiligsten. Von Thomas selbst wissen wir wenig. Gerühmt wird sein lauterer Charakter, seine Demut, seine Freundlichkeit, sein kontemplatives Schweigen. Seine Theologie ist kühl und sachlich wie Granitstein, der zu den fugenlosen Mauern eines gewaltigen Baues aufgetürmt ist. Seine Werke geben Zeugnis von dem demütigen Dienst an der Wahrheit, an der Offenbarung, am Menschen. Thomas wußte sich zeitlebens umschlossen vom Geist und von der Liebe Gottes. Nur so ist sein Werk verständlich.

Es gibt aber auch noch einen anderen Thomas. 1263 beauftragte ihn Papst Urban IV. mit der Abfassung der liturgischen Texte für das neu eingeführte Fronleichnamsfest. Diesem Auftrag verdanken wir die wunderbaren Hymnen: „Pange, lingua, gloriosi" und „Lauda Sion salvatorem" – „Deinem Heiland, deinem Lehrer, Sion stimm' ein Loblied an!" Von ihm stammt auch der noch heute viel gebetete Hymnus auf das Altarsakrament „Adoro te devote" – „in Demut bet' ich dich verborgne Gottheit an, die du den Schleier hier des Brotes umgetan. Dir schenkt mein Herz sich völlig hin, weil es dich zu fassen völlig unfähig ist." Dies ist der Schlußstrich eines Heiligen unter das größte geistige Werk des Mittelalters.

Thomas Morus

geboren: 7. Februar 1478
gestorben: 6. Juli 1535
Fest: 22. Juni

Thomas Morus (englisch: More) war das zweite Kind und der älteste Sohn des Richters John More aus London. Über seinen Vater urteilt der Sohn in der von ihm verfaßten Grabinschrift: „Ein sehr tugendhafter Mann, mit einem sehr rechtschaffenen und aufrichtigen Gewissen, sowohl im Hinblick auf seinen Rat wie auf sein Urteil; ein sehr gütiger und mitfühlender Mann, der neben seinen anderen guten Qualitäten und Eigenschaften ein geselliger, heiterer, lustiger Mensch war." Als der Vater 1530 hochbetagt starb, hatte er den Aufstieg seines Sohnes bis zum höchsten Regierungsamt noch miterlebt.
Zunächst besuchte Thomas die St. Antoniusschule, die beste Schule Londons. Dort lernte er sein vorzügliches Latein und die Anfangsgründe in der Kunst der Diskussion, deren Meisterschaft später in ganz Europa gerühmt wurde.
Mit zwölf Jahren übergab ihn der Vater dem Kardinallordkanzler John Morton zur Erziehung und zur Einführung in die Umgangs- und Lebensformen eines „Gentleman". Dieser Pagendienst war oft sehr hart und erzieherisch nicht immer ein Segen für die jungen Menschen. Thomas aber hatte Glück. Unter den Augen des Kardinals lernte er nicht nur die kunstvollen Regeln der höfischen Etikette, was ihm später für sein Auftreten am Hof sehr nützlich war, er hörte auch viele Gespräche über die Politik des Königreichs, und lernte unterscheiden zwischen Geschwätz und ernsthaftem Gedankenaustausch und zwischen Schmeicheleien und echter Verehrung.
Ausgestattet mit dieser Grundbildung bezog Thomas mit vierzehn Jahren die Universität Oxford. Dort herrschte zu dieser Zeit eine harte Zucht. Das Leben im Internat war durch eine strenge Hausordnung geregelt. Jede Ausnahme und Begünstigung hatte sein Vater verboten. Aber gerade diese spartanische Härte bekam den Studien gut und legte den Grund für eine zuchtvolle und einfache Lebensführung. Morus lernte die fließende Beherrschung der lateinischen Sprache, vielleicht auch die Anfangsgründe des Griechischen. Aus Oxford nahm er die Liebe zur Literatur und Kunst und zur gesamten klassischen Bildung mit. Allerdings mußte er Oxford schon nach zwei Jahren verlassen, um nach dem Willen des Vaters in London eine Juristenschule zu besuchen. Diese entsprach einer guten juristischen Universitätsfakultät. Sie hatte Professoren als Lehrer und verlieh als Abschluß die angesehenen Titel eines Anwalts, Kronanwalts, Magisters und Doktors der Rechte.

In diese Zeit fällt seine erste Begegnung mit dem großen Humanisten Erasmus von Rotterdam, mit dem er eine Freundschaft schloß, die seinen Tod überdauerte. Der empfindliche und anspruchsvolle Erasmus schreibt schon damals über seinen neuen Freund in einem Brief: „Hat die Natur etwas Sanfteres, Süßeres und Glücklicheres geschaffen als den Genius des Thomas More?" Sechsunddreißig Jahre nach diesem Brief, als Erasmus die Nachricht vom schmachvollen Tod seines Freundes erhielt, bestätigte er dieses erste Urteil: „Thomas More, Lordkanzler von England, dessen Seele reiner war als der reinste Schnee, dessen Genius so groß war wie England noch nie einen hatte! Morus' Tod scheint mir selber den Tod gebracht zu haben; wir beide hatten nur eine Seele."

Die Studienzeit ging für Thomas Morus nahtlos über in eine Lehrtätigkeit als Lektor der Rechte. Doch dies scheint nur ein glatter Weg zu einem gewählten und erstrebten Beruf. In Wirklichkeit stand der junge Jurist vor einer grundlegenden Lebensentscheidung. War er zum Priester berufen oder nicht? Viele seiner humanistischen Freunde waren Priester. Ihrem Humanismus, ihrer Hinwendung zur Antike fehlte damals jeder Stachel gegen die Kirche oder gegen die Theologie. Es war mehr eine Hinwendung zum Studium der Bibel, zu den Kirchenvätern, zu Augustinus und über ihn zu Plato, in dem sie einen Vorläufer des Christentums sahen.

Um sich zu prüfen, nahm Thomas seine Wohnung im Kartäuserkloster und lebte, soweit dies seine Studienverpflichtungen zuließen, nach den Regeln der Mönche. Nach vierjähriger Prüfung aber kam er zur klaren Erkenntnis, daß er nicht zum ehelosen Leben berufen sei. Er wollte heiraten, er wollte eine Familie gründen. Thomas Morus hat den Laienstand frei und bewußt gewählt. Er ist ein heiliger Familienvater und in dieser Eigenschaft der Betrachtung und der Verehrung wert. Über seinem heroischen Ausgang sollte diese Seite seines Lebens nicht übersehen werden. Gerade wegen dieser wohlüberlegten Entscheidung für die Ehe hatte Thomas Morus auch gar kein Verständnis für die Geistlichen, die sich für die Ehelosigkeit entschieden hatten und hinterher ihr Gelübde brachen und ihren Stand verließen. Morus heiratete in erster Ehe die siebzehnjährige Jane Colt von Netherhall. Sie schenkte ihm drei Töchter und einen Sohn. Dessen Geburt kostete der erst vierundzwanzigjährigen Mutter das Leben. Nach einer sehr glücklichen Ehe stand Thomas mit vier kleinen Kindern allein da. Mehr wegen ihrer Versorgung als aus Liebe heiratete er schon nach vier Wochen eine um sieben Jahre ältere Witwe. Diese war seinen Kindern eine gute Stiefmutter, sie hielt sein Hauswesen zusammen, zu seiner geistigen Welt aber hatte sie wenig Zugang. Diese Ehe stellte hohe Anforderungen an die Liebe, Toleranz und Geduld des Gatten. Morus hat auch diese Probe glänzend bestanden. Mit liebevollem Humor integrierte er ihr sprödes Wesen in das Familienleben. Dieses aber ruhte auf dem sicheren Fundament einer nicht im Gefühl allein, sondern in der Verbürgung des Sakraments ruhenden Liebe, eines gemeinsam gelebten Glaubens, harter Arbeit und einfacher Lebensfüh-

rung. So gelang es Morus, die Stürme, die sein Lebensschifflein über gefährliche Wellen schaukeln ließen, vom Hafen seines gepflegten Hauses in Chelsea fernzuhalten bis zum Zusammenbruch seiner menschlichen Existenz.
Bereits mit sechsundzwanzig Jahren betrat Thomas Morus die Bühne der Politik. Er wurde zum Abgeordneten des Außerordentlichen Parlaments gewählt, das König Heinrich VII. einberufen hatte, damit es ihm außerordentliche Steuern bewillige. Der junge Abgeordnete Morus mit dem Selbstbewußtsein des soeben glänzend promovierten Juristen trat gegen die Forderung des Königs auf und brachte die Abgeordneten so weit, daß sie die neue Steuer ablehnten. Den Zorn des Königs mußte sein Vater erfahren, der keine parlamentarische Immunität besaß. Diesen ließ Heinrich VII. einsperren, bis er eine hohe, unbegründete und ungerechte Geldstrafe bezahlte. Für Thomas war dieses Ereignis ein Vorgeschmack seines späteren Umgangs mit der Macht und mit den Mächtigen. Zunächst hatte er von der Politik genug. Er zog sich auf seine Anwaltspraxis zurück, trieb humanistische Studien und besuchte zu diesem Zweck 1508 die Universitäten Löwen und Paris. Erst nach dem Tod Heinrichs VII. (1509) nahm er wieder Anteil am öffentlichen Leben. Am 3. September 1510 wurde Thomas vom Rat der Stadt London zum „Untersheriff“ gewählt. Zu dieser Zeit war er bereits einer der Staranwälte von London. Sein Biograph Roper erzählt, es habe „damals bei keiner Gerichtssitzung dieses Reichs eine Streitsache von irgendwelcher Bedeutung gegeben, bei der er nicht als Anwalt von einer der Parteien beteiligt gewesen wäre“. Der Untersheriff war der mächtigste Mann in Verwaltung und Rechtssprechung, da der Bürgermeister keine juristische Vorbildung hatte, und der Untersheriff somit Chef der Verwaltung und gleichzeitig Oberster Richter in einer Person sein mußte. In diesem Amt hat Thomas Morus den Grund für seine Beliebtheit beim einfachen Volk von London gelegt. Er entschied rasch und gerecht und ohne Ansehen der Person. Hierfür sind eindrucksvolle Beispiele in den Akten der Stadt London erhalten geblieben. Die Gebühren erließ er in aller Regel, was in der damaligen Zeit, wo der Richter außer den Gebühren keine weitere Besoldung hatte, sehr viel bedeutete. Noch hundert Jahre nach seinem Tod erzählte man sich Anekdoten von seiner Gerechtigkeit, Milde und Freigebigkeit.
In dieses Jahrzehnt, zwischen 1510 und 1520, fällt neben der Tätigkeit als Anwalt und als Untersheriff eine große literarische Fruchtbarkeit. Weltweite Verbreitung und nachhaltige Wirksamkeit bis heute gewann das staatsphilosophische Werk „Utopia“, in dem Thomas Morus das natürlich richtige und gute Handeln der Menschen darstellt, wie man es sich ohne Gott und ohne göttliche Offenbarung vorstellen könnte. Diese Schrift wurde viel mißdeutet. Für ihn aber war sie ein Meilenstein auf seinem Weg zur klaren Erkenntnis der menschlichen Verhältnisse im Lichte des Glaubens. Sie war aber auch eine vernichtende Kritik an den gesellschaftlichen Verhältnissen in den christlichen Staaten seiner Zeit: „Wenn ich alle diese Gemeinwesen betrachte, die heute allenthal-

ben blühen, dann kann ich, so wahr mir Gott helfe, nichts anderes gewahren als eine Verschwörung von Reichen, die unter dem Namen und Titel des Gemeinwohls für ihre eigenen Bequemlichkeiten sorgen." Im Jahr vor dem Erscheinen der „Utopia" sehen wir Thomas Morus als Gesandten König Heinrichs VIII. in Flandern. Die Beliebtheit beim Volk, die hervorragenden Leistungen bei königlichen Sonderaufträgen und in der Verwaltung der Stadt London, aber auch eine persönliche Zuneigung des Königs gaben 1517 Anlaß zum unmittelbaren Eintritt in den Dienst des Königs.

Nun stand er da, wo er glaubte, seine großen Ideale zum Glück der Menschen, zur Festigung der Religion und zum Ruhm des Königs verwirklichen zu können. Die Leiter seines äußeren Erfolgs führte schnell nach oben bis zur Spitze, die Treppe der Enttäuschungen, der zerstörten Hoffnungen hatte ebensoviele Stufen nach abwärts bis zum bodenlosen Ende.

Thomas Morus hatte sich nicht zum Hofdienst gedrängt. „Jedermann weiß, daß ich nicht an den Hof gehen wollte, und der König neckte mich oft damit; ich sitze so unbehaglich wie ein ungeschickter Reiter auf dem Sattel... Ich habe nicht das Glück, ein besonderer Günstling zu sein, noch auch den Optimismus, mir einzubilden, ich wäre einer." So schrieb er in einem Brief. Und doch genoß er das Vertrauen des Königs in reichem Maße. Dieser lud ihn oft am Abend zum Schachspiel ein und besuchte ihn unangemeldet in seinem Haus. Bald geschah nichts mehr im Reich ohne den Rat des gelehrten, gebildeten, aber stets aufrichtigen Thomas Morus. Zunächst wurde Morus Mitglied des Geheimen Rats. 1521 wird er in den Adelsstand erhoben, dann wird er Unterschatzkanzler, dann Kanzler des Herzogtums Lancaster und schließlich 1529 Lordkanzler des Königreichs; das ist nach heutigen Begriffen Regierungschef.

Wie sah der erste Mann des Reiches aus, wie gab er sich, wie lebte er als Mensch und Familienvater? Berühmt ist die Schilderung des Erasmus, des bedeutendsten Schriftstellers seiner Zeit, der das Familienleben im Hause Morus aus eigener Anschauung kannte:

„Er ist mittelgroß, hat eine helle, klare Gesichtsfarbe, einen dünnen Bart und blaugraue Augen; sein Gesicht gleicht seinem Charakter: gütig, heiter, bereit zum Spaßen, aber ohne Possenhaftigkeit oder Bitterkeit. Morus' Ausdrucksweise ist klar, seine Stimme durchdringend, aber nicht sanft oder musikalisch. Morus kleidet sich einfach, trägt seine goldene Kette nur, wenn es unbedingt sein muß, vernachlässigt äußere Formen, liebt Gleichheit und Freiheit... Besonders groß ist seine Begabung für die Freundschaft. Mit gütigem und heiterem Reden richtet er die Niedergeschlagenen und Unglücklichen auf. Besonders gern scherzt er mit Frauen, seine Gattin nicht ausgenommen. Seinen Haushalt leitet er mit Anmut, Streitigkeiten sind unbekannt."

Erasmus läßt auch einen Blick tun in den Haushalt des Lordkanzlers, in dem großen Haus an der Themse mit seinem Park, seinen vielen Dienern, den Gästen und Kindern: „Würfeln, Karten und Flirt waren der zahlreichen Dienerschaft verboten; harte Arbeit, Studium und Pflege der Musik wurden gefordert". Jeden Abend versammelte sich der ganze Haushalt zum Gebet. Kirchenbesuch war an Sonn- und Festtagen verbindlich. An hohen Festtagen mußten alle aufstehen und der Mitternachtsmesse beiwohnen. Morus stand gewöhnlich um 2 Uhr morgens auf und beschäftigte sich bis 7 Uhr mit den Studien- und Andachtsübungen. Er hörte jeden Morgen die Messe in seiner Hauskapelle. Dort verbrachte er so weit als möglich die Freitage im Gebet und Studium. Während der Mahlzeiten las ein Mitglied der Familie Kapitel aus der Schrift. Nachdem man über die Schriftlesung diskutiert hatte, durfte der Hausnarr die Unterhaltung „auf eine niedrigere Ebene" herabdrücken. Morus hatte seine erste Gattin mit Erfolg in seine geistige und religiöse Welt eingeführt. Von seinem vergeblichen Bemühen, seiner zweiten Frau Wissenschaft beizubringen, hat Morus selbst berichtet. Sie war eine gute Wirtschafterin. Die Kinder wurden zu Hause unterrichtet im Lateinischen, Griechischen, in Logik, Philosophie, Theologie und Astronomie. Er hat seinen ganzen Briefwechsel mit seinen Kindern in lateinischer Sprache geführt. Wenn er von zu Hause abwesend war, mußten ihm die Kinder täglich einen lateinischen Brief schreiben. Die Mädchen erhielten dieselbe Erziehung wie der Sohn. Als seine älteste Tochter, zu der er ein besonders enges Verhältnis hatte, lebensgefährlich erkrankte, sagte der Kanzler nach ihrer Genesung: „Wäre Margarethe gestorben, hätte ich mich gänzlich von der Welt zurückgezogen und mich nie mehr mit weltlichen Dingen befaßt." So sehr hat Thomas Morus seine Familie geliebt.

Trotz der beinahe klösterlichen Erziehung wurden die Töchter keine Blaustrümpfe. Sie alle schlossen glückliche und fruchtbare Ehen, die den Stamm Morus in 21 Enkeln fortsetzten, und noch heute können sich Mores in direkter Abstammung ihres großen und heiligen Ahnen rühmen. Stadtbekannt in London war die Mildtätigkeit Mores. Es verging kein Tag, an dem nicht Arme an seiner Tafel saßen. Er errichtete und unterhielt ein Armenhaus. Eine der Töchter hatte die Aufgabe, dort täglich Almosen auszuteilen.

Im ganzen war das Haus in Chelsea ein wohlgeordnetes, kultiviertes, von Frohsinn erfülltes christliches Hauswesen. Der Hausvater verbarg seine eigene strenge Askese, ja sein hartes Bußleben vor den Seinen. Nicht einmal seine Gattin wußte, daß er auf dem Leib ständig ein Büßerhemd trug, das ihn wundscheuerte.

Für ihn gab es keine Trennung zwischen privater Frömmigkeit, Familienleben und öffentlichem Amt. Seine Person und sein Leben waren aus einem Guß. Seine Urteile als Richter und seine Entscheidungen als Kanzler wurden geprüft von seinem am Evangelium orientierten Gewissen. Diesen Maßstab hatten zu seiner Zeit wie zu allen Zeiten nur wenige, mit denen er täglich Politik zu machen hatte. Darum war es unausbleiblich, daß Konflikte entstanden. Viele dieser Konflikte überbrückte Morus durch seine Freundlichkeit, seine Höflichkeit und seine glaubwürdige Redlichkeit. Aber nicht alle. Der große Konflikt

seines Lebens und Sterbens entstand schon bald nach seiner Ernennung zum Kanzler, eigentlich schon vorher.
König Heinrich VIII. war verheiratet mit Katharina von Aragon, der Tochter Ferdinands II. und Tante Karls V. Ab 1527 bemühte er sich um die Scheidung bzw. Ungültigkeitserklärung dieser kinderlos gebliebenen Ehe, um die Hofdame Anna Boleyn heiraten zu können. Als er Thomas Morus ins Vertrauen zog, machte sich dieser die staats- und kirchenrechtliche Prüfung des königlichen Plans nicht leicht. Thomas Morus war ein loyaler und dem König restlos ergebener Minister. Der Wille des Königs war ihm „nach Gottes Gebot" oberstes Gesetz. Das Ergebnis dieser gewissenhaften Prüfung behagte dem König nicht. Thomas sah nämlich keine Möglichkeit einer Trennung der ersten und der Schließung einer zweiten Ehe. Das Ansehen Morus im Volk, die bisher stets bewiesene Königstreue, die unanfechtbare juristische Begründung und die geschickte Darlegung seiner Auffassung veranlaßten den König, sich in der nächsten Zeit in ganz besonderer Weise um die Zustimmung dieses Mannes zu bemühen. Auch die Ernennung zum Lordkanzler hat in diesem Bemühen ihren Grund. Es war der Versuch, mit Ämtern und Ehren das unbestechliche Gewissen des Thomas Morus zum Schweigen zu bringen. Zunächst hielt sich der König an seine Zusage, ihm alle Angelegenheiten, die sein Gewissen belasteten, fernzuhalten. Aber den König bewegte in diesen Jahren nur ein Thema, und dieses schwebte auch über der ganzen Amtstätigkeit des Kanzlers Thomas Morus. Die Geduld des Königs – und mehr noch die seiner Geliebten Anna Boleyn – nahm immer mehr ab, die Basis des Vertrauens wurde immer schmäler, bis Thomas Morus sah, daß eine fruchtbare Tätigkeit zwischen seinem Gewissen und dem Willen des Königs nicht mehr möglich war. Er bat 1532 um seine Entlassung. Vorherging 1531 die Erklärung des Königs zum Kirchenoberhaupt. Als solches war er nicht mehr an die vom Papst verweigerte Zustimmung zur neuen Ehe gebunden. Nachdem fast der gesamte englische Episkopat und Klerus diesem „Supremat" des Königs zugestimmt hatte, legte Thomas Morus seine Ämter nieder und Heinrich VIII. ließ sich heimlich mit Anna Boleyn trauen. Thomas Morus freilich fehlte bei der feierlichen Krönung der neuen Königin. Damit hatte er vor den Augen des ganzen Königreichs seine Ablehnung öffentlich gezeigt. Der König wußte, daß er bei diesem Mann auf gütlichem Wege nichts mehr erreichen konnte. Daher suchte er von jetzt an, ihn zu vernichten. Zu diesem Zweck ließ er vom Parlament ein Gesetz beschließen, wonach jeder Bürger Englands auf Aufforderung einen Eid leisten mußte, daß er den König als Kirchenoberhaupt, Anna Boleyn als rechtmäßige Königin und ihre Nachkommen als Thronerben anerkenne. Wer diesen Eid verweigerte, sollte des Hochverrats angeklagt und grausam hingerichtet werden. Als Thomas Morus diesen Eid schwören sollte, da schlug für ihn die Stunde des Gewissens. Er war Jurist und Politiker genug, um in seinen Formulierungen haarscharf bis an die Grenze des Verantwortbaren zu gehen. Thomas Morus war kein leicht-

fertiger und unbesonnener Mann. Er wußte um die Angst, die Angst vor leiblichen Schmerzen, die Angst vor dem Tod, die Angst vor dem Schicksal seiner Familie. Er hat sich nicht nach dem Martyrium gedrängt. Er hat es auf sich genommen, als er klar erkannte, daß Gott ihn dazu bestimmt hatte. Als großer Geist und tiefer Denker war ihm die Frage von Leben und Tod, von Tapferkeit und Versagen mehr bewußt als anderen. Ein Leben lang hatte er sich um die Nachfolge im Kreuztragen bemüht. Jetzt brauchte und erhielt er die Gnade, diesen seinen Kreuzweg bis zum Ende zu gehen. Seine Briefe aus dem Kerker und seine Schriften aus dieser Zeit muß man an die Seite der großen Martyrerbriefe des Urchristentums stellen. Am Ende aber war für ihn die Entscheidung doch ganz einfach: hier: die Treue zum König, ein erfülltes diesseitiges Leben in Wohlstand und Ehren; dafür der Preis: die Ablegung des Eids gegen sein Gewissen. Morus selbst sah die Alternative noch einfacher: hier: ein kurzes Scheinglück und dafür der Verlust des ewigen Heiles; dort: ein kurzes Leid und dafür die ewige Seligkeit. Diese Alternative ist in einer solchen Lage kein intellektuelles Spiel, sondern härteste Lebenswirklichkeit.
Am 1. Juli 1535 fällt ein vom König zusammengestelltes Gericht das befohlene Urteil. Thomas hatte bis zum Ende des Prozesses auf alle Anklagen geschwiegen. Nachdem das Todesurteil gefällt war, brach er sein Schweigen, um vor Gott und den Menschen, vor dem Volk und dem König *sein* Urteil zu sprechen: „Da ich sehe, daß ihr entschlossen seid, mich zu verurteilen, will ich jetzt zur Erleichterung meines Gewissens meine Meinung über die Anklage klar und offen vorbringen. Diese Anklage ist auf eine Parlamentsakte gegründet, die in unmittelbarem Widerspruch zu den Gesetzen Gottes und seiner Heiligen Kirche steht, deren höchste Leitung kein weltlicher Fürst aufgrund irgendeines Gesetzes sich anmaßen darf. Sie kommt von Rechts wegen dem Heiligen Stuhl in Rom als ein geistlicher Vorrang zu, der durch unseren Heiland selbst, als er auf Erden weilte, ausschließlich dem heiligen Petrus und seinen Nachfolgern, nämlich den Bischöfen des genannten Heiligen Stuhls, zuerkannt wurde. Darum ist dies kein Gesetz, aufgrund dessen Christenmenschen einen Christen unter Anklage stellen können." Fünf Tage später, am 6. Juli 1535, wurde Thomas Morus durch Enthaupten hingerichtet.
Am 29. Dezember 1886 wurde er von Papst Leo XIII. selig-, am 19. Mai 1935 von Papst Pius XI. heiliggesprochen.
Thomas Morus ist ein großer Heiliger am Beginn der Neuzeit. Seine humanistische Bildung, seine Hinwendung zu den Quellen der Bibel, den Kirchenvätern, den antiken Klassikern, verband er mit einem ungebrochenen Glauben zu einer glaubwürdigen, christlichen Existenz. Sein Blutzeugnis ist nicht ein fremdes Element in diesem Leben, sondern Höhepunkt eines Kreuzweges, der innerlich notwendig nach Golgotha führen mußte.
Thomas Morus ist der Heilige des öffentlichen Lebens, der Patron der Politiker. Für ihn gab es kein gespaltenes Bewußtsein, keine getrennte Moral für das

private und das öffentliche Leben. Für ihn gab es nur *ein* Gewissen. Wer dem Christlichen in der Politik nachfragt, der muß bei Thomas suchen. Das Christliche im Gewissen des Politikers begründet das Christliche in der Politik.
Thomas Morus ist auch der Heilige des Ehe- und Familienlebens. Er ergriff bewußt den Stand des Laien und wählte die Ehe nach jahrelanger Selbstprüfung. Es gibt wenige heiliggesprochene Familienväter. Sein Familienleben war kein abgetrennter, weniger wichtiger Bezirk seines Lebens. Es war der Untergrund und Hintergrund seines persönlichen und öffentlichen Wirkens.
Aus dem letzten Gebet des heiligen Thomas Morus:
„Herr, gib mir die Gnade, in meiner Todesangst an die große Furcht und Todesangst zu denken, die du, mein Erlöser, am Ölberg erduldet hast, damit ich in Betrachtung dieser Leiden Stärkung und Trost zum Heil meiner Seele empfange. Allmächtiger Gott, habe Mitleid mit allen, die mir Böses wollen und mir Schaden zufügen möchten. Sei nachsichtig mit ihren Fehlern wie auch mit meinen und bessere sie durch sanfte und milde Mittel, wie sie deine unendliche Weisheit erfinden kann. Bessere uns alle, auf daß wir als gerettete Seelen in Gemeinschaft mit dir und deinen Heiligen in Liebe miteinander im Himmel leben werden. Amen."

Ulrich von Augsburg

geboren: 890
gestorben: 4. Juli 973
Fest: 4. Juli

Was sagt uns heute ein Bischof, der schon in seinem Namen zum Ausdruck bringt, daß er reich ist, „mit irdischen Gütern gesegnet“, der als Reichsfürst im Rat des Königs ein gewichtiges Wort mitsprach, der an der Spitze seiner Krieger seine Bischofsstadt verteidigte? Ist dieses Bild des Hirten auch heute noch ein Vor-Bild?
Wir dürfen es uns nicht zu leicht machen. Jesus hat seine Frohbotschaft Menschen anvertraut. Damit hat er gewollt, daß sie mit den Menschen ihren Weg durch die Geschichte der Menschen nimmt, eingebunden in die Entwicklung ihrer gesellschaftlichen, politischen und kulturellen Verhältnisse und Anschauungen. Durch ausdrückliche göttliche Verbürgung bleibt sie dabei Gottes unverfälschtes Wort (Joh 16,4b–15). Unsere Aufgabe ist es, dieses unter dem Gewand jeder Zeit zu suchen. In den Heiligen können wir es finden. Aber auch sie bleiben Kinder ihrer Zeit. Mit den Möglichkeiten ihrer persönlichen Anlagen und in den Formen ihrer Zeit haben sie die Nachfolge Christi beispielhaft verwirklicht. Jede Heiligsprechung bestätigt dies mit unfehlbarer Autorität. Und Bischof Ulrich war der erste Heilige, der feierlich und förmlich heiliggesprochen wurde und zwar am 31. Januar 993.
Er entstammt einem reichen alemannischen Adelsgeschlecht. Vermutlich war er ein Neffe des 926 ermordeten schwäbischen Herzogs Burchard I. Sein Vater Hupald oder sein Bruder Dietpald bekleidete das Grafenamt im Brenzgau mit dem Sitz in Wittislingen, später in Dillingen. Ulrich selbst allerdings wurde in Augsburg geboren. Mit zehn Jahren vertrauten ihn die Eltern dem Benediktinerkloster St. Gallen zur Erziehung an. In den acht Jahren seiner klösterlichen Schulzeit gewann Ulrich eine große Zuneigung zur benediktinischen Lebensform. Er wäre gern Mönch geworden. Bis an sein Lebensende hatte er den Wunsch, ins Kloster zu gehen, und sein persönliches Leben richtete er sich, soweit dies ging, nach den Regeln des heiligen Benedikt ein. Die Mönche von St. Gallen vergaßen ihren Schüler auch nicht. Sie wollten ihn zurückholen und zu ihrem Abt wählen. Aber so einfach war dies für einen mit dem königlichen Haus verwandten Grafensohn nicht. Er mußte ja nicht nur Gott und der Kirche, sondern auch seinem König dienen. Die mittelalterlichen Herrscher besetzten die hohen Reichsämter, wo immer es ging, mit Bischöfen, die ihnen durch

Verwandtschaft verbunden waren. Sie erreichten im Sinne der damaligen Auffassung vom Gottesreich auf Erden eine größtmögliche Einheit der beiden Gewalten, der weltlichen und der geistlichen. Außerdem hatten die Bischöfe keine Nachkommen, denen sie ihre Lehen und Ämter vererben wollten, so daß der König nach ihrem Tod frei über die Weitergabe verfügen konnte.

Nachdem Ulrich vierzehn Jahre lang seiner verwitweten Mutter bei der Verwaltung ihrer Güter beigestanden hatte, erreichte ihn 923 der Ruf des Domklerus auf den hochangesehenen Bischofsstuhl von Augsburg. König Heinrich I. gab gern seine Zustimmung, und am 28. Dezember 923 empfing Ulrich in Mainz die Bischofsweihe.

Für uns mag es nicht leicht verständlich sein, daß Bischof Ulrich häufig am Königshof Heinrichts I. und Ottos I. weilte, daß er bei keiner Reichsversammlung fehlte und daß er diesen Dienst genau so ernst nahm wie seine geistlichen Pflichten. Wir sind Kinder einer anderen Zeit, für die die beiden Bereiche des Staates und der Kirche getrennt erscheinen. Die damalige Unteilbarkeit des Bischofs- und Fürstenamts können wir uns nicht eng genug vorstellen. So nahm Ulrich z. B. 948 an der Reichssynode zu Ingelheim teil, zu der die Bischöfe durch ein Schreiben des Papstes gerufen wurden. Als Otto I. 952 – sicher auch Ulrich zu Ehren – eine Reichsversammlung auf dem Lechfeld vor Augsburg abhielt, verband sich damit eine Synode, auf der die 24 Bischöfe, die der Reichsversammlung angehörten, wichtige geistliche Beschlüsse faßten. Die Belastung aus dieser Stellung als Reichsfürst war nicht gering, da die Versammlungen des Königs nicht an einem festen Platz, sondern im ganzen Reich bald hier und bald dort stattfanden.

Schwerer als durch Reisen und Sitzungen im Dienste des Reiches wurde die Treue Ulrichs geprüft, als der Herzog von Schwaben, der Sohn König Ottos I., Liutolf, sich gegen seinen Vater empörte, Bundesgenossen sammelte und den Thron mit Waffengewalt erobern wollte. Das königstreue Augsburg war nun von Feinden umgeben, der bayerische Pfalzgraf Arnulf und der schwäbische Herzog Liutolf waren Bundesgenossen und damit Feinde des Bischofs von Augsburg. Als der König Regensburg, die Hauptstadt der Empörer, belagerte, leistete Ulrich ihm Gefolgschaft und zog mit bewaffneter Macht in sein Lager. Seine Abwesenheit benützte Arnulf zu einem Angriff auf Augsburg. Er eroberte und plünderte die Stadt und führte die Bediensteten des Bischofs gefangen hinweg. Der Bischof mußte sich nach Schwabmünchen zurückziehen. Dem nachrückenden Gegner brachte die Mannschaft Ulrichs und die seines Bruders Ditpald eine empfindliche Niederlage bei. Damit war für König Otto der Weg nach Schwaben in das Land seines aufrührerischen Sohnes frei. Bei Illertissen standen sich Vater und Sohn in Waffen gegenüber. Diesen widernatürlichen Waffengang zu verhindern, bot Ulrich seinen ganzen Einfluß beim König auf. Die bewaffnete Auseinandersetzung wurde vermieden und noch im gleichen Jahr der Friede geschlossen. Er war Ulrichs Werk.

Kaum war der Friede besiegelt, als eine neue Hiobsbotschaft die Menschen südlich der Donau erschreckte. Die Ungarn, die schon mehrmals nach Westen vorgestoßen waren und die wegen ihrer Grausamkeit „Sendboten der Hölle“ genannt wurden, brachen mit einem Heer von hunderttausend Reitern in Bayern ein und standen, bevor noch ernsthafter Widerstand geleistet werden konnte, am Lech, vor Augsburg. Schon 30 Jahre vorher, 926 hatten sich ihre Wellen an der Befestigung der Stadt gebrochen. Ulrich hatte diese Befestigungen in der Zwischenzeit verstärkt und verbessert. So rannten die Feinde tagelang vergebens gegen die Mauern der Stadt an. Ulrich leitete die Verteidigung, hoch zu Roß, aber ohne Waffen und Panzer, angetan mit priesterlichen Gewändern. Als die Ungarn hörten, daß die königliche Streitmacht heranahe, brachen sie die Belagerung der Stadt ab und suchten auf dem Lechfeld eine für sie geeignete Stellung für die bevorstehende Entscheidungsschlacht. Ulrich schickte die wehrhafte Mannschaft unter Führung seines Bruders Ditpald in die Schlacht auf dem Lechfeld am 10. August 955. Er selbst nahm an dieser Schlacht nicht teil, da seine Anwesenheit in der bedrohten Stadt notwendig war. Am Abend der Schlacht, nach dem weltgeschichtlichen Sieg, ritt König Otto in Augsburg ein und übernachtete im Bischofshaus. Er wollte dem Bischof persönlich danken und ihn trösten; denn sein Bruder Ditpald und sein Neffe Reginpald waren im Kampf gefallen. Die beständige Treue und der tapfere Einsatz des Bischofs hatten dem König den Thron, dem Reich den Frieden und Europa die Zukunft gerettet.
Es gab in dieser Zeit sicher Bischöfe – und nicht wenige – die sich von ihren weltlichen Aufgaben so beanspruchen ließen, daß sie ihre geistlichen Pflichten vernachlässigten und durch zweitrangige Vertreter besorgen ließen. Dazu gehörte Ulrich nicht. Als er glaubte, seine Pflichten gegenüber dem König erfüllt zu haben und als er die gewaltige Aufgabe der Seelsorge in seinem Bistum vor sich sah, bat er den König, an seiner Stelle seinen Neffen mit dem Heeres- und Hofdienst betrauen zu dürfen. Der König konnte dem treuen und bewährten Vasallen diese Bitte nicht abschlagen, und so war Ulrich frei für eine gründliche geistliche Erneuerung seiner Diözese. Unermüdlich und unter großen Beschwernissen bereiste er das Gebiet zwischen Iller und Lech, visitierte die Pfarreien, setzte unwürdige Priester ab, ermutigte die Gläubigen und beseelte das Land mit seinem zuversichtlichen Glauben und seiner tiefen Frömmigkeit. Die Heranbildung eines eifrigen und frommen Klerus war die Grundvoraussetzung für eine dauerhafte Verbesserung der Verhältnisse. Daher nahm er in seine Domschule Söhne aus allen Schichten, von Freien und Adeligen auf. So kannte er mit der Zeit viele Geistliche seines Bistums persönlich. Er gliederte die Diözese in Dekanate. Die Dekane mußten die Geistlichen regelmäßig versammeln, fortbilden und ihre Tätigkeit überwachen. Auf Diözesanebene fanden jährlich zweimal Diözesansynoden statt, die der beruflichen und sittlichen Festigung des Klerus dienten.

In den Klöstern sah der Bischof die Mittelpunkte in dem pastoralen Netz. Sie hatten unter den Ungarneinfällen schwer gelitten. Er baute sie wieder auf, stattete sie mit Gütern aus, sorgte für die Wahl fähiger Äbte und bekämpfte den Mißbrauch der Pfründen durch Adelige, die selbst gar nicht in das Kloster eintraten. Seine besondere Liebe galt dem Kloster Benediktbeuern, das die Ungarn 954 zerstört hatten. In Augsburg errichtete er das Damenstift St. Stephan. König Otto I. übertrug ihm auch die Leitung der Abteien Kempten und Ottobeuern. Wenn die Priester der Diözese und die Äbte seiner Klöster nach Augsburg kamen, brauchten sie keine Herberge. Der Bischofshof war ihr Heim, der Bischof selbst ihr Gastgeber.

Der Ungarnsturm hatte viele Kirchen zerstört. Um dem Volk bald neue Gotteshäuser zu schenken, ermutigte Ulrich die Grundbesitzer zur Errichtung von Eigenkirchen, die den Gläubigen der Umgebung geöffnet waren. Den Augsburger Dom, der bei einem früheren Ungarneinfall niedergebrannt war, stellte er wieder her, desgleichen die Afrakirche vor den Mauern. Dabei lag ihm besonders an der Pflege der Kirchen und einer würdigen Feier der Liturgie, besonders an den kirchlichen Hochfesten. Teile seiner Predigten sind erhalten. Sie zeigen eine schlichte Sprache, die die Zuhörer verstanden. Von einer Predigt am Palmsonntag erzählt man, sie sei so ergreifend gewesen, daß der Bischof mit dem ganzen Volk geweint habe. Und ein leicht zu rührender Mann war dieser Bischof wahrhaftig nicht! Dem heutigen Leser mag manches von dem, was hier als besondere Leistung aufgezählt wird, für einen Bischof selbstverständlich vorkommen. Wir müssen uns aber 1000 Jahre zurückversetzen. Es gab nicht lauter seeleneifrige Bischöfe. Die weltliche Stellung an der Seite des Königs verleitete viele von ihnen zu einem rein weltlichen Leben. Sie hielten Hof, veranstalteten Spiele und Jagden und umgaben sich mit einer großen Dienerschaft. Auch viele Äbte kümmerten sich wenig um ihre Mönche. Sie lebten in einer eigenen, noblen Behausung und ließen sich bedienen. Viele von ihnen sahen ihre Abtei nicht ein einziges Mal im ganzen Jahr. Die große Klosterreform von Cluny kam zur rechten, und man möchte sagen, zur höchsten Zeit. Viele Pfarrer setzten sich über den Zölibat hinweg, einträgliche Pfarrstellen wurden oft dem Meistbietenden verkauft. Dieser suchte das ausgelegte Geld wieder hereinzubringen und verkaufte die priesterlichen Handlungen, die Sakramentenspendung, Beerdigungen usw. Sogar die Absolution konnte man von solchen Priestern kaufen. Mit dem Kirchengut statteten sie ihre Söhne und Töchter aus. Die religiösen Vorstellungen im Volk waren voll des primitiven Aberglaubens. Besonderes Unheil verursachte ein übersteigerter Teufelsglaube. Nicht nur Kriege, Krankheiten und Unglücksfälle wurden dem Teufel zugeschrieben, auch die eigenen Sünden entschuldigte man mit dem Einfluß des Teufels. Die Heiligen trugen in ihrer Verehrung Züge heidnischer Götter, der Glaube an die Sakramente war oft nicht weit vom germanischen Zauberglauben entfernt. Die Reliquienhändler hatten Hochkonjunktur. Die Andeutungen

mögen genügen, um dem Wirken des Bischofs Ulrich den zeitgeschichtlichen Hintergrund zu geben. Er war 50 Jahre lang Bischof von Augsburg. Seine Diözese war bei seinem Tod nicht wiederzuerkennen. Er hatte sie in einen blühenden Garten Gottes verwandelt, wie ein Zeitgenosse berichtet.
Dieser Seeleneifer erwuchs auf der Grundlage einer tiefen persönlichen Gläubigkeit und Frömmigkeit. „Ulrich war keine verstandesmäßig überragende Persönlichkeit, kein großer Gelehrter, kein schöpferischer Denker, kein richtungsweisender Philosoph oder Theologe. Aber er war eine kernhaft gerade, offene männliche Natur, dabei grundgütig und bescheiden, der Begrenztheit alles menschlichen Könnens und der Unsicherheit alles irdischen Besitzes, auch des geistlichen, immer bewußt.“ (F. Zöpfl).
Ulrich war vor allem demütig. Er vertraute nicht auf die eigene Kraft, er tat, was er vermochte, war sich aber stets bewußt, daß er ein Diener war, nur ein Diener. Er pflegte das Gebet, die geistliche Lesung, die Beschäftigung mit den Psalmen und die fromme Feier des heiligen Meßopfers. Seine Fürsorge für die Armen wurde schon von den Zeitgenossen rühmend hervorgehoben. An seinem Tisch speisten täglich Arme, Lahme und Krüppel. Auf seinen Visitationsreisen galt seine zweite Frage – nach dem Gotteshaus – stets den Armen einer Gemeinde. In Augsburg gründete er ein Spital. Es gibt viele Erzählungen über seine Freigebigkeit und seine sozialen Leistungen. Man kann diese im einzelnen nicht mehr nachprüfen. Aber verbürgt ist die Hinterlassenschaft dieses „an Gütern reich gesegneten“ Kirchenfürsten. Er hinterließ zwei Hemden, sieben Tischtücher, zwei Mäntel und zehn Silberschillinge. Das ist alles. Es sagt mehr über den heiligen Ulrich, als die eindrucksvollste Lebensbeschreibung.
Mit den Jahren trat seine verinnerlichte Frömmigkeit immer mehr in den Vordergrund seines Wesens. Hatte er zuerst schon die Last des Reichsfürsten abgelegt, so empfand er schließlich auch das Bischofsamt als Hindernis für seine eigene Heiligung. Er wollte sich in ein Kloster zurückziehen. Auf der Synode von Ingelheim 972 erschien er im Mönchsgewand. Die Synode aber stimmte nicht zu. Sie wollte den hochangesehenen Mitbruder nicht verlieren. Und so blieb Ulrich trotz der Beschwerden des Alters an den schweren Wagen des bischöflichen Amtes gebunden, bis ihn am 4. Juli 973 der Herr selbst aus dem Geschirr löste und zur ewigen Ruhe rief. Das Begräbnis nahm sein heiliger Mitbruder und Freund, Bischof Wolfgang von Regensburg, vor. Genau 20 Jahre nach seinem Tod wurde er von Papst Johannes XV. am 31. Januar 993 als erster Heiliger der katholischen Kirche in feierlicher Kanonisation heiliggesprochen. Der heilige Ulrich ist der Patron der Diözese Augsburg. Über seinem Grab erhebt sich die großartige Ulrichsbasilika. Jährlich findet an seinem Fest, dem 4. Juli, ein feierlicher Gottesdienst mit Erhebung der Gebeine statt, und eine Woche lang strömt das katholische Volk der Diözese Augsburg zu seinem Grab zum Gebet in den Nöten der Zeit.

Vinzenz von Paul

geboren: 24. April 1581
gestorben: 27. September 1660
Fest: 27. September

Mein Bruder wurde im Zweiten Weltkrieg durch einen Bauchschuß schwer verwundet. Als er nach einem langen Weg über Hauptverbandplatz, Feldlazarett, Lazarettzug mehr tot als lebendig in einem Heimatlazarett angelangt war, da schrieb er nach vielen Wochen in seinem ersten Brief: ... „Als die erste Barmherzige Schwester zur Türe hereinkam, da kamen uns die weißen Flügel ihrer Haube wie die Flügel eines guten Engels vor..." Diese Briefstelle könnte man als Überschrift über das Wirken dieser „Weißen Engel" in den dreieinhalb Jahrhunderten seit ihrer Gründung in allen christlichen Teilen der Welt setzen. Dabei wurden diese Hauben nicht als Ordenstracht entworfen, sie sind hervorgegangen aus den Hauben der Bäuerinnen Frankreichs im 17. Jahrhundert. Der Gründer der Barmherzigen Schwestern wollte nämlich gar keinen Orden gründen; seine „Töchter der christlichen Liebe" sollten vielmehr eine Art „fliegende Sanitätstruppe" sein, die ohne Bindung an ein ortsfestes Kloster und an eine hinderliche und auffallende Ordenstracht überall, in Katastrophengebieten und auf Schlachtfeldern, eingesetzt werden konnte.

Die Hauben der „Barmherzigen" sind das Denkmal ihres Gründers. Ein anderes Denkmal hat ihm sein Geburtsort gesetzt, als er sich 1828 anstelle seines bisherigen Namens den Namen seines Heiligen zulegte und sich umbenannte in St. Vincent de Paul.

Die Eltern de Paul hatten in Pouy in der Gascogne ein kleines Bauernanwesen, einige Kühe, einige Morgen Land und sechs Kinder. Die schon Jahrzehnte dauernden Kämpfe zwischen Frankreich und Habsburg und die mit Grausamkeit geführten Glaubenskriege trafen wie immer die Ärmsten am härtesten. Das Land verelendete, Heere von Bettlern, Krüppeln, vertriebenen Bauern bevölkerten die Straßen. Ein einziger Weg führte damals für einen Bauernjungen mit hellem Kopf zu einem gesicherten Einkommen ohne allzugroße Anstrengungen, vielleicht sogar zu Ansehen und Reichtum. Dies war der Eintritt in den Stand der Kleriker. Dem Priester war je nach seiner Intelligenz und seinen Beziehungen der Weg zu den höchsten Staatsämtern offen. Kardinäle standen bekanntlich im 17. Jahrhundert an der Spitze der Staatsverwaltung in Frankreich.

Es scheint, daß hier für die Eltern von Vinzenz die Antriebskräfte lagen, die sie bewogen, einige Kühe zu verkaufen und den aufgeweckten Jungen in das nahegelegene Dax und dann nach Toulouse auf die Schule und in das Priesterseminar zu schicken. Als das Geld des Vaters zu Ende ging, organisierte Vinzenz den Nachhilfeunterricht für begüterte Mitschüler und erwarb sich so die Mittel zur Fortsetzung des Studiums. Schon mit neunzehn Jahren empfing er die Priesterweihe, setzte aber seine theologischen Studien fort bis zum Baccalaureat der Theologie (1604).

In den nächsten zwei Jahren verlief die Lebensgeschichte des jungen, ehrgeizigen Theologen so abenteuerlich wie ein Märchen aus Tausendundeiner Nacht, so daß sie selbst für diese abenteuerliche Zeit unglaubhaft klingt. Sie ist auch historisch nicht einwandfrei gesichert.

Auf dem Rückweg von einer Reise nach Bordeaux erreichte Vinzenz die Nachricht von einer Erbschaft. Der Nachlaßverwalter aber war unter Mitnahme des Geldes geflohen. Vinzenz jagte ihm nach bis nach Marseille und erreichte tatsächlich eine teilweise Rückgabe des Erbes. Frohgemut bestieg er ein Schiff, um schneller und bequemer heimzureisen. Unterwegs aber wurde das Schiff von Piraten gekapert, Vinzenz wurde verwundet und nach Tunis gebracht. Dort stand er auf dem Sklavenmarkt und wurde untersucht, betastet und verkauft wie ein Stück Vieh. Zuerst kam er in den Besitz eines Fischers. Dieser verkaufte ihn an einen Alchemisten. Bei ihm erwarb er Kenntnisse in Chemie und Medizin, die ihm später von größtem Nutzen waren. Als der alte Mann starb, erbte ihn dessen Neffe. Er verkaufte ihn weiter an einen vom Glauben abgefallenen und zum Islam übergetretenen ehemaligen Franziskaner. Dieser machte ihn zum Verwalter seiner Güter. Auch diese Erfahrungen waren Vinzenz später von großem Nutzen. Es gelang ihm schließlich, seinen Herrn zu bekehren und gemeinsam mit ihm nach Frankreich zurückzukehren. Mit einer Empfehlung des päpstlichen Delegaten aus Avignon reiste Vinzenz nach Rom und von da nach Paris. Sein Ziel war es, mit Hilfe einflußreicher Gönner eine kirchliche Pfründe zu erlangen, die ihm ein sorgenfreies Leben ermöglichte. Diese Rechnung ging im Jahre 1610 auf. Er erhielt eine Anstellung bei Marguerite von Valois, der ersten Frau des Königs von Frankreich. Diese unterhielt viele karitative Werke und beschäftigte zu ihrer Verwaltung mehrere Geistliche. Und schon zeigte sich der Erfolg der hohen Beziehungen: Vinzenz erhielt die Einkünfte einer kleinen Abtei in der Diözese Saintes, die er vermutlich selbst nie gesehen und betreten hat. Bis hierher spüren wir in seinem Lebenslauf wenig von einer außergewöhnlichen geistlichen Berufung, von Werken der Nächstenliebe oder gar von Heiligkeit.

Aber wen die Gnade sucht, den findet sie – auf gewöhnlichen oder ungewöhnlichen Wegen. Zu seinem Beichtvater wählte Vinzenz im gleichen Jahre, 1610, einen Priester, der ihm ganz neue religiöse Wege wies, die ihn zu einem Lebensziel führten, das er sich nicht vorgestellt und nicht ausgesucht hatte. Es war Pierre de Bérulle, ein tieffrommer, in der Schule des heiligen Ignatius gebildeter Priester, vertraut mit den Gedanken der deutschen Mystiker, voll Eifer für die Reform der Kirche und die Heranbildung eines von missionarischem Geist erfüllten Priesternachwuchses nach den Vorschriften des Konzils von Trient. Dieser stellte in den Mittelpunkt des religiösen Lebens die Menschwerdung Jesu als Liebestat Gottes. Der Priester ist durch den Vollzug des Meßopfers ganz hineingenommen in diese Liebesbeziehung Gottes zu den Menschen. Sein Leben muß Abbild und Ausdruck der Liebe Christi sein, die sich wiederum in liebender Zuwendung zu den Menschen äußert. Der Priester muß die in Christus erschienene Liebe Gottes den Menschen in seinem eigenen Leben sichtbar und spürbar machen. Gottes Liebe und Christi Menschwerdung – Priestertum und Nächstenliebe – bilden eine Einheit im Leben eines guten Priesters. Diese Sinngebung seines Berufs hat Vinzenz in der Person seines Beichtvaters angezogen und in der ganzen Tiefe seiner Persönlichkeit umgeprägt. Nach langen Kämpfen und Zweifeln erkannte er seinen künftigen Weg und ging ihn von da an mit der ruhigen Selbstverständlichkeit des Bauern seiner Heimat.

Der Dienst bei Hofe bot natürlich nicht das beste Feld für die Erprobung des neu gewonnenen Berufsideals. Darum verschaffte der Beichtvater Vinzenz die Pfarrei Clichy, heute ein Teil von Paris, damals eine Randgemeinde mit sechshundert Seelen. Als hätten alle Quellen in der Persönlichkeit des neuen Pfarrers nur darauf gewartet, geöffnet zu werden und sprudeln zu dürfen, so stürzte sich Vinzenz in die Arbeit. Er gründete eine Schule für die halbverwahrlosten Kinder, betreute Kranke und Alte und missionierte die Erwachsenen. Bérulle merkte, daß er eine Goldader entdeckt hatte und wollte sie nutzen. Nach kurzer Tätigkeit als Pfarrer bestimmte er Vinzenz die Stelle eines Hauslehrers in der Familie Gondi anzunehmen. Das Oberhaupt dieser Familie war General der königlichen Galeeren. Aus seiner vorbildlichen Ehe gingen drei Söhne hervor, die Vinzenz erziehen sollte. Der eine verunglückte auf der Jagd, die beiden anderen wollten von Religion nicht viel wissen. Trotzdem wurde einer von ihnen aus politischen Gründen der später berühmte und berüchtigte Kardinal Retz. Es ist leicht verständlich, daß sich Vinzenz dort nicht wohl fühlte und seinen Gönner Bérulle bestürmte, ihn wieder in die Seelsorge zu entlassen. Dieser empfahl ihn als Pfarrer von Châtillon-les-Dombes, fünfzig Kilometer nördlich von Lyon. Die Pfarrei war religiös und sittlich verwildert. Die Hälfte der Einwohner war kalvinistisch geworden. Vinzenz predigte mit Feuereifer. Er gründete in dieser Pfarrei sein erstes Gemeinschaftswerk für Arme, aus dem die späteren Vinzenzvereine hervorgegangen sind. Der Schloßherr des Ortes änderte sein Leben und stellte sein Schloß als Hospiz zur Verfügung.

Die Familie Gondi aber setzte alle Hebel in Bewegung und erreichte, daß Vinzenz seine Pfarrei wieder verlassen und in ihr Haus zurückkehren mußte. Allerdings wurde ihm dabei zugesichert, daß er auf den ausgedehnten Besitzungen der Gondis seine Missions- und Caritasarbeit fortsetzen durfte. Überall, wo

er Volksmissionen abhielt, gründete er für Frauen die „Bruderschaft der Dienerinnen der Armen“ und für Männer die Bruderschaft der „Helfer der Armen“. Damen aus guten Familien wurden aufgenommen, wenn sie bereit waren, selbst, nicht nur mit Geld den Armen und Kranken zu dienen. Sie besuchten die Kranken des Ortes, verteilten Lebensmittel, Küchengeräte, Arzneien. Sie bereiteten aber auch auf Beichte und Kommunion vor und demonstrierten damit die Einheit von Seele und Leib, von Gottes- und Nächstenliebe. Vinzenz war nicht für hohe und geistreiche Gedanken über Gott; er wollte den Glauben sehen in den Werken der Liebe am Nächsten. Auffällig ist, daß er sich dabei nicht auf Geistliche und Ordensfrauen verließ, der Christ in der Welt sollte glauben und die Werke des Glaubens tun. Vinzenz setzte alle seine Unternehmungen auf Laien. Er hat keinen Orden gegründet. Er wollte den Armen und Kranken die Bruderliebe Christi vorführen in der praktischen Liebe der Mitchristen, am besten der hochgestellten und reichen Christen. Kein Mensch kann gut werden, wenn er hungert, kein Mensch findet von sich allein den Weg ohne erlebtes Vorbild. Dieser Grundsatz bildete für Vinzenz das Fundament seiner Theologie, seines Priestertums, seiner Heiligkeit.
Die Familie Gondi bot Vinzenz noch viele andere Möglichkeiten der Entfaltung seiner missionarischen Liebestätigkeit. So erhielt er Zugang zu den Haftorten der Galeerensträflinge. Ihr Gefängnis befand sich in einem unbeschreiblichen Zustand. In luft- und lichtlosen Gelassen waren sie mit Ketten an die Wand geschmiedet, von Ungeziefer geplagt, von Krankheiten geschwächt, in der Seele verhärtet. In ihrem Aussehen und Verhalten glichen sie „oft mehr den Tieren als den Menschen“. Vinzenz ging unerschrocken in die Gefängnisse; er setzte eine bessere Unterbringung durch, gesundheitliche Betreuung und seelische Fürsorge. Der König hörte von seinem Wirken und ernannte ihn zum „Oberpfarrer der Galeeren“. Wenn auch der Bericht, Vinzenz habe sich selbst anstelle eines Galeerensträflings an die Ketten schmieden lassen, eine Legende ist, so war er doch ihr Apostel und Patron für Leib und Seele.
Die Missionierung des Landvolks nahm aber trotz aller anderen Aktivitäten die erste Stelle bei Vinzenz ein. Er litt darunter, daß er allein einer so ungeheuren Aufgabe gegenüberstand. Die Familie Gondi hatte Verständnis und schuf ihm die äußeren Voraussetzungen für ein Werk, das im Laufe des nächsten Jahrhunderts ganz Frankreich aus einer religiösen Wüste in einen „blühenden Garten des Glaubens“ verwandelt hat. Der Pariser Erzbischof, ein Bruder des Generals, stellte Vinzenz das Gebäude des Kollegs der Bons-Enfants für die Gründung einer Gemeinschaft von Weltpriestern zur Verfügung, die sich ganz der Missionierung der Landbevölkerung widmen wollten. Zunächst waren es sechs Priester, die unentgeltlich in den Dörfern predigten und die Sakramente spendeten, für die Armen sorgten und die Gefangenen besuchten. Vinzenz gab der „Kongregation der Mission“, ganz auf das Praktische ausgerichtete Regeln, die den wechselnden Bedürfnissen laufend angepaßt wurden. Diese Gründung

dehnte sich später auf ganz Frankreich aus, wirkte aber auch in Schottland, Polen, Irland und Afrika und bewirkte für die innere Wiederbelebung der katholischen Religion in Europa mehr als die Religionspolitik der Fürsten.
Als die Zahl der Missionspriester rasch wuchs (beim Tode von Vinzenz waren es mehr als sechshundert Priester), zogen sie in das Priorat Saint Lazare um. Deshalb wurden sie Lazaristen genannt. Das große alte Haus bot der Organisation Raum und dem missionarischen Eifer des Gründers viele Möglichkeiten. Laien zogen sich dorthin zurück zu Exerzitien und Einkehrtagen, eine Art „Kloster auf Zeit". Theologen bereiteten sich durch Tage der Einkehr und Stille auf die Weihen vor. Die Priester von Paris versammelten sich jede Woche zu den sogenannten „Dienstagkonferenzen". Sie besprachen die Seelsorgsprobleme der Großstadt, verabredeten gemeinsame Aktionen und besannen sich auf die geistlichen Grundlagen ihres Amtes. Saint Lazare wurde mit der Zeit zum schlagenden Herzen der Kirche Frankreichs, das das Blut der religiösen Erneuerung in die Stadt Paris und durch seine Mission in das ganze Land hinauspumpte. Die Seele des Hauses war Vinzenz, der vom Haus der Gondi längst in die Lebensgemeinschaft seiner Mitbrüder übergesiedelt war. Er fühlte sich als Werkzeug der Liebe Gottes und wartete, daß, und wie Gott dieses Werkzeug gebrauchen und einsetzen werde. Diese von einer wachen und praktischen Intelligenz geleitete Hingabe an Gottes Willen gab ihm die ruhige Sicherheit, die Fähigkeit zu bedächtigem Abwarten, aber auch zu zäher Beharrlichkeit. Der Erfolg in der Seelenführung und in der Organisation der Liebestätigkeit folgte.
Wo immer die Missionare Volksmissionen abhielten, da gründeten sie die Bruderschaften „Dienerinnen der Armen" und „Helfer der Armen". Die Mitglieder waren Damen und Herren vom Adel und vom begüterten Bürgerstand. Wohltätigkeit in Form von Almosen war im ganzen Mittelalter Brauch und Sitte. Aber mit Geld sollte sich niemand vom eigenen Tun loskaufen. Vinzenz bestand darauf, daß die vornehmen Damen die Hütten der Armen selbst besuchten, die Wunden der Kranken selbst verbanden, Galeerensträflinge bekleideten, ja sogar Irre pflegten. „Der Kranke ist ein Angebot Gottes, an den Kranken selbst und an die Gesunden." Das wäre aber in einem gut gemeinten Dilettantismus steckengeblieben, wenn die Tätigkeit der Bruderschaft, die ja immer nur nebenamtlich sein konnte, mit der Zeit nicht ergänzt worden wäre durch hauptamtliche, fachlich geschulte Krankenpflegerinnen. Wie alles bei Vinzenz ergab sich die Notwendigkeit ihrer Gründung ganz von selbst und ganz organisch aus der Arbeit der schon bestehenden Werke. Die Mitglieder der Bruderschaften nahmen Helferinnen auf, meist einfache, gesunde und gutwillige Mädchen vom Lande. 1733 gab Vinzenz diesen „Töchtern der christlichen Liebe" eine Regel und gründete damit die Gemeinschaft der Vinzentinerinnen oder der „Barmherzigen Schwestern", bis zum heutigen Tag die „größte und segensreichste Ordensgemeinschaft der katholischen Kirche". Aber nichts lag

Vinzenz ferner, als einen neuen Orden zu gründen, die Bindung an ein Kloster, die auffällige Ordenstracht, das alles war seinen Plänen im Wege. Die Töchter der christlichen Liebe trugen weltliche Kleidung. Sie wohnten in Heimen statt in Klöstern. Man könnte sie eher mit Gemeindeschwestern oder ambulanten Krankenpflegerinnen vergleichen.

Diese Gründung ist die weltgeschichtliche Tat des heiligen Vinzenz. Keine Ruhmestafel der Welt wäre groß genug, die Heldentaten der Liebe aufzuzeichnen, die Hunderttausende von Schwestern auf den Schlachtfeldern, in den Infektionsbaracken, in den Operationssälen, in unendlichen Nachtwachen am Krankenbett geleistet haben, könnte die Toten aufzählen, die ihr Leben im Dienste der Kranken hingegeben haben. Die Welt der Krankheit, der Todesangst ist heller geworden durch die weißen Flügelhauben der Schwestern, die seit dreieinhalb Jahrhunderten durch die Krankensäle gehen. Und sie wird ärmer werden, viel ärmer, wenn diese Hauben einmal verschwinden, eine nach der anderen, und nicht mehr ersetzt werden können. Im Vergleich zu dieser weltgeschichtlichen Großtat treten die vielen anderen Gründungen und Unternehmungen fast in den Hintergrund.

Neue Wege beschritt Vinzenz in der Pflege von Geisteskranken. Im rückwärtigen Garten von Saint Lazare übernahm er eine alte Irrenanstalt. Eine Behandlung dieser Armen gab es bis dahin nicht. Oft wurden sie in Gefängnissen untergebracht und an Ketten gelegt. Ihre Unterbringung glich mehr Tierzwingern als menschlichen Behausungen. Vinzenz ist ein Pionier der modernen Behandlung von Geisteskranken geworden. In halboffenen Anstalten sorgte er für menschenwürdige Behandlung, für eine Trennung der organisch Kranken und der Psychopathen, die einen wurden medizinisch, die anderen pädagogisch und seelsorglich versorgt. Bei den angesichts der fehlenden medikamentösen Hilfsmittel geringen Erfolgen war dieser Teil der Krankenbetreuung der schwerste und nur in einer tiefen Liebe zum Menschen aus Liebe zu Gott zu ertragen.

In Paris wurden jährlich Hunderte von Säuglingen ausgesetzt. Ihr Los war ein früher Tod oder unmenschliche Sklaverei. Vinzenz errichtete Findelhäuser und Waisenhäuser und sorgte für Ernährung, Erziehung und Ausbildung.

Im größten Krankenhaus der Stadt Paris, dem Hôtel de Dieu, herrschten unbeschreibliche Zustände. Die Ordensgemeinschaften, denen die Pflege anvertraut war, waren überfordert. Die Stadtverwaltung bat Vinzenz, nach dem Rechten zu sehen. Er selbst berichtet: „Wir haben eine Gemeinschaft errichtet mit hundert bis hundertzwanzig qualifizierten Damen, die Tag für Tag zu je vier und vier etwa 800 bis 900 Kranke besuchen und betreuen. Sie verteilen Lebensmittel und Wäsche, kümmern sich um die Pflege. Auch bereiten sie die Kranken auf den Empfang der Sakramente vor und sorgen dafür, daß sie im Ernstfall die Welt in guter Verfassung verlassen.“ Vinzenz schrieb diesen Damen vor, einfach gekleidet vor den Kranken zu erscheinen, sich um eine schlichte Sprache zu

bemühen und allen mit Sanftmut zu begegnen. Allein der tägliche Besuch von Damen der guten, ja der höfischen Gesellschaft, darunter eine Herzogin, wirkten Wunder. Die Sauberkeit nahm zu, die Todesfälle ab, die Ärzte gaben sich Mühe, und aus dem Sterbehaus wurde ein Haus der Heilung und Genesung.
So sehr Vinzenz improvisieren und die Not packen konnte, wo sie sich zeigte, so bedacht und überlegt setzte er seine Gründungen und langfristigen Werke an. Nicht umsonst haben sie die Jahrhunderte überdauert. Auch auf die fachliche Ausbildung aller den Kranken dienenden Personen legte er größtes Gewicht. Er selbst war der erste Dozent seiner Krankenpflegeschule, und der Erfolg seiner Werke liegt nicht zuletzt bis zum heutigen Tag in der hohen Ausbildungsqualität jeder Schwester, die an ein Krankenbett tritt.
Fast schämt man sich, den Reichtum dieses gottgesegneten Lebens in so kurzen Andeutungen sichtbar machen zu wollen. Schon die Zeitgenossen fühlten die Größe des Mannes, den ihnen die Vorsehung geschenkt hatte. Vinzenz genoß größtes Ansehen vom französischen Königshof bis zu den hungernden Bauern in den Kriegsgebieten Lothringens. Ungeheure Summen gingen durch seine Hände. An diesen blieb kein Sous hängen. Er lebte wie ein Eremit und gab sich wie ein Bauer. Er wollte nichts anderes sein als ein Widerschein der auf ihn fallenden Gnade und Liebe Gottes. Seine Gesundheit war seit dem afrikanischen Abenteuer von häufigen Fieberanfällen geschwächt, das Gehen machte ihm Beschwerden, und doch rang er seinem Körper ein Tages- und Lebenswerk ab, das die Welt bewegte. „Sein Gebet waren die Taten der Liebe, war ein Brennglas, das die Strahlen der Liebe sammelte, um das Holz der menschlichen Herzen zu entflammen“, sagt ein Biograph.
Als seine Kräfte bis zur letzten Faser aufgezehrt waren, ging er am 27. September 1660 im Alter von fast 80 Jahren ohne Todeskampf in den Frieden Gottes heim. Wenn dort die Taten, vollbracht aus Liebe zu Gott, den Rang bestimmen, dann gehört Vinzenz zu den größten Heiligen des Himmels.
Vinzenz von Paul wurde 1729 selig-, 1737 heiliggesprochen.

Willibald Bischof von Eichstätt

geboren: 700
gestorben: 7. Juli 787
Fest: 7. Juli

Kann ein Mönch, der im 8. Jahrhundert gelebt hat, einem Weltkind des 20. Jahrhunderts – auch wenn beide an denselben Herrn glauben – etwas bedeuten? Über sein Leben wissen wir trotz des zeitlichen Abstands gut Bescheid. Willibald hat nämlich vor seinem Tod der Nonne Hugeburc seine Lebensgeschichte diktiert. Diese reicht allerdings nur bis zu seinem 40. Lebensjahr. Für die Zeit danach ist die Überlieferung erheblich dünner.

Die Eltern, Gutsbesitzer in Südengland, haben Willibald im Alter von fünf Jahren in ein Kloster geschickt. Er sollte Mönch und Priester werden. So hatten sie es gelobt. Auch in diesen angelsächsischen, also germanischen Klöstern, lebte die große Tradition des irischen Mönchtums fort. Die irischen Mönche sahen nicht im heiligen Benedikt ihren Gründer, sondern in Antonius, dem Einsiedler, und in Pachomius, der in Ägypten die erste gemeinsam lebende Klostergemeinde gegründet hatte. Der geistliche Ansatz dieses orientalischen Mönchtums war von dem Benedikts verschieden. Die Wüstenväter in Ägypten kamen aus der späten Verfallzeit der römischen Kultur. Sie hatten genug davon und suchten eine Alternative. Die Anleitung dazu bot ihnen das Leben Jesu selbst, der seine Situation mit den Worten beschrieb: „Die Füchse haben ihre Höhlen und die Vögel ihre Nester; der Menschensohn aber hat keinen Ort, wo er sein Haupt hinlegen kann“ (Mt 8,20).

Diese totale Heimatlosigkeit schien ihnen der rechte Weg zur Kreuzesnachfolge. Dazu kam das Erlebnis des Martyriums Tausender von Christen unter den Verfolgungen vor allem des Kaisers Decius. Das Los des Martyrers wurde als das Ideal christlicher Zeugenschaft, als Höhepunkt verwirklichter christlicher Existenz, angesehen.

Die Eltern nahmen dem Kind die Heimat der Familie und gaben es in die Heimatlosigkeit des Klosters. Aber auch das Kloster kann Heimat werden: frei von irdischen Sorgen, eingebettet in eine gleichgestimmte Gemeinschaft, teilhaft aller Bildungsgüter des Glaubens und der Antike. Willibald hätte sich mit zwanzig Jahren frei entscheiden können für eine Rückkehr in die Welt oder für ein Verbleiben im Kloster. Er wählte einen dritten Weg. Er wollte sich auch der

Ersatzheimat des Klosters berauben und in die echte Heimatlosigkeit eines Pilgerlebens hinausgehen. Dies war damals eine andere und nicht immer leichtere Form des büßenden Eremitendaseins. Meist endete so eine jahrelange Pilgerfahrt auch in einer Einsiedelei oder in einem vergessenen Wüstenkloster des Orients. Die freigewählte Heimatlosigkeit in der Kreuzesnachfolge Christi, das war die von Willibald selbst getroffene Wahl.
Willibald gelang es sogar, seinen Vater und seinen Bruder Wynebald „für die unbekannten Wege der Pilgerschaft“ zu gewinnen.
Jahrhundertelang ging der Weg aller irischen und angelsächsischen Pilger zum Festland, nach Rom oder nach Jerusalem. Diesen Weg zog auch Willibald durch Frankreich nach Italien. In Lucca starb der Vater. Im November 720 erreichten die Brüder Rom. Die zweieinhalbjährige Station in Rom, wo sie in klösterlicher Gemeinschaft zusammenwohnten und nicht einmal bei schweren Krankheiten von ihren harten Bußübungen abließen, hat den späteren Lebensweg Willibalds entscheidend beeinflußt, als er sich vom Papst in die Pflicht nehmen und mit einer Sendung betrauen ließ, die gar nicht den eigenen Lebensplänen entsprach. Damals war Willibald noch nicht so weit. Zuerst drängte es ihn, die heiligen Stätten des Lebens und Sterbens des Herrn zu sehen. Um Ostern 723 brach er von Neapel aus auf zu einer abenteuerlichen Fahrt ins Heilige Land. Über Sizilien, vorbei an der Peloponnes, an Zypern, landete er in Ephesos, der größten Muttergotteswallfahrtsstätte des Ostreiches. Im Reich des Kalifen drohten den christlichen Pilgern viele Gefahren. So wurden Willibald und sein Gefährte als Spione verhaftet und von einem spanischen Adeligen, der im Dienst des Kalifen stand, freigekauft. Endlich, am Martinstag 723, erblickten sie von der Höhe des Ölbergs aus die Heilige Stadt Jerusalem. Was war dies für den gläubigen Christen nach monatelanger gefahrvoller Reise für ein Erlebnis! Es läßt sich heute für den im Düsenjet reisenden Menschen, der im Klubsessel in zweistündigem Flug vor den Toren Jerusalems landet, nicht mehr nachvollziehen. Drei Jahre lang zog Willibald als Pilger im Heiligen Land umher, von Stadt zu Stadt, von einem Ort der biblischen Überlieferung zum anderen, betend, büßend, betrachtend und vor allem schauend mit den Augen des Körpers und der Seele. Im Jordan, an der Stelle der Taufe Jesu, nahm er ein Bad, in Kana trank er aus einem Wasserkrug, den man als den Krug von der Hochzeit zu Kana ausgab; Weihnachten verbrachte er in Betlehem. Willibald war aber kein Tourist! Die ungeheuren Entbehrungen führten zu monatelangen schweren Erkrankungen; besonders hart traf ihn eine vorübergehende Erblindung. Er konnte nichts mehr sehen und mußte von seinen Gefährten geführt werden. Dieser Nachvollzug des Lebens Jesu an Ort und Stelle schenkte ihm einen Zugang zu Christus, der ihm zeitlebens erhalten blieb. In den unendlichen Entbehrungen, Strapazen und Bußübungen erlebte er seinen Kreuzweg.
Diesen wollte er zu Ende gehen in der völligen Anonymität, „im Ideal der Heimatlosigkeit um Christi Willen“ (A. Bauch), in einsamer Verlassenheit und

Vergessenheit irgendwo im Osten. Diesen Ort glaubte er als Christ des Westens in der Metropole des Ostens, in Konstantinopel, gefunden zu haben. Dort hauste er in einer Zelle, die mit der berühmten Apostelkirche durch ein Fenster verbunden war. Und doch verließ er nach zwei Jahren diese Klause wieder. Die Gründe können wir nur vermuten. Vielleicht war der Ort zu laut, die Einsamkeit nicht groß genug. Vielleicht vertrieb ihn auch der grausame Bilderstreit, der um diese Zeit das ganze Ostreich erschütterte, vielleicht fand er seine lateinisch geprägte Denk- und Betweise in der Ostkirche nicht. Kurz, er kehrte nach Italien zurück und wollte in einem italienischen Kloster Zuflucht suchen. Es war Monte Cassino, das damals allerdings gar nichts an sich hatte von der strahlenden Gottesstadt auf dem Berge, als die es sich später und auch heute darstellt. „Sie fanden dort niemand vor, außer wenigen Mönchen und einen Abt mit Namen Petronax", schreibt die Nonne Hugeburc. Daß es ihm ernst war mit dem endgültigen Rückzug aus der Welt, sehen wir aus den Diensten, die er, der hochgebildete und welterfahrene Mann, ausübte: das Amt des Mesners und des Pförtners.

739 wurde ihm aufgetragen, einen spanischen Priester nach Rom zu begleiten. Dort erreichte ihn die Stimme des Papstes Gregors III. Sie lenkte sein künftiges Leben in eine ganz neue Richtung.

Der Vetter Willibalds, Winfried – Bonifatius, hatte vom Papst den Auftrag erhalten, die Kirche in Deutschland zu organisieren, die römische Bischofsverfassung durchzusetzen und die Reste des Heidentums weiter zurückzudrängen. Der deutsche Sprachraum war weithin von irischen Mönchen missioniert worden. Diese aber kannten nicht die Einteilung in Diözesen. Die kirchliche Einheit war für sie das Kloster mit dem Abt an der Spitze. Der Bischof war ein Mönch des Klosters und dem Abt unterstellt. Daraus ergaben sich manche Spannungen mit festländischen Bischöfen. Bonifatius gelang es, die Reste der irischen Kirchenorganisation zu beseitigen und die Kirche in Deutschland organisatorisch, disziplinär und dogmatisch fest an die römische Kurie zu binden. Dies ist seine große und bleibende kirchengeschichtliche Leistung. Zu seiner Unterstützung erbat er sich vom Papst seinen Vetter Willibald. Für diesen aber war der Ruf des Papstes eine schwere Entscheidung. Sie veränderte sein Lebenskonzept von Grund auf. „Mit freundlich mahnenden Worten, bittend und befehlend" redete der Papst auf Willibald ein. Schließlich unterwarf sich der Mönch im klösterlichen Gehorsam dem Gebot des Papstes und nahm die Sendung an der Seite des Bonifatius nach Deutschland an. Wenn man seinen bisherigen Lebenslauf betrachtet, den er mit unglaublicher Konsequenz verfolgt hatte und den er jetzt radikal aufgeben mußte, dann kann man sein wörtlich überliefertes Adsum (hier bin ich) nur bewundern: „Nicht bloß dorthin, sondern überallhin an jeden Ort der Welt, wohin der Papst ihn zu schicken geruhe, wolle er in Ergebenheit, ohne lässigen Aufschub, aus freiem Willen entschlossen gehen."

Der heilige Willibald. ▷
Steinfigur von Loy Hering im Dom zu Eichstätt. Foto: Fuhrmann.

FIDES SPES
FORTITVDO

Im Alter von vierzig Jahren begann somit das zweite Leben Willibalds. Bonifatius sandte ihn nach Eichstätt. In dieser Gegend stießen drei bedeutende Stammesgebiete zusammen, das der Bayern, der Franken und der Schwaben. Es war eine Wetterecke der Politik; besonders die Auseinandersetzungen der Franken und der Bayern, die fast das ganze 8. Jahrhundert dauerten, ließen es geboten erscheinen, zwischen deren Gebiete eine Pufferzone in der Gestalt eines neutralen Bistums, eben des Bistums Eichstätt, zu legen. Und so weihte ihn Bonifatius 740 zum Priester und 741 zum Bischof. Allerdings zunächst zum Bischof von Erfurt, und erst als die Bedeutung von Eichstätt immer mehr hervortrat und die von Erfurt zurückfiel, wurde der Sitz des neuen Bistums endgültig nach Eichstätt gelegt.
Damit war der Mönch, der Pilger, der Eremit Willibald, Missionsbischof geworden. Dem Mönchsideal dieser Zeit entsprach aber auch dieses; denn die meisten Christen nördlich der Alpen hatten von Mönchen den Glauben empfangen. Mitten durch das neue Bistum Eichstätt lief eine Kultur- und Glaubensgrenze, der römische Limes. Innerhalb seines schützenden Walles hatte sich das Christentum trotz amtlicher Verfolgung durch die Soldaten und ihre Angehörigen verbreitet. Außerhalb gab es riesige Wälder mit spärlicher Besiedelung. Die Bevölkerung war heidnisch geblieben. Auch die drei Stammesgebiete waren recht unterschiedlich erschlossen. Besonders im bayerischen Bereich hatten irische und fränkische Mönche und Missionare seit langem vorgearbeitet und Christengemeinden gegründet. Der Zusammenhang mit Bayern erklärt auch das Auftreten langobardischer Spuren; denn die Verbindungen zwischen den Bayern und den Langobarden waren jahrhundertelang sehr eng. In Eichstätt selbst bestand bereits ein Gotteshaus, „eine Kirche der heiligen Maria". Der neue Missionsbischof hatte also Bestehendes zu hegen und zu festigen. Dazu bedurfte es vor allem eines sittlich hochstehenden, glaubenseifrigen Klerus. Für seine Heranbildung gründete Willibald in Eichstätt ein Kloster, sein Bruder Wynebald in Heidenheim, seine Schwester Walburga 761 ein Nonnenkloster. Diese Klöster sollten einheimischen Nachwuchs heranbilden. Dieser hatte es freilich nicht leicht, gehörten doch die meisten Kirchen den Grundherren, die Priester wurden von diesen angestellt und besoldet. Damit waren sie deren Untertanen, ihren Wünschen und Launen ausgesetzt. Darum ging es Willibald auch um die Errichtung von Kirchen des Bischofs, deren Priester er selbst ernennen und führen konnte. So wichtig der weltliche Schutz der Mächtigen damals war, ebenso wichtig war die Unabhängigkeit und Freiheit der Glaubensverkündigung und der kirchlichen Verwaltung. Die Leitung einer Diözese darf man sich für diese Zeit nicht nach heutigen Maßstäben vorstellen. Der Bischof war der erste Prediger seiner Diözese. Er war fast ständig unterwegs zu Pferd in die entlegensten Siedlungen. Er lehrte, taufte, strafte, schlichtete, kurz, er war der erste Seelsorger seiner Herde. Dabei rühmt sein Biograph, daß er ein schlichter, warmherziger, freundlicher Tröster der Bedrückten und Anwalt der

Schwachen und Armen geblieben sei. In mehr als 40 Jahren seiner Tätigkeit schuf er aus einzelnen christlichen Zellen eine Kirche mit einer einheitlichen Liturgie, mit einer festgelegten Glaubensunterweisung und mit einem Netz von Kirchen und Pfarrstellen. Damit wurde er im wahren Sinne der Gründer des Bistums Eichstätt, mit Recht bis heute sein Patron. Sein Bild als Priester und Hirte hat viele Jahrhunderte später 1514 durch Loy Hering eine künstlerisch einmalige Prägung erfahren. Die Statue gehört zu den wertvollsten Bildwerken der deutschen Kunst dieser Zeit. Sie ist ein würdiges Denkmal der grundlegenden Bedeutung des Heiligen für die Kirche von Eichstätt, aber auch für den Auf- und Ausbau der katholischen Kirche im deutschen Mittelalter.

Neben der geschuldeten dankbaren Verehrung der Gründerväter darf der Christ aber auch fragen: Was hat der heilige Willibald uns Christen von heute in unserer Glaubens- und Lebenssituation zu sagen? Sein Glaube war unser Glaube, sein Verhältnis zum Herrn kein anderes als unser Verhältnis. Sein Lebensziel war unser Ziel. Dann muß sich doch etwas ablesen lassen aus seinem Leben; denn Heiligkeit bedeutet ja: vorbildliche Verwirklichung christlicher Existenz in einer bestimmten Zeit durch eine bestimmte Persönlichkeit.

1. Willibald wählte, nachdem die Eltern ihm die erste Wahl abgenommen hatten, mit zwanzig Jahren bewußt und freiwillig die Nachfolge Christi in die irdische Heimatlosigkeit hinein. Er verließ die Wärme des heimischen Klosters und zog hinaus auf die Landstraßen als Pilger und Bettler, der buchstäblich nicht wußte, wo er am Abend das Haupt hinlegen und wovon er leben sollte. Damit hat er eine Lebenssituation bewußt realisiert, die so oder so für alle Menschen, damals und heute, unaufhebbar besteht, auch wenn wir sie nicht so sehen können oder wollen. Wir alle sind ohne Heimat auf Erden, auch wenn wir uns einhüllen in die irdischen Güter, auch wenn wir uns verkriechen hinter dem warmen Ofen unserer Heime, auch wenn wir das Herz ausfüllen mit immer neuen Annehmlichkeiten und glauben, damit unser Dasein sicherer zu machen. Ein Blick auf den unaufhaltsamen Gang unserer Natur zerstört alle Illusionen. Sollten wir aber nicht das, was von Natur aus nun einmal so ist, auch bejahen und in den Grundriß unseres Lebensplanes einzeichnen: Unsere Heimat ist ein Durchgangsquartier. Wir haben hier keine bleibende Stätte. Wir sind auf dem Weg, und jeder Weg nimmt ein Ende und hat ein Ziel. Bejahen wir den Weg, und suchen wir das Ziel. Es ist wie für Willibald die Geburtsgrotte in Betlehem und die Grabeskirche in Jerusalem. Aber im geistigen Sinne, nicht als Touristenziel. Die Heimatlosigkeit als Weg der Nachfolge Christi auf dieser Erde ist auch uns aufgegeben. Willibald hat diesen Weg bejaht und selbst gewählt. Aus dieser Bejahung erwächst auch uns Ankunft, Vollendung und Glück in der bleibenden Heimat.

2. Willibald hat auf Weisung des Papstes seine eigene Planung für sein Leben über den Haufen geworfen. Er hat getan, was ihm bis dahin überhaupt nicht erstrebenswert gewesen war. Er ging als Missionar nach Deutschland, statt als Klosterpförtner nach Monte Cassino. Auch wir werden von den Zwängen des Lebens, von unserer Umgebung, von den Gegebenheiten des Arbeitsmarkts oft in eine andere Richtung geführt als wir uns vorgestellt hatten. Machen wir aus der Not eine Tugend. Bejahen wir die Zwänge und Fügungen als Führung. Machen wir eigene Entscheidungen daraus, dann erwächst uns aus ihnen Kraft und Segen. Die heilige Gestalt des Bischofs Willibald ist damit aktuell für jeden unserer Tage. Er vermag ein Patron, d. h. ein Schutzherr, zu sein, nicht nur für eine historische Kirche, sondern für ein christlich angelegtes Leben in unserer, in jeder Zeit.

Wolfgang

geboren: um 924
gestorben: 31. Oktober 995
Fest: 31. Oktober

Was kann der Christ von heute mit einem Bischof, mit einem Heiligen anfangen, der wie Wolfgang 978 im Heer des Kaisers Otto II. gegen den König von Westfranken ins Feld zieht und zwei Jahre später nach Unteritalien, wo Otto eine schwere Niederlage erleidet, wo der Bischof von Augsburg auf dem Schlachtfeld bleibt und Wolfgang mit knapper Not dem gleichen Schicksal entgeht? Ist ein Bischof, der statt der Mitra den Helm und statt des Hirtenstabes das Schwert trägt, ein vorbildlicher Nachfolger Christi, also ein Heiliger?
Die Heiligkeit ist nicht ein Model, in den die Heiligen wie Zinnfiguren hineingegossen werden, einer wie der andere, alle nach einem einheitlichen Schema. Heilige sind Menschen. Sie können weder aus ihrer Haut noch aus ihrer Zeit heraus. Sie haben ihr eigenes Temperament, ihre Leidenschaften und persönlichen Eigenheiten, und sie leben in ihrer Zeit, mit ihren richtigen und falschen Ansichten über die Welt und auch über die beste Form, Gott zu dienen. Dafür kann man sie nicht verantwortlich machen. Mit der besonderen Gnade Gottes gelingt es ihnen aber, in ihrer ganz persönlichen Prägung und in den Lebensformen ihrer Zeit, christliche Existenz glaubwürdig zu vergegenwärtigen, ein Zeichen zu sein für die Anwesenheit Christi und für die Heiligkeit der Kirche. Die Kinder einer anderen Zeit müssen sich erst hineindenken in die Bedingungen, unter denen ein Heiliger gelebt hat, um ihn zu verstehen und seine beispielhafte Christusnachfolge zu erkennen.
Im frühen Mittelalter gab es keine Trennung in einen weltlich-staatlichen und einen christlich-kirchlichen Bereich. Das Reich wollte das Reich Gottes auf Erden sein. Dem Papst und dem Kaiser war gemeinsam die Sorge für sein Wohl und seine Ausbreitung anvertraut. Wie Mose wurde Karl der Große angesehen als Priester und König. Kraft seiner Stellung als König und später als Kaiser nahm er hohepriesterliche Aufgaben wahr. Er besetzte kirchliche Ämter, berief Konzilien ein und erließ Entscheidungen in Glaubens- und Sittenfragen mit rechtlich bindender Kraft. Dabei überwog je nach der Stärke und Kraft des Amtsträgers einmal der Einfluß des Kaisers und einmal der des Papstes. Die Bischöfe gehörten beiden Ordnungen an. Als Nachfolger der Apostel der kirchlichen, als Lehensträger und Fürsten der kaiserlichen.
Gerade Otto der Große (936–973) hat diesen für beide Teile nicht ungefährli-

chen Zustand noch verstärkt. Zunächst setzte er sein Regiment auf die Angehörigen seiner eigenen Familie. Als sein Sohn Liudolf sich mit mehreren Verwandten gegen ihn empörte, stützte er sich fortan auf die geistlichen Fürsten. Diese hatten keine Nachkommen und stellten keine Erbansprüche. Sie waren unabhängig und in aller Regel treu. Die meisten gingen aus der kaiserlichen Kanzlei hervor. Sie waren in vieljährigem kaiserlichen Dienst erprobt, gebildet und von der religiösen Würde des Herrschers durchdrungen. Die Bischöfe wurden durch reichliche Ausstattung mit Reichslehen und Grafschaften an den Kaiser gebunden. Wegen der Verbindung von weltlicher Herrschaft mit dem geistlichen Amt gewann der König auf diese Weise einen erheblichen Einfluß auf die Besetzung der Bistümer in Deutschland. Seit Kaiser Heinrich II. (1002–1024) war die Besetzung der Bischofsstühle durch den Kaiser durchweg üblich. Hierin lag der Keim zum späteren Kampf zwischen Kaiser und Papst, da die kirchlichen Belange von den politischen bei der Auswahl der Bischöfe in den Hintergrund gedrängt wurden. Natürlich hatten die Bischöfe als Reichsfürsten auch die Pflicht zur Heeresfolge. Sie mußten Soldaten stellen und an deren Spitze ins Feldlager ziehen. Auch dieser Dienst wurde durch die Reichtstheologie religiös begründet mit der Verteidigung und Ausbreitung des Glaubens. Wir urteilen anders darüber, aber wir sind nicht berechtigt, unsere Maßstäbe an die Christen des 10. Jahrhunderts anzulegen.
Die Nachrichten über das Leben des Bischofs Wolfgang sind dürftig. Das wenige, was wir sicher über ihn wissen, wurde im späteren Mittelalter, Jahrhunderte nach seinem Tod, überwuchert von einem blühenden Kranz von Legenden, die wohl ein Beweis für seine Verehrung, aber kein Zeugnis für sein Leben sein können.
Wolfgang war ein Schwabe. Mit ziemlicher Sicherheit ist er in Pfullingen als Kind freier, aber nicht besonders begüterter Eltern um das Jahr 924 geboren. Die Kunst des Lesens und Schreibens war im frühen Mittelalter ein Vorrecht der Geistlichen. Die Bischöfe unterhielten Domschulen zur Heranbildung des priesterlichen Nachwuchses, die Klöster waren Mittelpunkt jeder Kultur, von der Agrikultur bis zur Buchkultur. Begüterte Familien leisteten sich Hauskapläne als Hauslehrer. Ein solcher geistlicher Hauslehrer vermittelte Wolfgang die Anfangsgründe der Kulturtechniken.
Mit 10 Jahren hatte Wolfgang das Glück, in die wohl berühmteste Bildungsstätte seiner Zeit aufgenommen zu werden, in die Klosterschule der Benediktinerabtei der Reichenau im Bodensee. Noch heute bezeugen die wertvollsten Handschriften deutscher Bibliotheken, die in der ganzen damaligen Welt einzigartige Buchkunst, unverwechselbar in der theologischen Durchdringung wie in der künstlerischen Ausführung. Aus der Schule des Inselklosters gingen Bischöfe und Äbte des ganzen Reiches hervor. Wolfgang schloß dort eine Freundschaft, die für sein späteres Leben entscheidend sein sollte, nämlich mit dem Babenberger Heinrich, dem Bruder des Bischofs Poppo von Würzburg.

Als dieser Heinrich zu sich rief, folgte ihm sein Freund Wolfgang und setzte seine Ausbildung in der Domschule in Würzburg fort. Man rühmte dort seine herausragende Begabung, seinen vorbildlichen Fleiß und sein staunenswertes Gedächtnis. Obwohl er geistig seinem Freunde weit überlegen war, wurde dieser als Sproß einer angesehenen Adelsfamilie Erzbischof von Trier. Wolfgang folgte ihm auch diesmal vom Main an die Mosel. Heinrich vertraute ihm die Ausbildung des Klerus und die Verwaltung der Diözese als Kanzler an. Als „Regens des Priesterseminars" kam Wolfgang in Berührung mit der im Westen des Reiches (Cluny, Gorze, Verdun) aufbrechenden kirchlichen Reformbewegung. Das Gewicht in der Ehe zwischen geistlicher und weltlicher Macht war mit der Zeit immer mehr zugunsten der weltlichen Macht verschoben worden. Die Ungarneinfälle hatten zu den inneren Problemen der Kirche äußere Verwüstungen hinzugefügt. Aber die Glut christlichen Glaubens und Lebens war unter der Asche der Verwüstung bloß verborgen, nicht erloschen. Der Geist der Reform fachte sie zur auflodernden Flamme an, die in den nächsten Jahrhunderten viel weltliches Gepränge verbrannte. Wolfgang ließ sich von ihr begeistern und trug sie mit in seinen späteren Wirkungskreis im Ostteil des Reiches. Mittelpunkt der Reform im Bistum Trier war das Kloster St. Maximin, das sich Wolfgang für die spätere Reform des Klosters St. Emmeram in Regensburg zum Vorbild nahm und aus dem er wiederholt die Äbte für bayerische Klöster holte.
Die Freundschaft mit Erzbischof Heinrich war prägend für die erste Lebenshälfte des Bischofs Wolfgang. Sie endete jäh im Jahre 964, als Heinrich auf einer Romfahrt der Pest erlag. Vorher hatte er seinen Freund dem Wohlwollen und Schutz Kaiser Ottos des Großen empfohlen; denn der Reformeifer des Bischofs und seines Generalvikars hatten unter der verweltlichten Geistlichkeit und den verlotterten Mönchen nicht nur Begeisterung, sondern auch erbitterte Feindschaft ausgelöst. Der Kaiser hielt sein Wort und berief Wolfgang in seine kaiserliche Kanzlei. Diese war das Verwaltungs- und Regierungszentrum des Reiches, vergleichbar mit dem heutigen Bundeskanzleramt oder mit dem päpstlichen Staatssekretariat. Sie wurde geleitet vom Bruder des Kaisers, dem Erzbischof Bruno von Köln. Auch dieser fromme und hochgebildete Priester hatte sich der Reformbewegung angeschlossen. Er war der gute Geist des Kaisers und verkörperte die manchmal, wenn auch selten, gelungene Verbindung des treuen Kirchenmannes mit dem Politiker, der die Werke des Kaisers zum Wohle der Kirche und zur Mehrung des Reiches steuerte. Von ihm lernte Wolfgang die Kunst der Verwaltung, die Taktik der Politik und den Eifer für die Kirche, im Inneren und nach außen.
Die Mitglieder der kaiserlichen Kanzlei waren die bevorzugten Anwärter auf Bischofssitze und hohe Reichsämter. Aber wen Christus in seine Nähe, in seine engere Nachfolge beruft, dem gilt sein Wort: „Wer mein Jünger sein will, der verleugne sich selbst, nehme sein Kreuz auf sich und folge mir nach" (Mk 8,34). Wolfgang wäre nicht der Heilige, wenn er auf längere Zeit diesen Anruf

verdrängt hätte. Er folgte ihm, gab alles auf und wählte das damals strengste Kloster. Er wurde Mönch in Einsiedeln, das nicht so berühmt und weltoffen war wie die Reichenau. Auch im Kloster setzte er seine Lehrtätigkeit fort im Sinne der Benediktusregel „Bete und arbeite". Arbeit ist ja nicht nur die Zucht von Reben, sondern auch die Zucht von Buben. Ein häufiger Gast in Einsiedeln war der Bischof von Augsburg, der heilige Ulrich. Dieser hatte seine Ausbildung im benachbarten St. Gallen genossen und strebte zeit seines Lebens danach, dort selbst als Mönch einzutreten. Ulrich erteilte Wolfgang die Priesterweihe und ist vielleicht nicht ganz unbeteiligt an seinem Entschluß, die 955 auf dem Lechfeld bei Augsburg geschlagenen Ungarn zu missionieren. Von den Erfolgen dieser Missionsarbeit ist zwar nichts Genaues bekannt, doch heiratet im Todesjahr des heiligen Wolfgang 959 seine Schülerin Gisela, die Tochter des Bayernherzogs, den christlich gewordenen ungarischen König Stefan. Dieser Vorgang zeigt, daß das ungarische Volk in der Zeit zwischen 955 und 995 christlich geworden war. Die Ungarnmission gehörte zum Amtsbereich des Bischofs von Passau. Dieser schätzte anscheinend die Person und das Wirken Wolfgangs so, daß er ihn, als 972 der Bischof von Regensburg starb, dem Kaiser als dessen Nachfolger empfahl. Kaiser Otto II. stimmte in Vertretung seines Vaters diesem Vorschlag gern zu und erhob Wolfgang an Weihnachten 972 zum Bischof von Regensburg. Anfang Januar 973 empfing er aus der Hand des Erzbischof Friedrich von Salzburg die Bischofsweihe.

Der Mönch Otloh, der die erste Lebensbeschreibung Wolfgangs verfaßte, schreibt zu diesem Ereignis: „Die Mönchszelle mußte er verlassen, das Leben eines Mönchs aber gab er nicht auf." Der Geist, in dem Wolfgang sein Bistum leitete, man sollte besser sagen: seinem Bistum diente, war der Geist des heiligen Benedikt, sein Programm das „Bete-und-arbeite" der Mönchsregel. Er war ein bedeutender Reichsfürst geworden, vor ihm waren Königssöhne auf seinem Bischofsstuhl gesessen, er aber trug weiter seine Mönchskutte, er lebte wie bisher in seiner Zelle, er hielt die Gebetszeiten ein und pflegte die Armut. Eigentlich war er als Bischof gleichzeitig Abt des reichen und angesehenen Klosters St. Emmeram. Da die bischöflichen Pflichten eine dauernde oder nur häufige Anwesenheit im Konvent nicht gestatteten, erkannte er, daß ein solcher Abt für die Erneuerung des religiösen Geistes nicht gut sein konnte. Ohne zu zögern gab Wolfgang das Amt des Abtes ab, er holte aus der Abtei St. Maximin in Trier, wo er selbst in den Geist der Klosterreform eingeführt worden war, den Abt Ramwold. Dieser war zwar schon 70 Jahre alt, aber er ergriff energisch die Zügel des Klosters und hielt sie noch 25 Jahre und führte seinen Konvent zu einer großen geistlichen und geistigen Blüte. Von St. Emmeram aus drang die Klostererneuerung in die bedeutendsten bayerischen Klöster, nach Tegernsee, Niederalteich und Münsterschwarzach ein.

War schon der Verzicht auf die Einkünfte der reichen Abtei St. Emmeram ein Beweis für den selbstlosen Dienst des Bischofs, so erwies sich dieser noch

eindrucksvoller an einem zweiten, größeren Beispiel. Das Missionsgebiet Böhmen gehörte zur Diözese Regensburg. Der fromme Herzog Boleslav II., aber auch Kaiser Otto wollten in Prag ein eigenes Bistum errichten. Dazu mußte der Bischof von Regensburg seine Zustimmung geben. In allen bekannten anderen Fällen vergleichbarer Art haben sich die abgebenden Bischöfe auf das heftigste zur Wehr gesezt. Nicht so Wolfgang. Die Worte, mit denen er seine Zustimmung gab, sind überliefert: „Gern opfere ich mich und das Meinige auf, damit die Kirche dort erstarke und das Haus des Herrn festen Boden gewinne." Das Bistum Regensburg hatte unter großen Opfern in Böhmen den Samen des Christentums gesät. Nunmehr, da die Saat aufgegangen war und die Ernte heranreifte, verzichtete es und entließ die herangewachsene Tochter – mit Schmerzen wohl – aber voll Weitblick und Verständnis in die Selbständigkeit. Ein Fürst, der die Hälfte seines Gebietes freiwillig abtritt, muß entweder ein Schwächling oder ein wahrer Christ sein. Ein Schwächling war Wolfgang gewiß nicht, daß er ein Christ war, dafür hat er zeitlebens viele Beispiele gegeben.
Die Trennung der Ämter des Bischofs und des Abtes bekam beiden Einrichtungen gut, der Diözese und dem Kloster. Das Nebeneinander blieb stets ein fruchtbares Miteinander und wurde nie zu einem Gegeneinander, wie es in solchen Fällen leicht zu geschehen pflegt. Wolfgang war Benediktinermönch und blieb daher der größten Abtei seines Bistums geistig und geistlich eng verbunden. Unter den beiden Krummstäben, dem des Bischofs und dem des Abtes, war gut leben in Regensburg. Kunst und Wissenschaft blühten, die Erneuerung des Klosterlebens strahlte auf ganz Deutschland aus. Von weither holte man Bischöfe und Äbte aus St. Emmeram, so wurde Wolfgangs Vorzugsschüler Erzbischof von Magdeburg, der Mönch Boso Bischof von Merseburg, Balderich Bischof von Lüttich. Die Benediktinerklöster St. Peter in Salzburg, Benediktbeuern und Seeon holten sich Äbte, die Diözesen Hildesheim, Meißen und Köln Bischöfe von Regensburg. Aus St. Emmeram kam Wilhelm von Hirsau, mit dessen Namen eine mächtige Reformbewegung unter den deutschen Benediktinern verbunden ist. Schließlich – allerdings erst nach dem Tode Wolfgangs – holte sich die größte und bedeutendste Abtei der Christenheit – Cluny – den Mönch Ulrich als Abt nach Frankreich. Diese Berufungen zeigen das Ansehen und den Ruf Regensburgs im ganzen damaligen Abendland. Das Verdienst gebührt zuerst Bischof Wolfgang, dann aber auch dem von ihm berufenen Abt Rambold.
Der dritte Fürst in Regensburg war der Bayernherzog Heinrich der Zänker (951–995). Mit ihm hatte Bischof Wolfgang seine liebe Not. Er war ein Vetter des Kaisers Otto II. Dies hinderte ihn aber nicht, zusammen mit Bischof Abraham von Freising eine Verschwörung gegen den Kaiser anzuzetteln. Als die Verschwörung aufgedeckt wurde, entfachte der Herzog einen blutigen Aufstand. Bischof Wolfgang, der treu zum Kaiser hielt, mußte fliehen. Er begab sich auf die Besitzungen der Diözese am Abersee, das ist der heute nach ihm

benannte Wolfgangssee im Salzkammergut. Dort ordnete er die durch die Ungarneinfälle in Verwirrung geratenen kirchlichen Verhältnisse. Sein segensreiches Wirken verursachte noch Jahrhunderte nach seinem Tod eine gewaltige Wallfahrtsbewegung und eine üppige Legendenbildung, die schließlich das historische Bild des Regensburger Bischofs zugedeckt hat.
Wolfgang war als Reichsfürst dem Kaiser treu ergeben. Wir finden ihn im kaiserlichen Lager 978 bei einem Feldzug Ottos II. gegen König Lothar von Westfranken. Auch den unglücklichen Feldzug gegen die Sarazenen und Byzantiner nach Süditalien hat er mitgemacht – freilich im Mönchshabit – nicht in der Ritterrüstung wie sein Augsburger Mitbruder, der die Niederlage des Kaisers mit dem Leben bezahlte.
Als Otto II. 983 starb, war sein Sohn Otto III. ein Kind. Heinrich der Zänker beanspruchte als Mitglied der königlichen Familie die Vormundschaft, und als ihm diese verweigert wurde, da entführte er kurzerhand den vierjährigen Thronerben. Diesmal stand Wolfgang auf der Seite seines Herzogs. Die Bayern wehrten sich gegen die Regentschaft der Kaiserinmutter Theophanu, einer byzantinischen Prinzessin. Da aber die Fürsten des Reiches fürchteten, der Bayernherzog könnte mit dem Kind die Königskrone an sich reißen, zogen sie die Herrschaft der Mutter vor. Nach ihrem Tod 991 übernahm ein Regentschaftsrat unter der Führung der Großmutter des Kaisers, Adelheid, die Vormundschaft. Heinrich der Zänker hatte genug Unruhe gestiftet. Unter dem Einfluß Wolfgangs unterwarf er sich und erhielt sein Herzogtum Bayern zurück. Fortan beteiligte er sich eifrig am Reformwerk Wolfgangs. Er vertraute ihm seine Kinder zur Erziehung an. Unter ihnen seinen Sohn und Nachfolger Heinrich, der als Heinrich II. Kaiser und selbst ein großer Heiliger wurde; dann dessen Geschwister Bruno, den späteren Bischof von Augsburg, Brigitte, die spätere Äbtissin von Niedermünster in Regensburg und Gisela, die spätere Gemahlin des heiligen Königs Stefan von Ungarn. Sie alle haben ihrem Lehrer und Erzieher Ehre gemacht.
Adelige Damen, die nicht heiraten wollten oder konnten, traten in eines der beiden Damenstifte Obermünster und Niedermünster ein. Dabei stand oft mehr die Versorgung im Vordergrund als die Sehnsucht nach einem klösterlichen Leben. Bischof Wolfgang wollte auch diese Stifte im Geiste der Klosterreform erneuern. Aber gerade dieses Seelsorgsfeld erwies sich als steiniger Acker. Die adeligen Damen ließen sich in ihrem angenehmen Pensionärsdasein auch durch die Heiligkeit des Bischofs nicht stören. Wolfgang gründete daher ein neues Kloster „Mittelmünster“ und übergab es den Benediktinerinnen. Diese sollten in frommem Wettstreit und in geistlicher Verbundenheit mit den Benediktinermönchen von St. Emmeram den verweltlichten Damenstiften ein gutes Beispiel geben.
Besonders gefordert war Wolfgang als Bischof und als Landesherr im Hungerjahr 987. Er räumte die bischöflichen Kornkammern aus, er organisierte die

Verteilung und überzeugte sich selbst an Ort und Stelle, daß seine Hilfe auch da ankam, wo die Not am größten war. Unermüdlich war er unterwegs in der Diözese. Er wollte ihr erster Seelsorger sein. Die geistigen Verheerungen der Ungarneinfälle und der Bürgerkriegswirren waren ja nicht kleiner als die Zerstörungen der Häuser und Felder. Diese Reisen vollzogen sich unter den größten Strapazen in weglosem Land, sie zehrten die Gesundheit und Lebenskraft des Siebzigjährigen auf. Am 31. Oktober 995 starb er unterwegs auf einer Fahrt zu den Besitzungen der Diözese um Pöchlarn in einer Kapelle bei Linz. Unter riesiger Beteiligung des Volkes wurde der Leichnam in feierlichem Zug nach Regensburg gebracht und in der Kirche von St. Emmeram beigesetzt. Am 7. Oktober 1052 erhob Papst Leo IX. persönlich die Gebeine aus dem Grab auf den Altar. Dieser feierliche Akt ist gleichbedeutend mit einer Heiligsprechung. Sie fand statt im Beisein des Kaisers Heinrichs III., des Sohnes Heinrichs des Heiligen, den der heilige Wolfgang erzogen hatte.
Wolfgang war ein großer Bischof und ein tieffrommer Mönch. Er ragte unter den Kirchenfürsten seiner Zeit dadurch hervor, daß er in Amt und Gewand des Reichsfürsten ein Sohn des heiligen Benedikt geblieben ist. Er hat das Wort seines Biographen wahr gemacht: Er mußte die Mönchszelle verlassen, dem Geist des Mönchstums ist er nicht untreu geworden.
Lange nach seinem Tode – wir wissen nicht genau wie – entstand am heutigen Wolfgangsee eine lawinenartig zunehmende Verehrung des Heiligen, die zu einer der größten Wallfahrtsbewegungen des Mittelalters führte. Zunächst hatte man in der Filialkirche des Klosters Mondsee ein Bild des Heiligen aufgestellt. Bald waren zahlreiche Wundererzählungen in Umlauf. Die Gläubigen strömten zum Abersee. Die Legenden rankten sich um das Leben und Wirken Wolfgangs. Bald lebte im Bewußtsein der Gläubigen nicht mehr der wirkliche Bischof Wolfgang von Regensburg, sondern nur noch der Wundertäter vom Abersee, der den Teufel leibhaftig überwunden hatte und der in allen Nöten hilfreiche Fürbitte leistete. Als 1429 die alte Kirche niederbrannte, bauten die Äbte von Mondsee eine neue, die noch heute bestehende spätgotische Wallfahrtskirche. Im Mittelpunkt der wertvollen Ausstattung steht der Pacher-Altar mit Darstellungen aus dem legendären Leben des Heiligen. Erst die rationalistische Aufklärung hat den Strom der Wallfahrer gemindert, versiegt ist er bis heute nicht, auch wenn ihm heute andere Attraktionen des Ortes und der Gegend den Rang ablaufen. Dafür ist in Regensburg eine dauerhafte geschichtlich fundierte Verehrung des Heiligen entstanden, und die Diözese hat Wolfgang zu ihrem Hauptpatron erwählt. Sie ist dabei nicht auf Legenden angewiesen.

Heilige der Legende

Das Leben der Heiligen, die bisher behandelt wurden, liegt ganz oder zum Teil im Lichte der Geschichte. In der Kirche wurden aber seit ihrer frühesten Zeit auch Heilige verehrt, für deren Leben und Wirken geschichtliche Zeugnisse fehlen. Von manchen wissen wir, daß sie gelebt haben, aber nicht mehr. Von anderen erzählt nur die Legende. Nur? Unsere Zeit besteht auf nachweisbaren Tatsachen, sie glaubt nur an das, was sie sehen, messen, speichern kann. Und doch gibt es eine Wirklichkeit, die sich der feinsten elektronischen Waage entzieht. Dies ist die Wirklichkeit des Glaubens. Wenn wir Jesus einen Kameramann an die Seite hätten stellen können, damit er jede Minute seines irdischen Lebens hätte filmen können, so wären wir den Wahrheiten und Tatsachen des Glaubens um keinen einzigen Schritt näher gekommen. Das Denken und Betrachten gläubiger Menschen hat zwischen den Tatsachen des Glaubens und den geschichtlichen Tatsachen dieser Welt eine Wirklichkeit geschaffen, die beiden Bereichen zugehört: die Welt der heiligen Legende. In der Legende haben Glaube, Verehrung und Liebe Gestalten und Geschehnisse gefunden, die Glaubenswahrheiten, Tugenden, Sehnsüchte und Hoffnungen der Christen beispielhaft verkörpern. Diese sind wahr und sind nicht wahr. Sie sind wahr in einem höheren Sinn, in dem, was sie darstellen, was sie ausdrücken oder was sie bewirken wollen. Sie sind nicht wahr im Sinne der Geschichtswissenschaft, der Akten und Dokumente.

Wir müssen daher hinter jeder Legende den religiösen Sinn suchen, die Wahrheit, die eine legendäre Gestalt uns lehren, die Tugenden, zu der sie uns aneifern will. Dann werden wir von diesen Heiligen oft mehr Gewinn haben, als von der Identifizierung eines Fingerknochens oder der Auffindung eines Aktenbündels.

Legenden sind modern und beliebt. Aber „das echte Legendenlesen darf nicht nur eine ästhetische Schleckerei sein, eine Lust, wie die Freude an alten Möbeln oder exotischen Sehenswürdigkeiten" (W. Nigg).

Die Legende soll uns den Zugang zu den Wahrheiten des Glaubens erleichtern und unsere Bereitschaft wecken, uns zur Christusnachfolge begeistern zu lassen. In diesem Sinne wollen die Beschreibungen von Heiligen verstanden werden, die vielleicht geschichtlich *so* gar nicht gelebt haben, oder von denen wir nicht viel mehr wissen, als daß sie gelebt haben.

Apollonia

Fest: 9. Februar

Kaiser Decius hat nur zwei Jahre regiert, von 249 bis 251. Er war kein Römer, sondern ein Illyrer; trotzdem hatte er sich die Erneuerung des Römischen Reiches zum Ziel gesetzt. Ein Mittel der Erneuerung schien ihm in der Belebung der Staatsreligion zu sein. Dabei mußte er sehr bald mit dem aufblühenden Christentum in Konflikt geraten. In diesem sah der Kaiser die Hauptgefahr für den Fortbestand Roms. Der heilige Cyprian von Karthago berichtet, Decius habe die Wahlen des römischen Bischofs, d. h. eines Papstes, mehr gefürchtet als die Aufstellung eines Gegenkaisers. Daher beschloß er, das Übel des Christentums mit der Wurzel auszurotten. Er erließ Gesetze, wonach alle Bürger des Reiches sich an den öffentlichen Opfern zu beteiligen hätten. Über die Teilnahme sollten sie eine Bestätigung erhalten als Ausweis ihrer Staatstreue. Wer sich weigerte und wer sich gar als Christ bekannte, wurde schwer bestraft mit Kerker und Folter und in einzelnen Provinzen auch mit dem Tode. Viele Christen fielen damals vom Glauben ab. Viele versuchten, sich durch die Flucht zu retten, darunter auch Bischöfe. Später gab es einen großen Streit in der Kirche über ihre Wiederaufnahme. Viele aber blieben standhaft. Diese fügten der großen Schar der Martyrer, die seit zwei Jahrhunderten ihr Leben hingegeben hatten, neue Heilige hinzu.

Kaiser Nero hatte den Römern ihre Stadt über dem Kopf angezündet, um seiner krankhaften Baulust zu frönen. Als das Volk aufsässig wurde, schob er die Schuld den Christen zu; nicht anders machte es Decius, als in Ägypten um 250 eine Hungersnot ausbrach. Ägypten war immer die „Kornkammer“ Roms gewesen. Sein Getreideüberschuß ernährte das ganze Volk, ernährte auch Rom. Mißwirtschaft, Ausplünderung und Korruption der Regierenden brachten es fertig, daß in Alexandria die Menschen an Hunger starben. Auch hier wurde die Schuld den Christen zugeschoben, die Isispriester schürten eifrig mit, um sich der lästigen Konkurrenz zu entledigen. Sie ließen einen „Seher“ auftreten, der auf den Plätzen der Stadt großes Unheil prophezeite, wenn die Stadt sich nicht der Sekte der Christen entledige. In Zeiten der Not ist es nicht schwer, die Massen aufzuhetzen und bis zur Gewalttätigkeit zu entflammen. Sie stürmten die Häuser der Christen, zerschlugen die Einrichtung und schleppten Männer, Frauen und Kinder auf den Richtplatz; die Häuser wurden angezündet, der Qualm der brennenden Häuser verdunkelte den Himmel. Wie immer, wenn der Pöbel zum Pogrom gereizt wird, spielten sich unbeschreibliche Szenen

ab. Einem greisen Priester stießen die Rasenden mit spitzen Stöcken die Augen aus, dann erschlug man ihn mit einer eisernen Stange. Eine angesehene Christin wurde an den Füßen zum Tempel geschleift und mit Steinen totgeschlagen. Nur wenige konnten aus der Stadt fliehen, ihre Häuser und ihre Habe gingen in Flammen auf. Sogar Heiden entsetzten sich über den Einbruch der Barbarei und versuchten, aus humanitären Gründen den Verfolgungen Einhalt zu gebieten und die Verfolgten zu schützen.
Apollonia wird zwar auf den alten Bildern meist als schöne junge Frau dargestellt, aber nach dem Bericht des Eusebius war sie eine ältere unverheiratete Christin, die wegen ihrer Mildtätigkeit bei Christen und Heiden großes Ansehen genoß. Sie blieb ruhig in ihrem Haus, da sie sich sicher glaubte. Aber wenn der Pöbel rast, kennt er keine Grenzen, im Gegenteil, aus dem Unterbewußtsein seiner Schuld heraus wendet er sich besonders grausam gegen die eigenen Wohltäter. Als die wütende Menge an die Türe hämmerte, trat Apollonia ruhig und mutig heraus. Die Verwegensten überschritten ohne Bedenken die Achtung vor ihrer vornehmen Würde; sie schlugen ihr in das Gesicht, bis alle Zähne herausgebrochen waren und ihr Antlitz blutüberströmt zur Unkenntlichkeit verstümmelt war. Dann wurde auch sie zum Richtplatz gezerrt. Dort forderte man sie auf, ihrem Glauben abzuschwören und den Göttern zu opfern. Apollonia hielt den Richter einer Antwort für gar nicht würdig. Sie schwieg und wurde daraufhin noch mehr gequält und geschlagen. Um weiteren Folterungen zu entgehen, an deren Ende ohnehin der Tod in den Flammen stand, benützte sie einen unbewachten Augenblick und stürzte sich selbst in das vorbereitete Feuer. Ihr Freitod entfachte später in der Kirche eine heftige Diskussion; doch setzte sich die Verehrung der großen Wohltäterin und standhaften Blutzeugin durch. Die Geschichte ihres Martyriums hat gewiß auch legendenhafte Züge, doch ist der Kern durch einen Brief des Bischofs Dionysius von Alexandria an Bischof Fabian von Antiochia bezeugt und beglaubigt. Wegen der Art ihrer Folterung wurde Apollonia schon bald um Hilfe gegen Zahnschmerzen angerufen. In vielen Kirchen Deutschlands, Italiens und der nordischen Länder findet sich ihr Bild in den Kirchen. Die christlichen Zahnärzte der ganzen Welt verehren sie noch heute als ihre Patronin.

Barbara

Fest: 4. Dezember

Ein Heiliger hat in der Regel drei Leben: das erste wie alle Menschen in Fleisch und Blut auf dieser Erde, das zweite als Statue auf den Altären und im Herzen des gläubigen Volkes; das dritte bei Gott im Himmel. In der Regel wissen wir am meisten über das erste, das menschliche Leben. Hier gibt es Dokumente und Urkunden. Das zweite ruht einerseits auf dem ersten, andererseits auf dem dritten. Oft aber hat das zweite Leben seine Wurzel in sich selbst. Es werden Geschehnisse und Tugenden verehrt, die so im Leben des Heiligen nicht nachweisbar sind, ja es gibt eine Gruppe von Heiligen, nämlich unsere „Legendenheiligen", bei denen wir nicht wissen, ob sie überhaupt ein erstes Leben in Fleisch und Blut gelebt haben oder ob ihr zweites Leben aus dunklen Erinnerungen, frommen Phantasien, Nöten und erfahrener Hilfe allmählich entstanden ist. Die Verlegenheit des Historikers hat der Verehrung noch nie geschadet, im Gegenteil, sie kann sich um so besser ausbreiten, je weniger Tatsachen ihr entgegenstehen. Die Anliegen hinter den Formen der Verehrung aber sind echt, drängend und beständig. Nachdem die Verehrung der Heiligen eigentlich immer eine Verehrung Gottes, eine Bitte um *seine* Hilfe ist, ist die Persönlichkeit des Vermittlers von zweitrangiger Bedeutung. Darum braucht die Verehrung der heiligen Barbara nicht am historisch-kritischen Befund einzugehen.

Barbara war die bildschöne Tochter eines reichen, heidnischen Vaters mit Namen Dioskur. Er hütete Barbara als seinen kostbarsten Schatz wie seinen Augapfel. Wenn er verreiste, sperrte er sie in einen Turm, damit sie mit niemand zusammenkäme. Barbara aber war Christin geworden und ließ sich in dem schönen Bad, das der Vater in dem Turm hatte einbauen lassen, taufen. Sie wollte ihren Glauben nicht verschließen und verstecken wie ihr Vater seine Tochter. Sie wollte ihn vielmehr bekennen und aller Welt verkünden. Daher brachte sie auf der Schwelle das Zeichen des Kreuzes an, und zu den zwei Fenstern ihres Turmes ließ sie ein drittes herausbrechen, um so ein Symbol für die heiligste Dreifaltigkeit zu schaffen. Als ihr Vater von seiner Reise zurückkehrte, erkannte er, daß seine geliebte Tochter, trotzdem sie im Turm eingesperrt war, sich weit von ihm entfernt hatte. In seinem Zorn wollte er sie töten. Barbara aber gelang mit Hilfe des Himmels die Flucht. Ein Hirte verriet ihr Versteck. Der rasende Vater führte seine eigene Tochter dem Strafrichter vor und klagte sie als Christin an. Nicht jeden Tag bot sich diesem eine solche Gelegenheit, die Christen zu treffen. Daher ließ er sie von Stadt zu Stadt bringen und sie nackt auf dem Marktplatz den lüsternen Blicken der Menge aussetzen. Gott aber erhörte ihr Gebet und sandte Nebel und Wolken, sie zu

Die heilige Barbara. ▷
Bemalte Holzfigur um 1410–1415, Jugoslawien, Ptui, Pokrajinski.

bedecken. Schließlich verurteilte sie der Richter zum Tode durch Enthaupten. Der eigene verblendete Vater übernahm die Rolle des Scharfrichters. Die Strafe des Himmels folgte der Untat auf dem Fuße. Ein Blitz erschlug den Rabenvater und verbrannte seinen Leib zu Asche. Ein Christ namens Valerian bestattete Barbara und ihre Freundin Juliana. Ihr Grab wurde bald das Ziel von Wallfahrern, die die Blutzeugin ehren und ihre Fürbitte erflehen wollten.
Obwohl es dieses erste Leben der heiligen Barbara geschichtlich identifizierbar nicht gegeben hat, erblühte das zweite, das Leben der Verehrung der Gläubigen, über den ganzen Erdkreis hin und durch alle Jahrhunderte hindurch. „Reliquien" der Heiligen werden verehrt von Rußland bis nach Spanien, von Armenien bis nach Irland. In Konstantinopel wie in Rom, in Venedig wie in Kairo soll Barbara bestattet sein. Der König von Aragon verhandelte mit dem türkischen Sultan über die Herausgabe des Leichnams und wollte sich die Aushändigung der Gebeine viel kosten lassen. In Deutschland wurde Barbara besonders im Rheinland und im Ruhrgebiet verehrt. Die Frauen und Mädchen, die im Laufe der Jahrhunderte ihren Namen getragen haben, ergeben nach ihrer Zahl die Bevölkerung eines großen Landes.
Auch viele Stände und Berufe haben sich gerade diese Heilige zur Patronin erwählt. Sie gehört zur Schar der vierzehn Nothelfer und wird besonders angerufen gegen einen „jähen und unversehenen Tod". Da Gott selbst ihren Tod durch den Blitz auf ihren Vater gerächt hat, wurde sie als Schutzheilige gegen Blitz und Unwetter verehrt. Mit Blitz und Ungewitter läßt sich das Knallen des Schießpulvers vergleichen; daher wurde Barbara auch die Patronin der Landsknechte und später der Artillerie. Auch unter Tage in den Bergwerken gibt es „schlagende Wetter", das sind Explosionen. Daher verehren die Bergleute Sankta Barbara als die geliebte Schutzheilige. Nicht umsonst war das Ruhrgebiet ein Zentrum ihrer Verehrung.
Losgelöst von ihrem religiösen Untergrund hat sich die Sitte erhalten, am Fest der Heiligen, am 4. Dezember, Blütenzweige, die Barbarazweige, im Garten abzuschneiden und in das warme Zimmer zu stellen, damit sie zum Weihnachtsfest erblühen. Ursprünglich war das Aufblühen dieser Zweige eine Erinnerung an die Reinheit und Gottesliebe des Mädchens, das um dieser Liebe willen vom Vater getötet wurde. Mag auch ihre Geschichte in den Einzelheiten sich so nicht abgespielt haben, so wurden doch in den dreihundertjährigen Christenverfolgungen viele junge Frauen zu Blutzeugen ihres Glaubens und oft auch ihrer fraulichen Ehre wegen. Ihre Verdichtung in einzelnen mit Namen überlieferten Gestalten bietet die Möglichkeit, nicht abstrakte Tugend zu verehren, sondern Menschen, die diese Tugenden durchs Leben getragen haben. Die heilige Barbara ist ein Symbol und ein Programm, das nicht veraltet ist, auch wenn ihre Verehrung in den letzten Jahrzehnten zurückgegangen ist. Nach dieser Zeit wird eine neue sie wieder entdecken und ihr zweites Leben der Verehrung erneuern.

Brigitte

geboren: um 453
gestorben: 1. Februar 523
Fest: 1. Februar

Irland ist das Land der Sagen, Märchen und Legenden. Fast jede historische Gestalt der frühen Zeit wurde mit einem Kranz von Legenden umgeben, die einen großen Zauber und poetischen Liebreiz ausstrahlen. Bei religiösen Stoffen und Gestalten kommt noch eine tiefgläubige Innigkeit hinzu, so daß die irischen Heiligenerzählungen wie ein tiefer Brunnen seit Urzeiten das klare Wasser des Glaubens, der Hoffnung und der Liebe bewahren und spenden.
Vielleicht die anziehendste dieser Legenden ist die Geschichte der heiligen Brigitte von Kildare. Geschichtlich weiß man von ihr nicht viel. Sie wurde um das Jahr 453 zu Fochart (heute Fangher, Nordirland) geboren. 467 wurde sie Nonne und gründete das Kloster Kildare, westlich von Dublin. Ihre Frömmigkeit war geprägt von überströmender Wohltätigkeit und Nächstenliebe. Sie starb am 1. Februar 523. Soweit die dürren geschichtlichen Daten.
Das Leben der heiligen Brigitte war durch Jahrhunderte hindurch ein besonders beliebtes Thema aller Formen irischer Dichtung, in Gedichtform und Prosa, in gälischer, altenglischer und mittelhochdeutscher Sprache. Im Mittelalter verbreitete sich ihre Verehrung über ganz Europa, und noch heute tragen viele Mädchen und Frauen in Deutschland ihren Namen. Die Legende weiß mehr. Sie hat, wie so oft, die Lücken der Geschichte aufgefüllt und damit erst den dürren Daten Leben und Farbe geschenkt.
Das Mädchen Brigitte machte ihrem Vater, einem Edelmann und Freund des Königs Dublach, viel Kummer. Es schenkte alles her, was ihm unter die Finger kam, zuerst ihre Puppen, später die Speisen im Vorratsschrank, das Silbergerät in der Küche, ja sogar das reich verzierte Schwert des Vaters, ein Geschenk des Königs. Mit vierzehn Jahren war sie das schönste Mädchen auf der irischen Insel, von vielen angesehenen jungen Männern zur Gemahlin begehrt. Sie aber wollte nicht: Vater, zwingt mich nicht! Laßt mich nach Usuy zum Bischof, um den Schleier zu nehmen. Der Vater aber wollte sie in die Obhut und Aufsicht eines liebenden Wächters geben. Er schickte nach dem Edelmann, der ihm für seine Tochter der beste zu sein schien, und befahl, alles für die Hochzeit herzurichten. Sie aber bat Gott, ihre Schönheit wegzunehmen, um den jungen Mann abzuschrecken. Als dieser sie am anderen Morgen sah, fuhr er entsetzt zurück. Ihre Schönheit war dahin, ihr Haar matt und stumpf, ihre Haut voll

Falten und Runzeln, die tiefen blauen Augen trieften. Sie flehte ihn an, sie nicht zur Heirat zu zwingen. Dies ließ sich der junge Mann nicht zweimal sagen, fluchtartig verließ er das unheimliche Haus, denn so hatte er Brigitte nicht in der Erinnerung gehabt. Nun ließ der Vater die entstellte Tochter ziehen. Sie begab sich mit drei anderen Jungfrauen zum Bischof von Usuy und ließ sich als Braut Christi einkleiden. Als ihre trockenen Lippen das dürre Holz des Altars berührten, kehrte die alte Kraft und Schönheit zurück, und die Braut Christi war schöner als jemals zuvor. Dann machte sich Brigitte mit ihren Gefährtinnen auf die Suche nach einem geeigneten Platz für ein Kloster. Sie fanden eine riesige Eiche, in deren Schutz sie ihre Klause bauten. Sie nannten sie Kil-Dara, d. h. Eichenkloster. Bald sprach sich die Schönheit und Mildtätigkeit der Nonnen in der ganzen Gegend herum. Ihr Mund gibt das Brot mit einem süßen Lächeln, und kein Brot schmeckt so köstlich wie dieses. Es gibt nichts Reineres als Brigitte. Dieser Ruf verbreitete sich in ganz Irland. Er zog nicht nur Bettler in Scharen an, sondern auch viele junge Mädchen, die mit Brigitte ihr Leben verbringen wollten. Sie alle wurden von Brigitte in Weiß gekleidet, so daß die grüne Wiese wie mit einer Engelschar bevölkert aussah. Eine Hütte reihte sich an die andere, so daß schließlich eine ganze Klosterstadt entstand, die Stadt Kil-Dara. Aber auch Mönche wollten sich in ihrer Nähe niederlassen, und so erbaute Brigitte eine dreigeteilte Kirche, einen Teil für die Nonnen, einen Teil für die Mönche und einen dritten Teil für das gläubige Volk. St. Coulaeth wurde Bischof von Kil-Dara und Vorsteher des Mönchsklosters.
Brigitte war eine sehr willensstarke Frau. Als der König einen Bauern einsperrte und zum Tode verurteilte, weil dieser seinen zahmen Wolf erschlagen hatte, führte Brigitte ihm einen anderen Wolf aus dem Walde zu, der ihr wie ein Lamm nachlief. Sie forderte die Freilassung des Verurteilten, und der „König gab den Mann frei, weil er wußte, daß es sinnlos war, Brigitte von einem Vorhaben abzubringen. Alles zwischen Himmel und Erde, vom König bis zur Sonne, beugten sich vor ihr."
Von den zahlreichen Legenden ist vielleicht die vom Dienst der Sonne die schönste. Eines Tages wurde Brigitte von einem Regenschauer durchnäßt. In ihrer Zelle breitete sie ihren nassen Mantel so aus, daß ein Sonnenstrahl, der durchs Fenster kam, darauffiel. Brigitte hielt ihn in der Eile für eine Holzstange, die zum Wäscheaufhängen diente. Der Sonnenstrahl war glücklich, den Mantel der Heiligen tragen und trocknen zu dürfen. Die Heilige aber ging wieder an ihre Arbeit und dachte nicht mehr an den Mantel. Als die Sonne sich aus dem Fenster zurückzog, um unterzugehen, da bat der Sonnenstrahl um Befreiung von seiner Aufgabe, da er mit der Sonne weiterziehen müsse. Brigitte kam und befreite den Sonnenstrahl, damit er seiner Herrin, der Sonne, folgen konnte.
Eines Abends saß Brigitte mit ihren Gefährtinnen im Abendlicht der Sonne. Neben ihr saß die blinde Dara. Die Frauen sprachen von der Schönheit der

Sonne und der Liebe Gottes. Die Sonne ging hinter dem Wicklowgebirge unter. Sie vergoldete die Höhen und ließ ihr Licht in die Täler fließen. Der Tau glänzte golden unter ihren Strahlen. Zu spät bemerkte Brigitte, daß Dara von all diesen Herrlichkeiten der Schöpfung ausgeschlossen war. Sie betete still und berührte die toten Augen der Gefährtin. Da öffnete diese ihre Augen und sah. Nach einer Weile jedoch sagte sie: „Mutter, schließe meine Augen wieder. Denn ich kann Gott nicht sehen, wenn meine Augen auf die Welt schauen!" Da sprach Brigitte ein zweites Gebet, und die Augen der Mitschwester schlossen sich wieder für diese Welt auf immer. Diese aber war glücklich und dankte Gott.
Daran dachte Brigitte, als das Licht der Sonne für ihre eigenen Augen nachließ und zu verlöschen begann. Sie starb im Glauben, daß ihr eine neue Sonne aufgehen werde, tausendmal schöner als das Morgenlicht und das Abendrot, als silberner Tau und blühende Bäume, die Sonne der Seligkeit bei Gott.
Über Jahrhunderte hinweg rühren uns Duft und Zauber der Reinheit an, der Reinheit des Körpers, aber mehr noch der Reinheit des Geistes, der völligen Hingabe an eine selbstlose Liebe, des sich Wegschenkens an Güter und Werte, für die man nichts gewinnt auf dieser Erde. Wie das verlorene Paradies, das nur im Märchen zu schauen ist, mag es der kalten, vom Marktwert jedes Gedankens besessenen Welt vorkommen. Das Paradies wäre schon noch da, so wirklich wie zur Zeit der heiligen Brigitte, wenn nur die Menschen die Augen schließen würden, um es zu sehen.

Cäcilia

Fest: 22. November

Kaum ein Besucher der Basilika Santa Cecilia im Stadtteil Trastevere in Rom betrachtet ohne innere Bewegung die Marmorstatue des Mädchens unter dem Hochaltar, das daliegt, wie das Schwert des Henkers es gefällt hat. In dieser Stellung soll man die Tote gefunden haben, als 1599 der Sarg geöffnet wurde. Der große Künstler Maderna hat nicht nur die Plastik geschaffen, er hat mit ihr der Verehrung einer Heiligen Gestalt und Grundlage gegeben, für die der Historiker sich vergebens um geschichtliche Nachweise bemüht.

Nach der Legende stammte Cäcilia aus dem vornehmen altrömischen Geschlecht der Cäcilier; mit dem Liebreiz der Jugend vereinigte sie die Reinheit des Herzens und die Begeisterung für den christlichen Glauben. Als Zeichen dieses Glaubens trug sie ständig ein Blatt des Evangeliums bei sich. Sie war entschlossen, sich ganz, mit Leib und Seele, in die Nachfolge des Herrn einzubringen. Doch wollte sie sich nicht gegen ihre Eltern stellen, als diese nach der Sitte der Zeit unter den vornehmen und reichen Römern einen Bräutigam für sie auswählten. In der Hochzeitsnacht vertraute sie sich ihrem Gatten an und versuchte, ihn für ein gemeinsames Leben der ungeteilten Gottesliebe zu gewinnen. Ein Engel Gottes sei ständig bei ihr und bewache die Reinheit ihrer Seele und ihres Leibes. Er werde ihn sehen, wenn er ihre Lebensentscheidung zu der seinigen mache. Valerian, so hieß der Bräutigam, ging darauf ein. Er begab sich zur Via Appia; dort traf er den Papst Urban und ließ sich von ihm taufen. Als er zu seiner Braut zurückkehrte, sah er den Engel. Dieser setzte ihnen zwei Kronen auf, eine aus Lilien, die andere aus Rosen, die eine zum Zeichen der Jungfräulichkeit, die andere als Symbol des Martyriums. Auch der Bruder Valerians bekehrte sich zu der in den Augen der vornehmen Römer tief verachteten Sekte der Christen und ließ sich von Papst Urban gleichfalls taufen. Sie halfen von da an den christlichen Mitbrüdern, wo sie konnten. Sie stärkten die Verzagten, unterstützten die Verurteilten und bestatteten die Toten. Als Christen erkannt, wurden sie selbst verhaftet und dem Präfekten Turcius Amalchius vorgeführt. Sie lehnten das Opfer vor dem Bild des Kaisers ab und wurden zum Tode verurteilt. Um angesichts ihrer vornehmen Herkunft Aufsehen zu vermeiden und um eine Verfügung über ihr großes Vermögen unmöglich zu machen, sollte die Hinrichtung unverzüglich stattfinden. Zuvor jedoch bekehrten die Verurteilten und Cäcilia durch ihren Mut und ihren Glauben das ganze Hinrichtungskommando. „Nur Mut, ihr Soldaten Christi! Legt ab die Waffen der Finsternis, und ergreift dafür die Waffen des Lichtes!“ rief ihnen Cäcilia zu.

Die heilige Cäcilia. ▷
Gemälde von Bartholomäus Zeitblom (1450–1520),
Bayerische Staatsgemäldesammlung.

Nach dem Tode ihres Gatten und seiner Freunde stand Cäcilia selbst vor dem Richter. Ihr Auftreten, ihre Verteidigung und ihr mutiges Bekenntnis bekehrten viele der Zuhörer im Gerichtssaal. Sie wurde wie ihr Gatte zum Tode verurteilt. Doch gewährte ihr der Richter aus Mitleid einen Aufschub von drei Tagen. In dieser Zeit verteilte sie ihr ganzes Vermögen. Was sie hatte, gab sie den Armen, ihr Wohnhaus schenkte sie der Kirche. Die Behörde konnte sich eine öffentliche Hinrichtung der ebenso schönen wie geachteten jungen Frau nicht leisten. Daher sollte sie im überheizten Bad ihres Hauses erstickt werden. Dies gelang jedoch nicht. Selbst nach drei Hieben mit dem Schwert des Scharfrichters lebte sie noch, bis sie in den Armen ihrer Freunde verblutete.
Unter der Titelkirche der Heiligen wird noch heute das Wohnhaus der Cäcilier gezeigt mit dem Bad, in dem sie ihr Blutzeugnis geleistet hat. Allerdings gibt es für diese Stätte wie für ihr ganzes Leben keine urkundlichen Beweise. Die Nachrichten, die auf uns gekommen sind, stammen aus Quellen, die erst Jahrhunderte nach ihrem Tode schriftlich niedergelegt wurden. Am Ende des Mittelalters wurde die heilige Cäcilia unter die vierzehn Nothelfer aufgenommen. Seit dieser Zeit wird sie auch als Patronin der Kirchenmusik verehrt.
Über der Gestalt der heiligen Cäcilia liegt der Zauber der Reinheit, der ungebrochenen Begeisterungsfähigkeit und der selbstvergessenen Hingabe an das Höchste, an das Absolute, an Gott und die Person Jesu Christi.
Es gibt Zeiten – wir leben in einer solchen –, die für Reinheit, Unschuld und Jungfräulichkeit nicht viel Verständnis haben. Trotzdem spürt der junge Mensch gerade in diesen Zeiten eine uneingestandene Sehnsucht nach der Begegnung mit einem reinen Menschen. Dies bestätigen viele Umfragen unter Jugendlichen. Den Wert der Bewahrung und der Hingabe für höchste Ziele, den Verzicht auf kurzfristigen Konsum des Lebens und der Liebe verlachen viele, nur weil sie sich nicht zutrauen, ihn selbst zu verwirklichen. Der Blick auf eine Gestalt wie Cäcilia könnte der geheimen Sehnsucht vieler zum Durchbruch verhelfen – auch in unserer Zeit. Ein Leben der großherzigen Entscheidung ist reicher und glücklicher, als alle Angebote derzeit zu bieten vermögen. Cäcilia ist eine Heilige für heute, für die Jugend – die geheime Liebe für alle, denen ihr bisheriges Leben zum Hals heraushängt.

Christophorus

Fest: 24. Juli

Offerus war ein Riese aus dem Lande Kanaan. Er war groß wie ein Kirchturm und stark wie ein Bär. Da es ihm in der Heimat für seine Kräfte und seinen Tatendrang zu eng war, entschloß er sich, in die Welt hinauszuziehen und seine Dienste dem mächtigsten Herrn der Erde anzubieten. Er befragte die Menschen, wen sie für den Mächtigsten hielten. Diese sagten: Der König hat alle Macht und Gewalt im Lande. Da trat Offerus in den Dienst des Königs und verrichtete unverdrossen alle schweren Arbeiten. Eines Tages kam ein fahrender Sänger an den Königshof. Der trug seine Lieder dem König und dem ganzen Hofstaat vor. Auch Offerus hörte zu. Ein Lied handelte von den Taten und Untaten des Teufels. Offerus bemerkte Furcht in den Zügen des Königs, sobald der Name des Bösen genannt wurde. Da erkundigte er sich nach dem Grund für die Furcht des Königs. Man sagte ihm, der König fürchte die Macht des Teufels; denn dieser könne ihm Schaden an Leib und Seele zufügen. Da erkannte Offerus, daß der Teufel wohl ein mächtigerer Herr sei als der König. Er kündigte seinen Dienst beim König auf und trat in den Dienst des Teufels. Er zog mit ihm aus, um den Guten zu schaden und den Ungerechten zum Sieg ihrer Sache zu verhelfen. Eines Tages kamen sie an einem Feldkreuz vorbei. Der Teufel duckte sich und wollte auf der Rückseite des Kreuzes vorbeigehen. Offerus sah, daß er Angst hatte. Als Offerus ihn nach dem Grund für diese Angst fragte, wollte der Teufel ausweichen. Endlich aber bekannte er: Dieses Zeichen des Kreuzes ist ein Zeichen des Sieges über mich. Es ist das Zeichen des allerhöchsten Herrn Jesus Christus. „So bin ich wieder nicht beim allerhöchsten und mächtigsten Herrn", dachte Offerus, verließ den Teufel und begab sich auf die Suche nach diesem Jesus Christus. Auf seiner Suche kam er zu einem Einsiedler und fragte ihn nach dem Weg zu dem Herrn Jesus Christus. Der Einsiedler sagte ihm: Du mußt viel fasten und beten, dann wirst du den Herrn finden. Aber das Fasten, das Stillesitzen und das Beten war nicht das Richtige für den Riesen. Er wollte seine Kräfte gebrauchen, nicht abtöten. Daher ging er wieder zum Einsiedler und bat ihn, ihm einen anderen Weg zu zeigen. Der Einsiedler zeigte ihm einen reißenden Fluß, über den keine Brücke führte. Laß dich an diesem Flusse nieder und trage die Reisenden von einem Ufer zum anderen, dann dienst du dem höchsten Herrn Jesus Christus. Dieser Rat gefiel Offerus, und so baute er sich eine Hütte am Fluß und war Tag und Nacht bereit, auf den Ruf der Menschen, die von einem Ufer zum anderen wollten, in den

Fluß zu steigen, die Menschen auf seine Schultern zu nehmen und gestützt auf einen starken Baumstamm wohlbehalten ans andere Ufer zu tragen. Eines Nachts, als Offerus sich bereits zur Ruhe gelegt hatte, hörte er eine feine Stimme: „Offerus, hol über!" Er stand auf und ging zum Fluß, fand aber niemand. Als er sich wieder niedergelegt hatte, hörte er zum zweiten Mal dieselbe Stimme: „Offerus, hol über!" Unverdrossen stand er wieder auf, doch ging er auch diesmal umsonst zum Wasser. Beim dritten Mal erblickte Offerus ein Kind, das bat: „Setz mich an das andere Ufer über!" Ohne Murren nahm er das Kind auf seine mächtigen Schultern und stieg in die reißende Flut. Als er zur Mitte des Flusses kam, stiegen die Wasser immer höher, und das Kind auf seiner Schulter wurde schwerer und schwerer. Mit Mühe konnte sich der Riese aufrecht und über Wasser halten. Er bekam Angst, in den reißenden Fluten unterzugehen. Mit letzter Kraft erreichte er das rettende Ufer. Er setzte das Kind ab und sagte: „Du bist schwerer gewesen als alles, was ich bisher getragen habe. Ich dachte, ich hätte die ganze Welt auf meiner Schulter." Da sagte das Kind: „Du hast nicht nur die ganze Welt auf deiner Schulter getragen, sondern den, der die ganze Welt erschaffen hat. Wisse, ich bin Christus, der König, dem du dienst, und zum Zeichen dafür stecke deinen Stab in die Erde; er wird grünen und Frucht tragen." Dann verschwand das Kind, und Offerus war wieder allein. Offerus pflanzte seinen Stab vor der Hütte in die Erde, und am nächsten Morgen trug er Blätter und Früchte des Palmbaumes. Da wußte Offerus, daß es wirklich der höchste und mächtigste Herr war, dem er nun diente. Er freute sich, verließ seine Hütte und zog in die Welt hinaus, um die Macht seines Herrn zu verkünden, bis der Tod seinem Pilgerleben ein Ende setzte. Damit endet die ursprüngliche Legende vom Riesen Offerus, der sich von dem Tag an, da er das Christuskind auf seiner Schulter getragen hatte, Christophorus, das heißt Christusträger, nannte.

Im Laufe der Zeit wurde diese Legende weiter ausgesponnen. Der Riese Christophorus kam auf seiner Pilgerfahrt in ein Land, in dem die Christen verfolgt wurden. Er tröstete die Verfolgten und betete mit ihnen. Dafür mußte er vor dem Richter erscheinen. Dieser schlug ihm ins Gesicht. Christophorus war nahe daran, seine Kraft zu gebrauchen und zurückzuschlagen, da dachte er an das Kind auf seiner Schulter: wäre ich nicht ein Christ, so wollte ich dich zermalmen. Dann stieß er seinen Stab in die Erde und sah, daß er grünte vor den Augen des Volkes, und viele bekehrten sich. Darauf schickte der König seine Krieger aus, um ihn gefangenzunehmen. Christophorus ließ sich freiwillig fesseln und ging mit ihnen. Der König forderte ihn auf, den Götzen zu opfern. Christophorus aber weigerte sich. Da schickte man ihm zwei Dirnen in das Gefängnis, die ihn verführen sollten. Christophorus aber bekehrte sie, und die Wachen fanden sie alle drei im Gebet vereint. Dies erregte den Zorn des Königs. Er ließ Christophorus zur Hinrichtung führen. Die Soldaten sollten ihn mit ihren Pfeilen langsam töten. Der König wollte zusehen und sich an dem

Der heilige Christophorus. ▷
Gefirnißte Tempera auf mit Leinwand überzogenem Eichenholz von Konrad Witz (1400–1444/46), Kunstmuseum Basel.

Schauspiel erfreuen. Die Soldaten schossen mit Pfeilen, aber die Pfeile blieben in der Luft stecken, nur einer verirrte sich und traf in das Auge des Königs. Christophorus sagte dem König, sein Blut werde ihm Heilung bringen. Darauf ließ ihn der König enthaupten. Das Blut des Martyrers brachte dem König das Augenlicht zurück.
Die Gestalt des Christophorus ist ein Symbol für ein Leben im Dienste des höchsten Herrn Jesus Christus. Jeder gesunde, vor allem jeder junge Mensch, will seine Zeit und Kraft für jemand einsetzen, den er verehrt und liebt; er strebt nach Zielen, die hochgesteckt sind. Der Preis soll den Einsatz wert sein. Dabei täuscht sich der junge Mensch oft bei der Beurteilung des Wertes der Güter, die er für die höchsten hält. Erst allmählich, nach Irrwegen und Irrtümern reift seine Erkenntnis und sein Urteil. Er merkt, daß über den Gütern des Teufels Vergänglichkeit, Enttäuschung und Lüge brüten, und er wendet sich ab. Dann entscheidet sich sein Schicksal daran, ob er den Weg zum Höchsten und Mächtigsten findet und sich entschließt, ihm zu folgen. Der Dienst für Christus besteht im Hinübertragen der Dinge dieses Lebens von einem Ufer zum anderen. Personen, die uns begegnen, Probleme, die man uns auflädt, alles will getragen sein durch das reißende Wasser im Strom des Lebens, im Jagen nach irdischem Glück, nach Geld und Gut, im Sumpf von Leidenschaften und Begierden. Das andere Ufer, das ist das Ziel des Lebens, die Seligkeit.
„Es gibt ernste Dinge, für die es sich aufzuopfern lohnt, und das größte von allem ist, ein Christusträger zu werden, selbst wenn die Wasser schäumen und die Wogen über dem Kopf zusammenschlagen. Wahrhaft, es ist eine unabsehbare und vordringliche Leistung, das ewige Christuskind durchs Leben zu tragen ... Die Legende von Christophorus bedeutet die schwerste Bestimmung, die einem Menschen auferlegt werden kann. Sie schließt eine solche Last in sich, daß niemand imstande ist, sie auf sich zu nehmen, es sei denn, daß ihn die erschreckende, alles umkehrende Vision durchzuckt hat, daß er längstens zuvor und allzeit in seiner menschlichen Schwachheit von Christus durchs Leben getragen wird“ (W. Nigg).

Dorothea

Fest: 6. Februar

Der Name Dorothea kommt aus dem Griechischen. Er ist zusammengesetzt aus den beiden Wörtern: Theos = Gott und Doron = Geschenk. Die Übersetzung „Gottes Geschenk“ oder „Gott schenkt“ hat zur Ausbildung einer besonders liebenswerten Legende geführt.

In der Verfolgung des Kaisers Diokletian (um 305) wurde eine anmutige junge Frau dem Richter vorgeführt. Sie war als Christin angezeigt worden und hatte, falls sie ihr „Staatsverbrechen“ zugab, mit der Höchststrafe, dem Tod, zu rechnen. Das Gerichtsprotokoll führte der junge Theophilos (auf deutsch: Gottes Freund oder Gott liebt dich). Es war eine langweilige Verhandlung. Ein Christ nach dem anderen wurde herangeführt. Jeder antwortete auf die Frage des Richters, ob er ein Christ sei, mit einem einfachen und eindeutigen „Ja“. Ebenso auf die zweite Frage, ob er bereit sei, vor dem Bild des Kaisers das vorgeschriebene Opfer zu leisten, mit einem ebenso eindeutigen „Nein“. Daraufhin leierte der Richter den gewohnten Urteilsspruch herab: Verurteilt zum Tod durch das Schwert für römische Bürger, durch den Galgen für Angeklagte, die nicht das römische Bürgerrecht besaßen. Da wurde eine bildschöne junge Frau hereingeführt. Sie strahlte eine natürliche Frische und Unberührtheit aus. Der junge Gerichtsschreiber Theophilos wurde hellwach, der Liebreiz des Mädchens hatte ihn angerührt. Er hatte Mitleid mit ihrer jungen Unschuld und wünschte, daß sie dem Henker entrinne. Auch der Richter wich vom Schema der üblichen Vernehmung ab. Als sie die Frage, ob sie Christin sei, mit ja und die Frage, ob sie opfern wolle, mit nein beantwortet hatte, fügte der Richter die Frage hinzu: „Ja, fürchtest du dich denn nicht vor dem Tode?“ Dorothea antwortete: „Warum sollte ich den Tod fürchten? Er vereinigt mich mit dem, den ich liebe, mit meinem Herrn Jesus Christus. Meiner wartet das Paradies bei Gott.“ Da mischte sich der Gerichtsschreiber Theophilos unüblich und in ungehöriger Weise in das Verhör ein und sagte: „Dorothea, denke an die Blumen und die Früchte, an die Bäche und an die Wiesen, an das Meer und die Berge hier auf der Erde. Suche das Paradies nicht im Himmel, hier auf der Erde ist das Paradies.“ Dorothea erwiderte: „Theophilos, die Gärten des Paradieses sind schöner; kein irdischer Garten kann ihnen gleichen. Die Pflanzen glänzen wie Gold und Silber, die Rosen verwelken nie; ich sehne mich nach dem Garten des Paradieses.“ Ärgerlich schloß Theophilos die Zwischenszene ab mit der leicht hingeworfenen Bemerkung: „Dann schicke mir ein paar von den Äpfeln des

Paradieses, wenn du dahin kommst, und ein paar Rosen kannst du auch beifügen!"
„Das will ich, Theophilos!" sagte Dorothea. Dann fällte der Richter das Urteil: Tod durch das Schwert! Und das Mädchen wurde zur Vollstreckung weggeführt.
Theophilos beendete seinen ungeliebten Dienst und vergnügte sich im Kreise seiner Freunde bei einem Gastmahl. Dort erzählten sie sich Witze und heitere Begebenheiten des Tages. Theophilos sagte: „Was ist das schon! Mir ist heute ein Wunder versprochen worden! Ich warte auf Äpfel und Rosen aus dem Paradies, die mir eine verurteilte Christin versprochen hat, wenn sie nach ihrem Tode im Paradies ankommt." Noch hatte er nicht ausgesprochen, da trat ein Engel in die Runde der fröhlichen Zecher. In seinen Händen hielt er drei Äpfel und drei Rosen, wie sie auf Erden noch nie gesehen wurden. „Dorothea sendet dir diese", sagte der Engel und verschwand. Am nächsten Tag nahmen die Gerichtsverhandlungen ihren gewohnten Fortgang: Frage, Antwort, Urteil, Hinrichtung.
„Wer ist der Nächste?" fragte der Richter. „Theophilos, der Gerichtsschreiber", war die Antwort. Der Richter glaubte an einen schlechten Scherz und brummte unwillig: „Laßt solche Scherze, dafür ist die Situation zu ernst." Schließlich aber mußte er zur Kenntnis nehmen, daß Theophilos sich selbst als Christ bekannt hatte. Das Geschick des Mädchens Dorothea hatte ihn umgeworfen. Was blieb dem Richter anderes übrig, als ihn nach dem Gesetz zu behandeln und, da er standhaft blieb, dem Schwert des Henkers zu überantworten. So gelangte Theophilos einen Tag nach Dorothea ins Paradies, von dem er einen Tag zuvor noch so wenig gehalten hatte.
Unsere Zeit ist ängstlich geworden bei der Vorstellung und Auslegung der Freuden und Schönheiten des Paradieses. So zurückhaltend, daß viele sich gar nichts mehr darunter vorstellen und damit sich auch nicht mehr darauf freuen können. Ein frommer Dogmatikprofessor sagte vor kurzem, als er an einem schönen Sommerabend vor seinem Haus saß, umgeben von den Blumen seines Gartens und in die Tiefen des Waldes blickte: „Wenn ich wüßte, daß es die Schönheit, die Ruhe und das Glück dieses Abends im Himmel nicht gibt, ich möchte nicht hinein." Man könnte es auch theologisch ausdrücken: Gott ist *die* Schönheit, *das* Glück, *die* Freude. Bei ihm zu sein, das schließt alles ein, was wir hier auf Erden an Schönem, Gutem erleben können und unendlich viel mehr so wie das Wasser, das wir im Eimer aus dem Meer schöpfen, Teil, Probe, Verheißung auf die Unendlichkeit der Meereswogen ist. Die Legende der heiligen Dorothea sollte in ihrem tiefen, beglückenden Gehalt wieder in das Bewußtsein der Christenheit gehoben werden.

Die heilige Dorothea. ▷
Anfang des 15. Jahrhunderts, Frankreich, Paris, Musée du Louvre. Foto: Archiv.

Florian

gestorben: 304
Fest: 4. Mai

Es gibt kaum eine Barockkirche, in der nicht auf einem Altar eine Statue des heiligen Florian steht. Sein Gewand ist die Rüstung des römischen Legionssoldaten; in der Hand hält er eine Kanne, aus der er Wasser auf ein brennendes Haus herabgießt. In der Zeit, als die Häuser aus Holz gebaut waren und als man in Stall und Scheune mit offenem Licht umging, brauchten die Menschen einen starken Schutzheiligen gegen die Feuersgefahr. Seit dem vierzehnten Jahrhundert wurde Florian als Schutzpatron gegen Brandgefahren verehrt. Sein Leben lag damals schon tausend Jahre zurück.

Kaiser Diokletian versuchte, in den letzten Jahren seiner Regierung das Römische Reich zu reformieren und in seinem alten Glanz wieder herzustellen. Dazu gehörte für ihn auch die Wiederbelebung der Verehrung der alten Götter. Zwar glaubte kaum noch jemand an diese Götter, aber ihr Kult war Teil der Staatsrepräsentation, ihre Opfer das Bekenntnis der Loyalität gegenüber Kaiser und Reich. Die Verweigerung dieses Bekenntnisses war gleichbedeutend mit Hochverrat und damit ein todeswürdiges Verbrechen. Trotz wiederholter grausamer Verfolgungen waren die Christen allmählich in alle wichtigen Ämter des Staates und des Heeres eingedrungen. Sie waren treue Diener des Staates und gute Soldaten. Aber sie lehnten es ab, den heidnischen Göttern Opfer darzubringen, da sie nur ein Opfer gelten ließen, das Kreuzesopfer Jesu Christi und seine Vergegenwärtigung in der Eucharistie. Diokletian sah in dem Vordringen des christlichen Glaubens eine Gefahr für sein Reformwerk, ja für den Bestand des Römischen Reiches. Daher wollte er in einem großen Gewaltakt versuchen, die Sekte der Christen mit Feuer und Schwert auszurotten. Von 303 bis 305, wenige Jahre vor dem endgültigen Sieg des Christentums unter Konstantin (313), entfesselte er die blutigste Christenverfolgung seit dem Bestehen der Kirche.

Ohne Rücksicht auf Verdienste, auf Amt und Rang wurde jeder, der als Christ denunziert wurde, angeklagt, und wenn er sich weigerte, den Göttern zu opfern, zum Tode verurteilt. Besonders hochgestellte Christen wurden öffentlich grausam hingerichtet, um die einfachen Leute in Furcht und Schrecken zu versetzen und zur Aufgabe des Glaubens zu bringen.

Um 303 wurde in Lorch an der Enns auf Befehl des Statthalters der Provinz Noricum eine Gruppe von vierzig Christen festgenommen. Darunter waren auch Offiziere und Beamte der Provinzialverwaltung. Als der Chef der Provinzverwaltung, Florian, in St. Pölten davon hörte, eilte er unverzüglich nach Lorch. Er war selbst Christ. Daher wollte er seinen Glaubensbrüdern beistehen. Er suchte das Gefängnis auf und bestärkte die Gefangenen im Glauben und in der Bereitschaft, für diesen Glauben den Tod auf sich zu nehmen. Natürlich kam auf diese Weise zutage – soweit dies nicht schon vorher bekannt war –, daß der höchste Beamte der Provinz selbst ein Christ war. Florian wurde verhaftet und vor das Gericht des Staathalters gestellt. Dieser verlangte von ihm den Beweis seiner Staatstreue in der Form des Opfers vor dem Bilde des Kaisers oder der Staatsgötter. An Staatstreue hatte es Florian gewiß nicht fehlen lassen, aber ihre Bekundung durch ein heidnisches Opfer mußte er als Christ ablehnen. Nach der Legende wurde er gefoltert. Dabei zerbrach ihm ein Folterknecht das Schulterblatt. Das Todesurteil lautete: Tod durch Ertränken. Er wurde gefesselt und mit einem Stein beschwert in die reißende Enns gestoßen. Der Soldat, der ihm den Stoß versetzte, soll auf der Stelle erblindet sein. Der Statthalter wußte um die Verehrung der Reliquien der hingerichteten Christen. Daher wählte er diese Todesart in der Erwartung, daß die Fluten der Enns den Leichnam nie wieder herausgeben würden.

Aber Florian erschien einer Witwe im Traum und zeigte ihr die Stelle, wo die Fluten seinen Leichnam ans Ufer gespült hatten. Die Witwe Valeria barg den Leichnam und versteckte ihn unter Laub. Bei Nacht holte sie ihn mit einem Ochsengespann und wollte ihn an der Stelle beisetzen, an der sie ein Zeichen des Himmels erhalten würde. Die Tiere blieben da stehen und waren nicht mehr von der Stelle zu bewegen, wo sich heute über dem Grab des Heiligen das mächtige Stift Sankt Florian erhebt.

Die Lebensbeschreibung des heiligen Florian stammt aus dem 7. Jahrhundert. Seine Verehrung ist jedoch viel älter. Sie ist der Beweis dafür, daß das Christentum im Ennstal schon in der Römerzeit festen Fuß gefaßt hatte und daß es in den Stürmen der Völkerwanderung nicht untergegangen war. Sonst wäre mit ihm auch das Andenken seiner Heiligenach das Andenken seiner Heiligen verschwunden.

Neuen Auftrieb hat die historische Forschung über das Leben des heiligen Florian durch die von 1960 bis 1966 durchgeführten Ausgrabungen in Lorch erhalten. Unter der Laurentiuskirche wurden Überreste eines heidnischen Tempels gefunden, der nach dem Sieg des Christentums in eine Kirche umgewandelt wurde. Dieser Tempel befand sich in der Mitte der römischen Stadt Lauriacum (Lorch). Die Kirche wurde zwar wiederholt umgebaut und erweitert, aber ihr Standort blieb derselbe, von der Römerzeit bis heute. Im Jahre 1900 hatte man bei der Öffnung des Hochaltars einen kleinen römischen Steinsarg gefunden, der mit Gebeinen von ca. vierzig Personen gefüllt war. Diese Gebeine wurden 1962 wissenschaftlich untersucht und als Überreste von mindestens 31 Personen, davon 29 Männern, festgestellt, die in der Zeit vom 4. bis 6. Jahrhundert gelebt hatten. Der Steinsarg war bereits Bestandteil des ersten Altars aus dem

4. Jahrhundert gewesen. Nach der Übung der Kirche wurden die Gebeine der Martyrer im oder unter dem Altar beigesetzt. Noch heute darf das Meßopfer nur auf einem Altar gefeiert werden, in dem Reliquien von Heiligen eingelassen sind. Ob es sich um Gebeine der vierzig Gefährten des heiligen Florian handelt, läßt sich wissenschaftlich nicht beweisen. Aber die Hinweise sind so gewichtig, daß sie kaum eine andere Erklärung zulassen. Damit erhält die Florianslegende beinahe eine tragfähige historische Grundlage.
Die Verehrung des Heiligen hielt das ganze Mittelalter hindurch an. In Österreich und in Bayern entstanden mehrere Kirchen, die den heiligen Florian zum Kirchenpatron erwählten. Besonders in der Barockzeit blühte die Verehrung Sankt Florians in diesen Ländern auf. Als Schutzheiliger gegen Feuersgefahr wurde Florian geradezu ein Modeheiliger des 17. und 18. Jahrhunderts. Ursprünglich wurde er dargestellt als Soldat mit Rüstung, Helm, Fahne und Schwert. Seit dem Ende des 15. Jahrhunderts gab man ihm einen Wasserkübel in die Hand, aus dem er Löschwasser auf ein brennendes Haus gießt. Die Feuerwehrleute und die Kaminfeger haben ihn deswegen zum Standespatron erwählt.
Wenn man sich neu mit diesem ältesten Heiligen der Alpenländer beschäftigen will, dann könnte ein anderer Aspekt seiner Legende in den Vordergrund gestellt werden. Florian war der höchste Beamte der Provinz, nur dem Statthalter und dem Kaiser in Rom unterstellt. Als seine Glaubensbrüder eingekerkert wurden, überlegte und zögerte er nicht, er eilte unverzüglich zu ihnen ins Gefängnis. Natürlich wußte er, daß er sich damit als Christ öffentlich bekannte. Er nahm keine Rücksicht auf seine hohe Stellung. Vor die Entscheidung gestellt, handelte er nach dem Grundsatz: Man muß Gott mehr gehorchen als den Menschen! Nicht Opportunität, nicht kluge Taktik, sondern das mutige Bekenntnis zu den Werten, die über der Beamtenloyalität stehen, machen ihn zum Patron von Verantwortungsträgern, die mit einem christlichen Gewissen im Dienst eines weltlichen Staates stehen. Diese Haltung läßt sich nicht in das Reich der Legende verweisen, sie ist stets aktuell und gefordert, in den Zwängen der modernen Staatsverwaltung mehr denn je.

Georg

Fest: 23. April

Die Stadt Silena in Libyen wurde von einem Drachen schwer bedroht. Das Ungeheuer hauste in einer Höhle vor der Stadt. Jeden Tag erschien es vor ihren Toren. Sein Anblick verstörte die erschreckten Einwohner. Statt gegen ihn zu kämpfen, gingen sie auf seine Forderungen ein und warfen ihm jeden Tag zwei Schafe zum Fraße vor. Als die Schafe in der Stadt immer weniger wurden, mußten statt der zwei Schafe täglich ein Mensch und ein Schaf geopfert werden. Der König erließ ein Gesetz, wonach täglich gelost werden sollte, und wen das Los traf, der sollte dem Drachen zugeführt werden. Die Angst ging um in der Stadt, und das Wehklagen der Familien, die das Los getroffen hatte, erfüllte die Straßen. Da traf das Los auf die einzige Tochter des Königs. Dieser geriet außer sich vor Schrecken und Trauer. Er wollte das Gesetz ändern und die Mitglieder der Königsfamilie von der Teilnahme an der Auslosung ausnehmen. Dem aber widersprach die eigene Tochter, die das Los getroffen hatte. Das mutige Mädchen wollte das Los aller teilen. Es erklärte sich bereit, sich zu opfern wie die Ausgelosten vor ihr. Unter den Blicken der ganzen Stadt durchschritt sie das Tor und ging dem Ungeheuer entgegen. Sie setzte sich auf einen Stein, beweinte ihr trauriges Los und bedachte ihren bevorstehenden Tod. Da kam der Ritter Georg des Weges. Er wollte zur Stadt reiten. Als er das Mädchen so allein dasitzen sah, stieg er vom Pferd, trat zu ihm und fragte: „Warum sitzt du so mutterseelenallein da und weinst?“ Das Mädchen sagte: „Flieht, Herr Ritter, sonst seid ihr mit mir verloren. Ich bin durch das Los bestimmt zum Opfer für den Drachen, gleich wird er erscheinen und mich fortschleppen. Geht und rettet euch!“ Diese Worte rührten an seine ritterliche Ehre. Er sagte: „Kind, sei ohne Furcht, ich will dir helfen im Namen Christi.“

Da näherte sich der Drache mit Fauchen und Schnauben. Er wollte sich auf das Mädchen stürzen. Ritter Georg aber trat ihm entgegen und griff ihn an mit Schwert und Lanze. Lange Zeit wogte der Kampf hin und her, mehrmals schienen die Kräfte des Ritters zu erlahmen. Schließlich aber gelang es ihm, dem Ungeheuer seine Lanze in den Rachen zu stoßen und ihn unschädlich zu machen. Georg forderte das Mädchen auf, dem schwer getroffenen Ungeheuer seinen Gürtel um den Hals zu legen. Darauf ließ dieses sich wie ein Hündlein in die Stadt führen. Georg verkündete vor dem König und allem Volk: „Nicht durch eigene Kraft habe ich den Drachen besiegt, sondern durch die Kraft des allmächtigen Herrn Jesus Christus. Bekehrt euch zu ihm, laßt euch taufen, denn so werdet auch ihr einen Drachen töten und euch auf immer von ihm befreien.“ Dann tötete Georg den Drachen und verließ die Stadt, um weiterzuziehen.

In einer anderen Stadt tobte die Christenverfolgung unter dem römischen Kaiser Diokletian. Georg stärkte den Glauben der Furchtsamen und trat mutig den heidnischen Richtern entgegen. Er wurde ergriffen und gefoltert. In der folgenden Nacht erschien ihm der Herr und heilte ihn. Darauf wollte man ihn mit Gift töten. Er trank den Becher, aber das Gift schadete ihm nicht. Sogar die Königin Alexandria war tief beeindruckt von dem heldenhaften Zeugnis des ritterlichen Blutzeugen. Sie bekehrte sich und begehrte die Taufe. Dies steigerte die Wut des Königs in das Grenzenlose. Er ließ seine eigene Gemahlin an den Haaren aufhängen, geißeln und schließlich hinrichten. Dann wurde Georg auf königlichen Befehl durch die Stadt geschleift und öffentlich durch das Schwert hingerichtet. Von da an begann seine Verehrung in der ganzen Christenheit bis zum heutigen Tag.
In ihrer ersten Hälfte ist diese Legende eine schöne Geschichte vom tapferen Ritter, der die holde Königstochter vor dem Drachen rettet. Nur hätte dann der Schluß lauten müssen: Und der König gab seine Tochter dem Ritter zur Frau, und sie lebten glücklich und zufrieden, und wenn sie nicht gestorben sind, dann leben sie noch heute! Stattdessen wird der stolze Ritter gefangen, gefoltert und enthauptet. Also kein Happy-End! Das Leben des Christen hat seine Erfüllung nicht auf dieser Welt. Das Lebensziel des Menschen Jesus war der Galgen, das Kreuz. Und denen, die ihm nachfolgen, ergeht es nicht viel besser, besonders zu der Zeit, als diese Legende entstand, zur Zeit der großen Christenverfolgung unter Diokletian, als Tausende ihren Glauben mit dem Tode besiegelten. Das irdische Scheitern des Christen ist nicht Ausnahme und Unfall, sondern Normalfall. Das muß jeder wissen, der sich ernsthaft auf Christus einläßt. Auch heute noch!
Das Bild des Ritters in blanker Rüstung, hoch zu Roß, die Jungfrau, unschuldig und schutzbedürftig, dazu der Drache, häßlich, bösartig und bedrohlich, diese Zusammenstellung hat die Kunst aller Jahrhunderte beflügelt. Es gab bis in unser Jahrhundert kaum eine Kirche ohne ein Bild oder eine Plastik des heiligen Georg. Viele Jahrhunderte lang hat St. Georg die ritterliche Jugend begeistert. Mit seinem Bild auf der Fahne zogen die Kreuzritter ins Heilige Land. Noch in unserem Jahrhundert sah die katholische Pfadfinderjugend im Ritter St. Georg den Helden ohne Furcht und Tadel. Dieses Ideal christlichen Kämpfertums hat in unserer Zeit des schrecklichen Mißbrauchs des Heldentums viel von seinem Glanz verloren. Sie schätzt die Nüchternheit, das Understatement, gleichsam den Straßenanzug statt der Rüstung. Aber auf diese äußeren Dinge kommt es nicht an. Heldentum ist keineswegs an Schwert und Rüstung gebunden. Die Tapferkeit des Christen ist das mutige Bekenntnis, das Eintreten für Schwache und Benachteiligte, die Zurückstellung eigener Interessen. Dieses Heldentum ist nicht abhängig vom Gewand, es ziert den Christen in Blue-Jeans genauso wie in der Ritterrüstung. Darum ist auch die Legende vom heiligen Georg nicht veraltet, so lange Christentum mit Tapferkeit und Begeisterung gelebt wird.

Der heilige Georg. ▷
Ikone der Nowgoroder Schule, spätes 14. Jahrhundert. Russisches Museum, Leningrad. Foto: Archiv.

Helena

geboren: um 255
gestorben: 330
Fest: 18. August

Helena war die Mutter des Kaisers Konstantin des Großen, der die Verfolgung der Christen beendete und das Christentum zur Staatsreligion des Römischen Reiches machte. Sie stammte von armen Eltern im kleinasiatischen Bithynien. 327 wurde ihr Geburtsort nach ihr in Helenopolis umbenannt. Als die Eltern starben, mußte Helena für sich selbst sorgen. Sie verdingte sich als Kellnerin in einem Gasthaus, in dem auch römische Soldaten verkehrten. Dort lernte sie den Tribun Konstantius Chlorus kennen. Er nahm sie als seine Konkubine mit, als er von Kleinasien zu einem Truppenteil in Britannien versetzt wurde. Konstantius machte zuerst eine militärische und dann eine politische Karriere. Dabei war ihm Helena im Wege. Er verstieß sie und heiratete die Tochter des Kaisers Maximianus, die ihm den Weg zum Thron ebnete. Den Sohn Konstantin, den ihm Helena geboren hatte, nahm er zu sich und erzog ihn zu einem tüchtigen Soldaten. Nach dem Tode des Vaters wählten ihn die Truppen zu seinem Nachfolger. Als erste Amtshandlung erhob Konstantin seine verstoßene und gedemütigte Mutter in den Rang der Augusta, d. h. der Kaiserinmutter. 312 besiegte Konstantin unter der Fahne des Kreuzes seinen Mitregenten Maxentius an der Milvischen Brücke in Rom und wurde Alleinherrscher über das ganze Römische Reich in Ost und West.

Konstantin beendete die Verfolgung, förderte die christliche Religion, ließ viele Kirche bauen, aber taufen ließ er sich erst auf dem Sterbebett, da man nach damaliger Auffassung die Taufgnade unversehrt bewahren wollte bis zum Tode. Seine Mutter Helena war schon vorher Christin gewesen. Vielleicht hat sie die Entscheidung ihres Sohnes für die Anerkennung des Christentums beeinflußt. Sie hielt sich allerdings meistens nicht am kaiserlichen Hofe auf. Das Getriebe dort war ihr zu laut. Sie hatte viel mitgemacht, sie kannte die Eitelkeit und die Intrigen der Höflinge und hielt sich fern von ihnen. Sie liebte die Stille und verbrachte ihre späteren Jahre in klösterlicher Zurückgezogenheit. Konstantin war damals kein Heiliger. Jähes Urteil und Gewalttat war ihm nicht fremd. So hatte er seinen Sohn Crispus aus erster Ehe umbringen lassen. Dasselbe Los bereitete er seiner zweiten Gemahlin, als er sie in den Armen eines Sklaven angetroffen hatte. Durch diese Zerrüttung seiner engsten Familie geriet der Kaiser in tiefe Niedergeschlagenheit und Zerknirschung. Da eilte seine Mutter Helena an den Hof und half ihrem Sohn, sein Unrecht zu erkennen und zu sühnen. Einen Teil dieser Sühne wollte Helena selbst leisten durch eine Wallfahrt zum Heiligen Grab nach Jerusalem. Dort faßte sie den Plan, nach dem Kreuz des Herrn zu suchen. Ein jüdischer Knabe Simon, dessen einer Arm gelähmt war, führte sie zu dem Hügel, auf dem Kaiser Hadrian einen Venustempel hatte errichten lassen. Dieser wollte damit hier ebenso wie in Betlehem die Spuren des Lebens Jesu austilgen und die Verehrung der Christen durch den heidnischen Götterkult überlagern.

Die Legende erzählt, daß Helena dreihundert Soldaten angefordert habe. Sie selbst überwachte zusammen mit dem Bischof von Jerusalem die Grabungsarbeiten. Diese wurden nicht einmal bei Nacht unterbrochen. Plötzlich, mitten in der Nacht, riefen die Soldaten, die am tiefsten Punkt in der Grube standen: „Holz! Holz! Holz!“ Die Soldaten gruben drei gut erhaltene Kreuze aus, dazu einen Pergamentstreifen mit Bruchstücken der Inschrift in hebräischer, griechischer und lateinischer Sprache, die Pilatus über dem Kreuz hatte anbringen lassen. Welches war nun das Kreuz Jesu Christi? Helena berührte mit allen drei Kreuzen den lahmen Arm des Knaben Simon. Auf einmal durchzuckte es diesen wie damals, als ein Blitzschlag den Arm gelähmt hatte. Sein Arm war gesund. Das wahre Kreuz war durch ein Wunder beglaubigt. Helena brachte das heilige Kreuz nach Rom und errichtete für seine Aufbewahrung die Kirche Santa Croce in Gerusalemme. In Konstantinopel, der neuen Kaiserresidenz, ließ sie die noch heute bestehende hochberühmte Kirche zu den Heiligen Aposteln und in Betlehem die Geburtskirche errichten. Nach Trier, wo ihr Sohn aufgewachsen war und wo sie selbst wohl längere Zeit gelebt hatte, ließ sie die Reliquien des Apostels Matthias und den heiligen Rock bringen, der noch heute dort gezeigt und verehrt wird.

Kaiserin Helena starb 330 in Nikomedia. Ihre Reliquien ruhten zuerst in Rom. Später wurden sie nach Konstantinopel übertragen. Ihre große Verehrung in Deutschland, besonders seit dem 15. Jahrhundert, ist zu ersehen aus den zahlreichen Darstellungen mit Krone, Kreuz und Nägeln und mit einem Kirchenmodell sowie aus den Patrozinien für Nagelschmiede, Schneider, Färber und Bergleute. Angerufen wurde sie bei Gewittern, bei Feuer- und Diebesgefahr.

Helena ist gleichzeitig eine Heilige der Geschichte und der Legende. Sie war wirklich die Mutter des Kaisers Konstantin, sie war eine Christin und Heilige. Die fromme Legende hat ihre Lebenszeit ausgeschmückt mit Einzelheiten, die sich dem Nachweis der Geschichte entziehen. Dazu gehört auch die Erzählung von der Auffindung des heiligen Kreuzes.

Wollte man alle Teile des „wahren Kreuzes Christ“, die in der Welt je verehrt wurden und werden, zu einem Baum zusammenfügen, so ergebe sich wohl ein ganzer Wald. Dies ist auch nicht wichtig. Die Verehrung gilt ja nicht dem Stück Holz, sondern dem, der am Kreuz gehangen und durch seinen Tod die Welt erlöst hat. Das Holz ist nur Anstoß und Motiv für die Anbetung des Gekreuzigten. Dafür aber bedarf es keines historischen Beweises.

Hubertus

geboren: um 655
gestorben: 30 Mai 727
Fest: 3. November

Der heilige Hubertus, wie er von den Jägern heute verehrt wird, hat *so* nicht gelebt. Er ist ein Gebilde der Legende. Der heilige Hubertus, wie ihn die Geschichte kennt, hat mit der Jagd wenig zu tun. Dies mag ernüchternd und enttäuschend sein, aber es ist wahr.

Hubertus entstammte dem fränkischen Adel. Er war verwandt mit dem Hausmeier des fränkischen Ostreiches, Pippin dem Mittleren (635–714). Mit dieser Verwandtschaft erbte er aber auch die Feindschaft des Hausmeiers von Neustrien, Eboin. Diese Feindschaft zwang ihn, den Hof des Merowingerkönigs Theoderich III. zu verlassen und das Amt des Pfalzgrafen, das er dort bekleidet hatte, aufzugeben. Hubertus floh zu Pippin nach Metz. Er wurde sein Oberhofmeister und verheiratete sich mit Floriana, der Tochter des Grafen von Löwen. Sie hatten einen Sohn Floribert, der seinem Vater Hubertus später auf dem Bischofsstuhl von Lüttich nachfolgte. Zunächst dachte freilich weder der Vater noch der Sohn an eine geistliche Laufbahn. Hubertus lebte in den „Eitelkeiten der Welt" wie sein Biograph berichtet. Der Tod seines Vaters und seiner Gattin warf ihn aus der Bahn. Daß sein Zusammenbruch nicht zur Katastrophe, sondern zur Einkehr führte, verdankte Hubertus dem Bischof Lambert von Maastrich, den er am Hof Pippins kennengelernt hatte. Unter seiner geistlichen Leitung legte Hubertus seine Ämter nieder und zog sich in den Ardennenwald zu Gebet, Buße und Studium zurück. Um 703 machte er eine Wallfahrt nach Rom, wo ihn der Papst zum Priester und nach dem Tode Lamberts zum Bischof weihte. 708 verlegte er den Bischofssitz von Maastrich nach Lüttich. Dort ließ er über dem Grab seines Lehrers und Vorgängers eine Kathedrale errichten. Als Bischof war er ein Wohltäter der Armen, ein Lehrer der Unwissenden und ein Apostel des Evangeliums, das er bis in die entlegenen Wälder der Ardennen den Heiden verkündete. Als Heiliger verehrt starb Bischof Hubert am 30. Mai 727 in Lüttich. Am 3. November 743 wurden seine Gebeine feierlich auf den Altar erhoben. Daher wird sein Fest von diesem Tag an bis heute am 3. November gefeiert. In den Wirren der Reformation gingen seine Reliquien verloren.

So weit reichen die Tatsachen der Geschichte. Die Legende aber weiß mehr. Sie berichtet, Hubertus habe als junger Mann ein kirchenfernes und höchst weltliches Leben geführt. Seine Leidenschaft galt der Jagd. Selbst an hohen und

höchsten Feiertagen habe er die Kirche gemieden und den Wald aufgesucht. An einem Karfreitag wurde ihm der Standort eines besonders prachtvollen Hirsches gemeldet. Mit seiner kläffenden Hundemeute störte er die Grabesruhe des Herrn, doch kümmerte ihn dies wenig. Er jagte seiner Trophäe nach. Da brach das herrliche Tier durchs Dickicht, ganz nahe. Voll Leidenschaft folgte ihm Hubertus; als der Weg steiler und steiler wurde, ließ er sein Pferd zurück und folgte zu Fuß. Der Hirsch kam ihm immer wieder zu Gesicht, dann verlor er ihn wieder. Auf einmal blieb das Tier stehen und wandte sich zu Hubertus um. Dieser griff zum Bogen, legte den Pfeil ein und zielte. Da sah er plötzlich zwischen dem Geweih ein Kreuz, an dem der Leib des Herrn hing. Gleichzeitig hörte er eine Stimme: „Wenn du nicht umkehrst, wird dein Weg sehr bald in die Verdammnis führen!" Da entsank die Waffe seiner Hand, er erinnerte sich, daß der Todestag des Herrn war. Er sank in die Knie, bereute sein bisheriges Leben und gelobte Besserung. Nachdem er ein Jahr lang als Einsiedler an der Stätte seiner Bekehrung gelebt hatte, wandte er sich an Bischof Lambert. Dieser unterrichtete ihn und schickte ihn nach Abschluß seiner Studien zum Papst nach Rom. Hier mündet die Legende in den Ablauf der Geschichte ein.
Aber noch einmal bricht sie in den Lebenslauf des Bischof Hubertus ein. Als der Papst während der Bischofsweihe Hubertus die bischöfliche Stola umlegen wollte, war sie verschwunden. Ein Engel vom Himmel legte dem Neugeweihten eine andere, kostbare, mit Gold durchwirkte Stola um, wie sie bis zu der damaligen Zeit noch niemand gesehen hatte. Die Bewohner der abgelegenen Ardennendörfer hatten viel unter der Tollwut zu leiden, die unter den Tieren des waldreichen Gebiets verbreitet war. Als Bischof Hubertus in einer Kirche gerade predigte, stürzte ein von Tollwut befallener Mann in die Kirche und bedrohte den Bischof und die Gläubigen. Auf das Gebet des Heiligen wurde er sofort geheilt. Von da an legte man den an Tollwut Erkrankten einen Faden der wunderbaren Stola des Bischofs auf die Stirn, und viele wurden geheilt. Noch im Jahre 950, also mehr als 200 Jahre nach dem Tod des heiligen Hubertus, wurden im Kloster Sankt Hubert in Andaye, das der Heilige gegründet hatte, auf solche Weise Tollwutkranke geheilt.
So hat die Legende den Bischof Hubert in zweifacher Weise mit der Jagd in Zusammenhang gebracht, durch das Wunder seiner Bekehrung und durch die Heilung tollwutkranker Menschen. Belege gibt es in der Lebens- und Kultgeschichte nur für die Heilungswunder. Dabei ist der beweisbare Lebensweg des Heiligen schon wunderbar genug, vom mutwilligen Lebemann zum Einsiedler, vom Einsiedler zum Priester und Bischof, zum „Apostel der Ardennen". Fast ist es schade, daß das legendäre romantische Wunder vom Hirsch mit dem Kreuz am Karfreitag das große Wunder der Bekehrung eines Hofmannes zum Einsiedler verdrängt hat. Die Umkehr, das Umdenken vom Irdischen zum Himmlischen, ist allemal ein Wunder, zu dem es der Hilfe des Herrn nicht weniger bedarf als zu einem Wunder.

Katharina

Fest: 25. November

Im Jahre 313 besiegte Kaiser Konstantin seinen Mitkaiser Maxentius an der Milvischen Brücke in Rom im Zeichen des Kreuzes. Damit endete die Verfolgung der Christen. Vorher weilte Maxentius in Alexandria in Ägypten, um auch dort die Autorität der Götter Roms zu erneuern und den wachsenden Einfluß der Christen zurückzudrängen. Diese waren allmählich aus einer Minderheit eine Mehrheit geworden. Dementsprechend gab es auch unter ihnen Mitläufer und Verräter, die dem Befehl des Kaisers, den Göttern zu opfern, folgten. Da wollte die bildschöne junge Königstochter Katharina (zu deutsch: die allzeit Reine) ein Zeichen setzen und ein Beispiel geben. Sie war sehr klug und gebildet, ja gelehrt. Kurz entschlossen ließ sie sich beim Kaiser melden, gab sich als Christin zu erkennen und verwickelte ihn in ein religiöses Gespräch. Da Maxentius einem solchen nicht gewachsen war, holte er die besten Philosophen Ägyptens in Alexandria zusammen – fünfzig folgten seinem Ruf – und stellte sie Katharina in einer Diskussion gegenüber. Der aufgeblasene Wortführer der amtlichen heidnischen Philosophie versagte vollkommen und mußte nach einem zweiten Gespräch selbst seine Niederlage eingestehen. Der Kaiser war so wütend über seine Hofgelehrten, daß er alle zum Tode verurteilte und auf dem Scheiterhaufen verbrennen ließ.

Nachdem es der Kaiser in der Diskussion mit Katharina nicht aufnehmen konnte, wollte er sie auf seine Seite ziehen, indem er ihr die Ehe anbot und versprach, ihr alle Reichtümer der Welt zu Füßen zu legen. Damit aber konnte er Katharina nicht einmal in Versuchung führen. Nun blieb ihm nichts anderes mehr als allen Tyrannen: die Gewalt und die Vernichtung des Leibes. Katharina wurde gegeißelt und eingekerkert. Im Kerker wurde sie von der Kaiserin besucht, die ihre tapfere Rivalin kennenlernen wollte. Sie war von Katharina so beeindruckt, daß sie, ihr Hauptmann und zweihundert Soldaten der Wachmannschaft sich taufen ließen. Doch brachte selbst dies bei dem in die Enge getriebenen Cäsaren keine Rettung. Dieser ließ vielmehr die eigene Gattin und seine Wachtruppe hinmorden.

Für Katharina aber hatte er sich etwas Besonderes erdacht. Sie sollte durch eine eigens konstruierte Maschine zuerst erschreckt und dann in Stücke gerissen werden. Das Rad der Maschine aber barst, ohne Katharina zu schaden. Lediglich einige Wachsoldaten wurden von den Trümmern erschlagen. Nun ließ der Kaiser die Königstochter Katharina enthaupten. Die Legende erzählt, vor ihrem Tode habe Katharina für alle gebetet, die ihre Hilfe anrufen würden.

Die heilige Katharina. ▷
Holzfigur um 1410–1415, Jugoslawien, Ptuj, Pokrajinski muzej. Foto: Archiv.

Gott möge ihnen Brot und Wein in Fülle schenken sowie die Gesundheit des Leibes verleihen. Er möge sie vor Krankheiten, Naturkatastrophen und vor einem jähen Tode bewahren. Schließlich flehte sie für die Vergebung der Sünden in der Todesstunde ihrer Verehrer. Eine Stimme vom Himmel habe ihr Gebet bestätigt, und darauf habe Katharina ihr Haupt geneigt, um den Todesstreich zu empfangen. Nach ihrem Tode sollen Engel den Leichnam entführt und auf dem Berg Sinai bestattet haben.

Die Geschichte weiß nichts von der Königstochter Katharina, desto mehr die christliche Frömmigkeit. Die gelehrte Jungfrau wurde bald von den Philosophen, Theologen und Juristen zur Patronin erwählt. Ihr Bild ziert noch heute das Siegel der Universität Sorbonne in Paris. Im Laufe des Mittelalters stellten sich alle Hochschulen, die wissenschaftlichen Bibliotheken, die Lehrer und Studenten unter ihren mächtigen Schutz.

Weil Katharina vor ihrem Tod den Schutz der Kranken und Sterbenden erfleht hatte, wurde sie auch die Patronin der Hospitäler und der Gefangenen sowie aller Berufe, die mit dem Reden zu tun hatten. Ihre Legende erzählt, daß sie sich in Gegenwart der Mutter Gottes dem Herrn Jesus Christus anverlobt habe. Weil sie auf diese Weise den höchsten und reinsten Bräutigam gewonnen hatte, wurde sie im Mittelalter angerufen von den Modistinnen und Schneiderinnen um Hilfe bei der Suche nach einem guten Mann.

Die Nachrichten über Katharina sind Legende. Nicht Legende aber sind spätere Träger ihres Namens, die im vollen Licht der Geschichte ein Leben der Heiligkeit geführt und Zeugnis für die Tugenden abgelegt haben, die man ihrer großen Namenspatronin zugeschrieben hatte, zum Beispiel die heilige Katharina von Siena, die heilige Katharina von Schweden usw. Man spricht so gern von der Frauenfeindlichkeit der Kirche in ihrer frühen und mittleren Zeit. Ist es nicht auffallend, daß sie als Patron für die Gelehrsamkeit, ja für die Wissenschaft der Theologie und der Philosophie nicht einen Mann herausgestellt hat, sondern eine junge Frau, die in offener Redeschlacht fünfzig Professoren besiegt und so Zeugnis für die Wahrheit des Glaubens abgelegt hat?

Laurentius

gestorben: 258
Fest: 10. August

Vor tausend Jahren gab das Kirchenjahr dem Leben Rhythmus und Führung. Kein Geschäft wurde begonnen, ohne des Tagesheiligen zu gedenken. So knieten am 10. August 955 auf dem Lechfeld bei Augsburg Kaiser Otto und sein Heer beim Aufgang der Sonne nieder und riefen Schutz und Hilfe des Tagesheiligen, des heiligen Laurentius (Lorenz), an. Sie standen vor der Entscheidungsschlacht gegen die Ungarn. Am Abend ihres Sieges schrieben sie die Errettung des Abendlandes diesem heiligen Martyrer zu. Mit der Kunde von diesem Sieg verbreitete sich die Verehrung des römischen Erzdiakons im ganzen damaligen Römischen Reich. Von dem, was wir über Laurentius wissen, ist vieles Legende, einiges Geschichte. Fest steht, daß er schon zu Beginn des 4. Jahrhunderts in Rom verehrt wurde. Kaiser Konstantin ließ im ersten Viertel des 4. Jahrhunderts zu seiner Ehre eine Kirche erbauen. Damals lag sein Martyrium ein gutes halbes Jahrhundert zurück. Wenn unsere Zeitgenossen bedenken, wie lebendig bei uns das Zeugnis aus dem schlimmen Jahr 1933 bei vielen Menschen geblieben ist, dann ist der Abstand zwischen Tod und Ehrung durch die Errichtung eines Gotteshauses ein Beweis für die eifrige und große Verehrung des Heiligen; denn es gab viele Martyrer in Rom, aber nur wenigen wurde eine solche Ehrung wenige Jahrzehnte nach ihrem Tode zuteil. Aus diesem und anderen historischen Zeugnissen steht fest: Laurentius hat gelebt, er ist in Rom als Martyrer gestorben und wurde sofort nach seinem Tod verehrt wie wenige Blutzeugen seiner Zeit.

Die Legende hat sein tapferes Zeugnis für Christus und sein heldenhaftes Sterben ausgeschmückt mit Zügen, denen der begnadete Prediger Ambrosius so vollendeten Ausdruck verliehen hat, daß es sich über all die Jahrhunderte hinweg dem christlichen Volk als die Geschichte des heiligen Laurentius eingeprägt hat.

Das Amt des Diakonats ist so alt wie die Kirche. Seine Einrichtung beschreibt die Apostelgeschichte (Apg 6,1–7): „Brüder, wählt aus eurer Mitte sieben Männer von gutem Ruf und voll Geist und Weisheit; ihnen werden wir diese Aufgabe (den Dienst an den Tischen) übertragen.“ Stephanus, „ein Mann, erfüllt vom Glauben und vom Heiligen Geist“, war der erste Diakon und der erste Martyrer. Seit dieser Zeit waren den Bischöfen und Priestern zum Dienst an den Armen und zur Verwaltung des Kirchenvermögens Diakone beigege-

ben. Der oberste Diakon beim Papst war der Archidiakon. Laurentius war Archidiakon des Papstes Sixtus II. Dieser war von 257 bis 258 Bischof von Rom und Papst der Kirche. Unter Kaiser Valerian wurde er am 6. August 258 beim Gottesdienst in der Kalixtuskatakombe mit vier Diakonen verhaftet und sofort enthauptet. Der heilige Ambrosius berichtet: Als Laurentius sah, wie sein Bischof Sixtus zum Martyrium geführt wurde, da weinte er und sagte zu ihm: „Wohin gehst du, Vater, ohne mich, deinen Sohn? Wohin eilst du, heiliger Bischof, ohne deinen Diakon? Nie hast du das heilige Opfer ohne deinen Diener dargebracht. Willst du ihm die Teilnahme an deinem Blutopfer verweigern?“ Da antwortete Sixtus: „Nein, mein Sohn, ich lasse dich nicht zurück. Aber dir steht ein größerer Kampf bevor. In drei Tagen wirst du mir nachfolgen.“ Nach drei Tagen wurde auch Laurentius verhaftet und dem Stadtpräfekten von Rom vorgeführt. Die Verfolgung des Kaisers Valerian hatte zwei Hauptziele: sie wollte die Kirche „köpfen“, d. h. sie ihrer Bischöfe berauben, und sie wollte das angeblich sagenhafte Vermögen der Kirche für den Staat beschlagnahmen. Daher sagte der Stadtpräfekt zu Laurentius: „Man sagt, daß ihr Christen eure Opfer in goldenen Schalen darbringt und daß die Kerzen bei euren nächtlichen Gottesdiensten auf rein goldenen Leuchtern brennen. Liefere diese Schätze der Kirche aus, und ich werde dein Entgegenkommen bei der Strafzumessung berücksichtigen.“ Da sagte Laurentius, und er lächelte dabei: „Ja, die Kirche besitzt große Schätze. Ich will sie dir gerne zuführen. Laß mir drei Tage Zeit, damit ich sie zusammenbringe.“ Der Stadtpräfekt war damit einverstanden und gewährte Laurentius eine Frist von drei Tagen. In diesen drei Tagen verteilte der Diakon die geringe Habe der Kirche von Rom an die Armen. Am dritten Tag sammelte er die Behinderten, Witwen und Waisen und führte sie in die Präfektur. „Das sind die Schätze der Kirche“, sagte Laurentius und wies auf das Häuflein Elend, das er um sich versammelt hatte. Voll Wut ließ ihn der enttäuschte Stadtpräfekt fesseln und foltern. Am nächsten Tag sollte er den Göttern opfern. Als der Erzdiakon dies ablehnte, ersann der verrohte Richter eine besonders teuflische Marter. Er ließ einen eisernen Rost bringen und darunter ein großes Feuer anzünden, so daß die Stäbe des Rostes rot glühten. Darauf wurde Laurentius auf dem glühenden Rost ausgestreckt. In unendlichen Qualen dankte er Gott für diese besondere Gelegenheit zum Zeugnis. Zum Richter, der sich an seinen Qualen weidete, soll er gesagt haben: „Auf der einen Seite bin ich gebraten, nun kehre mich um auf die andere!“ Das Feuer der Liebe Gottes, das in ihm brannte, war stärker als jenes, das seine Glieder versengte, sagt die Legende.
Am 10. August 258 betete Laurentius für die Bekehrung Roms und für die Ausbreitung des Evangeliums in der ganzen Welt und gab seine Seele, wie sein Vorgänger und Vorbild, der Diakon und Erzmartyrer Stephanus, in die Hände Gottes zurück.
Laurentius gehörte lange Zeit zu den am meisten verehrten Heiligen der ganzen

Der heilige Laurentius. ▷
Holzfigur 1440/50, St. Lorenz, Nürnberg. Foto: Ingeborg Limmer, Bamberg.

Kirche. Besonders verbreitete sich sein Kult in Spanien, da man glaubte, er sei spanischer Herkunft gewesen. Als König Philipp II. sein gewaltiges Schloß, den Escorial bei Madrid, von 1563 bis 1584 erbaute, weihte er Kirche und Kloster dem heiligen Laurentius, dem Nationalheiligen Spaniens. Der Grundriß des Schlosses stellt einen Rost dar, Symbol des Marterwerkzeugs des Blutzeugen.
Um das Fest des Heiligen rankte sich früher ein reiches bäuerliches Brauchtum. Viele Berufe haben den tapferen, jugendlichen Glaubenszeugen zum Patron erwählt, so die Bäcker, die Glasbläser, die Köche, die Köhler u. a. Seine Fürbitte wird besonders angerufen gegen Verbrennungen und Hexenschuß.
Für alle Zeiten aber sollten sich die Christen, die Kirche und ihre Vorsteher das Wort des Heiligen merken, als er auf die Behinderten, die Armen, Schutz- und Rechtlosen zeigte und sagte: „Diese da sind der große Schatz der Kirche!" Wenn dieses Wort nicht mehr gälte, dann wäre die Kirche nicht mehr die Kirche Christi!

Leonhard

geboren: im 6. Jahrhundert
Fest: 6. November

Es ist bedrückend, wenn man als Junge begeistert den Wagen und die Pferde geschmückt hat, damit sie beim Leonhardiritt den Segen des Heiligen empfangen, wenn man bei Erkrankung des Viehs die Wallfahrt mitgegangen ist, um die Hilfe des Heiligen zu erlangen, und wenn sich dann dem erwachsenen Historiker die Gestalt dieses beliebten Volksheiligen in den Nebel geschichtlicher Unbestimmtheit zurückzieht. Ob Leonhard – so wie wir ihn kennen und verehren – gelebt hat, wissen wir nicht. Die frühesten Nachrichten, die auf uns gekommen sind, stammen aus dem 11. Jahrhundert, d.h. vierhundert Jahre nach seiner Lebenszeit. Aber ist dies so wichtig für die Bitte um die Gesundheit des Viehs, um das Gedeihen der Feldfrüchte und – unsere Mütter wußten dies – um die Befreiung der Gefangenen? Sankt Leonhard steht trotz der Historiker noch immer auf den Altären, und er soll dort stehen bleiben; denn der eigentliche Adressat aller unserer Gebete ist Gott. Alle Heiligen bitten *mit* uns. Es ist menschlich gedacht und gesprochen, wenn wir dabei gleichsam die Aufgaben verteilen und bestimmten Heiligen bestimmte Anliegen besonders zuweisen. Es steht uns Menschen auch zu, menschlich zu denken und Tugenden und Anliegen in menschlicher Form auszudrücken. Die Nöte und Anliegen, für die Sankt Leonhard angerufen wird, sind aktueller denn je und damit auch die Bitten zu Gott über ihn.

Leonhard war, so berichtet sein Biograph Ildegar im 11. Jahrhundert, ein vornehmer Franke. Seine Eltern lebten am Hof des Königs Chlodwig I. (481–511). Der König selbst war sein Taufpate. Seine Bildung erhielt Leonhard an der Domschule zu Reims. Lesen und Schreiben hatten damals keine Heimstatt am Königshof, sondern nur in den Klöstern und Domschulen. Die Tatsache, daß Bischof Remigius Leonhard schon in jungen Jahren zum Priester weihte, darf man wohl als Beweis für seine Tugend und Gelehrsamkeit ansehen. Es dauerte auch nicht lange, bis König Chlodwig ihm das Bischofsamt anbot. Sein Missionseifer und seine Erfolge in der Bekehrung des noch weitgehend heidnischen Landes hatten auf ihn aufmerksam gemacht. Leonhard aber wollte nicht Bischof werden. Er floh in das Kloster Micy bei Orléans und wurde Mönch. Als sein Lehrer und Freund, der Abt Maximin, starb, entzog sich Leonhard der Abtwürde abermals durch die Flucht. Diesmal mied er die Gemeinschaft der Menschen, er baute sich tief im Wald eine Einsiedelei. Aber der Ruf seiner Weisheit und Heiligkeit verbreitete sich rasch in der Gegend. Der König selbst besuchte ihn wiederholt, um in wichtigen politischen Entscheidungen seinen Rat einzuholen. Damit aber war die stille Einsamkeit dahin. Leonhard floh abermals und gründete bei Limoges eine neue Zelle. Nun aber erkannte er im Zulauf des Volkes Gottes Willen. Er schloß sich nicht mehr so streng ab wie bisher. Der Dienst am Menschen, der seine Hilfe brauchte und suchte, wurde Teil seiner Frömmigkeit. Auch die jungen Männer, die sich seiner Lebensweise anschließen und von ihm in das geistliche Leben eingeführt werden wollten, stieß er nun nicht mehr zurück. Aus der Einsiedelei entstand allmählich das Kloster Noblac. Der neue König Theodebert schenkte ihm zum Dank für die Genesung seiner Frau und seines Sohnes die notwendigen Grundstücke. Das Kloster wurde nicht nur zum religiösen, sondern zum sozialen und kulturellen Mittelpunkt der ganzen Region.

Zwei Aktivitäten des Abtes Leonhard verdienen besondere Hervorhebung, weil sie zu dieser Zeit weder im geistlichen noch im weltlichen Bereich besondere Beachtung fanden. Leonhard nahm sich ganz besonders der entlassenen Gefangenen an. Er teilte ihnen Land zu und siedelte sie an, so daß sie wieder als vollwertige Glieder in die Gesellschaft hineinwachsen konnten. Das Elend der Gefangenen und ihrer Familien war in der Zeit der Privatfehden von Burg zu Burg besonders drückend. Dem Biographen im 11. Jahrhundert brannte diese Frage auf dem Herzen, weil viele Kreuzfahrer in türkische Gefangenschaft geraten waren. Nicht mit Almosen löste Leonhard die Resozialisierung der Gefangenen, sondern mit Arbeit und Besitz schuf er Selbstvertrauen und Anerkennung.

Der zweite Bereich seiner Fürsorge galt den Tieren. Man muß leider zugeben, daß das Verhältnis des Menschen zum Tier – vielleicht als Folge einseitiger theologischer Ableitungen – im Bereich der romanisch-katholischen Länder oft nicht der Würde der Geschöpfe Gottes entspricht. Leonhard predigte die Liebe zur Kreatur, er verurteilte ihre Mißhandlung als Sünde und belud das christliche Gewissen mit der Verantwortung für alles, was Gott an Lebewesen geschaffen hatte. Nicht umsonst haben ihn die Bauern zum „Viehpatron" erhoben. Auch hierin war Leonhard seiner Zeit weit voraus. Er könnte heute gut der Bewegung vorangestellt werden, die gegen die Qualen der Tiere kämpft und das Tier als den Schöpfungsgefährten des Menschen in deren Rechte und Würde mit einbezieht.

Als Todesjahr Leonhards wird 559 angenommen. Er wurde auf dem Klosterfriedhof zu Noblac bestattet, die Abtei wurde nach ihm umbenannt in „Sankt Leonhard".

Seit Ende des 11. Jahrhunderts verbreitete sich die Verehrung des heiligen Leonhard über die engere Gegend seines Wirkens hinaus in ganz Frankreich, England, Italien und Deutschland. In Bayern und Österreich wurde Leonhard zu einem der beliebtesten Heiligen, dem zahlreiche Kirchen und Kapellen geweiht wurden. An sein Fest knüpft sich ein reiches, zum Teil bis heute gelebtes Brauchtum an. So wurden u. a. am „Leonharditag" Pferde gesegnet, eiserne Tierfiguren wurden als Votivgaben an seinen Wallfahrtsstätten niedergelegt; alle Anliegen der Bauern, das Vieh, das Wetter, die Ernte, wurden in seine Zuständigkeit gegeben. Wegen seiner Gefangenenfürsorge wird Leonhard abgebildet als Abt mit Kette oder als Viehpatron mit einem Pferd oder einem Ochsen.

Lucia

gestorben: um 303
Fest: 13. Dezember

„Santa Lucia..." Wie viele Touristen hat dieses Lied, gesungen von einem sizilianischen Naturtenor, in Urlaubsstimmung versetzt! Mag auch dem Sänger wie dem Zuhörer des Liedes die heilige Lucia unbekannt sein, ein Zweig am gewaltigen Kultbaum ihrer Verehrung ist es doch. Viele Jahrhunderte lang wurde kein Meßopfer auf dem ganzen Erdenrund gefeiert, in dem nicht dieser Heiligen gedacht wurde. Klöster und Kirchen trugen ihren Namen. Ihr Liebreiz hat Dichter, Maler und Bildhauer beflügelt. Selbst Dante hat sie in seiner „Göttlichen Komödie" gefeiert. Ihr Name Lucia wurde abgeleitet von Lux = Licht. Als Lichtbringerin wurde sie angerufen von Sehbehinderten und Blinden. Ihr Martyrium machte sie zur Patronin aller Berufe, die mit spitzen und scharfen Werkzeugen umgehen, zum Beispiel der Näherinnen, der Sattler und der Polsterer. Ihr Festtag, der 13. Dezember, war lange Zeit der Winterbeginn sowie Anfang und Ende des Schuljahres. Ein reiches bäuerliches Brauchtum, das auf heidnische Wurzeln zurückgeht, war mit ihrem Namen und ihrem Fest verbunden. Sancta Lucia gehört zu den berühmtesten Heiligen des Mittelalters. Lange Zeit hielt man die heilige Lucia für eine rein legendäre Gestalt ohne historischen Hintergrund. Dies hat sich geändert, als man in neuester Zeit in Syrakus auf Sizilien die vergessene kleine Lucien-Katakombe wieder entdeckte mit ihrer Grabstele und den Fundamenten der über ihrem Grab in byzantinischer Zeit errichteten Kirche. Wenn damit auch die Geschichtlichkeit der Heiligen gesichert ist, so fehlen doch zuverlässige Nachrichten über ihr Leben und Sterben. Man nimmt an, daß sie als Opfer der diokletianischen Verfolgung um 303 ihr Blutzeugnis für Christus abgelegt hat. Wie immer, wenn die Geschichte schweigt, füllt die Legende die Lücke aus. Im 5./6. Jahrhundert, also 200 Jahre nach ihrem Tod, entstand eine legendenhafte Darstellung ihres Martyriums. Danach stammte Lucia aus einer vornehmen Familie aus Syrakus. Sie war von den Eltern für eine standesgemäße Heirat bestimmt. Auf einer Wallfahrt, die sie mit ihrer Mutter zum Grab der heiligen Agatha nach Katania unternahm, erschien ihr diese berühmte und viel verehrte Heilige und verkündete ihr, durch sie werde der Herr die Stadt Syrakus genauso verherrlichen, wie durch sie die Stadt Katania. Lucia gelobte Jungfräulichkeit und gewann die Zustimmung der Mutter zu diesem Entschluß. Das große Vermögen, das Lucia in die Ehe eingebracht hätte, floß den karitativen Werken der Kirche zu. Der um Mitgift und Braut geprellte Bräutigam zeigte Lucia als Christin an.

Über ihren Prozeß gibt es in den Martyrerakten Protokolle. Doch ist es schwer, in diesen die Originalaussagen von späteren frommen Zusätzen zu trennen. Der Richter wollte zunächst die Ehre der Jungfrau schänden und sie gewaltsam in ein Bordell bringen lassen. Doch gelang es nicht, das Mädchen von der Stelle zu bewegen; durch Gottes Eingreifen war sie so schwer geworden, daß niemand sie aufheben konnte. Daraufhin ließ sie der Richter grausam foltern. Aber sie verleugnete weder den Glauben, noch konnten die Marterwerkzeuge ihrem Leibe schaden. Zuletzt wurde sie durch einen Stich in den Hals getötet. Ihr Leben entwich aber erst, nachdem ihr der Priester das Sakrament der Wegzehrung gereicht hatte. Ihr Leib wurde zunächst in der nach ihr benannten Katakombe in Syrakus beigesetzt. Später (1038) soll er nach Konstantinopel und von da (1204) nach Venedig gebracht worden sein. Dort ist der heiligen Lucia noch heute eine prachtvolle Barockkirche geweiht. Nach einer anderen Überlieferung seien die Gebeine 970 in das Vinzenzkloster nach Metz übertragen worden. Im 6. Jahrhundert erscheint Lucia auf dem Mosaik der Kirche San Apollinare Nuovo in Ravenna im Kreis der heiligen Jungfrauen. Zur selben Zeit gab es in Rom und in Syrakus ein ihr geweihtes Kloster. Papst Honorius I. (625–638) erbaute in Rom ihr zu Ehren die Kirche Santa Lucia in Selce.
Kaum eine Heilige der Frühzeit hat das Brauchtum in ganz Europa so tief beeinflußt wie die Lichtheilige Lucia. Zeitweise war ihr Fest geradezu Vorläufer und Ersatz des Weihnachtsfestes mit Kinderbescherung. Noch heute gibt es in Schweden die „Lucienbraut", ein weißgekleidetes Mädchen, das einen Lichtkranz auf dem Haupt und in den Händen trägt. Lucia wird als Patronin des Augenlichts dargestellt mit einer Schüssel, auf der zwei Augen liegen.

Martin

geboren: 316/317
gestorben: 8. November 397
Fest: 11. November

Der Bischof Martin von Tours gehört zu den Gestalten, die man ebensogut unter den Heiligen der Geschichte behandeln könnte wie unter den Heiligen der Legende. Da er aber im Bewußtsein des christlichen Volkes mehr durch die Legende lebt als durch seine Geschichte, möge er seinen Platz unter den Legendenheiligen haben.
Martin wurde 316 oder 317 in Sabaria in Pannonien, dem heutigen Ungarn, geboren. Seit drei Jahren hatte die Christenverfolgung durch das „Mailänder Edikt" des Kaisers Konstantin ein Ende genommen. Die Kirche konnte sich öffentlich zeigen und entfalten. Es dauerte nicht lange, da wurden die Bischöfe zu privilegierten Würdenträgern, denen der Staat weltliche Ehren erwies so wie früher den Konsuln und Statthaltern des Römischen Reiches. War dies der Stiftung Jesu zum Segen oder zum Fluch? Darüber streiten sich noch heute die Theologen und die engagierten Christen.
Betrachtet man die Glut des Glaubens, die Bereitschaft zur Kreuzesnachfolge, die Kraft des missionarischen Apostolats, wie sie uns in den Zeugnissen der Verfolgung überliefert sind, und dagegen die Neigung zu Pracht und Luxus, zu Eifersucht und Machtstreben, zu Weltlichkeit und Besitz, wie sie sich wenige Jahrzehnte nach dem Ende der Verfolgung breitgemacht hatten, dann möchte man die Einwurzelung der Stiftung Christi in die Strukturen dieser Welt bedauern. Aber Schwarz-Weiß-Bilder täuschen gern. Es gab auch vorher Versagen, Verrat des Glaubens, und es gab auch nachher heilige Kreuzträger. Einer von diesen war Bischof Martin von Tours, einer der ersten Heiligen ohne die Krone des Martyriums.
Zunächst schien sein Lebensweg in eine ganz andere Richtung zu führen. Vater und Mutter waren Heiden. Soweit es Christen in Pannonien gab, waren sie Arianer. Der Vater wurde als Offizier der römischen Armee nach Ticinum (Pavia) versetzt, und dort fand der Junge in seinen Spielgefährten und Lehrern römische Christen. Zum Unwillen seiner Eltern ließ sich Martin unter die Katechumenen aufnehmen. Die Taufe empfing er aber erst sechs Jahre später. Als Sohn eines Berufsoffiziers war er für den Soldatenberuf vorbestimmt. Schon mit fünfzehn Jahren trat er in das Heer ein und wurde bald zum Offizier in der kaiserlichen Reiterei befördert. Soldaten müssen dahin ziehen, wo sie

gebraucht werden. Martin wurde in das unruhige Gallien versetzt, sein Standort war Ambiani, das ist das heutige Amiens. An einem kalten Winterabend kehrte der Tribun (Hauptmann) Martin von einem Inspektionsritt der um die Stadt herum einquartierten Truppen zurück. Am Stadttor scheute sein Pferd vor einem am Boden liegenden halbnackten, vor Kälte zitternden Bettler. Dieser bat um ein Almosen. Martin suchte, aber er fand keine Münze in seinen Taschen. Er besann sich, was er dem halb erfrorenen alten Mann schenken könnte. Dann nahm er seinen Offiziersmantel von der Schulter, zog sein Schwert, trennte ihn in der Mitte durch und warf die eine Hälfte dem Bettler zu. Ein römischer Offiziersmantel war nämlich ein großes rechteckiges Stück Tuch, das je nach Bedarf gefaltet und übergeworfen werden konnte. In der Nacht darauf hatte Martin eine Erscheinung. Er sah den Herrn inmitten einer großen Zahl von Engeln. Er trug Martins Mantelhälfte um seine Schulter und sprach: Was du dem geringsten meiner Brüder getan hast, das hast du mir getan.
Auf dieses Erlebnis hin empfing Martin die Taufe, die er immer wieder hinausgeschoben hatte. Die Szene des Offiziers, der seinen Mantel von der Schulter nimmt, ihn mit dem Schwert teilt und dem halbnackten Bettler am Boden umlegt, hat das Bild des heiligen Martin über all die Jahrhunderte hinweg geprägt; unzählige Bilder und Statuen in aller Welt stellen sie dar; die Kinder spielen sie jedes Jahr am Fest des heiligen Martin nach. Der Ritter der Nächstenliebe wurde zum Symbol der christlichen Caritas schlechthin. Nach seiner Taufe verließ Martin das Heer. Ihn hatte ein anderer Ruf erreicht. In der Kaiserstadt Trier begegnete er dem Bischof Maximinus. Dieser führte ihn in das geistliche Leben ein und unterrichtete ihn in den Wahrheiten des Glaubens. Als er starb, ging Martin zum Bischof Hilarius von Poitiers. Unter der Leitung dieses hervorragenden Lehrers vollendete er sein theologisches Studium und empfing die ersten Weihen.
Nachdem ihm selbst das Glück des Glaubens geworden war, wollte er, daß auch seine geliebten Eltern daran teilhaben sollten. Aber nur die Mutter folgte ihrem Sohn nach, der Vater war verbittert über die abgebrochene Offizierslaufbahn. Er wollte außerdem von dem Glauben des Sohnes, dem er die Schuld daran gab, nichts wissen. Obendrein verfolgten die arianischen Bischöfe den römischen Missionar. Sie ließen ihn auspeitschen und aus dem Lande verweisen.
Nun zog sich Martin auf eine kleine Insel im Mittelmeer zurück und lebte als Einsiedler der Buße und der Betrachtung. Dann zog es ihn wieder in die Nähe seines Lehrers Hilarius von Poitiers. In Ligue errichtete er das erste Kloster in Gallien. Dort wollte er im Kreis gleichgesinnter Brüder ein zurückgezogenes Leben als Mönch führen. Aber der Ruf seiner Gelehrsamkeit, seiner Beredsamkeit und seiner Wundertaten verbreitete sich in der ganzen Gegend. Als man in Tours einen Bischof brauchte, rief das Volk nach Martin, trotz der Ablehnung durch die Bischöfe der Umgebung. Soweit war es schon gekommen, daß ein Mönch mit wirrem Haar, mit dem Gesicht eines Asketen, in geflickter Kutte

nicht mehr in den Kreis der „Würdenträger" paßte. Fünfzig Jahre vorher hatten die Bischöfe ihr Leben als Martyrer unter dem Schwert des Henkers hingegeben!
Aber das Volk setzte seinen Willen durch, und Martin zog im Mönchsgewand als Bischof in Tours ein. Er hatte nicht Bischof werden wollen, aber nachdem er es gegen seinen Willen geworden war, wollte er es ganz sein. Er bekämpfte die Reste des Heidentums, zerstörte die Kultstätten der Götter und baute christliche Kirchen. Als er eine heilige Fichte fällte, wäre er von den Bauern beinahe erschlagen worden. Als diese aber die Ohnmacht ihrer Götter sahen, kehrten sie sich von ihnen ab und nahmen die Lehre des Bischofs an. Viele Legenden knüpften sich schon zu Lebzeiten an das segensreiche Wirken des Bischofs, an sein einfaches Leben und an die Wundermacht seines Gebetes. Martin bereiste seine Diözese nicht im Wagen, in der Sänfte oder hoch zu Roß, er zog wie ein einfacher Mönch zu Fuß von Ort zu Ort. Da begegnete ihm der Teufel und sagte: „Du mußt einem armseligen Herrn dienen, der dich so ohne Begleitung und ohne Roß und Wagen des Weges ziehen läßt!" Martin machte das Kreuzzeichen über dem Teufel und verwandelte ihn in einen Maulesel, bestieg ihn und zwang ihn, seine Last im Galopp in die nächste Stadt zu tragen. Bald keuchte und schwitzte der Teufel, bat Martin seine Lästerung ab und hütete sich fortan, dem Heiligen unter die Augen zu treten. Natürlich ist dies eine Legende. Aber Legenden entstehen auf einem wahren Hintergrund, und dieser Hintergrund war die einfache Büßergestalt des heiligen Bischofs Martin. Als Friedensstifter wurde der Bischof von Tours angerufen von sich bekämpfenden Fürsten, von eifersüchtigen Bischöfen und Priestern und von streitenden Bauern. Kein Weg war ihm zu weit. Im Frieden sah er die Gegenwart des Herrn; Frieden zu stiften, schien ihm für einen Bischof die vornehmste und heiligste Pflicht, die ihn in die größte Nähe zu seinem Herrn führte. Auf einer seiner Versöhnungsreisen zog sich der Achtzigjährige eine tödliche Krankheit zu. Er starb am 8. November 397 in Candes und wurde in Tours bestattet. Bald verehrten die Gläubigen ihren Bischof als Heiligen, sein Grab wurde zu einem der meistbesuchten Wallfahrtsorte des Mittelalters. Auch in der heutigen, verweltlichten Form lebt das Andenken an die nach Franz von Assisi liebenswerteste Gestalt des mittelalterlichen christlichen Heiligenhimmels fort.

Der heilige Martin. ▷
Um 1440, Diözesanmuseum Rottenburg am Neckar. Foto: Wilfried Eschenfelder.

Martinus adhuc kathecuminus hac veste me contexit

Nikolaus

gestorben: um 350
Fest: 6. Dezember

Er ist kein Martyrer, kein Kirchenlehrer, kein Büßer und kein Ordensstifter, und doch übertrifft seine Verehrung ungebrochen durch eineinhalb Jahrtausende fast alle großen und leuchtenden Sterne am Heiligenhimmel der Kirche. Nikolaus ist vor allem ein Heiliger der Ostkirche gewesen. Er war Bischof von Myra in Kleinasien. Dort und in Konstantinopel wurde sein Andenken im 6. Jahrhundert gepflegt; von dort breitete sich die Verehrung in der ganzen griechischen und russischen Kirche aus. Ins Abendland gelangte sie über die byzantinischen Besatzungen im Süden von Italien und über die byzantinische Prinzessin Theophanu, die Gemahlin Kaiser Ottos II. Die Normannen brachten sie dann von Sizilien nach Frankreich und England. Im Jahre 1087 wurden die Gebeine des Heiligen von Myra nach Bari in Italien übertragen. Dieses Ereignis entfachte in ganz Europa eine gewaltige Nikolausverehrung. Sie dauert bis in unsere Zeit. Und auch unter den weltlichen Erscheinungen des Weihnachtsmannes verbirgt sich das Andenken an den großen Kinderfreund aus dem Morgenlande.

Vielleicht hat die Verehrung dieses liebenswerten Heiligen so riesige Ausmaße angenommen, weil seine Lebensgeschichte durch historische Fakten so wenig eingegrenzt wurde, daß er als Fürbitter für nahezu alle Leiden und Nöte angerufen werden konnte. Unter den zahlreichen Patronaten seien nur einige beispielhaft genannt: der heilige Nikolaus ist der Patron der Kinder, der Mädchen, der Schiffer, der Gefangenen, der Bäcker, der Kaufleute, der Apotheker, der Juristen und vieler anderer Stände und Berufe.

Die zahlreichen Einzelerzählungen, aus denen sich sein Lebensbild zusammensetzt, stellen zu allen diesen Berufsgruppen Beziehungen her, meist allerdings nur lose und zufällige.

Da wird zum Beispiel berichtet, ein Nachbar des Heiligen habe seine drei Töchter nicht verheiraten können, weil er zu arm war, um ihnen eine Mitgift zu geben. Ohne Mitgift war eine Heirat damals unmöglich. Daher forderte der Vater, daß seine Töchter „auf den Strich gehen“, um ihre Mitgift zu verdienen. Nikolaus empörte sich darüber und wollte den Kindern des Nachbarn die Schande ersparen. Daher warf er bei Nacht einen Beutel mit Goldstücken durch das offene Fenster ins Haus des Nachbarn. So konnte die Älteste heiraten. Ebenso machte er es später bei den beiden anderen.

Kaiser Konstantin ließ drei hohe Offiziere wegen Hochverrats einkerkern und zum Tode verurteilen. Die Angehörigen der Offiziere wandten sich an Nikolaus und baten um seine Fürsprache beim Kaiser. Dieser reiste nach Konstantinopel. Er erschien dem Kaiser im Traum, überzeugte ihn von der Unschuld der Verurteilten und rettete so ihr Leben.
Die Zahl drei spielt bei allen Wunderberichten des Heiligen eine besondere Rolle. Einmal hatte ein habgieriger Wirt drei Knaben, die in seinem Hause übernachteten, getötet und sich ihre Habe angeeignet. Ein Engel zeigte Bischof Nikolaus die zerstückelten Leichen der Kinder in jenem verrufenen Wirtshaus. Das Gebet des Heiligen gab den Knaben das Leben zurück und führte den Wirt seiner gerechten Strafe zu.
Als ein Schiff vor der Küste Kleinasiens in Seenot geriet, riefen die Matrosen die Hilfe des Heiligen an. Auf einmal trat ein fremder Mann unter sie. Er gab Anweisungen und führte selbst das Ruder. Die Seeleute verloren augenblicklich ihre Furcht, und der Sturm beruhigte sich. Als die Matrosen nach der Landung in Myra in der Kathedrale Gott für ihre wunderbare Rettung danken wollten, erkannten sie im Bischof den Helfer, der im Sturm zu ihnen aufs Schiff gestiegen war.
Als in Lykien, dem Land, in dem Myra lag, eine große Hungersnot ausbrach, hörte Nikolaus, daß im Hafen ein Schiff liege, das Getreide von Ägypten nach Konstantinopel bringe. Er eilte sofort zum Hafen und bat die Seeleute, sie sollten ihm etwas Getreide verkaufen. Diese hatten Angst, daß sie dafür zur Rechenschaft gezogen würden, wenn von der Ladung ein Teil fehlte. Da versicherte ihnen Nikolaus, sie würden bestimmt keine Schwierigkeiten deswegen bekommen. Die Schiffer glaubten ihm und verkauften ihm Getreide. Als das Schiff in Konstantinopel einlief, fehlte nichts von der ursprünglichen Ladung. Nikolaus aber konnte mit dem gekauften Getreide zwei Jahre lang die Bevölkerung ernähren, und dann blieb noch Saatgetreide für die neue Ernte übrig.
Immer mehr solcher Wundererzählungen entstanden im Laufe der Zeit. Sie sind echte Beweise der Verehrung, nicht Dokumente der Lebensgeschichte. Sucht man die Wurzeln des Vertrauens der Christen gerade zu diesem Bischof, der weder durch besondere Taten noch durch Bußübungen, weder durch zündende Predigten noch durch kluge Bücher zu den Großen der Kirche gehört, so finden wir sie wie beim heiligen Franz von Assisi in der Lauterkeit seiner Gottesliebe und in der bedingungslosen Hilfsbereitschaft für alle Mitmenschen. Alle Erzählungen über seine Wundertaten berichten von Werken der Nächstenliebe. Er war ganz und immer für alle da, die seine Hilfe brauchten. Er hat seine Begnadung von Gott nie für sich in Anspruch genommen, sondern immer für die Not der anderen Menschen. Er war die Verkörperung des Bischofideals des heiligen Paulus: „Aus den Menschen genommen, für die Menschen bestellt!“ Diese reine Nächstenliebe hat stets die Gnade Gottes und die Verehrung der Menschen angezogen.

Mögen alle Wundergeschichten erdichtet sein, was bleibt, das ist das Bild des Christen, des Bischofs und Priesters, der aus Liebe zu Gott sein Leben verströmt hat in der Liebe zu den Mitmenschen. Daran sollen die Geschenke erinnern, die die Kinder am Nikolaustag erhalten. Es wäre schön, wenn sie dabei etwas spüren könnten von der Liebe des Heiligen, der ihnen über fünfzehn Jahrhunderte hinweg noch immer Freude schenkt in den Zeichen seiner Liebe.

Notburga

Fest: 14. September

Die Wissenschaft hat sich viel Mühe gegeben, die Geschichtlichkeit dieser beliebten und viel verehrten Bauernheiligen zu beweisen. Es gibt Gründe dafür, daß sie im 9. oder 10. Jahrhundert „im Raum von Rottenburg-Eben am Achensee" gelebt hat. Die ersten Nachrichten darüber stammen allerdings erst aus dem 13. Jahrhundert, und die Legende, wie wir sie kennen, ist eine Dichtung des 17. Jahrhunderts. Gerade sie hat die Verehrung der heiligen Köchin und Magd begründet und geprägt. Daher ist unser Bild von der heiligen Notburga eine reine Legende, für die die Einleitung zu diesem Kapitel in besonderer Weise gilt.

Der geschichtliche Befund spricht eher dafür, daß Notburga das Kind adeliger Eltern war, und nicht, wie die Legende es berichtet, eine Köchin und Bauernmagd. Als solche war sie beim Grafen Heinrich und seiner Gemahlin Jutta von Rottenburg im Dienst. Vielleicht kam die Verwechslung durch einen Aufenthalt im Schloß zustande. Die Herrschaft war fromm und freigebig. Sie gestattete Notburga, der die Verwaltung der Vorräte anvertraut war, den Armen der Umgebung reichlich Almosen zu spenden. Dies änderte sich, als der Sohn des Grafen dem Vater nachfolgte. Dessen Gattin Ottilia war kleinlich und hartherzig. Sie verbot der Köchin Notburga, übriggebliebene Speisen zu den Armen zu tragen, und ordnete an, daß damit die Schweine zu füttern seien. Nicht verbieten konnte die Gräfin, daß Notburga sich das eigene Essen vom Mund absparte und in die Hütten der Armen trug. Aber dies, ja vielleicht gerade dies erzürnte die vom Geiz besessene Herrin. Sie beschuldigte Notburga vor ihrem Gatten des Diebstahls und warf ihr vor, sie locke durch ihre Freigebigkeit das Gesindel der ganzen Gegend herbei. Der Graf kannte den Charakter seiner Gattin und wollte sich daher selbst vom Sachverhalt überzeugen. Als er Notburga auf dem Weg zu den Armen traf, fragte er sie, was sie denn in ihrer Schürze trage. Erschrocken öffnete Notburga die Schürze. Sie fürchtete den Zorn des Grafen und wagte gar nicht aufzublicken. Dieser starrte verwundert auf die vermuteten Lebensmittel; denn was er sah, waren nicht Brot und Fleisch, sondern Sägespäne, wie man sie im Schloß zum Anheizen der Öfen verwendete. Er war erleichtert; denn er gedachte der Wertschätzung, mit der seine Eltern Notburga behandelt hatten. Er erzählte das Erlebnis seiner Gattin und hoffte, daß sie sich damit endlich zufrieden gebe. Ottilia aber konnte nicht glauben, weil sie nicht glauben wollte. Sie beschimpfte Notburga und jagte sie aus dem Dienst. Diese verdingte sich in der Nähe des Schlosses bei einem Bauern. Gräfin Ottilia aber erkrankte bald darauf schwer. Sie ließ Notburga rufen und entschuldigte sich wegen ihrer Härte. Notburga blieb bei ihr und pflegte sie auf ihrem langen Schmerzenslager. Sie ging in sich, bereute ihre Habsucht und ihren Geiz und fand unter der demütigen Anleitung der Magd den Weg zur Barmherzigkeit Gottes.

Nach dem Tod der Gräfin kehrte Notburga an ihren Dienstplatz als Magd zurück. Dabei hatte sie sich ausbedungen, am Vorabend von Sonn- und Feiertagen mit dem Läuten der Gebetsglocke Feierabend machen zu dürfen, um sich im Gebet auf den Tag des Herrn vorzubereiten. Eines Samstags, es war in der Erntezeit, verlangte der Bauer, daß Notburga auf ihre Andacht verzichte und bis in den Abend hinein weiterarbeiten solle. Sie hatte kein Mittel, sich dem Verlangen des Bauern zu widersetzen. Da sagte sie in einem plötzlichen Entschluß: „Meine Sichel soll richten zwischen dir und mir!" Damit blickte sie zum Himmel und hängte ihre Sichel in der Luft auf. Als sie die Hand zurückzog, schwebte die Sichel zwischen der Magd und dem Bauern. Da bat dieser Notburga um Verzeihung und hielt sie beim Glockenzeichen nie mehr von ihrer Andacht ab.

Der Graf hatte viel Unglück in der Familie, in Haus, Stall und Feld. Er dachte oft an Notburga, die Küche und Keller so trefflich verwaltet hatte. Er bereute das Leid, das ihr in seinem Hause zugefügt worden war. Schließlich ging er selbst zu ihr und bat sie, in seinen Dienst zurückzukehren. Er versprach ihr, ihrem Wohltun nichts mehr in den Weg zu legen und ihr jede Freiheit zur Pflege des Gebets und der Andacht zu gewähren. Die zweite Gemahlin des Grafen, Margareta, die von ganz anderer Art war als die erste, stimmte freudig zu. So kehrte Notburga in das Schloß des Grafen von Rottenburg zurück. Die Armen der ganzen Gegend freuten sich; sie hatten auch Grund dazu; denn Notburga verstärkte ihre Liebestätigkeit mit voller Zustimmung ihrer Herrschaft. Noch achtzehn Jahre lebte Notburga und wurde schon zu Lebzeiten von hoch und niedrig als Heilige verehrt.

„Als sie gestorben war..., da zogen zwei Ochsen den Leichnam durch den Inn-Strom und über einen hohen Berg und standen still. Daselbst begrub man sie, und derselbig Edelmann ließ ein Gotteshaus bauen auf seinem eigen Gut." So berichtet die älteste Chronik über die Entstehung der Kirche in Eben.

Diese Kirche stand an der Stelle der heutigen Barockkirche. Bevor man sie errichtete, grub man 1718 und fand den Grundriß der alten Kirche und das Skelett einer Frau, die vor einem Jahrtausend gelebt hatte. Den Umständen und dem Grabungsbefund nach ist es erlaubt, in diesem Skelett die Reliquien der heiligen Notburga zu sehen, die heute in prunkvollem Schmuck auf einem Altar in der Kirche aufgestellt sind.

Notburga wurde nie selig- oder heiliggesprochen. Da ihre Verehrung aber in eine sehr alte Zeit zurückreicht, gestattete der Papst im Jahre 1862 ihre Verehrung als Heilige. Sie war früher die Patronin der Dienstmägde und Köchinnen. Ihre Verehrung könnte gerade in unserer Zeit neu belebt werden, gilt sie doch der Frau, die keine Äbtissin und auch keine Klosterfrau war, sondern die als Magd hart gearbeitet und viel Gutes getan hat. Sie hat um diese ihre Lebensform gekämpft und sich durchgesetzt. Sie war eine barmherzige und eine starke Frau. Ihre alte Verehrung zeigt, daß in der Kirche und auf den Altären immer Platz war für die Frau, für den Laien, für den einfachen und dienenden Menschen und nicht nur für Ordensstifterinnen und Kaiserinnen.

Sebastian

Fest: 20. Januar

Der in Narbonne (Frankreich) geborene Sebastian war ein hoher Offizier der Leibgarde des römischen Kaisers Diokletian. Er war aber auch Christ. Ist schon der Beruf eines Soldaten für einen Christen stets ein Problem, so war die Tätigkeit als Bewacher des Kaisers, der die Christen von allen römischen Cäsaren am grausamsten verfolgt hat, eine tägliche Entscheidung zwischen Verrat am Glauben und Martyrium. Sebastian hatte sich entschieden. Er tat seine Pflicht und war gleichzeitig bereit zur Bezeugung des Glaubens. Als zwei Brüder, Zwillinge, eingekerkert und wegen ihres Glaubens zum Tode verurteilt wurden und auf ihre Hinrichtung warteten, wurden sie von ihren heidnischen Eltern, von ihren Gattinnen und Kindern bestürmt, dem Kaiser zu opfern und damit die Freiheit zu erkaufen. Der wachhabende Offizier Sebastian aber bestärkte sie im Glauben und rief ihnen zu: „Ihr starken Ritter Christi, laßt euch nicht die ewige Krone rauben durch Bitten und süße Worte!" Auf die Worte Sebastians bekehrte sich zunächst Zoe, die Frau des Kerkermeisters. Sie war stumm, aber durch die Fürbitte Sebastians erlangte sie die Sprache wieder. Das Wunder führte ihren Gatten und die Eltern der verurteilten Brüder zum Glauben. Die Kunde verbreitete sich in ganz Rom. Sie erreichte auch das Haus des schwerkranken Stadtpräfekten. Dieser rief Sebastian zu sich und bat ihn um seine Fürbitte, damit auch er geheilt werde. Sebastian verlangte die Zerstörung der Götterstatuen als Vorbedingung. Der Präfekt zerstörte mit eigener Hand mehr als zweihundert Standbilder. Trotzdem konnte er nicht geheilt werden. Schließlich gestand er Sebastian, daß er noch ein kostbares Heiligtum besitze, in dem der Lauf der Sterne am Himmel trefflich nachgebildet sei und aus dem er die Zukunft ablesen könne. Nachdem auch dieses heidnische Denkmal zerstört war, genas der Stadtpräfekt von seiner Krankheit. Über die Zerstörung der Götzenbilder und über die aufsehenerregenden Bekehrungen gerieten die heidnischen Priester in Wut. Die ersten Opfer der Verfolgung waren Zoe, die Gattin des Gefangenenwärters, und die Eltern der Zwillinge. Die Brüder wurden enthauptet, und der Sohn des Stadtpräfekten mußte mit bloßen Füßen über glühende Kohlen gehen und kam so ums Leben. Nun wagten sie sich an Sebastian selbst. Sie denunzierten ihn beim Kaiser Diokletian. Er wurde gefangengenommen und dem Kaiser vorgeführt. Dieser machte ihm den Vorwurf des Hochverrats und verurteilte ihn zum Tode. Sebastian wurde vor die Stadt hinausgeführt und auf freiem Feld an einen Baum gebunden. Dann beschossen

Der heilige Sebastian. ▷
Gemälde von El Greco um 1577/78, Palencia, Domsakristei.
Foto: Atelier Oronoz, Madrid.

ihn die Bogenschützen mit ihren Pfeilen so, daß sie kein lebenswichtiges Organ trafen. Er sollte lange leiden und langsam verbluten. Nachdem er viele Wunden empfangen und viel Blut verloren hatte, sackte er in seinen Fesseln zusammen und verlor das Bewußtsein. Die Soldaten hielten ihn für tot und ließen ihn liegen. Am Abend kam eine christliche Witwe, Irene mit Namen, und wollte ihn losbinden, um ihn zu begraben. Da merkte sie, daß er noch lebte. Sie brachte ihn in ihr Haus, verband seine Wunden und pflegte ihn gesund.
Nach seiner Genesung begab er sich in den kaiserlichen Palast. Er begegnete früheren Kameraden und sagte zu ihnen: „Der Herr hat mich vom Tode erweckt, daß ich zu euch komme und euch strafe für das Leiden, das ihr den Dienern Christi antut." Kaiser Diokletian war wütend, als er hörte, daß Sebastian wieder aufgetaucht sei. Er dachte, die Soldaten hätten seinen Befehl nicht ausgeführt und Sebastian versteckt. Zornig gab er den Befehl, Sebastian auf der Stelle zu töten, keine Stunde Aufschub wollte er gewähren. Da wurde Sebastian auf der Stelle mit Keulen totgeschlagen. Sein Leichnam wurde in einen stinkenden Abwasserkanal geworfen, damit er nicht von den Christen bestattet und verehrt werden konnte. Einer Christin, Lucia, wurde in einer Vision der Leichnam des Sebastian gezeigt; sie fand ihn und barg ihn und bestattete ihn „zu Füßen der Apostel".
Sebastian war jahrhundertelang der am meisten verehrte Heilige der Christenheit. Es gab kaum eine Kirche ohne einen Altar oder eine Statue des an den Baum gebundenen und mit Pfeilen gespickten Heiligen. Die verfolgten und verachteten Christen, die meist den sozial einfachen Schichten angehörten, waren stolz auf den hohen Offizier am Kaiserhof, der sich so tapfer zu ihrem Glauben bekannt und dafür den Tod erlitten hatte. In seinen Wundern und Bekehrungen fanden sie Trost und Stärkung in ihrer eigenen Bedrängnis. Auch auf die Christen des Mittelalters und besonders des Barockzeitalters übte sein Heldentum einen großen Zauber aus. Tapferkeit und Heldentum ist von Natur aus Aktivität, vielleicht sogar Aggressivität, Vorwärtsstürmen und Angreifen. Das größere Heldentum aber liegt im Hinnehmen, im Erdulden, in der Passion. Dafür müßte unsere Zeit, die eine Orgie mißbrauchten Heldentums hinter sich hat, besonderes Verständnis haben. Eine neue Sebastiansverehrung müßte wohl ausgehen vom Soldaten Christi, der siegt im Untergang, der strahlt in Fesseln, der auf die Altäre steigt aus der Kloake; Heldentum des Christen ist Mut zur Nachfolge im Tragen des Kreuzes.

Ursula

Fest: 21. Oktober

In der Heiligenverehrung ging es oft zu wie in der Natur: aus einem winzigen Kern wächst mit der Zeit ein gewaltiger Baum, der viele gute Früchte trägt. So entstand oft auf der Grundlage schmaler geschichtlicher Unterlagen ein Heiligenkult, der jahrhundertelang die Opferbereitschaft und die Gebete der Gläubigen beflügelte, ganze Ordensfamilien motivierte und das Bedürfnis nach sinnenhafter Anschaulichkeit der religiösen Wahrheiten befriedigte.
Ein Beispiel dafür ist die Verehrung der heiligen Ursula und ihrer Gefährtinnen. Die geschichtlichen Grundlagen für diese Verehrung sind äußerst schmal und dürftig. In der Südwand des Chores der Ursulakirche in Köln findet sich eine Sandsteinplatte, die aus dem 4. bis 5. Jahrhundert stammt. Die Inschrift besagt, daß ein gewisser Clematius durch himmlische Gesichte aus dem Orient herbeigeführt, auf Grund eines Gelübdes aus eigenen Mitteln, auf eigenem Grund diese Basilika von Grund auf erneuert und wiederhergestellt hat, auf dem Boden, auf dem die ehrwürdigen Jungfrauen für den Namen Christi ihr Blut vergossen haben. Dies ist alles, was wir genau wissen. Kein Name, keine Jahreszahl, keine Anzahl der Jungfrauen, und doch ist es nicht wenig; denn die Inschrift besagt, daß es schon vor dieser Kirche eine ältere gegeben hat, die durch Clematius wieder hergestellt worden ist. Sie besagt, daß die Tatsache und die Stelle des Martyriums mehrerer Jungfrauen so allgemein bekannt war, daß es einer näheren Angabe gar nicht bedurfte, weil die Gläubigen dies zu der Zeit, als die Inschrift verfaßt wurde, ohnehin wußten. Als geschichtliche Tatsache steht also fest, in Köln hat – vermutlich während der Verfolgung des Diokletian – eine nicht näher bekannte Zahl von Jungfrauen den Martertod erlitten. Über ihrem Grab wurde schon sehr bald eine Kirche gebaut. Diese Kirche wurde nach einigen Jahrzehnten vom römischen Patrizier Clematius von Grund auf erneuert. Zeugnis von dieser Restauration gibt noch heute die Inschrift auf der Sandsteintafel.
Es ist ganz natürlich, daß die fromme Phantasie des Mittelalters sich mit diesen Tatsachen nicht begnügt hat. Sie hat die geschichtlichen Lücken mit einem Kranz von Legenden ausgefüllt und darauf dann eine Verehrung aufgebaut, herrliche Kunstwerke, Kirchenbauten, Ordensgründungen und unzählige Wallfahrten hervorgebracht.
Die erste Zusammenfassung der Legenden stammt aus der Zeit kurz vor, die zweite und endgültige kurz nach dem Jahr 1000. Der Unterschied der beiden

Fassungen zeigt das Wachstum einer solchen Legende, der mit der Zunahme der Verehrung immer neue Einzelzüge, Tugenden, ja Wunder angefügt werden.
Danach war Ursula die Tochter eines britannischen Königs. Sie hatte Jungfräulichkeit gelobt, wurde aber von einem mächtigen heidnischen Fürsten zur Frau begehrt. Sie erbat eine Bedenkzeit von drei Jahren und benutzte diese zu einer Wallfahrt nach Rom. Sie nahm zehn adelige Gefährtinnen mit sich. Jede von diesen wurde von tausend Jungfrauen begleitet. Diese unwahrscheinliche Zahl geht vermutlich auf einen Lesefehler in der schriftlichen Quelle zurück. Ursprünglich waren es wohl nur elf Jungfrauen. Auf dem Rückweg von Rom kamen sie zu Schiff auf dem Rhein nach Köln. Die Stadt wurde gerade von den Hunnen belagert. Diese töteten alle Begleiterinnen; Ursula aber sollte den Hunnenkönig Etzel heiraten. Da sie sich weigerte, wurde sie von ihm durch einen Pfeilschuß getötet. Hierauf erschienen Engel vom Himmel und vertrieben die Hunnen. Die befreiten Einwohner begruben die Toten und errichteten über dem Grab Ursulas eine Kirche, eben die Kirche, die später Clematius erneuerte.
Eine so große Zahl von heiligen Blutzeugen rief geradezu die Erfindung von Namen und die Auffindung von Reliquien hervor. Im Jahr 1106 entdeckte man bei der Ursulakirche ein römisches Grabfeld. Man glaubte die Gebeine der elftausend Jungfrauen gefunden zu haben und verteilte die „Reliquien“ in alle Welt. Die Verehrung der heiligen Ursula und ihrer Gefährtinnen wurde dadurch in Italien, Spanien, Polen und anderen Ländern verbreitet. Die Namen waren erfunden, die Tatsache, daß zahlreiche junge Frauen für ihren Glauben in Köln gestorben waren, aber nicht. Es kommt aber nicht auf den Namen an, sondern auf das heldenhafte Blutzeugnis, und dieses ist wissenschaftlich gesichert. Nicht in dem Nachweis der legendenhaften Züge liegt also der Rückgang des Ursulakults in der nachkonziliaren Eiszeit der Heiligen im allgemeinen und in Deutschland im besonderen.

Veronika

Fest: 4. Februar

Der Evangelist Matthäus berichtet von einem Wunder Jesu an einer Frau ohne Namen (9,20–22): „Da trat eine Frau, die schon zwölf Jahre an Blutungen litt, von hinten an ihn heran und berührte den Saum seines Gewandes; denn sie sagte sich: wenn ich auch nur sein Gewand berühre, werde ich geheilt. Jesus wandte sich um, und als er sie sah, sagte er: Habe keine Angst, meine Tochter, dein Glaube hat dir geholfen. Und von dieser Stunde an war die Frau geheilt." Dieser Frau hat die Legende den Namen Veronika gegeben. Nachdem sie auf wunderbare Weise geheilt worden war, hat sie in Jerusalem ein Haus erworben, das an der Straße lag, die aus der Stadt hinaus zum Kalvarienberg führt. Diese Wohnlage bot der Legende die Brücke zu dem zweiten Auftritt der Veronika in der Lebensgeschichte Jesu. Der Evangelist Lukas berichtet vom Kreuzweg des Herrn (23,27 ff.): „Es folgte eine große Menschenmenge, darunter auch Frauen, die um ihn klagten und weinten. Jesus wandte sich zu ihnen um und sagte: Ihr Frauen von Jerusalem, weinet nicht über mich; weint über euch und eure Kinder!" Unter diesen Frauen befand sich auch Veronika. Voll Mitleid reichte sie dem Herrn ein Schweißtuch, damit er sein Gesicht abtrocknen konnte. Jesus drückte sein Gesicht in das Tuch, so daß ein Abdruck seines Antlitzes, gezeichnet von Blut und Schweiß, darin zurückblieb. Damit beginnt die Geschichte dieses Bildes, die bis zum heutigen Tag nicht zu Ende ist. So wird im 6. Jahrhundert in Südfrankreich erzählt, Kaiser Tiberius (14–37 n. Chr.) sei schwer erkrankt. Als alle ärztliche Kunst versagte, sprach man von einem Wundertäter in Palästina mit Namen Jesus, der viele Kranke geheilt habe. Der Kaiser befahl, diesen Wundertäter nach Rom einzuladen, damit er auch ihn heile. Da mußte man ihm berichten, daß dieser Jesus vor kurzer Zeit auf Befehl des Pontius Pilatus hingerichtet worden sei. Tiberius setzte den Pilatus ab und ließ ihn ins Gefängnis werfen. Da man ihm erzählte, der Wundertäter hätte sein Bild auf einem Tuch hinterlassen, ließ er Veronika mit dem Schweißtuch, in das das Bild Jesu eingeprägt war, nach Rom kommen. Beim Anblick des Bildes wurde der Kaiser geheilt und ließ sich taufen. Veronika aber blieb in Rom. Das Schweißtuch schenkte sie der Kirche des Apostels Petrus. Im Laufe der Jahrhunderte wurden viele Kopien von dem Antlitz auf dem Schweißtuch hergestellt. Das Original wechselte oftmals den Besitzer. Im 8. Jahrhundert kam es nach Konstantinopel, im 13. brachten es die Kreuzfahrer nach Europa. Heute wird es in Turin aufbewahrt und verehrt. Neueste wissenschaftliche Untersuchungen ergeben starke Argumente für seine Echtheit. Natürlich ist dies kein

Beweis für die Geschichte seiner Entstehung, auch nicht für das Leben der heiligen Veronika. Aber was bedeutet schon der Name? Der Kern der Legende ist echt und wahr. Es ist die Reaktion des Herrn auf den unbedingten Glauben der kranken Frau und auf die liebende Geste einer guten Seele am Wege zur Hinrichtungsstätte. Jesus antwortet auf den Glauben mit Heilung, auf die Liebe mit seinem unauslöschlichen Bild. Dies gilt heute ebenso. Darum ist die heilige Veronika ein Symbol und Vorbild für das Verhältnis zum Herrn: gläubiges Vertrauen und liebevolle, selbstlose Dienstbereitschaft. Sie werden dieselbe Antwort finden: Jesus schenkt sein Bild, das Heil und Heilung bedeutet.

Namenspatrone

Das nachstehende Verzeichnis ist eine *Auswahl* von Heiligennamen, die im deutschen Sprachraum häufiger vorkommen. Von manchen Namen gibt es mehrere heilige Träger, z. B. gibt es 75 Heilige mit dem Namen Johannes. In diesen Fällen wurden die bekanntesten ausgewählt.
Zwischen „Heiligen" und „Seligen" wurde nicht unterschieden, da Namenspatrone aus beiden Gruppen gewählt werden können. Namen, die im kirchlichen Kalender nicht genannt sind, z. B. Namen aus Filmen und Opern, wurden nicht aufgenommen.
Die Namen der Heiligen, die im vorausgehenden biographischen Teil ausführlicher behandelt sind, wurden im Druck hervorgehoben.

Orden:

CanA	Reg. Augustiner-Chorherren
Can. Reg.	Reg. Chorherren
CSSR	Redemptoristen
OCarm	Beschuhte Carmeliten
OCart	Kartäuser
OCist	Zisterzienser
OCD	Unbeschuhte Karmeliten
OFM	Franziskaner
OFMCap	Kapuziner
OP	Dominikaner
OPraem	Prämonstratenser
OSB	Benediktiner
OSBCam	Kamaldulenser
SDB	Salesianer
SVD	Steyler Missionare
OSU	Ursulinen

Wer seinen Namenspatron in diesem Verzeichnis nicht findet, oder wer sich eingehender über ihn informieren möchte, dem wird folgende Auswahl an Nachschlagewerken empfohlen:

Aurnhammer, Hans, Lexikon der christlichen Ikonographie. Hrsg. v. E. Kirschbaum u. W. Braunfels, 8 Bände. Rom, Freiburg, Basel, Wien 1968–76.

Bader, Hermann, Alle Heiligen und Seligen der römisch-katholischen Kirche. München, 2. Aufl. 1957.

Braun, Josef, Tracht und Attribute der Heiligen in der deutschen Kunst. Stuttgart 1943.

Herders Kleines Lexikon der Heiligen (Herder-Bücherei Bd. 326). Freiburg 1968.

Lexikon der Heiligen und Päpste. Gütersloh 1980.

Quadflieg, Josef, Das große Buch von den heiligen Namenspatronen. Düsseldorf, 10. Aufl. 1979.

Wimmer, Otto, Kennzeichen und Attribute der Heiligen. Innsbruck 1979.

Wimmer, Otto und Melzer, Hartmann, Lexikon der Namen und Heiligen. Innsbruck, 4. erw. Auflage 1982.

A

Abel

Sohn Adams
Gedächtnis-Namenstag: 9. Dezember

Abel

Erzbischof von Reims
geboren: um 700
gestorben: um 750
Gedächtnis-Namenstag: 5. August

Abraham

Biblischer Stammvater
Gedächtnis-Namenstag: 9. Oktober

Ada

OSB, Äbtissin
gestorben: Ende des 7. Jahrhunderts
Gedächtnis-Namenstag: 28. Juli

Adalbero

Bischof von Augsburg, OSB
gestorben: 28. 4. 909 Augsburg
Gedächtnis-Namenstag: 28. April

Adalbert

OSB, Erzbischof von Magdeburg
gestorben: 20. 6. 981 in Zscherben bei Merseburg
Gedächtnis-Namenstag: 20. Juni

Adalbert

Bischof von Prag
geboren: 956 zu Libice
gestorben: 23. 4. 997 Tenkitten bei Königsberg
Gedächtnis-Namenstag: 23. April

Adam

Biblischer Stammvater des Menschengeschlechts
Gedächtnis-Namenstag: 24. Dezember

Adelgundis

OSB, Äbtissin von Maubeuge
geboren: um 630 in Henngau
gestorben: 30. 1. 684 in Maubeuge
Gedächtnis-Namenstag: 30. Januar

Adelheid

deutsche Kaiserin
geboren: 931
gestorben: 16. 12. 999 Selz (Nordost-Elsaß)
Gedächtnis-Namenstag: 16. Dezember

Adelinde

Äbtissin in Buchau
gestorben: um 926 in Buchau am Federsee
Gedächtnis-Namenstag: 28. August

Adeltrud

(Edeltraud), Äbtissin
gestorben: 25. 2. 696 in Maubeuge
Gedächtnis-Namenstag: 25. Februar

Adolf

OCist, Bischof von Osnabrück
geboren: um 1185 in Tecklenburg
gestorben: 30. 6. 1224 in Osnabrück
Gedächtnis-Namenstag: 30. Juni

Ägidius

Einsiedler
gestorben: 1. 9. 721 in Saint Gilles
Gedächtnis-Namenstag: 1. September

Afra

Martyrin
gestorben: um 304 in Augsburg
Gedächtnis-Namenstag: 7. August

Agatha

Martyrin
gestorben: um 250 in Catania (Sizilien)
Gedächtnis-Namenstag: 5. Februar

Agilolf

OSB, Bischof von Köln
gestorben: um 752 in Köln
Gedächtnis-Namenstag: 9. Juli

Agnes

Martyrin
gestorben: um 304 in Rom
Gedächtnis-Namenstag: 21. Januar
siehe Seite 22

Alban

Martyrer
gestorben: um 406 in Mainz
Gedächtnis-Namenstag: 21. Juni

Alberich

OCist, Abt von Citeaux
gestorben: 26. 1. 1109 in Citeaux
Gedächtnis-Namenstag: 26. Januar

Albert

der Große (Albertus Magnus), OP, Kirchenlehrer
geboren: 1193 in Lauingen
gestorben: 15. 11. 1280 in Köln
Gedächtnis-Namenstag: 15. November
siehe Seite 25

Albrecht

siehe Albert oder Adelbert

Alexander

Papst
gestorben: um 116 in Rom
Gedächtnis-Namenstag: 3. Mai

Alexandra

weibliche Form zu Alexander

Alexius

gestorben: im 5. Jahrhundert in Rom oder Edessa
Gedächtnis-Namenstag: 17. Juli

Alfons

von Liguori, CSSR, Bischof, Kirchenlehrer
geboren: 27. 9. 1696 zu Marianella
gestorben: 1. 8. 1787 in Pagani bei Neapel
Gedächtnis-Namenstag: 1. August

Alfred

der Große, König in England
geboren: 848 zu Wantage (Berkshire)
gestorben: 28. 10. 900
Gedächtnis-Namenstag: 28. Oktober

Aloisius

von Gonzaga, Jesuitenkleriker
geboren: 9. 3. 1568 auf Schloß Castiglione
gestorben: 21. 6. 1591 in Rom
Gedächtnis-Namenstag: 21. Juni

Altmann

Bischof von Passau
geboren: um 1015 in Westfalen
gestorben: 8. 8. 1091 zu Zeiselmauer bei Wien
Gedächtnis-Namenstag: 8. August

Alto

OSB, Abt von Altomünster
gestorben: um 760 zu Altomünster
Gedächtnis-Namenstag: 9. Februar

Amadeus

OCist, Bischof von Lausanne
geboren: um 1110 auf Schloß Chatte b. Grenoble
gestorben: 27. 8. 1159 zu Lausanne
Gedächtnis-Namenstag: 27. August

Amalia

Nonne
gestorben: um 690
Gedächtnis-Namenstag: 10. Juli

Amandus

Bischof, Glaubensbote der Belgier
gestorben: 6. 2. 679 in Elno
Gedächtnis-Namenstag: 6. Februar

Ambrosius

Bischof von Mailand, Kirchenlehrer
geboren: 339 zu Trier
gestorben: 4. 4. 397 zu Mailand
Gedächtnis-Namenstag: 7. Dezember
siehe Seite 31

Andreas

Apostel
geboren: in Betsaida (Galiläa)
gestorben: 30. 11. 60 zu Patras
Gedächtnis-Namenstag: 30. November

Angela

Merici, OSU, Gründerin des Ursulinenordens
geboren: 1. 3. 1474 zu Desenzano
(am Gardasee)
gestorben: 27. 1. 1540 in Brescia
Gedächtnis-Namenstag: 27. Januar

Angelika

siehe Angela

Anna

Mutter Mariä
Gedächtnis-Namenstag: 26. Juli

Anneliese

siehe Anna und Elisabeth

Annelore

siehe Anna und Eleonore

Annemarie

siehe Anna und Maria

Annette

Verkleinerungsform von Anna

Anselm

Erzbischof von Canterbury, Kirchenlehrer
geboren: 1033/34 zu Aosta (Piemont)
gestorben: 21. 4. 1109
Gedächtnis-Namenstag: 21. April

Ansgar

OSB, Bischof von Hamburg
geboren: 8./9. 9. um 801 bei Corbie
an der Somme
gestorben: 3. 2. 865 zu Bremen
Gedächtnis-Namenstag: 3. Februar

Antonius

der Große, Abt, Einsiedler
geboren: 251/252 in Kome (Mittelägypten)
gestorben: 356
Gedächtnis-Namenstag: 17. Januar

Antonius

von Padua, OFM, Kirchenlehrer
geboren: 15. 8. 1195 in Lissabon (Portugal)
gestorben: 13. 6. 1231 zu Arcella bei Padua
Gedächtnis-Namenstag: 13. Juni
siehe Seite 38

Appollonia

Jungfrau, Martyrin
gestorben: um 244–249
Gedächtnis-Namenstag: 9. Februar
siehe Seite 444

Aquila

(und Prisca), Mitarbeiter des Apostels Paulus
Gedächtnis-Namenstag: 8. Juli

Aquilinus

Martyrer
geboren: um 970 zu Würzburg
gestorben: um 1015 in Mailand
Gedächtnis-Namenstag: 29. Januar

Arno

OSB, Erzbischof von Salzburg
geboren: um 740 im Isengau
(östlich von München)
gestorben: 24. 1. 821 in Salzburg
Gedächtnis-Namenstag: 24. Januar

Arnold

Janssen, SVD, Gründer der Steyler Missionare
geboren: 5. 11. 1837 in Gouch bei Xanten
gestorben: 15. 1. 1909 in Steyl
Gedächtnis-Namenstag: 15. Januar

Arnulf

OSB, Bischof von Soissons
geboren: um 1040 in Flandern
gestorben: 15. 8. 1087
Gedächtnis-Namenstag: 15. August

Arthur

Bell, OFM, Martyrer
geboren: 13. 1. 1590 in Worcestershire
gestorben: 11. 12. 1643 in Tyburn bei London
Gedächtnis-Namenstag: 11. Dezember

Athanasius

der Große, Patriarch von Alexandrien, Kirchenlehrer
geboren: um 295 zu Alexandria (Ägypten)
gestorben: 2. 5. 373 zu Alexandria
Gedächtnis-Namenstag: 2. Mai

Attila

OSB, Bischof von Zamora
geboren: in Tarragona
gestorben: um 915 in Zamora
Gedächtnis-Namenstag: 5. Oktober

Augustinus

Bischof von Hippo, Kirchenvater
geboren: 13. 11. 354 zu Thagaste in Numidien
gestorben: 28. 8. 430 zu Hippo
Gedächtnis-Namenstag: 28. August
siehe Seite 44

Aya

vom Hennegau, OSB
Gestorben: 708/709 in Bergen (Hennegau)
Gedächtnis-Namenstag: 18. April

B

Balduin

OCist, Abt zu Rieti
gestorben: 1140 zu Rieti
Gedächtnis-Namenstag: 21. August

Barbara

Martyrin (gehört zu den 14 Nothelfern)
gestorben: 306
Gedächtnis-Namenstag: 4. Dezember
siehe Seite 446

Barnabas

Apostel
Gedächtnis-Namenstag: 11. Juni

Barnard

OSB, Erzbischof von Vienne
gestorben: 23. 1. 849 im Kloster Romans
Gedächtnis-Namenstag: 23. Januar

Bartholomäus

Apostel
Gedächtnis-Namenstag: 24. August

Basilius

Erzbischof von Cäsarea, Kirchenlehrer
geboren: 329/331 zu Cäsarea in Kappadokien
gestorben: 1. 1. 397 zu Cäsarea
Gedächtnis-Namenstag: 2. Januar

Beata

Martyrin
gestorben: 29. 6. 277 zu Sens (bei Paris)
Gedächtnis-Namenstag: 29. Juni

Beatus

von Trier, Einsiedler
gestorben: 7. Jahrhundert
Gedächtnis-Namenstag: 28. Juli

Beda

Venerabilis, OSB, Kirchenlehrer
geboren: 672/73 in England
gestorben: 26. 5. 735 zu Jarrow
Gedächtnis-Namenstag: 25. Mai

Bela IV.

König von Ungarn
geboren: 1206 zu Preßburg
gestorben: 3. 5. 1270 in Budapest
Gedächtnis-Namenstag: 3. Mai

Benedicta

Jungfrau, Martyrin
gestorben: 362 zu Soissons (nordöstlich von Paris)
Gedächtnis-Namenstag: 8. Oktober

Benedikt

von Nursia, Gründer des Benediktinerordens
geboren: um 480 zu Nursia (heute Nordia)
gestorben: 21. 3. 547 zu Montecassino
Gedächtnis-Namenstag: 11. Juli
siehe Seite 54

Benjamin

Sohn von Jakob und Rachel
Gedächtnis-Namenstag: 19. Dezember

Benno

Bischof von Meißen
gestorben: 1106
Gedächtnis-Namenstag: 16. Juni

Bernadette

Soubirous
geboren: 17. 2. 1844 zu Lourdes
gestorben: 16. 4. 1879
Gedächtnis-Namenstag: 16. April
siehe Seite 61

Bernhard

Markgraf von Baden
geboren: 1428 auf Schloß Hohenbaden (bei Baden-Baden)
gestorben: 15. 7. 1458 zu Moncalieri südl. Turin
Gedächtnis-Namenstag: 15. Juli

Bernhard

von Clairvaux, Abt, Gründer des Zisterzienserordens, Kirchenlehrer
geboren: um 1090 auf dem Schloß Fontaines-Lés-Dijon
gestorben: 20. 8. 1153 zu Clairvaux
Gedächtnis-Namenstag: 20. August
siehe Seite 66

Bernhardin

von Siena, OFM
geboren: 8. 9. 1380 zu Massa-Carrara (westl. von Florenz)
gestorben: 20. 5. 1444 zu L'Aquila
Gedächtnis-Namenstag: 20. Mai

Berno

OSB, Abt von Cluny
geboren: 850
gestorben: 13. 1. 927 zu Cluny
Gedächtnis-Namenstag: 13. Januar

Bernward

Bischof von Hildesheim
geboren: um 960
gestorben: 20. 11. 1022
Gedächtnis-Namenstag: 20. November

Bertha

Äbtissin von Avenay (auch: Berta)
gestorben: Ende des 7. Jahrhunderts
Gedächtnis-Namenstag: 1. Mai

Berthold

von Regensburg, OMin
geboren: um 1210 zu Regensburg
gestorben: 14. 12. 1272 in Regensburg
Gedächtnis-Namenstag: 14. Dezember

Bertrand

Patriarch von Aquileja
geboren: um 1260 bei Toulouse
gestorben: 6. 6. 1350 bei Spilimbergo (westlich von Udine)
Gedächtnis-Namenstag: 6. Juni

Birgitta

von Schweden
geboren: 1302/03 zu Finstad bei Uppsala
gestorben: 23. 7. 1373 zu Rom
Gedächtnis-Namenstag: 23. Juli

Blanca

Königin von Frankreich
geboren: 1188 in Kastilien
gestorben: 1. 12. 1252 in Kloster Maubuisson
Gedächtnis-Namenstag: 1. Dezember

Blasius

Bischof von Sebaste, Martyrer
gestorben: um 316
Gedächtnis-Namenstag: 3. Februar

Bona

Jungfrau
geboren: 1156 zu Pisa
gestorben: 1207 zu Pisa
Gedächtnis-Namenstag: 29. Mai

Bonaventura

OFM, Bischof, Kirchenlehrer
geboren: 1221 zu Bagnoreggio bei Viterbo
gestorben: 15. 7. 1274 zu Lyon
Gedächtnis-Namenstag: 15. Juli

Bonifatius

(Winfried), OSB, Erzbischof,
Apostel Deutschlands
geboren: 672/75 im südl. Wessex
gestorben: 5. 6. 754 bei Dokkum
(nördl. Niederlande)
Gedächtnis-Namenstag: 5. Juni
siehe Seite 70

Boris

Fürst der Bulgaren
gestorben: 7. 5. 907
Gedächtnis-Namenstag: 7. Mai

Brigitta

geboren: um 453
gestorben: 1. 2. 523
Gedächtnis-Namenstag: 1. Februar
siehe Seite 449

Bruno I.

Erzbischof von Köln
geboren: im Frühjahr 925 als Sohn König
Heinrichs I.
gestorben: 11. 10. 965 in Reims
Gedächtnis-Namenstag: 11. Oktober

Bruno

der Kartäuser
geboren: 1030/35 in Köln
gestorben: 6. 10. 1101 in der Kartause La Torre
Gedächtnis-Namenstag: 6. Oktober

Bruno

(Brun), Bischof von Würzburg – Bruno von
Kärnten
gestorben: 27. 5. 1045
Gedächtnis-Namenstag: 27. Mai

Berkhard

OSB, Bischof von Würzburg
gestorben: 2. 2. 754 Hohenburg im Odenwald
Gedächtnis-Namenstag: 2. Februar

C

Cäcilia

Martyrin, Patronin der Kirchenmusik
gestorben: um 230
Gedächtnis-Namenstag: 22. November
siehe Seite 452

Cäsar

(Cesar) Ordensgründer
geboren: 3. 2. 1544 bei Avignon
gestorben: 15. 4. 1607
Gedächtnis-Namenstag: 15. April

Cassian

Martyrer
gestorben: 305 zu Imola
Gedächtnis-Namenstag: 13. August

Chlotilde

Frankenkönigin
geboren: um 474 zu Lyon
gestorben: 3. 6. 544 zu Tours
Gedächtnis-Namenstag: 3. Juni

Christianus

Bischof in Preußen, OCist
gestorben: 4. 12. 1245 im Kloster Sulejów
südlich von Lodz
Gedächtnis-Namenstag: 4. Dezember

Christina

Martyrin
gestorben: um 304 in Bolsena nördlich von Rom
Gedächtnis-Namenstag: 24. Juli

Christophorus

Martyrer
gestorben: um 250 (Legende)
Gedächtnis-Namenstag: 24. Juli
siehe Seite 455

Clara

von Assisi, Begründerin des Klarissenordens
geboren: 1194 zu Assisi
gestorben: 11. 8. 1253 in S. Damiano
Gedächtnis-Namenstag: 11. August

Claudia

Martyrin
gestorben: um 305 zu Amisium in Kleinasien
Gedächtnis-Namenstag: 20. März

Clemens I.

Papst, 3. Nachfolger des hl. Petrus
gestorben: 101 zu Rom
Gedächtnis-Namenstag: 23. November

Cordula

Martyrin, Gefährtin der hl. Ursula
Gedächtnis-Namenstag: 22. Oktober

Cornelia

Martyrin in Tunis
Gedächtnis-Namenstag: 31. März

Cornelius

Papst
gestorben: 253 in Rom
Gedächtnis-Namenstag: 16. September

Corona

Martyrin
gestorben: um 250
Gedächtnis-Namenstag: 14. Mai

Crescentia

Höß von Kaufbeuren
geboren: 20. 10. 1682 zu Kaufbeuren
gestorben: 5. 4. 1744 zu Kaufbeuren
Gedächtnis-Namenstag: 5. April

Cyprianus

Martyrer, Bischof von Karthago
geboren: 200/210 zu Karthago
gestorben: 14. 9. 258 zu Karthago
Gedächtnis-Namenstag: 16. September

Cyrillus

Patriarch von Alexandrien, Kirchenlehrer
geboren: um 380 in Alexandria
gestorben: 27. 6. 444
Gedächtnis-Namenstag: 27. Juni

Cyrillus

(Kyrillos und Methodios) Mönch, Slawenapostel, Patron Europas
geboren: 826/27 in Thessalonike
gestorben: 14. 2. 869 in Rom
Gedächtnis-Namenstag: 14. Februar
siehe Seite 246

D

Daniel

Prophet des Alten Bundes
Gedächtnis-Namenstag: 21. Juli

David

König in Israel 1004–965 v. Chr.
Gedächtnis-Namenstag: 29. Dezember

Demetria

Martyrin zu Rom
gestorben: 363 zu Rom
Gedächtnis-Namenstag: 21. Juni

Demetrius

Martyrer
gestorben: um 304 in Sirmium
Gedächtnis-Namenstag: 26. Oktober

Diana

d'Andalò, OP
gestorben: 10. 6. 1236 zu Bologna
Gedächtnis-Namenstag: 10. Juni

Diemut

von Wessobrunn, OSB
gestorben: 30. 3. 1130
Gedächtnis-Namenstag: 30. März

Dieter

Kurzform von Theoderich

Dietrich

Kurzform von Theoderich

Dionysius

Bischof von Alexandria
gestorben: 264/65
Gedächtnis-Namenstag: 17. November

Dominikus

OP, Gründer des Dominikanerordens
geboren: um 1170 zu Caleruega in Kastilien
gestorben: 6. 8. 1221 zu Bologna
Gedächtnis-Namenstag: 8. August
siehe Seite 77

Domitilla

Martyrin
Gedächtnis-Namenstag: 12. Mai

Dorothea

Jungfrau und Martyrin in Kappadokien
gestorben: um 305 in Cäsarea in Kappadokien
Gedächtnis-Namenstag: 6. Februar
siehe Seite 459

E

Eberhard I.

Erzbischof von Salzburg, OSB
geboren: um 1085 in Nürnberg
gestorben: 21. 6. 1164 im Kloster Rein bei Graz
Gedächtnis-Namenstag: 21. Juni

Edgar

der Friedfertige, König der Angelsachsen
geboren: um 944
gestorben: 8. 7. 975
Gedächtnis-Namenstag: 8. Juli

Edigna

Einsiedlerin
gestorben: 26. 2. 1109 zu Puch
bei Fürstenfeldbruck
Gedächtnis-Namenstag: 26. Februar

Edith

von Wilton, OSB
gestorben: 16. 9. 984
Gedächtnis-Namenstag: 16. September

Edith

Stein (Schwester Teresia Benedicta
a Cruce O Carm.)
geboren: 12. 10. 1891
gestorben: 9. 8. 1942
Gedächtnis-Namenstag: 9. August
siehe Seite 86

Edmund

Campion: SJ, Martyrer
geboren: 25. 1. 1540 in London
gestorben: 1. 12. 1581 (gehängt) in London
Gedächtnis-Namenstag: 1. Dezember

Eduard

der Bekenner, König von England
geboren: um 1003
gestorben: 5. 1. 1066
Gedächtnis-Namenstag: 5. Januar

Egbert

OSB, Abt von Münsterschwarzach
gestorben: 25. 11. 1076/77
Gedächtnis-Namenstag: 25. November

Ekkehard

von Clairvaux, OCist
Gedächtnis-Namenstag: 15. September

Eleonora

OSB, Königin von England
gestorben: 1291
Gedächtnis-Namenstag: 25. Juni

Elfriede

Martyrin
gestorben: 819 bei Arras (Nordfrankreich)
Gedächtnis-Namenstag: 8. Dezember

Elias

Prophet im Alten Testament
Gedächtnis-Namenstag: 20. Juli

Elisabet

Mutter von Johannes dem Täufer
Gedächtnis-Namenstag: 5. November

Elisabeth

von Thüringen, Landgräfin
geboren: 1207 auf der Burg Sáros Patak
(Nordungarn)
gestorben: 17. 11. 1231 in Marburg
Gedächtnis-Namenstag: 19. November
siehe Seite 94

Elmar

Bischof und Glaubensbote in Lüttich
gestorben: 28. 8. um 700 zu Molhain bei Lüttich
Gedächtnis-Namenstag: 28. August

Emilie

Wilhelmine de Rodat, Gründerin der „Schwestern von der hl. Familie"
geboren: 6. 9. 1787
gestorben: 19. 9. in Villefranche
Gedächtnis-Namenstag: 19. September

Emma

siehe Hemma

Emmanuel

Martyrer
gestorben: um 300 in Kleinasien
Gedächtnis-Namenstag: 26. März

Emmeram

Bischof von Regensburg
gestorben: zwischen 652 und 716 in Kleinhelfendorf
Gedächtnis-Namenstag: 22. September

Emmerich

von Ungarn, Kronprinz
geboren: zwischen 1000 und 1007
gestorben: 2. 9. 1031
Gedächtnis-Namenstag: 5. November
siehe Seite 375 (bei Stephan I.)

Engelbert

Erzbischof von Köln
geboren: 1185
gestorben: 7. 11. 1225
Gedächtnis-Namenstag: 7. November

Engelmar

Martyrer
gestorben: 1110
Gedächtnis-Namenstag: 14. Januar

Erasmus

Martyrer
gestorben: 305 in Formia bei Gaeta
Gedächnis-Namenstag: 2. Juni

Erhard

Bischof von Regensburg
gestorben: um 700
Gedächtnis-Namenstag: 8. Januar

Erich

König von Dänemark, Martyrer
geboren: 1216
gestorben: 10. 8. 1250 in Schleswig
Gedächtnis-Namenstag: 10. August

Erika

weibliche Form zu Erich

Erna

weibliche Form zu Ernst

Ernst

OSB, 1. Abt von Neresheim, Martyrer
gestorben: 7. 10. 1148 zu Mekka
Gedächtnis-Namenstag: 7. Oktober

Esther

Befreierin Israels
Gedächtnis-Namenstag: 24. Mai

Eugenius I.

Papst
gestorben: 2. 6. 657
Gedächtnis-Namenstag: 2. Juni

Eusebius

Bischof von Mailand
gestorben: um 465
Gedächtnis-Namenstag: 12. August

Eustachius

(einer der 14 Nothelfer)
Patriarch von Antiochien
Gedächtnis-Namenstag:
20. September oder 16. Juli

Eva

Biblische Stammutter des Menschengeschlechts

Ewald

Martyrer
gestorben: 3. 10. 695
Gedächtnis-Namenstag: 3. Oktober

F

Fabiola

gestorben: Ende 399 zu Rom
Gedächtnis-Namenstag: 27. Dezember

Felizitas

Martyrin zu Rom
gestorben: vermutlich 162
Gedächtnis-Namenstag: 23. November

Felix

von Cantalice, OFM
geboren: 1515 zu Cantalice bei Rieti
gestorben: 18. 5. 1587
Gedächtnis-Namenstag: 18. Mai

Ferdinand III.

der Heilige, König von León und Kastilien
geboren: 1199
gestorben: 30. 5. 1252 in Sevilla
Gedächtnis-Namenstag: 30. Mai

Fidelis

von Sigmaringen, OFMCap, Martyrer
geboren: 1578 in Sigmaringen
gestorben: 24. 4. 1622 in Seewies
Gedächtnis-Namenstag: 24. April

Florian

Martyrer
gestorben: vermutlich 304 in Lorch bei Enns
Gedächtnis-Namenstag: 4. Mai
siehe Seite 462

Franca

OCist, Äbtissin
geboren: um 1173 zu Piacenza
gestorben: 25. 4. 1218 in Plectoli
Gedächtnis-Namenstag: 25. April

Franz

von Assisi, Gründer des Franziskanerordens
geboren: 1181/82 zu Assisi
gestorben: 3. 10. 1226 in Portiunkula
Gedächtnis-Namenstag: 4. Oktober
siehe Seite 102

Franz

von Sales, Bischof von Genf, Kirchenlehrer
geboren: 21. 8. 1567 auf Schloß Sales
gestorben: 28. 12. 1622
Gedächtnis-Namenstag: 24. Januar
siehe Seite 109

Franz

Xaver, SJ
geboren: 7. 4. 1506 auf Schloß Javier in Navarra
gestorben: 3. 12. 1552 auf der Insel Sancian
Gedächtnis-Namenstag: 3. Dezember
siehe Seite 117

Franziska

von Rom (Francesca Romana)
geboren: 1384 zu Rom
gestorben: 9. 3. 1440 zu Rom
Gedächtnis-Namenstag: 9. März

Fridolin

von Säckingen
gestorben: im 7. Jahrhundert in Säckingen
Gedächtnis-Namenstag: 6. März

Friedrich

OSB, Abt von Hirsau
gestorben: 8. 5. 1071
Gedächtnis-Namenstag: 8. Mai

Frowin

OSB, Abt von Engelberg
gestorben: 27. 3. 1178
Gedächtnis-Namenstag: 27. März

Fulbert

Bischof von Chartres
geboren: um 960 in Italien
gestorben: 10. 4. 1028
Gedächtnis-Namenstag: 10. April

G

Gabriel

Erzengel
Gedächtnis-Namenstag: 29. September

Gabriele

weibliche Form von Gabriel

Gallus

Mönch und Glaubensbote am Bodensee
geboren: um 550 in Irland
gestorben: 16. 10. 645 in Arbon
Gedächtnis-Namenstag: 16. Oktober

Gangolf

Martyrer
gestorben: um 760
Gedächtnis-Namenstag: 11. Mai

Gebhard

Erzbischof von Salzburg
gestorben: 15. 6. 1088 in Werfen a. d. Salzach
Gedächtnis-Namenstag: 15. Juni

Gemma

Galgani
geboren: 12. 3. 1878 in Camigliano bei Lucca
gestorben: 11. 4. 1903 zu Lucca
Gedächtnis-Namenstag: 11. April

Genovefa

von Paris (Geneviève)
geboren: um 422 in Nanterre bei Paris
gestorben: 3. 1. um 502 in Paris
Gedächtnis-Namenstag: 3. Januar

Georg

von Kappadokien, Martyrer
Gedächtnis-Namenstag: 23. April
siehe Seite 465

Gerhard

Bischof von Toul
geboren: 935 in Köln
gestorben: 23. 4. 994 in Toul
Gedächtnis-Namenstag: 23. April

Gerlinde

Einsiedlerin
gestorben: Ende des 12. Jahrhunderts
Gedächtnis-Namenstag: 26. Februar

Germanus

Bischof von Auxerre
geboren: um 378 in Auxerre
gestorben: 31. 7. 448 in Ravenna
Gedächtnis-Namenstag: 31. Juli

Gerold

im Großen Walsertal, Einsiedler
gestorben: 10. 4. um 978
Gedächtnis-Namenstag: 10. April

Gertrud

OCist, von Helfta, Mystikerin
geboren: 6. 1. 1256 in Thüringen
gestorben: 13. 11. 1302 in Helfta
Gedächtnis-Namenstag: 17. November

Gisela

Königin von Ungarn
geboren: um 985 auf Schloß Abbach
gestorben: 7. 5. 1060 zu Passau (als Äbtissin)
Gedächtnis-Namenstag: 7. Mai
siehe Seite 375 (bei Stephan I.)

Godehard

OSB, Bischof von Hildesheim
geboren: 960 zu Reichersdorf bei Niederaltaich
gestorben: 5. 5. 1038 bei Hildesheim
Gedächtnis-Namenstag: 5. Mai

Gottfried

OSB, Bischof von Amiens
geboren: 1065/66 im Gebiet von Soissons
gestorben: 8. 11. 1115
Gedächtnis-Namenstag: 8. November

Gregor

Bischof von Nazianz, Kirchenlehrer
geboren: 330 zu Arianz bei Nazianz
gestorben: 390 in Arianz
Gedächtnis-Namenstag: 2. Januar

Gregor

Bischof von Nyssa, Kirchenvater
geboren: 334
gestorben: 394
Gedächtnis-Namenstag: 9. März

Gregor I.

der Große, Papst, Kirchenlehrer
geboren: um 540 in Rom
gestorben: 12. 3. 604
Gedächtnis-Namenstag: 3. September

Gudula

Jungfrau, Büßerin
gestorben: 712 bei Brüssel
Gedächtnis-Namenstag: 8. Januar

Guido

OSB, Abt von Pomposa
geboren: um 1010 bei Ravenna
gestorben: 31. 3. 1046
Gedächtnis-Namenstag: 31. März

Gundekar

Bischof von Eichstätt
geboren: 10. 8. 1019
gestorben: 2. 8. 1075 zu Eichstätt
Gedächtnis-Namenstag: 2. August

Gunther

OSB, von Niederaltaich
geboren: um 955 in Schwarzburg im Thüringer Wald
gestorben: 9. 10. 1045
Gedächtnis-Namenstag: 9. Oktober

Guntram

König der Franken
geboren: um 525
gestorben: 28. 3. 592 Chalons sur Marne
Gedächtnis-Namenstag: 28. März

Gustav

Einsiedler in Schweden
gestorben: 10. 3. 890 in Nordschweden
Gedächtnis-Namenstag: 10. März

H

Hadrian III.

Papst
gestorben: September 885
Gedächtnis-Namenstag: 8. Juli

Hadwig

OSB, Äbtissin von Herford
gestorben: um 870
Gedächtnis-Namenstag: 4. September

Harald

Martyrer bei Brescia
gestorben: 574
Gedächtnis-Namenstag: 1. September

Hartmann

CRSA, Bischof von Brixen
geboren: um 1090 in Polling bei Passau
gestorben: 23. 12. 1164 in Brixen
Gedächtnis-Namenstag: 23. Dezember

Hatto

OSB
gestorben: 4. 7. 985
Gedächtnis-Namenstag: 4. Juli

Hedwig

von Schlesien, Herzogin
geboren: 1174 auf Schloß Andechs am Ammersee
gestorben: 15. 10. 1243 in Trebnitz
Gedächtnis-Namenstag: 16. Oktober
siehe Seite 127

Heinrich II.

Kaiser, der Heilige
geboren: 6. 5. 973 in Hildesheim
gestorben: 13. 7. 1024 zu Grona bei Göttingen
Gedächtnis-Namenstag: 13. Juli
siehe Seite 132

Helena

röm. Kaiserin
geboren: um 255 in Bithynien
gestorben: 330 in Nikomedien
Gedächtnis-Namenstag: 18. August
siehe Seite 468

Helmtrudis

von Neuenheerse (Hiltrud)
gestorben: um 950
Gedächtnis-Namenstag: 31. Mai

Helmut = Helmstan

Bischof von Winchester
gestorben: um 850
Gedächtnis-Namenstag: 29. März

Hemma

von Gurk (Emma)
geboren: um 980
gestorben: 29. 6. 1045
Gedächtnis-Namenstag: 27. Juni

Herakles

Bischof von Alexandria
gestorben: 248
Gedächtnis-Namenstag: 14. Juli

Heribert

(Herbert) Erzbischof von Köln
geboren: um 970 zu Worms
gestorben: 16. 3. 1021 in Deutz
Gedächtnis-Namenstag: 30. August

Hermann

OSB, Markgraf von Baden
geboren: um 1040
gestorben: 25. 4. 1074
Gedächtnis-Namenstag: 25. April

Hermann

Joseph, OPraem
geboren: 2. Hälfte des 12. Jahrhunderts in Köln
gestorben: 7. 4. 1241 Hoven bei Bonn
Gedächtnis-Namenstag: 21. Mai

Herta

= Herberta = Heribert

Hieronymus

Kirchenlehrer
geboren: um 347 Stridon in Dalmatien
gestorben: 30. 9. 420
Gedächtnis-Namenstag: 30. September

Hilarius

Bischof von Poitiers
geboren: um 315 in Poitiers
gestorben: um 367
Gedächtnis-Namenstag: 13. Januar

Hilda

OSB, Äbtissin von Streaneshalch
geboren: 614
gestorben: 680
Gedächtnis-Namenstag: 17. November

Hildebert

OSB, Erzbischof von Mainz
gestorben: 937 oder 938
Gedächtnis-Namenstag: 3. Mai

Hildegard

von Bingen, OSB, Äbtissin
geboren: 1098 in Bermersheim bei Bingen
gestorben: 17. 9. 1179 auf dem Rupertsberg
Gedächtnis-Namenstag: 17. September
siehe Seite 138

Hildegundis

von Meer OPraem
gestorben: 6. 2. 1183
Gedächtnis-Namenstag: 6. Februar

Hubert

Bischof von Maastrich und Lüttich
geboren: um 655
gestorben: 30. 5. 727 bei Brüssel
Gedächtnis-Namenstag: 3. November
siehe Seite 470

Hugo

OSB, Abt von Cluny
geboren: 1024 in Semur
gestorben: 28. 4. 1109
Gedächtnis-Namenstag: 28. April

I

Ida

von Toggenburg
gestorben: um 1226 zu Fischingen
Gedächtnis-Namenstag: 3. November

Ignatius

Bischof von Antiochien, Martyrer
geboren: um 50 n. Chr.
gestorben: um 110–115
Gedächtnis-Namenstag: 17. Oktober
siehe Seite 145

Ignatius

von Loyola, Gründer des Jesuitenordens
geboren: 1491 auf Schloß Loyola
gestorben: 31. 7. 1556 zu Rom
Gedächtnis-Namenstag: 31. Juli
siehe Seite 151

Ildefons

Erzbischof von Toledo
gestorben: 23. 1. 667
Gedächtnis-Namenstag: 23. Januar

Imma

Äbtissin zu Karlsburg
gestorben: um 750
Gedächtnis-Namenstag: 25. November

Ingeborg

gestorben: 30. Juli 1237
Gedächtnis-Namenstag: 30. Juli

Irenäus

Bischof von Lyon, Martyrer, Kirchenlehrer
geboren: um 130 in Kleinasien
gestorben: um 202
Gedächtnis-Namenstag: 28. Juni

Irene

Martyrin
gestorben: um 308–314 in Konstantinopel
Gedächtnis-Namenstag: 5. Mai

Irmgard

(Irmingard, Irmengard) OSB, Äbtissin von Frauenchiemsee
geboren: um 832/33
gestorben: 16. 7. um 866
Gedächtnis-Namenstag: 16. Juli
siehe Seite 157

Irmina

OSB, Äbtissin von Oeren
gestorben: 24. 12. 710
Gedächtnis-Namenstag: 24. Dezember

Isaak

Patriarch des Alten Testaments
Gedächtnis-Namenstag: 25. März

Isidor

Erzbischof von Sevilla, Kirchenlehrer
geboren: um 560 zu Cartagena
gestorben: 4. 4. 636 zu Sevilla
Gedächtnis-Namenstag: 4. April

Ivo

Bischof von Chartres
geboren: um 1040 bei Beauvais (nördlich von Paris)
gestorben: 23. 12. 1116
Gedächtnis-Namenstag: 23. Dezember

Iwan

von Böhmen
gestorben: 24. 6. 904
Gedächtnis-Namenstag: 24. Juni

J

Jakob

der Ältere, Apostel
Gedächtnis-Namenstag: 25. Juli

Jacobus

der Jüngere, Apostel
Gedächtnis-Namenstag: 3. Mai

Jakob

Patriarch im Alten Testament
Gedächtnis-Namenstag: 6. Oktober

Jean

= Johannes

Jeanne

= Johanna

Jeanette

= Verkleinerungsform zu Johanna

Jeremias

Prophet im Alten Testament
Gedächtnis-Namenstag: 1. Mai

Joachim

Vater der Gottesmutter
Gedächtnis-Namenstag: 26. Juli

Johanna

von Orléans, Jeanne d'Arc,
Jungfrau von Orléans
geboren: um 1412 (6.1.)
gestorben: 30. 5. 1431 zu Rouen
Gedächtnis-Namenstag: 30. Mai

Johannes

Apostel und Evangelist
gestorben: um 100
Gedächtnis-Namenstag: 27. Dezember

Johannes

Bosco (Don Bosco) Gründer der Salesianer
geboren: 16. 8. 1815 in Becchi bei Turin
gestorben: 31. 1. 1888 in Turin
Gedächtnis-Namenstag: 31. Januar
siehe Seite 162

Johannes

von Capestrano, OFM
geboren: 24. 6. 1386 in Capestrano
gestorben: 23. 10. 1456 in Ilok a. d. Donau
Gedächtnis-Namenstag: 23. Oktober
siehe Seite 166

Johannes

Chrysostomus, Patriarch von Konstantinopel,
Kirchenlehrer
geboren: 344/354 in Antiochia in Syrien
gestorben: 14. 9. 407 in Komana
Gedächtnis-Namenstag: 13. September
siehe Seite 175

Johannes

vom Kreuz OCarm, Kirchenlehrer
geboren: 24. 6. 1542 zu Fontivera
gestorben: 14. 12. 1591 in Ubeda
Gedächtnis-Namenstag: 14. Dezember
siehe Seite 186

Johannes

Nepomuk, Martyrer
geboren: um 1350 zu Pomuk
gestorben: 20. 3. 1393 in Prag
Gedächtnis-Namenstag: 16. Mai
siehe Seite 200

Johannes

der Täufer, Vorläufer Jesu
Gedächtnis-Namenstag: 24. Juni
siehe Seite 204

Johannes

Vianney (Pfarrer von Ars)
geboren: 8. 5. 1786 zu Dardilly westl. von Lyon
gestorben: 4. 8. 1859 zu Ars
Gedächtnis-Namenstag: 4. August
siehe Seite 194

Josef

Bräutigam der Gottesmutter Maria
Gedächtnis-Namenstag: 19. März
siehe Seite 213

Joseph

von Ägypten
Gedächtnis-Namenstag: 11. Dezember

Judith

Retterin Israels im Alten Testament
Gedächtnis-Namenstag: 7. September

Julia

Martyrin in Korsika
gestorben: um 250
Gedächtnis-Namenstag: 22. Mai

Juliana

von Lüttich, CSA
geboren: um 1192 zu Rétinne bei Lüttich
gestorben: 5. 4. 1258 zu Fosse bei Namur
Gedächtnis-Namenstag: 5. April

Julius I.

Papst
gestorben: 12. 4. 352
Gedächtnis-Namenstag: 12. April

Justinus

Martyrer
gestorben: nach 220
Gedächtnis-Namenstag: 1. Juni

Justus

Bischof von Lyon
gestorben: 14. 10. 390
Gedächtnis-Namenstag: 14. Oktober

Jutta

(Judith) von Sangershausen
gestorben: 5. 5. 1260
Gedächtnis-Namenstag: 5. Mai

K

Karl

Borromäus, Kardinal, Erzbischof von Mailand
geboren: 2. 10. 1538 auf der Burg Arona
gestorben: 3. 11. 1584 in Mailand
Gedächtnis-Namenstag: 4. November
siehe Seite 220

Kaspar

einer der drei Weisen aus dem Morgenland
Gedächtnis-Namenstag: 6. Januar

Katharina

Jungfrau und Martyrin in Alexandria
Gedächtnis-Namenstag: 25. November
siehe Seite 472

Katharina

von Siena, Kirchenlehrerin
geboren: um 1347 in Siena
gestorben: 29. 4. 1380 in Rom
Gedächtnis-Namenstag: 29. April
siehe Seite 231

Kilian

Bischof von Würzburg
gestorben: um 689
Gedächtnis-Namenstag: 8. Juli

Klara

siehe Clara

Klaus

siehe Nikolaus

Klemens

siehe Clemens

Knud

König von Dänemark, Martyrer
geboren: um 1040
gestorben: 10. 7. 1086
Gedächtnis-Namenstag: 10. Juli

Koloman

Martyrer
gestorben: 17. 7. 1012 in Stockerau bei Wien
Gedächtnis-Namenstag: 13. Oktober

Konrad

von Parzham OFMCap
geboren: 22. 12. 1818 in Parzham
gestorben: 21. 4. 1894 in Altötting
Gedächtnis-Namenstag: 21. April
siehe Seite 236

Konradin

von Brescia OP, (ital. Corrado)
geboren: gegen Ende des 14. Jahrhunderts
gestorben: 1. 11. 1529
Gedächtnis-Namenstag: 1. November

Konstantin I.

röm. Kaiser
geboren: um 285 in Naissus in Mösien
gestorben: 21. 5. 337 zu Achyron
Gedächtnis-Namenstag: 21. Mai

Korbinian

Bischof von Freising
geboren: um 680 in Arpajon
gestorben: 8. 9. 724 oder 730
Gedächtnis-Namenstag: 8. bzw. 20. November
siehe Seite 241

Kunigunde

Kaiserin
gestorben: 3. 3. 1033 in Kaufungen
Gedächtnis-Namenstag: 13. Juli
(in Bamberg 3. März)
siehe Seite 132 (bei Heinrich)

Kurt

siehe Konrad

Kyrillus

siehe Cyrillus

L

Ladislaus

I. König von Ungarn
geboren: um 1040
gestorben: 29. 7. 1095
Gedächtnis-Namenstag: 29. Juli

Lambert

Martyrer, Bischof von Maastricht
geboren: um 625 in Maastricht
gestorben: 17. 8. 705
Gedächtnis-Namenstag: 18. September

Landfried

OSB, 1. Abt von Benediktbeuern
gestorben: 808
Gedächtnis-Namenstag: 10. Juni

Lantbert

Bischof von Freising
gestorben: 957
Gedächtnis-Namenstag: 18. September

Laurentius

Martyrer, Diakon in Rom
gestorben: 10. 8. 258 in Rom
Gedächtnis-Namenstag: 10. August
siehe Seite 475

Leo I.

der Große, Papst, Kirchenlehrer
gestorben: 10. 11. 461
Gedächtnis-Namenstag: 10. November

Leonhard

Einsiedler
geboren: wahrscheinlich 6. Jahrhundert
Gedächtnis-Namenstag: 6. November
siehe Seite 479

Leopold III.

Markgraf von Österreich
geboren: um 1075 in Gars am Kamp
gestorben: 15. 11. 1136
Gedächtnis-Namenstag: 15. November

Liborius

Wagner, Martyrer
geboren: im Dezember 1593 in Mühlhausen (Thüringen)
gestorben: 9. 12. 1631 in Schonungen
Gedächtnis-Namenstag: 9. Dezember
siehe Seite 256

Lina

Kurzform zu Karolina oder Paulina

Lioba

OSB, Äbtissin von Tauberbischofsheim
gestorben: 28. 9. um 782
Gedächtnis-Namenstag: 28. September

Liudger

(Luitger, Luitgar, Ludger) Bischof von Münster
geboren: um 742 in Friesland
gestorben: 26. 3. 809 zu Billerbeck
Gedächtnis-Namenstag: 26. März

Lorenz

siehe Laurentius

Lotte

Kurzform zu Charlotte

Lucia

Jungfrau und Martyrin in Syrakus
gestorben: 303
Gedächtnis-Namenstag: 13. Dezember
siehe Seite 482

Ludwig IX.

der Heilige, König von Frankreich
geboren: 25. 4. 1219 in Poissy
gestorben: 25. 8. 1270 vor Tunis
Gedächtnis-Namenstag: 25. August
siehe Seite 260

Luitpold

Einsiedler am Ammersee
gestorben: um 1250
Gedächtnis-Namenstag: 1. November

Lukas

Evangelist
Gedächtnis-Namenstag: 18. Oktober

Lydia

1. europäische Christin (vgl. Apg 16,13 ff)
Gedächtnis-Namenstag: 3. August

M

Magdalena

siehe Maria Magdalena

Magnus

OSB, Glaubensbote im Allgäu
geboren: um 699
gestorben: 6. 9. 772
Gedächtnis-Namenstag: 6. September

Manfred

Einsiedler
Gedächtnis-Namenstag: 28. Januar

Margareta

Jungfrau und Martyrin in Antiochia
(gehört zu den 14 Nothelfern)
Gedächtnis-Namenstag: 20. Juli

Margareta

Ebner OP
geboren: um 1291 in Donauwörth
gestorben: 20. 6. 1351 in Maria-Medingen
Gedächtnis-Namenstag: 20. Juni

Maria

Jungfrau und Gottesmutter
Marienfeste:
1. Januar: Hochfest der Gottesmutter Maria
2. Februar: Mariä Lichtmeß
25. März: Mariä Verkündigung
1. Mai: Maria Schutzfrau Bayerns
2. Juli: Mariä Heimsuchung
15. August: Mariä Himmelfahrt
8. September: Mariä Geburt
12. September: Mariä Namen
8. Dezember: Mariä Unbefleckte Empfängnis
siehe Seite 268

Maria Bernarda

(Marie Bernard) Bernadette Soubirous
geboren: 17. 2. 1844 in Lourdes
gestorben: 16. 4. 1879 in Nevers
Gedächtnis-Namenstag: 16. April
siehe Seite 61

Maria

Goretti, Martyrin
geboren: 16. 10. 1890 zu Corinaldo
gestorben: 6. 7. 1902 zu Nettuno
Gedächtnis-Namenstag: 6. Juli

Maria Magdalena

Gedächtnis-Namenstag: 22. Juli

Marina

gestorben: 5. Jahrhundert
Gedächtnis-Namenstag: 17. Juli

Markus

Evangelist, Martyrer
Gedächtnis-Namenstag: 25. April

Martha

von Betanien
Gedächtnis-Namenstag: 29. Juli

Martin

Bischof von Tours
geboren: 316/317 zu Sabaria in Pannonien
gestorben: 8. 11. 397 zu Candes bei Tours
Gedächtnis-Namenstag: 11. November
siehe Seite 484

Matthias

Apostel
Gedächtnis-Namenstag: 24. Februar

Matthäus

Apostel und Evangelist
Gedächtnis-Namenstag: 21. September

Mathilde

Königin
geboren: um 895 in Engern (Sachsen)
gestorben: 14. 3. 968 in Quedlinburg
Gedächtnis-Namenstag: 14. März

Mauritius

= Moritz, Martyrer
gestorben: um 302
Gedächtnis-Namenstag: 22. September

Maximilian

Kolbe, OFM, Martyrer
geboren: 8. 1. 1894 in Zduśka-Wola
gestorben: 14. 8. 1941 in Ausschwitz
Gedächtnis-Namenstag. 14. August
siehe Seite 282

Maximilian

Martyrer in Theveste
gestorben: 12. 3. 295
Gedächtnis-Namenstag: 12. März
siehe Seite 278

Mechtild

von Dießen CSA, Äbtissin
gestorben: 31. 5. 1160 in Dießen
Gedächtnis-Namenstag: 31. Mai

Meinrad

von Reichenau, OSB, Martyrer
geboren: Ende des 8. Jahrhunderts
gestorben: 21. 1. 861
Gedächtnis-Namenstag: 21. Januar

Method

geboren: um 815
gestorben: 6. April 885
Gedächtnis-Namenstag: 14. Februar
siehe Seite 246

Michael

Erzengel
Gedächtnis-Namenstag: 29. September

Monika

Mutter des hl. Augustinus
geboren: um 332 zu Thagaste in Numidien
gestorben: Oktober 387
Gedächtnis-Namenstag: 27. August
siehe Seite 290

Moritz

siehe Mauritius

N

Natalia

von Nikomedien
Gedächtnis-Namenstag: 1. Dezember

Nepomuk

siehe Johannes Nepomuk

Nicol

= Nikolaus

Nicole

= weibl. Form von Nikolaus

Nikolaus

von der Flüe, (Bruder Klaus)
geboren: 1417 auf dem Flüeli bei Sachseln
gestorben: 21. 3. 1487
Gedächtnis-Namenstag: 25. September
siehe Seite 296

Nikolaus

von Myra, Bischof
(gehört zu den 14 Nothelfern)
gestorben: um 350
Gedächtnis-Namenstag: 6. Dezember
siehe Seite 488

Norbert

von Xanten, OPraem, Bischof von Magdeburg
geboren: um 1082 in Xanten
gestorben: 6. 6. 1134 in Magdeburg
Gedächtnis-Namenstag: 6. Juni

Notburga

von Eben
geboren: um 1265 zu Rattenberg am Inn
gestorben: um 1313 auf Schloß Rottenburg
Gedächtnis-Namenstag: 13. September
siehe Seite 491

Notker

der Stammler, OSB
geboren: um 840
gestorben: 6. 4. 912 in St. Gallen
Gedächtnis-Namenstag: 6. April

O

Oda

(Ute, Utta), von Amay
gestorben: vor 634
Gedächtnis-Namenstag: 23. Oktober

Odilia

CanR, Äbtissin von Odilienberg
geboren: um 660
gestorben: um 720
Gedächtnis-Namenstag: 14. Januar

Odilo

OSB, Abt von Cluny
geboren: um 962 in der Auvergne
gestorben: 31. 12. 1048 zu Souvigny bei Moulins
Gedächtnis-Namenstag: 31. Dezember

Olaf II.

König von Norwegen
geboren: 995
gestorben: 29. 7. 1030 bei Drontheim
Gedächtnis-Namenstag: 10. Juli

Oliver

Plunket, Erzbischof von Armagh, Martyrer
geboren: 1629 in Ostirland
gestorben: 11. 7. 1681
Gedächtnis-Namenstag: 11. Juli

Olympias

Witwe in Konstantinopel
geboren: 361 in Konstantinopel
gestorben: 408 oder 409 in Nikomedien
Gedächtnis-Namenstag: 17. Dezember

Oswald

König von Northumbrien
geboren: um 604 in Nordengland
gestorben: 5. 8. 642
Gedächtnis-Namenstag: 5. August

Oswin

König in England
gestorben: 20. 8. 651 zu Gilling (Yorkshire)
Gedächtnis-Namenstag: 20. August

Otmar

OSB, Gründerabt von St. Gallen
geboren: 689
gestorben: 16. 11. 759
Gedächtnis-Namenstag: 16. November

Otto

Bischof von Bamberg
geboren: 1060
gestorben: 30. 6. 1139 in Bamberg
Gedächtnis-Namenstag: 30. Juni
siehe Seite 306

Otto

OCist, Bischof von Freising
geboren: um 1112 in Klosterneuburg
gestorben: 22. 9. 1158 in Morimond
Gedächtnis-Namenstag: 22. September

Ottilia

siehe Odilia!

P

Pankratius

Martyrer zu Rom
gestorben: um 305 in Rom
Gedächtnis-Namenstag: 12. Mai

Patricia

Jungfrau zu Neapel
gestorben: 25. 8. 660/670 in Neapel
Gedächtnis-Namenstag: 25. August

Patrick

Glaubensbote in Irland
geboren: um 385 zu Taburniae im röm. Britannien
gestorben: 461
Gedächtnis-Namenstag: 17. März

Paula

von Rom
geboren: 5. 5. 347
gestorben: 26. 1. 404 in Betlehem
Gedächtnis-Namenstag: 26. Januar

Paulina

Martyrin zu Rom
Gedächtnis-Namenstag: 31. Dezember

Paulus

Apostel und Martyrer
geboren: um 10 n. Chr. in Tarsus
gestorben: zwischen 64 und 67 in Rom
Gedächtnis-Namenstag: 29. Juni
siehe Seite 312

Perpetua

und

Felicitas

Martyrinnen in Karthago
gestorben: 7. 3. 202
Gedächtnis-Namenstag: 7. März

Petronilla

Martyrin in Rom
Gedächtnis-Namenstag: 31. März

Petrus

Apostel und Martyrer
gestorben: zwischen 64 und 67 in Rom
Gedächtnis-Namenstag: 29. Juni
siehe Seite 319

Petrus

Canisius, SJ, Kirchenlehrer
geboren: 8. 5. 1521 zu Nijmwegen
gestorben: 21. 12. 1597 in Fribourg
Gedächtnis-Namenstag: 27. April
siehe Seite 334

Petrus

Claver, SJ
geboren: 1580 zu Verdú
gestorben: 8. 9. 1654 zu Cartagena
Gedächtnis-Namenstag: 8. September
siehe Seite 326

Philibert

OSB, Abt von Jumièges
geboren: 616/620
gestorben: 20. 8. 685
Gedächtnis-Namenstag: 20. August

Philipp

Neri
geboren: 21. 7. 1515 zu Florenz
gestorben: 26. 5. 1595 zu Rom
Gedächtnis-Namenstag: 26. Mai
siehe Seite 341

Philippus

Apostel und Martyrer
Gedächtnis-Namenstag: 3. Mai

Philomena

Martyrin zu Rom
Gedächtnis-Namenstag: 5. Juli

Pia

Martyrin zu Karthago
Gedächtnis-Namenstag: 19. Januar

Pirmin

OSB, Glaubensbote
gestorben: 3. 11. 753 in Kloster Hornbach
Gedächtnis-Namenstag: 3. November

Pius X.

Papst
geboren: 2. 6. 1835 zu Riese
gestorben: 20. 8. 1914
Gedächtnis-Namenstag: 21. August

Placida

Jungfrau
gestorben: 460 zu Verona
Gedächtnis-Namenstag: 11. Oktober

Polykarp

Bischof von Smyrna, Martyrer
gestorben: 23. 2. 156
Gedächtnis-Namenstag: 23. Februar
siehe Seite 348

Praxedis

Jungfrau
Gedächtnis-Namenstag: 21. Juli

Prisca

Jungfrau und Martyrin
Gedächtnis-Namenstag: 18. Januar

Q

Quirinus

von Tegernsee, Martyrer in Rom
gestorben: zwischen 268 und 270 in Rom
Gedächtnis-Namenstag: 16. Juni

R

Rachel

Frau des Patriarchen Jakob
Gedächtnis-Namenstag: 11. Juli

Radegundis

von Wellenburg
gestorben: um 1290
Gedächtnis-Namenstag: 13. August

Radolf

(Radulf) Erzbischof von Bourges
gestorben: 21. 6. 866
Gedächtnis-Namenstag: 21. Juni

Raimundus

Lullus
geboren: 1232/33 zu Palma de Mallorca
gestorben: 1198 zu Córdoba
Gedächtnis-Namenstag: 3. Juli

Rainer

von Osnabrück, Büßer
gestorben: 11. 4. 1233
Gedächtnis-Namenstag: 11. April

Ramwold

OSB, Abt von St. Emmeram
gestorben: 17. 6. 1000
Gedächtnis-Namenstag: 17. Juni

Raphael

Erzengel
Gedächtnis-Namenstag: 29. September

Rasso

von Andechs
gestorben: 19. 6. 953
Gedächtnis-Namenstag: 19. Juni

Rebekka

Frau des Patriarchen Isaak
Gedächtnis-Namenstag: 30. August

Regina

Äbtissin zu Denain
Gedächtnis-Namenstag: 1. Juli

Reinhard

OSB, Abt von Reinhausen
gestorben: 7. 3. um 1168
Gedächtnis-Namenstag: 7. März

Reinhold

von Köln
Gedächtnis-Namenstag: 7. Januar

Remigius

Bischof von Reims
geboren: um 436 bei Laon
gestorben: 13. 1. 533 zu Reims
Gedächtnis-Namenstag: 13. Januar

Renata

von Bayern, Mutter von Kurfürst Maximilian I.
geboren: 20. 4. 1544
gestorben: 22. 5. 1602 in München
Gedächtnis-Namenstag: 22. Mai

Richard

von England, Vater des hl. Willibald
gestorben: Herbst 720 in Lucca
Gedächtnis-Namenstag: 7. Februar

Rita

OESA
geboren: um 1380 östl. von Spoleto
gestorben: 22. 5. 1457 zu Cascia
Gedächtnis-Namenstag: 22. Mai

Robert

Bellarmin, SJ, Kardinal, Erzbischof von Capua, Kirchenlehrer
geboren: 4. 10. 1542 in Mittelitalien
gestorben: 17. 9. 1621
Gedächtnis-Namenstag: 17. September

Roger

le Fort, Erzbischof von Bourges
geboren: um 1285 auf Schloß Ternes
gestorben: 1368
Gedächtnis-Namenstag: 1. März

Roland

OCist, Abt von Chézery
gestorben: 15. 8. 778 im Tal von Roncevalles
Gedächtnis-Namenstag: 15. Juli

Romuald

OSB, Abt von Camaldoli
geboren: um 952 zu Ravenna
gestorben: 19. 6. 1027
Gedächtnis-Namenstag: 19. Juni

Rosa

von Lima
geboren: 20. 4. 1586 in Lima (Peru)
gestorben: 24. 8. 1617
Gedächtnis-Namenstag: 23. August

Rosalia

von Palermo
gestorben: um 1160
Gedächtnis-Namenstag: 15. Juli

Roswitha

Äbtissin
Gedächtnis-Namenstag: 29. April

Rudolf

von Bern, Martyrer
gestorben: 17. 4. 1294 in Bern
Gedächtnis-Namenstag: 17. April

Rupert

P. Rupert Mayer SJ
geboren: 23. 1. 1876
gestorben: 1. 11. 1945
Gedächtnis-Namenstag: 3. November
siehe Seite 354

Rupert

Bischof von Salzburg
gestorben: 27. 3. 718
Gedächtnis-Namenstag: 24. September

Ruth

Frauengestalt aus dem Alten Testament
Gedächtnis-Namenstag: 1. September

S

Sabina

von Rom
Gedächtnis-Namenstag: 29. August

Salome

Mutter der Apostel Johannes und Jakobus des Älteren
Gedächtnis-Namenstag: 22. Oktober

Salvator

von Horta, OFM
geboren: im Dezember 1520 bei Barcelona
gestorben: 18. 3. 1567
Gedächtnis-Namenstag: 18. März

Samuel

Prophet im Alten Testament
Gedächtnis-Namenstag: 20. August

Sandra

= Alexandra = weibl. Form von Alexander

Sara

Frau des Patriarchen Abraham
Gedächtnis-Namenstag: 9. Oktober

Scholastica

OSB, Schwester des hl. Benedikt
geboren: um 480 zu Nursia
gestorben: um 547
Gedächtnis-Namenstag: 10. Februar

Sebald

Einsiedler bei Nürnberg
Gedächtnis-Namenstag: 19. August

Sebastian

Martyrer zu Rom
gestorben: um 250
Gedächtnis-Namenstag: 20. Januar
siehe Seite 494

Severin

von Noricum
gestorben: 8. 1. 482 in Favianis (Mautern)
Gedächtnis-Namenstag: 8. Januar
siehe Seite 366

Siegfried

von Schweden, Bischof und Glaubensbote
gestorben: 15. 2. nach 1030
Gedächtnis-Namenstag: 15. Februar

Sigisbert

Abt in Disentis
gestorben: Anfang des 8. Jahrhunderts
Gedächtnis-Namenstag: 11. Juli

Sigismund

König von Burgund
gestorben: 524
Gedächtnis-Namenstag: 2. Mai

Siglinde

OSB, Äbtissin von Troclar
Gedächtnis-Namenstag: 24. Juli

Silvester I.

Papst
gestorben: 31. 12. 335
Gedächtnis-Namenstag: 31. Dezember

Silvia

Mutter des hl. Gregor des Großen
gestorben: um 592
Gedächtnis-Namenstag: 3. November

Simon

der Zelot, Apostel, Martyrer
Gedächtnis-Namenstag: 28. Oktober

Simpert

Bischof von Augsburg
gestorben: 13. 10. um 807
Gedächtnis-Namenstag: 13. Oktober

Sixtus I.

Papst, Martyrer
gestorben: um 125
Gedächtnis-Namenstag: 6. April

Sophia

Martyrin zu Rom
Gedächtnis-Namenstag: 15. Mai

Stanislaus

Kostka, SJ
geboren: 28. 10. 1550 auf Schloß Rostkow
gestorben: 15. 8. 1568 zu Rom
Gedächtnis-Namenstag: 13. November

Stephan

Diakon und Erzmärtyrer
Gedächtnis-Namenstag: 26. Dezember
siehe Seite 369

Stephan I.

König von Ungarn
geboren: um 969
gestorben: 15. 8. 1038
Gedächtnis-Namenstag: 16. August
siehe Seite 375

Stephana

Quinzani
geboren: 5. 2. 1457
gestorben: 2. 1. 1530
Gedächtnis-Namenstag: 2. Januar

Susanna

Rom
gestorben: um 305
Gedächtnis-Namenstag: 11. August

T

Tassilo

III., Herzog von Bayern
gestorben: um 795 im Kloster Lorsch
Gedächtnis-Namenstag: 11. Dezember

Tasso

OSB, Abt
gestorben: um 729
Gedächtnis-Namenstag: 11. Januar

Thaddäus

(= Judas Thaddäus), Apostel, Martyrer
Gedächtnis-Namenstag: 28. Oktober

Thekla

Gef. des hl. Paulus
Gedächtnis-Namenstag: 23. September

Theobald

von Provins, OSBCam
geboren: 1017
gestorben: 30. 6. 1066
Gedächtnis-Namenstag: 30. Juni

Theodelinde

Königin der Langobarden
gestorben: 22. 1. 628
Gedächtnis-Namenstag: 22. Januar
siehe Seite 381

Theodor

Martyrer
Gedächtnis-Namenstag: 12. Juli

Theodorich

Bischof von Minden
gestorben: 2. 2. 880
Gedächtnis-Namenstag: 2. Februar

Theresia

von Ávila, OCarm., Kirchenlehrerin
geboren: 28. 3. 1515 zu Avila
gestorben: 4. 10. 1582 in Alba de Tormes
Gedächtnis-Namenstag: 15. Oktober
siehe Seite 387

Therese

von Lisieux OCD, Theresia vom Kinde Jesu
geboren: 2. 1. 1873 in Alençon
gestorben: 30. 9. 1897
Gedächtnis-Namenstag: 1. Oktober
siehe Seite 394

Thomas

Apostel, Martyrer
Gedächtnis-Namenstag: 3. Juli

Thomas

von Aquin OP, Kirchenlehrer
geboren: 1225 auf Schloß Roccasecca
gestorben: 7. 3. 1274 zu Fossanova
Gedächtnis-Namenstag: 28. Januar
siehe Seite 400

Thomas

Morus, Martyrer
geboren: 7. 2. 1478 zu London
gestorben: 6. 7. 1535 zu London
Gedächtnis-Namenstag: 22. Juni
siehe Seite 408

Timotheus

Bischof, Schüler des Apostels Paulus
Gedächtnis-Namenstag: 26. Januar

Titus

Schüler des Apostels Paulus
Gedächtnis-Namenstag: 26. Januar

Tobias

Gestalt des Alten Testaments
Gedächtnis-Namenstag: 13. September

Traudel

Kurzform von Gertraud, Waltraud etc.

Trude

Kurzform von Gertrud

U

Ulrich

Bischof von Augsburg
geboren: 890 zu Augsburg
gestorben: 4. 7. 973
Gedächtnis-Namenstag: 4. Juli
siehe Seite 416

Urban

I., Papst
gestorben: 230
Gedächtnis-Namenstag: 25. Mai

Ursula

Jungfrau und Martyrin in Köln
gestorben: um 304
Gedächtnis-Namenstag: 21. Oktober
siehe Seite 497

Ute

= Oda

V

Valentinus

Bischof in Rätien
gestorben: 7. 1. um 475 in Meran-Mais
Gedächtnis-Namenstag: 7. Januar

Verena

von Zurzach (Kurzform von Veronika, Vreni)
gestorben: um 350
Gedächtnis-Namenstag: 1. September

Veronika

Frau in Jerusalem
Gedächtnis-Namenstag: 4. Februar
siehe Seite 499

Victor

Martyrer
mehrere Martyrer gleichen Namens mit verschiedenen Gedenktagen, z. B. 14. Mai und 26. Juli
Münster: 10. Oktober

Vinzenz

Ferrér OP
geboren: um 1350 zu Valencia
gestorben: 5. 4. 1419 in Vannes
Gedächtnis-Namenstag: 5. April

Vinzenz

Pallotti, Gründer der Pallottiner
geboren: 21. 4. 1795 in Rom
gestorben: 22. 1. 1850
Gedächtnis-Namenstag: 22. Januar

Vinzenz

von Paul
geboren: 24. 4. 1581 zu Pouy
gestorben: 27. 9. 1660 zu Paris
Gedächtnis-Namenstag: 27. September
siehe Seite 421

Virgilius

Abt-Bischof von Salzburg
gestorben: 27. 11. 784 in Salzburg
Gedächtnis-Namenstag: 24. September

Vitalis

Abt-Bischof von Salzburg
gestorben: 20. 10. vor 730
Gedächtnis-Namenstag: 20. Oktober

Vitus

Martyrer in Sizilien
Gedächtnis-Namenstag: 15. Juni

Viktoria

Martyrin zu Rom
gestorben: um 250
Gedächtnis-Namenstag: 23. Dezember

Volkmar

OSB, Abt von Niederaltaich
gestorben: 9. 5. 1282
Gedächtnis-Namenstag: 9. Mai

W

Walburga

OSB, Äbtissin, Schwester des hl. Willibald
geboren: um 710
gestorben: 25. 2. 779 zu Heidenheim
Gedächtnis-Namenstag: 25. Februar

Walter

OFM, Bischof von Poitiers
geboren: um 1225 in Zande bei Brügge
gestorben: 23. 1. 1307
Gedächtnis-Namenstag: 23. Januar

Wendelin

Einsiedler
gestorben: um 570 in den Vogesen
Gedächtnis-Namenstag: 20. Oktober

Werner

Martyrer zu Oberwesel
geboren: um 1273 zu Womrath bei Bingen
gestorben: 1287
Gedächtnis-Namenstag: 19. April

Wilhelm

OSB, Abt von Hirsau
gestorben: 5. 7. 1091
Gedächtnis-Namenstag: 5. Juli

Willibald

OSB, Bischof von Eichstätt
geboren: 700 in Südengland
gestorben: 7. 7. 787
Gedächtnis-Namenstag: 7. Juli
siehe Seite 428

Willibrord

OSB, Erzbischof von Utrecht
geboren: 658 in Nordengland
gestorben: 7. 11. 739 in Echternach
Gedächtnis-Namenstag: 7. November

Wiligis

Erzbischof von Mainz
gestorben: 23. 2. 1011 in Mainz
Gedächtnis-Namenstag: 23. Februar

Wiltrud

OSB, Äbtissin in Hohenwarth
gestorben: 1081
Gedächtnis-Namenstag: 30. Juli

Winthir

Einsiedler in München
gestorben: im 8. Jahrhundert in Neuhausen bei München
Gedächtnis-Namenstag: 29. Dezember

Wolfgang

OSB, Bischof von Regensburg
geboren: um 924 zu Pfullingen bei Reutlingen
gestorben: 31. 10. 995
Gedächtnis-Namenstag: 31. Oktober
siehe Seite 435

Wunibald

OSB, Abt von Heidenheim
geboren: 701 in Wessex (Südengland)
gestorben: 18. 12. 761
Gedächtnis-Namenstag: 15. Dezember

X

Xaver

siehe Franz Xaver

Z

Zacharias

Vater von Johannes dem Täufer
Gedächtnis-Namenstag: 5. November

Zeno

Bischof von Verona
gestorben: 12. 4. 371/72
Gedächtnis-Namenstag: 12. April

Zita

Lobardo von Monsagrati, Magd
geboren: um 1212 bei Lucca
gestorben: 17. 4. 1272
Gedächtnis-Namenstag: 17. April

Inhaltsverzeichnis